Alfred Sellner

Fremdsprachliche Redewendungen
im Alltag

Alfred Sellner

Fremdsprachliche Redewendungen im Alltag

Sprichwörter, Floskeln, Phrasen, Formeln, Zitate, Sentenzen

VMA-VERLAG WIESBADEN

VMA-Verlag 1997
Wiesbaden

Lizenzausgabe mit freundlicher Genehmigung
des Originalverlages
Alle Rechte vorbehalten

Druck und Bindung: Ueberreuter Print
ISBN 3-928127-50-0

Inhaltsverzeichnis

Vorwort 7

Latein 9
Englisch 51
Französisch 101
Italienisch 153
Spanisch 199
Amerikanisch 241
Altgriechisch 287
    Vorsilben/Vorwörter/Nachsilben des Griechischen 289
    Das griechische Alphabet 290

Vorwort

Dieses Lexikon enthält die ungekürzten Texte aller Einzelbände der erfolgreichen Reihe der Sellner-Titel: ***Latein, Englisch, Französisch, Italienisch, Spanisch, Amerikanisch*** und ***Altgriechisch im Alltag.*** Nachdem die Einzelbände auf ein großes Interesse beim Publikum gestoßen sind, erscheint es dem Verlag sinnvoll, dem sprachlich interessierten Leser ein Gesamtnachschlagewerk vorzulegen, das ihm auf einen Blick ermöglicht, die fremdsprachlichen Redewendungen im Alltag der großen europäischen Sprachen – einschließlich der amerikanischen Umgangssprache –, deren Sprichwörter, Floskeln, Phrasen, Formeln, Zitate und Sentenzen zügig nachzuschlagen, miteinander zu vergleichen und inhaltlich wie sprachlich rasch in Bezug zueinander zu setzen. Dadurch hat der Leser einen stets griffbereiten Einblick in Sprachstruktur und -geschichte, Wortbedeutung und -wandel der einzelnen Sprachen und verfügt über ein praktisches Handbuch der wesentlichen Wendungen und Redensarten.

Obwohl jeder Einzelband nach dem gleichen Prinzip zusammengestellt und geordnet wurde, enthält jede Sprache Besonderheiten und Eigenarten, die hier dem Benutzer kurz vorgestellt werden:

Latein
Latein als Grundsprache aller romanisch sprechenden und denkenden Völker ist keine tote Sprache, sondern wird, weit über die internationale Gebildetenschicht hinaus lebendig geblieben, auch heute noch gern im Deutschen in Form des Zitats zwecks größerer Treffsicherheit des Ausdrucks verwendet. Es steht deshalb am Anfang dieses Nachschlagewerkes.

Englisch
Redewendungen sind ein Spiegelbild des Landes und seiner kulturellen Vielgestaltigkeit. Nirgends in Europa sind diese Aspekte der Sprache deutlicher erkennbar als in Großbritannien, das seine ungebrochene Verbindung mit der Vergangenheit betont. Die englischen Redewendungen zeichnen sich meist durch Witz und Understatement aus.

Französisch
Die Zusammenstellung all jener Bezeichnungen und Aussprüche aus dem Französischen dokumentieren den starken Einfluß dieses Kulturkreises auf ganz Europa über Jahrhunderte hinweg. Die Zeiten als das Französische normale Umgangssprache nicht nur am französischen Hof war, sondern auch in Wien und St. Petersburg, sind zwar vorbei. Geblieben sind jedoch zahlreiche Ausdrücke, die aus dem Sprachgebrauch nicht mehr wegzudenken sind, vor allem in den Bereichen der Diplomatie, Politik, Gastronomie, Mode, Literatur, Reitkunst, Theater und Ballett.

Italienisch
Italien, jeher Ziel großer Sehnsüchte, hat seine Anziehungskraft nie verloren. Der Einfluß italienischer Ausdrücke und Floskeln auf die deutsche Alltagssprache nimmt immer mehr zu. Während die Bezeichnungen und Begriffe in der Musik schon immer italienisch waren, sind Ausdrücke und Wendungen aus gastronomischen Bereichen aus dem täglichen Sprachgebrauch nicht mehr wegzudenken.

Spanisch
Das Spanische als Weltsprache im 16. und 17. Jahrhundert hat ebenfalls im deutschen Kulturkreis seine Spuren hinterlassen. Über die Kaufmannshäuser der Fugger und Welser waren die wirtschaftlichen und politischen

Beziehungen zwischen Deutschland, Spanien und Lateinamerika sehr eng. Auch durch die Eroberung Lateinamerikas fanden viele Redensarten und Bezeichnungen aus den indianischen Sprachen über das Spanisch Eingang in das Deutsche.

Amerikanisch
Bei der Aufnahme amerikanischer Wendungen war die Auswahl grundsätzlich von dem Bestreben geleitet, regional begrenzte Ausdrücke und vergängliche Modeerscheinungen zu vermeiden und dagegen Wörtern und Redewendungen den Vorzug zu geben, die von *native speakers* unterschiedlichen Alters und unterschiedlicher Berufe verstanden und verwendet werden.

Altgriechisch
Die Griechen waren es, die am Anfang der europäischen Kultur standen und folglich waren sie es auch, die mit ihren Erfindungen in Sprache und Schrift die wesentlichen Gebiete der abendländischen Geistesgeschichte geprägt haben. Bei der Auswahl und Zusammenstellung der rund 1500 erklärten altgriechischen Wörter und Begriffe wurde grundsätzlich eine streng alphabetische Reihenfolge zugrunde gelegt, womit ein schnelles Auffinden des gesuchten Begriffes erleichtert werden soll. Doch sind zusammengesetzte Wörter gemeinsamen Vorwörtern oder Vorsilben erklärend nachgeordnet, durch Querstriche getrennt oder wörtlich übersetzt, bei Bedeutungswandel wird auf das Grundwort verwiesen. Eine Auswahl von Vor- und Nachsilben ermöglicht es dem Benutzer, manches Fremdwort selbst erklären zu können.

Der Verlag

Latein

A

ab igne ignem wörtlich: vom Feuer Feuer. Eine Wendung nach dem römischen Schriftsteller Cicero (106 bis 43 v. Chr.), die sich auf allgemeine kleine Gefälligkeiten bezieht; das heißt, daß man mit Selbstverständlichkeit von dem, was man hat, etwas ab- oder weitergibt – also beispielsweise »Feuer vom Feuer«, wenn unter Rauchern zitiert.

ab initio vom Anfang an.

ab Iove principium bei Jupiter ist der Anfang. Jupiter ist der römische Göttervater, von ihm hat alles seinen Ursprung. Die Redewendung geht zurück auf den römischen Dichter Vergil (70 v. Chr. bis 19 v. Chr.) bzw. auf den Anfang der »Phänomena« des Aratus in der Übersetzung des Germanicus, wo es heißt: »Von Jupiter anfangend, singet ihr Musen ...« (Vers 1). Man vergleiche hierzu das im Deutschen gebräuchliche: Mit Gott fang' an.

ablativus absolutus Ausdruck der lateinischen Grammatik, der eine Mittelwortkonstruktion mit dem Ablativus (5. Fall) bezeichnet. Zum Beispiel: »Pugna ad lacum Trasimenum finita Hannibal cadavera suorum sepeliri iussit« = Als die Schlacht am Trasimenischen See beendet war, befahl Hannibal, die Leichen der Seinen zu begraben. Der Ablativus absolutus ist hier »Pugna finita« – als die Schlacht beendet war.

ab ovo nach Homer: vom Ursprung an; gemeint ist das Ei der aetolischen Königstochter Leda, die von Zeus in Gestalt eines Schwans besucht wurde, woraus die Schöne Helena hervorging. Der Ausdruck findet sich auch in der »Ars poetica« des römischen Dichters Horaz (65 bis 8 v. Chr.) in der Bedeutung: vom (entlegenen) Anfang an.

ab ovo usque ad mala vom Ei bis zu den Äpfeln, d. h. nach der Reihenfolge einer römischen Mahlzeit. Auch im Sinne: vom Anfang bis zum Ende, weit ausholend. Die Sentenz stammt aus den »Satiren« des römischen Dichters Horaz (65 bis 8 v. Chr.).

absit omen möge eine schlechte Vorbedeutung fern sein; möge dies keine schlechte Vorbedeutung haben.

ab urbe condita von der Gründung der Stadt (Rom) an (gerechnet). Der Sage nach wurde Rom 753 v. Chr. durch die Brüder Romulus und Remus gegründet. Gleichzeitig Titel des Geschichtswerkes des Livius (59 v. bis 17 n. Chr.).

abusus non tollit usum wörtlich: Mißbrauch hebt den Brauch nicht auf. Kann auch in etwa der deutschen Redensart: Die Ausnahme bestätigt die Regel gleichgehalten werden.

a. c. siehe bei: anni currentis, und bei: a conditione.

accedo abgekürzt: Acc. bedeutet: ich nehme an, ich stimme zu.

a. c. i. ist der Accusativus cum infinitivo, also der 4. Fall + Nennform, wie ihn die lateinische Satzkonstruktion kennt; ein Beispiel: Ceterum censeo Carthagin*em* delend*am esse*. Der a. c. i. wird im allgemeinen für Behauptungs- und Erzählsätze verwendet.

a. C. n. siehe bei: ante Christum natum.

a conditione unter Bedingung, bedingungsweise. Fachausdruck besonders im Buchhandel: die Lieferung des Verlages an den Sortimenter erfolgt »a. c.«, a conditione, also bedingungsweise; wenn bis zu einem bestimmten Zeitpunkt die Ware nicht verkauft ist, kann sie – wenn unbeschädigt – an den Verleger zurückgegeben werden.

acta apostolorum wörtlich: Handlungen oder Taten der Apostel; gemeint ist die in den Kanon der Schriften des Neuen Testaments aufgenommene Apostelgeschichte (abgekürzt: Apg.).

acta sanctorum wörtlich: Handlung oder Taten der Heiligen; gemeint ist eine Sammlung von Berichten und Legenden über christliche Heilige.

actum ut supra geschehen wie oben (geschrieben); wird als Schlußformel in Protokollen verwendet.

actus fidei wörtlich: Glaubensakt, Handlung des Glaubens. Später im Portugiesischen (span.: Auto de fe) zu »Auto da Fé« geworden, womit in Spanien und Portugal bis ins 18. Jahrhundert die von der Inquisition angeordnete Verbrennung von Ketzern – oder deren Schriften – bezeichnet wurde.

actus purus wörtlich: reines Wirken. Ein philosophisch-theologischer Begriff, den im Hochmittelalter die Scholastik, bes. Thomas von Aquin verwendet, der auf Aristoteles, den altgriechischen Philosophen zurückgeht. Mit diesem Begriff soll Gott bestimmt werden, der alles, was er sein kann, auch wirklich ist.

a. d. siehe bei: anno domini.

ad absurdum wörtlich: ins Unmögliche, bis zum Widersinn. Bedeutet: einen Gedanken so lange logisch weiterentwickeln, bis sich Widersprüchlichkeit erweist.

ad acta wörtlich: zu den Akten; ablegen, weglegen, nicht weiterbehandeln.

ad arbitrium nach Willkür, willkürlich (arbiter = Schiedsrichter).

ad arma wörtlich: zu den Waffen; gebräuchlich im Sinne von: ans Werk, oder gehen wir (an eine Sache heran). Ad arma wurde schließlich zu: Alarm.

ad audiendum verbum zur mündlichen Berichterstattung.

ad experimentum versuchsweise, vorläufig.

ad calendas graecas wörtlich: an den griechischen Kalenden. Im römischen Kalender war »calendae«, der erste Tag jedes Monats, als Zahlungstermin gebräuchlich. Die Griechen hatten keine solchen »calendae«. Kaiser Augustus soll von säumigen Schuldnern gesagt haben, sie würden an den griechischen Kalenden zahlen, d. h., da solche überhaupt nicht existieren, würden sie nie zahlen. Gebräuchlich auch im Zusammenhang: etwas ad calendas aufschieben, d. h. nie erledigen.

ad deliberandum zur Überlegung.

ad hoc eigens zu diesem; zu diesem Zweck. Wird oftmals ungenau verwendet, und zwar im Sinne von: aus dem Stegreif, plötzlich.

ad (in) infinitum bis ins Unbegrenzte, bis ins Unendliche.

ad interim einstweilen, in der Zwischenzeit.

ad latus wörtlich: zur Seite; später wird daraus das Hauptwort »Adlatus«, womit ein Helfer, Beisitzer, Handlanger oder Diener bezeichnet wird.

ad libitum nach Belieben.

ad litteram wörtlich: gemäß dem Buchstaben. Ad litteram zitieren, heißt einen Text genau nach dem Wortlaut, also buchstäblich wiedergeben.

ad maiorem dei gloriam wörtlich: zur größeren Ehre Gottes. Auch in der Abkürzung: A. M. D. G. gebräuchlich. Dürfte erstmals von Papst Gregor dem Großen (540 bis 604) verwendet worden sein. Rund tausend Jahre später wird diese Phrase im Konzil von Trient (1545 bis 1563) aufgegriffen und verwendet. Zur Devise des Jesuitenordens geworden.

ad manus (proprias) zur Hand, zu eigenen Händen (zugestellt).

ad multos annos wörtlich: auf viele Jahre. Wird gebraucht als Formel bei Geburtstagswünschen.

ad notam ad notam nehmen heißt: notieren, vormerken, zur Kenntnis nehmen.

ad oculos demonstrieren heißt wörtlich: vor Augen führen; soviel wie: deutlich machen, im Sinne von: unwiderleglicher Anschauungsunterricht.

ad perpetuam memoriam zum ewigen Gedenken, zum immerwährenden Andenken.

ad pias causas zu frommen Zwecken; damit werden Widmungen oder Stiftungen an die Kirche oder kirchliche Institute bezeichnet.

ad referendum zur Berichterstattung.

ad rem wörtlich: zur Sache. So viel wie: nicht herumreden, sondern gleich direkt auf eine Sache eingehen.

ad (in) usum delphini wörtlich: zum Gebrauch für den Dauphin. Sinngemäß: gekürzt, zensiert. Der Titel »Dauphin«, lat. delphinus, war ursprünglich Beiname des kinderlosen Humbert II., von dem Philipp VI. 1349 die »Dauphiné« erwarb und dieses Land dem jeweiligen französischen Thronfolger als Lehen bestimmte. So bezeichnete »Dauphin« in der Folge jeden französischen Kronprinzen. Bei dessen Erziehung wurden sämtliche als anstößig empfundenen Stellen aus Texten, die im Unterricht gebraucht wurden, weggestrichen. In derselben Weise verfuhr man später bei sogenannten Schultexten. Darüber hinaus werden mit der Wendung ad usum delphini alle »gereinigten« Texte bezeichnet, die man in ihrem vollen Wortlaut Schülern oder einer breiten Öffentlichkeit vorenthalten will.

ad usum proprium zum eigenen Gebrauch, für den eigenen Gebrauch.

ad valorem dem Werte nach.

advocatus dei wörtlich: der Anwalt Gottes = der

die Anerkennung Betreibende im Heilig- oder Seligsprechungsprozeß der katholischen Kirche.

advocatus diaboli wörtlich: der Anwalt des Teufels. Diese Bezeichnung entstammt dem Vokabular der Selig- und Heiligsprechungen innerhalb der katholischen Kirche. Derjenige, der im Heiligsprechungsprozeß Bedenken gegen die Person des in Aussicht genommenen Heiligen vorzubringen hat. Im weiteren Sinne versteht man darunter auch jemanden, der sich ohne innere Beteiligung zum Anwalt einer üblen Sache macht.

A. e. i. o. u. siehe bei: Austriae est imperare orbi universo.

alea iacta est wörtlich: der Würfel ist gefallen, Cäsar hat sich erst nach längerem Bedenken entschlossen, den kleinen Apenninenfluß Rubikon, den einstigen Grenzfluß zwischen dem eigentlichen Italien und Gallia Cisalpina, zu überschreiten, da er damit im Jahre 49 v. Chr. den Bürgerkrieg hervorrief. Bei dieser Gelegenheit soll er laut dem griechischen Historiker Plutarch (um 40 bis 120 n. Chr.) diesen Ausspruch getan haben. Wird häufig gebraucht im Zusammenhang mit Handlungen, die folgenschwere Entscheidungen bedeuten, welche nicht mehr zurückgenommen werden können.

alias außerdem, sonst, im übrigen; gebräuchlich, wenn neben dem eigentlichen Namen einer Person auch noch ein Beiname für diese üblich ist.

alibi wörtlich: anderswo. Wird von einem Alibinachweis gesprochen, so handelt es sich darum, daß ein Beschuldigter für den Zeitpunkt der Verübung eines Verbrechens nachweisen muß, daß er sich an einem anderen Ort befunden hat und daher als Täter nicht in Frage kommt.

alieni iuris wörtlich: fremden Rechtes; unter der Rechtsgewalt von jemand anderem stehen, unmündig sein; unselbständig.

a limine ab der Grenze, von vornherein; gebräuchlich in der Redewendung: etwas a limine abweisen; man meint damit, etwas von vornherein abweisen, ohne sich auf die Sache selbst einzulassen.

aliquid haeret wörtlich: etwas bleibt hängen; Schlußteil der Sentenz: Audacter calumniare, semper aliquid haeret – Nur keck verleumdet, etwas bleibt immer hängen. Das Wort ist schon bei Francis Bacon, 1605, als Zitat belegt.

alma mater wörtlich: die nährende Mutter. Die ehrende Bezeichnung von Universitäten und Hochschulen, gebräuchlich jeweils im Zusammenhang mit dem betreffenden Ortsnamen, zum Beispiel: Alma Mater Vindobonensis.

alter ego wörtlich: das andere Ich. Mit diesem Wort wird von dem stoischen Philosophen Zeno (342 bis 270 v. Chr.) das Wesen des Freundes bestimmt.

altum silentium wörtlich: tiefes Schweigen, große Stille. Eine Redewendung aus dem berühmten Vergilschen Epos »Äneis«.

a. m. Abkürzung für: Artium (liberalium) magister, d. h. Meister der (freien bzw. schönen) Künste, akademischer Grad entsprechend dem mittelalterlichen Hochschulbetrieb, heute meist als M. A.

ama et fac quod vis wörtlich: Liebe, und tu, was du willst; ein Ausspruch des heiligen Augustinus (Kirchenlehrer, 354 bis 430).

a maiori ad minus vom Größeren aufs Kleinere; schon in der lateinischen Umgangssprache sprichwörtlich.

amantes amentes wörtlich: die verrückten Liebenden. In der Bedeutung von verrückt-verliebt, vor Liebe von Sinnen. Die Redewendung kommt vor bei dem römischen Dichter Terenz (gestorben 159 v. Chr.).

amicus certus in re incerta cernitur Der sichere Freund wird in unsicherer Sache erkannt. Ein Wort des Ennius (gest. 169 v. Chr.), zitiert im »Laelius« des Cicero.

amor vincit omnia siehe bei: Omnia vincit amor.

anathema sit wörtlich: er sei verflucht. Satz aus dem 1. Korintherbrief des heiligen Paulus, Kapitel 16, Vers 22. »Anathema« ist eigentlich ein griechisches Wort.

angelus der Engel (des Herrn); gemeint ist der Englische Gruß, ein Gebet der Marienverehrung, in der katholischen Kirche zu bestimmten Tageszeiten gebräuchlich. Daher auch die Bezeichnung »Angelus-Läuten«.

Angelus Silesius der schlesische Bote; Dichtername des Mystikers Johann Scheffler (1624 bis 1677) Verfasser von »Der Cherubinische Wandersmann« und zahlreicher Kirchenlieder.

anima candida eine reine Seele, ein lauteres Gemüt.

anima naturaliter christiana wörtlich: die Seele (ist) von Natur aus (eine) christliche. Eine von dem römisch-christlichen Denker Tertullian (um 160 bis 220) geprägte Formel in der Bedeutung: auch ohne Taufe ist die Hinordnung des Menschen auf die geistige Wahrheit und Gnade vorhanden. Ein für die katholische Dogmatik praktisch verbindlicher Grundgedanke.
anni currentis im laufenden Jahr.
anni futuri kommenden Jahres, im nächsten Jahr.
anni praeteriti im vergangenen Jahr.
anno salutis im Jahre des Heils.
anno domini im Jahre des Herrn, zum Beispiel: A. D. MCMLXX (1970).
annus discretionis Jahr der Mündigkeit.
annus gratiae Gnadenjahr.
ante Christum natum vor Christi Geburt.
ante diem vor einem (bestimmten) Tag: auch: bei Tagesanbruch.
ante meridiem wörtlich: vor dem Mittag, das ist: vormittags; abgekürzt mit a. m.
anulus piscatoris wörtlich: Fischerring; gemeint ist der Ring des Papstes nach dem Schriftwort: »Von nun an wirst du Menschenfischer sein ...«.
a. p. siehe bei: anni praeteriti.
apage, satana! wörtlich: Weiche, Satan! Fort von mir, Satan! Heb dich weg, Satan! Nach dem Evangelium des Matthäus (4, 10) oder auch des Lukas (4, 8). Diese Wendung ist eigentlich griechisch.
a posteriori wörtlich: im nachhinein; hinterher; aus der Erfahrung stammend. Ein Fachausdruck der Philosophie.
a potioti (fit denominatio) wörtlich: nach der Hauptsache (soll sich die Bezeichnung richten).
a priori wörtlich: von vornherein; selbstverständlich, der ursprünglichen Vernunft entstammend. Häufiger Fachausdruck in der Sprache der Philosophie.
arbiter elegantiarum wörtlich: Schiedsrichter in Angelegenheiten des Geschmacks. Ursprünglich Beiname des Petronius, eines Vertrauten des römischen Kaisers Nero (54 bis 68), der von Tacitus (römischer Geschichtsschreiber, um 55 bis 120) als Meister verfeinerten Lebensgenusses, zugleich aber doch als tatkräftiger und männlicher Charakter geschildert wird.

ars amandi wörtlich: die Kunst zu lieben. Es handelt sich um den Titel einer Schrift des römischen Dichters Ovid (43 v. Chr. bis 18 n. Chr.).
ars longa vita brevis Die Kunst ist lang, das Leben kurz. Ein Sprichwort, das dem berühmten Arzt der Antike, Hippokrates (um 400 v. Chr.), zugeschrieben wird und von späteren Dichtern immer wieder aufgegriffen wurde, zum Beispiel von Goethe im »Faust« I (Studierzimmer, Wagner).
audiatur et altera pars wörtlich: Man höre auch die andere Seite, die andere Partei. Man muß, um zu einem gerechten Urteil zu kommen, immer beide Teile, beide Parteien hören. In dem Werk »Schimpf und Ernst« des deutschen Dichters Johannes Pauli (1522); findet sich aber schon bei dem römischen Philosophen Seneca (etwa 1 bis 65 n. Chr.) und später bei Augustinus (354 bis 430). Gebräuchlich als Grundsatz bei Rechtsstreitigkeiten.
auditorium maximum bedeutet: der größte Hörsaal einer Universität. Heute als studentisches Kurzwort auch: Audimax gebräuchlich.
Auguren-Lächeln Auguren waren römische Priester, die den Flug und den Ruf der Vögel beobachteten und daraus Weissagungen herleiteten. Der römische Feldherr und Senator Cato hat sich Äußerungen Ciceros zufolge (in dessen Werk De Divinatione, II, 24, 51) darüber gewundert, daß ein Augur (Haruspex) nicht lache, wenn er einen anderen Haruspex sähe. Cato meinte offenbar, daß die beiden durch ihr Lächeln das Einverständnis über den Schwindel, den sie betrieben, ausdrücken würden. Augurenlächeln hat daher die Bedeutung eines einverständlichen Blickwechsels zweier Personen, die sich über den geheimgehaltenen Sachverhalt einer in Rede stehenden Angelegenheit stillschweigend einig wissen.
aurea mediocritas wörtlich: die goldene Mitte. Eine Formel, die der römische Dichter Horaz (65 bis 8 v. Chr.) in seinen Oden erstmals verwendet haben dürfte.
aurea prima sata est aetas Hervorgebracht wurde als erstes das Goldene Zeitalter; der oft zitierte Anfang des Gedichts von den Vier Zeitaltern nach Ovids Metamorphosen I, 87.
aurora musis amica wörtlich: Aurora – die Göttin

der Morgenröte – ist die Freundin der Musen. Die Sentenz ist gleichbedeutend mit dem deutschen Sprichwort: Morgenstund' hat Gold im Mund.

Austriae est imperare orbi universo Alles Erdreich ist Österreich untertan, in der Abkürzung AEIOU, gilt als Wahlspruch des letzten in Rom gekrönten deutschen Kaisers Friedrich III. (1440 bis 1493). Eine andere Auslegung lautet: Austria erit in orbe ultima; dies in zweierlei Bedeutung: a) Österreich wird sein (bestehen) bis ans Ende der Welt und b) Österreich wird sein (sich ausdehnen) bis ans Ende der Welt. In der zweiten Bedeutung verwirklicht zur Zeit Kaiser Karls V., in dessen Reich die Sonne nicht unterging. Verballhornung: Aller Ehren ist Österreich voll (in der lateinischen Schrift wurde nämlich U als V wiedergegeben).

aut Caesar aut nihil wörtlich: entweder Cäsar oder nichts; im Sinne von: alles oder nichts. Wahlspruch des Cesare Borgia (1475 bis 1507), des natürlichen Sohnes des Papstes Alexander VI., Herzogs der Romagna.

ave Caesar, morituri te salutant wörtlich: Sei gegrüßt, Kaiser, die dem Tod Geweihten grüßen dich. Überliefert von dem römischen Schriftsteller Sueton (um 120 n. Chr., Geheimsekretär des Kaisers Hadrian); es handelt sich um die Grußworte, die von den Kämpfern – Gladiatoren – in der Arena dem Kaiser beim Einzug entboten wurden.

B

beatae memoriae seligen Andenkens.

beati possidentes glücklich die Besitzenden, oder: Glücklich, wer im Besitze lebt.

beatissima virgo die allerseligste Jungfrau; ehrende Bezeichnung der Jungfrau und Gottesmutter Maria.

beatus ille, qui procul negotiis wörtlich: Glücklich jener, der fern (ist) von Geschäften. Eine Sentenz nach dem römischen Dichter Horaz (65 bis 8 v. Chr.), gewissermaßen »Seligpreisung« für einen Urlauber ...

bella gerant alii, tu felix Austria nube! wörtlich: Kriege führen mögen die anderen, du, glückliches Österreich, heirate! Angeblich ein Ausspruch des Königs von Ungarn Matthias Corvinus (1458 bis 1490); damit wird auf die durch Heirat erworbenen Länder und Besitzungen des Hauses Österreich angespielt.

bellum omnium contra (in) omnes wörtlich: Krieg aller gegen alle. Der englische Philosoph Thomas Hobbes (1588–1679) erklärt in seiner Staatslehre dies als den Urzustand der Gesellschaft.

beneficia non obtruduntur wörtlich: Wohltaten werden nicht aufgedrängt; ein Rechtsgrundsatz, wonach man niemand zwingen kann, Wohltaten anzunehmen.

beneficium senectutis wörtlich: Wohltat des Alters, auch im Sinne von: Vorrecht des Alters; gemeint ist, daß auch das Alter seine angenehmen Seiten hat.

bene meritus ein wohlverdienter Mann; ein Mann mit hohen Verdiensten um eine Sache. Bene merenti bedeutet: dem Wohlverdienten und gibt einer Widmung Ausdruck.

bene valete! lebt wohl – eine alte Grußformel.

bene vixit, qui bene latuit wörtlich: Glücklich hat gelebt, wer in glücklicher Verborgenheit lebte. Sentenz in den »Tristien« des römischen Dichters Publius Ovidius Naso, genannt Ovid (43 v. Chr. bis 18 n. Chr.).

bibamus lasset uns trinken – Sentenz aus der Trink- und Weinpoesie.

biblia pauperum wörtlich: Die Bibel der Armen; so bezeichnet, weil sie von den »Pauperes Christi« (den Armen Christi, worunter die Predigermönche zu verstehen sind) gerne gebraucht wurde. Eine Darstellung der biblischen Geschichte von der Erschaffung des Menschen bis zur Auferstehung Christi in jeweils vierzig bis fünfzig Bildern, oftmals mit lateinischen Kurztexten versehen.

bis dat, qui cito dat wörtlich: Doppelt gibt, wer schnell gibt. Ein altes römisches Sprichwort.

bona fide gewissenhaft, aufrichtig, ernsthaft. In gutem Glauben. Bona fide handeln heißt: etwas in der Überzeugung tun, daß man im Recht ist, daß man vertrauen darf.

brevi manu kurzerhand, kurzweg, ohne Umstände, ohne Förmlichkeiten.

C

Caesar ad rubiconem wörtlich: Cäsar am Rubikon; siehe auch bei: Alea iacta est. Die Wendung bedeutet, vor einer wichtigen Entscheidung stehen, und war schon bei den Römern sprichwörtlich.

camera obscura Dunkelkammer; wenn in einen dunklen Raum durch eine ganz kleine Öffnung Licht eingelassen wird, verkehrt sich das Bild der äußeren Gegenstände auf der Gegenwand der Dunkelkammer.

canis a non canendo der Hund (wird Hund genannt), weil er nicht singt (vom Nicht-singen). Ein spöttischer Ausdruck, der bei dem römischen Schriftsteller Varro (116 bis 26 v. Chr.) in einem Werk über die lateinische Sprache aufscheint; siehe auch bei: Lucus a non lucendo.

cantus firmus wörtlich: festes (starkes) Lied; bezeichnet die Stimme, die ein Komponist dem Choral oder dem Volkslied entnimmt, um eine oder mehrere Gegenstimmen hinzuzufügen.

Capitis deminutio wörtlich: des Hauptes Verminderung; bedeutet Ehrenminderung durch Verlust eines höheren Standes oder Amtes; Herabsetzung einer Person.

captatio benevolentiae haschen nach Gunst, Trachten nach Wohlwollen Höhergestellter; Gunstwerbung. Der Ausdruck wird dem römisch-christlichen Schriftsteller Boethius (480 bis 524) zugeschrieben. Er war Minister Theoderichs d. Großen, sein Hauptwerk führt den Titel »Tröstung der Philosophie«.

carmina burana wörtlich: Lieder aus Beuern. Sammlung von mittellateinischen Liedern fahrender Schüler (Scholaren), die in einer Handschrift des 13. Jahrhunderts in der Abtei Benediktbeuern (Oberbayern, nahe dem Kochelsee) aufgefunden wurden. Moderne Vertonung durch Carl Orff.

carpe diem wörtlich: Pflücke den Tag. Das heißt: Laß den Tag (die Gelegenheit, die Zeit) nicht ungenützt vorübergehen. Dieser Sinnspruch des Horaz (Oden I, 11) wird als Krönung epikuräischer Weisheit angesehen. Der griechische Philosoph Epikur (341 bis 270 v. Chr.) gilt als Lehrer verfeinerter Kunst des sinnlichen Lebensgenusses, der Seelenruhe mittels kluger Zügelung maßloser Begierden.

casu durch Zufall.

casus belli der Kriegsfall. Bezeichnung eines Umstandes, der einen Krieg auslösen kann.

casus conscientiae Gewissensfall in der Bedeutung von: Gewissensangelegenheit.

causa finita est die Sache ist entschieden. Demnach ist es sinnlos, sie noch einmal aufzurollen. Siehe auch bei: Roma locuta.

cave canem wörtlich: Hüte dich vor dem Hund. Gebräuchliche Warnungsinschrift an Hauseingängen, schon im alten Rom. Funde aus Pompei sind erhalten.

cedo maiori wörtlich: ich überlasse es dem Größeren; vor Größeren trete ich zurück. Sentenz nach dem römischen Dichter Martial (um 40 bis 102 n. Chr.).

certus amicus rebus incertiis wörtlich: Sicherer Freund in unsicheren Dingen. So viel wie: den wahren Freund erkennst du, wenn es dir schlecht geht. Siehe auch bei: Amicus certus in re incerta cernitur.

ceterum censeo (Carthaginem delendam esse) Im übrigen meine ich (daß Karthago zerstört werden muß); angeblich hat der römische Politiker Cato (234 bis 149 v. Chr.) alle seine Senatsreden mit diesem Satz abgeschlossen. Die Formel wird in verschiedensten Abwandlungen, im Sinne einer immer wiederkehrenden Forderung, häufig angewendet.

ceteris paribus unter sonst gleichen Bedingungen.

cf. Abkürzung für das lateinische Wort confer, vergleiche.

character indelebilis unzerstörbares Merkmal; nach kirchlicher Auffassung sind zum Beispiel Sakramente wie Taufe oder Priesterweihe unzerstörbar. Man versteht unter diesem Ausdruck im allgemeinen eine nie mehr entziehbare Fähigkeit.

charta wörtlich: Blatt, Karte. Bei den Römern ein Blatt von der Papyrusstaude, deren kreuz und quer aufeinandergepreßte Markschichten das Schreibmaterial abgaben. Im Mittelalter wurde jede Urkunde als Charta bezeichnet, besonders, wenn sie wichtige Rechte und Freiheiten beinhaltete; siehe auch bei: Magna Charta.

circa abgekürzt: ca. – ungefähr, in etwa, gegen.

circiter abgekürzt: cr. – ungefähr.

circus maximus wörtlich: die größte Rennbahn. Bezeichnung des mutmaßlich schon 329 v. Chr. für 80.000 Zuschauer angelegten Kampfplatzes für Wettrennen und prunkvolle Aufzüge am Fuße des Palatinischen Hügels in Rom. Unter den Kaisern Domitian und Trajan für 250.000 Zuschauer erweitert. Die letzten Spiele fanden 549 n. Chr. statt. Der römische Circus Maximus ist noch nicht vollständig ausgegraben. Im übertragenen Sinne gilt die Bezeichnung auch für: Ausgelassenheit, wilde Heiterkeit, große Festlichkeit.

circulus vitiosus wörtlich: fehlerhafter Kreis, Zirkel, Schluß. In der Logik ist ein Trugschluß, wodurch das zu Beweisende in unzulässiger Weise für die Beweisführung benützt wird. Zum Beispiel: Der Wein macht trunken, weil er eine trunkenmachende Wirkung hat. Der Ausdruck wird auch verwendet im Sinne von: Teufelskreis, eine Sache, aus der man nicht herauskommt. Ferner entsprechend der Sentenz: eine Katze, die sich in den Schwanz beißt; eine Angelegenheit, die nicht ans Ziel führt, sondern sich immer nur im Kreis bewegt.

citius, altius, fortius schneller, höher, stärker – altes Motto für den sportlichen Geist der Olympischen Spiele.

cito, auch citissime eilig, bzw. sehr eilig, als Kurzvermerk auf Rezepten oder Briefsachen gebräuchlich.

civis romanus sum wörtlich: ich bin ein römischer Bürger. Damit wollte man sagen, daß man keiner fremden Gerichtsbarkeit unterstehe, daß man von Fremdstaaten nicht zur Verantwortung gezogen werden dürfe. Das Wort ist ein Zitat nach Cicero und wurde laut Apostelgeschichte (22, 28) auch von Paulus gebraucht.

clericus clericum non decimat wörtlich: Ein Geistlicher nimmt von einem (anderen) Geistlichen keinen Zehent (Tribut); gleichbedeutend mit dem deutschen Sprichwort: Eine Krähe hackt der anderen kein Auge aus.

C + M + B ist die Abkürzung für: Christus mansionem benedicat, also: Christus segne (dieses) Haus. Die Segensformel wird am Dreikönigstag (6. Januar) mit geweihter Kreide über die Eingangstüren geschrieben. Nach anderer Auslegung bedeuten die Buchstaben: Caspar, Melchior, Balthasar. Auch wird manchmal K + M + B geschrieben, wobei das K dann für Kaspar stehen kann, oder auch die volle Lesart: Kyrios (grch. der Herr) mansionem benedicat lautet.

cogito, ergo sum Ich denke, also bin ich. Der sehr bekannte Grundsatz des französischen Philosophen René Descartes (1596 bis 1650), des Rationalisten, der damit die erste und sicherste Erkenntnis bezeichnen will.

coincidentia oppositorum wörtlich: Zusammenfall der Gegensätze. Womit gemeint ist, daß sich die Gegensätze im Unendlichen gegenseitig aufheben. Ein Grundsatz des humanistischen Gelehrten und Kardinals Nikolaus Cusanus (1401 bis 1464): alle endlichen Gegensätze fallen im Unendlichen, also in Gott, zusammen.

communi consensu unter allgemeiner Zustimmung.

concepi wörtlich: ich habe es verfaßt. Sein »concepi« unterschreiben, heißt sich als Verfasser bezeichnen.

conceptio immaculata unbefleckte Empfängnis Marias, der Mutter Jesu. Darunter ist das von Papst Pius IX. 1854 verkündete Dogma zu verstehen, wonach Maria empfangen worden ist, ohne daß die Erbsünde auch auf sie übertragen worden wäre.

concordia res parvae crescunt, discordia maximae dilabuntur Durch Eintracht wächst Kleines, durch Zwietracht zerfällt das Größte. Zitat nach dem römischen Geschichtsschreiber Sallust (86 bis 34 v. Chr.).

concursus ad delictum Zusammenwirken von mehreren Personen beim Begehen einer strafwürdigen Tat.

concursus creditorum wörtlich: Zusammenlaufen der Gläubiger. Daraus ist unsere Kurzform »Konkurs« entstanden.

concursus delictorum Verübung mehrerer strafbarer Handlungen durch eine einzelne Person.

conditio iuris wörtlich: Bedingung des Rechts. Eine Voraussetzung, die sich aus einem Geschäft notwendigerweise von selbst ergibt.

conditio sine qua non eine Bedingung ohne die (etwas Bestimmtes) nicht (eintreten kann); eine unerläßliche Bedingung. (Richtiger: Condicio sine qua non).

confer vergleiche! Abkürzung: cf. Gebräuchlich als Hinweis, besonders in wissenschaftlichen Werken.

Confessio Augustana das Augsburgische Bekenntnis, von Melanchthon verfaßte Schrift, die 1530 Kaiser Karl V. zu Augsburg überreicht wurde; bis heute als Bekenntnisschrift der Lutheraner amtliches Glaubensgut des Protestantismus.

Confoederatio Helvetica das Helvetische Bündnis, als Bezeichnung der schweizerischen Eidgenossenschaft; daher auch das Schweizer Kfz.-Kennzeichen »CH«.

consecutio temporum wörtlich: Folge der Zeiten. Gemeint die gesetzmäßige Aufeinanderfolge der Zeiten (tempora) im grammatikalischen Gefüge eines Satzes.

consensu contrahitur durch Übereinstimmung kommt eine Verbindlichkeit (ein Vertrag) zustande; dieser Grundsatz gilt nicht allgemein, sondern nur hinsichtlich der sogenannten Consensual-Kontrakte – bei Gesellschaften, Mandaten, Kauf, Miete.

consensus gentium bei allen Völkern herrschende gleiche Ansicht.

consensus omnium die Meinung aller, allgemeine Übereinstimmung.

consilia evangelica wörtlich: die evangelischen Räte, Ratschläge. Dabei handelt es sich um sittliche Vorschriften, die nicht allgemein verbindlich sind und die nur freiwillig übernommen werden, wie zum Beispiel die klösterlichen Gelübde von Armut, Gehorsam und Keuschheit.

consilium abeundi der Rat, (von etwas) wegzugehen, d. h. von einer Sache abzustehen. Wer diesen Rat nicht befolgt, wird zum Nachgeben gezwungen. Die Wendung steht im Zusammenhang mit der Verweisung eines Schülers von der Schule, daher consilium auch im Sinne von: Beschluß.

consuetudo abrogatoria überholte Gewohnheit. Wenn Bestimmungen durch Entwicklung überholt sind, gelten sie als aufgehoben.

consuetudo quasi altera natura die Gewohnheit (ist) gleichsam die zweite Natur. Sentenz nach dem römischen Staatsmann und Schriftsteller Cicero (106 bis 43 v. Chr.).

consummatum est es ist vollbracht – Worte Jesu am Kreuz.

contradictio in adiecto wörtlich: Widerspruch im Beiwort. Gemeint ist eine widersprechende Begriffsverknüpfung, zum Beispiel: viereckiger Kreis, weißer Rappe.

contra legem gegen das Gesetz.

contra sextum gegen das sechste (Gebot); meint einen Verstoß gegen die Keuschheit, Sittlichkeit.

coram notario et testibus vor Notar und Zeugen.

coram publico angesichts der Öffentlichkeit, öffentlich, vor versammeltem Volk.

cordialiter herzlich, vertraulich, freundschaftlich.

corpus Christi mysticum der geheimnisvolle Leib Christi. Theologisches Verständnis des Begriffs Kirche.

corpus delicti Gegenstand des Vergehens, der den Nachweis für ein Vergehen erbringt. Übertragen: Beweisstück, Tatbestand.

corpus iuris Name für Gesetzessammlungen und Rechtsbücher. Corpus iuris civilis: Rechtsbücher des oströmischen Kaisers Justinian (527 bis 565); 530 bis 564 wurde darin das Römische Recht zusammengefaßt; die Sammlung und Vereinigung erfolgte im 12. Jahrhundert. Corpus iuris canonici: Sammlung von Rechtsquellen des kanonischen Rechts; das kanonische Recht ist das Kirchenrecht einer christlichen Religionsgemeinschaft – eine Zusammenfassung aller Bestimmungen zur Regelung des kirchlichen Lebens.

crambe repetita aufgewärmter Kohl. Längst allgemein Bekanntes, das als neu hingestellt wird. Der spöttische Ausdruck stammt von dem römischen Dichter Juvenal (60 bis 140 n. Chr.).

credat Iudaeus Apella wörtlich: Das soll der Jude Apella glauben. Sinngemäß: Das glaube, wer mag. Das Zitat stammt aus den Satiren des römischen Dichters Horaz (65 bis 8 v. Chr.).

credo, quia absurdum wörtlich: Ich glaube, weil es widersinnig ist. Das Widersinnige ist zu verstehen als das, was die Grenzen des menschlichen Verstehens überschreitet. Ein Grundsatz, der dem ersten großen lateinischen Kirchenschriftsteller Tertullian zugeschrieben wird. Der Wortlaut der Sentenz ist bei Tertullian (um 160 bis 220) allerdings etwas anders.

crimen laesae maiestatis das Verbrechen der Majestätsbeleidigung.

crux das Kreuz. Eine Crux auf sich nehmen, wörtlich: ein Kreuz auf sich nehmen; das heißt: eine Last, eine Bürde auf sich nehmen, einen Kummer ertragen müssen.

c. t. siehe bei: cum tempore.

cucullus non facit monachum wörtlich: Die Kutte macht nicht den Mönch. Bedeutet: Äußerlichkeiten haben mit dem Wesen nichts zu tun. In gewissem Sinne das Gegenteil des Sprichworts: Kleider machen Leute.

cui bono? wörtlich: Wem zum Guten? Das heißt: wozu, wem soll es nützen? Ein Wort des sittenstrengen Römers Lucius Cassius, von dem der römische Politiker Cicero (106 bis 43 v. Chr.) in seiner »Philippica« (2) berichtet und der bei gerichtlichen Untersuchungen den Richtern nachdrücklich zu verstehen gab, sie müßten jeweils herausfinden, wem zu Nutzen eine Tat geschah.

cuius regio, eius religio wörtlich: Wessen Gebiet, dessen Religion. Ein Grundsatz, der im Augsburger Religionsfrieden (1555) festgelegt wurde, wonach das Religionsbekenntnis der Untertanen von der Obrigkeit bestimmt werden durfte. Man vergleiche die deutsche Wendung: Wes Brot ich ess', des Lied ich sing.

cum grano salis wörtlich: Mit einem Körnchen Salz. In Anlehnung an einen Ausdruck des römischen Schriftstellers Plinius d. Ä. (23 bis 79 n. Chr.), mit dem er in einem Rezept den Bestandteil eines Gegengiftes angab. Wird verwendet in der Bedeutung: es ist nur ein wenig witzig, nämlich ironisch gemeint, aber wir finden in der Sache noch eine Spur von Wahrheit. Heute allgemein in der Bedeutung von: mit ein bißchen Witz, nicht ganz wörtlich zu nehmen, mit gewisser Einschränkung zu verstehen.

cum infamia mit Schimpf und Schande.

cum laude mit Lob, lobenswert. Beurteilungsgrad bei akademischen Abschlußprüfungen.

cum tempore wörtlich: mit Zeit. Eine Zeitangabe, die ausdrückt, daß der Beginn einer Veranstaltung (Vorlesung) mit dem sogenannten »akademischen Viertel«, also eine Viertelstunde später ist.

cura pecuniae wörtlich: des Geldes Sorge; Geldsorgen, finanzielle Sorgen. Die Wendung ist eine sinnverändernde Verkürzung aus dem Horazschen Odenvers: Crescentem sequitur cura pecuniam – dem wachsenden Geld folgt die Sorge.

cura posterior Sorge späterer Zeit; bedeutet, daß eine Sache noch nicht spruchreif ist, einen noch nichts angeht.

curriculum vitae Lebenslauf, Lebensbeschreibung. Wird bei Stellenbewerbungen vom Bewerber öfters verlangt, und zwar meist handschriftlich. Die Bezeichnung wird erstmals von dem römischen Staatsmann Cicero (106 bis 43 v. Chr.) in seiner Rede »Pro Rabirio« verwendet.

D

dat, dicat, dedicat oder dat, donat, dedicat er gibt, weiht und widmet; römische Formel für Gegenstände, die man den Göttern weihte, auf Inschriften mit D. D. D. abgekürzt.

d. d. d. siehe bei: dat, dicat, dedicat.

de auditu vom Hören, man weiß etwas vom »Hörensagen«; was man nicht als Augenzeuge bestätigen kann.

debet (und credit) Soll (und Haben); bezeichnet in der Buchhaltung die beiden Seiten eines Kontos. Auf der Debet-Seite (Soll) werden alle Beträge eingetragen, mit denen das Konto belastet wird.

deductio ad absurdum wörtlich: Hinführung zum Widersinnigen. Nachweis, daß sich aus einer Behauptung nur widersprechende Folgerungen ergeben können. Siehe auch bei: ad absurdum.

de facto tatsächlich, den Tatsachen entsprechend.

defensor dei Verteidiger Gottes, beziehungsweise der Kirche.

defensor fidei Beschützer des Glaubens. Damit wurden die englischen Könige tituliert. Papst Leo X. verlieh diesen Titel dem englischen König Heinrich VIII. (1491 bis 1547) für die Verteidigung der päpstlichen Autorität gegenüber Luther.

defensor matrimonii Verteidiger der Ehe. Bezeichnung des Staatsanwaltes, der bei Ehescheidungsprozessen für die Ehe eintritt.

de gustibus non est disputandum über Dinge des Geschmacks läßt sich nicht streiten; man vergleiche die französische Formel »Chacun à son goût«.

dei gratia von Gottes Gnaden. Eine Redewendung nach dem 1. Korintherbrief (3, 10) des heiligen Paulus.

de integro von neuem, wieder von vorn.

de iure von Rechts wegen; wie es dem Recht bzw. dem Gesetz entspricht.

deleatur wörtlich: es werde getilgt, es werde gestrichen, es soll ausgelassen werden, in der Buchdruckersprache bei Korrekturen verwendet als Hinweis für den Setzer, daß eine Stelle im Manuskript oder im Satz entfallen soll.

de mortuis nil nisi bene über die Toten nichts, wenn nicht Gutes; über Verstorbene soll man nur gut reden. Eine Sentenz nach dem griechischen Philosophen Chilon, einem der sogenannten Sieben Weisen Griechenlands. Dieses Wort wird auch in der abgewandelten Form gebraucht: De absentibus nil nisi bene – Über Abwesende soll nur Gutes gesprochen werden.

de nihilo nihil wörtlich: aus nichts nichts; gemeint ist: aus nichts wird nichts, kann nichts werden. Nach dem altrömischen Schriftsteller Lukrez (98 bis 55 v. Chr.).

deo gratias Gott (sei) Dank! Formel aus der Liturgie.

deo iuvante mit Gottes Hilfe. Eine Redensart, die der Babenberger Herzog Heinrich II. in der Form »Ja, so mir Gott helfe« gebraucht haben soll; danach erhielt er auch den Beinamen Jasomirgott (1114 bis 1177).

deo volente mit dem Willen Gottes; entspricht der deutschen Redewendung: So Gott will.

de profundis wörtlich: Aus den Tiefen, aus den Abgründen. Nach dem Alten Testament, Psalm 130, wo es heißt: De profundis clamavi ad te, Domine – Aus Abgrundtiefen rufe ich zu dir, Herr! Im übertragenen Sinne: aus tiefer Not.

desiderio desideravi Mit großer Sehnsucht habe ich danach verlangt. Worte Jesu vor dem Ostermahl mit den Jüngern; nach dem Neuen Testament, Lukas 22, 15.

deus in (ex) machina wörtlich: der Gott in der Maschine; der Gott, der aus der Maschine kommt. Wenn in der antiken Tragödie ein Konflikt dramaturgisch nicht anders zu lösen war, dann ließ man überraschend einen Gott oder halbgöttlichen Helden eingreifen und beförderte ihn üblicherweise mittels eines Kranes von oben herab auf die Bühne. Gebräuchlich für jemanden, der eine Situation unvermittelt und unvorhergesehen rettet.

devotio moderna frei übersetzt soviel wie: »Neue Form frommen Lebens«. Gemeint ist jene Richtung religiösen Lebens und Verständnisses, wie sie im 15. Jahrhundert besonders im Kreis um Thomas von Kempen u. a. gepflegt wurde.

diem perdidi wörtlich: ich habe den Tag verloren.

Sueton (römischer Historiker, um 120 n. Chr.) berichtet, daß Kaiser Titus (79 bis 81 n. Chr.) einmal dieses Wort ausgerufen habe, als er feststellte, daß er an einem Tag niemandem etwas Gutes getan habe.

dies a quo wörtlich: der Tag, von dem an; Anfangstermin.

dies ad quem wörtlich: der Tag, bis zu dem; also: Endtermin.

dies ater wörtlich: schwarzer Tag. So bezeichneten die Römer einen Unglückstag, an dem sie eine Niederlage erlitten.

dies diem docet ein Tag lehrt den anderen – römisches Sprichwort, gleichzusetzen dem deutschen Spruch: Durch Erfahrung wird man klug.

dies irae wörtlich: Tag des Zornes. Anfangsworte des lateinischen Hymnus auf das Weltgericht, wahrscheinlich von dem Franziskaner Thomas von Celano im 13. Jahrhundert verfaßt.

difficile est satiram non scribere es ist schwer, eine Satire (darüber) nicht zu schreiben. Bezieht sich auf Situationen oder Begebenheiten so grotesker Art, daß der Spott des Beobachters herausgefordert wird. Der Ausspruch geht zurück auf den römischen Satiriker Juvenal (60 bis 140 n. Chr.).

discite, moniti! lernt, (ihr seid) gewarnt! Zitat aus der »Äneis« des Vergil (70 bis 19 v. Chr.).

dixi wörtlich: Ich habe gesprochen. Eine Schlußformel, die besagt, daß man einer Sache nichts mehr hinzuzufügen wünscht.

doctor utriusque iuris Doktor beider Rechte. Diese beiden Rechte sind das bürgerliche sowie das kanonische. Demzufolge wird der Doktor iuris üblicherweise zum »Doktor beider Rechte« promoviert.

dolus eventualis wörtlich: Vergehen bei Gelegenheit. Wenn jemand eine widerrechtliche Sache zwar nicht selbst herbeiführt, aber doch damit einverstanden ist, wenn sie eintritt, und sie sich zunutze macht.

domine, quo vadis? siehe bei: Quo vadis.

donato mortis causa Schenkung auf den Todesfall, von Todes wegen. Erfolgt bzw. tritt ein nach Ableben des Schenkers und stellt eine Abart eines Vermächtnisses dar. Bedingung ist die Testierfähigkeit des Schenkers.

donec eris felix, multos numerabis amicos So lange du glücklich bist, wirst du viele Freunde zählen, im Glück hast du viele Freunde. Zitat aus den »Tristien« des Ovid (43 v. bis 18 n. Chr.).

do, ut des wörtlich: Ich gebe, damit du gibst. Eine Auffassung des römischen Rechtsdenkens, wonach man zu einer Leistung nur dann bereit ist, wenn der Partner seinerseits eine Gegenleistung erbringen will. Im weiteren Sinn entspricht der Satz auch einem religiösen Denken, demzufolge die moralische Leistung des Menschen mit einer göttlichen Gegenleistung in Zusammenhang gebracht wird. Schließlich kann man mit dieser Formel auch die Annahme ausdrücken, daß bei finanziellen Transaktionen möglicherweise Bestechung vorliegt.

dulce et decorum est pro patria mori Süß und ehrvoll ist es, für's Vaterland zu sterben. Zitat aus den Oden des römischen Dichters Horaz (65 bis 8 v. Chr.), das auf den griechischen Dichter Tyrtäus um 670 v. Chr. zurückgeht.

dum spiro, spero so lange ich atme, hoffe ich.

duo quum faciunt idem, non est idem wenn zwei dasselbe tun, so ist es nicht dasselbe. Man will damit sagen, daß gleiche Handlungen verschiedene Bedeutung haben, je nach denen, die sie ausführen. Eine Redewendung, die auf den römischen Komödienschreiber Terenz (gest. 159 v. Chr.) zurückgeht.

E

ecce homo! Sehet, (welch ein) Mensch! Nach dem Johannes-Evangelium (19, 5) Ausruf des römischen Statthalters Pilatus angesichts des gegeißelten und mit Dornen gekrönten Jesus von Nazareth, als er ihn den Juden vorführen ließ. Auch die Bezeichnung für die künstlerische Darstellung eines dornengekrönten Christus.

ecclesia militans wörtlich: die streitende Kirche, worunter man die noch auf der Erde nach Vollkommenheit strebenden Gläubigen, das Volk Gottes schlechthin versteht.

ecclesia triumphans wörtlich: die triumphierende Kirche. Man versteht darunter die Gemeinschaft der Seligen im Himmel.

edidit wörtlich: (er) hat herausgegeben. Verwendung bei Büchertiteln, auch in der Abkürzung: ed.

edite, bibite, collegiales! schmauset, trinket, Freunde! Kehrreim des bekannten Studentenliedes: »Ça ça geschmauset...«.

emeritus einer, der ausgedient hat. Heute schon seltener gewordene Bezeichnung für Geistliche und Hochschullehrer im Ruhestand.

eo ipso eben dadurch, von selbst, ohne weiteres.

epitheton ornans wörtlich: schmückendes Beiwort; zum Beispiel, wenn von der griechischen Göttin Hera als der »kuhäugigen Hera« oder von Eos, der Morgenröte, als der »rosenfingrigen« geredet wird (bei Homer).

e pluribus unum aus (den) vielen eins – Wahlspruch der Vereinigten Staaten von Amerika.

ergo bibamus! darum lasset uns trinken! Spruch trinkfreudiger Gesellen. Bekannt durch das Lied von Johann Wolfgang v. Goethe: »Hier sind wir versammelt...«.

eritis sicut deus, scientes bonum et malum wörtlich: Ihr werdet sein wie Gott, wissend, was gut und böse ist. Zitat nach dem Alten Testament (1. Buch Moses). Man vergleiche die Worte des Mephistopheles zum Schüler in Goethes »Faust«.

errare humanum est wörtlich: Irren ist menschlich. Direkt abgeleitet aus einer Schrift des Kirchenlehrers Hieronymus (um 340 n. Chr.); der Gedanke ist älter und schon nachzuweisen bei den griechischen Dramatikern Sophokles und Euripides, oder auch bei Demosthenes und Cicero. Bei letzterem heißt es: Jeder Mensch kann irren, nur der Tor wird im Irrtum verharren. Beim älteren Seneca (etwa 55 v. bis etwa 39 n. Chr.) findet sich: Humanum est errare.

errata wörtlich: Irrtümer. Fachausdruck für Druckfehler in Büchern, auf die oftmals durch sogenannte »Errata-Zettel« hingewiesen wird.

est modus in rebus, sunt certi denique fines Es ist ein Maß in den Dingen, es gibt schließlich bestimmte Grenzen. Zitat aus den »Satiren« des Horaz (65 bis 8 v. Chr.).

et – et sowohl als auch; zum Beispiel: »Es ist die Frage, ob es um die Erziehung zur Vernunft oder den Glauben geht. Ich möchte sagen: et – et...«.

etc. siehe bei: et cetera.

et cetera und weiters, und so weiter, ferner.

ex abrupto wörtlich: aus dem Abgebrochenen, Unvermuteten. Die Wendung hat die Bedeutung von: plötzlich, unversehens, unvermutet, aus dem Stegreif.

ex aequo wörtlich: auf Grund des Gleichen, unentschieden. In der Bedeutung von: an gleicher Stelle; wenn bei sportlichen Wettkämpfen zwei Kämpfer die gleiche Leistung zustandebringen.

ex aequo et bono nach Recht und Billigkeit. Diese Formulierung entstammt dem römischen Geschichtsschreiber Sallust (86 bis 35 v. Chr.).

ex asse ganz, ganz und gar, vollständig, auf Heller und Pfennig. »As« war eine römische Münzeinheit.

ex cathedra Petri wörtlich: vom Lehrstuhl des Petrus aus. Bezeichnet einen Ausspruch des Papstes, der nach dem 1870 verkündeten Dogma (I. Vatikanisches Konzil) als »unfehlbar« und allgemein verbindlich gilt. Im weiteren Sinne spricht man von »Ex-Cathedra-Entscheidungen« bei Verkündungen von maßgebender Stelle aus, also bei verbindlichen Lehrsätzen.

excommunicatio (maior und minor) Kirchenbann (großer und kleiner). Ausschluß aus der kirchlichen Gemeinschaft. Wurde früher durch päpstliche Bullen verhängt.

exegi monumentum aere perennius Ich habe (mir) ein Denkmal errichtet, dauernder als Erz. Zitat des ersten Verses aus der letzten Ode des 3. Buches der »Carmina« des Horaz (65 bis 8 v. Chr.).

exempla docent (illustrant) Beispiel lehren, Beispiele erläutern, Beispiele sind bildhaft.

exempla sunt odiosa wörtlich: Beispiele sind hassenswert; im Sinne von: Beispiele anzuführen, ist gehässig. In der Bedeutung, daß man von etwas nicht gerne spricht.

exempla trahunt wörtlich: Beispiele ziehen; in der Bedeutung: reißen mit sich fort.

exempli causa beispielsweise, zum Beispiel; oftmals abgekürzt: e. c.

exemplum statuere Exempel statuieren, exemplarisch bestrafen, zwecks Abschreckung bestrafen. Eine Redewendung nach dem lateinischen Schriftsteller Livius (59 v. bis 17 n. Chr.).

exercitia spiritualia wörtlich: geistliche Übungen; Frömmigkeitsübungen.

ex – lex außerhalb des Gesetzes, rechtlos, vogelfrei.

ex libris aus den Büchern, d. h. aus der Bibliothek des . . . Zeichen mit dem Namen und/oder Wappen eines Bucheigners, oftmals künstlerisch gestaltet.

ex nexu außer Verbindung, ohne Zusammenhang.

ex oriente lux wörtlich: Aus dem Osten (kommt) das Licht. Uralte Anschauung, daß alle Kultur so wie die Sonne aus dem Osten kommt. So wird der Chor der christlichen Kirchen seit je in östlicher Richtung angelegt; vielfach wurden auch die Toten mit dem Gesicht nach Sonnenaufgang bestattet.

ex officio von Amts wegen, amtlich, offiziell.

ex parte zum Teil, teilweise, von seiten.

experto credite wörtlich: Glaubet dem, der es selbst erfahren hat. Ein Zitat aus der »Äneis« des Vergil (70 bis 19 v. Chr.). »Expertus« ist hier nicht ein Sachverständiger, sondern ein Mann, der auf Grund von eigenen Erfahrungen zuverlässige Urteile abzugeben imstande ist.

explicit ist die Abkürzung von: Volumen explicitum est – die Bücherrolle ist abgewickelt, das Buch ist zu Ende.

ex post (facto) hinterher, nachdem eine Tat geschehen ist, im nachhinein.

expressis verbis wörtlich: mit ausdrücklichen Worten. Auch: ausdrücklich betont, dem genauen Wortlaut nach, wortwörtlich.

ex professo von Amts wegen, von Berufs wegen, absichtlich, vorsätzlich, geflissentlich.

ex propriis (ex proprio) aus eigenem, aus eigenen Mitteln, aus eigener Kraft, aus eigenem Antrieb.

ex tempore wörtlich: aus der Zeit, in der Bedeutung von: aus dem Augenblick heraus gesagt oder getan, aus dem Stegreif. In Komödien wird gerne »extemporiert«.

extra ecclesiam nulla salus außerhalb der Kirche (ist) kein Heil. Ein Grundsatz, nach dem sich die römisch-katholische Kirche als »alleinseligmachende« versteht.

extra muros außerhalb der (Stadt)Mauern; im übertragenen Sinne: außerhalb des eigenen Bereichs.

ex ungue leonem An der Klaue (erkennt man) den Löwen. Gleichzuhalten dem ins Heitere übertragenen deutschen Sprichwort: Am Ringelschwanz erkennt man doch das Schwein. Der Gedanke, nämlich vom Teil aufs Ganze zu schließen, auf den der Sinnspruch abzielt, findet sich bei dem griechischen Historiker und Philosophen Plutarch (um 46 bis 120 n. Chr.).

ex voto auf Grund eines Gelöbnisses, einem Gelübde zufolge. Das Wort wurde auch als Aufschrift auf Weihegeschenke (an Wallfahrtsorten) verwendet.

F

fabula docet die Fabel lehrt, die Geschichte lehrt; gebräuchlich im Sinne von: Die Moral von der Geschichte ist ...

facio, ut des (oder **facias**) ich tue (dies), damit du (etwas) gibst. Grundsätze des römischen Rechts; siehe bei: Do ut des.

facta loquuntur die Tatsachen reden, oder: eine Sache spricht für sich selbst.

fac totum wörtlich: mach alles, tu alles. Eingedeutscht als »Faktotum« in der Bedeutung von: Helfer in allen Dingen, Mädchen für alles.

fama crescit eundo wörtlich: das Gerücht wächst, während es sich verbreitet. Je mehr sich ein Gerücht verbreitet, um so größeren Umfang nehmen seine Inhalte an. Eine Sentenz aus Vergils »Äneis« (römischer Dichter, 70 bis 19 v. Chr.).

favete linguis! wörtlich: Begünstigt (die Opferhandlung) durch die Zungen; sprecht nichts Unrechtes, schweigt lieber. Gleichzusetzen dem deutschen Sprichwort: Hüte deine Zunge!

fecit wörtlich: (er) hat (es) gemacht; in Verbindung mit dem Namen des Künstlers auf Kunstwerken, um den Urheber des Kunstwerkes namhaft zu machen.

felix (**Austria**, oder auch **Germania**) glückliches Österreich! Glückliches Deutschland! Als Ausruf, mit beliebig anderen Namen zu ergänzen, nach besonderem Erfolg, in günstigen Umständen usw.

felix culpa glückliche Schuld. Religiöser Gedanke christlicher Bekenntnisse, wonach der Sünder durch die Vergebung in einem glücklicheren Zustand sich befindet, als bevor er sündigte. Im Exsultet, dem Jubelgesang der Osterliturgie, heißt es: Felix culpa, quae talem ac tantum meruit habere Redemptorem – Glückliche Schuld, die uns einen solchen und so großen Erlöser verdient hat.

festina lente wörtlich: Eile langsam; entsprechend dem deutschen Sprichwort: Eile mit Weile. Eine Sentenz, die dem römischen Historiker Sueton zufolge (um 120 n. Chr.) Kaiser Augustus oftmals gebraucht haben soll.

fiat iustitia, et pereat mundus es möge Recht geschehen, und sollte die Welt daran zugrunde gehen. Ähnlich dem deutschen Sprichwort: Recht muß Recht bleiben. Die Sentenz soll Kaiser Ferdinand I. (1556 bis 1564) als Wahlspruch gebraucht haben. Es wird auch zitiert: Fiat iustitia ne pereat mundus – Gerechtigkeit möge walten, damit die Welt nicht zugrunde gehe.

fiat lux es werde Licht. Nach dem ersten Buch Moses das erste Schöpfungswort Gottes.

fideliter et constanter treu und beständig.

fides graeca (oder **punica**) wörtlich: griechische (oder: punische) Treue; wird ironisch angewendet und meint: Wortbrüchigkeit, Unzuverlässigkeit.

fide, sed cui, vide! traue, aber achte darauf, wem! Analog dem deutschen Sprichwort: Trau, schau, wem!

fidus achates der getreue Achates. Dies war der Freund des Äneas, der als Muster eines treuen Begleiters gilt. Der Ausdruck entstammt der »Äneis« des Vergil (70 bis 19 v. Chr.) und kann mit jedem anderen Namen einer Person, die Treue erweist, beliebig abgeändert werden.

filia hospitalis die Tochter des Wirtes, das Wirtstöchterlein, das im Leben der Studenten vergangener Zeit oftmals eine gewisse Rolle gespielt haben dürfte ...

finis coronat opus das Ende krönt das Werk; entspricht der deutschen Wendung: Ende gut, alles gut.

floreat er blühe, er gedeihe; auch heute noch manchmal in Verbindung mit Glückwünschen oder in Ansprachen verwendet: Möge es ihm wohlergehen.

fortes fortuna adiuvat wörtlich: den Mutigen hilft das Glück. Lateinisches Sprichwort.

fortiter in re, suaviter in modo stark (unnachgiebig) in der Sache, milde in der Form. Lateinisches Sprichwort, das auch auf den Ende des 16., Anfang des 17. Jahrhunderts lebenden Jesuitengeneral Aquaviva zurückgeführt wird.

fuimus troes wörtlich: Trojaner sind wir gewesen. Bedeutet dem Sinn nach: es ist alles verloren, wir sind vernichtet. Ein Zitat aus der »Äneis« des römischen Dichters Vergil (70 bis 19 v. Chr.).

furor poeticus   dichterische Begeisterung.
furor principum   Größenwahn, Cäsarenwahn.
furor teutonicus   wörtlich: teutonischer Schrekken; im Sinne von: deutsche Urgewalt, deutsches Ungestüm. Ein Wort nach Lukanus (39 bis 65 n. Chr.).

G

gallina scripsit   wörtlich: die Henne hat (es) geschrieben; gemeint sind die »Krähenfüße« im Gesicht als Zeichen des Alterns. Zitat nach dem römischen Dramatiker Plautus (gest. 184 v. Chr.).
gallinae filius albae   wörtlich: Sohn einer weißen Henne. Sprichwörtlicher Ausdruck nach dem römischen Schriftsteller Juvenal (60 bis 140 n. Chr.), der so viel wie: Sonntagskind, Glückskind, Glückspilz bedeutet.
gaudeamus igitur   wörtlich: Daher laßt uns lustig sein. Anfang des bekannten Studentenliedes, das allerdings ursprünglich ein »Memento mori« (Todesgedenken) war. Die neuere Fassung als Studentenlied stammt von dem Pfarrer Kindleben, um 1781. Die heutige Melodie, die so wie der Text von der ursprünglichen Fassung abweicht, bekam das Lied einige Jahre später.
gaudium laboris acti   das Vergnügen (an) der getanen Arbeit, im Sinne von: nach getaner Arbeit ist gut ruhen.
genius loci   wörtlich: der Geist des Ortes. Gemeint ist der Nimbus, der einer Persönlichkeit, einem historischen Geschehen, einer Stadt, einer Landschaft eigen ist und auf Menschen zu wirken scheint. Man versteht darunter auch einen Schutzgeist, der an einem bestimmten Ort beheimatet ist, oder die charakteristische Atmosphäre eines Ortes.
genus irritabile vatum   wörtlich: das empfindsame Geschlecht der Dichter. Ein Ausdruck (als psychologische Feststellung) des römischen Dichters Horaz (65 bis 8 v. Chr.).
Gesta Romanorum   wörtlich: Taten der Römer. Sammlung von anekdotischen, sagen- und märchenhaften Erzählungen aus der römischen Kaiserzeit. Die Erzählungen sind jedoch Ende des 13. Jahrhunderts entstanden und im Stile des zeitgenössischen Rittertums abgefaßt.
gloria in excelsis deo   wörtlich: Ehre sei Gott in den Höhen. Der Lobgesang der Engel bei der Geburt Christi. Ein Teil der Meßliturgie, kurz »Gloria« genannt.
graeca sunt, non leguntur   wörtlich: Das sind griechische (Worte), (das) wird nicht gelesen. Der Ausspruch bedeutet so viel wie: es ist zu schwierig. Diese Sentenz dürfte im Mittelalter entstanden sein, als sich für manche Kommentatoren antiker Texte griechische Stellen als unverständlich erwiesen.
gradus ad Parnassum   wörtlich: Stufe zum Parnaß. Der Parnaß ist ein Gebirge in Mittelgriechenland und wurde im Altertum als Sitz des Gottes der Schönen Künste Apoll angesehen. Unter »Parnaß« versteht man daher das Reich der Kunst, besonders der Dichtkunst. Der Ausdruck »gradus ad Parnassum« bezeichnet auch griechische oder lateinische Wörterbücher für metrische und poetische Übungen.
gratia supponit naturam   wörtlich: Die Gnade setzt die Natur voraus; die Gnade knüpft an die Natur an. Bedeutet, daß im Wesen des Menschen das Streben nach Gott naturhaft da ist, durch die Gnade aber vollendet werden muß. Der Ausdruck wurde zunächst von Bonaventura (1221 bis 1274) formuliert, von Thomas von Aquin (um 1225 bis 1274) im Vollsinn entwickelt.
gutta cavat lapidem non vi, sed saepe cadendo   wörtlich: Der Tropfen höhlt den Stein nicht durch Kraft, sondern durch stetiges Fallen. Eine Sentenz nach dem römischen Dichter Ovid (43 v. bis 18 n. Chr.), die zum deutschen Sprichwort »Steter Tropfen höhlt den Stein« weiterentwickelt worden ist.

H

habeat sibi wörtlich: Er (oder: sie) habe es für sich selbst; bedeutet so viel wie: Soll er es für sich behalten, meinetwegen, von mir aus, er schreibe es sich selbst zu, er soll seinen Willen haben. Die Redewendung entstammt dem Alten Testament, 1. Buch Moses.

habemus papam wörtlich: Wir haben einen Papst. Nach der Wahl eines neuen Papstes verkündet der Kardinaldiakon von der großen Loggia der Peterskirche zu Rom mit diesem Ruf den Namen des im Konklave neu gewählten Papstes. »Annuntio vobis magnum gaudium, Papam habemus.«

habent sua fata libelli Bücher haben ihre Schicksale. Ein zum Sprichwort gewordenes Zitat aus einem spätantiken Lehrgedicht.

Hannibal ad portas (nicht »ante portas«, wie oft falsch zitiert) Wörtlich: Hannibal an den Toren; gemeint sind die Tore Roms. Der karthagische Feldherr Hannibal erschien im Laufe des Zweiten Punischen Krieges, nachdem er fast ganz Unteritalien erobert hatte, 211 v. Chr. vor Rom. Eine Redewendung nach dem römischen Redner Cicero (106 bis 43 v. Chr.), die im Sinne einer unmittelbar drohenden Gefahr gebräuchlich ist. Findet sich auch bei dem Geschichtsschreiber Livius (49 v. bis 17 n. Chr.).

h. c. siehe bei: Honoris causa.

hic et nunc hier und jetzt.

hic haeret aqua wörtlich: Hier hängt das Wasser. Die Redewendung bedeutet: Hier stockt es, hier geht es nicht weiter, hier ist kein Ausweg. Sie stammt von dem römischen Schriftsteller Cicero (106 bis 43 v. Chr.).

hic Rhodus, hic salta wörtlich: Hier (ist) Rhodus, hier springe. Zum Sprichwort gewordenes Zitat aus einer Fabel des altgriechischen Fabeldichters Äsop (um 550 v. Chr.), Aufforderung an einen Prahler und Aufschneider, sofort zu zeigen, was er wirklich vermag. Gemeint ist also: Hier gilt es, laß sehen, was du wirklich kannst.

homo homini lupus der Mensch ist dem Menschen ein Wolf. Gemeint ist, daß der gefährlichste Feind des Menschen der Mensch selbst ist.

homo novus wörtlich: der neue Mann. Gebräuchlich im Sinne von: Emporkömmling, Neureicher.

homo sapiens wörtlich: der weise Mensch, der mit Verstand begabte Mensch. Zugleich wissenschaftlicher Name für die heute lebende Menschenart.

homo sui iuris wörtlich: ein Mann seines Rechtes. Bedeutet: einer, der sein eigener Herr ist.

homo sum, humani nihil a me alienum puto Ich bin ein Mensch, nichts Menschliches ist mir fremd. Sprichwort nach einem Drama des römischen Lustspieldichters Terenz (gest. 159 v. Chr.).

honoris causa wörtlich: Wegen der Ehre – ehrenhalber. Besonders bekannt in der Abkürzung h. c., die an ehrenhalber verliehene Doktortitel angefügt wird.

hora ruit wörtlich: die Stunde eilt. Ein Sinnspruch über die Flüchtigkeit der Zeit, der auf den niederländischen Rechtsgelehrten und Staatsmann Hugo Grotius (de Groot, 1583 bis 1645) zurückgeht.

horribile dictu schrecklich zu sagen, es auszusprechen.

horribile visu schrecklich anzusehen.

horror vacui wörtlich: Grauen vor dem Leeren. Einer uralten Vorstellung nach besteht eine natürliche Abneigung, ein Grauen vor dem luftleeren Raum. Das Wort wird auch verwendet in der Bedeutung: Angst vor dem Nichts.

I

ibidem ebenda; oftmals abgekürzt mit: ib.
id est das ist, das heißt; oftmals abgekürzt mit i. e.
igitur daher, darum, deshalb, deswegen.
igni et ferro wörtlich: Mit Feuer und Eisen; gemeint ist: Mit Feuer und Schwert (ausrotten).
ignis et aquae interdictio wörtlich: Untersagung des Feuers und Wassers. Mit dieser Formel wurde im alten Rom die Verbannung über jemanden ausgesprochen.
ignorabimus wir werden (es) nie wissen. Ausdruck für die Auffassung, daß es für den menschlichen Geist Grenzen des Erkennens gibt, die nicht überschreitbar sind.
iliacos intra muros peccatur et extra wörtlich: Innerhalb und außerhalb der Mauern von Ilium (= Troja) wird gesündigt. Das heißt: Fehler werden auf beiden Seiten gemacht. Diese Sentenz ist ein Zitat nach dem römischen Dichter Horaz (65 bis 8 v. Chr.). Siehe auch bei Extra muros, bzw.: Intra muros.
Ilias post Homerum wörtlich: eine Ilias nach Homer. Der Ausdruck bedeutet, daß es überflüssig ist, nach dem Epos »Ilias« des Homer noch eine weitere »Ilias« zu dichten. Die »Ilias« ist eines der großen Epen, die dem griechischen Dichter Homer (sagenhaft) zugeschrieben werden. Sie behandelt Kämpfe der Griechen vor Troja.
illicite unerlaubt, unstatthaft.
imitatio Christi Nachahmung, Nachfolge Christi. Unter dem Titel »Nachfolge Christi« erschien im 15. Jahrhundert eine Schrift, als deren Verfasser der niederrheinische Augustinerchorherr Thomas von Kempen, allerdings nicht unbestritten, gilt.
imprimatur wörtlich: es darf gedruckt werden. Mit diesem Wort gibt der Verleger dem Drucker bekannt, daß die letzte Korrektur an einem Schriftsatz erfolgt ist und nunmehr mit dem Druck begonnen werden kann. Auch als Druckerlaubnis von Zensurbehörden zu verstehen.
imprimi potest es kann gedruckt werden. Grundsätzlich im selben Sinne zu verstehen wie: Imprimatur; gebräuchlich für die Druckerlaubnis von seiten geistlicher Vorgesetzter.

in absentia in Abwesenheit (des Angeklagten).
in abstracto wörtlich: im Abstrakten. Bedeutet: rein begrifflich gedacht, rein theoretisch, abgesehen von der Wirklichkeit, im allgemeinen betrachtet, an und für sich.
in aeternum auf ewig, für immer.
in Baccho et Venere wörtlich: Im Sinne des Bacchus und der Venus. Bacchus ist der römische Weingott, Venus die römische Liebesgöttin. Gemeint ist mit der Redewendung: im Trinken und im Lieben; beim Wein und bei den Frauen.
in camera caritatis wörtlich: In der Kammer der Zuneigung. Gemeint ist: unter wohlgemeinter Verschwiegenheit, unter vier Augen (gesagt).
in caritate servire in Liebe (zum Nächsten) dienen. Bekannt als Wahlspruch des jeweiligen Erzbischofs von Wien.
incipit wörtlich: es beginnt. Vermerk am Anfang alter Handschriften oder Drucke. Gegensatz: Explicit.
in concreto wörtlich: im Konkreten. Bedeutet: im einzelnen Fall, im besonderen, in Wirklichkeit, im gegenständlichen Falle, praktisch: In abstracto.
in continuo im fortlaufenden; in ununterbrochenem Zusammenhang.
in contumaciam wörtlich: Auf die Widersetzlichkeit hin. Wird nur im Zusammenhang mit einer Verurteilung gebraucht, wenn der Beschuldigte, sei es aus Widerspenstigkeit oder anderen Gründen, nicht vor Gericht erscheint und unwiderleglich verurteilt werden kann.
in corpore wörtlich: in einem Körper. Bedeutet: insgesamt, als Körperschaft, gemeinsam, geschlossen, zusammen.
in curia an öffentlicher Stelle, beim Amt.
index librorum prohibitorum Verzeichnis der verbotenen Bücher, wie es von der römisch-katholischen Kirche zusammengestellt worden war.
indicta causa ohne Verhör, ohne Gerichtsverfahren, ohne Verteidigung.
in dubio im Zweifelsfall.
in dubio pro reo wörtlich: Im Zweifel für den Angeklagten. Altlateinisches Sprichwort aus dem Gewohnheitsrecht, das zu einem Rechtsgrundsatz ge-

worden ist. Wenn ein Kläger keine ausreichenden Beweise für die Schuld des Angeklagten erbringen kann, ist der Angeklagte unschuldig.

in dulci iubilo wörtlich: in süßem Jubel, mit großer Freude; Anfang eines Weihnachtsliedes aus der Zeit der sogenannten deutsch-lateinischen Mischpoesie nach einer Handschrift des 14. Jahrhunderts. Die Wendung ist später abgewertet worden zur Bedeutung: in Saus und Braus.

in duplo in zweifacher Ausfertigung, doppelt.

in effigie im Bilde, bildlich, nicht wirklich, im übertragenen Sinne.

in extenso wörtlich: in ausgedehnter Weise; ausführlich, in vollem Umfang.

in extremis wörtlich: in den äußersten. Bedeutet: am Ende, am Schluß sein, in den letzten Zügen (liegen).

in fidem zur Beglaubigung, zur Bestätigung (einer Sache).

in flagranti wörtlich: im brennenden (Zustand). Eine bildliche Ausdrucksweise, abgeleitet vom Ertappen bei Brandstiftungen. Später ausgeweitet auf jedes Verbrechen, bei dem der Täter »auf frischer Tat« ertappt wird.

in genere wörtlich: in der (ganzen) Gattung. Bedeutet: im allgemeinen, überhaupt.

in hoc signo vinces wörtlich: In diesem Zeichen wirst du siegen. Der Legende nach soll der römische Feldherr Konstantin (nachmals Kaiser) vor seinem Sieg über Maxentius 312 n. Chr. am Himmel das Zeichen des Kreuzes mit dieser Inschrift erblickt haben. So erzählt es Eusebius, Bischof von Cäsarea (263 bis 339 n. Chr.), welcher auch »Vater der Kirchengeschichte« genannt wird.

in honorem zu Ehren.

in infinitum bis ins Unbegrenzte, bis ins Unendliche, ohne Ende, grenzenlos.

in integrum restituieren bedeutet: den früheren, unverletzten Rechtszustand wiederherstellen.

in mandatis im Auftrag.

in margine am Rande.

in medias res wörtlich: Mitten in die Dinge (hinein); der Ausdruck bedeutet: um gleich auf den Kern einer Angelegenheit zu kommen, ein Thema ohne Umschweife aufgreifen, zur Sache kommen. Die Redewendung ist bei dem römischen Dichter Horaz (65 bis 8 v. Chr.) in seiner »Ars poetica« zum Ruhme Homers belegt.

in memoriam zum Gedächtnis, in Erinnerung an, zum Andenken.

in mora im Rückstand, säumig.

in natura wörtlich: in der Natur, in der natürlichen Gestalt; bedeutet: so wie eine Sache ist, wirklich, leibhaftig, in Form von Naturallieferungen.

in naturalibus natürlich, ganz im Zustand der Natur, nackt.

in nexu im Zusammenhang.

in nomine im Namen, im Auftrag.

in nuce wörtlich: In einer Nuß. Gemeint ist: kurzgefaßt, in wenigen Worten, in knapper Form, schlagwortartig ausgedrückt, in Kürze, im wesentlichen, im Kern. Der Ausdruck wird dem römischen Schriftsteller Plinius d. Ä. (23 bis 79 n. Chr.) zugeschrieben und soll sich auf eine Handschrift der »Ilias« bezogen haben (siehe bei: Ilias . . .), die in einer Nußschale Platz fand.

in obscuro im Dunkel, im Verborgenen, geheim.

in optima forma in bester Form.

in partibus infidelium wörtlich: im Gebiete der Ungläubigen. Als Zusatz zu einem Bischofstitel mit I. P. I. abgekürzt, wenn vormals christliche Landschaften durch Andersgläubige in Besitz genommen wurden, verzichtete die Kirche nicht auf die ehemals erworbenen Ansprüche; sie hielt sie dadurch fest, daß sie auch weiterhin Bischöfe weihte, die für derartige Bischofsitze, an denen gar nicht amtiert werden konnte, bestimmt waren. Daher die Institution der sogenannten Titularbischöfe, wie sie seit der Verordnung des Papstes Leo XIII. 1881 genannt wurden. Titularbischof ist also das Oberhaupt eines Bistums, das noch nicht oder nicht mehr besteht. Der Titel wird daher auch ironisch in der Bedeutung »ohne Funktion« verwendet.

in perpetuam memoriam zum ewigen Gedenken.

in perpetuum fort und fort, auf immer.

in persona persönlich, selbst, in eigener Person.

in pleno wörtlich: im vollen (Umfang); in der Vollversammlung voller Zahl, Menge, vollzählig, insgesamt.

in pontificalibus im feierlichen geistlichen Kleid, im vollen Ornat, in priesterlicher Amtstracht.

in praxi in der Praxis, in Wirklichkeit, im wirklichen Leben; gebräuchlich zum Beispiel als: rein theoretisch hast du recht, aber in praxi sieht die Sache anders aus . . .

in principio erat verbum Im Anfang war das Wort. Beginn des Evangeliums nach Johannes, des sogenannten Prologs, der eigentlich einen frühchristlichen Hymnus darstellt. Man vergleiche: Goethes Faust I (Studierzimmer).

in puncto wörtlich: im Punkte; bedeutet: in betreff, hinsichtlich, was . . . betrifft.

in puncto puncti wörtlich: Im Punkte des Punktes. Gemeint ist: hinsichtlich des sechsten Gebots; was die Keuschheit betrifft.

in puris naturalibus im reinen Naturzustand, ohne alle Verhüllung, nackt.

in salvo in Sicherheit.

in situ wörtlich: in der (natürlichen) Lage; an Ort und Stelle, an der richtigen, ursprünglichen Stelle; da, wo etwas sein soll.

in spe in Hoffnung auf, zukünftig. Zum Beispiel: Schwiegersohn in spe.

in specie in Hinblick auf, insonderheit.

in spiritualibus in geistlichen Dingen.

in statu nascendi wörtlich: im Zustand des (geboren) Werdens; im Entstehen (begriffen).

in statu, quo im gegenwärtigen Zustand, unverändert.

in statu, quo ante im früheren Zustand; im Zustand, in dem sich eine Sache vorher befand.

in summa zusammengefaßt, alles zusammen, alles in einem, im ganzen, insgesamt, summarisch.

in suspenso zweifelhaft, unentschieden, unklar, in Schwebe, noch nicht entschieden, noch nicht geklärt.

in tergo auf der Rückseite.

inter arma caritas zwischen den Waffen (inmitten der . . .) Nächstenliebe – das ist die Losung des Genfer Roten Kreuzes.

inter arma silent leges wörtlich: Zwischen Waffen schweigen die Gesetze. Das Sprichwort wird zitiert nach dem römischen Schriftsteller und Staatsmann Cicero (106 bis 43 v. Chr.), und zwar auch in der Formel: Inter arma silent musae – Im Waffenlärm schweigen die Musen, die Künste.

inter nos wörtlich: zwischen uns; gemeint ist: unter uns (gesagt).

inter pocula (laeti) wörtlich: Zwischen den Bechern (froh); der Ausdruck bedeutet: Frohsinn beim Weine, Trinken in Gesellschaft stimmt fröhlich. Eine Redewendung nach dem römischen Dichter Vergil (70 bis 19 v. Chr.).

intimus davon abgeleitet »intim«: vertraut, innig, gemütlich – ein sehr enger Freund; die Mehrzahl ist Intimi, die weibliche Form Intima.

in tirannos (auch: **tyrannos**) gegen die Machthaber, gegen Unterdrückung. Wahlspruch Ulrich von Huttens zu Beginn des 16. Jahrhunderts in seinem Kampf gegen den Herzog von Württemberg; von Schiller ursprünglich als Motto für seine »Räuber« gewünscht.

intra muros innerhalb der Mauern; im übertragenen Sinne: im eigenen Kreis, untereinander, nicht öffentlich. Siehe auch bei: Extra muros.

in triplo in dreifacher Ausfertigung, dreifach.

in usum delphini siehe bei: Ad usum delphini.

invenit abgekürzt: inv. heißt: (er) hat (es) erfunden; wird dem Namen des entwerfenden Künstlers auf Kupferstichen hinzugefügt.

in verba magistri schwören – auf die Worte des Meisters schwören, auf die Autorität eines Lehrers oder Vorgesetzten hin vertrauen.

in vino veritas im Weine (ist) Wahrheit. Gemeint ist, daß ein Betrunkener die Wahrheit sagt und Geheimnisse ausplaudert. Nach einem griechischen Sprichwort entstanden.

ipse dixit wörtlich: Er selbst hat (es) gesagt. Mit dieser Formel sollen sich laut Cicero (106 bis 43 v. Chr.) die Schüler des etwa um 500 v. Chr. lebenden griechischen Philosophen Pythagoras auf ihren Lehrer und Meister berufen haben.

ipsissima verba (oder: **vox**) mit ureigenen Worten, genau dem Wortlaut nach.

ipso facto durch die Tat selbst, durch die Tatsache selbst, eigenmächtig.

ipso iure durch das Recht selbst, ohne weiteres, von rechtswegen, an und für sich.

is fecit, huic prodest getan hat es der, dem es nützt. Ein Grundsatz der Kriminalistik, wonach der vermutliche Täter derjenige ist, der einen Vorteil aus einer Tat hat. Siehe auch bei: Cui bono?

item wörtlich: ebenso. Bedeutet auch: ebenfalls, wenn schon, kurzum.

ite, missa est wörtlich: Gehet (hin), es wird gesandt. Schlußformel der lateinischen Meßliturgie, die üblicherweise mit: Gehet: es ist die Entlassung, übersetzt wurde. Neueren Forschungen nach soll der volle Wortlaut: Ite, missa est Eucharistia geheißen haben – Gehet, die Eucharistie wird gesandt, d. h. daß die Fortgehenden das eucharistische Brot zu den Brüdern mitnehmen sollten.

iucundi acti labores wörtlich: Angenehm die getane Arbeit, das heißt: es ist angenehm, eine Arbeit hinter sich zu haben, nach getaner Arbeit fühlt man sich wohl. Altrömisches Sprichwort, das schon von Cicero (106 bis 43 v. Chr.) verwendet wurde. So übersetzt auch Wilhelm Busch: Gehabte Schmerzen, die hab' ich gern (Abenteuer eines Junggesellen).

iurare in verba magistri auf die Worte des Lehrers schwören; das heißt: kritiklos annehmen, blind auf etwas vertrauen. Siehe auch: In verba magistri.

iustitia fundamentum regnorum Die Gerechtigkeit ist die Grundlage der Königreiche. Wahlspruch des Kaisers Franz I. von Österreich (1804 bis 1835) als Inschrift auf dem Burgtor (Heldendenkmal) an der Wiener Ringstraße.

ius primae noctis wörtlich: das Recht der ersten Nacht. Im Mittelalter das (angebliche) Recht des Feudalherren auf die Brautnacht seiner weiblichen Leibeigenen. Scheint auf den uralten Volksglauben zurückzugehen, wonach dieses »Ius primae noctis« von Göttern oder Dämonen ausgeübt wird, weil diese erste Nacht für das neugetraute Ehepaar als gefährlich galt und daher oft Fremden abgetreten wurde.

iuxta wörtlich: daneben. In verdeutschter Form: Juxte, das ist jener Streifen an Wertpapieren oder Losen, der abgetrennt wird, um zu gegebener Gelegenheit die Echtheit durch die Übereinstimmung der Trennflächen zu kontrollieren.

L

labor improbus wörtlich: die unablässige Arbeit, die harte Arbeit, auch: tägliche, unverdrossene Mühe.

labor omnia vincit improbus Unverdrossene Arbeit besiegt alles. Eine Sentenz nach dem römischen Dichter Vergil (70 bis 19 v. Chr.) aus seinen berühmten »Georgica«.

lacrimae Christi wörtlich: Tränen Christi. Man versteht darunter einen hellen Rotwein aus der sogenannten Lacrima-Traube vom Abhang des Vesuvs. Im Weinhandel werden auch manche anderen und nicht nur Rotweinsorten mit dieser Bezeichnung angeboten.

lapsus Fehler, Versehen, Irrtum, Schnitzer.

lapsus calami Schreibfehler. Wörtliche Bedeutung: Ausgleiten der Rohrfeder.

lapsus linguae Sprechfehler (nicht: Sprachfehler!), Irrtum beim Sprechen durch Gebrauch eines falschen oder verletzenden Ausdrucks.

lapsus memoriae Gedächtnisfehler.

laterna magica wörtlich: Zauberlaterne. Ein Projektionsapparat, der 1650 von dem Jesuitenpater Athanasius Kircher erfunden worden ist, für Glasdiapositive.

laudatio Lobrede (auf Preisträger, auch auf Verstorbene).

laudator temporis acti Lobredner der Vergangenheit; ein Ausdruck aus der »Ars poetica« des römischen Dichters Horaz (65 bis 8 v. Chr.).

laudes wörtlich: Lobreden, Preisungen. Im Italien des 13. bis 17. Jahrhunderts gab es geistliche Lieder im Volkston, die angeblich auf Franz von Assisi zurückgehen. Außerdem wird mit diesem Wort das Morgengebet des katholischen Breviers bezeichnet, das jeder Priester täglich zu beten hat.

lege artis nach den Regeln der Kunst, vorschriftsmäßig, kunstgerecht.

legibus solutus von den Gesetzen entbunden. In

feudalen Zeitaltern waren die Herrschenden den bestehenden Gesetzen nicht unterworfen.

lex imperfecta unvollständiges Gesetz. Ein Gesetz, das im Fall des Übertretens keine rechtlichen Folgen vorsieht.

lex mihi ars die Kunst (ist) mir Gesetz. Wahlspruch launiger Künstler.

libertas et iustitia Freiheit und Gerechtigkeit, Devise der USA.

liberum arbitrium freier Wille, freie Willensentscheidung, freies Ermessen.

licentia docendi die Erlaubnis, auf Hochschulen Vorlesungen zu halten. Siehe: Venia legendi.

licentia poetica dichterische Freiheit. Ein Ausdruck, der auf Seneca (um 4 v. Chr. bis 65 n. Chr.) zurückgeht.

licet es ist erlaubt, es steht frei.

limbus patrum bedeutet: Umgrenzung der Väter. Gemeint ist »Abrahams Schoß« nach dem Lukas-Evangelium 16, 22. Nach römisch-katholischer Lehre waren die Seelen der Frommen des Alten Testaments nicht fähig, in den Himmel einzugehen. Sie kamen daher in den Limbus = Vorhölle. Limbus heißt wörtlich: Grenze, Rand, Saum.

limbus puerorum (auch: **infantium**) bedeutet: Umgrenzung der Kinder. Nach römisch-katholischer Lehre sind auch die ungetauft verstorbenen Kinder von Christen zwar ohne Schuld, jedoch nicht geeignet, in den Himmel aufgenommen zu werden.

loci communes Gemeinplätze, abgedroschene Redensarten.

loco citato am angeführten Ort, abgekürzt oftmals: l. c.

loco laudato wörtlich: am gelobten Ort; in der Bedeutung von: Am angeführten Ort, Stelle in einem Buch, abgekürzt: l. l.

loco sigilli am Ort, anstelle des Siegels; abgekürzt: l. s. »Locus sigilli« ist der Platz des Siegels auf Dokumentformularen. »Loco sigilli« auf Abschriften von Dokumenten bedeutet: anstelle des (Original-) Siegels.

locus, a quo Ort, wo der Aussteller eines Wechselpapiers wohnt.

locus, ad quem Ort, an dem ein Wechsel zahlbar ist.

locus delicti Ort, wo das Verbrechen begangen wurde.

locus minoris resistentiae Ort des geringeren Widerstandes, wunder Punkt, Achillesferse.

lucus a non lucendo wörtlich: Wald (wird Wald genannt) vom nicht leuchtend sein. Quintilian (um 35 bis 95 n. Chr.) stellt die Behauptung auf, daß einige Begriffe von ihren Gegenteilen stammen – Wald: lucus, leuchten: lucere. Als spöttische Verkehrung vergleiche man bei: canis a non canendo.

lupus in fabula wörtlich: Der Wolf in der Fabel. Aufruf angesichts eines unvermutet Auftauchenden, von dem gerade die Rede war; also im Sinne von: Wenn man vom Wolfe spricht, ist er nicht weit, oder: Wenn man von der Sonne spricht, schickt sie ihre Strahlen. Das Zitat ist überliefert bei dem Lustspieldichter Terenz (190 bis 159 v. Chr.) in »Adelphi«.

M

magna charta wörtlich: die große Karte. Gemeint ist der Große Freibrief, der unter dem Namen »The Great Charter« dem englischen König Johann ohne Land 1215 von Adel und Geistlichkeit abgezwungen wurde. Die Magna Charta bildet das Staatsgrundgesetz Englands, demzufolge Adel und Klerus besondere Vorrechte genossen.

magna cum laude mit großem Lob; Bezeichnung von Prüfungsergebnissen an Hochschulen und Universitäten.

magnificat wörtlich: Hoch preist (meine Seele den Herrn). Anfang des Lobgesanges Mariens nach dem Lukas-Evangelium, 1, 46–55.

maior domus wörtlich: Oberer des Hauses. Mit diesem Titel wurde der oberste Hofbeamte des fränkischen Königsgeschlechtes der Merowinger bezeichnet. Aus den »Hausmeiern« der letzten merowingischen Könige, die auch Befehlshaber des Heeres waren, ging das Geschlecht der Karolinger hervor.

malleus maleficarum wörtlich: Hammer der Übeltäterinnen (Hexen). 1487 erschien die Schrift »Hexenhammer« von Jakob Sprenger. Unter Einbeziehung der Hexenbulle des Papstes Innozenz VIII. von 1484 wird darin das Hexenwesen dargestellt und eine Anleitung zu seiner Bekämpfung gegeben. Die Schrift löste nicht zuletzt eine Flut von Hexenverfolgungen aus.

manu propria mit eigener Hand, eigenhändig; Hinweis darauf, daß nur die Originalausfertigung eines Schriftstückes mit eigener Hand unterschrieben worden ist; abgekürzt m. p.

manus manum lavat wörtlich: Hand wäscht Hand. Diese lateinische Formel entspricht dem deutschen Wort: Eine Hand wäscht die andere. Sentenz nach dem römischen Philosophen Seneca (1 bis 65 n. Chr.).

mater dolorosa Schmerzensmutter. Bezeichnung für Maria, die Mutter Jesu, im Schmerz über die Leiden ihres Sohnes. Der Ausdruck stammt wahrscheinlich von Jacopone da Todi (1230 bis 1306), der eine Sequenz mit dem Anfang »Stabat mater dolorosa« dichtete. Auch Kunstwerke werden so bezeichnet.

mater magna wörtlich: große Mutter. So wurde die ursprünglich phrygische Göttin Kybele genannt, die die Fruchtbarkeit der Erde symbolisierte. Sie galt dann auch als Mutter der Götter. Ihre Verehrung artete schließlich in orgiastische Dienste aus.

mea culpa, mea culpa, mea maxima culpa wörtlich: Meine Schuld, meine Schuld, meine größte Schuld. Stelle aus dem »Confiteor« (Schuldbekenntnis) am Beginn der katholischen Meßliturgie. Die dreimalige Wiederholung des Wortes »culpa« bezieht sich auf die Sünden in Gedanken, Worten und Werken.

medias in res siehe bei: In medias res.

med. univ. gekürzt für Medicinae universalis: der gesamten Heilkunde. Dr. med. univ. ist die Bezeichnung für den »praktischen« Arzt.

memento moriendum esse wörtlich: Sei eingedenk, daß zu sterben ist; oftmals verkürzt zu: Memento mori – vermutlich verballhornt nach mittelalterlichem Mönchslatein.

mens sana in corpore sano wörtlich: In einem gesunden Körper (wohnt) ein gesunder Geist, eine gesunde Seele. Heute versteht man diese Sentenz dahin, daß einem gesunden Körper auch ein gesunder Geist entsprechen müsse. In der Antike wurde darunter eine Anrufung der Götter verstanden, sie mögen einem Kinde sowohl einen gesunden Körper als auch eine gesunde, das heißt tapfere Gesinnung schenken. Sentenz nach Juvenal (60 bis 140 n. Chr.).

mente captus wörtlich: Im Geiste gefangen; bedeutet also: geistig beschränkt, blöde, des Verstandes beraubt, begriffsstutzig.

miles gloriosus wörtlich: Ruhmreicher Krieger. Gemeint ist der ruhmredige Kriegsmann, der Prahler und Aufschneider, der Maulheld. Auch eine Komödie des römischen Dichters Plautus (gest. 184 v. Chr.) trägt diesen Titel.

minima de malis wörtlich: das Geringste von den Übeln. Eine sprichwörtlich gewordene Wendung nach dem römischen Staatsmann Cicero (106 bis 43 v. Chr.), wobei die volle Form: Ex malis eligere

minima lautete und unserer Redeweise »Von zwei Übeln das kleinere wählen« entspricht.

misera plebs wörtlich: das arme Volk. Der volle Wortlaut dieses Ausdrucks ist: misera contribuens plebs, also: das arme, steuerzahlende Volk. Das Wort geht zurück auf die »Satiren« des Horaz (65 bis 8 v. Chr.) und findet sich in der angegebenen Form bei dem ungarischen Juristen Verböczi (1514).

missio canonica wörtlich: kanonische Sendung. Es handelt sich dabei um eine kirchlich rechtsgültige Lehrbefugnis für den Religionsunterricht, wozu bestimmte theologische Studien Voraussetzung sind.

mixtum compositum wörtlich: zusammengesetztes Gemischtes. Das heißt: wirres Durcheinander, Mischmasch, Allerlei.

modus procedendi Verfahrensweise; Art und Weise, wie eine Sache weiterbehandelt werden soll.

modus vivendi wörtlich: eine Art zu leben; bedeutet: Art und Weise eines halbwegs erträglichen Miteinander-Auskommens, leidliches Verhältnis; wie man trotz verschiedener Standpunkte toleranterweise nebeneinander leben kann.

m. p. siehe bei: Manu propria.

mors porta vitae der Tod (ist die) Pforte des Lebens. Das Wort ist als Grabinschrift überliefert.

motu proprio wörtlich: durch eigene Bewegung; aus eigenem Antrieb. Unter einem »Motuproprio« ist auch ein päpstlicher Erlaß zu verstehen, der ohne besonderes Ansuchen gegeben wird.

mulier taceat in ecclesia Die Frau hat in der Kirche (Gemeinde) zu schweigen. Das Zitat entspricht einer Stelle im 1. Korintherbrief des Apostels Paulus (14, 34), wo es heißt:»Eure Weiber mögen schweigen in der Gemeinde«.

multum, non multa viel, (aber) nicht vielerlei. Sinnwort nach Plinius d. J. (61 bis 113 n. Chr.).

mundus vult decipi (ergo decipiatur) Die Welt will betrogen sein (daher sei sie betrogen). Eine Redewendung aus dem ausgehenden Mittelalter, bezeichnend für den damals um sich greifenden Verfall der Sitten.

mutatis mutandis wörtlich: nach Änderung des zu Ändernden. Die Formel wird gebraucht, wenn es sich um Vergleiche handelt, und bedeutet soviel wie: den gegebenen Verhältnissen entsprechend, sinngemäß, im Vergleich zu einer anderen Sache, mit Berücksichtigung der Verschiedenheiten, mit den notwendigen Änderungen.

N

narrata refero ich berichte (nur) Erzähltes. Ich sage nur, was mir gesagt worden ist. Siehe auch bei: Relata refero.

naturalia non sunt turpia Natürliches ist keine Schande. Man braucht sich natürlicher Dinge wegen nicht zu schämen. Eine Sentenz nach dem altgriechischen Dramatiker Euripides (480 bis 406 v. Chr.).

natura non facit saltus Die Natur macht keine Sprünge. Das heißt: In der Natur geht alles allmählich, einer organischen Entwicklung entsprechend vor sich. Der Ausdruck stammt von dem schwedischen Naturforscher Carl von Linné (1707 bis 1778). Der Gedanke findet sich schon bei Comenius und Leibniz.

navigare necesse est, vivere non est necesse Schiffahrt ist nötig, leben nicht. Inschrift am Haus der Seefahrt in Bremen. Der griechische Historiker Plutarch (40 bis 120 n. Chr.) berichtet von dem römischen Feldherrn Pompeius (106 bis 48 v. Chr.), daß er als Verantwortlicher für die Getreideversorgung Roms aus vielen Gegenden des Mittelmeeres Korn für die Hauptstadt herbeiführen habe lassen. Vor einer dieser Fahrten brach ein heftiges Unwetter aus, so daß die Seeleute nicht abfahren wollten. Pompeius soll in das Schiff gesprungen sein und den Befehl zur Ausfahrt mit dem zum Sprichwort gewordenen Satz gegeben haben.

ne bis in idem wörtlich: Nicht zweimal gegen dasselbe. Grundsatz des Strafrechts, wonach eine Tat nicht neuerlich verklagt werden darf, wenn sie schon rechtskräftig abgeurteilt worden ist. Nach einem rechtskräftigen Urteil darf nicht noch einmal ein Strafverfahren in derselben Sache eingeleitet werden.

nec aspera terrent auch Widerwärtigkeiten schrecken nicht.

nemo ante mortem beatus niemand ist vor (seinem) Tode glücklich (zu preisen). Ein Sinnspruch nach Ovid (43 v. bis 18 n. Chr.). Als der reiche König Krösus von Lydien (546 v. Chr.) den griechischen Weisen Solon nach dem glücklichsten Menschen fragte, soll er diese Antwort erhalten haben.

nemo iudex in causa sua niemand (kann) Richter (sein) in seiner eigenen Angelegenheit. Dieser Grundsatz entspricht ältestem Rechtsdenken.

nervus rerum wörtlich: der Nerv der Dinge. Im übertragenen Sinn: der Kern der Sache, auch Geld.

nihil humani a me alienum puto siehe bei: Homo sum, humani nihil a me alienum puto.

nihil novi sub sole nichts Neues unter der Sonne. Eine Wendung aus dem Alten Testament (Prediger Salomo).

Nihil obstat es steht nichts im Wege; dagegen ist nichts einzuwenden. Eine Art Imprimatur (siehe dort)-Vermerk in Werken geistlicher Verfasser.

nil admirari sich über nichts wundern; diese Wendung findet sich bei Horaz (65 bis 8 v. Chr.). Es soll sich um eine Maxime des altgriechischen Philosophen Pythagoras als Ausdruck wunschloser Weisheit handeln.

nolens volens wörtlich: nichtwollend wollend. Im Sinne von: ob gern oder ungern, ob man will oder nicht, unwillkürlich, zwangsläufig, automatisch. Ein Ausdruck, der auf die Schriften des heiligen Augustinus (354 bis 430) zurückgeht.

noli me tangere Rühre mich nicht an. Worte des auferstandenen Christus an Maria Magdalena nach dem Neuen Testament (Johannes 20, 17). In der Malerei werden auch Darstellungen der Bibelszene so bezeichnet, wo Jesus der Maria Magdalena erscheint.

noli turbare circulos meos Störe meine Kreise nicht. Der römische Historiker Livius (59 v. bis 17 n. Chr.) berichtet, daß der griechische Mathematiker Archimedes (287 bis 212 v. Chr.) diese Worte den römischen Soldaten entgegenrief, die bei der Eroberung von Syrakus in sein Haus eindrangen und ihn erschlugen, als er gerade durch Zeichnungen im Sand ein geometrisches Problem zu lösen suchte.

nomen et (atque, oder est) omen wörtlich: Name und Vorbedeutung; Name ist (zugleich) Vorbedeutung. Nach dem altrömischen Komödiendichter Plautus (254 bis 184 v. Chr.) gebräuchlich. Die Phrase will sagen, daß der Name zugleich Vorbedeutung, und zwar mit Bezug auf die bezeichnete Person, haben kann.

nomina sunt odiosa wörtlich: Namen sind verhaßt, verpönt. Eine Wendung nach dem römischen Schriftsteller und Staatsmann Cicero (106 bis 43 v. Chr.), die besagt, daß es in manchen Fällen besser ist, keine Namen zu nennen.

non confundar in aeternum Nicht werde ich zuschanden werden in Ewigkeit; aus dem letzten Vers des Tedeums, des kirchlichen Lobgesanges aus dem 4. Jahrhundert. Man vergleiche unter: Te deum . . .

non dolet, Paete Es schmerzt nicht, Paetus. Der Römer Caecina Paetus wurde zum Tode verurteilt, weil man ihn einer Verschwörung gegen Kaiser Claudius bezichtigte. Daraufhin stieß sich seine Gattin Arria einen Dolch in die Brust, zog diesen wieder heraus und bot ihn Paetus mit diesem Ruf an. Diese unsterbliche Tat und Redewendung wird uns von dem älteren und jüngeren Plinius sowie bei Martial überliefert.

nondum noch nicht; es hat noch Zeit; es ist noch nicht genug (erreicht). Dieses einfache lateinische Wort ist überliefert als erste Devise Kaiser Karls V.

non erat his locus vollständiger Wortlaut: Sed nunc non erat his locus – Aber jetzt hatten diese keinen Platz. Gemeint ist, daß etwas nicht am Platze war. Die Sentenz entstammt dem Werk des römischen Dichters Horaz (65 bis 8 v. Chr.).

non liquet wörtlich: es ist nicht klar; hier besteht eine Unklarheit.

non modo ... sed etiam nicht nur ... sondern auch ...

non multa, sed multum nicht vielerlei, sondern viel.

non olet wörtlich: es stinkt nicht. Angeblicher Ausspruch des Kaisers Vespasian (69 bis 79 n. Chr.); der Sohn des Kaisers, nämlich Titus, machte dem Vater Vorhaltungen wegen der Steuer, die er auf Bedürfnisanstalten gelegt hatte. Vespasian hielt dem Sohn das erste Geld aus dieser Steuer unter die Nase und fragte ihn, ob es stinke. Als Titus verneinte, meinte der Kaiser: Und dennoch ist es aus Harn. Heute wird damit eine Auffassung bezeichnet, die Gelderwerb als solchen als nicht zu verachten ansieht, gleichgültig, wodurch immer ein solcher Erwerb zustande komme.

non possumus wir können nicht; wir können nicht anders; es ist unmöglich. Auch Weigerungsformel der römischen Kurie gegenüber weltlichen Mächten.

non plus ultra nicht mehr darüber hinaus; im Sinne auch von: das ist das höchste der Gefühle; mehr geht beim besten Willen nicht; das Unübertreffbare. Bezog sich ursprünglich auf das Ende der der Antike bekannten Seewege an den sogenannten »Säulen des Herkules«, einem Felsengebirge bei Gibraltar.

non scholae, sed vitae discimus Nicht für die Schule, sondern für das Leben lernen wir. Ein sehr gebräuchlicher Ausspruch nach dem römischen Philosophen und Tragödiendichter Seneca d. J. (1 bis 65 n. Chr.).

non serviam ich will nicht dienen. Dieses Wort wird dem Erzengel Luzifer zugeschrieben, als er sich mit seinen Scharen gegen Gott erhob.

nota bene merke (es) wohl; wohlgemerkt; man achte darauf. Gebräuchlich in der Abkürzung N. B.

nuda veritas die nackte Wahrheit.

nulla poena sine lege keine Strafe ohne Gesetz. Ein Grundsatz des Strafrechts, der praktisch von allen Kulturstaaten anerkannt wird.

nullum crimen sine lege kein Verbrechen ohne Gesetz; keine Anklage ohne Gesetz. Demnach ist Strafe nur dann möglich, wenn ein gesetzlich bezeichneter und strafbarer Tatbestand vorliegt.

numerus clausus wörtlich: die geschlossene Zahl. Gemeint ist: beschränkte Zahl, begrenzte Zulassung.

nunc est bibendum jetzt soll man trinken; im Sinne von: jetzt ist es an der Zeit, Feste zu feiern. Eine Wendung aus den »Oden« des römischen Dichters Horaz (65 bis 8 v. Chr.).

O

odi profanum vulgus (et arceo) Ich hasse die ungebildete Menge (und halte sie mir fern). Zitat aus den »Oden« des Horaz (65 bis 8 v. Chr.).

olim einst. Gebräuchlich in dem Ausdruck: seit Olims Zeiten; gemeint ist: vor undenklich langer Zeit, seit jeher, schon immer.

omnes una manet nox auf alle wartet ein und dieselbe Nacht; im Sinne von: allen steht ein und dasselbe bevor. Die Wendung entstammt den berühmten »Oden« des Horaz (65 bis 8 v. Chr.) und ist Ausdruck einer eher pessimistischen Lebenshaltung.

omnia mea mecum porto alles, was ich habe, trage ich in mir. Eine Sentenz des altgriechischen Weisen Bias, die Cicero (106 bis 43 v. Chr.) berichtet.

omnia vincit amor alles wird von Amor (der Liebe) besiegt. Ein Sinnspruch nach dem römischen Dichter Vergil (70 bis 19 v. Chr.).

opinio communis die allgemeine Meinung, die herrschende Meinung.

ora et labora bete und arbeite. Regel und Grundsatz des Benediktinerordens.

ora pro nobis bitte für uns. Antwortformel der Gemeinde beim Beten von Litaneien.

orbis pictus wörtlich: gemalte Welt. Der tschechische Pädagoge Comenius (1592 bis 1670) begründete eine religiös betonte Erziehungslehre und gab auch ein Buch unter dem Titel »Orbis pictus« heraus – ein Schulbuch, das mittels Bildern anschaulich zu wirken vermag.

orbis terrarum Erdkreis, die weite Welt, das Erdenrund.

o sancta simplicitas o heilige Einfalt. Angeblicher Ausruf des tschechischen Reformators Jan Hus (1369 bis 1415), der im Verlaufe des Konzils von Konstanz auf dem Scheiterhaufen verbrannt wurde. Er soll diese Worte gebraucht haben, als er sah, wie eine alte Frau im frommen Übereifer noch ein Stück Holz für den Scheiterhaufen herbeitrug.

o tempora o mores o Zeiten, o Sitten! Ein sehr kritischer Ausspruch des römischen Schriftstellers Cicero (106 bis 43 v. Chr.) bei der Betrachtung der wechselvollen Zeitumstände und seiner Zeitgenossen.

otium cum dignitate Ruhe mit Würde; Muße mit Würde. Ein Ausdruck, der von Cicero (106 bis 43 v. Chr.) geprägt wurde und auf die wohlverdiente Ruhe eines lange Jahre Schaffenden angewendet wird; eine Ruhe, die von der Würde begleitet ist, die ein erfahrungsreiches Leben gibt.

P

pacem volo, bellum paro Den Frieden will ich, (daher) rüste ich zum Krieg. Angeblich Wahlspruch des hl. Augustinus (Kirchenvater, 354 bis 430). Gegen Ende des 4. Jahrhunderts findet sich bei Vegetius das Zitat: Qui desiderat pacem, praeparet bellum – wer den Frieden wünscht, möge den Krieg vorbereiten.

pacta sunt servanda Verträge (Bündnisse) müssen eingehalten werden.

panem et circenses (dare) wörtlich: Brot und Zirkusspiele (geben). Das altrömische Proletariat erwartete von den jeweiligen Machthabern, mit Essen und Vergnügungen versorgt zu werden. Nur dann schenkte es den Betreffenden seine Gunst. Das Wort ist auch im Sinne von Käuflichkeit und Bestechung zu verstehen; es ist von dem römischen Dichter Juvenal (60 bis 140 n. Chr.) überliefert.

par et impar gleich und ungleich.

par nobile fratrum ein edles Brüderpaar. Ironisch gemeintes Zitat aus den »Satiren« des römischen Dichters Horaz (65 bis 8 v. Chr.).

pars pro toto wörtlich: der Teil für das Ganze. Gemeint ist, daß anstelle eines Gesamtbegriffes sprachlich ein Teilbegriff verwendet wird, zum Beispiel: Herd statt Heim, Brot statt Nahrung usw.

parta tueri das Erworbene zu wahren wissen. Eine Wendung aus der »Ars amandi« (siehe dort) des römischen Dichters Ovid (43 v. bis 18 n. Chr.), ein früher Anklang an das Goethe-Wort: Was du ererbt von deinen Vätern hast, erwirb es, um es zu besitzen.

parturiunt montes, nascetur ridiculus mus Es kreißen die Berge, zur Welt kommen wird eine lächerliche Maus. Das Zitat hat etwa die gleiche Bedeutung wie das deutsche Sprichwort: Viel Lärm um nichts. Die lateinische Form stammt aus der »Ars poetica« des Horaz (65 bis 8 v. Chr.).

passim überall, da und dort verstreut. Hinweisformel auf wiederholte Erwähnung eines Begriffs, auf den ein Register in wissenschaftlichen Werken hinweist.

pater familias der Vater der Familie. Im alten Rom war der Familienvater von großer gesellschaftlicher Bedeutung, da er in seinen Verfügungen über die Familienmitglieder nahezu uneingeschränkt war.

pater patriae Vater des Vaterlandes. Titel, der vom römischen Senat dem Staatsmann Cicero (106 bis 43 v. Chr.) erstmals verliehen wurde und bedeutete

verdienstvolle Männer im öffentlichen, staatlichen Leben ehrend benennen soll.

pater, peccavi Vater, ich habe gesündigt. Der Satz wird auch im Sinne von Schuldbekenntnis schlechthin verwendet. Er entstammt dem Evangelium des Lukas (15, 21).

pater semper incertus est wörtlich: der Vater ist immer ungewiß. Zu verstehen im Sinne: Vaterschaft ist nie mit Sicherheit nachweisbar.

patriae in serviendo consumor Im Dienst am Vaterland werde ich aufgezehrt. Bekanntgeworden als Wahlspruch Fürst Bismarcks.

patria potestas väterliche Gewalt. Bezeichnet jene Rechte, die dem Vater über die Person und das Vermögen noch nicht volljähriger Kinder zustehen.

pax romana der römische Friede, hin und wieder auch sarkastisch-ironisch gebraucht in dem Sinne, daß das äußere Bild (Papsttum, Kurie, etc.) täuscht; die Adjektive sind beliebig austauschbar. – Auch Name der Weltvereinigung christlicher Akademiker.

pax tecum der Friede sei mit dir. Übersetzung des üblichen morgenländischen Grußes.

pax vobiscum der Friede sei mit euch. Liturgische Formel, auch als Grußwort verwendbar.

p. C. n. siehe bei: post Christum natum.

peccatur intra et extra wörtlich: Drinnen und draußen wird gesündigt. Eine Sentenz nach Horaz (65 bis 8 v. Chr.), die sich auf die Stadt Troja bezog und praktisch »Beide Seiten haben Schuld« bedeutet.

pecunia non olet Geld (Geldeswert) stinkt nicht. Man vergleiche auch unter: Non olet ...

per aspera ad astra über rauhe (Wege) zu den Sternen. Analog zum deutschen Sprichwort: Durch Nacht zum Licht. Der Ausdruck dürfte in Anlehnung an den römischen Philosophen Seneca (1 bis 65 n. Chr.) geprägt worden sein.

per decretum laut Verfügung, durch Verfügung, durch einen Erlaß.

pereat (oder pereant) er (sie) möge(n) zugrunde gehen! Nieder mit ihm (ihnen)! Ein Ausdruck der Beschimpfung, der aus der Studentensprache stammt.

pereat mundus soll die Welt verderben! Die Wendung kann man analog zum Sprichwort: Nach uns die Sintflut verstehen.

per exemplum zum Beispiel. Wird gerne abgekürzt mit: p. e.

per fas et nefas durch Recht und Unrecht; auf erlaubte und unerlaubte Weise; wie immer; gleichgültig, ob Recht oder Unrecht; unter allen Umständen.

perge fahre so fort, setze fort. Auch als besondere Verstärkung nach: et cetera (etc.) gebraucht, und zwar abgekürzt als: etc. pp.

periculum in mora Gefahr im Verzuge, es droht Gefahr. Sentenz nach dem römischen Schriftsteller Livius (59 v. bis 17 n. Chr.).

per maiora durch Stimmenmehrheit.

per nefas widerrechtlich, auf unerlaubte Weise, zu Unrecht.

per pedes (apostolorum) zu Fuß – nämlich: wie die Apostel.

perpetuum mobile wörtlich: das unaufhörlich sich Bewegende. Vorstellung einer Maschine, die ohne jede Antriebskraft oder Energiezuleitung immerfort Arbeit zu leisten vermag. Seit alter Zeit bemühten sich die Erfinder immer wieder, eine solche Maschine herzustellen, doch ist ihre Unmöglichkeit durch das Gesetz von der Erhaltung der Energie längst erwiesen.

per procura in Vollmacht, in Vertretung, anstelle von; die Abkürzung lautet: pp. oder ppa.

per rescriptum principis durch Verfügung des Fürsten. Eine Formel, die besagt, daß ein Landesherr Gesetze und Verfügungen erlassen konnte, so wie er wollte; dies traf besonders im Zeitalter des Absolutismus (17. bis 18. Jahrhundert) zu.

per se durch sich, in der Bedeutung von: von selbst, an sich.

persona grata beliebte Person; einer, der in Gunst steht; gerne gesehen. Bezeichnet auch einen in einem fremden Staat tätigen Diplomaten oder Gesandten, der zur Ausübung seiner Mission zugelassen ist.

persona gratissima in höchster Gunst stehende Person; ein sehr willkommener Mensch.

persona ingrata eine in Ungnade gefallene Person; unbeliebt, nicht gern gesehen. Ein Diplomat, der seine Tätigkeit einstellen muß.

pia causa fromme Stiftung, milde Gabe. Wörtlich eigentlich: aus frommer Ursache (Ablativ).

pia desideria fromme Wünsche, unerfüllbare Wünsche.

pia fraus frommer Betrug; eine Lüge, die aus Schonung für den Belogenen geschieht; Täuschung zu einem guten Zweck; Selbsttäuschung. Zitat nach dem römischen Dichter Ovid (43 v. bis 18. n. Chr.).

piae memoriae frommen Angedenkens, seligen Andenkens.

pinxit hat (dies) gemalt. Abgekürzt: pinx. oder nur pxt. Maler vermerken auf ihren Gemälden meist ihren Namen unter Hinzusetzung dieses Wortes oder seiner Abkürzung.

placet es gefällt; es wird genehmigt; es ist in Ordnung. Auch im Sinn von »Erlaß« eines weltlichen oder geistlichen Oberen. Sein »Placet« geben, heißt: mit etwas einverstanden sein.

pleno iure mit vollem Recht.

pleno titulo mit vollem Titel, häufig abgekürzt bei Anreden mit: p. T. Siehe auch: Pro titulo.

plenus venter non studet libenter wörtlich: Ein voller Bauch studiert nicht gern. Ein altes lateinisches Sprichwort – wohl mittelalterlicher Prägung, da gereimt – aus reicher pädagogischer Erfahrung.

pluralis maiestaticus (oder **maiestatis**) wörtlich: Mehrzahl der Majestät, majestätische Mehrzahl. So wird die Redeweise eines Hochgestellten (Kaiser, König, Papst) bezeichnet, der nur in der Wirstatt Ich-Form von sich selber spricht.

pluralis modestatis (**modestiae**) wörtlich: Mehrzahl der Bescheidenheit. Wenn der Plural, das heißt die Wir-Form in der Redeweise aus Bescheidenheit (zum Beispiel von einem Schriftsteller) gebraucht wird.

plus ultra darüber hinaus; immer noch mehr. Wahlspruch des römisch-deutschen Kaisers und Königs von Spanien Karl V. (1500 bis 1558), in dessen Reich bekanntlich »die Sonne nicht untergeht«. Titel einer Novelle von Gertrud von Le Fort (1876–1971).

poeta laureatus ein mit Lorbeer (Lorbeerkranz) gekrönter Dichter. Ehrentitel für einen bedeutenden Dichter, der üblicherweise mit einem Lorbeerkranz ausgezeichnet wurde. Der Titel war auch mit gewissen Rechten verbunden. Man vergleiche dazu Goethes »Torquato Tasso«.

pons asini wörtlich: Brücke des Esels. Gemeint ist jede Weisung für einen Unerfahrenen oder Dummen, um ihm vor allem beim Studium auftretende Schwierigkeiten bewältigen zu helfen.

post cenam stabis, aut mille passus meabis nach dem Essen sollst du ruhn oder tausend Schritte tun. Das Sprichwort findet sich in der lateinischen Form in Johann Wolfgang von Goethes »Götz von Berlichingen«.

post Christum natum nach Christi Geburt. Hier sei der Hinweis gestattet, daß man in der freien Rede oftmals »nach Christi« hört, was grundfalsch ist; dann eben »nach Christus«.

posteri Nachkommen.

posteriora spätere Ereignisse; Geschehnisse, die hinterher folgten; auch scherzhaft: der Hintere.

post festum wörtlich: nach dem Fest. In der Bedeutung von: erst hinterher, zu spät.

post hoc, ergo propter hoc wörtlich: nach diesem, also darum. Damit soll ein Gedankengang, ein logischer Schluß als fehlerhaft bezeichnet werden, weil man aus der zeitlichen Aufeinanderfolge von zwei Erscheinungen auf deren ursächlichen Zusammenhang schließen zu können glaubt. Kurz zu verstehen im Sinne von: nachher, und nicht daher.

post meridiem nach dem Mittag, nachmittags; abgekürzt: p. m. im Englischen gebräuchlich.

post mortem nach dem Tode (eintretend, geschehend, sich ereignend).

post nubila Phoebus wörtlich: nach den Wolken (kommt) Phoebus; das heißt: die Sonne. Vollständig lautet die Wendung: Post maxima nubila Phoebus, nach mächtigen Wolken erscheint Phoebus, und entstammt einem Gedicht W. Langlands aus der Mitte des 14. Jahrhunderts. Sie erschien schon in der Sprichwörtersammlung des Sebastian Franck und ging in Volksliedtexte ein.

post scriptum Nachschrift, schriftlicher Zusatz. Wenn einem bereits unterschriebenen Brief noch eine nachzutragende Mitteilung fehlt, schließt man sie unter »Postscriptum«, abgekürzt P. S. noch an.

post urbem conditam siehe bei: Ab urbe condita.

praemissis praemittendis wörtlich: nach Vorausschickung des Vorauszuschickenden; nämlich der

Anrede, des Titels usw., abgekürzt auch P. P. Ferner in der Bedeutung von: man nehme an, vorausgeschickt, daß ...

praemisso titulo nach Vorausschickung des Titels. Abgekürzt auch: P. T. in Anschriften, Überschriften usw.

praeter propter ungefähr, in etwa.

prima facie beim ersten Anschein. Im Rechtswesen als besonderer Ausdruck verwendet: z. B. ein Prima facie-Beweis.

primo loco an erster Stelle. Ein im Hochschulwesen üblicher Ausdruck, wenn bei Besetzung eines Lehrstuhls einer Professur verschiedene Bewerber vorgeschlagen werden. Die Bewerber werden nach Primo, secundo, tertio loco gereiht.

primus inter pares der Erste unter Gleichgestellten.

principiis obsta Widerstehe den Anfängen! Ein Zitat nach dem römischen Dichter Ovid (43 bis 18 n. Chr.).

pro aris et focis wörtlich: für Altar und Herd. Ursprünglich ein Aufruf zum Kampf für die engere Heimat, nach dem römischen Schriftsteller Cicero (106 bis 43 v. Chr.).

probatum est es ist bewährt; es ist erprobt; es hilft mit Sicherheit. Man spricht von einem »probaten« Mittel.

procul negotiis fern von Geschäften, fern von Mühen. Siehe auch bei: Beatus ille qui ...

pro domo wörtlich: für das Haus. In der Bedeutung von: für sich selbst, im eigenen Interesse. Wird gebraucht im Zusammenhang mit mehr oder minder verschleierter Tat oder Rede, die nur dem eigenen Vorteil dienen soll. Die Redewendung entstammt dem Werk von Cicero (106 bis 43 v. Chr.).

pro et contra für und wider; was für und gegen etwas spricht.

pro forma der Form wegen. In der Bedeutung von: um einer Sache äußerlich Genüge zu tun, bloß zum Schein.

pro iuventute für die Jugend. Name einer Stiftung.

pro loco wörtlich: für die Stelle. Bedeutet: anstelle, anstatt.

pro memoria zur Erinnerung an, zum Gedächtnis. Unter einem Promemoria versteht man auch eine Eingabe an eine Behörde; im weiteren Sinne eine Denkschrift.

pro patria für das Vaterland.

pro patria est dum ludere videmur für das Vaterland ist (geschieht) es, wenn wir (auch) zu spielen scheinen. Nach Lipperheides Spruchwörterbuch von 1907 Wahlspruch des englischen Jockey-Clubs.

propria causa in eigener Angelegenheit.

pro sit es nütze; es schlage gut an; wohl bekomm's, zum Wohl – Trinkspruch wie auch beim Niesen. Verdeutschung: Prost.

pro titulo anstelle des Titels; bei allgemeinen Anzeigen, Hinweisen und Mitteilungen. Abgekürzt: P. T.

P. S. siehe bei: Post scriptum.

P. T. siehe bei: Pleno titulo, praemisso titulo, pro titulo.

pulvis et umbra sumus Staub und Schatten sind wir. Ein Ausspruch aus den »Carmina« des Horaz (65 bis 8 v. Chr.).

punctum puncti wörtlich: der Punkt des Punktes. Also: der Hauptpunkt, die Hauptsache. Im moralischen Bereich ist damit alles im Zusammenhang mit dem Sechsten Gebot gemeint. Gebräuchlich auch in finanzieller Hinsicht.

punctum saliens wörtlich: der springende Punkt. Der Kernpunkt; der Punkt, auf den es ankommt; der entscheidende Punkt. Der Ausdruck findet sich schon bei dem griechischen Philosophen Aristoteles (384 bis 322 v. Chr.).

Q

quae medicamenta non sanant, ferrum sanat, quae ferrum non sanat, ignis sanat Was die Medizin nicht heilt, heilt das Eisen; was das Eisen nicht heilt, heilt das Feuer. Lateinische Form eines Grundsatzes des griechischen Arztes Hippokrates (um 400 v. Chr.); oftmals in übertragener Bedeutung angewendet, so auch als Motto zu Friedrich Schillers »Die Räuber«.

quae nocent, docent was schadet, lehrt. Entspricht dem deutschen »Durch Schaden wird man klug«.

quasi gleichsam, so als wenn, gewissermaßen.

quid iuris was ist rechtens?

quid novi wörtlich: was des Neuen. In der Bedeutung von: Was gibt es Neues?

quidquid agis, prudenter agas et respice finem Was du tust, tue es klug und bedenke den Ausgang. Diese Sentenz findet sich in den »Gesta Romanorum« (siehe dort).

quidquid delirant reges, plectuntur achivi Alles, was die Könige anstellen, müssen die Achäer (die Völker) büßen. Ein Zitat aus dem Werk von Horaz (65 bis 8 v. Chr.).

quieta non movere was ruht, soll man nicht bewegen (aufrühren): Laß Vergangenes vergangen sein.

qui pro quo wörtlich: wer für wen. Das »Quiproquo« bedeutet: Mißverständnis, Verwechslung von Personen, besonders ist Lustspielen.

qui tacet, consentire videtur wer schweigt, scheint zuzustimmen. Das gilt allerdings nur dann, wenn einer hätte offen reden können, was in einer Diktatur praktisch unmöglich ist.

quis ut deus wer ist wie Gott. Dem Erzengel Michael in seinem Widerstreit gegen Lucifer in den Mund gelegt.

quod bonum, felix faustumque sit was gut, glücklich und gesegnet sei. Alte Segensformel.

quod deus avertat was Gott verhüten möge.

quod deus bene vertat was Gott zum Guten wenden wolle.

quod erat demonstrandum wörtlich: was zu beweisen war. Die Schlußformel der Beweisführung des griechischen Mathematikers Euklid (um 300 v. Chr.), auch Vater der Geometrie genannt, die in den allgemeinen Sprachgebrauch eingegangen ist.

quod libet wörtlich: was gefällt. Als »Quodlibet« wird buntes Durcheinander, willkürliche Auswahl bezeichnet, aber auch humoristische Gesangstücke mit lustigen Texten und wechselnden Melodien.

quod licet Iovi, non licet bovi wörtlich: Was dem Jupiter erlaubt ist, ist dem Ochsen (noch lange) nicht erlaubt. In der Bedeutung von: eines schickt sich nicht für alle. Ein altrömisches Sprichwort, das bestimmte Rechte von einem bestimmten Stand abhängig macht.

quod non est in actis, non est in mundo was nicht in den Akten ist (steht), ist nicht in der Welt (bekannt). Ein Grundsatz im früheren Rechtsverfahren, wonach für den Richter nichts existiert, was nicht schriftlich verzeichnet ist. Auch ein bequemes Losungswort für überlastete Beamte . . .

quod scripsi scripsi Was ich geschrieben habe, habe ich geschrieben. Ausspruch des römischen Statthalters Pilatus gegenüber den Juden, die mit der Inschrift für das Kreuz Jesu nicht einverstanden waren. Nach dem Johannes-Evangelium (19, 22).

quos ego »die (werde) ich . . .!« So drohte der Meeresgott Neptun den Winden, wie uns der römische Dichter Vergil (70 bis 19 v. Chr.) in seiner Dichtung »Äneis« berichtet.

quot homines, tot sententiae so viele Menschen, so viele Meinungen; entspricht der deutschen Form: Viel Köpf', viel Sinn. Ein Zitat nach dem römischen Komödiendichter Terenz (gestorben 159 v. Chr.).

quot capita, tot sensus so viele Köpfe, so viele Sinne. Oder auch: Je mehr Leute, um so mehr – verschiedene – Ansichten.

quousque tandem . . .? wie lange noch? Das sind die Anfangsworte der ersten Rede des römischen Staatsmannes Cicero (106 bis 43 v. Chr.) gegen den Verschwörer Catilina. Cicero gab damit der Ungeduld Ausdruck, die sich der römischen Öffentlichkeit wegen der Übergriffe Catilinas bemächtigt hatte.

quo vadis? wohin gehst du? Zitat nach dem Evangelium des Johannes (13, 36), wonach Petrus an Jesus diese Frage stellt. Der vollständige Wortlaut ist Domine, quo vadis? »Quo vadis« ist auch der Titel des weltberühmten Romans vor dem Hintergrund der neronischen Christenverfolgung von dem polnischen Schriftsteller Henry Sienkiewicz (1848 bis 1916).

R

rara avis ein seltener Vogel; also ein Mensch, wie es ihn nur selten gibt. Der Ausdruck findet sich schon bei dem römischen Dichter Horaz (65 bis 8 v. Chr.) und wurde wiederverwendet von Martin Luther. Man vergleiche beispielsweise auch den Ausdruck: ein weißer Rabe.

ratio legis der Sinn des Gesetzes, die Absicht des Gesetzgebers.

rebus sic stantibus wörtlich: Da die Dinge so liegen. In der Bedeutung von: so wie die Dinge liegen, bei dieser Sachlage, auf Grund dessen.

recte richtig (soll es heißen), genauer Wortlaut, berichtigt.

redde mihi legiones Gib mir (meine) Legionen zurück! soll Kaiser Augustus ausgerufen haben, als er die Nachricht von der vernichtenden Niederlage dreier römischer Legionen durch die Germanen im Teutoburger Wald (9 n. Chr.) erhielt. Der römische Schriftsteller Sueton (um 120 n. Chr.) gibt diesen Ausspruch in einer variierten Form wieder: Quinctili Vare, legiones redde! Quinctilius Varus war ein Feldherr des Augustus.

reformatio in peius Änderung eines Urteils – zum Nachteil dessen, der es angefochten hat. Eine solche Änderung ist nach der derzeit geltenden Prozeßordnung nicht erlaubt.

regens chori Leiter eines (geistlichen) Chores, eines Kirchenchores.

relata refero wörtlich: ich berichte, (was mir) berichtet (worden ist). Damit will jemand zu erkennen geben, daß er persönlich für diese Mitteilung nicht einsteht. Man erwirkt dadurch allerdings keinen Rechtsschutz, sofern man jemand anderem durch eine solche unverbürgte Aussage schadet.

repetitio est mater studiorum das Wiederholen ist die Mutter der Studien.

requiescat in pace er ruhe in Frieden. Liturgische Schlußformel aus der katholischen Seelenmesse; auch Grabinschrift.

res accessoria Nebensache. Wohl eine neulateinische Bildung.

reseda, morbos reseda wörtlich: Heile, heile die Krankheiten wieder. Da die Pflanze »Reseda« alten Arzneibüchern zufolge bei Entzündungen aufzulegen ist, sollte dieser Zauberspruch die Wirkung offenbar noch erhöhen. Man vergleiche auch das Kinderlied: Heile, heile Segen.

reservatio mentalis gedanklicher Vorbehalt. Etwas, das man denkt, und zwar im Widerspruch, ohne es auszusprechen. Wird oftmals geübt, hat aber in Rechtsfällen naturgemäß keine Bedeutung. Der Ausdruck findet sich erstmals 1645 in einer Schrift des Jesuiten Busenbaum.

res dubia zweifelhafte Angelegenheit.

res iudicata rechtskräftiges Urteil.

res nullius wörtlich: Niemandes Sache, in der Bedeutung von: herrenloses Gut.

res omnium communes Dinge, die allen gemeinsam gehören.

res publica wörtlich: öffentliche Sache; Gemeinwesen, Staat. »Republik« als besondere Staatsform ist zwar abzuleiten, aber nicht unmittelbar gleichzusetzen mit Res publica.

res sacrae Heiliges, geweihte Dinge; Dinge, die außerhalb profanen Hantierens stehen; Dinge, die gewissermaßen tabu sind.

res severa (est) verum gaudium eine ernste Sache (ist die) wahre Freude. Eine Sentenz nach dem römischen Philosophen Seneca d. J. (1 bis 65 n. Chr.).

restitutio in integrum Wiedereinsetzung in den vorigen (ursprünglichen) Stand; Aufhebung eines Nachteils.

rex regnat, sed non gubernat wörtlich: Der König herrscht, aber er regiert nicht. Bezeichnung für einen Regenten, der seine Pflichten gegenüber dem Volk nicht erfüllt.

ridentem (im Munde des Zitierenden jedoch **ridendo**) **dicere verum** lächelnd (sage ich) die Wahrheit sagen. Eine Wendung aus den »Satiren« des Horaz (65 bis 8 v. Chr.).

R. I. P. siehe bei: Requiescat in pace.

Roma aeterna die ewige (Stadt) Rom. Die Bezeichnung geht auf den römischen Lyriker Tibull (54 bis 19 v. Chr.) zurück.

Roma locuta, causa finita Rom hat gesprochen, die Sache ist erledigt (entschieden). Diese Redewendung wird zurückgeführt auf den Kirchenvater Augustinus (354 bis 430 n. Chr.) und bezieht sich auf päpstliche Entscheidungen.

rorate coeli Tauet Himmel (den Gerechten). Introitusvers aus der katholischen Meßliturgie des vierten Adventsonntags. »Roraten« werden auch die Frühmessen der katholischen Kirche im Advent genannt, die zu Ehren der Jungfrau Maria gefeiert wurden. Der Introitusvers stammt aus dem Alten Testament, Isaias 45, 8.

rota romana wörtlich: römisches Rad. Es handelt sich um die Bezeichnung des höchsten Gerichtshofes der römisch-katholischen Kirche im Rahmen der römischen Kurie, der u. a. für kirchlich zu genehmigende Ehescheidungen zuständig ist.

S

sacrificium intellectus wörtlich: das Opfer des Verstandes. Gemeint ist die Anpassung an eine vorgeschriebene Lehre wider besseres Wissen. Demzufolge muß man der übermächtigen Obrigkeit gegenüber die Einsichten des Verstandes zurückstellen bzw. verleugnen, also opfern.

salus publica suprema lex (esto) die Staatswohlfahrt (sei) das höchste Gut (wörtlich: Gesetz, nämlich für die Herrschenden). Ein Grundsatz aus dem Werk des römischen Staatsmannes Cicero (106 bis 43 v. Chr.).

salva approbatione vorbehaltlich der Genehmigung.

salva ratificatione vorbehaltlich der Genehmigung.

salva venia mit Verlaub, mit Respekt zu sagen.

salve, regina sei gegrüßt, Königin. Beginn eines katholischen Gebetes, schon aus dem 11. Jahrhundert, zu Ehren Mariens. Vertont von dem neapolitanischen Komponisten Giovanni Pergolesi (1710 bis 1736).

salvo errore calculi mit Vorbehalt eines Rechenfehlers.

salvo errore et omissione unter Vorbehalt von Irrtum und Auslassung, abgekürzt: s. e. & o.

salvo honore unbeschadet der Ehre.

salvo iure unbeschadet des Rechts.

salvo meliore unbeschadet einer besseren (Einsicht).

salvo titulo unter Vorbehalt des (richtigen) Titels.

salvus conductus sicheres Geleit.

sancta simplicitas heilige Einfalt. Siehe auch bei: O sancta simplicitas; die Wendung geht aber auch schon auf die Kirchengeschichte des Eusebius zurück (gest. 340 n. Chr.).

sanctum officium heiliges Amt. So wurde auch die Einrichtung der Inquisition bezeichnet.

sapere aude Wage es, weise zu sein. Das Zitat stammt von dem römischen Dichter Horaz (65 bis 8 v. Chr.).

sapiens omnia sua secum portat der Weise trägt all sein Gut mit sich. Ein altgriechischer Weisheitsspruch, der auch bei Cicero (106 bis 43 v. Chr.) belegt ist.

sapienti sat (est) dem Weisen (Verständigen) genügt es; für den Eingeweihten bedarf es keiner weiteren Erklärung. Ein Ausdruck nach dem Lustspieldichter Terenz (gest. 159 v. Chr.).

saxa loquuntur die Steine reden. Der Ausdruck geht auf jene Kunstanschauung zurück, die aus den Werken der Bildenden Kunst die Aussage der betreffenden Epoche herausliest. Der Kunsthistoriker Marius Schneider spricht sogar von »singenden Steinen«.

scilicet nämlich, zu ergänzen ist. Abkürzung: Sc., auch scil. und bedeutet: es versteht sich, freilich, natürlich. Der Ausdruck ist gebildet aus den lateinischen Wörtern: scire – verstehen, wissen und: licet – es ist erlaubt.

sculpsit (er) hat (es) gestochen. Vermerk auf Kupferstichen unter Nennung des Künstlernamens.

sectio aurea der goldene Schnitt. Ein Begriff aus Baukunst und Ornamentik. Man versteht darunter die stetige Teilung einer Strecke in der Weise, daß sich das kleinere Teilstück zum größeren so verhält wie dieses zur ganzen Strecke.

sedes apostolica der Apostolische Stuhl, der päpstliche Stuhl (oder Thron).

sella curulis wörtlich: Wagensessel, Amtssessel der höheren Magistrate. Im antiken Rom thronten Konsuln und Prätoren auf einer derartigen »sella curulis«. In unserer Zeit benennt man öfter auch den Richterstuhl mit diesem Wort.

semper aliquid haeret immer bleibt etwas hängen. Teil aus einen Sprichwort, das im vollen Wortlaut: »Nur immer kühn verleumden, es bleibt immer etwas hängen« heißt. Eine Wendung, die von allen beachtet werden sollte, die über andere reden oder schreiben.

semper Augustus wörtlich: Immer Augustus. Als erster römischer Kaiser benannte sich Oktavianus (63 v. bis 14 n. Chr.), Adoptivsohn Cäsars, mit dem Ehrennamen »Augustus«, das bedeutet: der Erhabene. Nach ihm nannten sich alle römischen Kaiser mit diesem Beinamen. Die mittelalterlichen Kaiser verstanden unter dem Titel »Semper Augustus« das, was als besondere Aufgabe des Kaisers angesehen wurde, nämlich »Mehrer des Reichs« zu sein.

semper et ubique immer und überall.

semper idem immer derselbe, oder: dasselbe. Redewendung nach Cicero (106 bis 43 v. Chr.), die sowohl lobend wie tadelnd verwendet werden kann. Xanthippe, die Frau des Sokrates, soll von ihrem Mann gesagt haben, daß sein Mienenspiel »immer dasselbe« sei.

senatus populusque Romanus (oder: **Romanorum**) Senat und Volk von Rom, der römische Staat. Gebräuchlich in der Abkürzung: S. P. Q. R.

sensus communis wörtlich: allgemeiner Sinn. Gemeint ist: gesunder Menschenverstand, auch: Sinn für das Gemeinwohl.

sentire cum ecclesia wörtlich: mit der Kirche fühlen. Gemeint ist: in einer bestimmten Angelegenheit im Sinne der katholischen Kirche denken.

servus Diener; als bloßes »Servus« noch immer ein beliebtes Grußwort im österreichischen Raum. Erinnert sei an das bekannte Lied »Sag beim Abschied leise Servus . . .!« Man vergleiche auch die gebräuchlich gewesene Schlußformel in Briefen etc. »und verbleibe als Ihr gehorsamster Diener . . .«

servus servorum dei wörtlich: Knecht der Knechte Gottes; Diener der Diener Gottes. Wird als ein Titel des Papstes geführt.

sic! so! Damit will man auf einen Irrtum oder auf irgend etwas Bedenkliches, etwa einen Widerspruch, besonders hinweisen.

sic itur ad astra So steigt man zu den Sternen empor. Eine Sentenz aus der »Äneis« des römischen Dichters Vergil (70 bis 19 v. Chr.), die sich auf die Vollendung einer bedeutenden Tat bezieht und oft als Motto gebraucht wird.

sic transit gloria mundi So vergeht der Ruhm (Glanz) der Welt. Wenn ein neuer Papst zur Krönung in die Peterskirche einzieht, wird ihm zugerufen: »Pater sancte, sic transit gloria mundi.« Diese Formel wird gebraucht, um auf die Vergänglichkeit aller Güter und Ehren auf dieser Welt, seien sie noch so groß und prächtig, hinzuweisen.

sic volo, sic iubeo So will ich (es), so befehle ich (es). Anstatt einer Begründung wird der Wille als Motiv eines Befehls oder einer bestimmten Handlung bekanntgegeben. Die Wendung entstammt den »Satiren« des römischen Dichters Juvenal (60 bis 140 n. Chr.).

si duo faciunt idem wenn zwei dasselbe tun. Siehe bei: Duo quum faciunt ...

sigillum confessionis wörtlich: Siegel der Beichte. Gemeint ist die Verpflichtung des Priesters zur Wahrung des Beichtgeheimnisses gegenüber jedermann: jedes in der Beichte ausgesprochene Bekenntnis steht unter dem strengen »Siegel« der Verschwiegenheit.

similia similibus wörtlich: Ähnliches durch Ähnliches. Gemeint ist der Grundsatz der Homöopathie, wonach mit Arzneien behandelt wird, die im gesunden Körper ähnliche Symptome der jeweiligen Krankheit hervorrufen.

sine ira et studio ohne Zorn und Eifer; ohne Haß und Gunst. Bedeutet: vorurteilsfrei, objektiv, eine Sache in gelassener Weise besprechend. Die Wendung entstammt den »Annalen« des römischen Historikers Tacitus (um 55 bis 120 n. Chr.).

sine loco et anno ohne Ort und Jahr. Gewöhnlich wird bei Büchern auf der Titelseite oder im sogenannten »Impressum« angegeben, an welchem Ort und in welchem Jahr das Buch erschienen ist. Fehlt eine solche Angabe, so weist man mit dieser lateinischen Formel, abgekürzt s. l. e. a. auf diese Tatsache hin.

sine tempore wörtlich: ohne Zeit. Das heißt: daß eine Veranstaltung genau zur angegebenen Uhrzeit, und nicht etwa später, beginnt. Das Gegenteil hiervon siehe bei: Cum tempore.

si parva licet componere magnis Wenn es erlaubt ist, kleinere mit größeren (Dingen) zu vergleichen. Abgeleitet aus Vergils »Georgica« 4, 176, wo die Arbeit der Bienen mit jener der Zyklopen verglichen wird. Die Wendung kommt aber schon bei dem griechischen Geschichtsschreiber Herodot vor.

si tacuisses, philosophus mansisses wörtlich: Hättest du geschwiegen, wärest du (ein) Philosoph geblieben. Zitat nach dem römischen Schriftsteller Boethius (480 bis 524 n. Chr.), wobei es um die Figur eines Scheinphilosophen geht. Man gebraucht diese Formel auch heute noch, um zu sagen, daß einer durch Schweigen seine Unkenntnis verbergen kann. Tut er sich nicht mit Reden hervor, dann wird man ihn für weise halten; andernfalls blamiert er sich.

sit venia verbo wenn es erlaubt ist zu sagen ... Die Wendung entstand nach dem römischen Schriftsteller Plinius d. J. (61 bis 113 n. Chr.).

si vis pacem, para bellum wenn du den Frieden willst, bereite den Krieg (vor). Siehe auch bei: Pacem volo ...

sola fide wörtlich: Einzig durch den Glauben. Auf diesem Grundsatz beruht die Rechtfertigungslehre Martin Luthers, wonach der Sünder allein durch den Glauben und nicht durch seine guten Werke gerettet wird.

solamen miseris socios habuisse malorum Es ist ein Trost für Unglückliche, Leidensgenossen zu haben. Diese für viele wohl nicht sehr einsichtige Sentenz dürfte ursprünglich einer Fabel des griechischen Dichters Äsop (im 6. Jahrhundert v. Chr.) entstammen.

soli deo gloria Gott allein (gebührt) die Ehre.

spiritus rector leitender Geist, Seele einer Sache, treibende Kraft einer Unternehmung, führender Geist. Auch Titel für einen »geistlichen Leiter«.

S. P. Q. R. siehe bei: Senatus Populusque Romanus.

stabat mater (dolorosa) wörtlich: Es stand die Mutter; die Schmerzensmutter. Die leidende Mutter Jesu stand am Kreuz. Mit diesen Worten beginnt ein lateinischer Hymnus, der von Jacopone da Todi etwa 1300 gedichtet worden sein dürfte. Der Hymnus wurde oftmals vertont, so von Palestrina, Pergolesi, Rossini u. a.

status nascendi wörtlich: Zustand des Werdens, des Entstehens. Bezeichnet das Stadium einer Sache, die noch nicht vollendet ist.

status, quo wörtlich: der Zustand, in dem (sich etwas befindet); gemeint ist: der Zustand wie vorher; es bleibt alles beim alten.

sua sponte freiwillig, aus eigenem Antrieb.

suaviter in modo, fortiter in re sanft in der Art, stark in der Sache (Tat). Der Ausspruch wird zurückgeführt auf den Jesuitengeneral Aquaviva, 1543 bis 1615.

sub auspiciis (praesidentis) unter dem Ehrenschutz (des Präsidenten). Auszeichnende Formel bei Promotionen nach hervorragenden Prüfungsleistungen, die mit der Verleihung eines Ehrenringes verbunden sind.

sub conditione unter der Bedingung, bedingungsweise.

sub divo unter freiem Himmel.

sub hasta wörtlich: unter dem Hammer (eigentlich: der Lanze). Im antiken Rom wurde bei gerichtlichen Versteigerungen als Symbol der staatlichen Autorität eine Lanze aufgestellt.

sub iudice wörtlich: unter dem Richter. Diese Formel wird gebraucht, wenn man von noch unentschiedenen Prozessen spricht.

sub rosa wörtlich: Unter der Rose. Die Rose ist das Sinnbild der Verschwiegenheit. Jemand etwas »sub rosa« sagen, heißt, es ihm im Vertrauen sagen.

sub sigillo confessionis unter dem Beichtsiegel; siehe bei: Sigillum ...

sub specie aeternitatis wörtlich: unter der Gestalt der Ewigkeit. Gemeint ist: im Lichte der Ewigkeit; unter der Voraussetzung unbeschränkter Dauer. Ausdruck, den der holländisch-jüdische Philosoph Baruch de Spinoza (1632 bis 1677) in seiner »Ethik« verwendet.

sub utraque specie unter beiderlei Gestalten. Das christliche Abendmahl, ursprünglich unter beiderlei Gestalt von Brot und Wein genossen, wurde im Laufe der Zeit auf das Abendmahl nur in Gestalt des Brotes eingeschränkt. Hussiten und »Utraquisten« forderten schon im 15. Jahrhundert erneut das Abendmahl unter beiderlei Gestalten.

sub voce wörtlich: unter der Stimme; in der Bedeutung von: unter dem Wort, unter dem Stichwort. Bei Verweis auf ein Wörterbuch, abgekürzt: s. v.

sui generis wörtlich: von seiner eigenen Art. Bedeutet: von eigener Art, von besonderer Art, nicht wie sonst, eine Klasse für sich darstellend, einzigartig.

summa cum laude mit höchstem Lob. Auszeichnende Beurteilung einer (akademischen) Prüfungsleistung.

summa summarum wörtlich: die Summe (aller) Summen. Bedeutet: alles in allem, alles zusammen, insgesamt. Die Formel entstammt dem Werk des römischen Komödienschreibers Plautus (gest. 184 v. Chr.).

summum bonum das höchste Gut. Ein Ausdruck des Thomas von Aquin (um 1225 bis 1274) für Gott.

summum ius summa iniuria wörtlich: Das strengste Recht (ist oft zugleich) höchste Ungerechtigkeit. Gemeint ist, daß das auf die Spitze getriebene Recht in vielen Fällen Unrecht bedeuten kann. Die Sentenz stammt von dem römischen Staatsmann Cicero (106 bis 43 v. Chr.).

summus episcopus oberster Bischof. Eine Bezeichnung für Landesherren, die zugleich in ihrem Herrschaftsgebiet die oberste Kirchenleitung innehatten. Auch ein Titel des Papstes.

sunt certi denique fines es gibt schließlich (allerdings) bestimmte Grenzen. Man siehe auch bei: Est modus in rebus ...

sunt pueri! es sind Knaben (Kinder). Ein geflügeltes Wort der Entschuldigung ohne belegbare Quelle, das aus den Lateinschulen der frühen Neuzeit stammen könnte.

sursum corda! aufwärts die Herzen! Erhebet eure Herzen! Zuruf aus der römischen Meßliturgie bei Beginn der Präfation.

suum cuique jedem das Seine. Ein Zitat nach dem römischen Schriftsteller Cicero (106 bis 43 v. Chr.), das aber auch als Ausspruch des älteren Cato (234 bis 149 v. Chr.) reklamiert wird. Friedrich I. von Preußen hat dieses Wort als Wahlspruch geführt und seinen Münzen aufprägen lassen.

T

tabula rasa wörtlich: abgewischte Schreibtafel. Im übertragenen Sinne: unbeschriebenes Blatt. Die Römer verwendeten zum Schreiben wächserne Schreibtafeln, deren Inschriften man je nach Bedarf durch Abschaben bzw. Abwischen wieder löschen konnte. Tabula rasa machen bedeutet auch: reinen Tisch machen, Ordnung schaffen, eine Sache von Grund auf erledigen.

tantum ergo sacramentum Ein so großes Sakrament... Beginn der fünften Strophe des von Thomas von Aquin verfaßten Hymnus auf die Eucharistie »Pange lingua«; zum sakramentalen Segen sind in der katholischen Kirche jeweils nur die fünfte und sechste Strophe gebräuchlich. Dazu gibt es auch viele Vertonungen.

tantum religio potuit suadere malorum So viel Übles hat die Religion anzuraten vermocht. Ein Ausspruch aus dem Werke »Über die Natur« von Lukrez (98 bis 55 v. Chr.).

te deum (laudamus) dich, Gott, loben wir... Beginn des sog. Ambrosianischen Lobgesanges, dem hl. Ambrosius zugeschrieben, der 347 durch das Volk zum Bischof von Mailand gewählt wurde. Tatsache ist, daß durch das Wirken des Ambrosius Lehre und Kultur in der abendländischen Kirche sowie der Kirchengesang stark gefördert wurden.

tempora mutantur (nos et mutamur in illis) die Zeiten ändern sich (und wir ändern uns mit ihnen). Eine in Form eines griechischen Hexameters ausgesprochene Sentenz, die Kaiser Lothar I. (795 bis 855) zugeschrieben wird.

tempora si fuerint nubila solus eris In Zeiten, wenn Wolken am Himmel sind, wirst du allein sein. Kurz: Im Unglück stehst du allein. Ein Zitat aus den »Tristien« des römischen Dichters Ovid (43 v. bis 18 n. Chr.).

tempus clausum (oder: **feriatum**) wörtlich: geschlossene Zeit. Als solche werden zum Beispiel der Advent und die Fastenzeit von der katholischen Kirche bezeichnet; in diesen Zeiten sind Hochzeiten oder öffentliche Lustbarkeiten wie Bälle und dergleichen nicht gestattet.

tempus fugit die Zeit entflieht; die Zeit läuft davon.

tenor der Faden; das Hervorstechende an einer Sache. »Tenor« in dieser Bedeutung wird auf der ersten Silbe betont.

terminus, ad quem Zeitpunkt, bis zu dem ...; Endtermin.

terminus, ante quem Zeitpunkt, vor dem ...

terminus, a quo Zeitpunkt, von dem ab ...; Anfangstermin.

terminus, post quem Zeitpunkt, nach dem ...

terminus technicus Fachausdruck; genau bezeichnender Ausdruck.

terra firma festes Land, im Sinne von »Festland«. In der engeren Bedeutung ist auch die Landenge von Panama damit gemeint.

terra incognita unbekanntes Land (Gebiet).

terra sigillata reliefgeschmücktes Tongeschirr aus der römischen Antike.

tertium comparationis wörtlich: der Dritte der Vergleichung; dasjenige, was bei einem Vergleich zweier Dinge den Vergleich zuläßt; Vergleichspunkt – das, worin zwei verglichene Dinge übereinstimmen.

tertium non datur ein Drittes gibt es nicht. Im Sinne der allgemeingültigen Anschauung, wonach man immer nur zwischen zwei Möglichkeiten wählen kann.

tertius gaudens der Dritte, der sich freut (wenn sich zwei streiten).

theatrum mundi Welttheater. Darstellungen von Landschaften, Städten usw. mit beweglichen Figuren.

timeo Danaos et dona ferentes Ich fürchte die Danaer, und sollten sie (auch wenn sie) Geschenke bringen; nach Vergils «Aeneis», II, 49. Dieses Wort läßt sich mit anderem Subjekt beliebig abwandeln. Die Redensart »Danaergeschenk« hat hier ihren Ursprung.

totus mundus agit histrionem die ganze Welt macht den Schauspieler, d. h. ist ein Theater. Dieser Sinnspruch in bezug auf die Kunst fand sich unterhalb des die Weltkugel tragenden Herkules am berühmten Globe Theatre in London; der Monolog des Jacques in Shakespeares »Wie es euch gefällt« (II, 7) führt den Gedanken näher aus: Die ganze Welt ist Bühne. Und alle Frauen und Männer bloße Spieler. Die treten auf und gehen wieder ab, sein Leben lang spielt einer manche Rollen . . .

tres faciunt collegium drei machen eine Gesellschaft (aus). Rechtsspruch aus den Digesten des Corpus iuris civilis. Das Wort entstand nach Proscus (etwa 100 n. Chr.) und meint, daß für die Bildung eines Vereins oder einer Gesellschaft mindestens drei Personen erforderlich sind. Man denke auch an das Studentenlied von Elias Salmon »Es hatten drei Gesellen ein fein' Collegium . . .«.

treuga dei Gottesfriede. Gemeint ist das uralte Verbot von Fehden in der Zeit von Donnerstag – später schon Mittwoch abend – bis Montag früh. Diese Einführung stammt aus Südfrankreich im 11. Jahrhundert und wurde später durch Kirchenkonzile ausdrücklich angeordnet und auf andere Festzeiten des Kirchenjahres ausgedehnt. Im mittellateinischen Wort »treuga«, Landfriede, steckt die deutsche Wurzel »treu«.

tua res agitur wörtlich: deine Sache wird abgehandelt. Bedeutet: es geht um deine Angelegenheit (und um nichts anderes); es liegt in deinem Interesse. Verkürzte Form eines Ausspruchs des römischen Dichters Horaz (65 bis 8 v. Chr.).

tu felix Austria nube! siehe bei: Bella gerant alii . . .

tunica proprior pallio das Hemd (ist mir) näher als der Rock. Die Sentenz entstammt einer Verszeile des römischen Komödiendichters Plautus (um 254 bis 184 v. Chr.).

tu quoque Auch du? Bei seiner Ermordung soll Cäsar angesichts des ihn niederstoßenden Freundes Brutus ausgerufen haben: Auch du, mein Brutus? Mit dieser Frage soll die Enttäuschung über die hinterhältige Handlungsweise eines vermeintlichen Freundes ausgedrückt werden.

tusculum erholsamer Ferienaufenthalt oder Landsitz, meist abgeschieden gelegen. Die altrömische Siedlung Tusculum ist das heutige Frascati, eine der frühesten Villenstädte des antiken Rom, wohin sich die Vornehmen zur Erholung zurückzogen. Auch Cicero hatte hier eine Villa, in der er seine »Tusculanae disputationes« lokalisiert.

U

ubi bene ibi patria wo (es mir) gut (geht), dort (ist mein) Vaterland. Eine Sentenz nach dem römischen Staatsmann Cicero (106 bis 43 v. Chr.); der Gedanke findet sich aber schon bei dem griechischen Komödiendichter Aristophanes (um 400 v. Chr.). Eine Art Lebensregel für Opportunisten, nach Cicero aber ein Trost für Verbannte.

ubi sunt tempora »wo sind die Zeiten« – gewiß keine originär lateinische Sentenz, sondern die einfache Übersetzung des wohl auch im Deutschen geläufigen Ausrufs.

ultima ratio wörtlich: die letzte Vernunft, auch: das letzte Mittel, der letzte Ausweg, der äußerste Beweggrund. Angeblich hat Kardinal Richelieu, der unumschränkt gebietende französische Staatsmann, alle Kanonen, die während seiner Amtsführung (1624 bis 1642) hergestellt wurden, mit dieser Inschrift versehen lassen. Auch Friedrich II. von Preußen benützte die Inschrift für die preußischen Kanonen.

ultima thule die äußerste Thule. Gemeint ist: Insel im fernen Norden. Im übertragenen Sinn: ein weit entferntes Land am Ende der Welt. Ein Ausdruck, der aus des römischen Dichters Vergil (70 bis 19 v. Chr.) »Georgica« stammt.

ultra posse nemo obligatur niemand ist verpflichtet, ihm Unmögliches zu leisten. Ein Grundsatz römischen Rechtsdenkens.

unus pro multis einer für viele. Gemeint ist auch: einer für alle, und zwar im Sinne eines persönlichen Einsatzes für andere Menschen. Die Wendung entstammt dem Epos »Äneis« des römischen Dichters Vergil (70 bis 19 v. Chr.).

urbi et orbi wörtlich: der Stadt (Rom) und dem Erdkreis (den Segen erteilen). Auch: aller Welt etwas verkünden. Aus dem Wortlaut des Ritus nach der Papstwahl, wenn der erste Kardinaldiakon zum neugewählten Papst die Worte spricht: »Ich bekleide dich mit der römischen Papstwürde, auf daß du vorstehest der Stadt und dem Erdkreis.«

usque ad finem wörtlich: bis zum Ende; bis zuletzt. Auch im Sinne von: bis zum bitteren Ende.

usus tyrannus wörtlich: der Brauch (die Gewohnheit) ist ein Tyrann. Man spricht auch von einer »Macht der Gewohnheit«, die eben zum Zwang entarten kann.

ut aliquid fiat damit etwas geschieht.

utile dulci das Nützliche mit dem Angenehmen (verbinden). Redewendung nach der »Ars poetica« des römischen Dichters Horaz (65 bis 8 v. Chr.).

ut infra wie unten (bemerkt, angemerkt). Hinweisformel in Druckwerken, meist wissenschaftlichen.

ut in omnibus glorificetur deus wörtlich: daß in allem Gott verherrlicht werde. Die Formel meint, daß in erster Linie Gott Ehre und Lob gebührt.

ut supra wie oben (erwähnt, gesagt, geschrieben).

ut unum sint wörtlich: Daß sie (alle) eins seien. Die Wendung entstammt dem Evangelium des Johannes (17, 11 sowie 21–23) und meint die Einhelligkeit und Liebe unter den Glaubensbrüdern. Heute oftmals im Sinne der ökumenischen Bewegung gebraucht.

uxori optimae wörtlich: der besten Frau (zugeeignet), Widmungsausdruck, der sich beispielsweise am Grabmal der Erzherzogin Marie Christine in der Wiener Augustinerkirche (1803 gestaltet von Antonio Canova im Auftrag des Herzogs Albert von Sachsen-Teschen) findet. Auch als Dedikationsformel in Büchern etc. gebräuchlich.

V

vacat es fehlt; es ist leer; es ist nichts vorhanden. »Vacatseite« bedeutet eine leere Seite in einem Druckbogen.

vade mecum geh mit mir; wandere mit mir. Als Fachausdruck wird mit »Vademecum« die Orientierungsmöglichkeit aus einem Buch bezeichnet, also: Nachschlagewerk, Leitfaden, Handbuch, Taschenbuch.

vae victis! wehe den Besiegten! Angeblich ein Wort des gallischen Eroberers von Rom, Brennus (390 v. Chr.), das bei Livius und Plautus zitiert wird.

vale! valete! lebe wohl! Lebt wohl! Abschlußformel in römischen Briefen.

vanitas vanitatum wörtlich: Eitelkeit der Eitelkeiten. Die Wendung meint soviel wie: alles ist eitel. Sie entstammt den Anfangsworten des »Predigers Salomo« im Alten Testament.

Vare, redde mihi legiones meas Varus, gib mir meine Legionen wieder. Nach dem römischen Schriftsteller Sueton (um 120 n. Chr.). Ausruf des Kaisers Augustus nach der von dem römischen Feldherrn Varus im Teutoburger Wald (9 n. Chr.) verlorenen Schlacht gegen die Germanen.

varia verschiedenes, vermischte Sachen, allerlei (Dinge).

variatio delectat Abwechslung erfreut (ist angenehm).

venia legendi wörtlich: Erlaubnis zu lesen. Man versteht darunter die Erlaubnis, an Hochschulen Vorlesungen zu halten.

veni, creator spiritus wörtlich: Komm, Schöpfergeist. Alter Pfingsthymnus, der schon vor der Zeit Karls des Großen entstanden ist.

veni, sancte spiritus komm, Heiliger Geist. Anfangsworte eines katholischen Kirchengesangs, der König Robert dem Frommen von Frankreich (gestorben 1031) zugeschrieben wird.

veni, vidi, vici Ich kam, sah (und) siegte. Diese Worte schrieb Cäsar nach seinem Sieg über Pharnaces II. 47 v. Chr. seinem Freunde Amintius nach Rom. Man umschreibt damit auch einen schnell errungenen Sieg.

verba docent, exempla trahunt Worte belehren, Beispiele reißen mit.

versus memoriales Merkverse. Verse, die das Festhalten (grammatischer Regeln) im Gedächtnis erleichtern.

via sacra die heilige Straße. Name der Triumphstraße, die im antiken Rom über das Forum zum Jupitertempel auf dem Kapitol führte.

vice versa umgekehrt; wechselweise.

videant consules wörtlich: Die Konsuln mögen dazu sehen (sich darum kümmern, dafür sorgen). In Notzeiten forderte der römische Senat die beiden Konsuln jeweils auf, dafür zu sorgen, daß das Gemeinwesen, der Staat nicht Schaden leide.

viribus unitis mit vereinten Kräften. Wahlspruch des österreichischen Kaisers Franz Joseph I. (1848 bis 1916).

vis comica Kraft der Komik.

vis maior höhere Gewalt.

vis inertiae wörtlich: Kraft der Trägheit; Beharrungsvermögen.

vita brevis, ars longa Das Leben (ist) kurz, die Kunst lang. Mit diesem Ausspruch beginnen die »Aphorismen« des griechischen Arztes Hippokrates (um 400 v. Chr.). Siehe auch bei: Ars longa ...

vivant sequentes wörtlich: die Nachfolgenden mögen leben. Der Ausdruck bedeutet ein Hoch auf diejenigen, die einem Beispiel folgen.

vivat es lebe! Er lebe (hoch)!

vivat, crescat, floreat! er lebe, wachse und gedeihe!

vivere militare est wörtlich: Leben ist (heißt) kämpfen. Eine Sentenz, die von dem jüngeren Seneca (um 1 bis 65 n. Chr.) stammt.

vivos voco, mortuos plango, fulgura frango Die Lebenden rufe ich, die Toten beweine ich, die Blitze breche ich. Häufig als Inschrift auf Glocken verwendet. Auch Motto zu Schillers »Lied von der Glocke«.

volenti non fit iniuria dem Willigen (= dem, der es so haben will), geschieht kein Unrecht. Grundsatz römischen Rechtsdenkens.

vox populi vox dei des Volkes Stimme (ist) Gottes Stimme. Römisches Sprichwort, überliefert durch den angelsächsischen Humanisten Alkuin (735 bis 804), und zwar in tadelndem Sinne.

vox humana die menschliche Stimme.

v. v. siehe bei: Vice versa.

Englisch

A

A 1 erstklassig. Die Bezeichnung stammt aus *Lloyd's Register of British and Foreign Shipping*. Dort werden Handelsschiffe nach einem System eingestuft, in dem Buchstaben den Zustand des Schiffskörpers und Zahlen den Zustand von Maschinen und Gerät angeben.

above board offen, korrekt. Wörtlich: auf dem Tisch. Der Ausdruck kommt aus dem Wettspielermilieu. Die Hände sollen, um Falschspiel zu vermeiden, für alle sichtbar auf dem Tisch bleiben.

absence makes the heart grow fonder entspricht dem deutschen »Die Liebe wächst mit der Entfernung« und ist einem bekannten Lied des frühen 19. Jahrhunderts entnommen. Die Marx Brothers drehten einen Film mit dem abgewandelten Titel »Absinthe makes the heart grow fonder.«

acid umgangssprachlich für die Droge LSD. Wörtlich: Säure. Daher der Ausdruck *acid rock* für psychedelische Musik.

Act of Parliament ein vom Parlament verabschiedetes Gesetz. Ein (noch nicht verabschiedeter) Gesetzentwurf heißt *bill*.

affluent society Wohlstandsgesellschaft. Der Ausdruck wurde in den späten fünfziger Jahren nach Erscheinen des Buches von J. K. Galbraith, *The Affluent Society* (1958), bekannt.

after hours Polizeistunde, nach Dienstschluß, nach Ladenschluß.

afters umgangssprachlich für *dessert*, Nachtisch.

aggro Krawall, Stunk. Umgangssprachlich für *aggression*.

an albatross round one's neck etwas, das ständig an Fehler aus der Vergangenheit erinnert. Die Redewendung bezieht sich auf ein Gedicht von S. T. Coleridge, »The Ancient Mariner« (1798), in dem ein Seemann auf hoher See einen Albatros tötet und so dem Schiff Unglück bringt. Der tote Albatros wird ihm als Zeichen seiner Schuld um den Hals gehängt.

all chiefs and no Indians wörtlich: lauter Häuptlinge und keine Indianer. In der Redewendung wird beklagt, daß alle befehlen wollen und niemand die Arbeit zu tun bereit ist.

All Fools' Day der 1. April. Bis Mittag dürfen die Kinder Aprilscherze machen. Wenn ein Streich gelungen ist, rufen sie *April Fool*.

all present and correct Mit der Wendung wird im Sinne von »Alles in Ordnung« oder »Alles bereit« Bereitschaft zum Beginn der Arbeit, Antritt einer Reise usw. signalisiert. Ursprünglich war es beim Militär die Meldung an den vorgesetzten Offizier.

all roads lead to Rome »Es führen viele Wege nach Rom«. Gemeint ist, daß unterschiedliche Methoden und Denkansätze zu demselben Ergebnis führen können.

all systems go Die Wendung, die Startbereitschaft ausdrückt, wird heute bei vielerlei Gelegenheiten verwendet. Ursprünglich war es die offizielle Formel bei Raketenabschüssen der NASA in Cape Canaveral.

All women become like their mothers. That is their tragedy. No man does. That's his. »Alle Frauen gehen nach ihren Müttern – das ist ihre Tragödie. Männer nie – das ist auch ihre Tragödie.« Oscar Wilde, *The Importance of Being Earnest* (1895).

all work and no joy makes Jack a dull boy sinngemäß: Wir brauchen alle Erholung, damit unsere Schaffenskraft erhalten bleibt. Wörtlich: Immer nur Arbeit und kein Spiel macht aus Jack einen einfallslosen, dummen Jungen.

an also-ran einer, der unter »ferner liefen« ankommt. Beim Pferderennen ist ein Pferd gemeint, das nicht einen der ersten drei Plätze belegt, also keinen Preis bekommt. Im weiteren Sinne bezieht sich der Ausdruck auf jemanden, der sich nicht durch besondere Leistung hervortut.

and that's that! und damit basta! Energisches, emphatisches Beenden einer Diskussion.

Angry Young Men Bezeichnung für eine Gruppe englischer Autoren, die sich in den fünfziger Jahren gegen die herrschende Moral und Ideologie Großbritanniens auflehnten. Sie werden nach dem Schauspiel *Look Back in Anger* (1956) von John Osborne benannt. Der Ausdruck wurde vielfach auf die ganze Generation der fünfziger und sechziger Jahre angewendet.

another good man gone! Wieder ein guter Mann weniger! Humorvoll-bedauernde Redensart in Männerkreisen, die sich auf einen Jungverheirateten bezieht.

to answer a call of nature euphemistische Umschreibung des Gangs zur Toilette. Wörtlich: dem Ruf der Natur folgen. Im Englischen manchmal in der Kurzform *to pay a call*.

the answer to a maiden's prayer ein attraktiver junger Mann, der ideale Mann. Wörtlich: Antwort auf das Gebet einer Jungfrau.

are you with me? Können Sie mir folgen? Verstehen Sie?

armchair general einer, der aus sicherer Entfernung gute Ratschläge erteilt. Ähnlich: *armchair politician* (»Stammtischpolitiker«); *armchair strategist* (»Salonstratege«).

arrows Kneipenausdruck für das Pfeilwurfspiel *darts*.

arts degree Abschlußexamen in geistes- oder sozialwissenschaftlichen Fächern.

Ashmolean Museum Museum und Bibliothek für Künste, Geschichte des Altertums und Archäologie, 1683 in Oxford von Elias Ashmole als erstes öffentliches Museum in England gegründet.

ask no questions and you'll be told no lies Mit dieser Redewendung begegnet man lästigen oder neugierigen Fragen.

association football auch: *soccer*. Fußball nach den Regeln der Football Association, wie er auch in anderen Ländern (z. B. Europas und Südamerikas) vorwiegend gespielt wird – im Unterschied zu *American football* und *rugby football*.

assurance Lebensversicherung. Andere Arten von Versicherung werden als *insurance* bezeichnet.

as the actress said to the bishop Die Wendung fügt einer an sich harmlosen Bemerkung eine versteckte sexuelle Anspielung hinzu. Wörtlich: . . . sagte die Schauspielerin zum Bischof.

as the crow flies Luftlinie. Wörtlich: wie die Krähe fliegt.

Aussie freundlich-umgangssprachliche Bezeichnung für Australier. Ursprünglich wurden australische Soldaten von Engländern so bezeichnet, mit denen sie im Ersten Weltkrieg in Frankreich kämpften.

avoirdupois britisches (und nordamerikanisches) Handelsgewicht, zu dem *ounce, pound* und *ton* gehören. (1 Pfund = 16 Unzen, ungefähr 460 g).

aye, aye, sir! zu Befehl! Insbesondere bei Seeleuten übliche Bestätigung eines Befehls.

B

babe in the woods leichtgläubiger, naiver Mensch. Die Bezeichnung erinnert an *Hänsel und Gretel*, aber auch an eine Sage aus Norfolk.

to back the wrong horse »auf das falsche Pferd setzen«. Der falschen Sache oder dem Verlierer seine Unterstützung geben.

back to the drawing board Die Wendung besagt, daß man nach mißlungenem Unternehmen wieder von vorn anfangen muß. Wörtlich: zurück zum Reißbrett. Ähnlich auch: *back to square one*, mit Bezug auf die Ausgangsposition beim Brettspiel.

backbencher »Hinterbänkler«. Abgeordneter, der keinen besonderen politischen Rang innehat und im Parlament in den hinteren Reihen sitzt.

back-handed compliment zweifelhaftes Kompliment; scheinbares Kompliment, das in Wirklichkeit eher eine Herabsetzung ist.

backroom boys in der Industrie geläufige Bezeichnung für Wissenschaftler und Techniker, die hinter der Szene wichtige Arbeit leisten. So wurde im Zweiten Weltkrieg wissenschaftliches Personal genannt, das mit der Entwicklung von Kriegstechnologie betraut war.

back-seat driver besserwisserischer Mitfahrer im

Auto. Von daher jemand, der ständig unerwünschte Ratschläge erteilt.

to be a square peg in a round hole am falschen Platz sein. Wörtlich: ein eckiger Pflock in einem runden Loch.

be good, and if you can't be good be careful humorvoller Abschiedsgruß an jemanden, der abends ausgeht. Wörtlich: Sei brav, und wenn du nicht brav sein kannst, sei vorsichtig.

to be on tenterhooks »auf die Folter gespannt sein«, »auf glühenden Kohlen sitzen«. Entsprechend im Englischen auch: *to keep somebody on tenterhooks. Tenterhooks* waren Haken, mit deren Hilfe frisch gewebte Stoffe gedehnt wurden.

To be or not to be, that is the question. »Sein oder Nichtsein, das ist hier die Frage.« Shakespeare, *Hamlet* (III, 1).

be seeing you! umgangssprachlicher Abschiedsgruß.

to be sent down relegiert werden. Strafmaßnahme der (britischen) Universitäten bei mangelndem Studienerfolg.

beauty sleep der Schlaf vor Mitternacht, der angeblich gut für die Gesundheit ist – und für die Schönheit.

Beefeater Bezeichnung für die *Yeomen of the Guard* (königliche Leibgarde, die 1485 gegründet wurde) und für die Wächter im *Tower of London*, die ihren Dienst in den Uniformen der Tudor-Zeit tun. Wörtlich: Rindfleisch-Esser (= niederer Dienstbote).

beggars can't be choosers Deutsche Entsprechung: »Einem geschenkten Gaul sieht man nicht ins Maul.« Wörtlich: Bettler dürfen nicht wählerisch sein.

the best of British luck to you! im Militärjargon des Zweiten Weltkriegs ironisch gemeinter Wunsch. Heute gewöhnlich zu *the best of British* abgekürzt und positiv verstanden.

the better part of valour is discretion »Das bessere Teil der Tapferkeit ist Vorsicht« – sagt Falstaff, der Anti-Held in Shakespeares *Henry IV* (First Part, V, 4).

Big Ben nicht, wie oft fälschlich angenommen, der Turm des Londoner Parlamentsgebäudes oder die Turmuhr, sondern lediglich eine dreizehn Tonnen schwere Glocke im Turm, nach Sir Benjamin Hall benannt.

Big Brother Symbol des allgegenwärtigen totalitären Staates. In George Orwells Roman *Nineteen Eighty-Four* ist es der Diktator, auf dessen Plakatbild die Botschaft steht: »Big Brother is watching you!«

The Big Smoke eine der (nicht nur) scherzhaften Bezeichnungen für London.

bigwig bedeutende Persönlichkeit, hohes Tier. Der Ausdruck bezieht sich auf die stattlichen Perücken, die englische Aristokraten im 17. und 18. Jahrhundert trugen. Auch heute noch tragen in England Richter Perücken als Zeichen von Amt und Würde.

bird umgangssprachlich scherzhaft für »Mädchen«, z. B. in Wendungen wie »She's a nice looking bird«.

birdie beim Golfspiel das Einlochen des Golfballs mit einem Schlag weniger als *par* (dem Durchschnitt). Zwei Schläge unter *par* bedeutet ein *eagle*.

Black Velvet alkoholisches Getränk, je zur Hälfte Champagner und Guiness. Es soll Bismarcks Lieblingsgetränk gewesen sein.

Black Maria entspricht im Deutschen der »grünen Minna«. Polizeifahrzeug für Gefangenentransport. Der Ausdruck kam im 19. Jahrhundert aus den Vereinigten Staaten.

Black Watch berühmtes schottisches Infanterieregiment, das seinen Namen nach der dunklen Farbe der Uniform erhielt. Das Regiment wurde 1739 gegründet, um im rebellierenden Hochland die Ordnung aufrechtzuerhalten. Wörtlich: Schwarze Wache.

The blackboard Jungle Die Bezeichnung bezieht sich auf Großstadtschulen mit schlechter Disziplin und hoher Jugendkriminalität. Ursprünglich Titel eines Romans von Elan Hunter (1954).

blackleg Schimpfwort für gewerkschaftlich nicht organisierte Arbeiter, die unter Tarif und auch während eines Streiks arbeiten. Heute vielfach auch: *scab*.

blank cheque Blankoscheck. Im übertragenen Sinne heißt *to give someone a blank cheque* »einen Freibrief ausstellen«. Auch: *free hand*.

blarney Schmeichelei, Schmus, Überredungskunst. Nach dem legendären Stein, der am Schloß von Blarney in Irland angebracht ist (allerdings an fast unzugänglicher Stelle) und dem, der ihn küßt, die Gabe der Überredung verleiht.

Blighty So wird England bisweilen von in Übersee dienenden Soldaten bezeichnet. Das Wort wurde zuerst in der britischen Armee in Indien verwendet und ist von dem einheimischen *bilayati* (= fremd, weit weg) abgeleitet.

blimp erzkonservativer, etwas beschränkter älterer Herr. Im Ersten Weltkrieg wurde das Wort für Beobachtungsballons verwendet. Die heutige Bedeutung ist von der Karikatur des *Colonel Blimp* abgeleitet, die der Zeichner David Low in den dreißiger Jahren als Abbild des typischen englischen Konservativen schuf.

blind as a bat stockblind. Wörtlich: so blind wie eine Fledermaus. Sarkastischer Ausdruck für jemanden, der nicht merkt, was sich vor seinen Augen abspielt.

blind drunk sinnlos betrunken. Auch: *drunk as a lord.*

The Bloody Butcher Beiname für den Herzog von Cumberland (1721–65, Sohn Georg II.), der die schottischen *Highlanders* nach der Schlacht von Culloden blutig unterdrückte.

Bloody Mary Cocktail aus Wodka, Tomatensaft und Gewürzen. Die Bezeichnung – und die Farbe des Getränks – spielen auf die Königin Mary, Tochter Heinrich VIII., an, in deren Regierungszeit die Protestanten grausam verfolgt wurden.

Bloomsbury Group Gruppe von Künstlern und Intellektuellen um Virginia Woolf, Lytton Strachey, Bertrand Russel und E. M. Forster. Sie trafen sich zwischen 1910 und 1940 im Londoner Stadtteil Bloomsbury und erregten mit ihren ästhetischen und moralischen Grundvorstellungen, aber auch durch ihren unkonventionellen Lebensstil allgemeine Aufmerksamkeit.

to blow hot and cold unentschlossen, wankelmütig sein.

blue movie Pornofilm (vgl. Andy Warhols Film mit dem gleichen Titel).

Blue Peter Signalflagge (weißes Rechteck auf blauem Grund), die von Schiffen vor dem Auslaufen gesetzt wird.

the blue-eyed boy der Liebling (oft mit verächtlichem oder neidvollem Unterton gesagt).

bobby wohlwollend-freundlicher Spitzname für »Polizist«. Nach Sir Robert (»Bobby«) Peel, der 1829 in London die berühmte Metropolitan Police gründete. Heute oft nostalgisch verwendet: »The good old British bobby.«

bold as brass frech, unverschämt (*brass* = Messing; in der Musik: Blechbläser).

boloney Quatsch (abgeleitet von »Bologna sausage«).

Bolshie von *Bolshevik,* in abwertendem Sinne »Kommunist« oder »Roter«; das Wort wird heute vorwiegend adjektivisch verwendet, im Sinne von »stur«, »rotzig«, »aggressiv«.

a bolt from the blue ein Blitz aus heiterem Himmel.

Bombay Duck nicht etwa ein Entenbraten, sondern ein Fisch *(bummalo),* der getrocknet und mit Curry gegessen wird. Kenner der indischen Küche in England sind mit dieser Beilage wohlvertraut.

bone-shaker Klapperkiste, alte Mühle, Auto oder Fahrrad, das einem die Knochen rüttelt.

Boney englischer Spitzname für Napoleon Bonaparte. Für englische Kinder früher auch als »schwarzer Mann« bemüht: »If you aren't a good boy, Boney will catch you.«

the Book of Common Prayers seit 1549 Gebetbuch der anglikanischen Kirche; in den vergangenen Jahrhunderten mehrfach verändert und ergänzt.

bookie Buchmacher; Abkürzung für *»Bookmaker«* (bei der Wettannahme).

The Border »die Grenze«; im engeren Sinne die Grenze zwische England und Schottland entlang den Cheviot Hills.

Born 1820, still going strong bekannter Werbespruch für die Whisky-Marke Johnnie Walker.

born on the wrong side of the blanket unehelich geboren.

born with a silver spoon in one's mouth in einer wohlhabenden Familie geboren. Der Silberlöffel gilt als typisches Patengeschenk.

Botany Bay Bucht südlich von Sydney, Australien, die nach ihrem Reichtum an Pflanzen benannt ist. Hier kamen 1788 die ersten von England in australische Verbannung geschickten Häftlinge an. In der Folgezeit entstand die Wendung »to be sent to Botany Bay« für »nach Australien verbannt werden«.

bothy dürftige, aus einem Raum bestehende Unterkunft für unverheiratete Landarbeiter im Nordosten Schottlands. »Bothy ballads« heißen Lieder, die dort gesungen und jetzt in England sehr populär wurden.

Bow Street Runners Vorläufer der britischen Polizei und Kriminalpolizei. Die Polizeitruppe wurde Mitte des 18. Jahrhunderts in der Bow Street in London gegründet und dann im 19. Jahrhundert von der Metropolitan Police abgelöst.

to bowdlerize »anstößige« Textstellen aus einem Buch entfernen. Das tat Thomas Bowdler (1754–1825), der in seiner zehnbändigen Shakespeare-Ausgabe alle Wörter und Wendungen wegließ, die nach seiner Meinung nicht zum Vorlesen im Familienkreis geeignet waren.

Boxing Day gesetzlicher Feiertag in England am ersten Wochentag nach dem Weihnachtstag. An diesem Tag wurden nach alter Tradition Geschenke an den Briefträger, die Hausangestellten usw. verteilt.

brain trust Experten, Expertenrunde, z. B. bei einer Podiumsdiskussion im Fernsehen.

bread Geld. Weitere Slangwörter für »Geld« sind *dough, sugar, brass* u. v. a.

break a leg! Hals- und Beinbruch! Der Ausdruck wird im Showgeschäft verwendet, z. B. wenn ein Schauspieler auf die Bühne geht oder vor die Kamera tritt. Das sonst übliche »good luck!« ist hier tabu.

brevity is the soul of wit Wörtlich: Kürze ist des Witzes Seele. Shakespeare, *Hamlet* (II, 2).

brinkmanship »Spiel mit dem Feuer«, das an den Rand (brink) eines Krieges führen kann. Das Wort entstand in den fünfziger Jahren.

Bristol Cream besonders gute Sherry-Marke. Demgegenüber ist Bristol Milk die Warenbezeichnung für Sherry aus der Zeit, in der dieser zum wichtigsten Importartikel in Bristol wurde.

British disease englische Krankheit. Der nicht gerade schmeichelhafte Ausdruck bezieht sich auf die vielen Arbeitskämpfe, die seit den frühen siebziger Jahren in Großbritannien geführt werden.

busker Straßensänger. Das Wort ist aus dem älteren *to busk* (= improvisieren) hervorgegangen.

butter-fingers Schussel, Tolpatsch.

C

CBI = Confederation of British Industry, Dachverband britischer Arbeitgeber.

C. of E. = Church of England, anglikanische Kirche. Staatskirche Englands, deren Oberhaupt der englische Monarch ist.

caddie Helfer, der dem Golfspieler die Golfschläger trägt und auf Flug und Lage des Balles achtet. Der Caddie ist meistens bei Berufsspielern und auf vornehmen Plätzen zu finden.

cakes and ale die angenehmen Seiten des Lebens. Oft negativ in dem Sprichwort: »Life is not all cakes and ale.« Die Redewendung erscheint zuerst in Shakespeares *Twelfth Night* (II, 3).

Caledonia römischer Name für Schottland, der noch literarisch, geographisch, bei Firmennamen usw. verwendet wird, z. B. in »Caledonian Canal«.

Caliban in Shakespeares *Tempest* ein wildes, unheimliches Wesen, halb Mensch, halb Tier; Sohn eines Teufels und einer Hexe. Der Name ist ein Anagramm von can(n)ibal.

to call a spade a spade das Kind beim Namen nennen. *Spade* heißt »Spaten«.

candid camera »Vorsicht, Kamera!« Mittels einer versteckten Kamera werden heimlich Aufnahmen gemacht, die im Bildjournalismus oder bei Fernsehshows Verwendung finden.

canned music Konservenmusik (auf Schallplatten, Kassetten usw.). Gegenteil: *live music*.

cant Das von lat. *cantus* abgeleitete Wort hat im Englischen ein sehr breites Bedeutungsspektrum. Es kann sich auf Sondersprachen einzelner durch Beruf, Stand und Milieu geprägter Kreise beziehen (z. B. der Jargon der Bettler oder der Unterwelt), hat daneben aber auch Einzelbedeutungen wie »Gewinsel«, »Gewäsch«, »scheinheiliges Gerede«.

cap und gown Barett (Doktorhut) und Talar. Universitätstracht, wie sie bei feierlichen Anlässen getragen wird.

carriage forward Frachtkosten per Nachnahme.

to carry coals to Newcastle entsprechend im Deutschen: »Eulen nach Athen tragen«. Newcastle war seit jeher ein wichtiger Kohlehafen, und folglich war Kohle dort niemals Mangelware.

to carry the can für die Fehler und Missetaten haften, die andere mitverschuldet haben.

casting-vote entscheidende Stimme (z. B. des Ausschußvorsitzenden) bei Stimmengleichheit.

a cat may look at a king »sieht doch die Katze den Kaiser an«. Das Sprichwort aus dem 16. Jahrhundert besagt, daß auch der Untergebene gewisse Rechte gegenüber Höherstehenden hat. Es kann als trotzige Entgegnung ausgesprochen werden, hinter der der Gedanke steht: »I'm as good as you are.«

cat-o'-nine-tails neun-schwänzige Katze (Peitsche). Früher hauptsächlich in der britischen Armee und Marine verwendet. Erst 1948 formell abgeschafft.

caucus Das aus der amerikanischen Politik kommende Wort wird in England auf interne Gruppen oder Cliquen bezogen, die hinter dem Rücken der Partei Absprachen treffen.

cauliflower ear »Blumenkohlohr«. In der Boxersprache ein durch Verletzungen entstelltes Ohr. Oft auch scherzhaft für: große Ohren.

Celtic Fringe die Gebiete des Vereinigten Königreichs, deren Bevölkerung keltischen Ursprungs ist, d. h. Schottland, Wales und Nordirland, mit keltischen Sprachen, die neben dem Englischen gesprochen werden.

Cenotaph berühmtes Kriegerdenkmal im Londoner Stadtteil Whitehall, zum Gedenken an die Toten der beiden Weltkriege.

Central Office Parteizentrale der britischen Konservativen in London.

chairperson Vorsitzende(r). Früher hieß er/sie »Chairman«, ohne Rücksicht auf das Geschlecht, aber im Zuge der Gleichberechtigung wurde die Bezeichnung neutralisiert.

Chancellor of the Exchequer britischer Finanzminister.

chapel Kapelle. Zu den Nebenbedeutungen des Wortes gehört die im Druckereigewerbe, wo es eine örtliche gewerkschaftliche Gruppierung bezeichnet.

char Tee. Das Wort kommt aus dem Indischen und wurde von englischen Soldaten mitgebracht. (Kein Zusammenhang mit »charwoman« = Putzfrau).

charity begins at home Das Sprichwort bedeutet, daß Nächstenliebe zuerst in der eigenen, häuslichen Umgebung praktiziert werden sollte.

chatterbox Quasselstrippe, Klatschbase.

Cheddar der wohl bekannteste englische Hartkäse, nach einem Dorf in Somersetshire benannt, in dem er im 17. Jahrhundert zuerst hergestellt wurde.

cheers! nicht nur im Sinne von »Prost!«, sondern auch im Sinne von »Dankeschön!« umgangssprachlich verwendet.

cheque-book journalism mißbräuchlicher Kauf von Exklusivberichten, z. B. über Kriminelle oder von Kriminellen, bei dem letztlich Verbrechen finanziell belohnt und damit eventuell sogar angeregt werden.

Chequers Landsitz des britischen Premierministers zwischen London und Oxford. 1917 von Lord Lee zur Verfügung gestellt.

chicken-feed wörtlich: Hühnerfutter; in übertragenem Sinne: ein paar Groschen, eine Lappalie. Auch: »eine Kleinigkeit«, »ein Kinderspiel«.

chief cook and bottle-washer scherzhafte Bezeichnung für jemanden, der Küchendienst tut. Auch: »Mädchen für alles«.

a chip of the old block »ganz wie der Vater«. Wörtlich: ein Splitter vom alten Holzklotz.

Chippendale englischer Möbelstil des 18. Jahrhunderts. Thomas Chippendale (1718–1799), ein Kunsttischler aus Yorkshire, eröffnete in London einen Laden und veröffentliche seine Arbeitsvorlagen. Seine Möbel wurden bald berühmt – und kopiert.

Andere englische Möbelstile des 18. Jahrhunderts: Hepplewhite, Sheraton.

chopper umgangssprachlich für »helicopter«, in Anspielung auf Geräusch und Bewegung der Rotorblätter.

Chunnel geplanter Tunnel zwischen England und Frankreich unter dem Ärmelkanal. Kurzform von »Channel Tunnel«.

City Kurzform für »City of London«, ein selbstverwalteter Stadtbezirk im Herzen Londons am linken Ufer der Themse. In diesem Gebiet liegen die St. Paul's-Kathedrale, Fleet Street, die Bank von England, die Börse und große Finanzhäuser.

City of Dreaming Spires literarischer Name für *Oxford*.

Civil Service Staatsdienst, öffentlicher Dienst. Die Gruppe der »civil servants« in England ist allerdings nicht mit Beamtentum oder öffentlichem Dienst in anderen europäischen Ländern gleichzusetzen. Sie umfaßt z. B. nicht das Militär, weite Bereiche der Verwaltung und des Rechtswesens, Lehrer.

clan schottische Sippe/Großfamilie mit gemeinsamen Vorfahren und einem Oberhaupt (clan chief). Jeder Clan hat sein eigenes kariertes Stoffmuster für die Kleidung (tartan) und seine eigene Dudelsackmelodie. Weitgehende politische und juristische Macht der Clan Chiefs wurde bereits im 18. Jahrhundert abgeschafft.

claret roter Bordeaux(wein). Auch als Farbbezeichnung.

cleanliness is next to godliness wörtlich: Reinlichkeit ist der Gottesfurcht am nächsten. Altes Sprichwort, aus einer Predigt John Wesleys, des Begründers des Methodismus.

Cleopatra's Needle Obelisk (Spitzsäule) am Themse-Ufer in London, der 1877 aus Alexandrien dorthin gebracht wurde. Er war ursprünglich ca. 1550 v. Chr. in Heliopolis errichtet worden. Eine direkte historische Beziehung zu Kleopatra gibt es nicht, außer daß Alexandrien ihre Hauptstadt war. Die »Nadel der Kleopatra« hat ein Pendant im Central Park in New York.

cliff-hanger spannender Augenblick (am Ende einer Romanfortsetzung). An der Klippe hängend, wird der Held in Abenteuergeschichten am Ende eines Filmteils zurückgelassen, um die Zuschauer auf die nächste Folge neugierig zu machen.

clink Bezeichnung für »Gefängnis«, die von einem 1780 bei Krawallen zerstörten Gefängnis in London stammt.

closed shop Betrieb, der nur Gewerkschaftsmitglieder beschäftigt.

COBOL = Common Business Oriented Language. Programmiersprache für EDV. Andere: BASIC, FORTRAN, PASCAL.

Cockney Ostlondoner, besonders einer, der in Hörweite der Glocken von St. Mary-le-Bow geboren ist. (Das Wort bedeutet *cock's egg* und wurde von der Landbevölkerung als Spitzname für Städter verwendet.) Auch: Ostlondoner Dialekt.

codswallop Hiram Codd patentierte 1875 eine Sprudelflasche mit Kugelverschluß. »Wallop« war ein Slangwort für Bier. So entstand unter Biertrinkern »Codd's wallop« als verächtliches Wort für Mineralwasser; dann auch, mit erweiterter Bedeutung, »Quatsch«, »Unfug«.

Colonel Bogey Name, den man einem imaginären Golfspieler gegeben hat, für den eine bestimmte Anzahl von Schlägen pro Runde auf einem bestimmten Golfplatz festgesetzt ist. Die Zahl ist so bemessen, daß sie von einem guten Durchschnittsspieler erreicht werden sollte.

come hell or high water Komme, was da wolle. Wörtlich: ob Hölle oder Hochwasser.

to come out in die Gesellschaft eingeführt werden. Der Ausdruck bezieht sich auf junge Damen, die ins heiratsfähige Alter kommen und auf einem Debütantinnenball vorgestellt werden. Heute haben auch Homosexuelle diesen Ausdruck übernommen, die sich öffentlich zu ihrer Neigung bekennen.

comeback Rückkehr zu einer erfolgreichen Karriere nach einer Unterbrechung; besonders bei Sportlern und Schauspielern.

commando Bezeichnung für speziell ausgebildete Stoßtrupps und Spezialeinheiten, die ursprünglich im Zweiten Weltkrieg aus Freiwilligen für besonders gefährliche Aufgaben zusammengestellt wurden. Das deutsche »Kommando« heißt »command« oder »order«.

Committee of Ways and Means Finanz-/Haushaltsausschuß. Ausschuß des britischen Unterhauses, der die Regierung ermächtigt, Gelder für öffentliche Dienstleistungen zu beschaffen, und Änderungen der Steuergesetze billigt. Über die Verwendung der Gelder wacht dann das *Committee of Supply* (= Bewilligungsausschuß).

Common Law gemeines Recht (im Unterschied zur lokal beschränkten Rechtsprechung), das von den königlichen Gerichtshöfen in England entwickelt wurde. Durch Sammlungen von Präzedenzentscheidungen (precedent) bildete sich das Common Law zum Fallrecht (Case Law) aus. Erst im 19. Jahrhundert entwickelte sich ein Normenrecht (Statute Law).

conker Roßkastanie (Kindersprache); Spiel, bei dem Kinder versuchen, mit einer an einer Schnur befestigten Kastanie die des Partners zu zerschlagen.

convict Sträfling. In der Zirkussprache wird das Zebra so genannt, dessen schwarze und weiße Streifen an Sträflingskleidung erinnern.

cross my/your heart! Hand aufs Herz! Ehrenwort! Auf Ehre! Die erweiterte Fassung der meist von Kindern ausgesprochenen Wahrheitsbeteuerungen heißt:

»Cross my heart and may I die,
If I so much as tell a lie.«

to cross the floor in der Parlamentssprache: zur anderen Partei überwechseln. Im britischen Unterhaus sitzen Regierungs- und Oppositionspartei einander gegenüber.

to cross the line den Äquator überqueren. Für Neulinge ist das oft mit einer Zeremonie verbunden, bei der Neptun hofhält und seine Opfer ins Wasser eintaucht.

Cruft's nach ihrem Gründer benannte Hundeausstellung, die seit 1891 alljährlich in London stattfindet.

crying all the way to the bank Die ironische Wendung bezieht sich auf jemanden, dessen Arbeit künstlerisch oder moralisch anfechtbar erscheint, ihm aber doch eine Menge Geld eingebracht hat.

Crystal Palace eines der großen Bauwerke der viktorianischen Zeit. Aus Glas und Eisen gebaut, beherbergte es die Londoner Weltausstellung von 1851. Das Gebäude wurde 1936 durch ein Feuer zerstört. An den Namen erinnern heute ein Fußballklub und ein Stadion.

D

Darby and Joan Bezeichnung für ältere Eheleute, die einander sehr zugetan sind. Aus einem Gedicht in *Gentleman's Magazine* (1735).

the Dark Ages (finsteres) Mittelalter. So wird insbesondere das Frühmittelalter genannt.

the Dark Continent Bezeichnung für Afrika, das für die übrige Welt so lange »in the dark« war; aber auch wegen der dunklen Hautfarbe seiner Bewohner.

a dark horse (auf der Rennbahn) ein Pferd, über das wenig bekannt ist, ein Außenseiter. In übertragener Bedeutung ein wenig bekannter Kandidat, ein »unbeschriebenes Blatt«.

Davy Jones's Locker Damit ist der Grund des Meeres gemeint, besonders als Grabstätte ertrunkener Seeleute. »Davy Jones« war im 18. Jahrhundert eine Bezeichnung für den Geist der Meere.

daylight robbery bildhafter Ausdruck für Überteuerung, Preiswucher.

D-Day der 6. Juni 1944, an dem anglo-amerikanische Truppen in der Normandie landeten. Später wurde der Ausdruck auch scherzhaft auf den Tag bezogen, an dem in England die neue Währung eingeführt wurde (15. Februar 1971; D für »decimal«).

dead as a dodo lange vorbei, vergessen, ausgestorben. Der Dodo war eine Kranichart mit zurückgebildeten Flügeln, zuletzt im 17. Jahrhundert auf Mauritius gesehen.

a dead heat   ein »totes Rennen«. (*heat* hier im Sinne von »Rennen«, »Durchgang«.) Rennen, in dem zwei oder mehr Teilnehmer die Ziellinie gleichzeitig erreichen.

dead-end kids   verwahrloste Kinder. Wörtlich: Sackgassenkinder. Der Ausdruck schließt auch fehlende Zukunftshoffnung ein.

Dear John letter   Brief einer Frau an ihren Freund oder Verlobten, in dem sie ihm mitteilt, daß sie ihn wegen eines anderen verläßt.

Defender of the Faith   Der Titel wurde Heinrich VIII. von Papst Leo X. im Jahre 1521 verliehen, weil er die Lehren von Martin Luther angegriffen hatte. Kurz danach initiierte Heinrich selbst die englische Reformation, wobei er allerdings, wie auch alle späteren Monarchen, den Titel beibehielt. Auf englischen Münzen ist eine Abkürzung der lateinischen Form des Titels *(Fidei Defensor)* eingeprägt.

Derby   Pferderennen für Dreijährige, das jährlich in Epsom in der Grafschaft Surrey stattfindet. Im Jahre 1780 von einem Earl of Epson begründet.

Dick Turpin   berüchtigter englischer Straßenräuber (1705–1739), der wegen seiner tollkühnen Verbrechen bekannt wurde. Er ist mit Harrison Ainsworths *Rookwood* (1834) in die Literatur eingegangen.

die-hards   (besonders in der Politik) die Unentwegten, die Ewiggestrigen, die hartnäckigen Reaktionäre.

Dieu et mon droit   (frz. Gott und mein Recht) königlicher Wahlspruch, aus der normannischen Zeit.

dirt-tracking   Motorradrennen auf Aschenbahnen.

Dirty Dick's   bekannte Kneipe in Bishopsgate, London, deren Inneres mit Staub und Spinnweben aus dem 19. Jahrhundert belassen wurde.

dog-collar   nicht nur Hundehalsband, sondern auch hoher Kragen des Geistlichen.

dog eat dog   Die Redewendung bezieht sich auf die Situation rücksichtsloser gegenseitiger Zerstörung. Die auch gebräuchliche Umkehrung dieser Wendung, »dog don't eat dog«, hat als deutsche Entsprechung: »Eine Krähe hackt der anderen kein Auge aus.«

the dogs of war   symbolischer Ausdruck für die Schrecken des Krieges. Aus Shakespeares *Julius Caesar:* »Cry Havoc and let slip the dogs of war« (»Mord rufen, und des Krieges Hunde entfesseln«, III, 1).

the dole   umgangssprachlich für »Arbeitslosengeld«. Daher: *to be/go on the dole*.

don   Universitätslehrer, Professor (von lat. dominus).

donkey-work   Plackerei, Kuliarbeit (*donkey* = Esel).

don't call us, we'll call you   ein Hinweis darauf, daß man seine Erwartungen in den Wind schreiben kann. Ursprünglich war dies eine verklausulierte Absageformel an Stellenbewerber nach einem erfolglosen Vorstellungsgespräch.

don't do anything I wouldn't do!   ursprünglich Abschiedsgruß an einen Kameraden, der seinen Urlaub antritt. Heute wird die doppeldeutige Wendung vor Rendezvous, Festen und dergleichen benutzt.

don't knock the rock   Slogan, der die Kritik am Rock'n Roll abwehren wollte, die nach Bill Haleys Film *Rock Around the Clock* (1956) entstand.

don't try to teach your grandmother to suck eggs   Das Sprichwort enthält den Grundgedanken des deutschen »das Ei will klüger sein als die Henne« (suck eggs = Eier aussaugen).

Doctor Livingstone, I presume?   Wendung, die scherzhaft als förmliche, pedantische Begrüßungsformel gebraucht wird. Sie wird dem Reporter H. M. Stanley in den Mund gelegt, der den lange verschollenen Afrikaforscher und Missionar David Livingstone (1813–1873) nach einer Suchaktion im afrikanischen Dschungel wiederfand.

Double, double, toil and trouble:
Fire burn; and cauldron bubble.
Berühmter Hexenspruch aus Shakespeares *Macbeth* (IV, 1): »Spart am Werk nicht Fleiß noch Mühe; Feuer sprühe, Kessel glühe!«

Double Dutch   unverständliche fremde Sprache oder Kauderwelsch.

double-think   Ausdruck aus George Orwells *Nineteen Eighty-Four* (1949), der die Fähigkeit skrupelloser Politiker und Bürokraten bezeichnet, völlig konträre Gesichtspunkte miteinander zu verquicken.

do you want jam on it?   Die deutsche Entsprechung dieser ironischen Redensart ist etwa: »Du kriegst wohl nie genug?« »Du kriegst wohl nie den Hals voll?« (Jam = Marmelade.)

to down tools aufhören zu arbeiten, auch: streiken.
Down Under in Australien, bei den Antipoden.
a down-and-out ein Mensch, der völlig am Ende (erledigt, abgebrannt) ist, ein Penner.
downers Slangwort für Beruhigungsmittel. Aufputschmittel heißen entsprechend *uppers*.
Downing Street Straße in London, deren Namen synonym für »Regierung« ist. Haus Nummer 10 ist das Haus des Premierministers, in dem auch die meisten Kabinettssitzungen stattfinden; in Nummer 11 residiert der Finanzminister und in Nummer 12 der Chief Whip (etwa: Geschäftsführer der Regierungspartei).

Dr. Jekyll und Mr. Hyde die beiden Seiten einer gespaltenen Persönlichkeit. Die sprichwörtliche Wendung stammt aus einem Roman von R. L. Stevenson, *The Strange Case of Dr. Jekyll and Mr. Hyde* (1886), in dem das Doppelleben eines Mannes als geachteter Arzt und übler Verbrecher erzählt wird.
dressed to kill aufgedonnert; nach der neuesten Mode gekleidet (um eine Eroberung zu machen).
to drink like a fish saufen wie ein Loch.
to drop someone a line jemandem (ein paar Zeilen) schreiben.
Dutch courage mit Alkohol eingeflößter Mut.

E

eager beaver übereifriger Mensch. Wörtlich: eifriger Biber.
early to bed and early to rise,
makes a man healthy, wealthy and wise.
Eines der bekanntesten englischen Sprichwörter, das manchmal scherzhaft verdreht wird:
early to rise and early to bed,
makes a man healthy, wealthy and dead.
earmarked for vorgesehen, zurückgelegt für; besonders auch bei (zweckgebundenen) Geldmitteln verwendet. Der Ausdruck geht auf die Praxis zurück, Tieren eine Marke am Ohr anzubringen.
to earn one's wings auch: *to win one's spurs*, »sich die Sporen verdienen«. Das Wort *wings* wird hier in der Bedeutung des Abzeichens (»Schwinge«) verwendet, das der Pilot nach Beendigung seiner Ausbildung tragen darf.
easy come, easy go wie gewonnen, so zerronnen.
easy does it! Laß dir Zeit! Sei vorsichtig!
easy on the eye attraktiv (besonders bei Frauen).
eat, drink and be merry, for tomorrow we die erweitertes Bibelzitat: »Laßt uns essen und trinken, wir sterben doch morgen.« (Jesaja 22, 14).
to eat like a horse wie ein Scheunendrescher essen.

to eat one's words etwas mit Bedauern zurücknehmen, »zu Kreuze kriechen«.
Edwardian in der Regierungszeit Edwards VII. (1901–1910). Die Mode dieser Epoche wurde in den fünfziger Jahren von den *Teddy Boys* kopiert.
ego trip eine Erfahrung, die das Selbstbewußtsein stärkt.
Eisteddfod alljährliches Sänger- und Dichterfest in Wales, auf dem walisische (kymrische) Literatur, Musik und Sprache dargeboten werden.
elbow grease harte Arbeit, Plackerei. Wörtlich: Ellbogenschmiere. Der Ausdruck bezieht sich auf die Kraft, die beim Polieren und Schrubben nötig ist.
elementary, my dear Watson! »Ganz einfach, mein lieber Watson!« Dieser Ausspruch stammt aus Arthur Conan Doyles Roman *The Memoirs of Sherlock Holmes* (1893). Holmes mußte seinem erstaunten Assistenten Dr. Watson ständig seine Beobachtungen erklären.
elevenses zweites Frühstück, Kaffeepause (etwa zwischen 10 und 11 Uhr).
the eleventh commandment »das elfte Gebot« – »Thou shalt not be found out«, »Du sollst dich nicht erwischen lassen«.
Elizabethan in der Regierungszeit der Königin Eli-

sabeth I. (1558–1603). Die Epoche gilt als Blütezeit englischer Dichtung und Musik und vor allem des Theaters (Shakespeare). Das Elisabethanische Zeitalter war aber auch eine Zeit der großen Abenteurer und Entdecker (Walter Raleigh, Francis Drake).

the enemy Das englische Wort für »Feind« steht umgangssprachlich auch für »Zeit«, z. B. in Fragen wie *How goes the enemy?* oder *What says the enemy?* (= Wie spät ist es?). Die Wendung *to kill the enemy* kann »die Zeit totschlagen« bedeuten.

England expects that every man this day will do his duty. Lord Nelsons Tagesbefehl vor der Schlacht bei Trafalgar (1805), in der er Napoleons Flotte endgültig besiegte. Dieser Spruch gilt seitdem als Inbegriff des englischen Patriotismus.

an Englishman's home (house) is his castle Die Redewendung entstammt einem Rechtsspruch aus dem 16. Jahrhundert.

an Englishman thinks he is moral when he is only uncomfortable »Ein Engländer denkt schon, er ist moralisch, wenn er sich unwohl fühlt.« Zitat aus George Bernard Shaws *Man and Superman* (1903).

empire-builder avancierter Angestellter in Industrie oder Verwaltung, der durch Erweiterung seines Wirkungsbereiches oder Schaffung einer Hausmacht versucht, seinen Posten weiter aufzuwerten.

Esq. Abkürzung für *Esquire;* statt *Mr.* bei förmlichen Adressen auf Briefumschlägen verwendet; immer nachgestellt, also z. B. *John Smith, Esq.* oder *J. B. Smith, Esq.* Die ursprüngliche Bedeutung des Wortes ist »Knappe«.

the Establishment ursprünglich die anglikanische Kirche; heute (mit sozialkritischem Unterton) auf »die Regierenden« und die Oberschicht bezogen, sowie auf Institutionen wie die Universitäten Oxford und Cambridge, die Bank von England und die Regierungsbeamten.

estate agent Häuser- und Grundstücksmakler.

the eternal triangle Dreiecksverhältnis zwischen einem (verheirateten) Paar und einer dritten Person.

every cloud has a silber lining Der silberne Rand der dunklen Wolke, von dem in diesem Sprichwort die Rede ist, bedeutet Trost und Hoffnung. Also: »Auf Regen folgt Sonnenschein.«

every Jack mast have his Jill Jack und Jill sind ein Paar in einem englischen Kinderreim.

every why has a wherefore »Alles hat seinen Grund« (*the whys and wherefores* = das Warum und Weshalb).

everything in the garden is lovely »Alles bestens!«

exam weather herrliches Wetter, das gerade in der Examenszeit herrscht – zum Leidwesen der Examenskandidaten.

Excalibur König Arthurs legendäres Schwert. Nach der Sage wurde er König, weil er das Schwert als einziger aus einem Stein zu ziehen vermochte. Bei seinem Tode wurde es in den See geworfen.

excuse my French! scherzhafte Entschuldigung für drastische Ausdrucksweise.

experience is the name everyone gives to his mistakes »Erfahrung ist der Name, den man seinen Fehlern gibt.« Oscar Wilde, *Lady Windermere's Fan.*

eyeball to eyeball Auge in Auge.

an eyeful im Sinne von »tolle Frau!«, »schickes Weib!« verwendet.

eye-wash Augenwischerei; Geschwätz, Quatsch.

F

Fabian Society sozialistische Gruppierung, die 1884 mit dem Ziel gegründet wurde, Gesellschaftsreform progressiv mit demokratischen Mitteln durchzusetzen. Namengebung nach dem römischen Feldherrn Quintus Fabius Maximus, den man wegen seiner vorsichtigen Taktik gegenüber Hannibal »Cunctator« (= Zauderer) nannte. Die Fabian Society, zu deren Gründern G. B. Shaw gehörte, wurde zur Denkfabrik der Labour Party.

to face the music für Fehlverhalten geradestehen, »die Suppe auslöffeln«. Der Ausdruck kommt möglicherweise aus der Künstler- oder Bühnensprache.

fag Slangwort für Zigarette, im Amerikanischen auch: Homosexueller.

faint heart never won fair lady »Wer nicht wagt, der nicht gewinnt.« Zur Ermutigung für zaghafte Freier. Wörtlich: faint heart heißt »mutloses Herz«, faintheart auch »Feigling«.

Fair is foul, and foul is fair. »Schön ist häßlich, häßlich schön.« Spruch der drei Hexen am Anfang von Shakespeares *Macbeth*. Heute gelegentlich als scherzhafte Wendung zu hören.

Fair Isle ein besonderes Strickmuster, das auf Fair Isle, einer der Shetland-Inseln, entwickelt wurde. Man glaubt, es sei maurischen Ursprungs und mit spanischen Seeleuten der Armada, die 1588 auf der Insel Schiffbruch erlitten, dorthin gelangt.

fall-out (radioaktiver) Niederschlag.

Falstaff Figur aus Shakespeares *Henry IV* und *The Merry Wives of Windsor*. Eigenschaften des fröhlichen dicken Ritters, der hier mit Schläue und Humor jede Situation bewältigt und sich dort prahlerisch und feige zeigt, bezeichnet man als »Falstaffian«.

fair-weather friends Freunde, die nur zu einem halten, solange es einem gut geht, also nicht die sprichwörtlichen »Freunde in der Not«. Mit dem Attribut *fair-weather* werden auch andere Ausdrücke gebildet, z. B. *fair-weather sailor*.

to fall for someone sich in jemanden verlieben. Eigentlich: auf jemanden hereinfallen. *To fall head over heels* (Hals über Kopf) *for someone* stellt das erfreuliche Geschehen noch dramatischer dar.

to fall off (the back of) a lorry wörtlich: vom Lastwagen herunterfallen. Euphemismus für »Diebesgut«, z. B. in: »This malt whisky fell off a lorry somewhere in Glasgow.«

familiarity breeds contempt (allzugroße) Vertrautheit erzeugt Verachtung. Im Englischen bereits im 16. Jahrhundert bekanntes Sprichwort.

family skeleton auch: *skeleton in the cupboard*. Peinliches oder Anstößiges, das man vor anderen verbergen möchte. Wörtlich: Skelett im Schrank.

fan Anhänger bzw. Bewunderer, Abkürzung von *fanatic*.

fancy-free frei und ungebunden.

far from the madding crowd weit weg von der tobenden (treibenden) Masse. Berühmtes Zitat, das den Wunsch nach Einsamkeit ausdrückt. Es stammt aus Thomas Grays Gedicht »Elegy Written in a Country Churchyard« (1751) und ist Titel eines Romans von Thomas Hardy.

Farmer George Spitzname von König Georg III. (1760–1820), der an fortschrittlicher Landwirtschaft interessiert war und unter dem Pseudonym »Ralph Robinson« Aufsätze darüber veröffentlichte.

a feather in one's cap eine Auszeichnung; etwas, worauf man stolz sein kann. Wörtlich: eine Feder an der Mütze.

to feel blue melancholisch, bedrückt sein.

fellow Professor an bestimmten britischen Universitäten; auch Mitglied wissenschaftlicher Gesellschaften, z. B. John Smith, FRGS (= Fellow of the Royal Geographical Society).

to fiddle betrügen, »frisieren« (z. B. *to fiddle accounts*).

The fiery cross das »feurige« Kreuz war ein Holzkreuz mit in Ziegenblut getauchten Enden. Es wurde früher im schottischen Hochland von Ort zu Ort getragen, wenn das Oberhaupt des Clans in Not- oder Kriegszeiten die Familienmitglieder versammeln wollte.

to filibuster Im politischen Sinne bezieht sich dieses Wort auf Verzögerungstaktiken im Parlament. Die Absicht dabei ist, z. B. mit überlangen Reden und Geschäftsordnungstricks eine Abstimmung oder Verabschiedung eines Gesetzes zu verhindern.

fine feathers make fine birds Kleider machen Leute. Ironisch von übertrieben gekleideten *(overdressed)* Leuten gesagt.

first come, first served »Wer zuerst kommt, mahlt zuerst.«

first foot/footer Der erste Besucher nach Mitternacht am Neujahrstag. Er sollte dunkelhaarig sein, was Glück verheißt, und etwas zu trinken mitbringen, um auf das neue Jahr anzustoßen. Der Brauch ist in Schottland und Nordengland noch bekannt.

fiscal year Geschäftsjahr für die Einkommenssteuer; beginnt am 6. April und endet am 5. April des folgenden Jahres.

flapper in den zwanziger Jahren modisch gekleidete junge Frau.

flasher »Flitzer«. Altes Slangwort für Exhibitionisten, später, in den sechziger Jahren, auf Leute bezogen, die, z. B. aufgrund einer Wette, nackt über einen Sportplatz oder ein Feld liefen. Auch: *streaker*.

flat heißt im britischen Englisch »Wohnung«. Im amerikanischen Englisch ist das Wort für Wohnung *apartment*, das im britischen Englisch für einen gut ausgestatteten Einzelraum verwendet wird.

flat-foot Slangwort für Polizist. Anspielung auf die bei englischen Polizisten herrschende Gewohnheit, in ihrem Revier zu Fuß zu gehen. Wörtlich: Plattfuß.

Fleet Street Der Name steht für das Pressewesen in England, weil die großen, überregionalen Zeitungen in dieser Straße angesiedelt sind.

a flutter umgangssprachlich für eine kleine Wette auf der Rennbahn oder in der Spielbank. Wörtlich: flattern.

to fly a kite wörtlich: einen Drachen steigen lassen. Im übertragenen Sinne: einen Versuchsballon loslassen, die öffentliche Meinung testen.

fly-by-night ursprünglich jemand, der sich nach einem nicht ganz korrekten Geschäft oder aus Angst vor Gläubigern bei Nacht und Nebel davonmacht. Heute auch: zweifelhafter Charakter.

fools rush in where angels fear to tread wörtlich: Die Narren stürmen herein, wo die Engel nicht aufzutreten wagen. – Das aus Popes »Essay on Criticism« (1711) stammende Sprichwort bedeutet, daß Leute mit wenig Erfahrung sich an Dinge heranwagen, denen Erfahrene lieber aus dem Wege gehen.

foolscap altes Papierformat (ca. 43 × 34 cm, entsprechend dem deutschen »Kanzleiformat«), das als Wasserzeichen einen Kopf mit einer Narrenkappe hatte. Es ist heute weitgehend durch die Norm A4 (297 × 210 mm; Briefbogenformat) ersetzt.

for better for worse »in guten und in schlechten Tagen«, »in Freud und Leid«. Englische Trauformel.

for crying out loud! zum Verrücktwerden! Ausruf des Erstaunens oder der Verärgerung.

fore! Warnruf beim Golf, vor dem Schlagen des Balles.

FORTRAN Kurzform von »Formula + Translation«. Programmiersprache, vorwiegend zur Lösung wissenschaftlich-technischer Probleme.

The Forty-Five historische Bezeichnung der Rebellion von 1745, in der Charles Stuart, *the Young Pretender,* die Schotten anführte. Nach anfänglichen Erfolgen wurde er in der Schlacht von *Culloden* besiegt.

forty winks Nickerchen *(wink* = Blinzeln, Zwinkern).

Fosse Way eine der wichtigsten Römerstraßen in England. Sie verläuft von Axmouth über Bath und Leicester nach Lincoln. Der Name rührt von dem Graben neben der Straße (lat. fossa) her.

four-letter words Sammelbezeichnung für kurze Wörter, die sich auf Sex und Körperfunktionen beziehen. Sie werden heute fast alle in Kraftausdrücken verwendet und dementsprechend als grob und bleidigend empfunden. Beispiele: *cunt, arse*.

from rags to riches aus ärmlichen Verhältnissen zum Reichtum. Journalistische Wendung, z. B. in: *an overnight rags-to-riches story*. Wörtlich: von Lumpen zu Reichtümern.

frailty, thy name is woman! »Schwachheit, dein Name ist Weib.« Aus Shakespeares *Hamlet* (I, 2).

Frankenstein allgemein eine Erfindung oder Schöpfung, die sich in bedrohlicher Weise gegen den Schöpfer oder dessen Umwelt wendet. Titel eines Schauerromans von Mary Shelley (1818), in dem das Monstrum seinen Schöpfer tötet.

freelance freischaffend (z. B. von Journalisten, Fotografen). Das Wort rührt von sich frei verdingenden Söldnertruppen im Mittelalter her.

French letter Slangwort für Kondom.

a friend in need is a friend indeed »Freunde in der Not gehen tausend auf ein Lot.« In der Not erkennt man seine wahren Freunde.

fringe benefits freiwillige (übertarifliche) Sozialleistungen der Betriebe, z. B. Zuschüsse zu Versicherungen und Pensionskassen, Fahrtkosten, zusätzliche bezahlte Ferientage.

Frog (Froggie) Spitzname für Franzosen, u. a. wegen der Beliebtheit von Froschschenkeln in der französischen Küche.

Front Bench im britischen Unterhaus die führenden Parlamentarier der Regierung und Opposition, die auf den vorderen Bänken rechts und links vom *Speaker* (= Parlamentspräsident) sitzen.

G

GPO Abkürzung für *General Post Office,* britische Post.

gaffer Slangwort für »Vorarbeiter«, »Chef«; *boss*. Abgeleitet von *grandfather*. Das Wort wird häufig auch weniger spezifisch verwendet: . . . *an old gaffer.*

The game is not worth the candle. »Es lohnt die Mühe nicht.« Wörtlich: Das Spiel ist die Kerze nicht wert. Gemeint ist die Kerze, die man früher zur Beleuchtung bei Spielen verwendete.

gamp Regenschirm (sonst: *umbrella*). Mrs. Sarah Gamp ist eine Nebenfigur in Charles Dickens' Roman *Martin Chuzzlewit,* die einen großen Regenschirm besitzt.

the Garden of England So nennt man die Grafschaften Kent (mit Obstplantagen und Hopfenfeldern) und auch Worcestershire (fruchtbares Ackerland).

gate-crasher ein ungeladener Gast, der sich in eine Gesellschaft hineinmogelt. Wörtlich: jemand, der durch die Tür hindurchbricht.

Gather ye rosebuds while ye may. Deutsche Entsprechung: »Pflücke die Rose, solange sie blüht.« Erste Verszeile eines Gedichtes von Robert Herrick, »To the Virgins, to make Much of Time« (1648).

gay Das Wort wird in seiner älteren Bedeutung, »fröhlich«, oft nur noch zögernd verwendet, da es heute ein Synonym für »homosexuell« ist. In diesem Sinn wird es nicht als verunglimpfend empfunden und von Homosexuellen selbst benutzt.

a gay Lothario ein Mann, der wegen zahlreicher Liebesaffären bekannt ist. Nach einer Figur in einem Theaterstück von Nicholas Rowe, *The Fair Penitent* (1703).

to gazump unsolide Preistreiberei beim Verkauf von Immobilien.

a gentleman's gentleman ein Kammerdiener, Hausdiener. Der Ausdruck stammt aus der viktorianischen Zeit.

Geordie Spitzname für die Bewohner von Newcastle und Umgebung. Ursprünglich nannte man so die Bergleute dieser Gegend.

Georgian Das Wort bezieht sich auf die Regierungszeit der Könige Georg I., II., III. und IV. und auf den besonderen Stil, der sich in der Architektur und bei Möbeln des 18. Jahrhunderts ausprägte.

gerrymander Verlegung der Grenzen zwischen Wahlkreisen mit der Absicht, einer Partei dadurch einen Wahlvorteil zu verschaffen. Elbridge Gerry (1744–1814), Gouverneur des Staates Massachusetts, verhalf so 1812 seiner Partei zu einem Wahlsieg. Die neuen Umrisse des Wahlkreises waren so merkwürdig, daß sie ein Karikaturist als Salamander bezeichnete und das Wort »Gerry-mander« hinzufügte.

get lost! Verschwinde!

to get the bird ausgezischt, ausgepfiffen werden. Umgekehrt: *to give someone the bird* = jemanden auszischen, auspfeifen, »abfahren« lassen.

get thee to a nunnery Heute würde man so jemanden in ein Nonnenkloster schicken, aber zur Zeit Shakespeares war *nunnery* ein Slangwort für »Bordell«. Die obige Aufforderung Hamlets (III, 1), mit der er Ophelias Annäherung zurückweist, ist also sehr viel brutaler, als es dem heutigen Zuschauer im allgemeinen bewußt ist.

ghost writer anonymer Autor, der Bücher, besonders autobiographischer Art, für bekannte Persönlichkeiten und unter deren Namen schreibt.

Giles Name, den man scherzhaft auf »den« Bauern allgemein bezieht *(Farmer Giles)*. Nach einem Gedicht, *The Farmer Boy* (1800), in dem die entsprechende Person diesen Namen hatte.

gillie Gehilfe eines Sportfischers oder Jägers im schottischen Hochland. Das gälische Wort *gille* heißt Bursche, Diener.

gilt-edged mündelsicher; auch: anlagesicher. Die Bezeichnung rührt von dem goldfarbenen Rand her, den entsprechende Wertpapiere haben.

gimmick wirksamer Reklametrick (»Gag«) bei Werbekampagnen, im Showgeschäft oder bei Wahlkämpfen. Das Wort kann (wie *gadget*) auch für (raffinierte) Vorrichtungen oder Geräte benutzt werden.

gin-sling Cocktail aus Gin und Zitronensaft.

Girl Guides Pfadfinderinnen (-bewegung), gegründet 1910; Gegenstück: *Boy Scouts*. In Amerika *Girl Scouts*.

to give someone the evil eye jemanden mißbilligend oder feindselig anblicken. *Evil eye* ist der böse Blick mit der magischen Kraft, den anderen zu verhexen.

to give someone the works jemanden einer rigorosen Behandlung – im verbalen oder physischen Sinn – unterziehen.

glad-rags »Sonntagsstaat«, elegante Kleidung, Abendkleidung bzw. Abendanzug. *Rag* heißt eigentlich »Lumpen«, »Fetzen«.

Gnomes of Zürich wenig schmeichelhafte Bezeichnung für die Zürcher Bankiers mit ihrem Einfluß auf internationale Geldgeschäfte. Der Ausdruck wurde nach 1964 bekannt, nachdem ihn der britische Wirtschaftsminister George Brown während der Pfundkrise wiederholt verwendet hatte.

to go Dutch with someone/Dutch treat im Restaurant, beim gemeinsamen Kinobesuch usw. getrennt bezahlen.

to go into the wilderness in die Wüste geschickt werden, aus einem Regierungsamt ausscheiden (z. B. bei Regierungswechsel).

to go on the wagon zum Antialkoholiker werden. Anspielung auf den Wagen, der bei heißem Wetter Wasser auf die Straße spritzt.

to go steady with someone »mit jemandem gehen«, eine feste Freundin/einen festen Freund haben; *steady* = (be-)ständig.

to go the way of all flesh »den Weg allen Fleisches gehen«.

to got to the flicks ins Kino gehen. *Flick* kommt von *flicker* (= flackern, flimmern).

go to blazes! Verschwinde! *Blazes* (= Flammen) ist ein alter bildhafter Ausdruck für die Hölle.

the gods »Olymp«. Im Theater die Plätze oben auf der Galerie, die am weitesten von der Bühne entfernt und daher die billigsten sind. Auch: das Publikum auf diesen Plätzen.

go-getter ehrgeiziger Tatmensch, Draufgänger.

Granite City Beiname für Aberdeen (Schottland), das hauptsächlich aus dem Granit der nahegelegenen Steinbrüche gebaut ist.

the grapevine Das Wort bedeutet soviel wie »Gerüchteküche«, »Flüsterparolen«. In Wendungen wie *I heard it on the grapevine, the grapevine has it that . . . (grapevine* = Weinstock).

the grass roots Die Leute an der Basis einer Bewegung, Organisation oder Partei, die keine höheren Positionen innehaben, deren Meinungen man aber achtet oder achten sollte. Als Adjektiv: »bodenständig«, »von unten«, »Basis- . . .«, »Graswurzel- . . .«, z. B. in *grass-roots democracy*.

grease-paint im Theater: Schminke. Wörtlich: Schmierfettfarbe.

The Great Commoner William Pitt the Elder (1708–1788), Earl of Chatham. Berühmter Staatsmann und Premierminister.

Great Fire of London Die Feuersbrunst im Jahre 1666 wütete fünf Tage und zerstörte über 13 000 Häuser, u. a. auch die alte St. Paul's-Kathedrale.

Great minds think alike! So sagt man scherzhaft, wenn man Übereinstimmung mit den Ansichten eines anderen ausdrücken will. Wörtlich: Große Geister haben dieselben Gedanken.

the Great War der Erste Weltkrieg.

green belt Grüngürtel, Landschaftsschutzgebiet um eine Stadt.

green fingers »Grüne Finger« hat jemand, der gut mit Pflanzen umgehen kann.

the green-eyed monster die Eifersucht. Die entsprechende Passage in Shakespeares *Othello* (III, 3) heißt:
»O, beware, my lord, of jealousy;
It is the green-eyed monster which does mock
The meat it feeds on.«

Gretna Green Bis 1856 konnten heiratswillige Paare aus England sich in dem bereits in Schottland gelegenen Gretna Green, wo ein anderes Ehegesetz galt, ohne Heiratserlaubnis, Aufgebot und Geistlichen trauen lassen. Sie brauchten nur eine Erklärung vor Zeugen abzugeben; die Trauung übernahm ein Gastwirt oder der Dorfschmied. Auch nachdem das erschwert und 1940 verboten wurde, war Gretna Green für junge Paare weiter attraktiv, weil sie (ab 16 Jahre) hier ohne elterliche Einwilligung heiraten konnten. Bei deutschen Pärchen, die von diesem Angebot Gebrauch machten, konnte die Ehe auf Klage der Eltern wieder gelöst werden.

grey matter die grauen Zellen. Humorvoller Ausdruck für »Gehirn«, »Verstand«.

H

Had I but served God as diligently as I have served the King, he would not have given me over in my grey hairs. »Hätte ich Gott so fleißig gedient wie dem König, er hätte mich in meinem Alter nicht verlassen.« Kardinal Wolsey (1475–1530), Berater Heinrichs VIII., soll das gesagt haben, als er auf Befehl des Königs hingerichtet wurde.

a hair of the dog that bit you Mit dieser Redensart wird behauptet, daß etwas von dem, was das Übel verursacht hat, auch Heilung bringen kann. Danach ist z. B. das beste Mittel gegen einen (Alkohol-)Kater ein weiteres Glas am nächsten Morgen. Im wörtlichen Sinne spielt der Ausdruck auf den alten Aberglauben an, daß ein wirksames Mittel gegen Hundebiß ein angesengtes Haar des Hundes ist.

Halloween 31. Oktober; im alten keltischen Kalender der letzte Tag des Jahres. In der folgenden Nacht gehen Hexen und Zauberer um; heute verkleiden sich dementsprechend Kinder bei Kinderfesten und Umzügen. Herkunft des Wortes: *All Hallows (= All Saints') even*, vergleiche »heiliger Abend«.

halcyon days Wörtlich: Eisvogeltage, halkyonische Tage. Zeiten des Friedens, Glück oder Wohlstands. Dem Eisvogel (heute auch: *kingfisher*) wurde in der Antike nachgesagt, er brüte auf schwimmenden Nestern, und das Meer sei in dieser Zeit ruhig und glatt.

ham im Theaterjargon ein wenig gewandter Schauspieler, der seine Rolle pathetisch und übertrieben vorträgt. Von daher auch der Ausdruck *to ham it up* = wie ein *ham actor* auftreten. Wörtlich heißt *ham* »Schinken«.

Hansard offizielle Protokolle der Parlamentsdebatten. Nach Luke Hansard, der sie im 18. Jahrhundert zum ersten Mal druckte.

hard cash Bargeld, im Gegensatz zu Schecks und Zahlungszusagen.

hard cheese! schöne Pleite! Ausdruck des Mitgefühls, wenn jemand Pech gehabt hat.

hard-fisted geizig, knauserig. Wörtlich: mit harter Faust. Gleichbedeutende Wörter: *tight-fisted, close-fisted*.

hare and hounds Geländespiel; entspricht der »Schnitzeljagd«. Der »Hase« läuft voraus und markiert seine Spur durch Papierschnitzel, woraufhin ihn die »Hunde« verfolgen.

to have a crush on someone für jemanden schwärmen. Schülerslang, auch allgemein gebräuchlich.

to have a date verabredet sein – insbesondere mit Bekannten/Freunden des anderen Geschlechts.

to have a sweet tooth gern Süßigkeiten essen.

to have a yen for something ein starkes Begehren nach etwas empfinden. Das chinesische Wort *yen* bedeutet »Opiumrauch«.

to have ants in the pants in Unruhe und Sorge sein. Wörtlich: Ameisen in den Hosen haben. Die Redensart *he has ants in his pants* kann auch einfach bedeuten: »Er kann keine Sekunde stillsitzen.«

to have one's ear to the ground die Ohren offenhalten.

hat-trick Sportsprache: dreifacher Erfolg (z. B. drei Tore) durch denselben Spieler.

hatch, match and dispatch wörtlich: ausbrüten, paaren und (ins Jenseits) befördern. Der scherzhafte Reim bezieht sich auf drei Lebenssituationen, die für die meisten Menschen mit kirchlichen Zeremonien verbunden sind: Taufe, Hochzeit, Begräbnis. In den Plural gesetzt, können sich die Wörter auch auf Zeitungsanzeigen zu obigen Gelegenheiten beziehen.

**He was a man, take him for all in all,
I shall not look upon his life again.**
»Er war ein Mann, nehmt alles nur in allem,
Ich werde nimmer seinesgleichen sehen.«
Hamlets anerkennende Worte für seinen ermordeten Vater. Shakespeare, *Hamlet* (I, 2).

He who can, does. He who cannot, teaches. Wörtlich: Was man kann, macht man. Was man nicht kann, lehrt man. Georg Bernhard Shaw, *Man and Superman* (1903).

he who pays the piper calls the tune deutsche Entsprechung: »Wes Brot ich ess', des Lied ich sing'.« Das Sprichwort bezieht sich auf die wandernden Musikanten, die bei Dorffesten aufspielten: Wer für die Musik bezahlte, bestimmte auch, was gespielt wurde. In übertragener Bedeutung: Wer das Geld gibt, entscheidet auch darüber, wie es verwendet wird.

Heath Robinson Der Name steht für geniale Erfindungen, Phantasiekonstruktionen. W. Heath Robinson (1872–1944) entwarf regelmäßig Zeichnungen solch absurder Maschinen für die Zeitschrift *Punch*.

hear, hear! In Unterhausdebatten drückt dieser Zwischenruf Zustimmung mit dem Sprecher aus.

a head-banger Slangwort: Idiot, Verrückter. Wörtlich: jemand, der (vor Wut oder Frustration) mit dem Kopf gegen die Wand rennt.

heir-apparent (to the throne) direkter Nachfolger des Monarchen auf dem Thron. Der *heir-presumptive* ist ein mutmaßlicher Thronerbe, der aber durch die Geburt eines näheren Verwandten (oder auch durch die Geburt eines Sohnes, falls es sich um eine Erbin handelt) noch von seinem Platz verdrängt werden kann. Der gegenwärtige *heir-apparent* in England ist Prince Charles.

Hell hath no fury like a woman scorned. »Die Hölle kennt nicht so viel Wut wie ein verschmähtes Weib.« Aus William Congreves Tragödie *The Mourning Bride* (1697).

to help a lame dog over a stile jemandem helfen, der in Not ist. Wörtlich: einem lahmen Hund über den Zauntritt helfen.
»Do the work that's nearest,
Though it's dull at whiles,
Helping, when we meet them,
Lame dogs over stiles.«
(Charles Kingsley)

henpecked husband Pantoffelheld. Die Redensart bezieht sich darauf, daß Hühner am Hahn herumzupfen.

Her Majesty's Loyal Opposition offizielle Bezeichnung der Opposition im Parlament.

to hit the hay wörtlich: sich auf das Heu schmeißen, »sich (zum Schlafen) hinhauen«. Auch: *to hit the sack*.

highbrow umgangssprachlich für »Intellektueller«, »intellektuell«. Das Gegenteil ist *lowbrow*, und es hat sich sogar ein Wort *middlebrow* etabliert. Die Wörter haben alle einen leicht negativen oder zumindest kritischen Unterton.

hobbit freundliches und gastliches Höhlenvolk in J. R. Tolkiens Prosaepen *The Hobbit* (1937) und *Lord of the Rings* (1954/55).

Hobson's choice hat die Bedeutung »keine Wahl

haben«. Der Ausdruck bezieht sich auf einen Mietstallbesitzer aus dem 17. Jahrhundert, der seine Kunden zwang, immer das Pferd zu nehmen, das der Stalltür am nächsten war.

Hogmanay schottisches Wort für »Neujahr«. Am 31. Dezember wird in Schottland besonders kräftig und mit alten Bräuchen gefeiert.

hold your horses! Geduld!

Home Counties die englischen Grafschaften in der unmittelbaren Umgebung Londons: z. B. Essex, Kent, Surrey.

Home Rule von nationalistischen Bewegungen angestrebte Unabhängigkeit für Irland, Schottland und Wales. Die Länder wollen politische Selbstverwaltung, andererseits aber weiter der britischen Krone zugehören.

home, sweet home Die meist scherzhaft oder sentimental gebrauchte Wendung entstammt einem bekannten Lied aus einer Oper des frühen 19. Jahrhunderts, *Clari, the Maid of Milan*.

the Honourable Member Mit dieser in der parlamentarischen Tradition verankerten Formel reden sich die Abgeordneten im britischen Unterhaus während der Debatten an.

hooligan kaum anders zu »übersetzen« als mit »Rowdy«. Die Bezeichnung soll vom Namen einer gewalttätigen irischen Familie in London abgeleitet sein, deren Mitglieder beständig Schereien mit Polizei und Gerichten hatten. Heute besonders in der Verbindung *football hooliganism*.

hope springs eternal in the human breast wörtlich: Hoffnung quillt auf ewig aus der menschlichen Brust. Das Sprichwort stammt aus Alexander Popes *Essay on Man* (1733).

A horse! a horse! my kingdom for a horse! »Ein Pferd! Ein Pferd! Mein Königreich für ein Pferd!« ruft der besiegte König auf dem Schlachtfeld in Shakespeares *Richard III*. (V, 4). Das Pferd wird heute scherzhaft durch andere Wörter ersetzt, z. B. *»My kingdom for a beer!«*

horse sense gesunder Menschenverstand. Wörtlich: Pferdeverstand. Im Gegensatz zu *common sense* eher umgangssprachlich, in derberen Wendungen.

horse-trading zähes Verhandeln; im Deutschen auch: »Kuhhandel«.

hot cross bun süßes Brötchen mit eingeritztem Kreuz, nach alter Tradition in England am Karfreitag gebacken.

hot air Schaumschlägerei, leere Versprechungen.

hot rod altes Auto mit »frisiertem« Motor; Fahrer dieses Autos.

the House of Commons Unterhaus des britischen Parlaments. Die 650 Abgeordneten, »Members of Parliament«, werden direkt für maximal fünf Jahre gewählt.

the House of Lords Oberhaus des britischen Parlaments. Die Kammer hat ihre legislativen Kompetenzen heute weitgehend an das Unterhaus abgegeben. Die etwa 1100 Mitglieder (nur ein Teil wohnt den Sitzungen bei) sind *Lords Spiritual* (Geistlichkeit) und *Lords Temporal* (Adel, höhere Richter).

House of Windsor Familientitel des englischen Königshauses, der 1917 mit Rücksicht auf die anti-deutsche Einstellung im Lande den von Prince Albert, Königin Viktorias Gatten, herrührenden Namen *Saxe-Coburg-Gotha* ersetzte. 1960 wurde der Name in *Mountbatten-Windsor* umgewandelt. Der Titel eines *Duke of Windsor* wurde 1936 Edward VIII. nach seinem Verzicht auf die Krone verliehen.

Household Troops Einheiten der britischen Armee *(Household Cavalry* und *Brigage of Guards)*, die zum Dienst bei der Königin abgestellt sind. Am Buckingham Palace zu sehen.

hubby umgangssprachlich-liebevoll für *husband* (= Ehemann).

human interest story journalistischer Ausdruck für einen Zeitungsbericht, der in breiten Leserkreisen Interesse und Mitgefühl erweckt.

Humpty-Dumpty Name eines kleinen eiförmigen Kerls in einem Kinderreim:
»Humpty-Dumpty sat on a wall,
Humpty-Dumpty had a great fall,
All the King's horses and all the King's men,
Could not put Humpty together again.«
Der Name wird manchmal auf eine kleine runde Person, manchmal auf etwas Zerbrechliches übertragen, das man nicht reparieren kann.

hunger march Hungermärsche, mit denen Arbeitslose auf ihre Not aufmerksam machen wollen, gibt es in England seit den dreißiger Jahren. Die Marschierer sammeln sich meistens in den Gebieten Schottlands und Nordenglands, die in Notzeiten am ehesten betroffen sind, und marschieren nach London, wobei sie auf dem Weg von Gaben und Geldspenden leben. Der bekannteste Hungermarsch war der Jarrow March von 1933.

I

IOU gesprochen: I owe you (= Ich schulde Ihnen). Die drei Buchstaben zusammen mit einer Unterschrift sind die Zeichen formaler Schuldanerkennung.

IRA Irish Republican Army; der militante Flügel der irischen Bewegung, deren Ziel die Wiedervereinigung Nordirlands mit der Republik Irland ist.

I can resist everything except temptation. »Ich kann allem widerstehen, außer der Versuchung.« Oscar Wilde, *Lady Windermere's Fan* (1891).

I care not who writes the nation's laws so long as I can write its ballads. »Es ist mir egal, wer in diesem Lande die Gesetze macht, solange ich seine Lieder machen kann.« Der Satz stammt von dem schottischen Politiker Andrew Fletcher (1704). Er war überzeugt, daß man Liedern eher zuhörte als Politikerreden.

I have nothing to declare except my genius. »Außer meinem Genie habe ich nichts anzumelden.« Der Ausspruch, den Oscar Wilde beim amerikanischen Zoll getan haben soll, enthält ein Wortspiel mit »*declare*«, das die Bedeutung »erklären« und »verzollen« haben kann.

I know I have the body of a weak and feeble woman, but I have the heart and stomach of a king, and of a king of England too. »Ich weiß, ich habe den Körper eines schwachen Weibes, aber ich habe das Herz (und den Magen) eines Königs, und dazu eines englischen Königs.« (Das schwer übersetzbare *stomach* hat hier nicht nur die Bedeutung »Magen«, sondern auch »Mut«, »Stolz«.) Königin Elisabeth I. (1533–1603), in einer Rede vor Truppen beim Herannahen der spanischen Armada.

I'm all right, Jack Mir geht's gut, Jack. Sarkastische Bemerkung, die Egoismus und Rücksichtslosigkeit gegenüber anderen ausdrückt.

I must put on my thinking cap. Ich muß meine Denkmütze aufsetzen./ Ich muß gut überlegen, bevor ich eine endgültige Antwort gebe. In Anlehnung an die Kopfbedeckung, die der Richter vor dem Urteilsspruch aufsetzt.

I solemnly swear to tell the truth, the whole truth und nothing but the truth. So help me God. (Englische Eidesformel.) Ich schwöre feierlich, die Wahrheit zu sagen, die ganze Wahrheit und nichts als die Wahrheit. So wahr mir Gott helfe.

I spy strangers! Ich erspähe Fremde! Formulierung, mit der Abgeordnete dem Parlamentspräsidenten mitteilen, daß unbefugte Personen anwesend sind.

I wouldn't say no. Typisches *understatement* mit der Bedeutung »ja, bitte«.

Ich Dien Motto des britischen Thronfolgers, des Prince of Wales, seit der Zeit von Prince Eduard (1330–1376), der den Spruch von dem böhmischen König Johann übernommen haben soll. Nach einer walisischen Überlieferung versprach Eduard, den Walisern einen Prinzen zu präsentieren, der »kein Wort Englisch sprechen« konnte. Als dann sein zweiter Sohn, der spätere Eduard II., in Caernarvon geboren wurde, sagte er auf walisisch: »*Eich dyn*« (= Euer Mann).

the icing on the cake wörtlich: der Zuckerguß auf dem Kuchen. Gemeint ist eine angenehme Zutat oder Zugabe, die nicht unbedingt notwendig ist.

If at first you don't succeed, try, try, try again. Wenn du nicht gleich Erfolg hast, versuche es immer wieder. Bekanntes Sprichwort, das Ausdauer empfiehlt.

ignorance is bliss Unwissenheit ist ein großes Glück. Das bekannte Sprichwort beruht allerdings auf einem falschen Zitat. Die richtige Version, in Thomas Grays Gedicht »On a Distant Prospect of Eton College« (1747), lautet:
»Where ignorance is bliss,
'Tis folly to be wise.«
»Wo Unwissenheit Glück bedeutet,
ist es Dummheit, klug zu sein.«

in Abraham's bosom entsprechend im Deutschen: »in Abrahams Schoß«. Euphemismus für die Ruhe des Todes. In England auch aus Shakespeares *Richard III* bekannt:
»The sons of Edward sleep in Abraham's bosom« (IV, 3).

in an interesting condition in interessanten Umständen. Euphemismus für »Schwangerschaft«, seit dem 18. Jahrhundert geläufig.

In the country of the blind the one-eyed man is king. Unter den Blinden ist der Einäugige König.

in the family way schwanger.

in the know eingeweiht, im Bilde. *To be in the know* = Bescheid wissen.

in one's birthday suit nackt. wörtlich: im Geburtstagsanzug.

Inland Revenue eigentlich *Board of Inland Revenue* = Britische Steuerbehörde.

the ins and outs of a question die Details, die Einzelheiten einer Frage.

Indian file deutsche Entsprechung: »Gänsemarsch«. So wie die Indianer, einer hinter dem anderen.

Indian Mutiny So wird in englischen Geschichtsbüchern der Aufstand gegen die britische Herrschaft (1857–59) bezeichnet, der in der indischen Armee begann und sich dann auf die Zivilbevölkerung ausdehnte, bevor er von den Briten mit großer Härte unterdrückt wurde. Von indischen Historikern wird die Revolte als Unabhängigkeitskampf betrachtet.

Indian summer Altweibersommer. Das Wort ist amerikanischen Ursprungs.

infra dig unter aller Würde. Scherzhafte Abkürzung von lat. *infra dignitatem,* bezogen auf etwas Unpassendes oder etwas von zweifelhafter Qualität.

it is useless to flog a dead horse Wörtlich: Es ist sinnlos, ein totes Pferd zu peitschen; d. h. es lohnt sich nicht, Zeit und Energie für überholte Dinge aufzuwenden.

it's an ill wind that blows nobody any good wörtlich: Es ist ein übler Wind, der keinem guttut (etwas »Gutes« bläst). Das Sprichwort geht auf die Segelschiffahrt zurück. Ein günstiger Wind für die eine Richtung war ungünstig für die andere, aber es gab keinen Wind, der nicht für irgendein Schiff günstig war. In übertragener Bedeutung etwa: »Des einen Freud, des anderen Leid.«

it's a piece of cake Das erfordert keine große Mühe. Das ist leicht. Wörtlich: wie ein Stück Kuchen essen.

it never rains but it pours »Ein Unglück kommt selten allein.« Die wörtliche Übersetzung dieses Sprichworts aus dem 18. Jahrhundert ist: Wenn es regnet, dann gießt es auch gleich in Strömen.

it takes a thief to catch a thief Der Sinn dieses Sprichworts ist: Nur ein Experte kann mit Experten fertig werden. Daß es nicht, wie in Wörterbüchern zu lesen ist, dem deutschen »den Bock zum Gärtner machen« entspricht, zeigt das vollständige Zitat, aus dem es entsprungen ist: »Always set a thief to catch a thief; the greatest deerstalkers make the best park-keepers.« (Thomas Fuller, *Church History of Britain,* 1655.)

it takes all sorts to make a world oft verkürzt zu: *it takes all sorts.* In dem Sprichwort, das zur Toleranz auffordert, wird ausgedrückt, daß man in einer Welt, in der die Menschen so verschieden sind, jedem sein Recht auf Dasein einräumen muß.

J

Jack Frost Personifikation des Frostes, dargestellt als dürre Gestalt, mit erstarrtem Lächeln und Eiszapfen im Gesicht und an den Fingern.

Jack of all trades Allerweltskerl, Hans Dampf in allen Gassen. Ursprünglich ein Ausdruck mit negativem Unterton, wie die erweiterte Wendung zeigt: *Jack of all trades and master of none.* »Jack« war im 19. Jahrhundert der Name für den Arbeiter allgemein.

Jack Tar Slangausdruck für »Seemann«. Anspielung auf die Verwendung von Teer, um Segeltuch und Kleidung wasserfest zu machen.

Jack the Ripper unbekannter Mörder, der 1888 mindestens sieben Frauen in London umbrachte, indem er ihnen die Kehle durchschnitt (*to rip* = aufschlitzen).

jacket-potatoes in der Schale gekochte Kartoffeln, Pellkartoffeln.

Jacobites Anhänger Jakobs II. (James II) oder seiner Nachkommen. Nachdem die Stuarts 1688 unter Jakob II. die Herrschaft verloren hatten, versuchten sie immer wieder, ihren Anspruch auf den Thron durchzusetzen, bis sie 1746 in der Schlacht von Culloden vernichtend geschlagen wurden. Insbesondere durch die Romane Sir Walter Scotts gelangten die Jakobiten zu literarischem Ruhm.

jalopy alte Kiste. Liebevoll-scherzhaftes Wort für ein altes Auto oder Flugzeug. Verwandt mit dem deutschen Wort »Schaluppe«.

jam session Jazzimprovisation. In der Jazz-Szene heißt *to jam* »improvisieren«.

Jam tomorrow and jam yesterday but never jam today. »Marmelade morgen und gestern, aber nie heute.« Zitat aus Lewis Carrolls *Through the Looking Glass* (1872), wo die Königin Alice für ihre Dienste alle zwei Tage Marmelade verspricht, d. h. Alice bekommt nie Marmelade. In der Wendung kommt zum Ausdruck, daß das Heute nie der Tag ist, den man mehr als andere Tage genießen kann.

a jaundiced eye voreingenommene, skeptische Haltung (*jaundice* = Gelbsucht). Da sich bei Gelbsucht der Augapfel gelblich färbt, nahm man früher an, daß nun durch die Augen alles gelb und negativ erschien.

»All seems infected to the infected spy.
As all looks yellow to the jaundiced eye.«
(Pope, *Essay on Criticism*).

jaywalker Fußgänger, der ohne Rücksicht auf Verkehr und Verkehrsregelung über die Straße geht (*jay:* »Eichelhäher«, aber auch »Trottel«).

Jerry seit dem Ersten Weltkrieg Spitzname für die Deutschen (German).

the jet set mondäne (junge) Leute, die sich kostspielige Vergnügungen leisten können.

jingoism Der Ausruf *By Jingo!* (= bei Gott!) erscheint in einem bekannten Song, der die anti-russische Stimmung während des russisch-türkischen Krieges (1877–1878) ausdrückt, als Disraeli die britische Flotte nach Konstantinopel schickte.

»We don't want to fight, but by Jingo if we do,
We've got the ships, we've got the men, and got the money too.
We've fought the Bear before, and while we're Britons true,
The Russians shall not have Constantinople.«

Seit der Zeit nennt man eine säbelrasselnde Politik *jingoism*.

jobber Wertpapierhändler, Börsenhändler, Vermittler zwischen Käufer und Verkäufer (= Börsenmakler, engl. *stockbroker*) an der Börse. Nur ein lizensierter *jobber* konnte an der Börse kaufen und verkaufen. Die Beziehung zwischen jobber und stockbroker war etwa so wie die zwischen Groß- und Einzelhändler. Seit dem *Big Bang* (Börsenkrach) am 27. Oktober 1986 und seit der Einführung von Terminals gibt es keine *jobbers* mehr an der englischen Börse.

jobs for the boys Posten/Stellen, deren Vergabe durch gute Beziehungen und Vetternwirtschaft geregelt wird.

Jock Spitzname für einen Schotten. *Jock* ist die alte schottische Form von *»John«*.

Jockey Club ein exklusives Gremium, das in England die Oberaufsicht über Pferderennen hat. Der

Club besteht seit 1750 und hat seine Zentrale in Newmarket.

Joe Bloggs Name für den unbekannten »Mann auf der Straße«. Im amerikanischen Englisch nur *Joe*.

John Bull Symbolfigur der Engländer (wie »Uncle Sam« in den USA). Beleibter jovialer Gutsbesitzertyp mit Hut, Stiefeln, der englischen Flagge auf seiner Weste und einer Bulldogge an der Seite. Er ist nach John Arbuthnots Satire *The History of John Bull* benannt.

John Collins Cocktail aus Gin, Zitrone, Mineralwasser, Zucker, Eiswürfeln und auf Wunsch Curaçao. Wahrscheinlich nach dem Barkeeper benannt, der ihn kreiert hat.

John o'Groats Dorf im Nordwesten Schottlands, das als nördlichster Punkt des britischen Festlands gilt. Zusammen mit dem südlichsten Punkt, *Land's End* im Südwesten Englands, erscheint es in dem Ausdruck *»from Land's End to John o'Groats«*, was soviel bedeutet wie »von einem Ende Großbritanniens zum anderen«.

joint Slangwort für Marihuana-Zigarette, aber auch »Laden«, »Schuppen«, »Spelunke«.

a jolly good fellow Gesang, mit dem man einen guten Freund ehrt, nachdem man auf ihn angestoßen hat:
»For he's a jolly good fellow (dreimal),
And so say all of us.«
Jolly bedeutet hier »sehr«, »außergewöhnlich«.

Jolly Roger schwarze Piratenflagge mit Totenschädel und gekreuzten Knochen.

joy-ride eine Spritztour, allerdings in der Regel mit einem gestohlenen Auto.

J. P. Abkürzung für *Justice of the Peace,* ein Laienrichter, der sich an einem örtlichen Gericht mit leichteren Fällen befaßt.

Jumbo Kinder denken dabei an einen Elefanten. Im 19. Jahrhundert gab es in einem Londoner Zoo ein besonders prächtiges Exemplar mit diesem Namen. Als Adjektiv findet das Worte heute in der Reklamesprache Verwendung, wo es »riesig« bedeutet: »a jumbo packet of soap powder«.

to jump bail wörtlich: die Kaution überspringen, d. h. die Kaution, die bezahlt wurde, damit man auf freiem Fuß leben kann, verfallen lassen und sich vor dem Gerichtstermin davonmachen.

to jump the gun *Gun* ist hier die Startpistole: also: »vor dem Startschuß loslaufen«. Im übertragenen Sinne bedeutet dieser Frühstart vorzeitiges, übereiltes Handeln.

junk ursprünglich in der Seemannssprache »altes Tauwerk«, dann auch »Trödel«, »Ramsch«, »Abfall«. Heute bedeutet das Slangwort »Rauschgift«, daher auch *junkie* (= Süchtiger). *Junk food* sind minderwertige, industriell verarbeitete Lebensmittel.

just a thimbleful wörtlich: nur einen Fingerhut voll! Nicht wörtlich gemeinte Antwort, wenn man etwas (Alkoholisches) zu trinken angeboten bekommt. Auch: *just a drop*.

just what the doctor ordered! genau das Richtige! Wörtlich: genau das, was der Doktor verordnet hat.

K

Kailyard (auch: **Kaleyard**) schottisch: Gemüsegarten, Kohlgarten. Das Wort bezeichnet auch eine Gruppe von schottischen Heimatdichtern des 19. Jahrhunderts.

kangaroo court illegales Gericht, z. B. unter Sträflingen. Der Name stammt wahrscheinlich aus der Zeit, als Australien noch britische Strafkolonie war.

keen as mustard wörtlich: scharf wie Senf; erpicht, versessen auf, »Feuer und Flamme für . . .«.

to keep a low profile sich »bedeckt«/ im Hintergrund halten.

to keep a stiff upper lip Haltung bewahren, sich nicht von Emotionen überwältigen lassen. Dies galt im 19. Jahrhundert als Idealvorstellung männlichen Verhaltens.

to keep one's cool   ruhig bleiben, die Nerven behalten. Das Gegenteil ist *to lose one's cool*. *Keep cool!* (= Reg dich nicht auf!)

to keep one's fingers crossed   auf Erfolg hoffen, jemandem den Daumen drücken, sich gegen Unheil zu versichern suchen. Gekreuzte Finger als Zeichen für Glück gehen auf den Glauben zurück, durch das Zeichen des Kreuzes Unheil abwehren zu können.

to keep the ball rolling   die Sache/ das Gespräch in Gang halten.

to keep the home fires burning   bekannte Zeile aus einem Lied, das während des Ersten Weltkriegs gesungen wurde. Heute haben die Worte die allgemeine Bedeutung: alles in Ordnung halten, zu Hause bzw. im eigenen Lande, besonders in schwierigen Zeiten.

keeping up with the Joneses   wörtlich: mit der Familie Jones Schritt halten. Die Wendung bezieht sich auf die Bemühungen der Leute, ihren Nachbarn und Kollegen »in gesellschaftlicher Hinsicht« nicht nachzustehen.

keep your shirt on   Bleib ruhig! Reg dich nicht auf! Die Wendung erinnert an die Zeiten, in denen die Männer das Hemd auszogen, bevor sie zum Faustkampf gegeneinander antraten.

kelpie   schottisches Wort für einen Nix (Wassergeist) in Pferdegestalt, auf dessen unheilvolles Wirken man das Ertrinken Reisender zurückführte.

to kick and scream   sich lauthals beschweren.

to kick the bucket   Euphemismus für »sterben«. Es gibt keinen festen Anhaltspunkt für die Herkunft dieses Ausdrucks. Wörtlich: den Eimer (weg-)treten.

to kick someone upstairs   sich jemandes entledigen, indem man ihn befördert. Wörtlich: jemanden die Treppe hinaufstoßen.

to kill by kindness   jemanden mit Wohltaten »erschlagen«.

to kill the fatted calf   wörtlich: das gemästete Kalb schlachten (Gleichnis vom verlorenen Sohn, *Lukas* 15,23). Im übertragenen Sinne »fröhlich sein«, »ein großes Fest feiern«.

Kilroy was here   gilt als eines der bekanntesten Graffiti (Wandkritzeleien) überhaupt. Es entstand im Zweiten Weltkrieg unter amerikanischen und britischen Soldaten und ist in der ganzen Welt anzutreffen. Das Rätselhafte an ihm ist, daß niemand weiß, wer Kilroy war. Daß die Wörter zuerst von einem Hafeninspektor in Massachusetts mit Kreide auf inspiziertes Material gemalt wurden, ist nur eine der Theorien.

kind hearts are worth more than coronets   wörtlich: liebevolle Herzen sind mehr wert als Adelskronen. Das Zitat stammte aus einem Gedicht von Alfred Lord Tennyson (»Lady Clara Vere de Vere«) und drückt aus, daß Charakter mehr zählt als adelige Abstammung.

the king can do no wrong   wörtlich: Der König kann kein Unrecht tun. Der alte Verfassungsgrundsatz legt fest, daß der Monarch auf den Rat der Minister hin und mit ihrer Zustimmung handelt und deshalb nicht für politische Entscheidungen zur Verantwortung gezogen werden kann.

kingdome come   Jenseits, Leben nach dem Tode. Der Ausdruck ist ein verkürzter Ausschnitt aus dem Vaterunser: »Thy kingdome come, thy will be done«.

king-pin   »König« beim Kegelspiel. In übertragenem Sinne »der wichtigste Mann«.

king's evil   alte Bezeichnung für Skrofulose. Der Name rührt von dem Glauben her, die Krankheit könne vom König durch Berührung geheilt werden. Englische Könige haben besonders im 17. Jahrhundert Heilungsversuche in großem Ausmaß unternommen.

Kirk (of Scotland)   schottische Nationalkirche, im Gegensatz zur anglikanischen Kirche. *Kirk* ist die schottische Variante von *church*.

Kiss me, Hardy   sollen die letzten Worte von Admiral Nelson gewesen sein, die er an den Kapitän Thomas Hardy richtete, bevor er in der Schlacht bei Trafalgar starb.

kiss of death   wörtlich: Todeskuß – Judaskuß. Eine Beziehung oder Handlung, die wohlwollend erscheint, aber in Wirklichkeit zerstörerisch ist. Anspielung auf den Kuß, mit dem Judas Jesus verriet.

Kiwi   scherzhafter Name für Neuseeländer, nach einer flugunfähigen Straußenart, Wahrzeichen Neuseelands.

knight errant wörtlich: wandernder Ritter. Mittelalterlicher Ritter auf der Suche nach Abenteuern. Heute eher weltfremder Schwärmer à la Don Quijote.

a knight in shining armour wörtlich: Ritter in blinkender Rüstung. Im übertragenen Sinne: »rettender Engel«, der in einer schwierigen Situation zur Hilfe kommt.

to know chalk from cheese wörtlich: Kreide von Käse unterscheiden können. – Das Echte vom Unechten, das Wahre vom Unwahren unterscheiden können. Die Wendung »*he doesn't know chalk from cheese*« bedeutet: »Er hat keine blasse Ahnung.«

to know what's what Bescheid wissen, sich (in der Welt) auskennen.

to know which side one's bread is buttered wörtlich: wissen, auf welcher Seite das Brot bestrichen ist (= seinen Vorteil kennen und wahrnehmen).

L

The Lady of the Lamp So wurde Florence Nightingale (1820–1910) genannt, die als Krankenschwester im Krimkrieg (1853–1856) die Versorgung von Verwundeten organisierte und reformierte. Sie pflegte nachts mit einer Lampe durch das Lazarett zu gehen.

lady-killer Schürzenjäger, Herzensbrecher.

ladies-in-waiting adelige Hofdamen, die im königlichen Haushalt persönliche Bedienstete der Königin sind; *in waiting* = diensttuend.

landslide Erdrutsch; auch: überwältigender Wahlsieg.

laugh and grow fat Die Lebensweisheit, daß eine fröhliche Grundstimmung mit der Körperfülle zusammenhängt, findet sich auch in der englischen Literatur wieder, z. B. in einem Gedicht des »Wasserpoeten« John Taylor, »Laugh and be Fat« (1625).

**Laugh, and the world laughs with you;
Weep, and you weep alone.**
Wenn man lacht, lachen alle mit,
Wenn man weint, weint man nur für sich.
Das Zitat aus einem Gedicht »Solitude« (1883) von Ella Wheeler Wilcox sagt etwas über die Art menschlicher Anteilnahme am Schicksal anderer aus.

to lead someone up the garden path jemanden (mit falschen Versprechungen) täuschen, hereinlegen.

leading light führende Persönlichkeit; (in der Schiffahrt: »Leitfeuer«).

a leap in the dark ein Sprung ins Ungewisse, eine Entscheidung mit unabsehbaren Konsequenzen.

leek Lauch ist das Wappenzeichen (*national emblem*) von Wales. Die Legende erzählt, daß der heilige David, der Nationalheilige von Wales, seine Landsleute veranlaßte, Lauch an ihren Mützen zu tragen, um sich so von den angelsächsischen Feinden zu unterscheiden. Der Brauch wird auch in Shakespeares *Henry V* (IV, 7) erwähnt.

left-handed compliment fragwürdiges, zweifelhaftes Kompliment; s. auch *back-handed compliment*.

legal tender gesetzliches Zahlungsmittel. Währung, die bei Bezahlung von Waren, Begleichung von Schulden usw. vom Gläubiger akzeptiert werden muß.

leprechaun der Schuster im irischen Märchen, der immer nur an einem Schuh arbeitet. Auch allgemein gebraucht: Kobold.

let sleeping dogs lie! »Schlafende Hunde soll man nicht wecken.« Rühr nicht daran, damit es keinen Ärger gibt!

level-headed mit gesundem Menschenverstand, vernünftig, nüchtern.

the life and soul of the party der (belebende) Mittelpunkt einer Gesellschaft.

Lilliput Phantasieland mit den daumengroßen Liliputanern in Jonathan Swifts politischer Satire *Gullivers Reisen* (1726).

Limey amerikanischer und australischer Slangausdruck: britischer Seemann, britisches Schiff oder einfach Brite. Im 18. und 19. Jahrhundert bekamen die britischen Seeleute Limonensaft *(lime juice)* gegen Skorbut.

limerick Nonsens-Gedicht mit typischem Metrum und Reimstellung, durch E. Lears *Book of Nonsense* (1846) bekanntgeworden. Beispiel:
There was a young Lady of Wilts
Who walked up to Scotland on stilts.
When they said it was shocking
To show so much stocking,
She answered, »Then what about kilts?«
Die Verbindung zur irischen Stadt Limerick ist nicht erwiesen. Möglicherweise war der Refrain »Will you come up to Limerick«, der nach den einzelnen Strophen im Chor gesprochen wurde, namengebend.

Little Englanders abfällige Bezeichnung für Kritiker des britischen Imperialismus; stammt aus der viktorianischen Zeit. So sprach Joseph Chamberlain 1895 von *Little England men* als »men who are opposed to any extension of the reponsibilities and obligations of Empire, men who are unworthy sons of the ancestors who have made this country what it is.«

Little Lord Fauntleroy wohlerzogener und adrett gekleideter Junge. Titel eines erfolgreichen Kinderbuches von Frances Hodgson Burnett (1855), nach dessen Erscheinen der kleine Lord mit seinen lockigen Haaren, seinem Samtanzug und seinen gepflegten Manieren englischen Jungen als Vorbild hingestellt wurde.

a little knowledge is a dangerous thing In diesem Sprichwort, das sich gegen Halbwissen richtet, werden allerdings die berühmten Worte Alexander Popes im *Essay on Criticism* (1711) falsch zitiert. Richtig heißt es dort:
»A little learning is a dang'rous thing.«

to live the life of Riley ein angenehmes, glückliches Leben führen. Wer der glückliche Riley war, weiß man nicht.

Liverpudlian Einwohner von Liverpool (wobei -*pool* scherzhaft zu -*puddle* abgewandelt ist). Die Leute in Liverpool bezeichnen sich mit dem Dialektwort »*Scouse*« (verwandt mit »Labskaus«).

Llanfairpwllgwyngyllgogerychwyrndrobwllllantysiliogogogoch Dieses Wort mit 58 Buchstaben ist der längste Ortsname in Großbritannien. Es handelt sich um ein Dorf in Wales, dessen Name die folgende Bedeutung hat: Kirche der heiligen Maria in einer Höhle mit weißem Hasel, in der Nähe des schnellen Wasserstrudels und Kirche des St. Tysilio, in der Nähe einer roten Höhle. Diese genaue Ortsbestimmung geht in der heute gebräuchlichen Verkürzung *Llanfair PG* leider verloren.

Lloyds Versicherungsgruppe mit Sitz in London; kontrolliert in der ganzen Welt vor allem Versicherungen im Bereich der Seefahrt, handelt aber auch mit fast allen anderen Versicherungen.

lock, stock and barrel mit allem Drum und Dran; mit Stumpf und Stiel; mit Sack und Pack. Unmittelbar bezieht sich der Ausdruck auf Teile des Gewehrs.

London Bridge bis 1747 die einzige Londoner Themsebrücke. Sie wurde 1968 in die USA verkauft und steht heute in Arizona. Die den Touristen am besten bekannte Brücke mit den Türmen heißt *Tower Bridge*.

London Gazette das offizielle Regierungsorgan, erscheint dienstags und freitags und geht auf das Jahr 1665 zurück.

lollipop lady/man Verkehrslotsen (Schülerslang). Man erkennt sie an der »Kelle«, die an einen Dauerlutscher *(lollipop)* erinnert.

long time no see! Pidgin Englisch, heute scherzhaft als Begrüßungsformel gebraucht. Wörtlich: Ich habe dich lange nicht gesehen.

loo Toilette, Klo. Kurzform für *gardy loo* aus frz. *gardez l'eau!* Letzteres war ein Warnruf, wenn Schmutzwasser aus dem Fenster geschüttet wurde.

to look as if butter wouldn't melt in one's mouth deutsche Entsprechung: jemand sieht aus, als ob er kein Wässerchen trüben könnte.

looking like something the cat dragged in beschreibt scherzhaft oder ironisch Personen oder Sachen, die ungepflegt und schmutzig sind.

to look through rose-coloured spectacles Ein Optimist sieht – in England wie in Deutschland – alles durch eine rosarote Brille.

Lord (High) Chancellor Lordkanzler, Präsident

(speaker) des Oberhauses, höchster Richter in Großbritannien.

Lord's Zentrale des englischen Cricket, auf dem Gelände des Marylebone Cricket Club in London, der 1787 von Thomas Lord gegründet wurde.

love laughs at locksmiths im Deutschen etwa: Die Liebe überwindet alles. In Shakespeares »Venus and Adonis« heißt es:
»Were beauty under twenty locks kept fast,
Yet love breaks through, and picks them all at last.«

love me, love my dog Wenn du mich magst, mußt du auch meine Ansichten, Schwächen, Freunde usw. in Kauf nehmen. Der hl. Bernhard schrieb: *Qui me amat, amat et canem meam* (Wer mich liebt, liebt auch meinen Hund).

a lump in the throat ein Kloß im Hals.

the lunatic fringe Randgruppen in der Gesellschaft mit avantgardistischen Ideen, deren Verhalten oft als exzentrisch angesehen wird; *lunatic* = Wahnsinniger, *fringe* = Rand.

M

M. C. (Master of the Ceremonies) Zeremonienmeister. Der Titel geht zurück auf einen Amtsträger am Hofe von Jakob I. im 17. Jahrhundert, der sich um das Protokoll bei Botschaftsempfängen kümmerte.

MCP (Male Chauvinist Pig) Ausdruck der Frauenbewegung für einen Mann, der Gleichberechtigung ablehnt oder sich den Zielen der Bewegung gegenüber feindlich und verächtlich äußert. Im Deutschen nicht ganz so grob: »Chauvi«.

mackintosh Regenmantel, ursprünglich aus gummiertem Baumwollstoff. Von Charles Mackintosh (1766–1843) erfunden.

mad as a hatter wörtlich: verrückt wie ein Hutmacher. Der Ausdruck wurde durch Lewis Carrolls *Alice in Wonderland* bekannt. Die Hutmacher haben in England den Ruf, verrückt zu sein, was die moderne Medizin damit erklärt, daß sie im 18. Jahrhundert bei der Bearbeitung des Hutfilzes Quecksilber benutzten, was zu Gliederzittern führen konnte.

mad as a March hare wörtlich: verrückt wie ein Märzhase, unberechenbar, sprunghaft. Der März ist die Brunstzeit der Hasen, in der sie besonders scheu sind.

mad dogs and Englishmen go out in the midday sun »Nur tolle Hunde und Engländer gehen in der Mittagshitze spazieren.« (Noel Coward, »Mad Dogs and Englishmen«).

Magna Carta Freiheitsurkunde des englischen Adels, die 1215 König John (»Johann ohne Land«) abgerungen wurde. Sie sichert im wesentlichen die Rechte der Kirche und des Adels und schränkt die Macht des Königs ein. Während der Auseinandersetzungen um die Urfassung im 17. Jahrhundert gelangte die Magna Carta zu neuer Bedeutung, wenngleich sie auch nicht als Modell einer freiheitlichen Verfassung bezeichnet werden kann.

to make a killing einen Riesengewinn machen. Ursprünglich auf Wettgewinne bei Pferderennen bezogen.

to make or break in einer Wendung wie »This will either make or break you«. »Das wird dir entweder einen großen Erfolg oder gänzlichen Ruin bringen.«

malapropism sprachlicher Schnitzer, lächerliche Wortverwechslung. In Sheridans Drama *The Rivals* (1775) unterlaufen einer Mrs. Malaprop solche Fehler im Sprachgebrauch. Sie sagt: z. B.: »as headstrong as an allegory (richtig: alligator) on the banks of the Nile«.

man about town Lebemann.

Man Friday Robinson Crusoes Gehilfe, der junge Wilde, den er an einem Freitag fand. Von daher die Bedeutung »ein treuer Diener«.

Mancunian Einwohner von Manchester.

mandarin In Anlehnung an den chinesischen Titel bedeutet das Wort heute »hohes Tier«, besonders hoher Regierungsbeamter, mit ironisch-abwertendem Unterton.

manners maketh man (Gute) Manieren machen den Menschen aus.

many happy returns of the day! wörtlich: Viele glückliche Wiederholungen dieses Tages! Üblicher Geburtstagsgruß, meist abgekürzt zu: »*Many happy returns!*«

Marry in haste, and repent at leisure! Heirate in Eile, bereue mit Muße! – Warnung vor überstürzter Eheschließung.

to meet one's Waterloo eine Niederlage hinnehmen müssen. Im Jahre 1815 wurde Napoleon von Wellington bei Waterloo geschlagen.

to mend one's ways sich bessern, sein Benehmen ändern.

mental arithmetic Kopfrechnen.

Micawber unverbesserlicher Optimist. Nach einer Figur in Charles Dickens' Roman *David Copperfield*, Mr. Wilkins Micawber, der ständig großartige Pläne schmiedet, die ihm das große Glück bringen sollen. Obwohl er immer nur Mißerfolge hat, überläßt er sich nicht der Verzweiflung.

mike »Mikro«, Kurzform von: Mikrofon.

to mind one's p's and q's sich mit seinen Worten und seinem Benehmen in acht nehmen, so wie man beim Schreiben p und q unterscheiden muß. Wörtlich: auf seine p's und q's achten.

Misery acquaints a man with strange bedfellows. »Die Not bringt einem seltsame Schlafgesellen.« Aus Shakespeares *Tempest* (II, 2).

Mods and Rockers Die *Mods* waren Teenager-Gruppen, die sich im London der frühen sechziger Jahre zusammentaten. Sie trugen dandyhafte Kleider im Carnaby-Street-Stil und fuhren Motorroller. Die langhaarigen *Rocker* trugen Lederjacken und fuhren auf Motorrädern. Die Rivalität zwischen den Gruppen führte zu häufigen Schlägereien in London und Seebädern wie Brighton.

money is the root of all evil Geld ist die Wurzel allen Übels. Ein falsches Bibelzitat, denn im *1. Timotheus-Brief* (VI, 10) heißt es, daß die Liebe zum Geld die Wurzel allen Übels sei.

monkey business krumme Tour, fauler Zauber. Wörtlich: Affengeschäft.

a monkey on one's back die schwere Bürde, der hohe Zeit- und Geldaufwand, den ein Rauschgiftsüchtiger zu verkraften hat.

moonlight flit Auszug bei Nacht und Nebel, um sich vor der Bezahlung von Mietschulden zu drücken.

More know Tom Fool than Tom Fool knows. Wörtlich: Es gibt mehr Leute, die Tom Fool kennen, als Tom Fool meint. (*Tom Fool* ist der »Narr«, *tomfoolery* der »Blödsinn«, die »Narretei«.)

More power to your elbow! Wörtlich: mehr Kraft für deinen Ellenbogen! Scherzhafter Toast zur Ermunterung für ein geplantes Unternehmen.

the morning after the night before der Kater am Morgen nach einer feuchtfröhlichen Nacht. Wörtlich: der Morgen nach der vorigen Nacht.

The Mousetrap *Die Mausefalle*, ein Kriminalstück von Agatha Christie, wird seit 1952 ununterbrochen in London gespielt und hält somit den Rekord der längsten Spieldauer eines Theaterstücks in England.

Mr Right Der Traummann, der ideale Ehemann/Freier; in der Wendung: Mr Right is not yet come.

much ado about nothing Viel Lärm um nichts. Titel einer Komödie von Shakespeare.

Mum's the word! Mund halten! Nicht weitersagen! (*Mum* = Pst! Still!) Nach dem Würfelspiel *mumchance*, bei dem absolute Stille herrschen muß.

Murphy's Law Das »Gesetz« besagt, daß alles, was irgendwie schiefgehen kann, am Ende auch schiefgehen wird. Wer allerdings der Unglücksrabe Murphy ist, weiß man nicht.

Music has charms to soothe the savage breast. »Die Musik hat Zauberkräfte, die die wilde Brust besänftigen.« Zitat aus William Congreves *Love for Love* (1695).

musical chairs Gesellschaftsspiel »Die Reise nach Jerusalem«. Der Ausdruck bezieht sich heute in der Politik auf eine Umgruppierung, z. B. eine Kabinettsumbildung, bei der die Personen bleiben, aber ihre Ämter wechseln.

mutton dressed as lamb Schaf als Lamm gemacht. Abfällige Bemerkung über eine Frau, die sich in Kleidung und Frisur jünger macht, als sie ist.

N

N. H. S. (National Health Service) staatliches Gesundheitswesen in Großbritannien; besteht seit 1948 und wird im wesentlichen aus Steuermitteln und nicht durch Versicherungsbeiträge finanziert.

namby-pamby abgeschmackt, affektiert, sentimental, verweichlicht. In dem Gedicht »Namby Pamby« von Henry Carey wird Ambrose Philips (1674–1749) lächerlich gemacht, weil er Kindergedichte in affektierter Kindersprache verfaßt hatte. »Namby« ist eine kindersprachliche Form von »Ambrose«.

to name the day den Hochzeitstag festsetzen, was traditionell der Braut überlassen wird.

name your poison scherzhafte Formulierung, wenn man jemanden in der Kneipe zu einem Drink einlädt.

a nancy boy Muttersöhnchen, Weichling. Auch: Schwuler. »Nancy« ist ein weiblicher Vorname.

a nation of shopkeepers ein Volk von Krämern. Adam Smiths Bezeichnung für den kapitalistischen Geist und die kommerzielle Gesinnung in England in seinem Hauptwerk *The Wealth of Nations* (1776); auch von Napoleon übernommen.

NCO (non commissioned officer) Unteroffizier.

Nessie das Monster von Loch Ness. Im Jahre 1933 soll es zum erstenmal in dem schottischen See gesehen worden sein: ein etwa 10 m langes Wesen mit zwei Höckern und einem Schlangenkopf. Nach wiederholten Berichten über sein Auftauchen wurde 1987 eine großangelegte wissenschaftliche Suchaktion durchgeführt, die leider die Existenz Nessies nicht endgültig nachweisen konnte.

Never in the field of human conflict was so much owed by so many to so few. »Nie in der Kriegsgeschichte haben so viele Menschen so wenigen Menschen so viel zu verdanken gehabt.« »Winston Churchill, August 1940, in einer Rundfunkansprache über die englische Luftwaffe).

Never Never Land In J. M. Barries Geschichte von *Peter Pan* (1904) das Märchenland, in dem die (aus Kinderwagen gefallenen) Jungen, Indianer und Piraten leben. Der Ausdruck wurde auf entlegene Gegenden und Phantasieländer angewandt.

the never-never umgangssprachlich für Kreditkauf; *to buy on the never-never* heißt »abstottern«, »auf Pump kaufen«. Das *never* deutet an, daß die Abzahlungen vielleicht nie geleistet werden oder der Verkäufer nie sein Geld bekommt.

never say die! Nicht aufgeben!

never trouble trouble till trouble troubles you Der Sinn dieses Wortspiels ist etwa: Mach dir keine (unnötigen) Sorgen, sie kommen noch früh genug.

Newspeak »Neusprache« nannte George Orwell in seinem Roman *Nineteen Eighty-Four* die Sprache, in der Worte und Wendungen ihre Bedeutung entsprechend den Ansichten der Staatsführung verändern.

Neither a barrower nor a lender be. »Kein Borger sei und auch Verleiher nicht.« Einer der Ratschläge, die in Shakespeares *Hamlet* (I, 3) Polonius seinem Sohn Laertes mit auf den Weg gibt.

a nice kettle of fish! wörtlich: ein schöner Topf mit Fisch! Eine schöne Bescherung! »*Kettle of fish*« nannte man ein Picknick am Flußufer, bei dem man einen frisch gefangenen Lachs im Kessel kochte. Eine gewisse Unbequemlichkeit bei solchen Mahlzeiten mag die obige Wendung hervorgebracht haben.

a night on the tiles wörtlich: eine Nacht auf den (Dach-)Ziegeln. Gemeint ist eine durchzechte Nacht, auch wenn der Zecher nicht wirklich – wie die Katzen – auf den Dächern der Stadt herumstreift.

nightcap wörtlich: Schlafmütze. In übertragenem Sinne ein Schlaftrunk, der entgegen verbreiteter Meinung nicht unbedingt alkoholisch zu sein braucht.

nine times out of ten meistens, fast immer.

nineteenth hole witzige Bezeichnung für die Bar eines Golfklubs, die die Spieler nach einer Runde (= 18 Löcher) anpeilen.

ninety per cent of inspiration is perspiration 90% der Inspiration ist Transpiration. Oder: Inspiration ist nutzlos ohne harte Arbeit. Thomas Alva Edison, der Erfinder des Phonographen und der ersten brauchbaren Glühlampe, formulierte es in einem Interview ähnlich: »Genius is one per cent inspiration und ninety-nine per cent perspiration.«

no dice! geht nicht! absolut nicht! In Wendungen wie »Sorry, John, no dice« oder »No, I'm afraid it's no dice«! *Dice* sind Würfel; in der Wendung wird auf einen nicht gelungenen Wurf angespielt.

the noble art (of self-defence) die edle Kunst (der Selbstverteidigung). Gemeint ist mit diesem leicht verstaubten Ausdruck das Boxen.

nodding acquaintance flüchtige Bekanntschaft (der man zur Begrüßung nur kurz zunickt).

Non Angli, sed angeli. Not Angles, but angels. – Nicht Angeln (= Angelsachsen), sondern Engel. In einer Legende wird erzählt, daß Papst Gregor (590–604) auf einen Sklavenmarkt eine Gruppe blonder Jünglinge sah und sich nach ihrer Herkunft erkundigte. Als er hörte, daß sie heidnische Angeln waren, soll er so geantwortet und den hl. Augustin zu ihrer Bekehrung geschickt haben.

nonconformist Mitglied einer protestantischen Glaubensgemeinschaft, die nicht zur *Church of England* gehört. Nonkonformisten sind z. B. Methodisten, Baptisten und Mitglieder der United Reformed Church.

nosey parker neugierige Person, z. B. in: »Do you think I am a terrible nosey parker?«

nosh Slangwort für »zubereitetes Essen«; z. B. in »Here is Ruth with the nosh.« Ursprünglich jiddisch.

not bloody likely! drastische Ablehnung; etwa: »Nein, verdammt noch mal!« Der Ausdruck ist aus George Bernard Shaws *Pygmalion* bekannt, wo Eliza Freddy, ihren Verehrer, abwimmelt:
Freddy: »Are you walking across the Park, Miss Doolittle? If so ...
Eliza: Walk! Not bloody likely. I'm going to take a taxi.«

not half! und wie! und ob! Umgangssprachliche Antwort auf Fragen wie »Do you like whisky?«

not my cup of tea umgangssprachlich für: »Nichts für mich!«

Nothing in his life became him like the leaving it. »Nichts stand in seinem Leben ihm so gut, als wie er es verlassen hat.«
In Shakespeares Macbeth (I, 4) spricht Malcolm so über Cawdor, als dieser bei seiner Hinrichtung große Tapferkeit zeigt.

nothing to write home about wörtlich: nichts, was man nach Hause schreiben könnte. Ironischer Kommentar zu einer langweiligen Angelegenheit.

number one auf die eigene Person bezogen. »*To look after number one*« bedeutet so »die eigenen Interessen verfolgen«.

nuts Slangwort: »verrückt«. In Ausdrücken wie »a nut case« (= ein verrückter Kerl) oder »I am nuts about the girl« (= verrückt sein nach . . .).

nuts and bolts wörtlich: Schrauben und Muttern. In übertragenem Sinne: das Wesentliche, die Grundlagen; z. B. in: »He explained the nuts and bolts of his plan.«

O

OHMS Diese Abkürzung findet sich auf regierungsamtlichen Briefkuverts und lautet vollständig: »*On Her Majesty's Service*« (»Im Auftrag Ihrer Majestät«).

off the peg (Kleidung) von der Stange.

offbeat umgangssprachlich: ungewöhnlich, ausgefallen, extravagant, »verrückt«. In der Musik hat sich der Begriff *offbeat* komplementär zu *downbeat* und *upbeat* (z. B. bei der Taktstockführung) entwickelt. Unter *offbeat music* verstand man die »abweichenden« synkopierten Rhythmen moderner Musik, die als »ungewöhnlich« empfunden wurden. Von daher ergab sich die umgangssprachliche Bedeutungserweiterung.

officer Das Wort wird nicht nur als Berufsbezeichnung (Offiziere, Beamte), sondern auch als Anredeformel Polizisten gegenüber verwendet.

The Old Lady of Threadneedle Street Spitzname für die Bank von England, die sich in jener Straße befindet.

the old one-two bewährte Zweierkombination, das bewährte Team. Der Ausdruck kommt aus der Boxersprache, wo die Schlagkombinationen kurze linke Gerade/rechter Haken als klassischer Knockout-Schlag angesehen werden.

old salt (alter, erfahrener) Seemann, der schon lange Zeit mit dem Salzwasser in Berührung ist.

old school tie die zur Schuluniform gehörende Krawatte mit besonderem Farbmuster, die in bestimmten Gesellschaftsschichten auch nach der Schulzeit noch Zeichen von Klassenzugehörigkeit, vielleicht snobistischen Klassenbewußtseins ist.

old soldiers never die, they only fade away (Passage aus einem Soldatenlied des Ersten Weltkriegs (*to fade away* = dahinschwinden, verblassen).

old wives' tale »Ammenmärchen«. Gorge Peele schrieb 1595 ein Drama, Arnold Bennett 1908 einen Roman mit dem gleichen Titel.

O my prophetic soul Wendung aus Shakespeares *Hamlet* (I, 5), die mit »Oh, mein prophetisches Gemüt«, später mit »O meine ahnungsvolle Seele« übersetzt wurde.

on a shoestring mit ein paar Groschen, mit wenig Kapital. In Wendungen wie »a film made on a shoestring budget« oder »cookery on a shoestring«; (*shoestring* im amerikanischen Englisch: »Schnürsenkel«).

on ice auf Eis gelegt.

on the horns of a dilemma in einer Zwickmühle sein; zwischen zwei Übeln wählen müssen.

on the rocks 1. Getränk mit Eiswürfeln. 2. »pleite«, »am Ende«, wobei sich diese übertragene Bedeutung aus der Vorstellung eines Schiffes »on the rocks« ergibt.

on the side of the angels mit seinen Überzeugungen auf der richtigen Seite stehen. Die Wendung stammt aus einer Rede, die der Premier Benjamin Disraeli 1864 in Oxford hielt: »The question is this: Is man an ape or an angel? I, myLord, am on the side of the angels.«

on your bike! verschwinde! (*Bike* ist die Kurzform von *bicycle*.)

Once upon a time ... Es war einmal ... – Eingangsformulierung bei Märchen.

at one fell swoop mit einem Schlag (*fell* = grausam, tödlich; *swoop* = das Herabstoßen des Raubvogels). Zitat aus Shakespeares *Macbeth*. Als Macduff erfährt, daß Frau und Kinder von Macbeth getötet worden sind, vergleicht er Macbeth mit einem Raubvogel:
»What, all my pretty chickens, and their dam
At one fell swoop?« (IV, 3).

one for the road noch einen für unterwegs. Gemeint ist ein letztes Glas, bevor man sich verabschiedet (und hoffentlich nicht mit dem Auto losfährt).

One man's meat is another man's poison. Was dem einen sin Uhl, ist dem andern sin Nachtigall./ Des einen Tod ist des anderen Brot. (Wörtlich: Des einen Fleisch ist des anderen Gift.)

the one that got away wörtlich: der eine, der entwischt ist. Ursprünglich verspottete man so Angler, die mit dem Fisch prahlten, den sie beinahe gefangen hätten. Seit den fünfziger Jahren bezieht man die Wendung auch auf Junggesellen, die gerade noch »dem Joch der Ehe« entkamen.

one-armed bandit Der »einarmige Bandit« ist ein Spielautomat, der mit einem Hebel bedient wird.

one-horse town Kaff, ödes Nest.

one-night stand 1. einmaliges Gastspiel. 2. einmaliges sexuelles Abenteuer.

a one-track mind in der Wendung »you have a one-track mind« im Deutschen etwa: Du hast immer nur dasselbe im Kopf. (Wörtlich: eingleisiges Denken.) Die Einseitigkeit bezieht sich bei der Verwendung dieser Redensart auch häufig auf sexuelle Phantasien.

oneupmanship die Kunst, allen anderen um einen Schritt (eine Nasenlänge) voraus zu sein. Entstanden ist das merkwürdige Wort aus der Wendung *»to be one up on someone«*.

Open University britische Fernuniversität, seit 1969. »Open« bedeutet: allen ohne Eingangsqualifikationen zugänglich. Das System besteht aus Fernseh- und Radioprogrammen, Fernkursmaterialien und Seminaren.

Orange Order Oranienorden. Gesellschaft, die 1795 in Nordirland gegründet wurde, um die protestantische Vorherrschaft aufrechtzuerhalten. Der Name kommt von Wilhelm von Oranien (William III of Great Britain), der Jakob II. und die Katholiken 1690 in der Schlacht am Boyne schlug. Der Oranienorden hat mit seinen Verbindungen zu Kirche und politischen Gruppen noch starken Einfluß in Nordirland.

The Order of the Garter Hosenbandorden. Höchster Ritterorden in Großbritannien, 1348 von König Eduard III. gestiftet. Es wird erzählt, daß die Herzogin von Salisbury bei einem Hofball ihr Strumpfband verlor, worauf der König es aufhob und an sein Knie band, mit den Worten »Honi soit qui mal y pense.« (»Verachtet sei, wer Arges dabei denkt.«) Der Orden besteht aus dem Monarchen, Mitgliedern der königlichen Familie und 25 Rittern.

Ordnance Survey kartographische Erfassung Großbritanniens, bei der die 2 cm = 1 km-Landkarten eine besondere Rolle spielen.

out of the woods »über den Berg«. Die englische Redensart könnte eine Kurzfassung des Sprichworts »Don't shout until you're out of the woods« sein.

out of this world phantastisch, sagenhaft, »irre«.

overpaid, oversexed and over here Mit diesem Wortspiel wurden die amerikanischen Soldaten verächtlich beschrieben, die im Zweiten Weltkrieg in Großbritannien stationiert waren. Wörtlich: überbezahlt, sexbesessen, hier bei uns.

to overstay one's welcome länger bleiben, als man willkommen ist.

Oxbridge zusammengesetzt aus Oxford und Cambridge; das Wort bezeichnet die beiden Eliteuniversitäten und ihren gesellschaftlichen Status.

P

PA 1. *public address system* (mit Mikrofon, Verstärker, Lautsprecher);
2. *personal assistant,* »Privatsekretärin«. Analog zu *man Friday* scherzhaft auch *girl Friday* genannt.

Pack up your troubles in your old kit-bag, and smile, smile, smile. Pack die Sorgen in den Seesack . . .; Soldatenlied aus dem Ersten Weltkrieg, später als sprichwörtliche Wendung.

to paddle one's own canoe auf eigenen Füßen stehen, selbständig sein.

Paddy bekannter, leicht abfälliger Spitzname für Iren, Diminutivform von *Patrick*. Wegen des Nationalheiligen, *St. Patrick,* ist *Patrick* in Irland ein häufiger Vorname.

padre Anredeform und informeller Titel eines Geistlichen in der britischen Armee.

to paint the town red wörtlich: die Stadt rot anmalen. (Bei einer nächtlichen Tour durch die Vergnügungslokale) »einen drauf machen«, »auf die Pauke hauen«.

panda car Polizeiauto. Anspielung auf das Aussehen der Wagen: klein, weiß, mit Streifen.

Parkinson's Law »Work expands so as to fill the time available for its completion.« Die Arbeit vermehrt sich in dem Maße, in dem Zeit für ihre Ausführung vorhanden ist. Das ist das bekannte »Gesetz«, das C. N. Parkinson nach dem Muster ernsthafter ökonomischer Grundlagenforschung in seinem Buch gleichen Namens formulierte, um die sich selbst erhaltene Bürokratie satirisch zu beschreiben.

Pax Britannica Nach dem Begriff *Pax Romana* geprägtes Schlagwort, das die friedliche, auf wirtschaftliche Kooperation und Verbreitung der Selbstverwaltung ausgerichtete Weltreichspolitik Großbritanniens zusammenfassen sollte (besonders im 19. Jahrhundert).

peace in our time Diese wenig glückliche Formulierung verwendete der Premierminister Neville Chamberlain 1938 nach Unterzeichnung des Münchener Abkommens, mit dem Hitlers Expansionsgelüste beschwichtigt werden sollten.

peach »klasse« Person oder Sache, z. B. in »a peach of a girl«.

Peeping Tom Voyeur. Der Name geht auf einen Schneider in Coventry im 11. Jahrhundert zurück. Er wurde mit Blindheit gestraft, weil er heimlich zuschaute, als Lady Godiva nackt durch die Straßen Coventrys ritt. Sie hatte ihren Gemahl, den Grafen von Coventry, gebeten, den Pächtern die drückende Steuerlast zu erleichtern, was er unter der Bedingung zusagte, daß sie nackt durch die Straßen der Stadt ritt. Das tat sie, wobei alle Einwohner wegschauten – außer Tom.

a penny for your thoughts wörtlich: einen Pfennig für deine Gedanken. Woran denkst du gerade?

penny-dreadful 1. Groschenroman. 2. Schundheft. Diese alte Formulierung wird heute noch verwendet, obwohl die so bezeichnete Literatur natürlich inzwischen wesentlich teurer ist.

People who live in glass houses should not throw stones. Wer im Glashaus sitzt, soll nicht mit Steinen werfen. Das Sprichwort stellt die Kritik von seiten derer in Frage, die eigentlich selbst Kritik verdienen.

Per ardua ad astra lat., Motto der britischen Luftwaffe (»Über rauhe Pfade zu den Sternen«).

the permissive society laissez-faire-Gesellschaft, tabufreie Gesellschaft. Ein in England seit den sechziger Jahren bekannter Begriff für die zunehmend tolerante und liberale Haltung in der Gesellschaft gegenüber ehemaligen Tabus wie Homosexualität, Abtreibung, Wettspiel, Striptease, Pornographie und deren Vorkommen in den Medien.

pet aversion wörtlich: Lieblingsabneigung. Greuel; etwas, das man besonders verabscheut.

Petticoat Lane (sonntäglicher) Straßenmarkt in der Middlesex Street, London. Besonders beliebt für Kleidung, Modeschmuck, Souvenirs usw.

photo-finish Fotofinish; äußerst knappe Entscheidung bei einem Rennen mit Zielfotografie.

pidgin English Behelfssprache, die sich seit dem 17. Jahrhundert aus stark reduziertem englischen Wortschatz und Elementen der chinesischen Lautung, Syntax und Wortbildung entwickelt hat. In Ostasien, besonders in China als Handels- und Verkehrssprache benutzt. *Pidgin* = chinesische Aussprache von *business*.

a piece of skirt Slangwort für »junge Frau«.

Plain Jane ein unansehnliches Mädchen.

to play to the gallery nach Effekt haschen, für die Galerie spielen. Die Redensart bezieht sich ursprünglich auf Schauspieler, die mit ihrem Spiel vor allem die Zuschauer »auf den billigen Plätzen« zu begeistern versuchen.

plonk billiger (Rot-)Wein.

p.m. lat. *post meridiem;* zwischen Mittag und Mitternacht, z. B. in 6 p. m., was im Englischen für 18.00 Uhr geläufig ist. Das Gegenteil ist a. m. *(ante meridiem)*.

PO Box (post-office box) = Postfach.

poker face ausdrucksloses Gesicht, wie es Pokerspieler aufsetzen.

Pongo in der britischen Marine für »Soldat«.

porn, porno journalistische Abkürzungen für *pornography* oder *pornographic,* z. B. in *porno magazines.*

Postman's Knock altes Partyspiel. Die weiblichen Teilnehmer bekommen eine geheime Zahl, die männlichen Mitspieler spielen der Reihe nach den Briefträger, der von draußen mehrfach an die Tür klopft. Das Mädchen, dessen Nummer geklopft wird, muß/darf hinausgehen und den Briefträger küssen.

pot Slangwort für Marihuana.

the pot calling the kettle black wörtlich: Der Topf nennt den Kessel schwarz. Im Deutschen entsprechend: »Ein Esel schilt den andern Langohr.« Die Redensart wird gebraucht, wenn jemand einem anderen Fehler vorwirft, die er selber hat.

a pound of flesh »Ein Pfund Fleisch« zu fordern, heißt soviel wie: sein volles Recht verlangen, eine Vereinbarung bis zum i-Tüpfelchen erfüllt bekommen. In Shakespeares *Merchant of Venice* hat Shylock Antonio Geld gegen die Sicherheit von einem Pfund Fleisch aus Antonios Körper geliehen. Als Antonio nicht zahlen kann und Shylock auf der »Bezahlung« besteht, wird sein Vorhaben vereitelt: Nach dem richterlichen Urteil darf Shylock nur genau ein Pfund Fleisch, und zwar ohne Blut zu vergießen, herausschneiden.

to pour down the drain (Geld) für Dinge ausgeben, die nichts einbringen, (Geld) zum Fenster hinauswerfen; *down the drain* heißt wörtlich: »Im Abfluß«, also: »futsch«, »im Eimer«.

the powers that be die maßgeblichen (Regierungs-)Stellen. Der Ausdruck kommt aus dem *Römerbrief* 13,1: »The powers that be are ordained of God.«

practise what you preach wörtlich: praktiziere (selbst), was du (anderen) predigst.

primary education Grundschulerziehung im Alter von 5–11 Jahren; dann beginnt die *secondary education*.

primrose path (*primrose* = Primel). Gemeint ist der leichte Weg des Vergnügens und Genießens, der in Shakespeares *Macbeth* (II, 3) beschrieben ist: »the primrose way to the everlasting bonfire«.

Prince Charming In Anlehnung an das Märchen vom »Aschenputtel« ist es der attraktive Freier.

Prince of Wales Titel des ältesten Sohnes des regierenden Monarchen, des Thronfolgers. Als Eduard I. im Jahre 1283 die Unabhängigkeit von Wales beendete, soll er seinen kleinen Sohn Eduard als Prinzen von Wales präsentiert haben. Der derzeitige *Prince of Wales* ist Prince Charles.

pro 1. *professional sportsman* (= Berufssportler). 2. *prostitute*.

Procrastination is the thief of time. Aufschub ist der Dieb, der die Zeit stiehlt. Zitat aus dem Gedicht »Night Thoughts« von Edward Young (1683–1765).

the proof of the puddings is in the eating Probieren geht über Studieren (*proof* = Beweis).

The proper study of mankind is man. Die Aussage in diesem berühmten Zitat aus Alexander Popes *Essay on Man* (1733) ist der Gedanke, daß wir unsere Kräfte darauf konzentrieren sollten, die Situation des Menschen zu verstehen und zu verbessern.

prospect (Geschäftsjargon: *prospective customer* (potentieller Kunde, Interessent).

pub Kneipe. Abkürzung für *public house*. Wörtlich: öffentliches Haus. Der Kneipenwirt heißt *publican*.

pubcrawl Kneipenbummel; *crawl* heißt »kriechen«, »krabbeln«.

public school Trotz ihres Namens (»öffentliche Schule«) ist dies eine teure, elitäre Privatschule für die Oberklasse, in der Führungsqualitäten, Charakterbildung und die Vorbereitung auf Oxford und Cambridge eine besondere Rolle spielen. Es gibt etwa 270 solcher Schulen in England; die bekanntesten sind Eton, Harrow und Winchester.

to pull one's punches sich zurückhalten, seine Kritik mäßigen. In der Boxersprache sind Schläge gemeint, die absichtlich mit Verzögerung ausgeführt werden. Das Gegenteil, *not to pull one's punches*, heißt »vom Leder ziehen«, »kein Blatt vor den Mund nehmen«.

to pull someone's leg jemanden »auf den Arm nehmen«.

pusher Rauschgifthändler, der an den einzelnen Kunden verkauft.

pushover jemand, der leicht zu besiegen ist oder leicht auf etwas hereinfällt. (He is a pushover for that. = Er fällt prompt darauf herein.)

puss Umgangssprachlich für »Mädchen«. Wörtlich: Kätzchen.

Put that in your pipe and smoke it! Merk dir das!

to put the cat among the pigeons für helle Aufregung sorgen (*pigeon* = Taube).

Q

Quakers allgemeiner Name für *The Society of Friends,* eine 1668 gegründete religiöse Gemeinschaft mit pazifistischer Grundhaltung, hohen moralischen Ansprüchen und umfangreicher erzieherischer und karitativer Tätigkeit. Im Unterschied zu anderen protestantischen Gemeinschaften haben sie keine ordinierten Geistlichen und keine feste Liturgie. Ihr Wirken bei der Besiedlung Amerikas ist mit dem Namen William Penns verbunden. Das Wort *Quakers* (= Zitterer) leitet man von dem Trancezustand ab, in dem sie sich beim Beten und Predigen befinden, oder auch von der Forderung ihres Gründers, George Fox, beim Anhören des Wortes Gottes zu »beben«.

Queen Anne style Architektur- und Möbelstil, der typisch für die Regierungszeit der Queen Anne (1702–1714) war. Die nußbaumfurnierten Möbel waren von einfacher Eleganz; in der Architektur wurden Ziegelbauweise und einfache klassische Linien bevorzugt.

Queen's Counsel hochrangiger Anwalt, der die Krone in Strafsachen vertritt.

Queen's evidence gewöhnlich in der Wendung *to turn Queen's* (oder *King's,* amerikan. *State's) evidence* = als Kronzeuge auftreten.

Queen's Messenger Beamter des britischen Außenministeriums, der vertrauliche Mitteilungen von London zu den Botschaften im Ausland zu bringen hat. Als Abzeichen trägt er einen silbernen Windhund auf dem Revers.

Queen's Speech die Rede, die die Königin zur Parlamentseröffnung von ihrem Thron im Oberhaus aus hält und in der das Regierungsprogramm für die nächste Legislaturperiode vorgestellt wird. Die Rede wird von der Königin gelesen, ist aber vom Premierminister verfaßt.

Queensbery Rules Boxregeln, 1867 vom Marquis von Queensberry aufgestellt. In ihnen wurde das Tragen von Boxhandschuhen angeordnet; Schläge unter die Gürtellinie wurden verboten.

a queer fish ein komischer Kauz.

quid Slang für: Pfundnote (Pluralform auch *quid*).

Quisling Verräter, Kollaborateur. Nach Vidkun Quisling, dem norwegischen Politiker, der Hitler 1940 die Besetzung Norwegens vorschlug, dessen Ministerpräsident er (unter einem deutschen Reichskommissar) wurde.

quote – unquote Zitat – Zitatende. Wenn ein Wort, Ausdruck oder Satz von diesen beiden Wörtern eingeschlossen wird, will man andeuten, daß man sich von dem, was andere gesagt haben, distanziert; z. B.: »The politician dreaded the prospect of having to meet with the quote pillars of society unquote at the opera ball.«

R

RAF (Royal Air Force) Britische Luftwaffe.

RN (Royal Navy) Kriegsmarine.

Rachmanism unseriöse Praktiken im Miet- und Immobiliengewerbe, nach Peter Rachman, dessen rüde Formen von Mietwucher Anfang der sechziger Jahre berüchtigt waren.

the rank and file beim Militär der Mannschaftsstand, im Gegensatz zu den Offizieren (*»in rank and file«* = in Reih' und Glied); dann auch die Basis einer Organisation (z. B. einer Gewerkschaft) im Gegensatz zu der Führungsschicht, den Funktionären usw.

rat-race der unbarmherzige Konkurrenzkampf im Geschäftsleben und in freien Berufen.

a raw deal eine Gemeinheit; z. B. in »he gave me a raw deal« = er hat mir übel mitgespielt.

to read the Riot Act jemanden die Leviten lesen, jemanden ernstlich warnen. Wörtlich: die Aufruhrakte verlesen. Wenn 12 oder mehr Personen Unruhen verursachen, muß ihnen in England von Amts wegen befohlen werden, die Versammlung aufzulösen. Das entsprechende Gesetz heißt *Riot Act* und stammt von 1715.

reader an einigen Universitäten: dienstälterer und ranghöherer Dozent. Im Verlagswesen ist es ein Lektor oder Korrektor.

Received Pronunciation gilt als Standardaussprache des Englischen; i. a. als »bestes« Englisch angesehen, weil es in den gebildeten und gesellschaftlich maßgeblichen Kreisen gesprochen wird. Man hört es weitgehend an Universitäten, bei Gericht, im Fernsehen. Historisch gesehen war es der Dialekt des Londoner Raumes, der sich auch am Hofe entwickelte. Andere Ausdrücke sind *BBC English, Southern English. Queen's English/ King's English* bezieht sich mehr auf Grammatik und Stil.

to receive the order of the boot wörtlich: den Orden vom Stiefel erhalten, was natürlich »rausgeschmissen werden« bedeutet. Auch: *to get the boot.*

Red Biddy hochprozentige Mischung aus billigem Rotwein *(plonk)* und Methylalkohol.

red-brick university wörtlich: Ziegelstein-Universität. In den vierziger Jahren kam diese Bezeichnung für Hochschulen auf, die Ende des 19. und in der ersten Hälfte des 20. Jahrhunderts gegründet wurden und allmählich Universitätsstatus erlangten. Beispiele sind London, Manchester, Sheffield, Nottingham.

Red Ensign Flagge der britischen Handelsmarine (rote Flagge mit dem Union Jack in der oberen linken Ecke).

The Red Flag Symbol der sozialistischen Internationale; auch Bezeichnung für eine sozialistische Hymne, die bei der Labour Party heute noch gesungen wird.

red tape Bürokratie, Papierkrieg. Wörtlich ist es das rote Band, mit dem früher Akten gebündelt wurden.

Redcoat Bis zur Einführung der Farbe Khaki Ende des 19. Jahrhunderts nannte man britische Soldaten nach ihrer Uniform »Rotröcke«.

Reds under the beds die Roten unter dem Bett. Mit dieser Wendung wird die Angst vor kommunistischer Unterwanderung des Westens lächerlich gemacht.

red-handed *To be caught red-handed* heißt »in flagranti erwischt werden«, »mit blutverschmierten Händen«.

a red-letter day wörtlich: ein Tag mit roten Buchstaben (wie im Kalender); ein besonders glücklicher, erfolgreicher Tag im Leben.

red-light district Bordellviertel, Vergnügungsviertel. Früher hing eine rote Lampe vor dem Freudenhaus.

registered mail per Einschreiben.

a regular brick ein anständiger Kerl, solide, gerade und verläßlich – eben wie ein Ziegelstein.

rhyming slang Slangreime, vor allem im Cockney-Dialekt. Einzelwörter werden durch mit ihnen reimende Ausdrücke ersetzt, z. B. *feet* durch *plates of meat.* Dann wird der reimende Bestandteil des Ausdrucks weggelassen, womit – nur für Eingeweihte verständlich – *plates* für *feet* steht. Andere Beispiele: *head → loaf of bread → loaf; mate* (für *friend*) *→ china plate → china.*

to ride shank's mare »auf Schusters Rappen reiten«, d. h. zu Fuß gehen. (*Shank* ist ein älteres Wort für »Unterschenkel«.)

Remembrance Day nationaler Gedenktag für die Gefallenen der beiden Weltkriege, am 2. Sonntag im November. Früher wurde er *Armistice Day* (Tag des Waffenstillstands) genannt und am 11. November (Ende des Ersten Weltkriegs, 1918) gefeiert. Der Tag wird auch *Poppy Day* genannt, wegen der (künstlichen) Mohnblumen, die man sich zur Erinnerung an die Felder von Flandern ans Revers heftet.

roadie Techniker einer Musikband, der für die Lautsprecher- und Beleuchtungsanlage sorgt.

Robin Hood mittelalterlicher Held in Balladen und Geschichten. Er lebte im Sherwood Forest bei Nottingham und schenkte den Armen, was er den Reichen raubte.

a rolling stone gathers no moss wörtlich: ein rollender Stein setzt kein Moos an. Das alte Sprichwort aus dem 15. Jahrhundert sagt, daß ein unsteter Mensch es zu nichts bringen kann.

»The stone that is rolling can gather no moss,
For master and servant oft changing is loss.«
(Five Hundred Points of Good Husbandrie, 1573).

Rolls Royce Der Name des Luxusautomobils geht auf seinen Erfinder, Sir Henry Royce (1863–1933), zurück und auf den Mann, der für den Vertrieb zuständig war, Charles Stuart Rolls (1877–1910).

a rose by any other name would smell as sweet Das vollständige Zitat (aus Shakespeares *Romeo and Juliet,* macht den Sinn klar:
»What's in a name? that which we call a rose
By any other name would smell as sweet.«
»Was ist ein Name? Was uns Rose heißt,
Wie es auch hieße, würde lieblich duften.«

rough diamond wörtlich: Rohdiamant; im übertragenen Sinne: Mensch mit gutem Kern und rauher Schale.

Roundheads »Rundköpfe« waren die Cromwell-Anhänger, die im Bürgerkrieg (1642–1649) gegen Karl I. kämpften. Im Gegensatz zur Haartracht der Königstreuen (Perücken oder schulterlanges Haar) trugen die *Roundheads* das Haar kurzgeschnitten.

Royal Ascot Pferderennen, das im Juni in Ascot in der Grafschaft Berkshire stattfindet. Es wird in Anwesenheit der königlichen Familie eröffnet und ist, insbesondere was Damenmoden angeht, ein großes gesellschaftliches Ereignis.

Royal Society wichtigste wissenschaftliche Gesellschaft in England. Sie entstand 1645 als *Royal Society for Improving Natural Knowledge.* Zum Mitglied in ihr gewählt zu werden, gilt als höchste akademische Ehrung.

rugby Abkömmling des Fußballs, in dem 15 Spieler mit einem ovalen Ball spielen, der auch gefangen und geworfen werden darf. Rugby entstand 1823 in der Schule von Rugby in Warwickshire.

Ruritania sprichwörtlich gewordenes romantisches Phantasieland aus Anthony Hopes Roman *The Prisoner of Zenda* (1894).

S

Saint George seit dem 14. Jahrhundert der englische Nationalheilige, als drachentötender Ritter dargestellt. St.-George-Tag ist der 23. April.

Sally Ann kein Mädchenname, sondern Slangwort für die Heilsarmee – *Salvation Army,* die 1865 von William Booth gegründet wurde.

sandwich Der Earl of Sandwich (1718–1792) war ein berüchtigter Spieler, der seiner Leidenschaft Tag und Nacht frönte. Dabei bestellte er hin und wieder zwei Brotscheiben mit einem Stück Schinken, um sich ohne Unterbrechung des Spiels stärken zu können. – Ein *sandwichman* ist ein Plakatträger.

sandwich courses Studienkurse, bei denen Perioden mit Vollzeittätigkeit in Industriebetrieben und Perioden mit Vollstudium einander ablösen.

Sassenach Bezeichnung für »Engländer« in Schottland, nach dem gälischen *Sassunnach* (= Saxon).

saved by the bell wörtlich: durch die Glocke gerettet. Anspielung auf den Pausengong, der dem Boxer im Ring die Chance gibt, neue Kräfte zu sammeln. Allgemeiner auf eine heikle Situation bezogen, in der man durch einen Zwischenfall gerettet wird.

Save your breath to cool your porridge! Wörtlich: Spare dir den Atem, um den Brei abzukühlen. In weiterem Sinne: Spare dir deine Worte, es ist doch nichts zu ändern.

scab herabwürdigende Bezeichnung für »Streikbrecher«. Der Ausdruck *to scab it* heißt »als Streikbrecher unter Tarif arbeiten«.

scoop sensationeller Exklusivbericht in den Medien; Knüller.

Scotch Diese Form des Adjektivs (sonst: *Scottish, Scots*) wird nur noch in wenigen Ausdrücken, z. B. *Scotch Whisky,* verwendet.

Scouse Slangwort für Einwohner Liverpools.
Scrooge Geizhals. Nach der Hauptfigur in Charles Dickens' Weihnachtsgeschichte »*A Christmas Carol*« (1843).
to sell like hot cakes »wie warme Semmeln weggehen«.
Senior Service Name für die *Royal Navy* als älteste der drei Waffengattungen.
a shaggy dog story eine Geschichte, die witzig sein soll, umständlich erzählt und mit überraschendem Ende. Witzige Geschichten mit struppigen, verwahrlosten Hunden waren in den vierziger und fünfziger Jahren beliebt und finden sich auch heute noch im Repertoire der Illustrierten.
Shangri-La Name eines asiatischen Phantasielandes in James Hiltons Roman *Lost Horizon* (1933). Seine Bewohner sind frei von der Anspannung und der Hektik des modernen Lebens. Im Sinne dieser Idylle wird der Name gelegentlich wieder neu vergeben.
Shavian Der Dramatiker George Bernard Shaw (1856–1950) hat dieses Adjektiv selbst zu seinem Namen gebildet.
she's no (spring) chicken »Sie ist auch nicht mehr die Jüngste.«
shebeen ursprünglich Ort in Irland, in dem Alkohol illegal verkauft wurde. Auch: einfache Kneipe.
ships passing in the night wörtlich: Schiffe, die in der Nacht vorüberziehen. Bildlich gesprochen, zufällige Bekanntschaft, der man nur einmal begegnet.
shop steward Gewerkschaftsvertreter in einem Betrieb, etwa mit dem Status eines Betriebsrats.
shotgun wedding Hochzeit, die – im allgemeinen von den Eltern der Braut – erzwungen wird, weil die Braut schwanger ist (*shotgun* = Flinte).
to shout blue murder Mord und Totschlag schreien.
show-off Angeber; Angabe, Protzerei; angeben, protzen.
shrink Slang für »Psychoanalytiker«. Ursprünglich hieß der Ausdruck *head shrinker* (= Kopfschrumpfer) – ein spöttischer Hinweis auf die Versuche der Psychoanalytiker, den Größenwahn ihrer Patienten zu reduzieren.
sick humour schwarzer oder makabrer Humor, der Komisches in Schmerz, Unglück oder Behinderung sieht.
a sight for sore eyes ein erfreulicher Anblick, eine Augenweide. Wörtlich: ein Anblick für wunde Augen.
to sign/take the pledge Die Redensart aus viktorianischer Zeit heißt: »dem Alkohol abschwören«. *Pledge* = »Gelübde«, »Versprechen«, das bisweilen ganz konkret unterschrieben wurde.
Sinn Fein Die irische nationale Bewegung, die seit 1905 besteht, begründete 1919 die Republik Irland. Sie kämpft heute dafür, die englische Herrschaft in Nordirland zu beenden. Ihr militanter Flügel ist die *Irish Republican Army (IRA)*.
skiffle in den fünfziger und sechziger Jahren in Großbritannien beliebte Richtung der Jazzmusik. Eine Skiffle-Band bestand aus Gitarre, Schlagzeug, Waschbrett und anderen improvisierten Instrumenten.
slainte mhath! gälisch für »Prost!« Bedeutet »Gesundheit«.
slapstick comedy Klamauk in Theater oder Film, z. B. Werfen von Sahnetorten. Eine typische Serie dieser Art ist *Dick und Doof*. Im wörtlichen Sinne ist ein *Slapstick* eine Narrenpritsche.
sleeping partner stiller Teilhaber (in einer Firma).
the small hours die frühen Morgenstunden, etwa zwischen ein und fünf Uhr.
smarmy ölig, kriecherisch, kitschig. *smarm* war in der viktorianischen Zeit eine Haarpomade für Männer, die man dann schließlich mit »schmierigen Typen« assoziierte.
soap opera sentimentale, melodramatische »Seifenoper« als Radio- oder Fernsehserie (z. B. *Dallas*). So genannt, weil die ersten Serien dieser Art von Seifenfabrikanten in Amerika finanziert wurden.
Some mothers do have them! scherzhaft-spöttische Bemerkung, mit der man sich über die Ungeschicktheit und Dummheit anderer lustig macht. Die Redensart drückt aus, daß es wohl Mütter gibt, die Kinder mit den erwähnten Qualitäten haben.
Something is rotten in the state of Denmark. »Etwas ist faul im Staate Dänemark.« Shakespeares: *Hamlet* (I, 4). Im heutigen Gebrauch deutet die Bemerkung die verborgene Ursache für ein Unbehagen an, das man nicht genau benennen kann.

sour grapes die Trauben, die dem Fuchs (in Aesops Fabel) angeblich zu sauer sind.

southpaw wörtlich: Südpfote. In der Sportsprache (besonders beim Boxen) ein Linkshänder *(lefthander)*.

spare the rod and spoil die child Nach dem Bibelzitat »Wer seiner Rute schonet, der hasset seinen Sohn, wer ihn aber lieb hat, der züchtigt ihn bald« (Sprüche 13, 24) wurde dieses Sprichwort im 18. und 19. Jahrhundert zu einem Erziehungsprinzip. In unserer Zeit hat es glücklicherweise seine Beliebtheit verloren.

Speaker Der Sprecher, d. h. Präsident des *House of Lords,* in den USA des Repräsentantenhauses.

to spend a penny Euphemismus für den Gang zur Toilette.

to spill the beans alles ausplaudern, auspacken.

Spoonerism Austausch von (Anfangs-)Lauten nach dem Prinzip des Schüttelreims; nach dem Oxforder Geistlichen Rev. W. A. Spooner (1844–1930), der für solche Verwechslungen bekannt war. Zwei seiner bekanntesten: *our queer old dean* (unser komischer alter Dekan) statt *our dear old Queen* (unsere liebe alte Königin); und *The Lord is a shoving leopard* (Der Herr ist ein drängelnder Leopard) statt *The Lord is a loving shepherd* (Der Herr ist ein liebender Hirte).

sporran (gälisch) Leder- oder Felltasche, die von Schotten zum Kilt getragen wird.

squire Vom 16. Jahrhundert an wurden so ländliche Grundbesitzer genannt, die gleichzeitig politische und juristische Befugnisse hatten. Ihr Niedergang als Gesellschaftsklasse begann im 19. Jahrhundert mit dem Aufstreben der Stadtbevölkerung mit demokratischen Wahlsystemen und Institutionen. Der bekannteste *squire* in der englischen Literatur ist Squire Western in Henry Fieldings Roman *Tom Jones* (1749).

stag party (meist feucht-fröhlicher) Herrenabend. *Stag* = »Männchen« (biolog.); Gegenstück: *hen party.*

standing orders Geschäftsordnung (im *House of Commons*). Auch: Dauerauftrag (bei der Bank).

sterling Ein »Pfund Sterling« war ursprünglich ein Pfund Silberpfennige *(steorlings).* Seit 1971 hat das englische Pfund 100 Pfennige *(pence).* Schillinge *(shillings),* früher 12 p, gibt es nicht mehr. Die Abkürzung für Pfund ist £, zu lat. *libra.*

sticks and stones may break my bones, but words will never hurt me »Stöcke und Steine können mir meine Knochen zerbrechen, aber Wörter tun mir nicht weh.« Sprichwort aus dem 19. Jahrhundert, das heute von Kindern als Erwiderung auf eine Beleidigung gesagt wird.

Stilton Blauschimmelkäse, ursprünglich aus Huntingdonshire. Heute als bester Käse in England bezeichnet.

a storm in a teacup Sturm im Wasserglas.

straight from the horse's mouth Information aus erster Hand, aus erster Quelle. Anspielung auf die Unterkiefer der Pferde, an denen man das Alter genau ablesen kann.

stream of consciousness durch James Joyce und Virginia Woolf bekanntgewordene Erzähltechnik, mit der der Autor den unbewußten Gedankenfluß und die Assoziationen im menschlichen Gedächtnis möglichst direkt wiedergeben will.

a stuffed shirt Wichtigtuer, eingebildeter Pinsel.

SWALK Akronym für *signed with a loving kiss,* beliebte Grußformel auf Valentinskarten. Andere sind: ITALY *(I trust and love you)* und BOLTOP *(better on lips than on paper).*

to swallow the anchor (von Seeleuten) sich zur Ruhe setzen *(swallow* = »schlucken«).

sugar daddy »alter Knacker«, der ein junges Mädchen aushält.

T

T. U. C. (Trades Union Congress) gebräuchliche Abkürzung für den Dachverband der britischen Gewerkschaften.

tabby bräunliche Katze mit dunklen Streifen. Ursprünglich Bezeichnung für einen Seidenstoff mit Wellenlinien.

Taffy Spitzname für Waliser, abgeleitet von dem in Wales sehr verbreiteten Namen *Dafydd* (David).

to take a constitutional aus Gesundheitsgründen einen Spaziergang machen (constitutional = gesundheitsfördernd).

take it easy! immer mit der Ruhe!

to take someone to the cleaner's jemanden um sein ganzes Geld betrügen. Wörtlich: jemanden zur Reinigung bringen.

take-home pay Netto-Einkommen, nach Abzug von Steuern und Versicherungsbeiträgen.

a tall story eine unglaubliche Geschichte.

tally-ho! Ruf bei der Fuchsjagd, wenn der Fuchs gesichtet wird.

to talk bosh Unsinn reden. *Bosh* kommt aus dem türkischen und bedeutet »leer, wertlos«.

to talk nineteen to the dozen unaufhörlich und schnell reden; »das Blaue vom Himmel herunterreden«.

to talk shop fachsimpeln, Dienstliches besprechen.

tarred and feathered geteert und gefedert; eine seit den Kreuzzügen bekannte grausame Form der Bestrafung.

tart in diesem Fall nicht »Torte«, sondern »Prostituierte«. Diese kontrahierte Form von *sweetheart* ist seit der viktorianischen Zeit bekannt.

teach-in Reihe von Vorträgen und Diskussionen mit Experten über ein bestimmtes Thema.

tear-jerker eine Geschichte, ein Theaterstück oder ein Film mit traurig-sentimentalem Thema, das »auf die Tränendrüsen drückt«.

Teddy Boys junge Männer in den fünfziger Jahren, die die Mode der »Edwardian period« (1901–1910) kopierten, besonders was die Farben, die samtenen Rockaufschläge und die Röhrenhosen betraf. König Eduard VII. wurde liebevoll »King Teddy« genannt.

teetotal anti-alkoholisch. Ein *teetotaller* ist ein »Abstinenzler«. Die Herkunft des Wortes ist unbekannt. Es hat jedenfalls nichts mit »tea-total« zu tun.

tenner 10-Pfund-Note, entspricht dem *fiver* für die 5-Pfund-Note.

Test Match Cricket-Spiel mit Mannschaften aus den Commonwealth-Ländern. Das erste dieser Spiele fand 1876 zwischen England und Australien statt.

That's enough to make a cat laugh! »Da lachen ja die Hühner!«

That's not cricket! »Das ist nicht fair!« Cricket gilt seit jeher als Inbegriff der *gentlemanly fairness*.

There are more things in heaven and earth, Horatio,
Than are dreamt of in our philosophy. »Es gibt mehr Ding' in Himmel und auf Erden, Als Eure Schulweisheit sich träumt, Horatio.« Aus Shakespeares *Hamlet* (I, 5).

There but for the grace of God go I. Die Redewendung ist ursprünglich Ausdruck der Dankbarkeit oder Nachdenklichkeit angesichts eines Unglücks, das andere aufgrund eigener Schuld trifft. Heute eher eine scherzhafte Nebenbemerkung.

there's not enough room to swing a cat Der Ausdruck bedeutet, daß es in einem Raum sehr eng ist. »Cat« ist hier die Kurzform von »cat-o'-nine-tails«, einer Peitsche, die als Strafinstrument verwendet wurde.

there's one born every minute eine ironische Bemerkung, die man hören kann, wenn jemand hereingelegt worden ist. Sie schließt auch die Erkenntnis ein, daß es viele Dumme gibt, jede Minute einen mehr.

There is only one thing in the world worse than being talked about, and that is not being talked about. »Es gibt nur eins, das schlimmer ist, als wenn die Leute über einen reden, und das ist, wenn sie nicht über einen reden.« Aus Oscar Wildes *The Picture of Dorian Gray* (1891).

They also serve who only stand and wait.

Schlußzeile aus John Miltons bekanntem Sonett »On His Blindness«. Milton (1608–1674) lebte in der Furcht, daß ihn seine fortschreitende Erblindung beim Schreiben und damit beim Verkünden von Gottes Lob behindern könnte. Er fand Trost in dem oben dargelegten Gedanken.

the thin edge of the wedge Die Redensart bedeutet, daß ein scheinbar unbedeutendes Ereignis sehr viel Unangenehmes zur Folge haben kann. Wörtlich: die schmale Seite des Keils.

A thing of beauty is a joy for ever. Erste Zeile eines Gedichtes von John Keats, »Endymion« (1818). Wörtlich lautet sie: Ein schöner Gegenstand ist eine immerwährende Freude.

This world is a comedy to those that think, a tragedy to those that feel. »Die Welt ist eine Komödie für die, die denken, und eine Tragödie für die, die fühlen.« (Horace Walpole, »To Sir Horace Mann«, 1769).

thistle Die Distel ist das Emblem Schottlands. Dazu gehört das Motto: *Nemo me impune lacessit* (»Niemand faßt [greift] mich ungestraft an«).

the three balls drei Messingkugeln, die an englischen Pfandhäusern als Symbol des Gewerbes hängen.

time, gentlemen, please! traditioneller Warnruf britischer Kneipenwirte beim Herannahen der Polizeistunde.

the three R's als unerläßlich angesehene Bestandteile einer elementaren Bildung: reading, writing and arithmetic (Lesen, Schreiben, Rechnen); wobei man es mit dem »R« als Anfangslaut oder -buchstabe nicht so genau nehmen darf.

The time is out of joint. »Die Zeit ist aus den Fugen«. Aus Shakespeares *Hamlet* (I, 5).

to wit das heißt. Ein altertümlicher Ausdruck, der nur noch rhetorisch oder scherzhaft verwendet wird.

tongue in cheek wörtlich: mit der Zunge in der Backe, d. h. nicht wirklich ernstgemeint, sondern ironisch, mit Hintergedanken (z. B. »*some tongue-in-cheek advice*« = ein Rat, der nicht ernstgenommen werden sollte.)

too many cooks spoil the broth Viele Köche verderben den Brei. (»broth« = Brühe).

a touch of the tar brush Die Redensart drückt aus, daß jemand eine dunklere Hautfarbe hat. Wörtlich: ein Pinselstrich Teer.

touch wood! auf Holz klopfen! Die symbolische Bedeutung, die dem Holz hier beigemessen wird, ist Schutz gegen Unglück. Wer dem Aberglauben huldigt, berührt Holz, während er die Wörter ausspricht.

to trip the light fantastic tanzen. Ein verkürztes Zitat aus John Miltons Gedicht »L'Allegro« (1631):
»Come, and trip it, as you go,
On the light fantastic toe.«

trouble-shooter jemand, der die Wogen glättet, Frieden stiftet, Probleme löst. (Gegenteil: *trouble-maker.*)

a true blue ein Konservativer, ein *Tory*. Blau ist die Farbe des britischen konservativen Partei.

Truth is stranger than fiction. Das Sprichwort wird zitiert, wenn man von etwas Außergewöhnlichem erfährt. Wörtlich: Die Wahrheit ist merkwürdiger als das Erfundene.

The truth will out. Wörtlich: Die Wahrheit will heraus. Ähnlich: *murder will out*. Beide Sprichwörter finden sich in ähnlicher Form in Shakespeares *Merchant of Venice:* »Truth will come to light; murder cannot be hid long.«

the Tube gemeint ist die U-Bahn. Sonst: the *Underground.*

Tweedledum and Tweedledee Der Ausdruck bezieht sich auf Personen oder Sachen, die einander zum Verwechseln ähnlich sind. Die Namen wurden durch das Paar in Lewis Carrolls *Through the Looking-Glass* (1871) bekannt, entstammen jedoch einem satirischen Gedicht über Musiker von John Byron.

U

UCCA Abkürzung für: *Universities Central Council on Admissions,* die »Zentralstelle für die Vergabe von Studienplätzen« für britische Universitäten.

U certificate bedeutet, daß ein Film von der Zensur (British Board of Film Censors) als universal eingestuft ist, d. h. für alle Altersgruppen angeboten werden kann. Filme mit *A certificate* können (nach einer älteren Einteilung) Jugendliche unter 16 in Begleitung Erwachsener sehen, und Filme mit *X certificate* sind für Jugendliche unter 16 ungeeignet. Seit 1982 gibt es neue, modifizierte Bezeichnungen: *15, 18* und *PG* (= parental guidance).

UFO Akronym von »*unidentified flying object*« oder, mit einem älteren Ausdruck, »Fliegende Untertasse«.

an ugly customer ein bösartiger, gefährlicher Mensch. Wörtlich: ein häßlicher Kunde.

Ulster alte, aber noch gebräuchliche Bezeichnung für Nordirland; Name eines früheren Königsreichs. Der Name *Northern Ireland* etablierte sich 1920 mit der Teilung Irlands in den Freistaat (*Free State,* später: *Eire*) und den nördlichen, zum *United Kingdom* gehörenden Teil.

umpire Schiedsrichter beim Cricket, Hockey und Tennis. Im übertragenen Sinne jemand, der eine Entscheidung treffen soll, ein Vermittler, ein Schlichter.

umpteen viele, »-zig«. Scherzhafte Analogiebildung zu *thirteen, fourteen* usw. Auch in *umpteen times* = »x-mal«.

'un schriftsprachliche Wiedergabe der Aussprache von *one* in bestimmten Ausdrücken, z. B. *he's a tough'un.*

unaccustomed as I am to public speaking Seit den fünfziger Jahren wird diese Phrase am Anfang einer Rede ironisch und quasi entschuldigend von solchen Leuten benutzt, die alles andere als ungeübt im Reden sind. Schon die ersten Worte, »Unaccustomed as I am« genügen, um bei den Zuhörern verstehendes Lächeln auszulösen.

Uncle Joe Spitzname für Joseph Stalin.

under separate cover mit getrennter Post.

under the influence betrunken. Der Ausdruck ist eine Kurzform dessen, was im Polizeiprotokoll steht: *under the influence of alcohol.*

under the weather 1. leicht unwohl. 2. »niedergeschlagen«. 2. »beschwipst«.

underdog der Unterlegene, der Benachteiligte.

undergrad Kurzform für *undergraduate,* Student vor dem ersten Examen.

understatement Das Stilmittel der Untertreibung gilt als typisches Element im englischen Sprachgebrauch. Beispiel: »He has had a drop too much.«

understudy beim Theater ein Schauspieler, der eine Rolle einstudiert, um gegebenenfalls kurzfristig für einen Hauptdarsteller einzuspringen.

unflappable *Flap* bedeutete im Zweiten Weltkrieg »Luftalarm«, in den fünfziger Jahren »Aufregung«, »Verwirrung«. Als »*unflappable*« wurde in den sechziger Jahren der Premierminister Harold MacMillan bezeichnet (»*Mac the Unflappable*«), weil er in der Zeit, in der das Britische Empire verfiel, die Gelassenheit der englischen Oberklasse demonstrierte.

Union Jack offiziell: *Union Flag* – die Flagge des Vereinigten Königreichs. Sie enthält vier sich überschneidende Kreuze der Schutzheiligen St. George (England), St. Andrew (Schottland), St. David (Wales) und St. Patrick (Irland).

an unknown quantity eine unbekante Größe, auch im übertragenen Sinne auf eine Person bezogen.

the unmentionables wörtlich: die Unaussprechlichen. Scherzhafte Bezeichnung für Unterwäsche (typischer Ausdruck der viktorianischen Zeit).

until kingdom come wörtlich: bis das Königreich (Gottes) kommt. – Auf sehr lange Zeit, »bis in alle Ewigkeit«.

up and about wieder auf den Beinen (besonders nach einer Krankheit).

up one's street sagt man von einer Situation, in der man sich wohlfühlt oder von Umständen, die den eigenen Interessen entgegenkommen, z. B. »That's up my street!«

up to scratch »*scratch*« bedeutet »Kratzer«; beim Sport ursprünglich eine Markierung im Ring oder auf der Bahn. Idiomatische Wendungen wie *to be* *up to scratch* oder *to come up to scratch* haben Bedeutung wie: »seinen Mann stehen«, »auf der Höhe sein«, »die Erwartungen erfüllen«.

the upper crust wörtlich: die oberste Kruste. Scherzhaft für Aristokratie, »Spitzen der Gesellschaft«.

uppers Slangwort für Aufputschmittel. Beruhigungsmittel heißen entsprechend *downers*.

to upset the apple-cart alle Pläne über den Haufen werfen. Wörtlich: den Apfelkarren umstoßen.

to upstage »jemanden in den Schatten stellen«. Der Begriff kommt aus der Theatersprache: Ein Schauspieler, der sich in den Bühnenhintergrund (= *upstage*) stellt, zwingt seinen Partner, den Zuschauern den Rücken zuzukehren, so daß die Aufmerksamkeit auf ihn selbst gerichtet ist. Als Adjektiv heißt *upstage* entsprechend »hochnäsig«, »überheblich«.

Uriah Heep boshafter Heuchler, nach der entsprechenden Figur in Charles Dickens' Roman *David Copperfield* (1850).

to use one's loaf klar denken. seinen Kopf/Verstand gebrauchen. *Loaf* ist hier eine Verkürzung von *loaf of bread,* was seinerseits *rhyming slang* mit *head* ist.

utility nützliche Sache, Nützlichkeit. Im Zweiten Weltkrieg und danach wurde das Wort auf Gebrauchsgüter wie Kleidung und Möbel, die nach staatlichen Vorschriften hergestellt wurden, angewandt. Seither bezeichnet es die Einschränkung in der Lebenshaltung in den vierziger Jahren, als der praktische Nutzen wichtiger war als das ästhetische Beiwerk.

Utopia Nach dem Staatsroman von Sir Thomas More, *Utopia* (1516), der ein Phantasieland mit idealem Sozial- und Staatswesen beschreibt, bedeutet das Wort heute soviel wie »Idealzustand« oder »Zukunftstraum«.

V

V. A. T. Abkürzung für *Value-Added Tax* (= Mehrwertsteuer).

V. D. Abkürzung für *veneral disease* (= Geschlechtskrankheit).

V for Victory Bezeichnung für Winston Churchills berühmtes Siegeszeichen: zwei V-förmig gespreizte Finger an der auswärts gedrehten erhobenen Hand.

vacancies notified in der Umgangssprache: gemeldete offene Stellen.

vamp So wurde, besonders in den zwanziger und dreißiger Jahen, die erotisch attraktive, aber berechnende femme fatale bezeichnet, wie sie in Filmen häufig dargestellt wurde. Das Wort ist eine Abkürzung von *vampire*.

Vanity Fair Jahrmarkt der Eitelkeiten. In John Bunyans Allegorie *The Pilgrim's Progress* (1678) errichtet der Teufel in dem Ort Vanity einen Markt, der das ganze Jahr hindurch Vergnügungen aller Art anbietet. William M. Thackeray übernahm den Ausdruck als Titel seines Romans (1847), in dem er menschliche Torheiten verspottet.

variety is the spice of life wörtlich: Abwechslung ist die Würze des Lebens. Der Gedanke findet sich schon in W. Cowpers Gedicht »The Task« (1785):
»Variety is the very spice of life,
That gives it all its flavour.«

varsity Kurzform für *university* entsprechend dem deutschen »Uni«. Eigentlich nur auf Oxford und Cambridge bezogen.

verbal diarrhoea (*diarrhoea* = Durchfall) Drastischer, aber bekannter Ausdruck für übertriebene Redseligkeit oder wortreiches Dozieren. Der früheste Beleg findet sich in Horace Walpoles *Memoirs of George III* (1797): »He was troubled by a diarrhoea of words.«

versus Die Präposition (mit der Abkürzung *v.*) bezeichnet vor allem im Rechtswesen und im Sport

Gegnerschaft, z. B. »Jones v. Smith« oder »Manchester United v. Glasgow Rangers«.

the very ticket! genau das Richtige!

vibes gefühlsmäßige Vibrationen durch atmosphärische Ausstrahlung, die von Personen oder Ereignissen ausgeht. Das Wort kommt aus der Hippie-Sprache und wird seit den sechziger Jahren umgangssprachlich verwendet.

Vice Squad Sittenpolizei. Wörtlich: Lasterkommando.

Victoria Cross höchste militärische Auszeichnung in Großbritannien für Tapferkeit vor dem Feind; 1856 von Königin Viktoria begründet.

Victorian Königin Viktorias lange Regierungszeit (1837–1901), die Blütezeit des Britischen Weltreichs.

the villain of the piece der Schurke des Theaterstücks; der für eine üble Sache Verantwortliche.

VIP »Very Important Person«. Bedeutende, berühmte Persönlichkeit. Während des Zweiten Weltkriegs nannte die britische Luftwaffe wichtige Persönlichkeiten auf ihren Reisen so, ohne ihren Namen zu nennen.

vital statistics Bevölkerungsstatistik, in der Geburten, Eheschließungen, Sterbefälle usw. erfaßt sind. Scherzhaft auch auf weibliche Körpermaße bezogen.

a voice in the wilderness die Stimme (eines Predigers) in der Wüste (*Jesaja* 40,13), dessen Mahnungen und Warnungen von der Menge ignoriert werden.

»The voice of him that crieth in the wilderness, Prepare ye the way of the Lord . . .«.

W

wait and see bekannte idiomatische Wendung, die vorsichtiges Abwarten empfiehlt. In der britischen Parlamentsgeschichte wird sie als Redensart von Premierminister Asquith erwähnt, mit der dieser unangenehmen Fragen auswich. Das brachte ihm natürlich viel Spott von seiten der Opposition ein.

walk-on part eine kleine, stumme Rolle im Theater oder Film; Statistenrolle.

Watling Street eine der großen Römerstraßen von Dover über Canterbury, London, St. Albans nach Wroxeter.

We are not amused! Diese Wendung wird der recht strengen Königin Viktoria (1819–1901) zugeschrieben und wird heute als Ausdruck ironischer Distanzierung verwendet.

Wedgwood Keramik- und Porzellanmarke, nach Josiah Wedgwood (1730–1795) benannt. Weltbekannt besonders für Porzellan mit weißem Design auf blaßblauem Untergrund. Die Firma existiert heute noch und stellt Waren nach den traditionellen Mustern her.

A week is a long time in politics. Vielzitierter Ausspruch von Harold Wilson, der 1964–1970 britischer Premierminister war.

Welfare State Vom Wohlfahrtsstaat spricht man in Großbritannien seit 1946, als der *National Insurance Act* aufgrund des *Beveridge Report* (1942) in Kraft trat und für umfangreiche Sozialleistungen sorgte (Krankenversorgung, Rente, Arbeitslosenversicherung, Fürsorge usw.).

West End Stadtbezirk im Westen Londons, bekannt durch seine eleganten Geschäfte, Theater, Restaurants, Hotels sowie die teuren Wohngebiete Mayfair und Soho. Die Bezeichnung wird heute auch bei anderen Städten für im Westen liegende elegante Viertel verwendet.

wet wörtlich: naß. Als Slangwort kommt es von »*wet behind the ears*« (= naß hinter den Ohren) und bedeutet im weiteren Sinne auch »schlapp«, »entscheidungsunfähig«. In diesem Sinne verwendete es Margaret Thatcher gegenüber liberalen Konservativen.

a wet blanket ein Spaßverderber, der wie »eine nasse Decke« wirkt.

to wet one's whistle »sich die Kehle anfeuchten«, »einen heben«. Schon bei Chaucer bekanntes Idiom: »So was her joly whistle wel-y-wet« *(Reeve's Tale).*

to wet the baby's head Angefeuchtet werden hier die Kehlen derer, die bei der Taufe auf die Gesundheit des Babys anstoßen.

what you lose on the swings you gain on the roundabouts Wörtlich: Was man auf der Schaukel verliert, gewinnt man beim Karussell. Das Sprichwort veranschaulicht die Idee der ausgleichenden Gerechtigkeit: Was man bei einer Unternehmung verliert, kann man bei der nächsten wettmachen.

wheels within wheels versteckte Triebkräfte, die – wie unscheinbare einzelne Räder in einem komplizierten Räderwerk – das Geschehen entscheidend beeinflussen.

When a man is tired of London, he is tired of life. »Wer Londons überdrüssig ist, ist auch des Lebens überdrüssig.« Bekannter Ausspruch von Samuel Johnson (1709–1784).

When constabulary duty's to be done,
The policeman's lot is not a happy one.
Besonders die zweite Zeile (aus der komischen Oper *The Pirates of Penzance* von Gilbert und Sullivan) wird gern zitiert, wenn das Los der Polizei zu beklagen ist.

When in Rome, do as the Romans do. Sich den Landessitten bzw. den Gegebenheiten anpassen. Evtl. auch: mit den Wölfen heulen.

Where are you going to, my pretty maid? Die Zeile aus einem Volkslied des 18. Jahrhunderts hat sich als scherzhafte Frage an junge Damen erhalten.

whip wörtlich: »Peitsche«, »Einpeitscher«. Im parlamentarischen Leben ein Parteifunktionär, dessen Aufgabe es ist, sicherzustellen, daß die Abgeordneten seiner Partei in Übereinstimmung mit den Wünschen der Parteiführung votieren.

White Ensign Flagge der Marine: rotes Kreuz auf weißem Grund, mit dem Union Jack in der oberen linken Ecke.

White Man's Burden Während der Kolonialzeit wurde diese »Last des weißen Mannes« als Pflicht verstanden, die der weißen Rasse, besonders den Briten, auferlegt war, nämlich die unterentwickelten farbigen Völker zu regieren und für ihre Bildung zu sorgen. Ein Gedicht von Rudyard Kipling hat diesen Titel.

White Man's Grave der Westen Äquatorialafrikas, unter Engländern wegen seiner ungesunden Lebensbedingungen so genannt.

white wedding Hochzeit, bei der die Braut weiß gekleidet ist (und die Trauung in der Kirche stattfindet).

white-collar worker im Gegensatz zum manuellen Arbeiter *(blue-collar worker)* der »Mann mit dem weißen Kragen«, der Angestellte im Büro.

Whitehall Londoner Stadtbezirk mit den wichtigsten Ministerien, daher auch oft Synonym für »britische Regierung«.

who goes home? traditionelle Abschiedsformel des Pförtners, wenn die Abgeordneten abends das Unterhaus verlassen. Die Funktion dieser Formel war früher, den Abgeordneten die Möglichkeit zu geben, sich in Gruppen zusammenzutun, bevor sie sich abends auf den Heimweg durch die dunklen Straßen machten.

whodunit Kriminalgeschichte. »Who (has) done it?« fragt sich der Leser.

wide boy Fuchs, Gauner; einer, der *wide awake* ist.

wild men Parteimitglieder, die extreme oder radikale Positionen vertreten.

wildcat strike wilder Streik, spontane Streikaktion. In England häufiger: *illegal strike.*

wild-goose chase fruchtloses Unterfangen, vergebliche Mühe.

William the Conquerer Wilhelm, Herzog der Normandie, eroberte England durch die Schlacht bei Hastings (1066), regierte in der Folgezeit (bis 1087) das Land und vermittelte dem angelsächsischen England die französisch-normannische Kultur.

Willow Pattern Dieses berühmte blauweiße Porzellanmuster wurde 1780 von Thomas Turner in England eingeführt. Es ist ein Muster im chinesischen Stil und stellt eine Flußszene mit Weidenbäumen dar.

willy-nilly nolens volens. Im Englischen hieß der Ausdruck ursprünglich *will he nill he* (»ob er will oder nicht«).

wind of change (politischer) Meinungsumschwung, besonders mit Reformcharakter. Der Ausdruck ist durch eine 1960 gehaltene Rede des englischen Premierministers Harold Macmillan vor dem südafrikanischen Parlament über Unabhängigkeitsbewegungen bekannt geworden.

window-shopping Schaufensterbummel.

winkle-pickers So nannte man die extrem spitzen Schuhe, die in den sechziger Jahren modern waren. *Winkle* heißt eine eßbare Schnecke, die man mit einer spitzen Nadel aus dem Gehäuse holt.

to wipe the floor with someone umgangssprachlich: jemanden heruntermachen, jemanden zutiefst erniedrigen. Wörtlich: den Fußboden mit jemandem wischen.

the wisest fool in Christendom Jakob (James) I. von England (1603–1625), ein gelehrter Monarch und Verfasser von Traktaten über die Frauen und das Rauchen, wurde so von Heinrich IV. von Frankreich genannt.

The wish is father to the thought. »Der Wunsch ist der Vater des Gedankens.« Wir glauben das, was wir glauben wollen. Der Gedanke ist schon bei Caesar formuliert und dann in Shakespeares *Henry IV,* Part II (IV, 5), als Prinz Heinrich zu seinem sterbenden Vater sagt:
»I never thought to hear you speak again.«
Worauf der König antwortet:
»Thy wish was father, Harry, to that thought.«

wog äußerst beleidigendes Slangwort, mit dem nicht-weiße Ausländer bezeichnet werden. Das Wort ist ein Akronym, wahrscheinlich von *wily* (gerissen) *oriental gentleman* oder *workers on government service.*

wolf cub Pfadfinder der Altersgruppe zwischen 8 und 11 Jahren. Wörtlich: Wölfling.

wolf whistle anerkennendes Pfeifen beim Anblick einer Frau.

womaniser einer, der hinter den Weibern her ist.

wonky umgangssprachlich: wackelig, z. B. *wonky legs.* Auch im übertragenen Sinne angewendet: »unzuverlässig«, »unsicher«.

Wooden Walls Bezeichnung für die hölzernen Kriegsschiffe. Auch nach der Erfindung der Eisenkonstruktion erhielt sich der Ausdruck, in dem sich die Bedeutung der königlichen Marine für die Verteidigung widerspiegelt.

Woolsack ein großer roter, eckiger Sack mit Wolle, offizieller Sitz des Lord Chancellor, Sprecher des Oberhauses. Er wird seit der Herrschaft Eduard III. im 14. Jahrhundert verwendet. Damals symbolisierte er die Wichtigkeit des Wollhandels in England.

Worcester sauce Soße aus Soja, Essig, Sardellen und Zwiebeln, die in England auf jedem Restauranttisch zu finden ist.

work to rule Dienst nach Vorschrift. Bis in jedes Detail gehende Erfüllung der Arbeitsvorschriften mit dem Ergebnis einer Produktionsverzögerung. Eine ähnliche Streikmaßnahme, der Bummelstreik, heißt *go-slow (strike).*

workaholic »Arbeitstier«. Jemand, für den die Arbeit zur Sucht geworden ist, wie für den Trinker der Alkohol.

X

Xmas Bezeichnung für *Christmas,* die besonders in der Werbesprache verwendet wird. »X« ist der griechische Buchstabe, der als Symbol für Christus steht.

X-rays 1. Röntgenstrahlen. 2. Röntgenbilder.

Y

YMCA/YWCA gebräuchliche Abkürzung für *Young Men's/Women's Christian Association.* Christlicher Verein junger Männer/Frauen. Um die Mitte des 19. Jahrhunderts gegründete Organisation, die inzwischen auf internationaler Ebene wirken. Sie bieten in ihren regionalen Zentren vielerlei Aktivitäten in den Bereichen Religion, Bildung, Sport und Soziales an und stellen Unterkünfte bereit.

yahoo Wesen mit Menschengestalt und bösartigem Charakter in Jonathan Swifts *Gulliver's Travels* (1726).

the year dot umgangssprachlich in Ausdrücken wie: *way back to the year dot* (= vor ewigen Zeiten).

yellow belly in der Schülersprache: »Feigling«. Wieso die Farbe gelb seit langem mit fehlendem Mut assoziiert wird, ist nicht geklärt.

yokel Bauerntölpel – aber ebenso wie das deutsche Wort veraltet.

Yorkshire Pudding hat nichts mit Nachspeise, schon gar nichts mit süßem Pudding zu tun. Es handelt sich um einen gebackenen Eierteig, der zum Rinderbraten gegessen wird.

you can't have your cake and eat it wörtlich: Du kannst den Kuchen nicht (gleichzeitig) behalten und essen. In diesem bekannten Sprichwort kommt zum Ausdruck, daß man sich bei Alternativen letztlich entscheiden muß.

you can't make a silk purse out of a sow's ear wörtlich: Man kann kein Seidentäschchen aus einem Schweineohr machen. Das Sprichwort entspricht etwa dem deutschen »Bauer bleibt Bauer«. Es wurde im Laufe der Zeit vielfach abgewandelt. In Lawrence Sternes Roman *Tristram Shandy* (1767) heißt es, »As certainly as you can make a velvet cap out of a sow's ear«.

You give me a pain (in the neck)! Du gehst mir auf die Nerven!

You said it! »Da magst du wohl recht haben.« Umgangssprachliche Zustimmung zu einer Äußerung; kann leicht etwa betulich-komisch klingen.

you scratch my back and I'll scratch yours wörtlich: Du kratzt mir meinen Rücken und ich kratz' dir deinen. Im Sinne von »Du singst mein Lob und ich singe deines« könnte dies das Motto einer »Mutual Admiration Society« sein. Das Sprichwort heißt aber auch: »Eine Hand wäscht die andere.«

You'll do yourself out of a job! Scherzhafte Redensart gegenüber jemanden, der hart arbeitet: »Du wirst dich um deinen eigenen Job bringen!«

Your Grace Eure Hoheit / Exzellenz. Ehrentitel bei der Anrede von Herzögen, Herzoginnen und Erzbischöfen.

Your Worship Euer Gnaden, Euer Ehren. Mit diesem respektvollen Titel werden Bürgermeister und Richter angeredet.

you're making the place look untidy Scherzhafte Einladung an einen Gast, Platz zu nehmen. Wörtlich: Du machst es hier unordentlich.

you're only young once »Man ist nur einmal jung.«

Yours sincerely, . . ./ Yours truly, . . . etc. *Yours*

sincerely, ... ist die gebräuchlichste Schlußformel im Brief. *Yours,* ... oder *Love,* ... sind persönlicher, *Yours truly,* ... oder gar *Yours faithfully,* ... formeller. Letzteres wird in den Vereinigten Staaten nicht verwendet. Wichtig ist, daß die Schlußformel stilistisch zur Begrüßungsformel paßt, wie etwa *Yours sincerely,* ... zu *Dear Mrs. Smith,* ... oder *Yours faithfully,* ... zu *Dear Sir,* ...

You've never had it so good. Wahlkampfslogan zur Zeit des Premierministers Harold Macmillan (1957–1963) im Hinblick auf den allgemeinen Wohlstand, den die Massen in England angeblich unter der konservativen Regierung seit dem Zweiten Weltkrieg genossen.

Yule alter Ausdruck für *Christmas,* s. norwegisch *jol.*

yum, yum! Mit diesem Ausdruck wird in der Kindersprache Begeisterung für gutes Essen zum Ausdruck gebracht.

Z

zany Modewort mit der Bedeutung »verrückt«, »närrisch«; früher hieß das Wort »Clown«.

Französisch

A

à bas Nieder! Hinlegen!
à beaucoup près bei weitem.
à bras ouverts mit offenen Armen.
Académie française nationale Einrichtung Frankreichs, in Anlehnung an die »Akademie« (Philosophenschule) Platons, zur Pflege der Künste und Wissenschaften. Sie hat 40 ständige Mitglieder, die »Unsterblichen«.
accent aigu der Akut in der Zeichensetzung, z. B. in égalité.
accent circonflexe der Zirkumflex der Zeichensetzung, z. B. in être, forêt, pâtisserie (vgl. esse, Forst, Pasta) – a. c. bedeutet immer ein »unterdrücktes« S im Wortstamm.
accent grave der Gravis der Zeichensetzung, z. B. congrès, Jaurès.
accessoires eig. Zusätze, Nebensachen; modisches Zubehör wie Schmuck, Gürtel, Taschen usw.
accorder ses flûtes wörtlich: die Flöten abstimmen; sich einig sein, Maßnahmen treffen.
à ce point que so sehr, daß.
à charge de revanche auf Wiedervergeltung.
acheter chat en poche die Katze im Sack (frz. Tasche) kaufen.
à contretemps zur Unzeit, ungelegen.
à cor et à cri mit Hörnerschall und Jagdgeschrei.
à coup sûr ganz gewiß, sicherlich.
un acte de notoriété eidesstattliche Erklärung.
à demi-mot ohne daß man *alles* sagt.
à deux mains zweihändig (beim Klavierspielen).
Adieu eig. »mit, zu Gott« – Leb(t) wohl! Gott befohlen!
à Dieu ne plaise Gott behüte! Das möge Gott verhüten!
à discrétion zur Verfügung; nach Belieben.
à double entente zweideutig.
advienne que pourra komme, was (da) wolle; »mir ist das gleichgültig«.
à face (manchmal auch *en face*) gegenüber, »vis-à-vis«.
à face ou à pile aufs Geratewohl.
à faux völlig unangebracht, irrtümlich vorgebracht.
une affaire de rien völlige Belanglosigkeit.
une affaire de tout repos eine ganz sichere Angelegenheit.
l'affaire est mûre die Sache ist spruchreif.
à fleur de auf gleicher Höhe mit, waagrecht.
à fond gründlich, von Grund auf.
à fond de train in schärfstem Tempo.
à fonds perdu als Verlust (zu betrachten), auf Nimmerwiedersehen.
agent provocateur Polizeispitzel.
à gogo sehr behaglich, meist in der Verbindung *vivre à gogo*.
à haute voix laut (beim Sprechen).
à hue et à dia kreuz und quer (durchs Land).
à huis clos hinter verschlossenen Türen; juristisch: unter Ausschluß der Öffentlichkeit → *huis clos*.
aide-mémoire wörtlich: Gedächtnishilfe; in der Politik die Niederschrift von mündlich getroffenen Vereinbarungen.
aiguille wörtlich: Nadel; bezeichnet scharf zugespitzte Alpengipfel, zum Beispiel den *Aiguille du Midi* (Mont Blanc).
ainsi soit-il »so sei es«, das Amen als Gebetsschluß.
l'air et la chanson »Melodie und Lied«, bedeutet: Schein und Wirklichkeit.
à jour wörtlich: auf den Tag, meist in Verbindung »*à-jour*-sein«, sich auf dem laufenden befinden, nicht in Verzug; *à jour* bezeichnet »durchbrochen« bei Spitzen, Geweben, »freistehend«, in der Architektur, »nur am Rande gefaßt« bei Edelsteinen.
à jour fixe zur festgesetzten Zeit.
à juste titre mit vollem Recht.
à la baisse wörtlich: auf die Erniedrigung, d. h. auf Fallen der Kurse spekulieren; die Floskel kann auch den Wasserstand betreffen.
à la belle étoile unter freiem Himmel.
à la bonne heure wörtlich: auf die gute Stunde, bedeutet: so ist's recht
à la carte nach der Speisekarte (bestellen, essen).
à la dernière extrémité im äußersten Notfall.
à la fin des fins endlich!
à la garde de Dieu mag da kommen, was will.

à la guerre comme à la guerre es geht nun einmal nicht anders; das ist so unerbittlich wie der Krieg.
à la grâce de Dieu was immer Gott schickt, es soll recht sein.
à la hausse auf das Steigen der Kurse, Preise usw. (warten, spekulieren).
à la hussarde auf ganz brutale Weise (nach Art der Husaren).
à la lanterne hängt ihn auf! → *ça ira*.
à la lettre buchstäblich, wortgetreu.
à la ligne neue Zeile; (hier kommt ein) Absatz.
à la longue auf längere Zeit, längere Sicht (gerechnet, gesehen).
à la mode nach der (neuesten) Mode; die Komposita *À-la-mode*-Zeit, *À-la-mode*-Literatur bezeichnen die Nachahmung des französischen Stils und die gekünstelte Sprachform in der deutschen Literatur des 17. Jahrhunderts.
à la papa gutmütig (wie unser Väterchen).
A la recherche du temps perdu »Auf der Suche nach der verlorenen Zeit« ist der oft zitierte Romantitel von Marcel Proust, dessen exzentrischer Aufbau und Stil Generationen von Literaten beeinflußt hat.
à la renverse rücklings.
à la sourdine manchmal auch **en sourdine**: heimlich, geräuschlos, man vergleiche das »con sordino« in der Musik.
à la suite in der Folge, im Gefolge von.
à la vent vole »wie der Wind fliegt«, d. h. ohne Überlegung.
à la vieille mode wie damals, wie seinerzeit.
à l'époque wörtlich: zu der Zeit, bedeutet immer: damals.
à l'heure qu'il est jetzt, für den Augenblick.
à l'hôtel de la Belle-Étoile/de la Grande Ourse unter freiem Himmel, bei Mutter Natur (leben, nächtigen usw.).
à l'image de nach dem Vorbild von.
aliment de l'esprit Nahrung des Geistes; von Friedrich d. Gr. zitierter Ausdruck beim Bau der Königlichen Bibliothek zu Berlin, 1780 vollendet; die Formulierung geht zurück auf ein Werk von Abbé Terrasson, Amsterdam 1732. Die Bibliothek selbst erhielt dann die völlig unklassische Inschrift *nutrimentum spiritus*.
à l'improviste unversehens.
aller et retour hin und zurück.
aller planter ses choux »Kohl anpflanzen gehen«, d. h. sich aufs Land zurückziehen.
aller où le roi va à pied bezeichnet jedermanns Gang auf das stille Örtchen.
allez dire cela à vos pareils »sagen Sie das Ihresgleichen«, entspricht unserem: das können Sie Ihrer Großmutter erzählen.
allez vous promener! gehen Sie zum Teufel (wörtlich: spazieren).
allons donc! nicht möglich! das kann doch nicht wahr sein!
à l'occasion gelegentlich.
à l'œil auf Kredit, auf Pump (bis das Auge es wiedersieht).
à l'ongle on connaît le lion der Franzose erkennt »den Löwen an der Kralle«, so wie wir den Vogel an seinen Federn.
à l'ordinaire wie gewöhnlich.
à l'origine wörtlich: am Anfang, bedeutet immer: ursprünglich.
alouettes rôties sind die sprichwörtlichen »gebratenen Lerchen«, die in Analogie zu den gebratenen Tauben im »Schlaraffenland« des Hans Sachs herabfallen; sie werden schon 1547 in den »Navigations de Panurge« zitiert.
à lui le pompon! ihm (geben wir) die Ehre!
à l'user wenn man ihn trägt – gemeint ist der Kleiderstoff.
à merci nach Belieben.
à mesure de verhältnismäßig.
à midi sonnant Schlag zwölf Uhr (mittags).
à mon avis nach meiner Meinung; soviel ich weiß. *À mon humble avis* bedeutet: nach meiner völlig unmaßgeblichen Ansicht.
à mon égard was mich betrifft.
à mon goût nach meiner Ansicht, Meinung; »Geschmack« ist hier nicht ganz zutreffend.
à mon gré meiner Ansicht nach.
à mon insu ohne daß ich es weiß.
à mon sens meiner Ansicht nach (mehr gefühlsmäßig zu verstehen).
à mort! bringt ihn doch um! Weg mit dem Kerl!
amoureux de onze mille vierges »in elftausend Jungfrauen verliebt«, bezeichnet einen Schürzenjäger.

l'ancien régime »das alte Regiment«, das französische Königtum vor 1789.

l'âne vêtu de la peau de lion der »mit Löwenhaut bekleidete Esel« bezeichnet einen Aufschneider, Prahlhans.

les ânes parlent latin die dümmsten Leute (Esel) wollen ganz gescheit sein, »Latein reden«.

à partir de là von da an.

l'apéritif kurz auch: *apéro,* das appetitanreizende Getränk vor der Mahlzeit; *l'heure de l'apéritif* ist üblicherweise von achtzehn bis neunzehn Uhr, also vor dem Abendessen.

à perpétuité auf immer, Lebenszeit.

un à peu près de dîner so etwas (Ähnliches) wie ein Mittagessen, also nichts Besonderes.

à peu près sûr so gut wie sicher.

à pic senkrecht, steil, aufstrebend.

à pleines voiles wörtlich: mit vollen Segeln, bedeutet: von ganzem Herzen.

à pleine gorge aus vollem Halse.

à plomb senkrecht; zur rechten Zeit; etwas mit *A-plomb* machen: mit sicherem Auftreten, mit Nachdruck. Im Ballett ist das Auffangen einer Bewegung unter *à-plomb* zu verstehen.

à plus forte raison um so mehr; geschweige denn.

à point nommé im richtigen Augenblick.

l'appétit vient en mangeant während des Essens kommt der Appetit, in der Bedeutung: je mehr man hat, desto mehr will man; Zitat aus »Gargantua und Pantagruel« von Rabelais (1483–1553).

à première vue auf den ersten Blick; sofort.

après coup hintennach, hinterher.

L'Après-midi d'un Faune gern zitierter Titel des Balletts »Nachmittag eines Fauns« von Claude Debussy, das durch Waclaw Nijinski in der Titelrolle (kreiert 1912) weltberühmt wurde.

après-ski nach dem Ski(fahren); bezeichnet sowohl die modisch-saloppe Kleidung wie auch den Unterhaltungsbetrieb an Wintersportorten.

après nous (moi) le déluge hinter uns (mir) die Sintflut! Der Ausruf soll von der Marquise de Pompadour (1720–1764) stammen; bedeutet: Leben wir lustig drauflos, was hinterher kommt, interessiert uns nicht.

à prix d'or unerschwinglich, sehr teuer.

à profusion im Überfluß.

à propos gelegen; wie gerufen; »da fällt mir ein . . .«; hauptwörtlich gebraucht: der passende Augenblick.

à qui la carte? wer spielt (jetzt) aus?

à qui la faute? an wem liegt es (daß die Dinge so stehen)?

à qui de droit bei der zuständigen Stelle (eines Amtes, einer Behörde).

à quoi bon? fast wörtliche Entsprechung des lateinischen *cui bono,* also die Frage: Wem zum Nutzen, wofür ist das gut? In Ciceros »Philippica« als ein Wort des L. Cassius bezeichnet. Von da an in der Kriminalistik, besonders bei Mordfällen, die grundlegende Frage nach Motiv und Täterschaft.

arabesque nach »arabischer« Art, also in Form eines Pflanzenornaments. In der Ballettsprache Bezeichnung der Körperhaltung, bei der – im Gegensatz zur → *attitude* – das Arbeitsbein (Spielbein) gestreckt ist; die Arme gehen nach vorn, die Handflächen sind nach unten geöffnet.

Arc de Triomphe der Triumphbogen; Titel des weltbekannten, auch verfilmten Romans von Erich Maria Remarque; vgl. das gleichnamige Bauwerk in Paris.

à regret ungern.

l'argent mis au jeu der Spieleinsatz.

l'argent pour les menus plaisirs das Taschengeld.

arriver à Magnificat zu spät kommen: Magnifikat ist der Lobgesang Mariens, ein Teil auch des kirchlichen Stundengebets, welcher nach oder außerhalb der Messe gesungen wird.

Art déco Bezeichnung des Kunst(gewerbe)stils für die Zeit zwischen 1920 und 1940, neuerdings wieder sehr gefragt.

l'art pour l'art die Kunst für die Kunst bzw. »Kunst nur um der Kunst willen«. Ein um 1836 vom französischen Philosophen Victor Cousin geprägtes Schlagwort, wonach ein Kunstwerk nur nach rein künstlerischen Qualitäten zu beurteilen sei und nicht auch nach dem Inhalt. Diese Auffassung findet sich in der deutschen Literatur zum Beispiel bei Stefan George (1868–1933) im ausschließlichen Streben nach Schönheit und vollendeter Formgebung; von da an führt ein Weg zum ästhetischen Nihilismus etwa eines Gottfried Benn: »Nichts, aber darüber Glasur!«

à sa manière auf seine Art.

à savoir das heißt; nämlich.

à ses heures (nur dann), wenn es ihm gefällt; vgl. seine Stunde hat noch nicht geschlagen.

à ses risques et périls auf seine Gefahr.

à son aise bedeutet a) es gemütlich haben, b) wohlhabend sein.

à tâtons aufs Geratewohl.

à tête reposée in aller Ruhe.

à tire-d'aile so schnell wie möglich.

à tort et à droit recht oder unrecht – so oder so (wobei das Französische das Unrecht voranstellt).

à tort ou à raison zu Recht oder zu Unrecht – ebenfalls französisch umgekehrt ausgedrückt.

à trois pas d'ici wörtlich: auf drei Schritte, also: einen Katzensprung von hier.

à tour de rôle der Reihe nach (je nachdem, welche Rolle man spielt).

à tous crins wild, leidenschaftlich; *le crin* ist die zerzauste Haarmähne, die »Mänaden-Frisur«.

à toute force um jeden Preis.

à tout hasard auf alle Fälle; »auf gut' Glück« wäre nicht ganz richtig.

à tout prendre im Grunde genommen; »nehmt alles nur in allem«.

à tout prix wörtlich: zu jedem Preis, bedeutet: auf alle Fälle, ganz bestimmt; der Gegensatz ist *à aucun prix:* um nichts in der Welt.

attitude wörtlich: Haltung; beim Ballett jene Körperfigur, in der der Tänzer auf einem Bein steht; das andere wird im 90-Grad-Winkel erhoben, im Knie gebogen, zurückgebracht, und zwar unter entsprechender Handhebung.

à tu et à toi auf du und du (stehen).

être au courant auf dem laufenden sein, »mitkommen« im Sinne des Erfassens von Vorgängen; *au courant* setzen, heißt informieren.

au delà du décor wörtlich: außerhalb der Dekoration, also: hinter den Kulissen.

au demeurant le meilleur fils du monde »im übrigen (aber ist er) der beste Kerl (wörtlich Sohn) der Welt«; Zitat nach einer poetischen Epistel des Clément Marot (1495–1544) über einen Spitzbuben, der alle Laster hatte, die man nur haben kann.

au fait eigentlich; der Sache nach.

au fond du fond im tiefsten Grunde.

au fort du combat in der Hitze des Gefechts.

au fur et à mesure nach Maßgabe, je nachdem; auch: nacheinander.

au flambeau de la critique im Lichte der Kritik, bei kritischer Betrachtung.

au jugé ungefähr; auf gut' Glück.

au midi de südlich von ... *le midi* bezeichnet auch Südfrankreich.

au moment voulu im gewünschten Augenblick.

au naturel wörtlich: im Natürlichen (belassen); bezeichnet in der Gastronomie, daß etwas ohne künstliche Zusätze hergestellt worden ist.

à une portée de fusil auf Schußweite.

au pair wörtlich: auf gleich (stehen); d. h. freie Station haben bzw. eine Stellung gegen Kost und Wohnrecht bekleiden; *au-pair*-Mädchen nehmen auf diese Weise Ferienjobs im Ausland an, auch zum Zwecke der Vervollkommnung in einer fremden Sprache.

au petit bonheur auf gut' Glück; wir wollen es eben riskieren.

au petit matin bei Tagesanbruch.

au pied de la lettre buchstäblich.

au pied levé in aller Eile.

au plus vite so schnell wie möglich.

au prix où est le beurre wörtlich: beim Preis, wo die Butter (jetzt) ist; »in Zeiten wie diesen«.

au saut du lit wörtlich: beim Sprung vom Bett, d. h. gleich nach dem Aufstehen.

au secours! zu Hilfe! Helfen Sie mir!

autant que possible soviel wie nur möglich.

l'autre jour neulich.

au voleur! haltet den Dieb!

aux frais de la princesse auf Staatskosten; auf Kosten der Firma, des Hauses.

aux prix de facture zum Selbstkostenpreis.

avant-garde wörtlich: Vorhut; *Avantgarde* bedeutet: Gesamtheit der Vorkämpfer für eine neue Idee in Kunst, Politik usw.

avant l'heure c'est pas l'heure, après l'heure, c'est plus l'heure zu früh ist nicht gut, zu spät ist noch schlimmer.

avant longtemps bald (wörtlich: vor langer Zeit).

avec les yeux de la foi wörtlich: mit den Augen des Glaubens, d. h. blindlings, ohne zu verstehen.

avis au lecteur   wörtlich: Ratschlag an den Leser; bedeutet: eine deutliche und ernstzunehmende Warnung.
avoir la poule au pot   wohlhabend sein; → *Je veux que le dimanche . . .*
avoir la vache et le veau   Kuh und Kalb haben; d. h. eine Frau mit Kind heiraten.
avoir le temps et l'argent   Zeit und Geld haben, in der Bedeutung »alles besitzen, was man sich nur denken kann«.
avoir l'œil américain   mit dem ersten (hier: amerikanischen) Blick etwas wahrnehmen, erkennen.
avoir mal à la tête   Kopfschmerzen haben.
avoir des visées électorales   politische Pläne (wörtlich: Wahlziele) haben, in die Politik einsteigen wollen.
à voix basse   leise, *la voix basse* ist allerdings eine tiefe Stimme.
à vol d'oiseau   aus der Vogel(flug)perspektive; Luftlinie; in gerader Richtung.
à volonté   nach Belieben.
à vos souhaits!   auf Ihre Gesundheit! wohl bekomm's! (gebräuchlich beim Niesen).
à votre adresse   wörtlich: an Ihre Anschrift; das geht Sie an! Sie sind (damit) gemeint.
à votre fantaisie   ganz wie es Ihnen beliebt; nach Belieben.
à votre service   zu Ihren Diensten; gerne.
à vous la balle   Sie sind dran!

B

bagatelles que tout cela   das sind doch nur Kleinigkeiten!
bal paré   wörtlich: geschmückter Ball; veraltete Bezeichnung für ein besonders festliches Tanzereignis.
le baptême de la ligne   die Äquatortaufe (auf Schiffen).
la barbe!   der Bart! Im Sinne von: ist das aber fad; vgl. den Ausdruck: Dieser Witz hat einen Bart.
baron de mouton   (oder: **d'agneau**) gastronomisch: Hammel- oder Lammrücken.
bas bleu   Blaustrumpf. Bezeichnet ein weibliches Wesen, das sich geistig bzw. politisch engagiert und dabei die natürliche Weiblichkeit vernachlässigt – etwa im Sinne der heutigen »Emanze«; allerdings ursprünglich kein französischer Ausdruck, sondern übersetzt nach dem *blue-stocking* des holländischen Admirals Boscawen, der von »Blaustrumpfgesellschaften« sprach: wo eben nur die geistige Einstellung, nicht aber die gesellschaftlich korrekte Kleidung gewertet wurde.
bas les mains   wörtlich: runter die Hände; soviel wie: Hände weg! laß das!
Beau Brummel   »der schöne Brummel« war der wohl bekannteste Dandy, den London je gekannt hat; allein durch den Schnitt seiner Kleidung beherrschte er eine ganze Generation; er gilt als der »Erfinder« gestreifter Halsbinden, die er unnachahmlich zu tragen verstand. Im übertragenen Sinne: jeder elegante Herr.
le bel air   wörtlich: schöne Luft; bedeutet: der gute Ton.
Bel ami   »Schöner Freund« ist der bekannte Titel der Novelle von Guy de Maupassant; vgl. das von Willi Forst kreierte Lied.
bel-esprit   etwas veraltet und spöttisch für: Schöngeist, also jemanden, der immer geistreich tut und spricht.
bel étage   bezeichnet jeweils den ersten Stock bzw. das Hauptgeschoß in Häusern, Schlössern und auch Hotels.
la belle affaire!   diese »schöne Sache« bedeutet immer: Das ist doch nicht so wichtig; nicht identisch mit dem deutschen »Das ist eine schöne Geschichte«.
Belle-Alliance   hat nichts mit »schöner Vereinigung«, etwa jener der militärischen Mächte gegen

Napoléon zu tun; es ist der Name eines kleinen Dorfes in Brabant, zwanzig Kilometer südlich von Brüssel, und eine Bezeichnung für die Schlacht bei Waterloo, die von den Preußen gebraucht wurde.

La Belle au Bois dormant »Die Schöne im schlafenden Wald« ist der französische Titel des Balletts »Dornröschen« nach dem gleichnamigen Märchen von Charles Perrault; Musik von Peter Iljitsch Tschaikowsky (1890).

belle époque meint die Kulturepoche zu Beginn des 20. Jahrhunderts, also vor dem Ersten Weltkrieg; etwa vergleichbar der »Gründerzeit«.

La Belle et la Bête »Die Schöne und das Untier«, ein altes französisches Märchen, in etwa »Schneeweißchen und Rosenrot«, bekannt durch den gleichnamigen Film von Jean Cocteau mit Jean Marais.

la belle malice! da ist doch weiter nichts dabei!

la belle manière die übliche (altbekannte) Masche!

les belles dames sans merci diese »gnadenlosen Schönen« bezeichnen die »männermordenden« vampirhaften Frauengestalten aus Geschichte und Literatur, wie etwa Judith, Salome, Cleopatra, Messalina u. a.; ein Begriff, der aus der Romantik bis in den Symbolismus neuerer Zeit tradiert wurde.

une bibliothèque renversée diese »auf den Kopf gestellte Bibliothek« bezeichnet einen Wirrkopf, einen verrückten Menschen.

bien entendu wörtlich: wohl gehört; bedeutet immer: selbstverständlich, natürlich!

bien lancé gut im Zug, wohlgeordnet.

bien mérité recht so; . . .geschieht ihm recht!

bien obligé wörtlich: recht verbunden, bedeutet: vielen herzlichen Dank!

des bijoux en imitation Talmi, Schund; unechter Schmuck.

un billet de faire part eine schriftliche Anzeige: *faire part* heißt teilnehmen.

un billet de mille ein 1000-Francs-Schein.

blague à part! Scherz beiseite.

bleu mourant eigentlich: sterbendes Blau, also verwaschen-bläulicher Farbton; davon auch »blümerant« für ein schwindliges, flaues Gefühl.

blond hasardé bedeutet rötlich-blond à la Tizian.

les boches das bekannte Schimpfwort der Franzosen für die Deutschen.

La Bohème die Welt ungezwungenen Künstlerlebens; *bohémien* für »Künstler« meint ursprünglich den böhmischen Musikanten; vgl. auch die Oper von Puccini.

Bois de Boulogne der Bologneser Wald ist ein achthundertfünfzig Hektar großer Park englischen Stils westlich von Paris, meist nur *le bois* genannt.

bon an, mal an wörtlich: gutes Jahr, schlechtes Jahr; bedeutet: jahraus, jahrein.

bon à tirer wörtlich: gut zum Abziehen; bedeutet: gut zum Druck, druckfertig, entspricht dem lat. *imprimatur.*

bon comme du pain »gut wie Brot« bedeutet: herzensgut.

bon gré mal gré wohl oder übel.

le bonhomme bezeichnet einen gutmütigen, etwas einfältigen Menschen.

Bonjour tristesse! Guten Tag, Traurigkeit! Der bekannte Buchtitel des »Erstlings« von Françoise Sagan; Titel bleiben freilich besser unübersetzt, und gerade dieser ist zum Zitat geworden.

bon mot das »gute Wort« bedeutet: witziger Einfall, gut und knapp formuliert; genau treffende Redewendung.

bonne chance! viel Glück! guten Erfolg!

la bonne nouvelle ist die »Frohe Botschaft«, also das Evangelium.

une bonne poire die »gute Birne« meint einen sehr naiven Menschen.

le bons sens der gesunde Menschenverstand.

des bons moments glückliche Zeiten.

bonsoir la compagnie! guten Abend alle zusammen!

le bon ton die feine Sitte; Anstand, → *c'est le ton qui . . .*

bon vivant der »gut Lebende«, d. h. ein Lebemann, auch im Sinne von Lebenskünstler; am Theater ein eigenes Rollenfach.

bras dessus bras dessous Arm drüber, Arm drunter; gemeint ist: eingehängt, untergehakt (gehen).

la bredouille die Niederlage im Spiel; ein Mißerfolg; gewöhnlich zitiert als »in der Bredouille sein«.

bref kurzum, kurz gesagt.

briller par (son) absence »durch Abwesenheit glänzen« und damit erst recht auf sich aufmerksam

machen; in der Tragödie »Tibère« von J. Chenier heißt es: *Brutus et Cassius brillaient par leur absence.*
brisons là! genug davon!
le bruit de diable dieser »Teufelslärm« ist die Umschreibung für das sog. Nonnensausen, ein mit dem Stethoskop wahrnehmbares Geräusch der Adern am Hals, besonders bei blutarmen Personen.
un bureau d'esprit ist kein Geisterbüro, sondern meint: eine Gesellschaft von Schöngeistern, gebildeten Leuten.

C

le cabinet noir dieses »schwarze Kabinett« ist eine von Ludwig XIV. eingeführte Zensurbehörde für politisch gefährlich erscheinende Korrespondenz.
ça dépend je nachdem; es kommt darauf an . . .
ça fait deux das ist zweierlei.
café au lait Milchkaffee, im übertragenen Sinne: eine etwas unklare, undurchsichtige Sache.
café chantant kein »singendes Kaffeehaus«, sondern ein Vergnügungsétablissement mit Musik und Varieté-Betrieb; vgl. »Die Mädis vom Chantant« in der »Czardasfürstin« von Emmerich Kálmán.
ça ira »es wird (schon) gehen« war ursprünglich (1776) die übliche Antwort auf die Frage nach der »Revolution« in Amerika. So kam das Wort in den Hymnus der Französischen Revolution, wo es im Refrain heißt: *Ah, ça ira! Les aristocrats à la lanterne!*
ça marche bien das klappt! das haut hin!
ça marche mal das geht schief!
les camelots du roi eigentlich sind *camelots* Marktschreier, Gassenverkäufer; Bezeichnung der jugendlichen Royalisten, die für das Königtum demonstrierten.
ça ne mord pas! das zieht nicht! *mordre* ist eigentlich beißen, stechen.
ça ne va pas mieux das ist die Höhe! das funktioniert ja gar nicht!
caran d'ache bedeutet eigentlich Zeichenstift; dieses französische Wort war in weiten Teilen Rußlands noch vor dem Ersten Weltkrieg für »Bleistift« gebräuchlich; *Caran d' ache* ist das Pseudonym des Karikaturisten Emanuel Poiré, geb. 1858 in Moskau, gest. 1909 in Paris, dessen Stärke die Tierzeichnung war.
ça roule es geht (steht) gut; alles wunderbar!
carte blanche (Blanko-)Vollmacht.
les cartes passent beim → *chemin-de-fer* das Angebot des Croupiers an die Spieler, die Karten selbst nachzumischen.
casseur d'assiettes als »Tellerzerbrecher« bezeichnet man einen Querulanten, einen »Streithansel«.
ça tape dur ici hier geht es rund.
une cause célèbre (hoch)berühmter (Vor-, Rechts)Fall; oft auch ironisch für eine unnötig hochgespielte Angelegenheit.
ça va es geht; auch als Antwort auf die Frage nach dem Wohlbefinden.
ça va sans dire → *cela va . . .*
ça vaut mieux das ist (viel) besser (wörtlich: mehr wert).
ça y est so geht das; so ist das (eben).
ce compliment est à votre adresse dieses Kompliment gilt Ihnen, ist für Sie gedacht.
cela date du déluge das ist schon sehr lange her (*déluge* ist die Sintflut).
cela est beau sur le papier das liest sich gut, hört sich gut an – steht aber leider nur auf dem Papier.
cela est hors de cause das kommt nicht in Frage.
cela est son invention das ist gelogen, als höfliche Umschreibung mit »seine Erfindung«.
cela étant wenn dem so ist . . .
cela fait gros cœur das macht (mir) Kummer; das »dicke Herz« drückt die Belastung sehr handfest aus.

cela fait l'image d'Épinal das ist sehr grell; in starken Farben gemalt; Èpinal, Hauptstadt des Departements Vosges, im Ersten Weltkrieg stark umkämpft, ist bekannt für die Erzeugung bunter Keramiken.
cela fait riche das stinkt/riecht nach »neureich«.
cela fait son éloge das spricht für ihn; vgl. jemandes »Ruhm singen«, also eine Eloge auf ihn dichten.
cela fera du bruit dans Landerneau Wendung aus dem Lustspiel »Les Héritiers« (1796) von Alexandre Duval; bedeutet: viel Lärm um nichts; → *Landerneau*.
cela m'a échappé das ist mir entgangen.
cela me suffit genug davon! das genügt!
cela me surpasse da bin ich überfragt; vgl. das übersteigt meine Kenntnisse.
cela ne se fait pas das (so etwas) tut man nicht!
cela passe le jeu das ist zuviel! das ist nicht mehr lustig!
cela passe ma portée das geht über meinen Horizont.
cela se passera das wird nicht immer so bleiben, geht vorüber.
cela revient à dire mit anderen Worten.
cela rime comme hallebarde et miséricorde wörtlich: reimt sich wie *barde* auf *corde,* im Sinne von: das paßt wie die Faust aufs Auge.
cela s'acquiert peu à peu das kommt mit der Zeit.
cela se peut . . . es kann sein, daß . . .
cela s'est fait comme par l'opération du Saint-Esprit das ist eine mysteriöse (höchst merkwürdige) Sache.
cela se voit tous les jours das kommt jeden Tag vor (ist also nichts Besonderes).
cela s'impose das ist indiskutabel (verbietet sich von selbst).
cela soit dit en passant nebenbei erwähnt.
Céladon bezeichnet einen schmachtenden Liebhaber; nach dem Roman »Astrée« von Honoré d'Urfé (1567–1625).
cela va sans dire das ist selbstverständlich; darüber braucht man nicht zu reden.
cela vient comme mars en carême das kommt ganz bestimmt (wörtlich: wie der März in der Fastenzeit).

cela vient en second das ist zweitrangig.
célestines de volaille sind gastronomisch kleine »himmlische« Geflügeltörtchen.
ce n'est pas la fleur de pois das ist nichts Besonderes (wörtlich: ist nicht einmal die Blüte der Erbse).
ce n'est pas la peine das lohnt sich nicht; nicht der Mühe wert.
ce n'est pas pour la galerie das ist nicht der Leute wegen.
ce n'est pas un saint de mon calendrier der zählt (wirklich) nicht zu meinen Freunden!
ce n'est pas viande prête das kann sich noch in die Länge ziehen; *viande prête* ist zum Kochen vorbereitetes Fleisch.
ce n'est rien, c'est mon maître Es ist nichts, es ist (nur) mein Herr – als Ausdruck der Menschenverachtung einem Tier in den Mund gelegt in dem Werk »Le crime de Sylvestre Monnard« von Anatole France.
ce n'est que das ist nur . . .
c'en est trop! das geht zu weit!
les Cent-jours Diese hundert Tage bezeichnen das »Zwischenreich« von 1815, was allerdings nicht ganz korrekt ist: Ludwig XVIII. war zwischen dem 19. 3. und dem 8. 7. dieses Jahres nicht in Paris. In der Begrüßungsrede bei seinem Wiedereinzug wurden diese »hundert« Tage genannt. Was Napoléon betrifft, so dauerten seine hundert Tage vom 1. 3. 1815 (Rückkehr aus Elba) bis 18. 6. 1815 (Waterloo bzw. Absetzung).
un cerveau brûlé »ein verbranntes Gehirn«, also ein überspannter, sich nicht normal verhaltender Mensch.
ce sont balles perdues das ist verlorene Mühe!
c'est + Nominativ heißt immer: das ist . . ., da ist . . .
c'est à dire das heißt (mit darauf folgender Erklärung).
c'est à dormir debout das ist sterbenslangweilig (wörtlich: dabei kann man stehend einschlafen).
c'est à prendre et à laisser man kann es tun oder lassen; wenn Sie nicht wollen, lassen Sie es bleiben!
c'est à savoir das ist fraglich.
c'est bien de lui das sieht ihm ähnlich.

c'est bien dit! abgemacht! Topp! In Ordnung!
c'est beaucoup dire das will viel sagen.
c'est bonne marque das ist ein gutes Zeichen.
c'est bon pour une fois für einmal mag es hingehen . . .
c'est chou vert et vert chou das ist Jacke wie Hose (*chou vert* ist grüner Kohl).
c'est comme la pomme wörtlich: wie der Apfel, d. h. es ist ausgezeichnet, prima.
c'est de la petite bière das sind Kleinigkeiten, kleine Fische.
c'est de l'hébreu pour moi das verstehe ich nicht (ist für mich hebräisch).
c'est de l'iroquois das ist eine unverständliche Sprache (Irokesisch).
c'est de la littérature da steckt nichts dahinter!
c'est du dernier bourgeois das ist durch und durch bürgerlich (spießbürgerlich).
c'est du flan das ist doch Unsinn! das ist herrlich!
c'est du fruit nouveau das ist (ganz) was Neues!
c'est du haut allemand pour moi wörtlich: Hochdeutsch für mich, im Sinn unseres: Das kommt mir spanisch vor . . .
c'est du latin das ist wirres Zeug.
c'est du luxe das ist überflüssig.
c'est du tout cuit das ist sehr einfach; ein gefundenes Fressen (*tout cuit* eigentlich: ganz gebraten und gekocht).
c'est fort de café das ist starker Tobak! (hier wörtlich: Kaffee).
c'est jus vert et verjus das ist gehüpft wie gesprungen, das kommt auf dasselbe heraus: *verjus* ist der unreife Traubensaft.
c'est kif-kif das ist ganz einerlei! Egal!
c'est le jour et la nuit sie sind wie Tag und Nacht, also: völlig verschieden.
c'est la mer à boire das nimmt und nimmt kein Ende.
c'est la moindre de ses inquiétudes das läßt ihn kalt, das regt ihn am wenigsten auf (wörtlich: die geringste seiner Sorgen).
c'est la moutarde après dîner das kommt nun wirklich zu spät (wörtlich: der Senf nach dem Essen).
c'est la robe qu'on salue man sieht auf das Kleid, nicht auf den Menschen; vgl. Kleider machen Leute.

c'est le bouquet! das ist die Höhe! So eine Frechheit!
c'est le cas ou jamais jetzt oder nie.
c'est le comble! das ist die Höhe! unerhört!
c'est le diable à confesser es ist nichts (aus ihm) herauszubringen; wörtlich: als würde der Teufel beichten.
c'est le grand chemin des vaches das ist nichts Neues! wörtlich: ausgetretene Kuhpfade!
c'est le lapin qui a commencé »Das Karnickel hat angefangen« stammt aus der Verserzählung von Heinrich Lami (1787–1849) über »Eigennützige Dienstfertigkeit«, wo ein Rechtsstreit dadurch entschieden werden soll, daß die Schuld dem unschuldigen Tiere zugeschoben wird.
c'est le malin des malins er ist der pfiffigste Mensch (den ich jemals gekannt habe).
c'est le même tabac immer die alte Leier!
c'est le moment ou jamais jetzt oder nie; das ist die beste Zeit!
c'est le secret de la comédie das weiß doch heute jedes Kind.
c'est le ton qui fait la chanson Der Ton macht die Musik; enthält ein Wortspiel: französisch *ton* heißt auch Stil, Lebensart, Redeweise im allgemeinen.
c'est l'ongle du lion das verrät den Meister (wörtlich: die Kralle des Löwen).
c'est midi sonné zu spät! vergebens!
c'est moins que rien wörtlich: weniger als nichts, d. i. es hat wenig Bedeutung, braucht man nicht zu beachten.
c'est monnaie courante wörtlich: in Umlauf befindliches Geld, also: das ist gang und gäbe.
c'est mort das ist erledigt (wörtlich: gestorben).
c'est nouveau jeu! das ist (aber) eine ganz neue Art!
c'est plus qu'un crime c'est une faute mehr als ein Verbrechen, nämlich ein Fehler! So sagte angeblich Joseph Fouché – es kann auch Talleyrand gewesen sein – über die Hinrichtung des Duc d'Enghien, welche Konsul Bonaparte, damals noch nicht Kaiser Napoléon I., befohlen hatte.
c'est pour votre gouverne dies diene Ihnen als Richtschnur; daran mögen Sie sich bitte halten.
c'est son jeu das dient seinen Interessen.

c'est toujours à recommencer damit wird man nicht/nie fertig.

c'est tout vu es bleibt dabei!

c'est un amour das ist etwas Süßes! so etwas Köstliches!

c'est un amour d'enfant das ist ein allerliebstes Kind!

c'est un almanach de l'an passé das ist vorbei; es nützt nichts mehr.

c'est une histoire! das ist eine (lange) Geschichte ...

c'est une plume à son chapeau wörtlich: eine Feder auf seinem Hut; d. h. es schmeichelt seiner Eitelkeit.

c'est un fin Normand der ist schlau, gerissen.

c'est un marché donné wörtlich: ein verschenkter Markt, d. h. das ist wirklich billig, das ist geschenkt!

c'est un massacre! das ist Pfusch(arbeit).

c'est une mer sans fond et sans rivage wörtlich: ein Meer ohne Grund und Ufer, d. h. das geht über den menschlichen Verstand.

c'est un meurtre! es ist eine Sünde, ein Jammer.

c'est un monde! das ist enorm (nämlich so groß wie die Welt).

c'est un vrai Gascon »ein wahrer Gascogner« bedeutet: arger Aufschneider, Angeber.

c'est un zéro! der Mensch ist eine wahre Null!

c'est votre tour! Sie sind jetzt dran, an der Reihe.

c'est vrai, c'est mensonge das soll wahr sein; was soll ich glauben?

ceux qui n'ont point d'affaires s'en font wer keine Sorgen hat, der macht sich welche; *les affaires* sind eigentlich Geschäfte.

chacun à son goût oftmals auch als *à chacun son goût* zitiert; jeder nach seinem Geschmack, also wie es ihm beliebt. Erinnert sei hier an das bekannte Lied »Das ist bei uns so Sitte«, »chacun à son goût« (Ball bei Orlowsky) aus der »Fledermaus« von Johann Strauß.

chacun à son tour einer nach dem anderen; hübsch der Reihe nach.

chacun avec sa chacune jeder mit der Seinen (gemeint ist die Gemahlin oder Freundin).

la chambre séparée das »separierte Zimmer« bezeichnet einen kleinen Nebenraum für ungestörte Zusammenkünfte, meist in einschlägigen Etablissements.

les Champs Elysées Die »Elysischen Gefilde« gaben der 1800 Meter langen Prachtstraße im westlichen Stadtteil von Paris ihren Namen; sie befindet sich zwischen Place de la Concorde und Place d'Etoile (auch: Place Charles de Gaulle) mit dem → *Arc de Triomphe;* dort auch der Amtssitz des französischen Staatspräsidenten, der Elysée-Palast.

changeons la musique! reden wir doch von etwas anderem!

chansons que tout cela! alles nur dummes Gerede!

chant du cygne dieser »Schwanengesang« bedeutet das Ende, das Aus.

chapeau bas! Hut ab!

chapeau claque der sog. Klapp-Zylinder in der Herrenmode.

le charme est rompu wörtlich: der Zauber ist gebrochen, zerstört; bedeutet: Alle Illusionen sind verflogen.

chassez le naturel, il revient au galop »Vertreibt das Natürliche, es kommt im Galopp zurück«, zitiert in der Komödie »Le Glorieux« von Destouches (1680–1758), vgl. *Epoden* des Horaz (1, 10, 24: ...*naturam expellas* ...).

chassez-le par la porte, il rentrera par la fenêtre wenn man ihn bei der Tür hinauswirft, kommt er beim Fenster wieder herein; auf lästige Menschen anzuwenden.

un château de cartes Kartenhaus oder Luftschloß.

un chef-d'œuvre Meisterwerk, seltener: Hauptwerk eines Künstlers.

chef de rang in der Hotellerie soviel wie: Oberkellner, Empfangschef.

chemin de fer eigentlich Eisenbahn; französisches Kartenglücksspiel, besser bekannt unter *Bakkarat*.

le chemin-des-Dames dieser »Damenweg« befindet sich im heutigen Departement Aisne, wo er auf zwanzig Kilometern Länge verschiedene Höhenzüge überquert; angeblich 1770 für die Töchter Ludwigs XV. angelegt, im Ersten Weltkrieg stark umkämpft.

cherchez (la) femme meist falsch verstanden als »suchen Sie sich eine Frau«; richtige Bedeutung: Man sehe nach, ob nicht eine Frau dahinter steckt. In einem Roman von Samuel Richardson steht:

Such a plot must have a woman in it. Und in den Satiren Juvenals lesen wir: *Nulla fere causa est in qua non femina litem moverit.*

chevalier sans peur et sans reproche »Ritter ohne Furcht und Tadel« war der Beiname des »gentil Seigneur« de Bayard († 1514) in dem 1527 erschienenen Ritterroman.

chez nous (moi, toi) bei uns (mir, dir) zu Hause bedeutet: in unserer (meiner, deiner) Wohnung; ganz *chez-nous* sein: sich ungezwungen benehmen.

chiche! wörtlich: knapp, knauserig; der Ausruf bedeutet: wetten, daß...? was gilt die Wette?

les choses en sont là so weit ist es gekommen.

les choses ne sont pas entières die Sachlage hat sich geändert.

des choses vues wörtlich: gesehene Sachen; gemeint sind die »Dinge des Lebens«, die Realitäten – ein Begriff, der im Zusammenhang mit dem schriftstellerischen Werk von Victor Hugo auftauchte.

Chronique scandaleuse »Skandalchronik« ist der 1611 durch einen Buchhändler geprägte Titel einer historischen Schrift über Ludwig XI., Jean de Troyes zugeschrieben, offenbar aber von Denis Hesselin verfaßt. Der ursprüngliche Titel lautete, entsprechend dem harmlosen Inhalt: Chronik des allerchristlichsten und siegreichen Ludwig von Valois, des Elften seines Namens...

les cinq lettres die »fünf Buchstaben« sind die Umschreibung für das Schimpfwort *merde*.

circulez! weitergehen – nicht stehenbleiben!

cité des lumières »Lichterstadt« ist eine Bezeichnung für Paris.

clair et net nach Abzug aller Spesen.

clair et liquide verfügbar (von finanziellen Mitteln).

clair-obscur das »Chiaroscuro« in Malerei und Graphik, bei welchem die Umrisse und das Kolorit hinter die (weichen) Gegensätze von Licht und Schatten treten; die Formen im Schatten werden mit Absicht undeutlich gehalten. Berühmtester Vertreter dieser Technik des »mysteriösen Helldunkels« ist wohl Rembrandt (1606–1699).

le cliquetis de mots das Wortgeklingel, eine wirklich lautmalende Bezeichnung.

le cœur a ses raisons que la raison ne connaît pas das Herz hat seine Gründe, die der Verstand nicht kennt; aus den berühmten → *Pensées* (Gedanken) *sur la religion* des Blaise Pascal (Art. XVI, 3).

cœur d'artichaut, (une) feuille pour tout le monde dieses »Artischockenherz« verschenkt leichtfertig – wie die Blättchen abgehen – Freundschaft und Liebe.

le cœur me manque mir ist ganz schwach (ums Herz); ich sinke!

un cœur tout neuf einer, der noch nie geliebt hat.

Code Napoléon identisch mit dem »Code civil«, dem 1804 in Kraft getretenen Bürgerlichen Gesetzbuch der Franzosen, durch zahlreiche Nachträge den Bedürfnissen der damaligen Zeit angepaßt; galt als so vorbildlich, daß er auch von anderen Ländern übernommen oder wenigstens nachgeahmt wurde.

coiffer Sainte Cathérine bedeutet: sitzenbleiben, ein spätes Mädchen sein; im Mittelalter war es Aufgabe junger Mädchen bis etwa fünfundzwanzig, die Statue der heiligen Katharina zu schmücken.

le collier de misère dieses »Elendshalsband« bedeutet: saure Arbeit, Schinderei und Plackerei.

la comédie au public ein öffentliches Ärgernis.

la Comédie-Française das »Burgtheater« von Paris; 1680 gegründet als Pflegestätte für das klassisch-französische Drama (Racine, Corneille, Molière u. a.).

La comédie humaine »Die Menschliche Komödie« wurde zum Übertitel des Romanwerkes von Honoré de Balzac (1799–1850).

comme ci comme ça so, so... so lala!

comme de juste wie es sich gehört.

comme il faut wörtlich: wie es sein muß, d. i.: wie es sich gehört, also musterhaft; *Comme-il-faut*-Sein bedeutet: sich richtig verhalten.

comme Job sur son fumier ohne Mittel, bettelarm; *fumier* ist der Misthaufen, auf dem Hiob zuletzt angekommen war.

comme d'habitude wie gewöhnlich, wie immer.

le commencement de la fin »Das ist der Anfang vom Ende«, der in bezug auf die → *Cent-jours* üblicherweise Talleyrand zugeschrieben wird; stammt aus Shakespeares »Sommernachtstraum« 5, 1: *That is the true beginning of our end,* sagt der Prologus-Spieler.

comment allez-vous? wie geht es Ihnen?
comment cela? wieso (das)?
comme les deux doigts de la même main wie zwei Finger einer Hand, bedeutet: ein Herz und eine Seele (sein).
comme une fleur kinderleicht, wörtlich: wie eine Blume/Blüte.
comme un seul homme wie ein Mann, also einstimmig.
comme un sou mindestens.
commis voyageur früher für: Handlungsreisender, Vertreter; *commis* allein: Verkäufer, auch: Schreiber.
complètement noir veilchenblau, sternhagelvoll.
concours hippique Reitwettbewerb, Reit- und Fahrturnier; die Abkürzung C. H. I. O. bedeutet *Concours Hippique International Officiel.*
un conférencier rasant ironisch für: so ein fader Redner!
le congrès ne marche pas (il danse) Spottwort des österreichischen Feldmarschalls Karl Joseph Fürst de Ligne (genannt »der rosenrote Prinz«, † Dezember 1814) über den Wiener Kongreß, der erst im September des Todesjahres des Fürsten begonnen hatte und bis Juni 1815 dauerte. Es wurde in der Tat viel getanzt und viel intrigiert.
consommé (oder: **potage**) **judic** eine Suppe mit Lattich, Hühnerfleisch und Pilzen.
contes de bonnes femmes Altweibergeschichten; abschätzig gemeint.
à contre-cœur mit Widerwillen, ungern.
la convoitise est la racine de tous les maux Der Neid/Geiz ist die Wurzel aller Übel; zum Sprichwort geworden nach dem ersten Brief des Apostels Paulus an Timotheus. Die altfranzösische Fassung ist mit *conviotise est racine de toz mals* überliefert.
cordonnier, mêlez-vous de votre pantoufle entspricht dem deutschen »Schuster, bleib bei deinen Leisten«, wörtlich: kümm're dich um deinen Pantoffel.
la Corniche, im besonderen als **Grand Corniche, Moyenne Corniche** bezeichnet, ist die wegen ihres landschaftlichen Reizes – sie verläuft zwischen Meer und Gebirgsabhängen – hochberühmte Straße zwischen Nizza (entlang der Riviera Ponente) und Genua; schon die Römer haben sie gekannt, benutzt und ausgebaut; *corniche* ist eigentlich der Gesimskranz einer Säule.
corriger la fortune das Glück verbessern, d. h. falsch spielen; das Zitat findet sich auch in Lessings »Minna von Barnhelm« 4.2, geht jedoch zurück auf »Adelphi« des römischen Lustspieldichters Terenz. Dort lesen wir: *illud quod cededit forte in arte ut corrigas.*
corps de ballet die Gesamtheit der Mitglieder einer Ballett-Truppe (Compagnie), abgesehen von den Solisten.
corps diplomatique die Gesamtheit der in einem Staat akkreditierten Vertreter ausländischer Regierungen; deren Fahrzeuge und Gepäck mit der Abkürzung »CD« bezeichnet. Daneben das *corps consulaire* mit der Abkürzung »CC«.
corps de logis Haupttrakt eines Schlosses/Palastes mit den Wohnräumen des Besitzers.
côte d'Azur die französische Riviera, wörtlich: blaue Küste.
coudre la peau de renard à celle du lion wörtlich: das Fuchsfell an das des Löwen nähen, bedeutet: List mit Gewalt verbinden.
une couleur mourante eine blasse, »sterbende« Farbe.
un coup de foudre wörtlich: Blitzschlag, d. i. unvermutetes Ereignis, Überraschung.
un coup de fusil hat nichts mit Schießen zu tun; bedeutet: eine ziemlich hohe Rechnung, Zeche.
le coup de grâce der Gnadenstoß.
un coup de griffe eine verletzende Bemerkung.
un coup de main ein Handstreich, Überfall.
coup de pied eigentlich Fußtritt; in der Ballettsprache der genügend durchgebogene Rist des Tänzers, der ihm die Standfestigkeit für Spitze oder Halbspitze verleiht.
le coup de théâtre die plötzliche Wendung, wie sie im Drama eintritt; man vergleiche etwa *deus ex machina* im Lateinischen.
un coup d'œil ein rascher Blick, Augenaufschlag; der Standpunkt, von dem aus man etwas betrachtet.
la cour du roi Pétaud der »Hof des Königs Petaud« (eig. »Polnischer Reichstag«) ist ein Ort, wo alles drunter und drüber geht, wo alle durcheinanderreden und ein jeder das Sagen haben will.

la course contre la montre a) Wettrennen mit der Zeit, b) das Zeitfahren im Sport.

la crème (de la crème) die gehobene Gesellschaftsklasse, die »Oberen Zehntausend«; übertragen auch: etwas Besonderes.

la crème n'y est plus »der Lack ist ab«, das ist schon ein alter Hut, nichts Besonderes mehr.

crêpe de Chine in der Mode ein feines, krepppartiges Seidengewebe.

crêpe georgette ein zartes durchsichtiges Gewebe aus Kreppgarn.

Crêpe Suzette mit Likör flambierter hochfeiner Pfannkuchen, die der Erfinder, ein Pariser Koch, nach seiner Liebsten benannt hat.

cri de douleur dieser »Schmerzensschrei«, ein geflügeltes Wort nach Camillo Graf Cavour (1810–1861), dem »italienischen Bismarck«; angewendet auf dem Friedenskongreß von 1856 in Paris als Beschwerde über Österreich, das auf Italien starken Druck ausübte.

le crime de haute trahison der Hochverrat.

la croix et la bannière viele Umstände, viel Drumherum.

croyez cela et buvez de l'eau wörtlich: glauben Sie das und trinken Sie Wasser, im Sinne von »wer's glaubt, wird selig«.

cul de Paris *cul* heißt eigentlich der Steiß, der Hintern. Es handelt sich um eine Art Polster unter dem Rückenteil des Frauenkleides, einen Wulst zum Aufbauschen der Röcke; auch »Turnüre« genannt; in Mode zur Zeit des → *Directoire* und dann wieder in den Jahren um 1870.

D

d'accord! einverstanden! ja!

un dada ein Steckenpferd.

La Dame à la Licorne Das gleichnamige Ballett »Die Dame und das Einhorn« (1953), Idee und Gestaltung von Jean Cocteau, wurde angeregt durch die berühmten Tapisserien von Cluny, die sogenannten Einhorn-Teppiche. Der Sage nach nimmt das Einhorn nur von einer Jungfrau Nahrung an; als es merkt, daß das Mädchen einen Menschen liebt, muß es sterben.

les dames de la Halle meint die Budenverkäuferinnen in den berühmten Pariser »Halles«.

dans cet état de choses so wie die Dinge jetzt liegen.

danse macabre bedeutet »Totentanz« aus lat. *chorea Machabaeorum;* Name für die seit dem 14. Jahrhundert in Europa entstandenen Bildwerke und Dichtungen, die in Allegorien die Macht des Todes über die Menschheit veranschaulichen.

dans des grandes largeurs voll und ganz; ganz und gar.

danser sur un volcan eigentlich ausgesprochen als: Wir tanzen auf einem Vulkan; prophetisches Wort des französischen Gesandten Salvandy in Neapel am 5. 6. 1830 auf einem Ball, den Louis Philippe für den König von Neapel gab – der Sturz der Bourbonen stand unmittelbar bevor!

danseur noble bezeichnet in besonderer Weise den ersten Solisten einer Ballettkompagnie, der in den klassischen und romantischen Balletten vorzugsweise Prinzen und Liebhaber verkörpert.

dans la minute augenblicklich.

dans la purée im Unglück sein, in der Tinte (sitzen).

dans la sauce siehe oben.

dans le fond im Grunde, eigentlich.

dans le particulier im Privatleben; »im besonderen« ist nicht ganz richtig.

dans le lit aux pois verts wörtlich: im Bett der grünen Erbsen, das heißt bei Mutter Grün, am Busen der Natur.

dans sa tour d'ivoire Künstlern und Intellektuellen wird oft nachgesagt, sie säßen in einem »elfenbeinernen Turm«; Sainte-Beuve hatte das Wort erstmals angewendet auf Alfred de Vigny.

dans une certaine mesure bis zu einem gewissen Grad.
dans une position intéressante in anderen Umständen, schwanger.
de bon aloi gediegen, von echtem Schrot und Korn.
de bond ou de volée ganz gleich wie.
de bonne heure frühmorgens, also »zu guter Stunde«.
de but en blanc geradeheraus.
de çà et de là hierhin und dorthin.
un de ces (quatre) matins eines schönen Morgens …
le déclin de la vie der Lebensabend, eigentlich Abstieg, Neigung.
de fil en aiguille wörtlich: vom Faden zur Nadel, das heißt von einem Ding zum anderen.
de fond en comble von unten bis oben, vom Grunde auf.
de gaîté de cœur hat nichts mit »Fröhlichkeit« zu tun, bedeutet mutwillig.
de grâce! um Gotteswillen!
de gré ou de force freiwillig oder gezwungen.
de haute lutte mit Gewalt.
de haut goût ziemlich scharf gewürzt.
déjà vu wörtlich: schon gesehen, also: alter Hut! nichts Neues!
de la bonne sorte ordentlich, gehörig.
de la même farine vom gleichen Schlag; *farine* heißt Mehl.
de l'ancienne marque von altem Schrot und Korn.
de loin en loin hin und wieder, von Zeit zu Zeit.
de longue date seit langer Zeit.
de mal à propos ungelegen, unpassend.
de ma propre main eigenhändig.
de mal en pis immer schlimmer, wörtlich: zum Schlechteren.
de mauvaise foi unehrlich.
de meilleure heure wörtlich: zu besserer Stunde, bedeutet: früher.
de ménage hausgemacht.
demi-glace eine Art Gefrorenes aus Schlagsahne mit Vanille- oder Schokoladegeschmack.
de mille manières auf tausendfache/-fältige Art und Weise.
le demi-monde »Halbwelt« (1855) ist der Titel eines Romans von Alexandre Dumas (*fils*, 1842–1895).
demi-mots sind Andeutungen, Anzüglichkeiten.
demi-vierge Halb-Jungfrau; bezeichnet ein junges Mädchen, das schon erotische Erfahrungen gemacht hat; nach dem Roman »Les demi-vierges« von Marcel Prévost (1894).
de par le Roi Formel: Im Namen des Königs!
de pied ferme wörtlich: festen Fußes, bedeutet: ohne Furcht.
de plain-pied zu ebener Erde.
de préférence vorzugsweise.
de propos en propos wie eines das andere ergibt.
depuis que le monde est monde solange die Welt steht.
de rien! keine Ursache! aber bitte sehr!
le dernier cri wörtlich: der letzte Schrei, bedeutet: die neueste Mode.
dernières volontés Letzter Wille, Testament.
dès la mamelle seit frühester Kindheit; *mamelle* ist die Mutterbrust.
dès l'origine von Anfang an.
les dessous d'une affaire Hintergründe einer Angelegenheit; *les dessous* bezeichnen normalerweise die Unterwäsche.
le dessus du panier das Beste, das Schönste; auch: die oberen Zehntausend.
de temps à autre von Zeit zu Zeit.
de toute beauté von auffallender Schönheit.
de toute façon auf jeden Fall.
de tout point völlig, vollständig, in allen Belangen.
deux chiens après un os zwei, die hinter ein und derselben Sache her sind, nämlich wie Hunde hinter einem Knochen.
deux fois par jour zweimal täglich.
Deuxième Bureau das »zweite Büro« ist eine Abteilung der Pariser »Sûreté«, der Sicherheitspolizei, als *deuxième bureau* wird umgangssprachlich auch die »Hausfreundin« bezeichnet.
le deuxièmse sexe »das zweite Geschlecht« meint die Frauen; nach dem Roman von Simone de Beauvoir, der Lebensgefährtin von Jean-Paul Sartre, deutscher Titel: »Das andere Geschlecht. Eine Deutung der Frau.«
deux pièces ist der »Zweiteiler« der Damenmode, das Kleid aus zwei Teilen.

deux têtes sous un bonnet zwei Köpfe unter einem Häubchen, also zwei, die unter einer Decke stecken.
la devantière ein vorne und hinten geschlitzter Damenrock, für das Reiten erfunden.
de vive voix mündlich.
de vous à moi unter uns (gesagt).
d'heureuse mémoire seligen Angedenkens.
le diable et ses cornes wörtlich: der Teufel und seine Hörner; meint eine schwierige, verzwickte Sache.
le diable y perd son latin selbst der Teufel weiß hier nicht weiter, wörtlich: verliert sein Latein.
un diamant sous le marteau fest und standhaft, wie ein Diamant unterm Hammer.
Dictionnaire de la Langue verte Wörterbuch der (französischen) Umgangssprache, herausgegeben von Delveau 1866.
Dieu bat ses matelats es schneit, wörtlich: der liebe Gott klopft seine Matratzen aus.
Dieut et mon droit Gott und mein Recht. Der Wahlspruch der englischen Krone. Bis Ende des 12. Jahrhunderts waren die englischen Könige Herzöge der Normandie, d. h. die Plantagenets beherrschten von 1154–1399 praktisch ein Drittel Frankreichs, was sich durch die Häuser York und Lancaster noch bis 1485 fortsetzte.
Dieu le veuille! wolle es Gott!
Dieu m'en garde! Gott behüte (mich)!
les dieux de la fable die heidnischen Götter (der Antike).
un dîner à grand tralala ein fürstliches Essen.
un dîner prié Essen, zu dem eine Einladung ergangen ist.
le Directoire in der französischen bildenden Kunst und Mode herrschender Stil zur Zeit des »Direktoriums«, der obersten Regierungsbehörde der Französischen Revolution 1795–1799, mit Bevorzugung klassischer Formgebung, eine Art Überleitung zum Empire.
dire les mots et les paroles die Dinge beim Namen nennen, also »Wörter und Sätze« sagen.
(se) dire les sept péchés mortels wörtlich: die sieben Todsünden hersagen, d. h. alles erdenklich Böse nachsagen; gröbste Beleidigungen an den Kopf werfen.
dis donc! sag doch! sprich endlich!

un diseur de patenôtres ein Heuchler, abgeleitet von *Pater noster,* Vaterunser.
dis moi ce que tu manges, je te dirai ce que tu es ist der 4. Aphorismus des Brillat-Savarin (1756–1826) in seiner »Physiologie des Geschmacks«, erschienen 1825; vgl. unser »Sage mir, mit wem du umgehst, und ich sage dir, wer du bist.«
disputer de la chape à l'évêque um etwas streiten, das nicht erreichbar ist; Anspielungen auf die später verbotene mittelalterliche Sitte, den Chormantel eines verstorbenen Bischofs unter den Gläubigen aufzuteilen.
dit par plaisanterie nicht ernsthaft gesagt, gemeint.
une dixième muse als »zehnte Muse« bezeichnet man eine bedeutende Dichterin; Sappho wurde so genannt. Übertragen auch: Varieté, Kino.
Dixhuitième das oder im: bedeutet im 18. Jahrhundert, in dem Frankreich in Literatur und bildender Kunst großen Einfluß auf das übrige Europa ausübte.
docteur ès lettres Dr. phil. (der Literaturwissenschaft).
docteur ès sciences Doktor der Naturwissenschaft.
donner une chandelle à Dieu et au diable wörtlich: für Gott und den Teufel eine Kerze spenden, d. h. es mit beiden Parteien halten.
le dos au mur hartnäckig, stur, unnachgiebig; wörtlich: Rücken zur Wand.
la douceur de vivre diese französische Form von »dolce vita« wird Talleyrand zugeschrieben.
la drôle de guerre dieser »komische Krieg« meint den Herbst 1939.
du blanc au noir von einem Extrem ins andere.
du matin au soir von früh bis spät.
du meilleur de l'âme aus ganzer Seele, von ganzem Herzen.
du premier janvier à la Saint-Sylvestre das ganze Jahr über.
du meilleur sens sehr vernünftig.
d'une manière générale im allgemeinen.
d'un jour à l'autre von einem Tag auf den anderen.
d'un pas ferme festen Schrittes, d. h. unbeirrt.
d'un ton cavalier in frechem Ton; *cavalier* kann bedeuten: Herr, Reiter, Kavallerist, Tänzer . . .

du sublime au ridicule il n'y a qu'un pas Vom Erhabenen zum Lächerlichen ist es nur ein Schritt; überliefert als ein Wort Napoléons I. auf seiner Flucht aus Rußland im Dezember 1812. Der Gedanke findet sich jedoch schon bei dem englischen Schriftsteller Thomas Paine in »The Age of Reason«, erschienen 1749.

E

l'eau bénit le cœur wörtlich: Wasser segnet das Herz; d. h. es handelt sich um leere Versprechungen.
Eau de Cologne das Kölnisch(e) Wasser, angeblich von dem Italiener Joh. Maria Farina 1799 zu Köln erfunden; eine Lösung verschiedener ätherischer Öle in Alkohol.
eau de vie wörtlich: Lebenswasser, bedeutet: Branntwein; Wodka heißt im Russischen »Wässerchen«.
un échappé des Petites-Maisons extravaganter Mensch, einer, der einen Stich hat . . . *les Petites-Maisons* hieß ein altes Pariser Irrenhaus.
une école maternelle Kindergarten.
une économie de bouts de chandelle Sparsamkeit »an den Enden der Kerze«, das heißt: am falschen Platz.
écoute s'il pleut! wörtlich: horch, ob's regnet, d. h. sei doch endlich einmal still!
écrasez l'infâme! »Löscht die Schreckliche aus« – ein Wort Voltaires (1694–1778), das sich in seinem Briefwechsel mit Friedrich dem Großen immer wieder findet; es wird verstanden als absoluter Widerwille gegen die Kirche, jedoch wäre richtigerweise *infâme* als adjektive Ergänzung zu *superstition,* nämlich dem Aberglauben zu verstehen.
elle a ses mois sie hat »das Monatliche«, d. h. die Regel/Menstruation.
elle est encore fille wörtlich: ist noch ein Mädchen, bedeutet: sie ist noch unverheiratet.
elle est femme! sie ist (eben eine) Frau; im Sinne von: da kann man nichts dagegen ausrichten.
elle est grande dans son genre mais son genre est petit (sie glänzt in ihrem Fach, aber sie stammt aus kleinen Verhältnissen) so die Sängerin Catalani (1782–1849) über ihre Zeitgenossin, die Sopranistin Henriette Sontag, verehelichte Gräfin Rossi (1806–1854) bei einem Diner in Berlin.
elle mérite la pomme! sie ist die Schönste; in Anspielung auf die griechische Mythologie: Paris hatte im Wettstreit der drei Göttinnen den Apfel der Aphrodite zuerkannt.
embarras de richesses »Reichtumsnot« nach dem Titel einer Komödie des Abbé d'Allainval († 1753), was belegen mag, daß man schon damals »Wohlstandselend« gekannt hat.
l'Empire c'est la paix Das Kaiserreich ist der Friede, sagte Louis Napoléon in seiner Rede vom 9. 10. 1852; später konnte man in einer Zeitung die vorausschauende Umwandlung in *l'Empire c'est l'épée* (Schwert) lesen.
l'Empire du Milieu das Reich der Mitte, China.
en aucune façon keineswegs.
en bas âge im zarten Alter.
en bloc im ganzen, in Bausch und Bogen; pauschal.
en bon français klar und deutlich.
en bon lieu am geeigneten Ort.
en bourgeois in Zivil(kleidung).
en cachette still und heimlich; *un esprit caché* ist ein Duckmäuser.
en chair et en os höchstpersönlich, leibhaftig.
enchanté! entzückt (erg. Ihre Bekanntschaft zu machen, oder ähnlich).
encore une fois! noch einmal.
encore un petit mot! noch eine Kleinigkeit (wäre zu sagen).
en d'autres mots mit anderen Worten; anders ausgedrückt.

en désespoir de cause als letztes verzweifeltes Mittel.

en détail im einzelnen, im Kleinen. Gegensatz ist *en gros*.

en deux mots in wenigen Worten; kurz gesagt, kurz und bündig.

en deux temps et trois mouvements im Nu.

des ennemis intimes »intime«, also heftige Feinde.

en face von Angesicht, von vorn; dies vor allem in der Malerei und Fotografie, im Gegensatz *en profil*.

un enfant d'amour dieses »Kind der Liebe« meint das uneheliche Kind.

les enfants s'amusent wird von Erwachsenen gesagt, meint: lassen wir sie, sie sind wie Kinder (die herumspielen).

enfant terrible a) ein schreckliches, die Umgebung tyrannisierendes Kind, das außerdem Dinge ausplaudert, die nur die Familie angehen; b) jemand, der sich nicht an die Parteilinie hält bzw. mit seinem Verhalten gegen die gesellschaftlichen Spielregeln verstößt.

Les Enfants terribles eigentlich Bezeichnung der komischen Bilderfolgen des satirischen Zeichners Paul Gavarni (1804–1866). Ferner gab es einen gleichnamigen Film von J. P. Melville nach dem Roman von André Fraigneau.

l'enfer, c'est les Autres »Die Hölle, das sind die anderen« ist die Quintessenz in dem Stück → *Huis clos* von J. P. Sartre – ein Ausdruck der tiefsten Welt- und Menschenverachtung des existenzialistischen Nihilismus.

en foi de quoi zur Beglaubigung dessen; zum urkundlichen Beweis.

en grande toilette in vollem Staat, groß aufgemacht.

en gros bedeutet auch: kurz gesagt, kurz zusammengefaßt.

en guise de anstelle von; *la guise* ist »Art und Weise«.

en haut lieu bei einflußreichen Leuten, an höchster Stelle.

en herbe noch grün; *l'herbe* ist Gras, Gewächs.

enlevez le bœuf! wörtlich: bringt den Ochsen weg, d. h. weg mit dem ganzen Kram, macht reinen Tisch!

en l'honneur de zu Ehren von.

en main propre zu eigenen Händen.

en marge à la marge (nur) am Rande.

en marmelade zu Brei geschlagen.

en mesure im Takt.

en moins de deux in Sekundenschnelle.

en nulle façon keineswegs.

en outre außerdem.

en papillote papillotes sind Lockenwickler; wir haben es hier mit »in Papierhüllen« gegarten Fisch- oder Geflügelspeisen zu tun.

en passant im Vorübergehen, d. i. ganz beiläufig.

en personne persönlich.

en plein air unter freiem Himmel, in der frischen Luft; davon auch der Begriff der *plein-air*-Malerei (vor allem des Impressionismus).

en plein midi am hellichten Tag, eigentlich Mittag.

en plus obendrein.

en pourparlers in Verhandlungen.

en premier lieu in erster Linie.

en prendre et en laisser wörtlich: davon nehmen und davon lassen, d. h. nicht alles glauben.

en pure perte ganz umsonst, bei vollem Verlust.

en raison inverse in umgekehrtem Verhältnis.

en regard daneben.

en retard verspätet.

en route! vorwärts! gehen wir! los!

en service commandé in Ausübung seines Dienstes.

entendu! einverstanden! alles klar!

entente cordiale herzliches Einverständnis; das französisch-englische Bündnis nach 1904.

en terre étrangère in der Fremde.

en toute rencontre bei jeder Gelegenheit.

en toutes lettres klar und deutlich, nämlich mit allen Buchstaben (ausgeschrieben).

en tout état de cause auf jeden Fall.

entr'acte »zwischen den Akten« eines Schauspiels, einer Oper usw., vor allem ausgefüllt mit Musik, Ballett usw.

en travestie bezeichnet ursprünglich Mädchen in Männerkleidung, die sogenannten »Hosenrollen«.

entre chien et loup wörtlich: zwischen Hund und Wolf, bedeutet: in der Dämmerung, im Zwielicht.

entrecôte ist das Rippenstück vom Rind, bzw. die Koteletts davon.

entre deux âges meist zitiert als *une femme entre . . .*; zwischen zwei Altern meint: nicht mehr ganz jung, schon etwas »verblüht«.
entre deux trains auf der Durchreise.
entre deux vins schon etwas beschwipst.
entre Dieu et soi insgeheim, ohne Zeugen.
l'entrée im Ballett der Beginn eines → *pas de deux,* wenn beide Tänzer vor dem → *corps de ballet* erscheinen.
les entrées in der klassischen Speisefolge des 19. Jahrhunderts die kleinen, warmen Zwischengerichte.
entre la poire et le fromage beim Nachtisch; in früheren Zeiten aß man in Frankreich Käse erst nach dem Obst, denn »Käse schließt den Magen.«
entre le zist et le zest weder Fisch noch Fleisch.
entre parenthèses eigentlich zwischen Klammern, d. h. nebenbei (bemerkt).
entre quatre murs hinter Schloß und Riegel.
en un clin d'œil in einem Nu, Augenblick.
en un rien im Nu.
en vente zu verkaufen.
l'envie m'en a passé die Lust (daran) ist mir vergangen.
en voilà une surprise! welche Überraschung!
en vogue in Mode, im Schwange.
en voiture! einsteigen, Abfahrt! (Bahn, Auto, Wagen).
épater le bourgeois bedeutet: den Bürger verblüffen, vor den Kopf stoßen, narren.
l'épée de chevet wörtlich: Schwert des Kopfkissens, bedeutet: der Lieblingsgegenstand, den man hat.
épouser par paroles de futur mit Zukunftsworten heiraten, d. i. sich verloben.
l'Erémitage eigentlich Einsiedelei (l'ermitage); der Name des 1765 in St. Petersburg gegründeten weltbekannten Museums, 1852 durch den deutschen Baumeister Klenze neu gestaltet; seit der frühen Renaissance pflegte man in fürstlichen Parks Eremitagen nachzubilden.
espèce d'idiot! (du) Erztrottel! blöder Kerl!
des espèces sonnantes klingende Münze, Bargeld.
l'esprit de clocher wörtlich: Geist des Glockenturms, d. i. der sogenannte Kirchturmsverstand, ein bloßer Lokalpatriotismus.
esprit de concierge der Hausmeister-Geist, d. i. der »gesunde« Menschenverstand, Grips; ähnlich anzuwenden wie etwa unser Ausdruck »Bauernschläue«.
l'esprit malade die Torheit.
l'esprit naturel der Mutterwitz.
. . .est en jeu es geht um . . .
étant donné (que) in Anbetracht der Tatsache, daß; da ja; mit Rücksicht auf.
étant donné les circonstances angesichts der (Sach)lage.
l'Etat c'est moi »Der Staat, das bin ich« wird Ludwig XIV. (reg. 1643–1715) zugeschrieben, ist aber nicht verbürgt.
état d'âme Seelenzustand, besonders jener von Künstlern, der diesen dann zum entsprechenden Ausdruck im Werk verhilft.
et le moyen? und wie soll das gehen? wie wollen Sie's machen?
et le reste und so weiter.
et pour cause und das mit gutem Grund!
et puis encore und noch dazu.
être à deux mains zwei Ämter (zugleich) bekleiden.
être bon gelehrt sein.
être (oder **rester**) **chocolat** verblüfft sein, fassungslos dastehen; die Etymologie von *chocolat* ist nicht eindeutig geklärt, einige Autoren leiten die Bezeichnung vom Namen des Pariser Clowns ab, vgl. das Aquarell von Toulouse-Lautrec »Chocolat«.
être dans la marmelade in der Tinte sitzen.
être dans les vignes wörtlich: in den Weingärten sein, d. h. einen sitzen haben.
être dans ses petits souliers wörtlich: auf kleinen Schuhen, d. h. sehr in Verlegenheit sein, knapp sein (an Mitteln).
être de la maison Poulage von der Polente/Polizei sein.
être de la zone kein Geld haben, ein armer Hund sein; *la zone* ist ein Randgebiet von Paris.
L'Être et le Néant deutsch »Das Sein und das Nichts«. Titel einer Schrift von Jean-Paul Sartre: Versuch einer phänomenologischen Ontologie; wird zitiert für Situationen, in denen es sozusagen »um alles« geht; vgl. »Sein oder Nichtsein« in Shakespeares *Hamlet.*
être loup avec les loups mit den Wölfen heulen, sich der Masse anschließen.

être pot-au-feu sehr hausbacken sein, → *pot-au-feu*.

être sujet à l'heure nicht Herr seiner Zeit sein.

être tout miel ein Heuchler sein, zuckersüß tun; *le miel* ist der Honig.

l'évangile du jour das gegenwärtige Stadtgespräch, in aller Munde.

l'exactitude est la politesse des rois die Pünktlichkeit, wörtlich: Genauigkeit, ist die Höflichkeit der Könige – ein oft zitiertes Wort nach einem Ausspruch Ludwigs XVIII.

excusez du peu! das geht zu weit!

une excuse honnête eine triftige Entschuldigung.

des expressions rabattues abgedroschene Redensarten.

les extrêmes se touchent Gegensätze ziehen sich an, wörtlich: berühren sich; ist mehrfach überliefert: in Louis Sébastien Merciers »Tableau de Paris«, bei Auquetil in »Louis XIV., sa Cour et le Régent«, bei La Bruyère und schließlich aus den → *Pensées* von Pascal.

F

fable convenue diese »vereinbarte, angenehme Fabel« wird von Voltaire (1694–1778) formuliert in »Jeannot et Colin«; er schreibt dort: »Alle alten Geschichten sind, wie uns ein Schöngeist lehrt, nichts anderes als genehme/willkommne Fabeln . . .«.

une fabrique de fausses nouvelles ein Lügenblatt, Tratschzeitung.

la façon voilée die (von Melancholie) gedämpfte »verschleierte« Lebenshaltung – von Heimito von Doderer als »eine Art Dasein hinter zugezogenen Vorhängen« umschrieben.

faire des fla-flas aufschneiden, großtun.

faire d'une rose un artichaut aus einer Rose eine Artischocke machen, d. h. aus Schönem/Gutem etwas Häßliches/Böses machen.

faire frou-frou Aufsehen erregen.

faire la madame die große Dame, die »Gnädige« spielen.

faire l'amour sich (körperlich) lieben.

faire le matador sich (zu einem Helden) aufspielen.

faire les cents pas auf und ab gehen; vgl. »Nach dem Essen sollst du ruh'n oder tausend Schritte tun«.

faire passer douze pour quinze ein X für ein U vormachen; im Französischen drückt man dies durch zwölf und fünfzehn aus.

faire son Joseph den (keuschen) Josef spielen.

faire son mea-culpa seine Schuld eingestehen; lateinisch *mea culpa*.

faire son purgatoire en ce monde die Hölle (schon) auf Erden haben; von lateinisch *purgatorium*, Fegefeuer.

faire suisse wörtlich: es auf die Schweizer Art machen, d. i. im Restaurant essen, auch: für sich allein trinken.

faire tapisserie wörtlich: die Tapete spielen, d. h. ein Mauerblümchen sein/bleiben.

fais-moi oublier mais ne m'oublie jamais Laß mich vergessen, aber vergiß mich nicht, so schrieb die schon bejahrte Tänzerin Marie Taglioni (1804–1884) an ihre Lieblingsschülerin Emmy Livry, die – erst sechzehnjährig und schon vielversprechend – bei einem Theaterbrand ums Leben kam. Auf die Taglioni gehen die Erfindung von Spitzenschuh und → *Tutu* zurück.

fait accompli die vollendete Tatsache.

un fait à l'amour was (nur) aus Liebe getan wird, also umsonst, ohne Gegenleistung zu erwarten.

fait comme un Z krumm und schief.

faites vos jeux! wörtlich: machen Sie Ihr Spiel, d. h. setzen Sie (jetzt), Ihren Einsatz, bitte!

les faits et gestes das Tun und Treiben.

une faquinerie ein Schelmenstreich; *le faquin* ist

der Schlingel, Wicht, Lump; eigentlich die Holzfigur, nach der bei den ritterlichen Lanzenrennen gestochen wurde.

les faubourgs sont plus grands que la ville wörtlich: die Vorstädte sind größer als die (Innen)stadt, im Sinne von: vor lauter Bäumen sieht man den Wald nicht.

une fausse maigre weibliches Wesen, das auf den ersten Blick schlank aussieht, bei näherer Betrachtung jedoch rundlich erscheint.

faute de mieux mangels eines Besseren; im Notfall.

les faux frais Unkosten, Nebengebühren, wörtlich: »falsche« Kosten.

un faux jeton ein »falscher Fuffziger«; etwas, das gut aussieht, aber nichts Gutes bringt.

faux pas ist der »Fehltritt«, also: Taktlosigkeit, gesellschaftlicher Verstoß.

une femme à grand tralala eine aufgeputzte Frau.

la femme fatale die Frau, die einem Manne zum Schicksal werden kann, vgl. lateinisch *fatum*; ein vampirhaftes Wesen.

ferme la malle ziemlich vulgär: halt's Maul!

le feu couve sous la cendre wörtlich: das Feuer brütet unter der Asche; bedeutet: man sinnt auf Rache.

les feux de la nuit die Feuer der Nacht, meint: die Sterne.

fiche-moi la paix! laß mich doch in Ruhe!

un fils à papa Sohn eines (einflußreichen) Vaters; »der Papa wird's schon richten«.

un fils de la terre ein Emporkömmling.

les fils de la vierge der Altweibersommer.

une fin de non-recevoir Antrag auf Abweisung einer Klage.

fin de siècle »Ende des Jahrhunderts« bezeichnet die Wende zwischen dem 19. und dem 20. Jahrhundert. Ursprünglich Titel eines Lustspiels von de Jouvenot und Micard (1888); gebraucht als Bezeichnung für die Umwälzungen und »Dekadenzerscheinungen« in Mode, Kunst und Literatur.

fines herbes grüne Kräuter; in der Gastronomie jeweils in besonderer Zusammenstellung, die oft nicht bekanntgegeben wird.

finissez donc! hört (hören Sie) doch endlich damit auf!

le fin mot das Geheimnis; der versteckte Grund – was mit »feinem Wort« nichts zu tun haben braucht.

fleur bleue wörtlich: die blaue Blume (der Romantik); *très fleur-bleue* bedeutet: sehr romantisch (veranlagt) sein.

Les Fleurs du Mal »Die Blumen des Bösen« sind das dichterische Hauptwerk des Charles Baudelaire (1821–1867).

la foi du charbonnier der Köhlerglaube, felsenfestes Vertrauen.

foie gras avec Sauternes bezeichnet die Gänseleber-Spezialität der Gascogne, zu der vorzugsweise der berühmte Sauterner Wein getrunken wird.

la foi et les prophètes die unbestreitbare Wahrheit.

la foire n'est pas sur le pont wörtlich: Der Jahrmarkt ist nicht auf der Brücke; d. h. es hat keine Eile, es brennt ja nicht. Kleinen Krämern war in alten Zeiten zugestanden worden, nach Beendigung des Marktes noch nicht verkaufte Ware auf der Brücke weiter feilzubieten.

une fois pour toutes endgültig, ein für allemal.

Folies-Bergère berühmtes Pariser Vergnügungsetablissement.

le fond du panier wörtlich: der Untergrund des Korbes; meint: Tand, Schund, Ausschuß.

une forêt du Bondy eine unsichere Gegend; Bondy, in der Umgebung von Paris, galt immer als sehr verrufen.

un fort de thème wörtlich: stark im Thematischen, d. h. ein Schüler ohne jede Phantasie.

un fort en X ein mathematischer Kopf, ein kühler Rechner.

le fort portant le faible wörtlich: der Starke den Schwachen tragend, bedeutet: alles in allem, Gesamtschau.

les fouettées eigentlich *pirouettes fouettées*: im Ballett Drehung auf Spitze oder Halbspitze, bei der das Spielbein peitschende Bewegungen aus dem Kniegelenk erzielt.

la fourchette du père Adam diese »Gabel Vater Adams« ist fünfzinkig – die Finger unserer Hand.

des fourmis dans les jambes Ameisen (kribbeln), eingeschlafene Beine.

le frein d'urgence die Notbremse.

Frère Jacques, dormez-vous . . . Bruder Jakob,

schlaft Ihr noch, ist der Beginn eines bekannten französischen Kinderliedes.
les fruits civils wörtlich: bürgerliche Früchte, bedeutet: Ertrag an Mieten und Zinsen.

fumer sans pipe et sans tabac wörtlich: ohne Pfeife und Tabak rauchen; d. h. vor Wut schäumen, außer sich sein.

G

gai comme un bonnet de nuit wörtlich: lustig wie eine Schlafmütze, d. h. traurig, niedergeschlagen.
la gaieté de cœur diese wörtliche Fröhlichkeit des Herzens bedeutet: reiner Mutwille.
un galant homme ein Ehrenmann.
une gazette du quartier ein stadt-/ortsbekanntes Tratschweib.
le genre humain a) das Menschengeschlecht, b) die Damenwelt.
des gens à chichi Leute, die viele Umstände machen.
les gens de bon sens vernünftige Leute.
les gens d'affaires Geschäftsleute, die Geschäftswelt.
les gens de lettres Schriftsteller.
les gens de rien die kleinen (einfachen) Leute.
les gens de loi die Juristen.
les gens du monde die Leute der besseren Gesellschaft.
des gens habillés gut gekleidete Leute.
les gens sont ainsi faits! so sind die Menschen/Leute eben!
gentil comme un cœur allerliebst.
une girouette wörtlich: Wetterfahne; einer, der sein Mäntelchen nach dem Winde hängt; der nach Vorteil handelt.
les glaces de l'âge die Gefühllosigkeit, Härte des Alters.
le gourmand bezeichnet einen Schlemmer, auch: Vielfraß, im eher negativen Sinn; *le gourmet* ist der Feinschmecker, der Genießer; *la gourmandise* der besondere Leckerbissen.
goutte à goutte tropfenweise, nach und nach.
la grammaire qui sait régenter jusqu'aux rois die Grammatik, die bis über die Könige zu herrschen weiß, wird in den »Femmes savantes« des Molière zitiert.
grand bien vous fasse! wohl bekomm's (Ihnen)!
grand-chose viel, ziemlich viel.
grand comme un mouchoir de poche wie ein Taschentuch, d. h. winzig, klein.
Grande Corniche → *corniche*.
grande dame eine Frau mit Persönlichkeit, vollendetem Auftreten.
grand dans son genre → *elle est grande*.
grand(oder **vrai**) **gendarme de famille** ein Mannweib, ein wahrer Dragoner von einer Frau.
le grand genre die Manieren der vornehmen Welt.
la grande nation nannte Napoléon (Bonaparte) die Franzosen in der Proklamation von 1797 beim Verlassen Italiens; er hat das Wort oft wiederholt und es noch 1816 auf St. Helena vor Las Casas als sein geistiges Eigentum behauptet. Die Autorschaft wird aber schon J. Maistre (Brief von 1794) zugeschrieben. Sogar Goethe hat, unabhängig davon, »die große Nation« für die Franzosen 1793 und 1795 gebraucht.
le grand œuvre die Hauptsache, der »Stein der Weisen«.
le grand oui das Jawort.
grand prix der »Große Preis«, vor allem im Pferdesport und bei Autorennen gebräuchlich.
la griffe du lion wörtlich: die Pranke des Löwen; bedeutet: die »Handschrift«, das Merkmal eines Talents, Genies, Charakters.
une grosse légume wörtlich: dickes Gemüse, d. h. ein »hohes Tier«.
gros mots (auch *mots gros, vilains mots*) sind Zoten.
la guerre à outrance der Krieg bis zum Äußersten.

H

l'habit est obligatoire Gesellschaftsanzug (ist) erforderlich.
l'habit noir der Frack.
l'habitude nous cache sous une housse et nous empêche de voir die Gewöhnung steckt (uns) unter die Pferdedecke und hindert uns am Sehen, sagt Jean Cocteau über die »andere Realität« in seinen phantastischen → *Art-déco*-Filmen; im Sinne von: vor Neuerungen den Kopf in den Sand stecken.
un habitué ständiger (und sachkundiger) Besucher (Theater usw.), auch: Stammgast (in Cafés, Bars usw.).
halte-là wer da? halt, stehenbleiben!
des haricots! es ist nichts! nichts gibt's. *Les haricots* sind die Bohnen, vgl. unser »nicht die Bohne«.
la haute antiquité die graue Vorzeit.
la haute coiffure meint die internationale Frisurenkunst.
la haute couture erstklassige Damenmode, aus bestem Hause.
haute volée gibt es eingedeutscht als die *Hautevolée,* das ist die vornehmste Gesellschaft einer Stadt, eines Landes.
haut-goût (haben) schon »riechen«, überständig sein; auch: Zote.
l'herbe sera bien courte s'il ne trouve pas à brûler wörtlich: das Gras muß schon sehr kurz sein, wenn er nicht versucht es anzuzünden; bedeutet, es muß noch viel schlimmer kommen, ehe er verzagt, aufgibt.
l'heure H ist unsere »Stunde X«.
une histoire du merle et de la merlette wörtlich: Geschichte von der Amsel und ihrem Kind; bedeutet: ein Streit um des Kaisers Bart.
histoires que tout cela! das ist doch alles Unsinn; alles nur Rederei!
hommage de l'auteur vom Verfasser überreicht/gewidmet.
hommage de reconnaissance als Zeichen dankbarer Verehrung.
un homme à bonnes fortunes ein Liebling der Frauen.
un homme à deux faces ein Heuchler.
un homme à femmes ein großer Frauenverehrer.
homme à la mer! Mann über Bord.
un homme à part ein Sonderling; ein großer Geist, ein Genie.
l'homme au masque de fer der Mann mit der eisernen Maske; historisch nachweisbarer Staatsgefangener Ludwigs XIV., wahrscheinlich Graf Matteoli, Staatssekretär des Herzogs von Mantua, der, unter einer schwarzen Maske verborgen, unerkannt blieb und 1703 in der Bastille starb.
un homme de l'autre monde einer, der »auf dem Mond« lebt.
un homme de néant eine wahre Null, ein Nichtskönner.
un homme de parole entspricht dem deutschen »Ein Mann, ein Wort«.
un homme de qualité ein Mann/Mensch von (einiger) Bedeutung.
un homme de ressource wörtlich: Mann mit Geldmitteln, d. h. einer, der sich immer zu helfen weiß.
un homme de tous métiers einer, der mit allen Wassern gewaschen ist.
un homme d'honneur n'a que sa parole ein Ehrenmann hat nichts als sein Wort, d. h. wiederum »Ein Mann, ein Wort«.
l'homme d'un seul livre ein parteiischer Mensch, der nur einen einzigen Standpunkt gelten läßt.
l'homme propose, Dieu dispose Der Mensch denkt, Gott lenkt; nach der Bibel (Sprüche 16, 9), verkürzt aus: *homo proponit sed Deus disponit.* Luther übersetzte: Des Menschen Herz schlägt seinen Weg an, aber der Herr allein gibt, daß er fortgehe.
Honneur et Patrie ist die Devise des Ordens der Ehrenlegion – *Légion d'honneur* –, der 1802 zur Belohnung von Verdiensten im Zivil- und Militärleben begründet wurde.
hon(n)i soit qui mal y pense Ein Schelm sei, wer Schlechtes dabei denkt. Devise des Hosenbandordens, gestiftet 1350 von Eduard III. von England. Er soll diesen Ausspruch getan haben, als seine Geliebte, die Gräfin Salisbury, auf einem Ball ihr linkes Strumpfband verlor und er, in der Bemühung es auf-

zuheben, an ihr Kleid griff... Der Hosenbandorden ist ein dunkelblaues Samtband, mit goldener Schnalle unter dem linken Knie befestigt. Die Zahl der Mitglieder ist sechsundzwanzig, die Verleihung erfolgt nur an regierende Fürsten und höchsten Adel; daneben gibt es die sogenannten sechsundzwanzig »armen Ritter«, die für eine »Rente« von dreihundert Pfund Sterling jährlich die Aufgabe haben, für die ordentlichen Mitglieder zu beten.

l'hôpital n'est pas fait pour les chiens wörtlich: das Hospital ist nicht für die Hunde da, d. h. wenn es eben nicht anders geht, dann muß man ins Krankenhaus.

l'horloge parlante wörtlich: die sprechende Uhr, d. i. die (telefonische) Zeitansage.

hors concours konkurrenzlos; sucht seines-/ihresgleichen.

hors de pair unvergleichlich.

hors de saison unzeitgemäß.

hors d'ici! oder **hors de là!** weg da! hinaus!

hors d'œuvre wörtlich: außerhalb des (eigentlichen) Werkes; Bezeichnung für kleine appetitanregende Vorspeisen.

hors la loi wörtlich: außerhalb des Gesetzes, d. i. vogelfrei, in Acht und Bann.

hors ligne außergewöhnlich.

un hôte de marque ein hoher Gast, ein angesehener Mann.

hôtel garni Hotel, das neben Übernachtung nur Frühstück bietet, also keinen Restaurantbetrieb hat.

hôtel hors de catégorie Hotel der Sonderklasse.

huis clos bei geschlossenen Türen, ist auch der Titel eines Schauspiels von Jean-Paul Sartre; wird zitiert in Anspielung auf dieses Stück, sobald eine (geschlossene) Gesellschaft oder Gruppe von Menschen sich gegenseitig auf die Nerven fällt bzw. sich das Leben zur Hölle macht.

les huit jours wörtlich: die acht Tage, d. i. der Wochenlohn.

huit jours francs bedeutet: volle acht Tage.

une humeur de chien eine Hundelaune, das »Stimmungstief«.

hypothéquer l'avenir einen Vorgriff auf die Zukunft machen.

I

ici-bas hier auf Erden.

idée fixe Zwangsvorstellung (auch krankhaft), törichtes Beharren.

il a bien couru les foires wörtlich: er hat die Jahrmärkte abgelaufen, bedeutet: er ist in allen Gassen zu Hause; er ist ein alter Hase; er ist ein Prachtkerl.

il a connu la gêne wörtlich: er hat die Folter gekannt, das heißt: er hat schlechte Zeiten hinter sich.

il aimerait beaucoup le dessin Edgar Degas, der dem Realismus stets verbunden gebliebene Maler unter den Impressionisten Frankreichs, hatte gewünscht, daß diese Worte, und nur diese, an seinem Grabe gesprochen werden sollten.

il a mis ses lunettes de travers wörtlich: hat seine Augengläser verkehrt aufgesetzt, das heißt: da irrt er sich aber sehr.

Île (oder **Isle**) **de France** die »Insel Franzien«, das ehemalige Erbland der Kapetinger und Kernland des späteren Frankreich, umfaßt das Gebiet des Pariser Beckens; *île,* weil die Seine und andere Flußläufe dort eine Art »Wasserlandschaft« bilden. Auch: französische Bezeichnung für die Insel Mauritius (östlich von Madagaskar).

Île de la Cité ist der älteste Teil von Paris, von der Seine umflossen; mit der Kirche *Notre-Dame* und dem Krankenhaus *Hôtel-Dieu.*

il en fait comme des choux de son jardin wörtlich: ...wie mit dem Kohl in seinem Garten, das heißt: er geht damit um, als wäre das sein Eigentum.

il est bien dans son village er weiß nicht, was in der Welt vorgeht (weil er nur in »seinem Dorf« zu Hause ist).

il est dans un joli état na, der sieht gut aus! (ironisch).

il est fin er hört das Gras wachsen.

il est l'hôte et l'hôtellerie er ist die Seele des Geschäftes (wörtlich: Gast und Gastwirtschaft zugleich).

il est sur mes registres ich will es mir (vor)merken.

il existe des pensées auxquelles nous obéissons sans les connaître Gedanken, denen wir gehorchen, ohne sie zu kennen – ein Freudsches Denken vorwegnehmendes Wort von Honoré de Balzac.

il fait mauvais (temps) es ist schlechtes Wetter.

il fait nuit es wird dunkel.

il fallait que ça arrive wörtlich: das mußte ja kommen; bedeutet: da haben wir die Bescherung!

il faut fondre la cloche wörtlich: die Glocke muß gegossen werden, das heißt: man muß der Sache ein Ende machen.

il ferait beau voir que... es wäre seltsam/lächerlich/doch noch schöner, wenn...

il me revient que mir ist zu Ohren gekommen, daß.

il mourrait plutôt en bon chien de berger wörtlich: da würde eher ein guter Schäferhund sterben, das heißt: Unkraut vergeht nicht.

il n'a qu'un filet de vie sein Leben hängt nur noch an einem dünnen Faden.

il n'y a point de milieu hier gibt es nur ein Entweder/Oder (wörtlich: nichts von Mittelweg).

il n'y a plus d'enfants! (ach) es gibt keine Kinder mehr! Ein oft zitierter Ausruf des Argan aus dem »Eingebildeten Kranken« von Molière → *Le Malade imaginaire*.

il n'y a que le premier pas qui coûte es kommt nur auf den ersten Schritt an.

il pleut des hallebardes bei uns regnet es »Schusterjungen«, in Frankreich »Hellebarden«.

il s'en va au grand galop es geht mit ihm rasch zu Ende.

il se fait tard es wird spät.

il se met bien er ist (ja so) freigebig.

il s'est répandu que das Gerücht geht, daß...

il se trouve que... es kommt vor, daß...

ils sont passés, ces jours de fête sie sind vorbei, die Tage des Festes; aus der Oper »Le Tableau parlant« (1769) von Anseaumes.

il va tomber des curés wörtlich: Pfaffen werden gleich runterfallen, das heißt: der Himmel ist schon ganz dunkel, es wird gleich regnen.

il voudrait lui manger le cœur wörtlich: er möchte sein Herz essen, bedeutet: er haßt ihn wie die Pest.

il y a à prendre et à laisser es ist Gutes und Schlechtes darunter.

il y a fagot et fagot es gibt solche und solche (Leute); *le fagot* eigentlich Reisigbündel, ein Bund Holz.

il y aura grand monde es werden viele Leute dort sein.

il y a de l'oignon da steckt etwas dahinter; auch: da wird's was geben! *L'oignon* ist die Zwiebel.

il y a des juges à Berlin es gibt (noch) Richter in Berlin, zitiert nach der Erzählung von Andrieux (1759–1833) »Der Müller von Sanssouci«.

il y a du bon et du mauvais chez lui er hat gute und schlechte Seiten.

il y a un cadavre entre eux sie sind auf Gedeih und Verderb miteinander verbunden, aufeinander angewiesen – so, als hätten sie gemeinsam jemanden umgebracht.

il y a un siècle es ist schon sehr lange her.

il y en a plein davon gibt es eine ganze Menge.

les impératifs de la mode die Anforderungen, welche die Mode an uns stellt; das Diktat der Mode.

impossible n'est pas un mot français das Wort »unmöglich« gibt es im Französischen nicht; ursprünglich im Brief Napoléons (Dresden 1813) an Graf Lemarois in der Form: *ce n'est pas possible... cela n'est pas français!*

L'Inconnue de la Seine die Unbekannte aus der Seine gab den Titel zu einem der ersten Kriminalromane der französischen Trivialliteratur; es handelt sich um eine fiktive Gestalt, deren »Totenmaske« gleichwohl in Paris als Souvenir gehandelt wurde.

l'incroyable wörtlich: unglaublich; der Name des Männerhutes der → *Directoire*-Zeit mit der großen Krempe, der sogenannte Napoléon-Hut. Im übertragenen Sinne wird auch ein Modegeck so genannt.

l'Italie est un nom géographique Italien ist eine geographische Bezeichnung; aus der Auseinandersetzung des Fürsten Metternich mit Lord Palmerston über die italienische Frage, Sommer 1847. Palmerston war über diese Formulierung »giftig« verärgert, wie Metternich schreibt, er selbst blieb bei der Auffassung, daß man diese Meinung durchaus auch auf Deutschland anwenden könne.

J

J'accuse »Ich klage an«, Titel des offenen Briefes von Emile Zola in der »Aurore« vom 13. 1.1898, in dem die Richter im sogenannten Dreyfuß-Prozeß angeklagt werden, den als schuldig bezeichneten Major Esterhazy wider besseres Wissen freigesprochen zu haben.

j'aimerais mieux baiser mon pouce wörtlich: ich würde lieber meinen Daumen küssen, das heißt, das alles läßt mich durchaus kalt!

j'ai pris tout juste la mesure de votre soulier . . . das Maß Ihres Schuhs genommen; das heißt: ich weiß genau, was Sie wert sind.

la jalousie du métier der Brotneid.

jambe deça jambe delà rittlings; *la jambe* ist das Bein.

des jambes Louis XV bedeutet: krumme Beine, bezieht sich aber nicht auf den genannten König, sondern auf den Möbelstil seiner Zeit.

j'appelle un chat un chat et Rolet un fripon . . . und Rolet einen Schelm – stammt aus Boileaus (1636–1711) Satire über Rolet, einen Prokurator von ganz schlechtem Ruf.

Jardin des plantes dieser »Pflanzengarten« meint insbesondere den Botanischen Garten von Paris, der Anfang des 17. Jahrhunderts als königlicher Arzneipflanzengarten gegründet wurde.

Jean-Jacques sind die Vornamen von Rousseau (1712–1778) und dienen üblicherweise als Bezeichnung für diesen.

Jean Lapin bezeichnet den (Feld)hasen; vergleiche Meister Lampe.

je m'en fiche das ist mir schnuppe/völlig egal.

je ne vous dis pas adieu wörtlich: ich sage Ihnen nicht Lebewohl, das heißt: auf Wiedersehen! auf bald!

j'en fais mon affaire das übernehme ich.

j'en suis aussi ignorant que l'enfant qui vient de naître wörtlich: unwissend wie ein neugeborenes Kind, das heißt: davon weiß ich überhaupt nichts.

je passe ich »passe«, ich gebe das Spiel ab, ich lasse das Spiel vorübergehen.

je pense donc je suis ursprünglich lateinisch niedergelegt als *cogito ergo sum,* die erste und sicherste Erkenntnis des französischen Philosophen Descartes (Cartesius, 1596–1650) – ich denke, also bin ich.

je prends mon bien où je le trouve ich nehme das Meine, wo ich es finde, ein Wort Molières an die Adresse von Cyrano de Bergerac, der ihm das Zitat → *Que diable allait-il faire* . . . »entwendet« hatte; wohl aber nur übersetzt nach dem alten lateinischen Rechtssatz: *ubi rem meam invenio ibi vindico.*

je suis votre homme auf mich können Sie sich verlassen.

jeter le mouchoir à une femme eine Dame deutlich bevorzugen; ob das Hinwerfen eines Taschentuches sehr galant ist, bleibe dahingestellt . . .

un jeu à se rompre le cou wörtlich: Spiel, sich dabei den Hals zu brechen, das heißt: eine riskante Sache.

un jeu d'enfer ein tolles Spiel, ein Spiel mit hohem Einsatz.

un jeune ménage ein jungverheiratetes Paar.

jeunesse dorée ursprünglich Bezeichnung der reichen, jungen Männer von Paris, die nach dem

9. Thermidor 1794 zu Vorkämpfern für die Gegenrevolution wurden; ab 1824 auch allgemeiner gebräuchlich für die »üppige« goldene Jugend der Großstädte, die jungen Lebemänner und -damen.

jeux de prince: on respecte un moulin, on vole une province bedeutet: Grausamkeit, rücksichtsloses Handeln; zurückgehend auf ein Wort von La Fontaine – das ist das Spiel großer Herren, die Mühle wird verschont, die Provinz geraubt.

les jeux sont faits bedeutet »Das Spiel ist aus«. Im Spielcasino fordert der Croupier die Spieler zum Einsatz auf mit: *Messieurs, faites vos jeux* – Ihr Spiel bitte! »Das Spiel ist aus« ist auch der Titel einer Erzählung von Jean-Paul Sartre.

je veux que le dimanche chaque paysan ait sa poule au pot ich wünsche, daß sonntags jeder Bauer sein Huhn im Topfe hat; ein Ausspruch Heinrichs IV. von Frankreich (1589–1610) zum Herzog von Savoyen, überliefert nach den »Denkwürdigen Worten« in der Geschichte Heinrichs von 1681.

je vous connais, beau masque! Sie sind erkannt! Ausruf, der wohl nicht nur auf Maskenbällen angebracht sein dürfte.

je vous en prie . . .wenn ich bitten darf!

une jolie littérature ein sauberes/feines Machwerk, ironisch.

le jour fixe der bestimmte Tag, bedeutet: der Tag, an dem man Gäste empfängt, der wöchentliche Besuchstag.

une journée bien remplie ein sehr bewegter – wörtlich ausgefüllter – Tag.

un jour sans lendemain ein kurzes Glück.

les jours de fête die festlichen Tage, → *ils sont passés.*

des jours filés d'or et de soie glückliche Tage, recht blumig umschrieben, wörtlich: Tage, gesponnen aus Gold und Seide.

le jour tombe der Tag geht zur Neige.

jurer ses grands dieux hoch und heilig/Stein und Bein schwören.

jusqu'à la moelle durch und durch; *moelle* ist das Mark.

jusqu'à nouvel ordre bis auf weiteres.

jusqu'au bout des ongles durch und durch; bis ans Ende; wörtlich: bis zu den Fingerspitzen, -nägeln.

juste à temps knapp.

juste-milieu die richtige Mitte. Findet sich zuerst in den → *Pensées sur la religion* III, 3 von Pascal (gedruckt in Amsterdam 1692). Louis Philippe wendete das Wort auf seine Innenpolitik an: *Il faut chercher à nous tenir dans un juste-milieu,* was zur Bezeichnung seines Regierungssystems geworden ist.

la justice est faite die Gerechtigkeit hat ihren Lauf genommen, das heißt: das Urteil ist gesprochen.

j'y suis et j'y reste da bin ich und da bleib' ich; so McMahon am 9. 9. 1855 im Krimkrieg auf dem erstürmten Malakoff, als ihm mitgeteilt wurde, die Russen hätten Vorbereitung getroffen, die Festung in die Luft zu sprengen.

K

un kilo de rouge ist nicht 1000 Gramm Schminke, sondern heißt schlicht und einfach: ein Liter Rotwein.

L

lâchez tout! los! loslassen!
laissez faire laissez passer (aller) laßt die Dinge laufen; lassen Sie den Dingen ihren Lauf. Schlagwort der Ökonomisten des 18. Jahrhunderts, Quesnay zugeschrieben, bzw. des Liberalismus im 19. Jahrhundert. Ursprünglich die vernunftgemäße Forderung, der wirtschaftlichen Entwicklung freien Lauf zu lassen.
lancez-vous donc! (so) wagen Sie es doch!
le landerneau administratif der Beamtentratsch; möglicherweise unter Hinweis auf die nicht sehr bedeutende Hafenstadt *Landerneau* im Departement Finistère (Bretagne).
la langage des Halles die Sprache des einfachen Volkes; *les Halles* bezeichnet den Pariser Zentralmarkt.
une langue de serpent eine spitze Zunge, wörtlich: Schlangenzunge.
langue d'oc bezeichnet die südfranzösische Landschaft, etwa das Gebiet der Provence; der Begriff geht zurück auf die sprachliche Herkunft von neufranzösisch »oui«, ja; das Provenzalische – die »lenga d'oc« – geht direkt zurück auf das lateinische »hoc«; wenn im Vulgärlatein z. B. gefragt wird: *vadit illi?* (geht er?), so war die Antwort: *hoc facit illi,* von dem nur das erste Wort sich erhielt. Im Gegensatz dazu die
langue d'oïl die sich im Norden Frankreichs entwickelte. Hier entstand »oui« aus *hoc . . . illi;* wir haben es also im Französischen mit der Besonderheit zu tun, daß ein einziges Wörtchen, nämlich »oui«, faktisch aus einem ganzen vulgärlateinischen Satz zusammengezogen erscheint.

la langue dorée die gewandte Zunge.
la langue verte die Gaunersprache, vergleiche den Ausdruck Rotwelsch.
la lanterne rouge das Schlußlicht.
une lapalissade eine Binsenwahrheit; abgeleitet von La Palice (1470–1525), der als französischer Offizier in der Schlacht von Pavia fiel; populär wurde er durch ein Soldatenlied, welches besang, daß er eine Viertelstunde vor dem Tod noch lebte.
les larmes de commande falsche Tränen.
la leçon particulière die Privatstunde.
leger comme un papillon wörtlich: zart wie ein Schmetterling, bedeutet: von zierlicher Statur (bei Personen).
lèse-majesté auch: *crime de* Majestätsverbrechen, Hochverrat; das *crimen laese majestatis* im Lateinischen.
la levée de boucliers allgemeine Empörung (bouclier = Schild).
la levée en masse die Generalmobilmachung.
le voici qui vient! hier kommt er ja!
liberté – égalité – fraternité Freiheit, Gleichheit, Brüderlichkeit: die drei Schlagworte der Französischen Revolution ab 1789.
un limaçon ein Streber; einer, der mehr sein will als seinesgleichen.
le lion du jour der Held/Mann des Tages.
la littérature engagée bezeichnet das Schrifttum im Dienste einer bestimmten politischen Haltung oder Tendenz, bzw. allgemeiner: Literatur, die sich nach herrschender Ideologie ausrichtet.
le livre d'heures das Stundenbuch; es enthält die

Tagzeitengebete (Horen) für Laien, daher auch Laienbrevier genannt. Im Spätmittelalter vor allem im Burgundisch-Französischen, in höfischen Kreisen verbreitet und kostbar ausgestattet; hierdurch besitzen wir beste Belege alter Buchmalerei.

un livre sur le marbre wörtlich: Buch auf Marmor, bedeutet: ein druckfertiges Manuskript.

des livres de rencontre antiquarische Bücher (die man zufällig aufstöbert, was natürlich auch eine »Begegnung« ist).

long comme un jour sans pain sehr lang; stinklangweilig wörtlich: ein Tag ohne Brot.

les longueurs de la justice die Mühlen der Gerechtigkeit mahlen langsam ...

Louis-Philippe-Stil bezeichnet die schlicht-bürgerliche Mode bzw. den Einrichtungsstil zur Zeit dieses Königs, etwa unserem »Biedermeier« entsprechend.

Louis-Quatorze heißt der Stil für die Zeit Ludwig XIV., vor allem in der Inneneinrichtung mit den sogenannten »Boulle-Möbeln«.

Louis-Quinze entspricht der Zeit Ludwigs XV. und etwa dem Rokokostil.

Louis-Seize folgt unter Ludwig XVI., und kann mit Klassizismus bzw. Empire gleichgesetzt werden.

lui présent in seiner Gegenwart.

lumière érotique bezeichnet das mehr oder weniger gedämpfte rote Licht in Nachtlokalen, Bars usw.

la lune de miel wörtlich: Honigmond; Flitterwochen.

M

madame antique spaßhafte Bezeichnung für die bereits älter gewordene »Ehehälfte«.

madame est servie heißt: der Tisch ist gedeckt, es kann aufgetragen werden; eine wörtliche Übersetzung versuche man lieber nicht!

Madame Mère war die Anrede für die Mutter Napoléons, Laetitia, geb. Ramolino, † 1856 in Rom.

Madame Nitouche → *une sainte nitouche*.

ma foi, oui! aber ja; meinetwegen!

la maigre Lieven war der Spitzname für die blonde Frau des russischen Botschafters in London, die zwei Jahrzehnte mit Staatskanzler Clemens von Metternich (1773–1859) liiert war.

la maison de Souabe (das Geschlecht der) Hohenstaufen.

une maison du bon Dieu ein gastfreundliches Haus.

les maisons empêchent de voir la ville soviel wie: man sieht den Wald vor lauter Bäumen nicht.

une maison nue wörtlich: ein nacktes, das heißt: ein unmöbliertes Haus.

le maître de plaisir einer, der für die (vergnügliche) Gestaltung eines Abends, einer Gesellschaft usw. Sorge trägt.

le maître des hautes œuvres wörtlich: der Meister der hohen Werke, meint: Henker, Scharfrichter.

maître d'hôtel Haushofmeister (am königlichen Hofe).

la maîtresse de maison die Frau/Dame des Hauses.

mal à propos zur Unzeit, ungelegen.

Le Malade imaginaire »Der eingebildete Kranke« von Molière (eigentlich Jean-Baptiste Poquelin, 1622–1673), dem Leiter und auch Hauptdarsteller seiner eigenen Schauspielertruppe.

mal de cœur ist eine kleine Übelkeit, nicht etwa »Herzeleid«.

le mal du siècle der Weltschmerz.

le mal du pays das Heimweh.

le mal du rail die »Eisenbahnkrankheit«.

le mal de la route wenn einem im Auto schlecht wird.

le mal des montagnes die »Höhenkrankheit«.

le mal français die sogenannte Franzosenkrankheit, d. i. Syphilis; in Frankreich: le mal de Naples.

malheur à lui! wehe ihm!
une malice noire eine ganz abscheuliche (wörtlich: schwarze) Bosheit.
manger un morceau de roi einen köstlichen Bissen genießen.
manger tout cru wörtlich: ganz roh essen, d. i. mit Haut und Haaren verschlingen.
la manière de parler die Redensart, Redeweise.
les manières gauloises altväterliche (wörtlich: gallische, das heißt keltische!) Sitten, Anschauungen.
manque de aus Mangel an.
le manteau de la nuit wörtlich: Mantel der Nacht, bedeutet: Sternenzelt.
le maquis der Buschwald auf Korsika. Bezeichnung übertragen auf die französische Widerstandsbewegung im Zweiten Weltkrieg; die Kämpfer sammelten sich in unzugänglichen Waldgebieten und hatten dort ihre Stützpunkte.
le marchand de canons Kriegslieferant, Kriegsgewinnler.
le marchand de sable est passé wörtlich: der Sandverkäufer ist vorübergegangen, das heißt: der Sandmann ist da, es ist Schlafenszeit.
la marchande d'amour die käufliche Dirne.
la marche à suivre wie man verfahren/vorgehen muß.
marcher sur les gens die Menschen verachten, wörtlich: auf ihnen herumtrampeln.
des marguerites de cimetière sind nicht Gänseblümchen am Friedhof, sondern bedeutet: das erste weiße Haar an der Schläfe.
un mariage à l'anglaise bereits nach kurzer Ehe getrennt leben.
un mariage d'épervier sie ist der »Herr im Haus«.
un mariage d'inclination eine Liebesheirat.
un mariage en détrempe (d'Afrique) eine wilde Ehe.
la Marianne Personifikation der französischen Republik; auch Name einer 1850 gegründeten Geheimgesellschaft mit sozialistischen Tendenzen.
marié à la mode de Bretagne in wilder Ehe lebend.
Marie Chantal Spitzname für die französische Variante der *upper-class-lady*; eine Art *femme snob* aus dem Milieu der Romane von Françoise Sagan; man kann auch im sogenannten *Marie-Chantal*-Tonfall reden.
un mari en or ein Mustergatte.
un match sans histoire ein Spiel ohne Höhepunkte.
le matin de la vie der »Frühling« des Lebens, die Jugend.
ma toute belle meine Allerschönste.
la mauvaise herbe das Unkraut.
un mauvais lieu wörtlich: schlechter Ort, bedeutet: verrufenes Haus.
un médecin d'eau douce wörtlich: Arzt für süßes Wasser; bedeutet: einer, der keine wirksamen Mittel verschreibt.
le meilleur des mondes possibles wurde von Voltaire (1694–1778) in seinem »Candide« formuliert: »Alles steht zum besten in (unserer) besten (aller) möglichen Welten...«. Dies nach einem Hauptgedanken in der »Theodizee« von Leibniz (1710).
un meilleur monde bessere Gesellschaftskreise.
mêle-toi-de tes oignons! kümmere dich um deinen (eigenen) Dreck! (wörtlich ist von Zwiebeln die Rede).
un ménage à trois wörtlich: Haushalt zu dreien, also ein Dreiecksverhältnis, natürlich nicht mathematisch aufzufassen!
le mépris de la mort die Todesverachtung.
merci pour les employés in allen Spielcasinos ist es üblich, im Falle eines Gewinnes dem Croupier Jetons als Geschenk zu überlassen, was dieser mit obiger Redewendung quittiert.
une mer de... ein Übermaß von...
une mer de sang Ströme von Blut.
merde! ziemlich krasses Schimpfwort, soviel wie: Dreck, Scheiße.
me revoici! da bin ich wieder! öfter: *me voici!* da bin ich! hier!
merveille de vous voir! wörtlich: ein Wunder, Sie zu sehen, das heißt: Sie leben noch!? – Ausdruck des Erstaunens.
mes meilleurs vœux! meine besten Wünsche!
une messe blanche die (wörtlich: weiße) Messe, die ein Priester(kandidat) zur Einübung liest. Übrigens heißt es im Französischen *dire la messe*, die Messe sagen...
mettez vos lunettes! wörtlich: setzen Sie die Brille

auf, das heißt: schauen Sie doch einmal genau(er) hin!

mettre la clef sur la corniche wörtlich den Schlüssel auf den Sims legen, das heißt: für immer verschwinden; vergleiche: den Rock an den Nagel hängen.

mettre le feu à la maison de son voisin pour faire cuire un œuf wörtlich: seines Nachbarn Haus anzünden, um ein Ei zu kochen; das heißt: »über Leichen gehen«.

le mieux possible möglichst gut; vergleiche auch → *le meilleur des mondes* . . .

mi-mort halbtot.

une mine de chanoine blühendes, rundliches Aussehen; *le chanoine* ist der Domherr.

le ministère des autels wörtlich: der Dienst der Altäre, das Priesteramt.

minuit sonnant Schlag zwölf Uhr (Mitternacht).

les minutes des actes Urschriften von Urkunden.

le miroir d'eau wörtlich: Wasserspiegel; so nennt man einen viereckigen Tisch.

la mise de siège Verhängung des Belagerungszustandes.

la mise en œuvre die Bearbeitung.

la mise en scène die Inszenierung (am Theater).

la mise sous presse die Drucklegung.

le modèle de mari der Mustergatte.

moitié chair moitié poisson weder Fisch noch Fleisch (wörtlich: halb . . .).

moitié de mon âme! wörtlich: Hälfte meiner Seele, das heißt: mein Liebling!

moitié farine moitié son halb gezwungen, halb freiwillig; *le son* ist die Kleie.

moitié figue moitié raisin halb im Scherz, halb im Ernst.

le moment psychologique der günstig(st)e Augenblick.

des moments vides als »leere Momente« wird die Saure-Gurken-Zeit bezeichnet.

un monde à part eine Gesellschaft für sich; eine geschlossene Runde.

le monde est ainsi fait so ist das nun einmal auf der Welt.

un monde fou schrecklich viele Leute, die naturgemäß deswegen nicht *fou*/verrückt zu sein brauchen!

mon fort meine starke Seite.

mon Jésus! mein Goldkind (als Kosewort).

mon loup wörtlich: Wolf, bedeutet: mein Herzblatt (Kosewort).

mon œil! wörtlich: mein Auge, das heißt: fällt mir doch nicht im Traume ein! Tja, denkste!

mon petit rat/ma petite ratte mein Mäuschen, männlich bzw. weiblich anzuwenden.

mon Séladon du himmelst mich umsonst an, → *Céladon.*

mon siège est fait wörtlich: meine Belagerung findet statt, das heißt: ich ändere meine Meinung nicht (mehr).

Monsieur et cher confrère! Sehr geehrter Herr Kollege!

monsieur vaut bien madame sie taugen beide nichts.

la montagne a enfanté une souris wörtlich: der Berg hat eine Maus zur Welt gebracht, vergleiche lateinisch *parturiunt montes, nascetur ridiculus mus:* die Berge kreißen, geboren wird eine kleine (lächerliche) Maus (Horaz). Bedeutet: Viel Lärm um nichts.

monter sur le Parnasse wörtlich: auf den Parnaß, den Berg der Musen, steigen, das heißt: dichten; vergleiche *Montparnasse,* südlicher Stadtteil von Paris mit dem bekannten Künstlerviertel.

monter sur le théâtre heißt: Schauspieler werden.

un mont d'or wörtlich: Goldberg, bedeutet: sehr viel/einen Haufen Geld.

mon vieux! mein Lieber! mein Guter!

le morceau honteux wörtlich: das schamhafte Stück, das ist der letzte Bissen auf dem Teller/der Platte, den sich jeder zu nehmen scheut.

les morceaux sont bons wörtlich: die Stücke sind gut, bedeutet: obgleich zerbrochen/kaputt, behält die Sache doch ihren Wert.

la mort a fait son œuvre der Tod ist eingetreten.

la mort au monde die Flucht in die Einsamkeit.

la morte-saison die Saure-Gurken-Zeit.

la mort dans l'âme die Todesbetrübtheit.

les morts vont vite »Die Toten schreiten schnell«, übersetzt nach einer Zeile aus J. G. Bürgers (1748–1794) Ballade »Leonore« im Zitat bei Madame de Staël in »De l'Allemagne«, XIII. Abschnitt (1813).

le mot de Cambronne eine Umschreibung für → *merde;* General Cambronne (1770–1842) soll nach der Schlacht bei Waterloo die Niederlage der Franzosen mit *merde* quittiert haben; französische Schulbücher aber legten ihm → *La (vieille) garde meurt* in den Mund.

le mot de la situation bedeutet: die Aufklärung der Lage; das richtige Wort zur richtigen Zeit.

le mot de l'énigme des Rätsels Lösung.

le mot qui colle à une idée das passende/treffende Wort (das einem plötzlichen Einfall entspringt).

mots-centres Stichwörter, Schlüsselwörter.

mots savants sogenannte »gelehrte« Wörter, die aus dem geschriebenen Latein vorwiegend zur Zeit der Renaissance ins Französische eingeflossen sind. Der Gegensatz: *mots populaires,* das sind die ursprünglichen Wörter des Altfranzösischen, die direkt aus dem (gesprochenen) Vulgärlatein übernommen erscheinen.

un mot, s'il vous plaît! auf ein Wort (bitte)!

Moulin Rouge wörtlich: rote Mühle; Name für Nachtlokale und Vergnügungsetablissements, das bekannteste in Paris.

les moutons de Panurge sprichwörtlich für: Nachäffer; nach Rabelais' »Leben des Gargantua und Pantagruel« entstand der Begriff so: Panurge, auf einem Schiff, kauft einem Händler, der eine Herde Schafe mit sich führt, eines davon ab und wirft es ins Meer; darauf springen alle anderen Tiere nach.

un mouton à cinq pattes wörtlich: Schaf mit fünf Beinen, bedeutet (selten wie) ein weißer Rabe.

un mouvement perpétuel a) ein Trugbild, b) ein unermüdlicher Mensch/Arbeiter.

moyennant finance gegen bar/Barzahlung.

N

n'avoir ni feu ni lieu nirgendwo zu Hause sein.

n'avoir ni foi ni loi ohne Treu und Glauben sein.

ne faites pas de mystères! machen Sie doch keine (solchen) Umstände!

des nèfles! man wird Ihnen was husten! Tja, Pustekuchen! *Les nèfles* sind Mispeln.

les neiges d'antan Schnee vom vergangenen Jahr, → *où sont les neiges.*

ne parler que par B et par F (nur) ordinäre Ausdrücke gebrauchen.

ne pas devant les domestiques/les enfants! (bitte) nicht vor den Dienstboten (den Kindern)! – wenn etwas unter den Eheleuten bzw. vertrauten Freunden bleiben soll.

n'être pas dégoûté kein »Kostverächter« sein.

un neveu à la mode Bretagne ein sehr entfernter, »weitläufiger« Verwandter.

ne voir personne wörtlich: niemanden sehen, das heißt, weder Besuche machen noch empfangen.

un nez à porter lunettes wörtlich: Nase zum Brillentragen, bedeutet: eine Riesennase.

ni jour ni nuit niemals!

n'importent les pays et la race ganz gleich, welchen Landes und Volkes (welcher Abstammung).

ni peu ni prou gar nicht; auch in der Form: *peu ou prou.*

ni plus ni moins nicht mehr und nicht weniger.

ni vu ni connu wörtlich: weder gesehen noch gekannt, das heißt: als ob nichts geschehen wäre.

noblesse oblige Adel verpflichtet; auch Titel einer kleinen Schrift von Nancy Mitford.

un nom à coucher dehors ein überaus schwierig auszusprechender, kaum zu behaltender Name.

nom de Dieu! Himmeldonnerwetter! Dasselbe bedeutet auch: *nom de bleu!* und *nom d'une pipe!*

un nom d'emprunt ein Falschname (der »geliehen« ist).

le nom de guerre der Künstlername, Deckname; das Pseudonym.

le nom de plume der Schriftstellername.

nom d'un petit bonhomme! Himmeldonnerwetter! Potz Blitz!

le nom n'y fait rien der Name tut nichts zur Sache, ist nicht ausschlaggebend.

nonchalance wörtlich: die Nicht-Erhitzung, das heißt: unbekümmertes lässiges Wesen, das Sich-Gehenlassen; bezeichnet sehr treffend die Haltung der Vornehmtuer und Snobs.

non parce que mais quoique »nicht weil, sondern obgleich; 1830, bei Einsetzung des sogenannten Juli-Königs, entstand die Frage, ob sich Louis Philippe nun Philipp VII. nennen sollte. Dupin erklärte dabei, der Herzog von Orléans sei auf den Thron gekommen, »nicht weil, sondern obwohl« er ein Bourbone sei; dieses Wort wird also zur Unterstreichung kritischer Entscheidungen zitiert.

nos neveux unsere Kinder und Kindeskinder.

Notre-Dame Unsere (liebe) Frau; Bezeichnung der Gottesmutter Maria bzw. der ihr geweihten Kirchen und Wallfahrtsorte.

Notre-Dame de Thermidor Ehrenname des Volkes von Paris für die Marquise Thérèse Cabarrus, die Geliebte Robespierres, die am 8. Thermidor (= der »Hitzemonat« der Französischen Revolution vom 17. Juli bis 16. August) hingerichtet werden sollte, aber durch die Meuterei Talliens gegen Robespierre wie durch ein Wunder freikam.

notre première mère ist die »Stamm-Mutter« Eva.

nourriture de l'âme »Nahrung der Seele«, in schlechtem Latein *nutrimentum spiritus,* von Friedrich dem Großen gebrauchter Ausdruck beim Bau der Königlichen Bibliothek zu Berlin; → *aliment de l'esprit.*

nous avons changé tout cela dieses geflügelte Wort stammt aus einer treffenden Antwort in Molières »Arzt wider Willen« (Le médecin malgré lui), 1666, welcher Doktor Leber und Herz verwechselte, jedoch – wie oben zitiert – schlagfertig war.

nous marchons sur des volcans wurde schon 1794 von Robespierre mit Bezug auf unüberwindliche Schwierigkeiten zitiert.

nous verrons, dit l'aveugle wörtlich: Wir werden sehen, sagte der Blinde, das heißt: Sie haben ein Urteil wie ein Blinder von der Farbe.

la nouvelle cuisine heißt die neue französische Küche, die moderne »Richtung« der Kochkunst, gestaltet nach letzten ernährungsphysiologischen Erkenntnissen.

la nouvelle est transpirée es ist die Neuigkeit durchgesickert, daß . . .

nouvelles de la dernière heure (aller)letzte Nachrichten.

nouvelle vague bedeutet die »Neue Welle«, insbesondere im Filmschaffen der sechziger Jahre (Truffaut, Malle u. a.).

des nuages à l'horizon wörtlich: Wolken am Horizont, bedeutet: Gefahr in Verzug.

nu en chemise im Hemd, fast unbekleidet.

la nuit de temps das antike Altertum, die graue Vorzeit.

la nuit tombe bedeutet: die Nacht beginnt; d. h. es wird Nacht.

nul et non avenu null und nichtig.

nulle part nirgends.

nul n'aura de l'esprit hors nous et nos amis keiner soll (wörtlich: wird) Geist haben, außer uns und unseren Freunden, zu zitieren nach Molières »Schule der Frauen« (Les Femmes savantes, 1672).

numéro cent wörtlich Nummer 100; d. i. unser 00 fürs WC.

O

des objets en tout genre Gegenstände aller Art.

un œil à Paris, l'autre à Pontoise überall zu Hause (sein), vergleiche: ein Hans-Dampf in allen Gassen. *Pontoise* ist ein Bahnknotenpunkt im Departement Seine-et-Oise.

un officier de liaison ein Verbindungsoffizier.

l'oiseau n'y est plus wörtlich: . . .ist nicht (mehr) da, das heißt: der Vogel ist ausgeflogen.

l'omelette surprise In der Gastronomie bedeutet *surprise* in Verbindung mit dem Namen einer (Süß-)Speise in der Tat »Überraschung«; man hat es in diesen Fällen mit einem »Geheimnis des Hauses« zu tun, die Zusammensetzung der Zutaten wird nicht preisgegeben.

on a tant crié Noël qu'il est venu wörtlich: man hat so sehr (nach) Weihnachten geschrien, daß es gekommen ist; bedeutet: das Langersehnte ist endlich eingetroffen.

l'onde noire wörtlich: die schwarze Woge, das heißt: der Unterweltfluß Styx.

un on-dit wörtlich: man sagt; ein Gerücht, nur vom Hörensagen; meist in der Verbindung: einem *on-dit* zufolge.

on le mangerait! wörtlich: man möchte es essen, d. h. zum Anbeißen süß!

on ferme! wir schließen jetzt; es ist Zeit (zu gehen).

on ne le trouve plus, la mère en est morte wörtlich: man findet es nicht mehr, die Mutter davon ist tot, d. h. so was gibt's (heute) nicht mehr!

on ne peut mieux wörtlich: man kann nicht besser, d. h. aufs beste . . .

on ne prête qu'aux riches man borgt nur den Reichen; es ist besser, nur den Reichen etwas zu leihen. Die Kurzform des Wortes aus dem Evangelium nach Matthäus 13, 12: Wer hat, dem wird gegeben . . .

on pardonne tant que l'on aime lautet im Deutschen: Man vergibt, so lange man liebt.

on revient toujours à ses premières amours man kommt immer wieder auf seine erste(n) Liebe(n) zurück. Aus der Romanze im 3. Akt der Oper »Joconde« von Isouard, Text von Étienne (1778–1845).

on se rase ici ironisch für: hier langweilt man sich aber!

on s'y porte dort laufen alle Leute hin.

on voit la ficelle dieser Trick ist zu plump; *la ficelle* ist der Bindfaden.

l'or est une chimère das Gold ist ein Trug; aus dem Text von Eugène Scribe zu Meyerbeers Oper »Robert der Teufel« (uraufgeführt Paris 1831).

l'ordinaire est maigre aujourd'hui heute gibt es ein sehr frugales (mickriges) Essen.

or natif (oder **vierge**) bezeichnet ein gediegenes, reines Gold.

l'oubli de soi-même die Selbstverleugnung.

où est la femme? → *cherchez la femme*.

où sont les neiges d'antan wo ist der Schnee vom letzten Jahr . . . ist sprichwörtlich geworden nach dem Kehrreim der Ballade »Von den Damen der Vorzeit« des François Villon (1431–1461).

un ouvrage goûté ein Werk, das Anklang/Anerkennung findet.

P

la paix! dieser Aufruf zum »Frieden« bedeutet: Ruhe bitte!

papa (oder **maman**) **gâteau** Vater (seltener Mutter), der/die seine/ihre Kinder verwöhnt.

papillons noirs traurige Gedanken, Flausen; wörtlich: schwarze Schmetterlinge.

parbleu! etwas veraltet, aber mundartlich noch gebräuchlich: potztausend! Donnerwetter noch einmal!

par cœur auswendig; meistens als *savoir par cœur* verwendet.

par conséquent infolgedessen.

par contre dagegen, jedoch.

par-dessous la jambe leicht, ohne Schwierigkeit/Anstrengung.

par-dessus le marché (noch) obendrein.

Les Parents terribles die schrecklichen Eltern in Abwandlung der → *enfants terribles*. Ein Filmwerk von Jean Cocteau (1889–1963), dessen Titel zum Zitat wurde. Es geht um die kleinen familiären Tragödien unter der Oberfläche einer scheinbar heilen, bürgerlichen Welt.

par excellence vorzugsweise, vor allem schlechthin.

par exemple! heißt mit Ausrufungszeichen nicht »zum Beispiel«, sondern: das ist ein starkes Stück!

par façon de plaisanter (nur) im Scherz.

parfait! ausgezeichnet! vollkommen! In der französischen Grammatik das Perfektum der Zeitwortform. *Le parfait* in der Gastronomie bedeutet »das höchste der Gefühle«, was die Raffinesse der Zubereitung betrifft, und bezeichnet ganz auserlesene Speisen.

par force etwas veraltet für: unbedingt, mit Gewalt; meist nur noch die Wortverbindung *Par-force*-Jagd.

par fraude in betrügerischer Weise.

par hasard zufälligerweise.

par ici (la sortie) hier entlang: (Ausgang bitte) hier!

la Parisienne bezeichnet die Pariser Hymne, ein Freiheitslied zur Verherrlichung der Juli-Revolution 1830; komponiert hat sie Auber: *Peuple français, peuple de braves*. Mit demselben Namen wird ein kleingemustertes Seidengewebe bezeichnet.

un Parisien pur sang ein echter/gebürtiger Pariser.

Paris vaut bien une messe Paris ist eine Messe wert, soll Heinrich IV. von Frankreich (1553–1610) gerufen haben, als er konvertierte. Er war nach den Valois der erste Bourbone auf dem französischen Thron, ein Mann von großer Ausstrahlung und Vitalität, der von seinen hugenottischen Gefolgsleuten vergöttert wurde. Er siegte zunächst über die von Philipp II. geführte Katholische Liga, kehrte aber dann zum katholischen Glauben zurück. Im Edikt von Nantes (1598) erhielten Protestanten und Katholiken die gleichen bürgerlichen Rechte, was Frankreich eine lange Periode des Friedens sicherte.

par la voie hiérarchique über den Dienstweg.

parler affaires sich geschäftlich unterhalten.

parler français comme une vache espagnole wörtlich: wie eine spanische Kuh, d. i. schlecht Französisch sprechen; *vache* korrumpiert aus »vacce«, der Baske.

par lettre brieflich.

le parleur! so ein Schwätzer! »Parlieren« (von *parler,* sprechen) meint auch: in fremder Sprache reden, also eher zögernd, langsam, der Engländer würde das als *small talking* bezeichnen.

par manière de dire gesprächsweise.

par manière du jeu spaßeshalber, scherzhaft.

une parole d'évangile wörtlich: Satz aus dem Evangelium, bedeutet: eine sichere Sache.

la parole (a été) donnée (à l'homme) pour déguiser la pensée auch zitiert als *paroles (sont) faites pour cacher nos pensées*. Dieser Ausspruch wird von Talleyrand berichtet, und zwar aus einer Unterredung mit dem spanischen Gesandten (1807), der ihn damals an Versprechungen zugunsten der spanischen Krone zu erinnern wagte.

par oubli aus Vergeßlichkeit.

par parenthèse nebenbei, beiläufig.

par passe-temps zum Zeitvertreib.

par rang de taille der Größe nach.

par rapport à ... wegen.

par retour du courrier postwendend.
par ricochet aus zweiter Hand.
par ses propres moyens ohne (fremde) Hilfe.
le partage du lion so teilt der Löwe – d. h., der eine kriegt alles, der andere nichts.
par tête pro Person.
la partie publique Staatsanwalt(schaft).
les parties honteuses die »verschämten Teile« des menschlichen Körpers.
partir à l'anglaise sich auf französisch (was die Franzosen auf die Engländer übertragen) empfehlen, sich heimlich davonmachen; umgekehrt sagt der Brite *to take French leave*.
partir pour le midi nach Südfrankreich reisen.
le pas chassé im Ballett ein Sprungschritt, bei dem ein Fuß den anderen jagt.
pas d'action ist der handlungstragende Teil eines Balletts, die Verbindung von Tanz und Pantomime.
pas de ça! nichts da! (aber wirklich) nicht!
pas de deux wörtlich: Schritt zu zweien; der Paartanz, im klassischen Ballett meist fünfteilig: → *Entrée*, Adagio, Variation des Tänzers, Variation der Tänzerin, Coda.
pas de chat »Katzensprung«, ein Sprungschritt mit seitlichem Abwinkeln der Beine, aber immer in weicher Linienführung.
pas de quoi . . .(tut) überhaupt nichts (zur Sache).
pas de zèle! eigentlich *surtout pas de zèle:* vor allen Dingen (aber nur) keinen Eifer. Der Ausspruch soll von Talleyrand, dem »gescheitesten Fuchs der Diplomatie«, stammen; eine in vielen Situationen angebrachte Warnung vor übertriebener »Fixigkeit«.
pas du tout ganz und gar nicht.
pas mal du tout gar nicht einmal so schlecht!
pas plus que dans mon œil wörtlich: nicht mehr als in meinem Auge (zu ergänzen: Platz hat), d. h. gar nichts.
pas pour un empire um nichts in der Welt.
passé! vorbei! vergangen! das ist nicht mehr wahr!
le passe-partout wörtlich: paßt für alles; die Kartonumrandung von Zeichnungen und Grafiken, die dazu dient, das Wesentliche der Darstellung durch Eingrenzung hervorzuheben.
pas tant de mystères! aber, aber, nicht so viele Umstände!

le patenôtre das Geschwätz; abgeleitet von lat. *pater noster,* eigentlich das Vaterunser.
la patience eigentlich Geduld; a) Name des Kartenspiels, das man meist alleine ausführt, mit 1 bis 2 Spielen französischer Karten à 52 Blatt; b) in Österreich: Bezeichnung einer weihnachtlichen feinen Lebkuchenbäckerei, die in Schokolade getaucht wird.
des pattes de chat wörtlich: Katzenpfoten, bedeutet: unförmige Buchstaben, unleserliche Handschrift, ein Geschmiere.
une pauvre fois ein einziges Mal.
un pauvre sire ein armer Schlucker.
un pâté maison ist eine Pastete nach Art des Hauses; hingegen: un *pâté de maisons* der Häuserblock.
payer sa dette à la société wörtlich: der Gesellschaft seine Schuld bezahlen, bedeutet: hingerichtet werden.
les Pays-Bas die Niederlande, Holland; der Name entstand im 11. Jahrhundert, wohl auch in Abgrenzung zum Gebiete von »Hoch«burgund.
la peau! nicht im Traum! fällt mir doch nicht ein!
Pensées (sur la religion) Diese »Gedanken« sind das bekannteste Werk von Blaise Pascal (1623–1662), eine Sammlung von Denkansätzen für eine gewaltige Apologie des Christentums, welche schon das existentielle Denken späterer Zeit vorwegnehmen. Pascal zählt zu den stärksten Persönlichkeiten und glänzendsten Geistern Frankreichs. Er ist auch als Physiker, Mathematiker und Ingenieur hervorgetreten. Vergleiche die Stichwörter → *la cœur a ses raisons,* → *roulette,* → *Port Royal.*
penser, vivre (et) mourir en roi 1757 drückte Friedrich der Große in einem Brief an Marquis d'Argens den Vorsatz, sein Leben selbst zu beenden, ziemlich deutlich aus. Voltaire bekam diesen Brief zu Gesicht und bat den König, dies doch zurückzunehmen. Dieser antwortete auf französisch: Ich muß . . . denken, leben (und) sterben (können) als ein König.
perdre la tramonta(g)ne kopflos werden, den richtigen Standpunkt verlieren; die Tramontana eigentlich jenseits der Berge, also die Gegend am Mittelmeer; *tramontagne* bezeichnet auch den Nordwind sowie das Polarlicht. Wenn man also ge-

wissermaßen den Polarstern, der immer im Norden steht, (aus den Augen) verliert.

perdre (son) embonpoint abmagern, dünn werden; *l'embonpoint* bezeichnet als gebräuchliches Fremdwort eine gewisse Wohlbeleibtheit, das »kleine Bäuchlein«.

le père aux écus ein reicher, wohlbestallter Mann; einer, der viel Geld hat.

Père Lachaise heißt der berühmte Friedhof im Osten von Paris mit den Grabstätten und Denkmälern bedeutender Persönlichkeiten: Abaelard und Héloise, Victor Hugo, die Tänzerin Emma Livry usf. Der Name stammt von dem sehr »milden« Beichtvater Ludwigs XIV., Pater François de Lachaise, dem an der Stelle des jetzigen Friedhofs ein vom König geschenktes Landgut gehörte.

peste soit de lui! der Teufel/der Henker möge ihn holen!

petit déjeuner das (erste, d. h. kleine) Frühstück.

les petites entrées der seinerzeit freie Zugang zu Hofe, ein Privileg auch für niedere Bedienstete.

un petit monsieur ein Geck, ein aufgeputzter Laffe.

les petits riens wörtlich: die kleinen Dinge, Belanglosigkeiten. Name der sehr bekannten Ballettmusik von W. A. Mozart, KV Anhang Nr. 10.

petit point wörtlich: kleiner Punkt. Sehr feine Stickerei, die mit einfachen Schrägstichen über Kanevas gearbeitet wird und – voll ausgearbeitet – einen perlartigen Charakter zeigt.

peu de distance de la roche Tarpéienne au Capitol vom Tarpejischen Felsen bis zum Kapitol ist's nicht weit, sagte Mirabeau in seiner Rede vom 22. 5. 1790 mit Bezug auf die Verhältnisse im alten Rom: vom Tarpejischen Felsen wurden die Verbrecher hinabgestürzt, das Kapitol war der Sitz der Regierung.

un peu gai ein bißchen beschwipst.

peu mesuré recht unüberlegt.

peu ou point de fast gar nichts.

la pièce de bœuf wörtlich: Stück vom Ochsen, bedeutet: die Hauptsache.

pièces noires nennt Jean Anouilh (geb. 1910–1987) seine ersten Stücke (»schwarze«), mit der Grundtendenz, daß alles tragische Erleben in den erlösenden Tod münden muß, zum Beispiel Antigone, Medea, Romeo und Juliette; den Gegensatz dazu bilden seine *pièces roses,* also die mehr heiteren Stücke und Gesellschaftskomödien wie: Einladung ins Schloß, Colombe usw.

pièce de résistance in der Gastronomie: das (magenfüllende) Hauptgericht; auch: Stein des Anstoßes; Sache, um die alles geht.

le pied lui est glissé wörtlich: der Fuß ist ihm entglitten, d. h. ihm ist ein Fehler/ein »Ausrutscher« unterlaufen.

un pied plat wörtlich: Plattfuß, auch beim Auto; übertragene Bedeutung: ein gemeiner Mensch.

la pierre philosophale der »Stein der Weisen«.

piper comme un Turc wie ein »Schlot« (hier: Türke) rauchen.

piquer un macadam einen Unfall vortäuschen, um die Versicherungssumme kassieren zu können; *marcadamiser* heißt: die Straße schottern, mit Belag versehen.

placé sur le chandelier in guter Position/Stellung (sein).

plaisanterie à part Spaß/Scherz beiseite.

des plaisanteries au gros sel derbe Scherze.

un plaisir de roi ein königliches Vergnügen.

un plein de façon umständlich.

des pleins pouvoirs die nötigen Vollmachten; *plein pouvoir* haben: freie Hand haben, die Ermächtigung besitzen.

les plis et les replis du cœur die geheimsten Winkel des Herzens; *le pli* ist die Falte.

la plume de l'oiseau wörtlich: Vogelfeder, bedeutet: das Beste an der Sache, die Krönung des Ganzen.

le plus que je puisse das Äußerste, das ich tun kann (vermag).

plus grand que nature in Überlebensgröße.

plus fort que moi über meine Kraft gehend.

plus le vin vieillit meilleur il est je älter der Wein, desto besser (ist er).

plus royaliste que le roi entspricht unserem »päpstlicher als der Papst«; naturgemäß nimmt hier der Franzose das Königtum ins Zitat.

plus souvent! in der Ausrufung und ironisch: niemals!

un pneu à plat der »Plattfuß« am Auto.

Plonplon Bei- bzw. Spitzname des Prinzen Jérôme

Napoléon, geb. 1822, in der Nationalzeitung vom Juli 1879 dahingehend erklärt, daß der kleine Prinz, der im württembergischen Königshause aufwuchs, nach seinem Namen befragt, immer nur ».. .plon« geantwortet hat und schließlich von allen auch so gerufen wurde.

un point d'aiguille Nadelstich, → *aiguille du midi*.

points à l'aiguille bezeichnet die handgenähten (Brüsseler und Genter) Spitzen, zum Unterschied von den geklöppelten.

un point de repère ein Anhaltspunkt.

un point c'est tout! .. .und damit Punktum!

une poire pour la soif wörtlich: Birne für den Durst, d. i. der Notgroschen.

poivre et sel Pfeffer und Salz, d. h. gesprenkelt (Bezeichnung bei Stoffen und in der Mode).

port de bras heißt die Armhaltung im Ballett.

porte-épée bezeichnet die Degen- oder Säbelquaste, von *porter l' épée;* als Portepee-Träger werden/wurden Offiziere und höhere Unteroffiziere bezeichnet.

le portrait de son père ganz der Vater!

Port-Royal (des Champs) ist der Name des 1204 gestifteten Zisterzienserklosters nahe Versailles. Im 17. Jahrhundert Mittelpunkt der sogenannten Jansenisten-Bewegung, 1710 aufgehoben und zerstört. Cornelius Jansen, der niederländische Theologe (1585–1638), betonte im Gegensatz zu den Jesuiten die göttliche Gnade ohne kirchliche »Vermittlung«. Port-Royal ist auch als »geistige Heimat« von Racine und Pascal bekannt.

le postillon d'amour der Liebesbote, Überbringer von *billets doux*.

un pot à tabac so ein Kleiner, Dicker . . . stammt natürlich aus der Zeit, als noch (Schnupf-)Tabakstöpfe üblich waren.

pot-au-feu eigentlich: der Topf am Feuer; bedeutet: in Hausmannsart bereitetes Fleisch, Suppentopf, insbesondere aus Rindfleisch bzw. mit Rinderbrühe; im übertragenen Sinn: Spießbürger.

un pot au noir wörtlich: Topf aus Schwarzem, d. i. Nachteil, gefährliche Lage/Situation.

le pot de terre contre le pot de fer wörtlich: der irdene gegen den eisernen Topf, d. h. ein ungleiches Verhältnis.

une poudre de perlimpinpin eine unwirksame, gänzlich wertlose Medizin.

la poule au pot → *je veux que le dimanche* . . .

pour ainsi dire sozusagen, gewissermaßen.

pour la peau für die Katz' (wörtlich Haut).

pour la plupart du temps meistens.

pour la rareté du fait der Seltenheit wegen; nur aus Neugierde.

pour le motif aus stichhaltigem Grund.

pour le quart d'heure jetzt, im Augenblick (wörtlich: Viertelstunde).

pour l'ordinaire meistenteils.

pour moi . . . was mich betrifft . . .

pour renfort de potage wörtlich: zur Verstärkung der Suppe, bedeutet: das Tüpfelchen auf dem »i«.

un pourparler eine Unterredung zwecks Herbeiführung einer (endgültigen) Verständigung.

pour revenir à nos moutons »um auf unsere Angelegenheit zurückzukommen«, sagt die Fürstin Crescence in Hofmannsthals »Schwierigem«; → *revenons à* . . .

pour tout de bon im Ernst, tatsächlich.

pour tout partage alles in allem.

prêcher sans mission wörtlich: ohne *Missio (canonica)* predigen, d. h. ganz unbefugt reden.

le premier chien coiffé venu der Erstbeste (dem man begegnet), wörtlich: der erste frisierte Hund, der ankam.

la première vue auf den ersten Blick.

le premier venu der Erstbeste.

prendre le Pirée pour un nom d'homme wörtlich: Piräus für den Namen eines Menschen halten, d. h. zwei Dinge vollkommen verwechseln.

présent! hier (bin ich)!

prêt-à-porter wörtlich: fertig zum Tragen, d. h. in der Damenmode die gehobene Konfektion in verschiedenen »fertigen« Größen, das »Kleid von der Stange«.

Prince Égalité in der Revolutionszeit angenommener Name des Herzogs Ludwig Joseph Philippe von Orléans; er nannte sich selbst eigentlich »Bürger Égalité«, beschloß zusammen mit dem Tribunal den Tod Ludwigs XVI., wurde dann aber selbst 1793 guillotiniert.

un prince est le premier serviteur de l'État ist bei Friedrich dem Großen sechsmal belegbar, und zwar in französischer Sprache. Statt *serviteur* verwendete er allerdings auch *domestique/ministre;*

der Spruch ist im ganzen betrachtet als ein politisches Testament anzusehen.
privé de raison wörtlich: der Vernunft beraubt; gegen alle Vernunft, widersinnig.
le prix de la vie der Lebensunterhalt.
un prodige de science ein grundgelehrter Mann.
promettre monts et merveilles wörtlich: Berge und Wunder versprechen, unser: das Blaue vom Himmel, goldene Berge versprechen.
promettre ses grands dieux etwas hoch und heilig zusagen.
la propriété c'est le vol Eigentum ist Diebstahl, formulierte Proudhon (1809–1865), was allerdings schon auf eine Maxime Brissots (1780) zurückgeht.

Qu

le Quai d'Orsay am linken Seine-Ufer, mit Sitz des französischen Außenministeriums, das ebenso genannt wird.
quand la balle me viendra bedeutet: bei nächster Gelegenheit.
quand les poules auront des dents wörtlich: sobald die Hühner Zähne haben werden, d. h. niemals!
quand même trotzdem; bestimmt!
quant à moi was (wörtlich: soviel) mich (angeht).
une quantité négligeable eine Sache (wörtlich: Menge), die man unberücksichtigt lassen kann.
les quatre coins du monde überall in der Welt (wörtlich: die vier Ecken).
le quart d'heure de Rabelais bedeutet: der Augenblick, in dem man eine Rechnung begleichen muß; die sogenannte »Stunde der Wahrheit«. Buchstäblich gemeint ist die letzte Viertelstunde im Wirtshaus, wenn die Zeche präsentiert wird; Rabelais, nicht nur einmal in seinem Leben in Geldverlegenheit, hatte den Einfall, eines Abends die Anwesenden geschickt hinzuhalten – er gab sich als reisender Doktor aus, der geheimnisvolle Reden von schnellwirkenden Giften führte, mittels derer man den König aus der Welt schaffen könne . . . Er wurde verhaftet und vor Franz I. gebracht; als sein Trick gestanden war, lud der König den armen Schlucker an seine Abendtafel.
Quartier Latin ist ein Teil von Alt-Paris am linken Ufer der Seine, mit allen »gelehrten Anstalten« und der Universität *Sorbonne*.
que diable allait-il faire dans cette galère? was zum Teufel hatte er (oder sonst wer) auf dieser Galeere (oder sonst wo) zu suchen? Aus Molières »Fourberies de Scapin« (1671) – ein Wort, das Cyrano de Bergerac, ein Jugendfreund Molières, schon früher verwendet haben soll. Zu zitieren im Hinblick auf einen unvorsichtigen Menschen, der aus eigener Schuld in Schwierigkeiten gerät.
que non! aber nein! nein, wirklich nicht!
que pariez-vous? Was gilt die Wette? (wörtlich) was bieten Sie?
que veux-tu? oder **que voulez-vous?** das ist nun einmal so; was soll man dagegen machen?
quel culot! was für eine Frechheit!
quelle mélasse! was für ein Unglück, Pech, Verlust!
quelle puce vous mord? was fällt denn Ihnen ein? wörtlich: welcher Floh beißt Sie? Vergleiche unser »vom Affen gebissen«.
quelle sauce! wie es schüttet! jetzt gießt es in Strömen!
quelle scie! was für eine ärgerliche Sache!
quelque part irgendwo.
quelque temps eine Zeitlang.
une querelle d'Allemand ist ein Streit um des (deutschen) Kaisers Bart, also um Nichtigkeiten.
qu'est-ce qu'il y a de plus mystérieux que la clarté? was ist denn schon mysteriöser als die Klarheit – so Paul Valéry, der Denker und Weltverächter.
Quiche Lorraine heißt die Lothringer Specktorte; sie entspricht in etwa einem schwäbischen Zwiebelkuchen mit Fleisch.

qui dit dilettant dit ignorant dieses französische Sprichwort meint: wer etwas nur aus Liebhaberei tut, kann es nicht wirklich kennen; anders ausgedrückt: nur dem Künstler, der davon leben muß, kann in der Kunst voller Ernst zugebilligt werden.

qui est au bout du fil? wer spricht dort? (wörtlich: ist am Ende des Fadens?)

qui mange du pape en meurt wer etwas »vom« Papst ißt, stirbt daran – in bezug auf die Zeit Alexander VI. Borgia, † 1503, in der unbequeme Personen bei Gastmählern durch Giftmischerei aus der Welt geschafft wurden. Übertragen gebraucht als Ausdruck der Feindseligkeit gegenüber Papsttum und Kirche.

qu'importe? das ist doch egal, gleichgültig – jedenfalls nicht wichtig.

Quinquin lesen wir im Personenverzeichnis des »Rosenkavalier« von Richard Strauss: Oktavian, genannt *Quinquin,* ein junger Herr aus großem Hause; das mag eine Verballhornung aus *quelqu'un* sein.

quinze grands jours gut 14 Tage.

qui s'excuse s'accuse wer sich entschuldigt, klagt sich an.

qui va-là? wer ist da?

qui veut faire l'ange fait la bête wer den Engel (bloß) spielen will, wird zum Untier. So Pascal in Artikel XXV, 51 seiner → *Pensées.*

qui vive? wer da? auf dem *qui-vive* sein, bedeutet: auf der Hut sein.

qui vivra verra wer leben wird, wird sehen. a) auf das Überleben kommt es an, dann geht es schon weiter; b) kann auch religiös gemeint sein: die »Anschauung« Gottes im Leben nach dem Tode.

quoi de neuf? was gibt es Neues? Die Antwort wird meistens ein: *rien de neuf aujourd'hui!*

quoi que ce soit irgend etwas (was immer es sei).

quoi qu'il en soit wie dem auch sei.

qu'il vienne! er soll nur (her)kommen! Dann wird er schon sehen . . .

R

rare comme un merle blanc selten wie ein weißer Rabe (im Französischen: Amsel).

rayez les mentions inutiles! Nichtzutreffendes streichen!

un Récamier das charakteristische Möbelstück (Bett) des Empire, benannt nach der schönen und geistvollen Julie Récamier, als Prototyp der Dame des imperialen Frankreich verewigt in dem bekannten Gemälde von Louis David. Die Récamier war eine erbitterte Gegnerin Napoléons.

la recherche de la paternité est interdite Die Ausforschung der Vaterschaft ist untersagt, lautet Artikel 340 des → *Code Napoléon.*

une réconciliation normande bezeichnet eine geheuchelte Versöhnung; »traue keinem aus der Normandie . . .«.

une religion en robe de chambre Börne gebrauchte den Ausdruck »Revolution in Schlafrock und Pantoffeln«, womit er nur ein bekanntes Wort Napoléons abwandelte, der mit Dekret vom Oktober 1801, damals Erster Konsul, die Tempel der Pariser Theo-Philantropen schließen ließ, deren Weltanschauung er eine »Religion im Schlafrock« nannte.

un remède contre l'amour wörtlich: Heilmittel gegen die Liebe, Bezeichnung für eine sehr häßliche Frau, eine »Vogelscheuche«.

un remède de bonne femme ein (gutes) Hausmittel.

le renard est pris, lâchez vos poules wörtlich: der Fuchs ist gefangen, lassen Sie Ihre Hühner raus . . . bedeutet: die Gefahr ist vorbei.

le renouveau catholique diese katholische Erneuerung, eigentlich »Frühling«, bezeichnet das international feststellbare Erstarken des Katholizismus, die Rückbesinnung auf abendländisch-christliches

Erbe nach Überwindung des wissenschaftlichen Positivismus. Dichter werden zu Verkündern und Vermittlern ewiger Heilswahrheiten (Georges Bernanos, Gertrud von LeFort, Werner Bergengruen, u. v. a.).

la rentrée des classes wörtlich: Rückkehr der Klassen, d. i. der Schulanfang nach den Ferien.

une réponse de Normand: eine ausweichende/zweideutige Antwort; *répondre en Normand:* unklar, mit Ausreden antworten.

la Résistance ist die französische Widerstandsbewegung gegen die deutsche Besatzung im Zweiten Weltkrieg.

reste à savoir si . . . es fragt sich (also), ob . . .

reste ouvert à midi durchgehend (also ohne Mittagspause) geöffnet.

retournons à la nature Kehren wir zur Natur zurück, als »Devise« von Jean-Jacques Rousseau bekannt geworden; bei ihm wird die Zivilisation als Ursache allen menschlichen Unglücks angesehen; gefordert wird Rückkehr zur Natürlichkeit, Vorherrschaft des Gefühls, des Herzens; gegenüber der »Kühle« der Aufklärung wieder romantische Empfindsamkeit; von diesen Maximen gingen nicht zuletzt Impulse für den Ausbruch der Französischen Revolution aus.

une retraite de hibou bedeutet eigentlich Ort, an den sich ein Uhu zurückzieht; also: verlassenes altes Haus.

retroussons nos manches! machen wir uns/gehen wir an die Arbeit, wörtlich: krempeln wir die Hemdsärmel auf.

revenir à ses anciennes amours heißt: in die alten/früheren Fehler zurückfallen.

revenons à ces moutons »Kommen wir (also) auf diese Hammel zurück« steht schon in einer Farce aus dem 14. Jahrhundert und geht zurück auf eine Stelle bei Martial (40–102), wo in einem Rechtsstreit »auf die besagten Hammel zurückzukommen« war.

rien appris ni rien oublié sie haben »nichts gelernt und nichts vergessen«, schrieb 1796 ein Franzose namens de Panat; bedeutet: aus den Fehlern wurde nichts gelernt, und die Fehler sind auch noch immer da.

rien ne nous plaît que le combat, mais non pas la victoire »Nur der Kampf erfreut uns (wirklich), nicht aber der Sieg« schreibt Blaise Pascal (1623–1662) in seinen → *Pensées;* man vergleiche etwa den Gedanken Rainer Maria Rilkes in seinem »Requiem für Wolf Graf von Kalckreuth«: Wer spricht vom Siegen, Übersteh'n ist alles.

rien ne presse es hat keine Eile; vergleiche die österreichische Umgangssprache: ». . .es pressiert nicht!«

rien n'est beau que le vrai; le vrai seul est aimable nichts ist schön, nur das Wahre; das Wahre allein ist liebenswert; so Boileau-Despréaux (1636–1711) am Anfang seiner 9. Epistel.

rien ne va plus »Nichts geht mehr« ist der Ausruf des Croupiers beim → *Roulette,* sobald die Kugel an Schwung verliert und den Kesselrand verläßt; in diesem Augenblick darf nichts mehr gesetzt werden.

la Rive gauche das linke Ufer (der Seine in Paris); schon in den dreißiger Jahren auch Name für eine berühmte Parfummarke.

une robe fatiguée bedeutet: Alltagskleid.

la roche Tarpéienne est près du Capitole trifft den Sinn des von Mirabeau überlieferten Wortes eigentlich viel besser als → *peu de distance . . .*

le roi de la fête nicht der König, sondern der Lustigste von allen.

le roi est mort, vive le roi der König ist tot, es lebe der König – mit diesem Ausruf kam die Mitteilung vom Ableben des Regenten in die Öffentlichkeit; er ist als liturgische Formel zu verstehen.

le roi règne et ne gouverne pas findet sich schon in der lateinischen Form: *rex regnat sed non gubernat* im polnischen Reichstag von Jan Zamoiski († 1605) formuliert; der französische Staatsmann Adolphe Thiers (1797–1877) verfocht diesen Satz dann im Juli 1830 in der Zeitung »Le National«.

le Roi Soleil der »Sonnenkönig« wurde als spontane Formulierung durch seine Geliebte, Louise de Lavallière, zum Beinamen des vierzehnjährigen Ludwig XIV., als er – der ausgebildeter Tänzer war und zwischen seinem 12. und 32. Jahr in zahllosen Aufführungen von höfischen *ballets* mitwirkte – in einem dreizehn Stunden (!) dauernden allegorischen Tanzspiel gegen Ende der Aufführung als die

»aufgehende Sonne« in strahlendes Gold gekleidet erschien.

le roi te touche, le roi te guérisse der König berührt dich, der König würde dich heilen ... Noch im 19. Jahrhundert wurde mancherorts geglaubt, daß Hautkrankheiten durch die königliche Handauflegung geheilt werden könnten.

Le roman de la Rose eine allegorisch-lehrhafte Verserzählung von Guillaume de Lorris (etwa 1210–1240), hochberühmt in der altfranzösischen Literatur.

Rome n'est plus dans Rome »Rom ist nicht mehr in Rom«, im Sinne von: Rom ist auch nicht mehr, was es einmal war; d. h. wer diesen Ort als Mittelpunkt seines Lebens, seines persönlichen Heils ansieht, muß das alles anderwärts suchen (nach Gabriel Marcel).

rond comme une pomme meint: voll betrunken.

rond de jambe bezeichnet im Ballett verschiedene Kreis- oder Halbkreisbewegungen des Spielbeins.

rond en affaires entgegenkommend, kulant.

le rôti brûle wörtlich: der Braten (ver)brennt, d. h. es ist höchste Zeit!

un roué eigentlich ein Geräderter, ein »Galgenschwengel«; der Ausdruck stammt von Philipp von Orléans (1715–1723 regierend), womit dieser Fürst die Genossen seiner Orgien zu bezeichnen pflegte. Übertragen: jeder vornehme Wüstling.

Rouge et noir »Rot und Schwarz« ist ein Glücksspiel mit sechs Whist-Kartenspielen, also 312 Blättern; es wird von sogenannten Pointeuren gegen einen Bankhalter auf einem Tisch mit roten und schwarzen Feldern gespielt; *Le Rouge et le Noir* ist einer der von genauer Lebensbeobachtung beherrschten psychologischen Romane von Stendhal (eigentlich Marie Henri Beyle, 1783–1842).

Roulette eigentlich Kügelchen; das Spiel mit der rollenden Elfenbeinkugel – die unbestechlich und meist auch unbezwingbar ist; kein anderes Spiel vermag dessen Hochspannung zu erzeugen, die bedeutendsten Köpfe haben immer wieder an der Ausarbeitung »todsicherer« Systeme gearbeitet ... Der Philosoph und Mathematiker Blaise Pascal konstruierte im 17. Jahrhundert einen Apparat für physikalische Versuche, ohne im geringsten daran zu denken, der »risikofreudigen« Menschheit eine neue Versuchung zu bescheren; allerdings entwickelte sich aus diesem Experiment tatsächlich dieses aufregende Spiel, das zur Zeit Ludwig XIV. erstmals in Paris in öffentlichen Klubs auftauchte und bis heute aus dem gesellschaftlichen Leben nicht mehr wegzudenken ist.

la route naturelle est la plus courte besagt: der gerade Weg ist (immer) der beste.

le royaume des taupes bedeutet: Grab, Kirchhof; *le taupe* ist der Maulwurf; *taupe* bedeutet auch einen sehr dunkelgrauen Farbton; *noir comme un taupe* ist tiefschwarz.

les rues en sont pavées wörtlich: die Straßen sind damit gepflastert; es ist spottbillig zu haben.

rusé comme Ulysse listig, verschlagen – mit Bezug auf den »listenreichen« Odysseus/Ulysses der griechischen Sage.

S

S. A. Abkürzung für *Société Anonyme,* Aktiengesellschaft.

le Sacre du Printemps Frühlingsopfer; Weihe des Frühlings. 1913 uraufgeführtes Ballett nach der Musik von Igor Strawinsky, in dem der bis damals ausschließlich »klassische« Tänzer Nijinski erstmals zum modernen Tanzausdruck vorstieß.

sa fille est un garçon manqué an seiner Tochter ist ein Junge verlorengegangen, seine Tochter ist sehr burschikos.

sain et sauf gesund und munter.

un Saint Bouche d'or ein sehr aufrichtiger Mensch, »Goldmund«.

la Sainte Ampoule der Sage nach 496 bei der Salbung des fränkischen Königs Chlodwig I. in Reims durch eine Taube vom Himmel gebrachtes Gefäß mit dem unversiegbaren Öl für die Salbung aller französischen Könige bis Ludwig XVI.; wurde in der Französischen Revolution vernichtet.

la Saint-Glinglin der/am sogenannte(n) St.-Nimmerleins-Tag; nie!

la Saint-Lundi dieser »heilige« Montag bezeichnet den Tag, an dem man »blau macht«.

une sainte nitouche weibliche Person, die scheinheilig bzw. zimperlich ist; vergleiche das lateinische *noli me tangere.*

les saints-mystères das heilige Meßopfer (der katholischen Kirche).

la saison fleurie der Frühling.

la Salpêtrière bezeichnete ursprünglich den »Pulverturm« von Paris; dieser wurde durch königliches Dekret zu einem *hospice général* für Gebrechliche und aus der Gesellschaft Ausgestoßene umgewandelt; später Irrenanstalt.

sans autre kein Wort mehr! (sei) still!

sans crier gare ohne Vorwarnung, ohne Umschweife.

les sans-culottes ist abgeleitet aus dem Ausruf des Abbé Maury (Mitglied der Constitution 1789–1791): *M. le Président, faites taire les sans-culottes* mit Bezug auf die von der Tribüne lärmenden Republikaner, welche die bis zu den Füßen reichenden *pantalons* – die lange, lose Hose der ärmeren Schicht – und nicht die vornehme Kniehose *(culotte)* entsprechend herrschender Mode trugen.

sans doute zweifelsohne, auch: wirklich.

sans mot dire stillschweigend, wie bereits vereinbart; ohne daß man sich noch vorstellen muß.

sans esprit de retour ohne Absicht zurückzukehren.

sans faute! (ganz) bestimmt!

sans feu ni lieu wörtlich: ohne Feuer und Ort, d. h. ohne festen Wohnsitz.

un sans-gêne ein Mensch, der sich alles erlaubt, der sich viel herausnimmt; vergleiche den Film »Mme Sans-Gêne«.

sans goût geschmacklos (betr. modische Dinge).

sans manque (ganz) bestimmt!

sans merci erbarmungslos.

sans phrase(s) ohne Kommentar und Umschweife; eigentlich verkürzt aus *la mort sans phrase,* was angeblich Siéyès auf die Frage, was mit Ludwig XVI. geschehen solle, in der Konventsitzung vom 17. 1. 1793 gesagt haben soll; belegt ist allerdings nur, daß er mit *la mort* abstimmte.

sans portefeuille eigentlich *ministre . . .* bedeutet: ohne eigenen Amtsbereich; *portefeuille* ist sowohl Brief- wie Aktentasche.

sans prétentions anspruchslos.

sans prix unbezahlbar.

sans qu'il y paraisse unmerklich, unauffällig.

sans rancune! wörtlich: ohne Ränke, d. h. vergessen wir unseren Groll; oft auch als *point de rancune* zitiert.

sans reproche ohne Ihnen (daraus) einen Vorwurf machen zu wollen.

sans retour für immer, unwiederbringlich.

sans rime ni raison ohne Grund.

sans vanité wörtlich: ohne Eitelkeit, d. h. ohne mich zu rühmen.

sans vous flatter ohne Ihnen (zu) schmeicheln (zu wollen).

sans y penser ohne Absicht.

Santé! Gesundheit! Prosit! kurz von → **à votre santé.**

Sapristi! nicht sehr vornehmer Ausruf, eher schon ein Fluch im Sinne von Potztausend! Vergleiche bayerisch: Herrgottsakrament noch einmal.

sauf avis contraire wenn nichts Gegenteiliges mitgeteilt wird.

sauf erreur et (ou) omission wörtlich: ohne Irrtum und Auslassung, abgekürzt S. E. & O. nach dem lateinischen *sine errore et omissione;* entspricht unserem: Irrtum vorbehalten!

sauf le respect que je vous dois mit Verlaub (zu sagen).

sauf révérence mit Verlaub.

sauter le mur wörtlich: (über) die Mauer springen, d. h. ohne Erlaubnis ausgehen.

sauve qui peut! rette sich, wer kann ...

le savant-bête »die wissende Bestie« meint den amusisch und unkünstlerisch eingestellten Wissenschaftler, der sich uneingeschränkt gegen die musische Komponente im Menschen und damit gegen alles humanitäre Denken wendet.

savez-vous la nouvelle? wissen Sie (schon) das Neueste?

savoir-faire Gewandtheit, Geschicklichkeit (wörtlich: etwas zu machen wissen).

savoir nager gerissen sein, über Leichen gehen (wörtlich: schwimmen können).

savoir son latin sich (in einer bestimmten Sache gut) auskennen.

savoir toutes les foires de Champagne gut Bescheid wissen, bestens unterrichtet sein; in früheren Zeiten waren die Handelsverhältnisse in der Champagne recht kompliziert, und wer sie gut kannte, konnte als erfahrener Kaufmann gelten.

savoir vivre die (feine) Lebensart, Lebenskunst; den Dingen des Lebens Geschmack abgewinnen (wörtlich: zu leben verstehen).

le sceptre et l'encensoir die weltliche und die geistliche Macht; *l'encensoir* ist das Weihrauchfaß.

séance tenante unverzüglich.

secret comme un coup de tonnerre wörtlich: verschwiegen wie ein Donnerschlag, d. h. indiskret, klatschhaft.

le secret de la comédie was jedes Kind (schon) weiß.

Séladon → *Céladon.*

le sel n'est pas marchand Salz ist Staatsmonopol.

selon l'occasion je nach den Umständen.

selon moi meiner Ansicht nach.

la semaine des quatre jeudis wörtlich: Woche der vier Donnerstage, d. h. niemals!

semé d'obstacles voller Hindernisse.

sensible aux mouches so empfindlich, daß man sich sogar über eine Fliege an der Wand ärgert.

sentir la province »nach der Provinz riechen«, bedeutet: kein urbaner Mensch, eher eine »Landpomeranze« sein.

se porter comme le Pont-Neuf sich trotz Alters wohlbefinden, zwar sehr alt, aber rüstig sein; *le Pont-Neuf* ist eine der über dreißig Pariser Brücken über die Seine, angeblich römischen Ursprungs; sie trägt ein Reiterstandbild Heinrichs IV. von Frankreich.

le serpent qui ronge la lime wörtlich: Schlange/Drachen, die/der die Feile annagt; bedeutet: ein vergeblicher Angriff auf ein hervorragendes Kunstwerk oder eine bedeutende Persönlichkeit.

seul et unique einzig(artig), einzig und allein.

si Dieu n'existait pas il faudrait l'inventer »Gäbe es Gott nicht, man müßte ihn erfinden« stammt aus Voltaires »Epître à l'Auteur du livre de trois Imposteurs«; ein Zitat, das beliebig abgewandelt werden kann.

le siècle des lumières meint das Zeitalter der Aufklärung.

si la corde ne rompt ... wörtlich: wenn der Faden nicht reißt, der Bogen nicht bricht; bedeutet: wenn alles gut geht, wenn es klappt ...

si fait! o doch!

si jamais im Falle daß ..., wenn überhaupt ... – im eher unwahrscheinlichen Falle anzuwenden.

si le cœur vous en dit wenn Sie Lust dazu haben?

le silence du peuple est la leçon des rois das Schweigen des Volkes ist eine Lehre für die Könige; aus der am 27. 7. 1774 für Ludwig XV. gehaltenen Leichenrede des Abbé de Beauvais; es hieß darin, daß das Volk wohl das Recht zu »murmeln« (*murmurer,* vergleiche murren) habe, aber ohne Zweifel auch jenes zu schweigen *(se taire).*

la silhouette Vor Erfindung der Fotografie war neben der Malerei die Anfertigung von Scherenschnitten eine der Möglichkeiten, Personen abzu-

bilden; der Name leitet sich her von einem Minister unter Ludwig XV., Étienne *de Silhouette.*
si l'on n'a pas de tête il faut avoir des jambes entspricht fast wörtlich unserem: Was man nicht im Kopfe hat, muß man in den Beinen haben.
simple comme bonjour (so) einfach wie nur etwas.
si on lui pressait le nez il en sortirait du lait wörtlich: wenn man ihm die Nase zusammendrückt, kommt Milch raus; d. h. er ist noch »feucht hinter den Ohren«, ein sogenannter »grüner Junge«.
si on lui tordait le nez il en sortirait du lait wörtlich: wenn man ihm die Nase verdreht . . . (weiter wie oben) – er will den Mann spielen, ist aber noch ein »Milchknabe«.
une situation sans issue eine aussichtslose Lage.
une soirée priée eine geschlossene Gesellschaft.
soixante hivers ont passé sur sa tête er hat sechzig Winter erlebt; hat sechzig Jahre auf dem Buckel.
le soleil d'Austerlitz eigentlich vollständig: *Voilà le soleil . . .* ein Ausruf Napoléons, als am 7. 9. 1812 über Moskau die Sonne aufging; er wollte damit seine Soldaten an den Sieg bei Austerlitz vom 2. 12. 1805 erinnern; oft zitiert, um einen Helden zu bezeichnen bzw. jemanden zu mehr Mut anzufeuern.
un soleil de janvier wörtlich: Januarsonne, bedeutet: unzuverlässiger Zeitgenosse, wankelmütiger Mensch.
son malheur est sans remède dagegen ist kein Kraut gewachsen.
son ménage est percé à jour bedeutet: er ist vollständig durchschaut; was er beabsichtigt, ist klar.
son semblable est encore à naître seinesgleichen muß erst noch gefunden (wörtlich geboren) werden.
un sot de trois lettres ein Erztrottel, ein »Armleuchter«.
soufflé Nebenbezeichnung von Speisen, die durch Beimengung von Eischnee beim Garen »auflaufen«; *soufflé* heißt an sich: aufgeblasen.
sous aucun prétexte unter keinen Umständen.
sous clef unter Verschluß.
sous-entendu stillschweigend, im stillen Einverständnis; zum Beispiel nicht gar zu *sous-entendu* sprechen, d. i. Distanz wahren, Abstand halten.
sous la cheminée heimlich; unter der Hand.
sous la foi de serment eidesstattlich.
sous le couvert de . . . im Auftrage von . . .
sous l'égide de unter dem Schutze von; mit Bezug auf Ägide, wie der Schild der Pallas Athene hieß; im übertragenen Sinne erstmals von Voltaire gebraucht.
sous le manteau de la cheminée unter dem Mantel der Verschwiegenheit.
sous le masque heimlich.
sous toutes réserves mit Vorbehalten, ohne jede Gewähr.
le Spectre de la Rose Der Geist der Rose. 1911 in Monte Carlo uraufgeführtes Ballett mit der Musik von C. M. von Weber nach einem Text von Théophile Gautier: *Souléve ta paupière close / qu'effleure un songe virginal / je suis le spectre de la rose / que tu portais hier au bal . . .* Die berühmten ersten Protagonisten waren Tamara Karsawina und Michael Fokin bzw. Waclaw Nijinski.
le spectre rouge »Das rote Gespenst« war der Titel einer Broschüre von M. A. Romieus (1851), mit welcher den Franzosen der Bürgerkrieg prophetisch angekündigt wird.
le style c'est l'homme hieß ursprünglich *le style est l'homme même:* Worte Buffons (1707–1788) in seiner Antrittsrede in der → *Académie* (1753): Wie der Stil, so der Mensch! Spätere Leseart: Le style est *de* l'homme même.
suivant son habitude seiner Gewohnheit gemäß.
la suite a) Folge von Zimmern in Schlössern, Hotels. b) Gefolge eines Fürsten, Präsidenten usw. c) eine Reihe stilisierter Tonsätze oft gleicher Thematik, die sich nur in Takt, Tempo oder Charakter unterscheiden; einem *prélude* folgen üblicherweise Allemande, Courante, Sarabande; auch Gigue, Pavane, Gavotte können Teile der *suite* sein.
la suite au prochain numéro ein anderes Mal mehr (davon).
le suprême bezeichnet immer ein sog. Königsgericht, bestehend aus dem jeweils besten oder am besten geeigneten Fleischstück einer Art.
sur le livre rouge dieses französische »rote Buch« bedeutet unsere »schwarze Liste«.
sur le pont d'Avignon ist der Anfang eines weitbe-

kannten Liedes in bezug auf die berühmte Ruine der römischen Brücke unterhalb der Papst-Stadt Avignon, die mitten über dem Rhône-Fluß abbricht.

sur le radeau de la Méduse wörtlich: auf dem Floß der Medusa; bedeutet: in großer Not, Gefahr, Bedrängnis; Anspielung auf den Untergang der »Medusa« (1816) – ein Teil der Besatzung rettete sich auf ein Floß, aber nur wenige überlebten.

sur les pointes im Ballett die choreographische Anweisung, »auf Spitze« zu stehen bzw. zu tanzen; der Spitzenschuh, ein wahres Martergerät für weibliche Füße, wurde im 19. Jahrhundert von Vater Taglioni für seine Tochter Marie – angeblich, um von deren häßlicher Nase abzulenken bzw. sie auch größer erscheinen zu lassen – erfunden.

sur quelle herbe avez-vous marché? wörtlich: über welches (Un-)Kraut sind Sie marschiert, d. h. was ist Ihnen über die Leber gelaufen?

surtout pas d'affaires ...(macht) nur kein (solches) Theater!

surtout pas de zèle → *pas de zèle*.

surtout, pas un mot! kein Wort mehr davon! ich will nichts mehr hören!

T

la table d'hôte die (gemeinschaftliche) »lange« Tafel in Hotels und Gaststätten, an der die Gäste der Reihe nach – ähnlich wie im privaten Bereich – bedient werden; in romanischen Ländern durchaus noch üblich.

tant bien que mal ja doch nur, so gut wie ..., zum Beispiel: sie waren *tant bien que mal* verlobt.

tant de bruit pour une omelette soll auf den Schriftsteller Desbarreaux († 1675) zurückgehen; dieser hatte an einem Fasttag Eierkuchen bestellt; als der Wirt widerstrebend auftrug, erfolgte ein heftiger Donnerschlag – da warf Desbarreaux den »Kuchen des Anstoßes« mit obigem Ausruf kurzerhand aus dem Fenster; zu zitieren für alles, was unnötig Ärgernis erregt.

tant pis wörtlich: desto schlimmer; im Sinne von: da kann man eben nichts machen.

tel est notre bon plaisir »Dies ist unser gnädiger Wille« stammt aus einer Anordnung Karls VIII. von Frankreich, gegeben am 12. 3. 1497; ursprünglich hieß es nur: *tel est notre plaisir*.

la tempête dans un verre d'eau »Sturm im Wasserglas« nannte Montesquieu (1689–1755) die Wirren in der Zwergrepublik San Marino auf einprägsame Weise. Übertragen zu zitieren für alles übertrieben Betriebsame bei winzigen Anlässen. Schon Cicero (*De legibus*) sprach von einem *fluctus in simpulo;* daher leitet sich auch der Titel der Komödie von Eugène Scribe.

le temps file ...wie doch die Zeit vergeht!

le terre à terre das Alltägliche; man vergleiche die Ausdrücke: sich *terre-à-terre* fühlen; eine Sache zu sehr *terre-à-terre* anfangen, usw.

tête-à-tête dieses »Kopf-an-Kopf«, das bei zärtlichen Zusammenkünften wohl zwangsläufig eintritt, bezeichnet demnach diese selbst; etwa vergleichbar dem smarteren *cheek-by-cheek* im Englischen.

une tête carrée wörtlich: ein Quadratschädel, ein Querkopf, Querulant.

la tête près du bonnet wörtlich: Kopf nahe der Betthaube; d. h. barsch, sehr kurz angebunden, unhöflich.

tiens! c'est vous! ach, Sie sind das!

tiens, tiens! sieh doch mal an!

le tiers et le quart dieser und jener; alle Welt.

le Tiers-Monde die Dritte Welt, die Entwicklungsländer.

tirer les marrons du feu die Kastanien aus dem Feuer holen; stammt aus der Fabel »Der Affe und die Katze« von La Fontaine (1621–1695); der Affe verlangt von der Katze, die Kastanien zu holen –

gehorsam tut sie das, bringt sie ihm, und er verspeist sie genüßlich.

un tombeau des secrets einer, der verschwiegen ist wie ein Grab.

tomber en syncope bedeutet: in Ohnmacht fallen, hat also mit Synkopen bzw. heißen Rhythmen nichts zu tun.

torse nu oben ohne; abgeleitet von der marmornen Nacktheit der »Torso«-Büsten, die man im Museum bewundert.

toujours bien porté noch immer in Mode.

toujours en vedette! immer auf dem Posten, schrieb Friedrich der Große in seinem »Exposé du gouvernement prussien«.

toujours la chose génitale wird auf Professor Jean Martin Charcot, den Leiter der Pariser → *Salpêtrière*, zurückgeführt; soviel wie: es dreht sich ja doch alles immer (nur) um die sexuellen Dinge; ursprünglich als Anspielung auf die schlechten sozialen Verhältnisse zu verstehen.

toujours la même litanie immer die alte (dieselbe) Leier!

toujours le même refrain (es ist) immer das alte Lied!

toujours perdrix! »immer Rebhuhn« als Ausdruck der Übersättigung; er stammt angeblich vom Beichtvater Heinrichs IV., der diesem wegen seiner zahllosen Liebschaften Vorwürfe gemacht hatte und daraufhin beständig *perdrix* vorgesetzt bekam – um endlich die Notwendigkeit einer Abwechslung einzusehen.

La Tour d'Argent Der silberne Turm, Name eines weitberühmten Feinschmeckerlokals in Paris.

tour en l'air besondere Sprungart im klassischen Ballett aus der 5. wieder in die 5. Position – nach einfacher, doppelter oder gar dreifacher Drehung um die eigene Körperachse.

t. s. v. p. im Klartext: *tournez s'il vous plaît* bedeutet: bitte wenden!

tous les genres sont bons hors le genre ennuyeux Alle (Kunst-)Gattungen sind gut mit der Ausnahme der langweiligen. So Voltaire in seiner Vorrede zu »L'Enfant prodigue«.

tous tant que nous sommes (wir) alle ohne Ausnahme.

tout à fait ganz und gar; vollkommen.

tout à la fois auf einmal.

tout à l'heure soeben.

tout à trac plötzlich, unversehens.

tout autant genau so!

tout battant neuf funkelnagelneu.

tout beau! nur immer schön langsam . . .

tout bien pesé nach reiflicher Überlegung.

tout comme chez nous ganz wie bei uns (zu Hause); zurückzuführen auf Nolant de Fatouvilles »Arlequin, l'Empereur dans la Lune« (1648). Harlekin, der sich für den Herrscher des Mondes ausgibt, beschreibt die Mondbewohner . . . und neunmal bemerken dazu die Umstehenden: *Ah, c'est tout comme ici . . .!*

tout comprendre c'est tout pardonner wird auf Madame Anne Louise Germaine de Staël, geb. Necker (1766–1817), zurückgeführt; in ihrem Buch »Corinne où l'Italie« sagt sie allerdings wörtlich: *. . .tout comprendre rend très indulgent* – alles verstehen macht sehr nachsichtig.

tout d'un coup mit einem Schlag, plötzlich.

tout en larmes in Tränen zerfließend.

tout est à l'abandon alles geht drunter und drüber.

tout est dit wörtlich: es ist alles gesagt, d. h. die Sache ist als erledigt zu betrachten.

le tout est de faire son devoir das Wichtigste ist und bleibt die Pflichterfüllung.

tout est frit! alles ist hin!

tout est manqué! alles (ist) verloren!

tout fait fix und fertig.

tout le contraire genau das/im Gegenteil.

tout le monde jeder(mann), alle.

tout le monde a deux patries: la sienne et – la France jeder (wörtlich alle Welt) hat zwei Vaterländer: das seine und – Frankreich.

tout le Saint-Frusquin alle sieben Sachen, die Habseligkeiten.

tout mon monde meine ganze Familie plus Hauspersonal plus Gäste . . .

tout ne finit pas là das ist (aber) noch nicht alles!

le tout Paris die Pariser Gesellschaft, die oberen Zehntausend.

tout peut naître ici-bas d'une attente infinie alles kann entstehen hier auf Erden aus einem unendlichen Warten; ein Wort aus der »poetischen Philosophie« in der Dichtung von Paul Valéry (1871–

1945) in der Bedeutung: Verfügte man über die Unendlichkeit der Zeit, so könnte man alles (ins Geistige!) verwandeln.

tout rempli d'égards   sehr rücksichtsvoll.

tout roule là-dessus   das ist die Hauptsache!

tout sec   lediglich, nur.

tout simplement   ganz einfach, einfach so.

tout y va la paille et le blé   alles geht drauf – nämlich das Stroh, *la paille,* und das Korn, *le blé.*

toute la gamme   wörtlich: die ganze Tonleiter/Skala, d. h. vom ersten bis zum letzten.

toute la lyre   die ganze Leier; der ganze Kram.

toute la sainte journée   den ganzen lieben Tag.

toute réflexion faite   alles wohlerwogen, nach reiflicher Überlegung.

toute une vie de privations   ein entbehrungsreiches Dasein; ein Leben, das man kümmerlich fristet.

le train du monde   der Lauf der Welt.

la traite des blanches   der Mädchenhandel.

un travail au rabais   eine schlechtbezahlte (»rabattierte«) Arbeit.

Trente-et-quarante   ist 30 + 40, ein Glücksspiel mit sechs Whistspielen (französische Karten), zusammen also 312 Blättern.

Trente-et-un   das Kartenglücksspiel »31«; wer zuerst einunddreißig Augen (Punkte) hat, gewinnt.

trop de zèle   → *pas de zèle . . .*

trouver sa roche Tarpéienne   sein Aussehen/seine Beliebtheit (politisch) verlieren; in Anspielung auf den Tarpejischen Felsen des alten Rom, von dem die Verbrecher hinabgestürzt wurden; → *peu de distance . . .*

tu l'as voulu, George Dandin, tu l'as voulu! stammt aus Molières Stück »George Dandin« (1668) und wird bei Mißgeschicken, die jemand selbst verschuldet, gerne zitiert, oft auch in der Form: *vous l'avez voulu!* Sie haben es (ja so) gewollt!

le tutu   ist der traditionelle kurze Ballettrock der Tänzerin; eine »Erfindung« des 19. Jahrhunderts, bestehend aus mehreren Tüllschichten, anfänglich bis zu den Waden reichend, später verkürzt und nur mehr von der Hüfte abstehend, so daß die ganze Länge der Beine sichtbar wird.

U

l'Univers n'est qu'un défaut dans la pureté du Non-Être   Das Universum ist nur ein Fehler in der Reinheit des Nicht-Seins, sagte der französische Dichter Paul Valéry († 1945) in seinem Streben nach absolut »reinem Bewußtsein«, das die Individualität ausschließt – ein für ihn typischer Stufengang fortwährender Abstraktion (nach E. R. Curtius).

usé jusqu'à la corde   abgedroschen, abgenutzt.

V

vacciné avec une pointe de phono immerzu daherredend; wörtlich: (wie) mit der Nadel eines Plattenspielers geimpft.

la vache qui rit diese »Kuh, die lacht« ist der Beiname einer französischen Käsesorte.

un va-et-vient continuel ein ständiges Gehen und Kommen.

Le Vaisseau fantôme wörtlich: das Geisterschiff, französischer Titel der Oper »Der fliegende Holländer« von Richard Wagner.

valoir mieux que sa réputation abgeleitet aus »Hochzeit des Figaro« von Beaumarchais (1784); Graf Almaviva, dem ein schlechter Ruf nachgesagt wird, erwidert in diesem Text: *Et si je vaux mieux qu'elle* – und doch bin ich besser als diese *(réputation)* . . . Das Idiom findet sich wieder in Schillers »Maria Stuart« (3, 4) und auch bei Goethe im 7. Buch von »Dichtung und Wahrheit«.

Vanité! Cause Première! heißt in der Rilkeschen Übersetzung: Eitelkeit! O erster Grund der Gründe! . . . und stammt aus dem Gedicht »Entwurf einer Schlange« – Ébauche d'un Serpent – von Paul Válery, das er Henri Ghéon gewidmet hatte.

va te coucher! wörtlich: geh dich hinlegen, d. h. laß mich in Ruhe!

le va-tout bezeichnet das ganze bei einem Spiel »stehende« Geld (den ganzen Einsatz).

vendre du vent wörtlich: Wind verkaufen, bedeutet: etwas versprechen, ohne es wirklich halten zu können.

venir de rien ganz klein, praktisch mit nichts anfangen; in diesem Zusammenhang spricht man auch von einem *parvenu*.

le vent tourne das Blatt (wörtlich: der Wind) wendet sich.

veuillez agréer l'assurance de ma considération distinguée ist die Formel für »mit vorzüglicher Hochachtung«.

la vie est un combat eigentlich *ma vie* . . . in Voltaires Tragödie »Le Fanatisme ou Mahomet le prophète« (1739); Beaumarchais hat sich daraus sein Motto genommen; der Gedanke ist alt: in der Bibel steht *militia est vita hominis;* leben heißt kämpfen, sagte Seneca.

la vieille garde meurt et ne se rend pas die alte Garde stirbt und ergibt sich nicht; so soll General Cambronne bei Waterloo am 18. 6. 1815 gesagt haben. Jedenfalls trägt sein in Nantes errichtetes Denkmal diese Inschrift. Nach anderen Quellen eine Formulierung des Journalisten Rougemont nach der oben erwähnten Schlacht; jedenfalls ist das Zitat bestens anzuwenden für Menschen, die streng in einer bestimmten Tradition stehen, die keinen Zoll weichen, auch wenn es hart auf hart geht.

une vieille moustache wörtlich: alter Schnurrbart; bezeichnet einen kampferprobten Mann, einen echten Haudegen.

vieilles lunes! Zeiten, an die man sich nicht mehr erinnert; das ist doch schon nicht mehr wahr!

vieux commes les rues uralt, »stein«alt (wörtlich wie die Straßen).

un vieux marcheur ein alter Sünder.

Vieux Saxe heißt »Alt-Sachsen« und bezeichnet Meißener Porzellan.

le vif de la question der Kern der Sache, worauf es ankommt.

vis-à-vis de rien vor dem Nichts (stehen).

visiter le bord wörtlich: die Grenze besuchen, d. h. im Jenseits landen.

vivre à gogo sehr behaglich leben.

vivre comme un ours ungesellig sein, einsam leben, *ours* ist der Bär.

vivre en prince fürstlich leben.

le vivre et le couvert Kost und Logis.

vivre d'industrie sehr gerissen sein.

vogue la galère! gehe es, wie es will . . .

voici le reste de notre écu! das fehlte (gerade) noch!

voies de fait Tätlichkeiten.

voilà bien une autre histoire das ist ganz etwas anderes!

voilà des choses qui jurent! das paßt (alles) nicht zusammen.

voilà du nouveau! das ist aber höchst seltsam!

voilà le chiendent! da liegt der Hase im Pfeffer! Vergleiche im Deutschen: da liegt der Hund begraben! *le chiendent* ist eigentlich die Quecke, deren Wurzeln schwer auszurotten sind.

voilà justement comme on écrit l'histoire das ist just (die Art), wie man (die) Geschichte scheibt; so Voltaire in 1, 7 der Komödie »Charlot«; ein Wort, das er auch in einigen Briefen verwendete.

voilà parler, cela! das heißt gut reden . . .

voilà, un homme! mit diesen Worten verabschiedete Napoléon I. (1769–1821) J. W. von Goethe in Erfurt, wo er ihn am 2. 10. 1809 empfangen hatte. Es wäre wohl etwas blasphemisch, an das biblische *Ecce homo* zu denken, doch ist das Wort sicherlich als Würdigung eines ganz Großen zu verstehen.

voilà votre fille est muette wörtlich: sehen Sie, Ihre Tochter ist stumm; bedeutet: da bleibt Ihnen die Spucke weg – als Nachsatz zu einer unklaren Aussage gebräuchlich.

voilà un beau mystère! aber das weiß doch jedes Kind!

voilà un bon plat ironisch für: das ist mir eine feine Gesellschaft!

voir du pays viel (herum)reisen.

un voisin de sa perte einer, der dem Untergang nahe ist.

la voiture de Saint-Crépin auf Schusters Rappen.

Votre solidité war der Spitzname für Madame de Maintenon, verwitwete Scarron, die erst Maitresse Ludwigs XIV. war und ihm mit 48 Jahren legitim angetraut wurde; diesen Namen erhielt sie wegen ihrer Frömmigkeit und ausgeprägten Standhaftigkeit.

le vrai seul est aimable → *rien n'est beau que . . .*

vous en êtes à cent lieues! weit gefehlt! (wörtlich: Sie sind hundert Meilen davon weg).

vous êtes tout pardonné! keine Ursache; das geht in Ordnung.

vous êtes trop bon! wie freundlich von Ihnen!

vous l'avez voulu → *tu l'as voulu . . .*

vous n'êtes pas de trop Sie stören nicht! So bleiben Sie doch!

vous n'y êtes pas gebräuchlich nach Fragen wie: ist es so oder so, dies oder jenes? Was ist wirklich? im Sinne von: Da irren Sie sich aber gewaltig!

vous voyez le tableau! wörtlich: Sie sehen das Gemälde, d. h. man stelle sich die Lage vor . . .

vous voulez rire wörtlich: Sie wollen lachen; bedeutet: das kann doch nicht Ihr Ernst sein!

voyons! sieh mal! ach so!

voyons voir wir wollen (das einmal) genau prüfen.

Y

y pensez-vous? wo denken Sie hin? Was fällt denn Ihnen ein?

Z

zéro ist Null; beim → *Roulette* die »37. Nummer« des Tableaus, welche der Bank einen Vorteil sichert, ohne den sie ihren Betrieb nicht aufrechterhalten könnte: Zéro ist »farblos«, d. h. weder *rouge* noch *noir,* und gehört auch sonst keiner »einfachen Chance« an. Es gehört weder einem Dutzend noch einer Kolonne an, was durch sein besonderes Spielfeld am Kopf des Tableaus erkenntlich ist. Gewinnt Zéro, zahlt es wie jede andere (einzelne) Nummer, nämlich den fünfunddreißigfachen Einsatz, jedoch verlieren in diesem Moment alle Dutzende und Kolonnen zur Gänze, alle auf einfache Chancen gesetzten Beiträge haben nur mehr den halben Wert und sind gesperrt.

Italienisch

A

abbia pazienza! Entschuldigungsformel, etwa: verzeihen Sie! gestatten Sie! wörtlich: haben Sie Geduld.

l'abito non fa il monaco die Kutte (wörtlich: das Kleid) macht noch keinen Mönch.

a bizeffe (aus arabisch »bizzef« = viel) in Hülle und Fülle, im Überfluß.

a braccia aperte mit offenen Armen.

a breve scadenza kurzfristig.

a bruciapelo aus nächster Nähe (zu ergänzen: schießen, so daß das »Fell« des gejagten Tieres »versengt« wird), unvermittelt, gänzlich unerwartet.

a buon mercato billig, preisgünstig, wohlfeil.

a.c. Abkürzung für *avanti Cristo,* vor Christi Geburt.

a capofitto kopfüber, Hals über Kopf.

a cappella (wörtlich: nach Art der Sängerkapelle) musikalische Bezeichnung für mehrstimmige Vokalmusik, in der Regel ohne Instrumentalbegleitung.

a capriccio musikalische Bezeichnung: nach Laune, nach beliebigem Zeitmaß.

a casa del diavolo am Ende der Welt (leben, sich aufhalten); wörtlich: im Haus des Teufels.

a casa mia bei mir zu Hause, bei mir.

a caval donato non si guarda in bocca einem geschenkten Gaul sieht man nicht ins Maul.

a cavallo tra due secoli um die Jahrhundertwende, wörtlich: auf dem Pferd zwischen zwei Jahrhunderten (d. h. in je einem mit einem Bein).

Accademia dei Lincei 1603 gegründete, damals päpstliche, heute staatliche Akademie der Naturwissenschaften.

Accademia della Crusca *crusca* bedeutet »Kleie« (von der das Mehl getrennt werden soll). 1582 in Florenz gegründete Akademie zur Pflege der italienischen Sprache. Zur Zeit wird von der Accademia ein großes historisches Wörterbuch der italienischen Sprache vorbereitet.

Accademia di Santa Cecilia heißt die auf eine Gründung unter Papst Gregor XIII. (1584) zurückgehende Musikakademie in Rom mit ständigem Orchester und Chor.

accattare è meglio che rubare betteln ist besser als stehlen.

accelerando musikalische Vortragsbezeichnung für allmähliche Beschleunigung des Tempos.

accendere una candela alla Madonna Gott danken, wörtlich: der Muttergottes eine Kerze anzünden.

accipicchia (zusammengesetzt aus accidenti und picchiare) Ausruf des Erstaunens: Donnerwetter.

A.C.I. Abkürzung für *Automobile Club d'Italia,* den italienischen ADAC.

A.C.L.I. Abkürzung für *Associazioni cristiane lavoratori italiani,* die Vereine christlicher italienischer Arbeiter.

a colpo sicuro sicher, mit Sicherheit, wörtlich: mit sicherem Schlag.

un acqua come dio la manda ein starker, wolkenbruchartiger Regen (wie Gott ihn schickt).

acqua passata Schnee von gestern, wörtlich: vorbeigeflossenes Wasser; die Redewendung lautet vollständig:

acqua passata non macina più vorbeigeflossenes Wasser treibt keine Mühle mehr an, d. h. Vergangenes soll man ruhen lassen.

a cura di herausgegeben, redigiert von.

adagio (zusammengesetzt aus *ad agio* = mit Bequemlichkeit, mit Muße) in der Musik Bezeichnung für langsamen Vortrag.

ad alta voce mit lauter Stimme, laut.

addio per sempre! auf Nimmerwiedersehen!

a domani bis/auf morgen; auch als Gruß gebräuchlich.

a dovere nach Gebühr, wie es sich gehört.

a faccia a faccia von Angesicht zu Angesicht, Auge in Auge.

affari esteri auswärtige Angelegenheiten; *Ministero degli affari esteri* ist das Außenministerium.

affettuoso musikalische Vortragsbezeichnung für bewegten, leidenschaftlichen Ausdruck.

affinità elettiva Wahlverwandschaft. »Le affinità elettive« ist der italienische Titel von Goethes Roman.

affogare in un bicchiere d'acqua über eine Kleinigkeit stolpern, wörtlich: in einem Glas Wasser ertrinken.

a forza di ... infolge, durch.

a fresco auf das Frische; Technik der Wandmalerei, die auf frischem Kalk ausgeführt wird.

aggiornamento 1. Vertagung; 2. Fortbildung; 3. Anpassung an neuere Verhältnisse, z. B. der Kirche nach dem II. Vatikanischen Konzil.

A.G.I.P. Abkürzung für *Azienda generale italiana petroli,* die italienische Benzinmonopolgesellschaft.

a goccia a goccia si scava la pietra steter Tropfen höhlt den Stein; eig. Tropfen für Tropfen wird der Stein ausgehöhlt.

a gran fatica mit großer Mühe, mit Mühe und Not.

a gran voce laut.

una Agrippina bezeichnet (nach der sitzenden Figur einer Frau im Kapitolinischen Museum, die man für Agrippina, die Frau des Germanicus hielt) eine Liege, die man im Französischen als *Récamière* bezeichnen würde.

agro Romano die römische Campagna.

al contadino non devi mai far sapere, quanto è buono il formaggio con le pere! Den Bauern darf man nie wissen lassen, wie gut der Käse mit den Birnen schmeckt – sprichwörtlich, wenn es um gebotene Bescheidenheit geht.

al dente halbgar, nicht durchgekocht, so daß der »Zahn« noch etwas zu beißen hat.

al dettaglio im Detail, im kleinen; Gegensatz → *all'ingrosso.*

al giorno d'oggi heutzutage.

alla bolognese auf Bologneser Art.

alla buona einfach, schlicht, ohne Umstände.

alla carta nach der (Speise-)Karte.

alla casalinga nach Hausfrauenart, d. h. einfach.

all'acqua di rose auf leichte, oberflächliche Art, wörtlich: mit Rosenwasser.

alla fin fine im Grunde genommen, letzten Endes.

alla giudea in der Gastronomie: auf jüdische Art.

alla grande großzügig, auf prunkvolle Art.

alla lettera buchstäblich, wörtlich.

alla lunga auf die Dauer.

alla milanese auf Mailänder Art.

alla moda nach der Mode, modisch.

all'antica (moda) nach Art der »Alten«, altmodisch.

alla polacca in der Musik Bezeichnung für den Vortrag nach Art einer Polonaise.

alla rinfusa durcheinander, kunterbunt; Bezeichnung im Handel, wenn die Ware als Schüttgut verladen wird.

alla salute zum Wohle, prosit, wörtlich: auf die Gesundheit.

alla spicciolata tropfenweise, nach und nach, einzeln; vgl. → spiccioli.

alla tedesca auf deutsche Art; in der Musik Bezeichnung für den Vortrag nach Art eines deutschen Tanzes.

alla turca Bezeichnung für den Charakter und Vortrag eines Stückes in der Art der Türkenmusik.

allegro lustig, heiter; musikalische Vortragsbezeichnung für ein lebhaftes Zeitmaß.

allevare nella bambagia verzärteln, in Watte packen.

all'improvviso plötzlich, unerwartet.

all'ingrosso im großen, en gros; Gegensatz → *al dettaglio.*

all'insaputa ohne Wissen.

all'origine zu Anfang, anfangs.

all'ultima moda nach der neuesten Mode.

al più presto so bald wie möglich, möglichst bald, schnell.

al più tardi spätestens.

al secolo eigentlich, mit bürgerlichem Namen; wird gebraucht bei Personen, die ein Pseudonym haben; ursprünglich bezeichnete es den »weltlichen« Namen von Geistlichen.

al sugo in oder mit Soße, Saft.

alta moda haute couture.

alta stagione Hochsaison, Hauptsaison.

gli alti e bassi della vita das Auf und Ab des Lebens.

Altissimo der Höchste, Gott.

Alto Adige Tiroler Etschland, wörtlich: die hohe Etsch; Adige ist der italienische Name für die Etsch; das Adjektiv ist *altoatesino.*

altro che! und ob! und wie! aber sicher!

altro è il dire, altro è il fare Reden und Tun ist zweierlei.

l'altro mondo das Jenseits, wörtlich: die andere Welt.

a lungo andare auf die Dauer, mit der Zeit.

a lungo termine langfristig.

alzare il gomito einen heben, einen über den Durst trinken, wörtlich: den Ellenbogen heben.

alzare la cresta die Nase, den Kopf hochtragen, hochnäsig sein.

a maggior gloria di Dio zum größeren Ruhme Gottes; das lateinische »ad maiorem Dei gloriam« gilt als Grundsatz des von Ignatius von Loyola (1481–1556) gegründeten Jesuiten-Ordens.

a maggior ragione mit größerem Recht.

a mala pena mit knapper Not, mit Mühe und Not.

a mali estremi estremi rimedi gegen große Übel helfen nur starke Mittel.

a malincuore schweren Herzens, ungern.

a mano a mano allmählich, nach und nach.

ambiente soviel wie: Milieu, Umkreis, Umwelt, Atmosphäre.

ambrosiano Bezeichnung für Dinge und Einrichtungen, die sich auf Mailand beziehen. Der Kirchenvater Ambrosius (ca. 339–397) war Bischof von Mailand und ist Stadtpatron.

a medio termine mittelfristig.

a meraviglia ausgezeichnet, vorzüglich.

gli amici dei miei amici sono miei amici die Freunde meiner Freunde sind (auch) meine Freunde.

amici veri sono rari echte (wahre) Freunde findet man selten.

amico per la pelle Busenfreund, inniger Freund.

Aminta ist der Titel eines Hirtendramas in fünf Akten von Torquato Tasso (1544–1595), das 1573 auf der Po-Insel Belvedere bei Ferrara aufgeführt und 1581 veröffentlicht wurde. Darin wird das bukolisch freie Landleben auf der einen, der verderbliche Einfluß von Hof- und Stadtleben auf der anderen Seite geschildert. → *s'ei piace, ei lice*.

a mio avviso meiner Meinung nach.

a misura che in dem Maße wie, je nachdem.

ammazzare il tempo die Zeit totschlagen.

amor che a nullo amato amar perdona Liebe, die keinem, der geliebt, zu lieben erläßt. Worte der Francesca da Rimini aus der → *Divina Commedia* (Hölle V, 103) von Dante Alighieri (1265–1321).

l'amor che move il sole e l'altre stelle die Liebe, die in Gang hält Sonn' und Sterne; aus der *Divina Commedia* (Paradies XXXIII, 145). So wird im letzten Vers des Epos Gott bezeichnet.

L'amore delle tre melarance »Die Liebe zu den drei Orangen« ist der Titel einer 1761 uraufgeführten Märchenkomödie von Carlo Gozzi (1720–1806). Der Stoff entstammt dem *Pentamerone* von Giambattista Basile (1575–1632). Sergej Prokofjew (1891–1953) legte den Stoff seiner gleichnamigen Oper (1921 uraufgeführt) zugrunde.

l'amore è cieco Liebe macht (ist) blind.

l'amore fa passare il tempo e il tempo fa passare l'amore die Liebe vertreibt die Zeit, und/aber die Zeit vertreibt die Liebe.

amor mi mosse che mi fa parlare und die Liebe gab mir ein, was du vernommen; diese Worte richtet Beatrice an Dantes Begleiter Vergil in der *Divina Commedia* (Hölle II, 72).

anch'io sono pittore! auch ich bin ein Maler! soll Correggio (1489–1534) vor Raffaels »Heiliger Cäcilie« ausgerufen haben.

andante gehend; musikalische Vortragsbezeichnung für ein mäßig langsames Zeitmaß.

andare a genio zusagen, passen, gefallen.

andare a gonfie vele (mit geblähten Segeln) gut vorankommen.

andare al creatore (oder *all'altro mondo*) salopp für sterben.

andare alla deriva abgetrieben werden, ohne Steuer treiben, auf dem absteigenden Ast sein.

andare a monte zunichte werden, ins Wasser fallen.

andare a naso dem Instinkt folgen.

andare (oder *stare*) **a pennello** wie angegossen sitzen, haargenau passen, wörtlich: wie mit dem Pinsel (gemalt) passen.

andare a ruba reißenden Absatz finden, wie warme Semmeln weggehen.

andare a spasso (zum Vergnügen) spazierengehen, bummeln. Das Wort »Spaß« ist im 16./17. Jahrhundert als Ableitung vom italienischen *spasso* in den deutschen Wortschatz eingegangen.

andare a zonzo müßig einherschlendern, bummeln.

andare con i piedi di piombo ganz langsam, mit äußerster Vorsicht handeln, wörtlich: mit bleiernen Füßen gehen.

andare contro corrente gegen den Strom schwimmen.

andare bi bene in meglio immer besser werden, auch in ironischem Sinn.
andare di corpo Stuhlgang haben.
andare di male in peggio immer schlimmer, schlechter werden.
andare di traverso schiefgehen, fehlschlagen, in die falsche Kehle kommen; sowohl im konkreten als auch im übertragenen Sinn.
andare in bestia wütend werden, aus der Haut fahren.
andare in brodo di giuggiole vor Seligkeit (wörtlich: in Jujubensaft) vergehen, vor Wonne zerfließen.
andare in delirio in höchste Begeisterung geraten, in Entzücken ausbrechen.
andare in fumo ins Wasser fallen, auffliegen, wörtlich: in Rauch gehen.
andare in malora zugrunde gehen, ins Unglück stürzen.
andare in onda gesendet werden.
andare in scena aufgeführt werden.
andare matto per qualcosa verrückt nach etwas sein, versessen auf etwas sein, in etwas vernarrt sein.
andare per la maggiore sich großer Beliebtheit erfreuen, hoch im Kurs stehen.
andare per le gazzette öffentlich bekanntwerden, wörtlich: durch die Zeitungen gehen.
andare per le lunghe sich in die Länge ziehen.
andare sotto la naia volkstümlich für: den Militärdienst ableisten (*naia* kommt vom lateinischen »natalia«, Neutr. Plural von »natalis« = was zur Geburt gehört).
andare sul cavallo di San Francesco auf Schusters Rappen reiten; wörtlich: auf dem Pferd des hl. Franz (von Assisi).
andare su tutte le furie fuchsteufelswild werden, vor Wut kochen.
andata e ritorno hin und zurück, Hin- und Rückfahrt.
a nessun costo um keinen Preis, auf keinen Fall, unter keiner Bedingung.
l'Anima die Seele; so heißt abgekürzt die deutsche Nationalstiftung in Rom. Das *Collegio Teutonico di Santa Maria dell'Anima* wurde 1350 als Pilgerhospiz gegründet. Heute ist es ein Studienkolleg für Priester aus dem deutschsprachigen Gebiet und Mittelpunkt der deutschen Gemeinde in Rom.
un'anima in pena eine unruhige Person, die keinen Frieden findet.
anime gemelle verwandte (Zwillings-)Seelen.
anno corrente abgekürzt a. c., im laufenden Jahr, laufenden Jahres.
A.N.S.A. Abkürzung für *Agenzia nazionale stampa associata*, die italienische Presseagentur.
antipasto Vorspeise, d. i. was »vor der Mahlzeit«, *pasto,* serviert wird.
a occhio e croce über den Daumen gepeilt, schätzungsweise.
a occhio nudo mit bloßem (wörtlich: nacktem) Auge.
a ogni costo um jeden Preis.
a ogni modo auf jeden Fall.
a ogni piè (= piede) sospinto auf Schritt und Tritt, alle naselang, wörtlich: bei jedem vorgeschobenen Fuß.
a perdita d'occhio soweit das Auge reicht.
a più non posso soviel wie möglich.
a portata di mano bei der Hand, griffbereit.
a porte chiuse hinter verschlossenen Türen, unter Ausschluß der Öffentlichkeit.
appassionato musikalische Vortragsbezeichnung für »leidenschaftlich« bewegten Ausdruck.
l'appetito vien mangiando der Appetit kommt beim Essen.
appunto! genau! ja, so ist es! da haben Sie recht!
aprile non ti scoprire Sprichwort: Im April zieh' dich noch nicht aus; *scoprire* heißt entblößen.
aprile ogni goccia un barile Sprichwort: Aprilregen ist Goldes wert; *goccia* ist der Tropfen, *barile* das Faß.
a prima vista auf den ersten Blick, aus dem Stegreif, vom Blatt.
apriti, cielo! um Gottes willen; wörtlich: Himmel, tu dich auf.
a proposito apropos, übrigens; auch: gelegen, wie gerufen.
a quattr'occhi unter vier Augen.
a quell'epoca zu jener Zeit, damals.
l'aquila non piglia mosche mit Kleinkram gibt man sich nicht ab; wörtlich: der Adler fängt keine Mücken.
a ragione zu Recht, berechtigterweise.

a ragion veduta nach reiflicher Überlegung.

l'arco sempre teso si spezza wenn man den Bogen zu stark spannt, dann bricht er; im Sinne von: der Krug geht so lange zum Brunnen, bis er bricht.

a regola d'arte kunstgerecht, nach allen Regeln der Kunst.

a rischio di ... auf die Gefahr hin.

Arlecchino die ursprünglich wohl vom französischen Harlequin abstammende, in Bergamo beheimatete typische Figur der → *Commedia dell'arte*.

arricciare il naso die Nase rümpfen (wörtlich: kräuseln).

arrivare a buon punto weit voraus, weit gediehen sein.

aspettare la manna dal cielo warten, daß das Manna vom Himmel fällt, d. h. passiv die Lösung einer Sache abwarten.

assomigliarsi come due gocce d'acqua einander gleichen wie ein Ei dem anderen (wörtlich: wie zwei Wassertropfen).

a tastoni tastend, tappend (im Finstern).

a tavola non s'invecchia Sprichwort: bei Tisch wird man niemals älter.

a tempo genau im Takt; musikalische Bezeichnung, das ursprüngliche Zeitmaß, das vorübergehend unterbrochen wurde, wiederaufzunehmen.

a tempo debito zur rechten Zeit.

a titolo di cronaca am Rande, beiläufig, nebenbei.

a torto zu Unrecht.

attaccare un bottone durch Geschwätz festhalten, wörtlich: einen Knopf annähen.

attenti al cane! Vorsicht, bissiger Hund!

attenti al treno! Achtung auf den Zug!

a tutti gli effetti in jeder Hinsicht.

a tutt'oggi bis zum heutigen Tage.

a tutto spiano ohne Unterbrechung, im Überfluß, mit Volldampf. *Lo spiano* war früher die Getreidemenge, welche die Stadtverwaltung von Florenz jedem Bäcker zuteilte; *mezzo spiano* war die reduzierte, *tutto spiano* die vollständige Zuteilung.

l'aurora oder: **il mattino ha l'oro in bocca** Morgenstund' (Aurora als Göttin der Morgenröte) hat Gold im Mund.

autostrada del sole Autobahn der Sonne, bezeichnet die italienische Autobahn, die von Bologna über Rom südwärts führt.

avanti! vorwärts! gehen wir! fangen wir an! (Wenn jemand anklopft: Herein! Treten Sie näher.)

avercela con qualcuno auf jemanden böse sein, es auf jemanden abgesehen haben.

avere (a) che dire con qualcuno mit jemandem streiten, ein Hühnchen mit jemandem (zu) rupfen (haben).

avere alti e bassi Hochs und Tiefs haben, Stimmungen unterworfen sein.

avere buon gioco leichtes Spiel haben.

avere (oder **godere di**) **credito** Ansehen genießen.

avere del fegato Mut, Schneid (wörtlich: Leber) haben.

avere il coltello alla gola das Messer an der Kehle sitzen haben, sich in einer Zwangslage befinden.

avere il coltello per il manico das Heft, alle Trümpfe in der Hand haben; wörtlich: das Messer am Griff haben.

avere il cuore di coniglio sehr furchtsam sein; wörtlich: das Herz eines Kaninchens haben.

avere il dente avvelenato con qualcuno böse auf jemanden sein, tiefen Groll hegen; wörtlich: einen giftigen Zahn haben.

avere il diavolo addosso den Teufel im Leib haben; *addosso* ist auf, an, bei.

avere la coscienza pulita (sporca) ein gutes (sauberes) beziehungsweise schlechtes (schmutziges) Gewissen haben.

avere l'acqua alla gola in Schwierigkeiten sein, wörtlich: das Wasser an der Kehle haben.

a vere la faccia tosta Unverschämtheit, Frechheit besitzen, wörtlich: ein hartes Gesicht haben.

avere la lingua lunga eine spitze oder scharfe (wörtlich: lange) Zunge haben.

avere la luna schlechte Laune (wörtlich: den Mond) haben.

avere l'argento vivo addosso quecksilbrig sein.

avere la stoffa di ... das Zeug zu ... haben.

avere la testa dura schwer von Begriff sein, eine lange Leitung (wörtlich: einen harten Kopf) haben.

avere la testa fra le nuvole in den Wolken schweben.

avere le mani bucate verschwenderisch mit dem Geld umgehen, wörtlich: durchlöcherte Hände haben.

avere le mani legate die Hände gebunden haben, nicht frei handeln können.
avere qualcosa sulla punta delle dita etwas aus dem Effeff verstehen, wörtlich: auf der Spitze der Finger haben.
avere ragione recht haben, recht behalten.
avere una febbre da cavallo hohes Fieber (wörtlich: wie ein Pferd) haben.
avere un diavolo per capello fuchsteufelswild, außer sich sein, wörtlich: an jedem Haar einen Teufel haben.
avere un nodo alla gola den Hals zugeschnürt haben (vor Beklemmung, vor Schrecken).
avere voce in capitolo ein Wort mitzureden, etwas zu sagen haben.
averne fin sopra i capelli die Nase voll haben, einer Sache gründlich überdrüssig sein, wörtlich: es bis über die Haare haben.
a vista d'occhio schnell, zusehends.
a viva voce mündlich.
a voce bassa leise, mit leiser Stimme.
gli Azzurri Bezeichnung der italienischen Nationalmannschaft; **azzurro** ist blau.

B

Babbo Natale der Weihnachtsmann.
bagnato come un pulcino (oder **fino alle ossa**) naß wie ein Pudel (wörtlich: Küken), naß bis auf die Haut (wörtlich: Knochen).
bancarotta Bankrott, Zusammenbruch, Pleite. *Banca rotta* oder *banco rotto* bedeutet »zerbrochener Tisch« (zu ergänzen: des Geldwechslers). Der Ausdruck ist aber eher bildlich als konkret zu verstehen, denn die These, man habe den Wechseltisch des zahlungsunfähigen Geldwechslers öffentlich zerschlagen, ist nirgendwo bezeugt.
barcarola (vom venezianischen *barcaròl*, das ist *barcaiuolo* = Bootsführer, Schiffer) so wurden ursprünglich die Gesänge der venezianischen Gondolieri bezeichnet, dann auch vokale oder instrumentale Musikstücke von meist mäßiger Bewegung vorwiegend im 6/8-Takt.
la bassa Italia Süditalien.
bassa stagione Vor- oder Nachsaison.
basso continuo ununterbrochener Baß, Generalbaß; in der Musik des 17./18. Jahrhunderts die der Komposition durchlaufend zugrunde liegende Baßstimme.
basso impero die spätrömische Zeit.
basta! genug jetzt! Schluß damit! sei endlich still!
battere cassa um Geld bitten, anpumpen, wörtlich: die Kasse schlagen.
battere il ferro finchè è caldo das Eisen schmieden, solange es heiß ist.
battere il marciapiede auf den Strich gehen, wörtlich: den Bürgersteig klopfen.
battersi all'ultimo sangue sich auf Tod und Leben (wörtlich: bis zum letzten Blut) schlagen.
beato(a) te (oder **Lei, lui, lei!**) du (Sie, der, die) Glücklicher (Glückliche)!
Befana eine Sagengestalt, die in der Dreikönigsnacht die Kinder beschenkt. Dieser Brauch ist vor allem in Süditalien verbreitet. Der Name leitet sich vom Fest »Epiphanias« ab. *Befana* wird auch als Schimpfwort für eine häßliche alte Frau gebraucht.
belcanto schöner Gesang; der Gesangsstil vor allem der italienischen und italienisch orientierten Oper des 17./18. Jahrhunderts, der, wie der Name sagt, um schöne Tongebung und Stimmführung bemüht ist.
bell'affare! das ist ja eine schöne Bescherung!
una bella fregatura ein schöner Schwindel, Reinfall; ein salopper, fast derber Ausdruck.
bell'e finito fix und fertig.
il bel mondo die elegante Welt.
un bel morir tutta la vita onora ein würdiger Tod

ehrt das ganze Leben; ein Vers aus Francesco Petrarcas (1304–1374) → *Canzoniere,* aus einem Sonett *In vita di Madonna Laura.*

un bel niente   ganz und gar nichts.

il bel paese là, dove il sì suona   das schöne Land, wo das Sì erklingt, ist ein berühmter Vers aus Dante Alighieris (1265–1321) → *Divina Commedia* (Hölle XXXIII, 80). So bezeichnet Graf Ugolino, der in Pisa im Hungerturm schmachtet, in seiner heftigen Anklagerede Italien. Der Ausdruck *il bel paese* wird auch heute noch als Synonym für Italien gebraucht.

un bel pasticcio!   eine schwierige Situation; ein schönes Durcheinander; *il pasticcio* ist eig. die Pastete → *essere nei pasticci.*

un bel po'   eine ganze Weile.

un bel tipo   ein origineller Kauz.

belvedere   Schönblick; so werden schöne Aussichtspunkte und die an solchen Stellen errichteten Bauten genannt. Das berühmteste Belvedere ist das Lustschloß des Prinzen Eugen in Wien.

bene o male   wohl oder übel.

bere come una spugna   trinken wie ein Loch, wörtlich: wie ein Schwamm.

bestemmiare come un turco   fluchen wie ein Fuhrknecht, wörtlich: wie ein Türke.

biennale   alle »zwei Jahre« stattfindende Ausstellung oder Vorführung, besonders im Bereich der bildenden Kunst und des Films. Bekannt ist vor allem die Biennale in Venedig.

bis   (vom lateinischen »duis«, »bis« = zweimal) mit diesem Zuruf fordern die Zuschauer einer Aufführung zur Wiederholung auf.

il bisogno non ha legge   Not kennt kein Gebot.

bistecca alla fiorentina   gebratene Rindslende, mit Zitronenscheiben serviert.

bocca della verità   Mund der Wahrheit. Am berühmtesten jene in Rom in der Vorhalle von S. Maria in Cosmedin; antike Marmorscheibe mit dem Relief eines Antlitzes, deren mittlere Öffnung, der »Mund«, von einer antiken Wasserleitung stammt. Im Mittelalter mußten der Lüge Verdächtige und der Untreue Bezichtigte ihre Hand hineinstecken – bei Schuldigen schnappte der Sage nach die *bocca* zu.

Bologna la dotta, la grassa   Bologna, die gelehrte, die fette; ersteres wegen der Universität, die als die älteste in Europa 1119 gegründet wurde, letzteres wegen der guten Küche.

botta e risposta   Rede und Gegenrede, Hieb und Gegenhieb.

botte da orbi   eine tüchtige Tracht Prügel, »blindes« Dreinschlagen.

bravo   das Wort kann verschiedene positive Eigenschaften bezeichnen: tüchtig, fähig, gut, geschickt, lieb, artig, rechtschaffen, mutig, tapfer, ausgezeichnet; in der letzten Bedeutung wird es als Beifallsruf der Zuschauer an die gefeierten Sänger gebraucht. Der Superlativ lautet *bravissimo,* bei Frauen entsprechend *brava* oder *bravissima.*

brindisi   hat in der Bedeutung »Trinkspruch«, »Toast« gar nichts mit der gleichnamigen Stadt in Süditalien zu tun, dafür aber um so mehr mit dem deutschen »(ich) bring dir's«. So nämlich forderten sich die deutschen Landsknechte, die im 15. und 16. Jahrhundert in Italien in Sold standen, gegenseitig zum Trinken auf. Pietro Aretino (1492–1556) erwähnt in seinen *Ragionamenti* (1534), daß die Gäste eines Banketts »die Deutschen nachahmten mit dem Brindisi«. Ähnlich äußert sich auch Giovanni della Casa (1503–1556) in seinem → *Galateo* (1558), wobei er zugleich diesen Brauch tadelt.

bruciare le tappe   rasch aufs Ziel lossteuern, Blitzkarriere machen, wörtlich: die Etappen abbrennen.

brutta come una befana   abgrundtief häßlich, der Ausdruck wird auf Frauen angewendet; man vgl. → *befana.*

brutta copia   Konzept; *in brutta copia* heißt ins unreine.

brutto   häßlich, böse, roh. Im 16. Jahrhundert wurde *brutto* als Kaufmannswort ins Deutsche übernommen als Bezeichnung für das rohe Gesamtgewicht einer Ware mit Verpackung. Später wurde es auch auf andere Zusammenhänge übertragen. Dieser »deutschen« Bedeutung von *brutto* entspricht im Italienischen *lordo.*

le bugie hanno le gambe corte   Lügen haben kurze Beine.

buio fitto   stockfinster.

buona fortuna   viel Glück.

buon anima   seligen Angedenkens, selig (von Verstorbenen).

buona notte al secchio jetzt ist alles im Eimer, jetzt ist nichts mehr zu machen, wörtlich: gute Nacht, Eimer.
la buona novella die frohe Botschaft, das Evangelium.
buon dì! soviel wie: **buon giorno** guten Tag! Diese verkürzte alte Form ist abgeleitet von lat. *dies*, was noch z. B. in *lunedì*, Montag usw. enthalten ist.
buon divertimento! gute Unterhaltung! viel Vergnügen!
un buono a nulla ein Taugenichts.
buono come il pane herzensgut, wörtlich: gut wie das Brot.
buono da bosco e da riviera ein Allerweltskerl, d. h. einer, der sich in jeder Situation (wörtlich: im Wald und an der Küste) zurechtfindet.
il buon senso der gesunde Menschenverstand.
burbero benefico ein gutmütiger Brummbär. Der Ausdruck leitet sich von dem Titel einer Komödie Carlo Goldonis (1707–1793) ab. Das Stück erschien zunächst auf französisch als »Le bourru bienfaisant« (1771 in Paris uraufgeführt) und wurde 1772 vom Autor selbst ins Italienische übersetzt.
buttare giù etwas schnell herunterschreiben, auch: schnell hinunterschlingen.
buttare per aria etwas durcheinander, über den Haufen (wörtlich: durch die Luft) werfen.
buoni frutti Zinspapiere; wörtlich: gute Früchte.

C

cadere dalla padella nella brace vom Regen in die Traufe kommen, wörtlich: aus der Pfanne in die Glut fallen.
caldarrosta Röstkastanie, wörtlich: heiß geröstet, gebraten.
la calunnia è un venticello die Verleumdung ist (wie) ein Lüftchen; Beginn der »Verleumdungsarie« des Don Basilio aus Gioacchino Rossinis (1792–1868) »Barbier von Sevilla« (1. Akt, 6. Szene), der 1816 in Rom uraufgeführt wurde.
calzone diese »Hose« ist eine zum Halbmond umgeklappte, mit Salami oder Schinken, Mozzarella und Ei gefüllte Pizza.
cambiare bandiera die Fahne d. h. die Gesinnung wechseln.
cambiare le carte in tavola widerrufen, das Gegenteil behaupten oder tun, wörtlich: die Karten auf dem Tisch auswechseln.
camera ardente das Totenzimmer, Aufbahrungszimmer, in dem die Kerzen brennen.
camminare sul filo del rasoio sich in einer gefährlichen Lage befinden, auf des Messers Schneide stehen.
Camorra (die Etymologie ist ungeklärt) heißen die Vereinigungen des organisierten Verbrechertums in Neapel.
campa cavallo che l'erba cresce da kann man lange warten, wörtlich: warte, Pferd, bis das Gras wächst.
campanilismo Lokalpatriotismus, Kirchturmpolitik: *il campanile* ist der Kirchturm.
camposanto »heiliges Feld«; Bezeichnung für den Friedhof. Berühmt ist der Camposanto von Pisa.
Camposanto Teutonico der auf der Südseite des Petersdomes in Rom gelegene deutsche Friedhof mit Kirche. Er geht zurück auf eine Stiftung für Pilger aus der Zeit Karls des Großen.
cancellare la parte che non interessa Nichtzutreffendes streichen.
can che abbaia non morde Hunde, die bellen, beißen nicht.
cane non mangia cane eine Krähe hackt der anderen kein Auge aus, wörtlich: ein Hund frißt keinen Hund.
cannelloni dicke, gefüllte, überbackene Teigröhre.
canta che ti passa mach dir nichts draus, das ist

halb so schlimm, wörtlich: singe, dann geht es vorbei.

cantare vittoria jubilieren, frohlocken.

il Cantico dei Cantici ist das Hohelied.

Canzoniere »Das Buch der Lieder«; Lyriksammlung von Francesco Petrarca (1304–1374). Die 1470 erschienene Sammlung enthält insgesamt 366 Gedichte: 317 Sonette, 29 Kanzonen, 9 Sestinen, 7 Balladen und 4 Madrigale. Berühmt sind vor allem die »Sonette an Laura« *(In vita di Madonna Laura* und *In morte di Madonna Laura),* die den Hauptteil des *Canzoniere* bilden. Für die Dichter der folgenden Jahrhunderte waren diese Liebesgedichte das große Vorbild. → *Petrarchismo.*

capirai! ist ein Ausruf der ungläubigen Verwunderung, oft mit ironischem Unterton.

capire al volo sofort verstehen, schnell erfassen.

capire il latino zwischen den Zeilen lesen können, den Wink mit dem Zaunpfahl verstehen; wörtlich: Latein begreifen.

capire l'antifona den Wink verstehen, gleich merken, was gespielt wird.

capire Roma per Toma sich verhören, falsch verstehen; *toma* hat keine Bedeutung und dient nur dem Wortspiel.

capitare tra capo e collo wie ein Blitz aus heiterem Himmel (wörtlich: zwischen Kopf und Hals) treffen.

la Cappella Sistina oder einfach nur *Sistina,* die Sixtinische Kapelle im Vatikan. Sie wurde unter Papst Sixtus IV. (1471–1484) als päpstliche Palastkapelle errichtet und mit Fresken von Botticelli, Ghirlandaio, Perugino, Signorelli und vor allem Michelangelo ausgeschmückt.

capriccio Laune, unerwarteter Einfall; in der Musik Bezeichnung für eine scherzhafte musikalische Komposition von freier Form; in der bildenden Kunst »Phantasiestück«, z. B. die »Caprichos« von Goya; in der Literatur typisierende Bezeichnung für phantasievolle Werke.

carbonari Bezeichnung des um 1807 in Kalabrien entstandenen politischen Geheimbundes, dessen Zeremoniell sich am Brauchtum der »Köhler« orientierte. Der Bund, der sich schnell in ganz Italien verbreitete, strebte die Unabhängigkeit und freiheitliche Verfassung des Landes an. 1832 ging er in der → *Giovine Italia* auf.

carciofi alla giudea (oder **alla Romana**) Artischocken nach jüdischer bzw. römischer Art: knusprig in Öl gebraten. → *alla giudea.*

carta bianca Vollmacht.

carta bollata heißt das mit einem Steuerstempel versehene Papier, das man für Anträge und Beglaubigungen bei Behörden benutzen muß.

casa mia, casa mia, per piccina che tu sia, tu mi sembri una badia eigener Herd ist Goldes wert, wörtlich: mein Haus, mein Haus, so klein du auch bist, für mich bist du ein wohlhabendes Haus (eine Abtei).

Casanova jemand, der ständig neue Liebesabenteuer sucht. Nach Giacomo Girolamo Casanova, Chevalier de Seingalt (1725–1798), Abenteurer und Schriftsteller, dessen Lebenserinnerungen ein aufschlußreiches Bild vom Leben im 18. Jahrhundert geben, zu Unrecht aber hauptsächlich wegen der darin enthaltenen frivolen erotischen Abenteuer einen großen Leserkreis fanden.

caso mai gegebenenfalls.

castelli Romani ist die Bezeichnung für 13 Orte in den Albanerbergen, u. a. Castelgandolfo (das antike *Alba Longa),* Frascati *(Tusculum),* Albano, Marino, Velletri; im Altertum hatten die Römer dort ihre Landsitze, im Mittelalter wurden sie durch Burgen *(castelli)* befestigt; von dort stammen die süffigen goldgelben, sehr geschmacksintensiven *vini dei castelli,* deren berühmtester wohl der Frascati ist.

Cavalleria rusticana ländliche Ritterlichkeit; Titel einer Novelle und eines Dramas von Giovanni Verga (1840–1922). Targioni-Tozzetti und Menasci schrieben danach das Libretto für Pietro Mascagnis gleichnamiger Oper in einem Akt (Uraufführung 1890 in Rom). → *Verismo*

cavallo da battaglia Paradestück, eine Sache, in der man sich ganz sicher fühlt, wörtlich: Schlachtroß.

cavarsela a buon mercato glimpflich, mit einem blauen Auge davonkommen.

cavarsela bene (male) sich gut (schlecht) aus der Affäre ziehen.

Celeste Aida himmlische Aida, ist der sprichwörtlich gewordene Beginn der berühmten Tenorarie aus der gleichnamigen Oper (Uraufführung 1871 in Kairo) von Giuseppe Verdi.

la Cenerentola Aschenbrödel, Titel des Märchens und der gleichnamigen Oper von Gioacchino Rossini (1817 in Rom uraufgeführt). Als »Cinderella« Ballett von Sergej Prokofjew (Uraufführung 1945), *cenere* ist die Asche.

centesimo (von lateinisch »centesimus« = der hundertste) ist die Untereinheit ($^1/_{100}$) der Währungseinheit Lira.

cento giorni come questo! 100 Tage wie dieser (mögen noch folgen)! Ein italienischer Trinkspruch.

c'entra come i cavoli a merenda das paßt wie der Kohl zum Vesperbrot, also gar nicht.

c'è poco da stare allegri da gibt es wenig Grund zum Fröhlichsein.

c'erano solo quattro gatti es waren nur ganz wenige Leute (wörtlich: nur vier Katzen) da.

cercare il pelo nell'uovo das Haar in der Suppe (wörtlich: im Ei) suchen, pedantisch, kleinlich sein.

cercare per mare e per terra überall (nach etwas, nach jemandem) suchen; wörtlich: auf dem Meer und auf dem Land ...

cercare qualcosa col lumicino etwas schwer zu Findendes suchen, auch: Schwierigkeiten suchen, sich etwas einbrocken.

cercare un ago in un pagliaio eine Nadel im Heuhaufen suchen, etwas Aussichtsloses tun.

C.G.I.L. Abkürzung für *Confederazione generale italiana del lavoro,* den 1944 gegründeten italienischen Gewerkschaftsbund.

che barba! wie langweilig!

che cosa ti salta in mente? was fällt dir ein?

che elemento! was für ein sonderbarer Mensch!

che figura (ho fatto) wie stehe ich nun da.

che gelida manina »wie eiskalt ist dies Händchen«; Beginn der berühmten Arie Rudolfs aus der Oper »La Bohème« von Giacomo Puccini (1896 in Turin uraufgeführt).

che pasticcio! welch ein Durcheinander! da haben wir die Bescherung!

che schifo! pfui! pfui Teufel!

chiare, fresche e dolci acque klare, frische und liebliche Wasser; dieser Vers aus einer *Canzone in vita di Madonna Laura* aus Francesco Petrarcas → »Canzoniere« wird in entsprechender Situation gerne zitiert. Bei Petrarcas Wasser handelt es sich um die Sorge, einen Nebenfluß der Rhône.

chiaro e tondo klipp und klar.

chiaroscuro helldunkel; in der Malerei die Helldunkelmalerei.

chi ben comincia è alla metà dell'opera wer gut beginnt, hat die Arbeit schon halb getan.

chi cerca, trova wer sucht, der findet.

chi dorme non piglia pesci es fällt einem nichts in den Schoß, wörtlich: wer schläft, fängt keine Fische.

chiesa libera in libero stato freie Kirche im freien Staat; das war der Grundsatz von Graf Camillo Benso di Cavour (1810–1861), dem Begründer des Königreiches Italien. Er soll ihn noch an seinem Todestag einem Priester gegenüber ausgesprochen haben.

chi fa da se fa per tre selbst ist der Mann, wörtlich: wer allein handelt, handelt für drei.

chi ha arte ha parte Handwerk hat goldenen Boden, wörtlich: wer eine Kunst, ein Handwerk hat, hat seine Rolle.

chi ha avuto ha avuto! jetzt ist's genug! jetzt ist Schluß damit! wörtlich: wer gehabt hat, hat gehabt.

chi l'acqua beve mai non riceve grazie da me wer (nur) Wasser trinkt, wird niemals von mir bedankt. Zitat aus »Bacchus in der Toskana«, verfaßt 1685 von dem Dichter Francesco Redi (1626–1698).

chi me lo fa fare? wie komme ich dazu? wörtlich: wer veranlaßt mich, das zu tun?

chi non ha testa abbia gambe Sprichwort: was man nicht im Kopfe hat, muß man in den Beinen haben.

chi non fa non falla Sprichwort: Wer schläft, sündigt nicht; wörtlich: wer nichts tut, irrt nicht.

chi non lavora, non fa l'amore wer nicht arbeitet, macht auch keine Liebe, war der Titel eines Hits aus dem Jahre 1970 von Adriano Celentano.

chiodo scaccia chiodo ein Keil (wörtlich: Nagel) treibt den anderen aus.

chi semina vento, raccoglie tempesta wer Wind sät, wird Sturm ernten, nach einem Zitat aus dem Alten Testament (Hosea, 87).

chi s'è visto s'e visto der ist auf Nimmerwiedersehen verschwunden, den haben wir gesehen.

chi si scusa s'accusa wer sich entschuldigt, klagt sich an.

chi troppo abbraccia, nulla stringe wer zuviel beginnt, vollendet nichts, wörtlich: wer zuviel umarmt, hält nichts fest.

chi va piano va sano e va lontano wer langsam geht, kommt auch ans Ziel, wörtlich: wer langsam geht, geht sicher und geht weit.

ciao! (vom venezianischen *sciavo* = schiavo = Sklave, Diener) Servus! Leb wohl! Als »tschau« längst eingedeutscht.

cicerone auf der Grundlage eines scherzhaften Vergleiches mit der Beredsamkeit von Marcus Tullius Cicero (106–43 v. Chr.) nennt man so einen (redseligen) Fremdenführer.

cicisbeo (die Etymologie ist ungewiß) wurde der Hausfreund im Italien des 18. Jahrhunderts genannt. Er war vom Ehemann geduldet, oft sogar im Heiratsvertrag rechtlich verbrieft und hatte die Aufgabe, die Ehefrau auf ihren Gängen außerhalb des Hauses zu begleiten.

ci mancherebbe altro! das hätte gerade noch gefehlt!

cinquecento das 16. Jahrhundert (Hochrenaissance und Manierismus), wörtlich: fünfhundert; tausend wird bei der Bezeichnung der Jahrhunderte ab 1200 weggelassen.

Il cinque maggio »Der fünfte Mai«, ist der Titel der berühmten Ode Alessandro Manzonis (1785–1873) auf den Tod von Napoleon. Sie wurde gleich nach dem Bekanntwerden der Todesnachricht zwischen dem 18. und 21. Juli 1821 verfaßt. Goethe übersetzte die Ode ins Deutsche.

Cinqueterre wörtlich: fünf Orte, Flecken; Küstenlandschaft nordwestlich von La Spezia mit den fünf Orten Corniglia, Manarola, Monterosso al mare, Riomaggiore und Vernazza. Die Orte sind erst vor kurzer Zeit an das Straßennetz angeschlossen worden und waren bis dahin nur vom Meer oder über einen Saumpfad zu erreichen.

ciò che puoi fare oggi, non rimandare a domani was du heute kannst besorgen, das verschiebe nicht auf morgen.

ci siamo! es ist soweit! da haben wir's!

la Città Eterna die ewige Stadt, d. i. Rom.

cogliere in fallo bei einem Irrtum oder Vergehen ertappen.

cogliere in flagranti (von lateinisch »flagrare« = flammen, lodern) auf frischer Tat ertappen (während es noch lodert).

cogliere qualcuno con le mani nel sacco jemanden auf frischer Tat ertappen, wörtlich: jemanden mit den Händen im Sack überraschen.

coi fiocchi vorzüglich, vortrefflich, wörtlich: mit Schleifen.

colla destra in der Musik Spielanweisung: mit der rechten Hand.

colla sinistra in der Musik Spielanweisung: mit der linken Hand.

Colombina das »Täubchen« ist im übertragenen Sinn ein unschuldiges Mädchen, außerdem als kokette Dienerin eine typische Figur der → *Commedia dell'arte*.

colpire nel segno genau ins Ziel, ins Schwarze treffen.

un colpo di fulmine ein Blitzschlag, d. h. Liebe auf den ersten Blick.

un colpo di scena Theatercoup, Überraschung.

un colpo di telefono ein kurzer Telefonanruf.

un colpo di testa eine unbesonnene Handlung, Kurzschlußhandlung.

combinare delle belle schöne Sachen anrichten.

come cani e gatti wie Hund und Katze, also feindselig gegeneinander.

come non detto ich will nichts gesagt haben.

come sarebbe a dire? was soll das heißen?

come sopra siehe oben, wie oben.

commedia in der mittelalterlichen Literatur Bezeichnung für jede Dichtung in der Volkssprache, d. h. in Italienisch, mit positivem Ausgang, wie z. B. Dantes »Commedia«. Später wurde die Bezeichnung auf das Drama im allgemeinen und die Komödie im besonderen eingeengt.

Commedia dell'arte um die Mitte des 16. Jahrhunderts in Italien entstandene Stegreifkomödie. Es gab keinen schriftlichen Text, sondern nur den Handlungsverlauf und das Szenarium. Die Darsteller, von deren Improvisationsvermögen der Erfolg abhing, waren Berufsschauspieler (arte = Beruf, Kunst). Zu den feststehenden Typen der Commedia dell'arte gehören → *Arlecchino*, → *Colombina, der* → *Dottore*, → *Pantalone*.

con affetto mit Zuneigung, mit Liebe; als musikalische Vortragsbezeichnung: mit Leidenschaft, ausdrucksvoll bewegt; als Briefschluß: herzlich.

con anima mit Seele, mit Empfindung; musikalische Vortragsbezeichnung.

con brio mit Schwung, lebhaft, musikalische Vortragsbezeichnung.

concerto grosso das Gesamtorchester, im Gegensatz zum solistisch besetzten concertino. Während des Barock war es die Hauptgattung des Instrumentalkonzerts.

concetto Begriff, Gedanke, Idee, Einfall; geistreich zugespitzte Redewendungen, kunstreiche Wortspiele, witzige, überraschende Einfälle und weithergeholte Bilder und Metaphern in verschnörkelter Redeform. *concetti* waren im Barock sehr beliebt.

conciare qualcuno per le feste jemanden windelweich schlagen, ihm gründlich das Fell gerben, wörtlich: jemanden für die Feiertage zurichten.

con espressione mit Ausdruck; musikalische Vortragsbezeichnung.

Confindustria Abkürzung für *Confederazione generale dell'industria italiana*, die 1944 geschaffene Arbeitgeberorganisation mit Sitz in Rom.

con fuoco mit Feuer, feurig bewegt; musikalische Vortragsbezeichnung.

con il passare del tempo im Lauf der Zeit, mit der Zeit.

con moto mit Bewegung, bewegt; Vortragsbezeichnung in der Musik.

conoscere di vista vom Sehen kennen.

conoscere in lungo e in largo in- und auswendig kennen.

conoscere i suoi polli seine Pappenheimer (wörtlich: seine Hühner) kennen.

conoscere vita, morte e miracoli di qualcuno das Leben von jemandem in allen Einzelheiten kennen, wörtlich: Leben, Tod und Wunder von jemandem kennen.

consegna a domicilio Zustellung ins Haus.

con spirito mit Geist, geistvoll; Vortragsbezeichnung in der Musik.

il continente der Kontinent, so bezeichnen die Sizilianer Festlanditalien.

il conto torna die Rechnung geht auf; auch im übertragenen Sinn.

con un fil di voce mit ganz leiser Stimme, wörtlich: mit einem Faden Stimme.

correre ai ripari Abhilfe schaffen, für Abhilfe sorgen.

correre pericolo Gefahr laufen.

Corriere della Sera Abendkurier, der heute indessen morgens erscheint. Der 1876 in Mailand gegründete *Corriere della Sera* ist eine der führenden Tageszeitungen Italiens.

cortigiani, vil razza dannata feile Sklaven, ihr habt sie verhandelt (nach dem deutschen Libretto von J. Chr. Grünbaum), wörtlich: Höflinge, gemeines, verfluchtes Pack; so beginnt die Arie des Rigoletto aus dem 3. Akt der gleichnamigen Oper von Giuseppe Verdi (Uraufführung 1851 in Venedig).

Cosa nostra unsere Sache; kriminelle Organisation in den USA, die sich vornehmlich aus Italienern und Italoamerikanern zusammensetzt und den Rauschgifthandel, die Prostitution sowie illegale Glücksspiele kontrolliert.

cose dell'altro mondo haarsträubende, unerhörte Dinge, wörtlich: Dinge aus einer anderen Welt.

cose fritte e rifritte oder **trite e ritrite** abgedroschenes Zeug, wörtlich: gebackene und aufgebackene oder zerhackte und wieder zerhackte Sachen.

così così so lala, nicht besonders, mittelmäßig.

Così fan tutte »So machen es alle (Frauen)«; Titel einer Oper von W. A. Mozart, zu der Lorenzo da Ponte (1749–1838) das Libretto schrieb. Die Oper wurde 1790 in Wien uraufgeführt.

costare un occhio della testa ein Heidengeld (wörtlich: ein Auge des Kopfes) kosten.

cotoletta alla milanese Wiener Schnitzel.

covare una malattia eine Krankheit mit sich herumtragen (wörtlich: ausbrüten).

crepuscolari (von *crepuscolo* = Zwielicht, Dämmerung) ist eine von Giuseppe Antonio Borgese 1910 eingeführte Bezeichnung, um die langsame Agonie der zeitgenössischen Dichtung zu verdeutlichen. Die Bezeichnung wurde dann auf eine Gruppe von Dichtern angewandt, in deren Werken man als gemeinsamen Nenner eine melancholische Distanz von allem, selbst von sich selbst, ausmachen kann. Die *crepuscolari* wandten sich vor allem gegen Gabriele d'Annunzio und seine Anhänger.

Cristo si è fermato a Eboli »Christus kam nur bis Eboli«, ist der Titel eines 1945 erschienenen Romans von Carlo Levi. Darin schildert der Autor die rückständige, archaische Welt eines abgelegenen Dorfes in Lukanien, in dem er ein Jahr lang als politisch Verbannter lebte. Der Titel wird gern zitiert, wenn man auf die Rückständigkeit der eigenen lokalen oder der gesamtitalienischen Verhältnisse hinweisen will.

crucco (vom serbo-kroatischen »kruh« = Brot) Schimpfwort der Italiener für die Deutschen. Ursprünglich wurde es für die Bewohner Südjugoslawiens gebraucht.

cuccagna (über das provençalische »cocanha« aus dem gotischen »*kōka« = Kuchen) ist ein märchenhafter Ort des Überflusses, ähnlich dem Schlaraffenland. *L'albero della cuccagna* ist ein glitschiger Klettermast, an dessen Spitze sich Preise befinden.

er cupolone heißt im römischen Dialekt (er = il) die Kuppel von St. Peter.

D

da allora in poi von damals (oder da) an, seit jener Zeit.

da capo oder **daccapo** noch einmal, von vorne.

d'accordo einverstanden, in Ordnung.

da che mondo è mondo seit die Welt besteht, seit eh und je.

da cima a fondo von oben bis unten, von A bis Z, wörtlich: von der Spitze bis zum Grund.

da cosa nasce cosa eine Sache bringt die andere hervor.

il dado è tratto die italienische Version des lateinischen »alea iacta est« (der Würfel ist gefallen), Caesars berühmten Ausspruch, als er 49 v. Chr. den Rubikon überschritt.

da far rizzare i capelli haarsträubend.

dai! dai! los! drauf! feste! ein Ausruf zum Anspornen.

dal frutto si conosce l'albero der Apfel fällt nicht weit vom Stamm, wörtlich: an der Frucht erkennt man den Baum.

dal sonno alla morte è un picciol (= piccolo) **varco** vom Schlaf zum Tod ist es ein kleiner Übergang, heißt es in Torquato Tassos (1544–1595) → *Gerusalemme liberata, IX, 18*.

d'amore e d'accordo in bestem Einvernehmen.

danza macabra (von *macabro* = grauenhaft, schaudererregend) Totentanz; im 15. und 16. Jahrhundert weit verbreitete Darstellung eines Reigens, in dem Tote Menschen jeden Alters und Standes tanzend fortführen.

dare ai (oder **sui**) **nervi** auf die Nerven fallen.

dare fastidio lästig fallen, stören, unangenehm sein.

dare i numeri unverständliches Zeug, Unsinn reden.

dare nell'occhio auffallen, ins Auge fallen.

dare una lavata di testa (oder **di capo**) jemandem den Kopf waschen, die Leviten lesen.

dare un calcio alla fortuna das Glück mit Füßen treten, den günstigen Augenblick versäumen; **dare un calcio** einen Fußtritt geben.

darla a bere a qualcuno jemandem etwas weismachen, etwas Unwahrscheinliches glauben machen, wörtlich: zu trinken geben.

darsi alla pazza gioia sich ins Vergnügen stürzen, wörtlich: sich der verrückten Freude anheimgeben.

darsi da fare sich zu schaffen machen, sich umtun.

darsi del tu (**del Lei**) sich duzen (siezen).

darsi (oder **prendersi**) **la briga** sich die Mühe machen.

darsi per vinto sich geschlagen geben, d. h. den Sieg des anderen anerkennen.

dar tempo al tempo sich Zeit lassen.
da solo allein.
date le circostanze unter den gegebenen Umständen.
da tutte le parti von allen Seiten, überallher.
da ultimo zuletzt, schließlich.
da un bel pezzo seit geraumer Zeit, eine ganze Weile.
D.C. Abkürzung für *Democrazia Cristiana,* die christlich-demokratische Partei Italiens, die 1943 als Nachfolgeorganisation des 1926 verbotenen Partito popolare italiano gegründet wurde.
d.c. Abkürzung für *dopo Cristo,* nach Christus.
Dei Sepolcri »Von den Gräbern«, ist der Titel einer 1807 erschienenen Dichtung in freien Elfsilbern von Ugo Foscolo (1778–1827). Einer der Anlässe für diese Dichtung war das 1806 auf Italien ausgedehnte napoleonische Gesetz, das die Bestattung auf Friedhöfen außerhalb der Stadt anordnete.
del senno in poi sono piene le fosse von der nachträglichen Erkenntnis sind die Gräben voll.
detto fra di noi unter uns gesagt.
il diavolo ci ha messo la coda hier hat der Teufel seine Hand (wörtlich: den Schwanz) im Spiel.
di buon grado gern.
di buon'ora früh am Morgen.
di carnevale ogni scherzo vale im Karneval ist jeder Scherz erlaubt.
di colpo oder verstärkt **tutto d'un colpo** mit einem Schlag, plötzlich.
di dovere pflichtgemäß.
dietro richiesta auf Wunsch.
di felice memoria seligen Angedenkens.
di gran lunga bei weitem, weitaus.
dilettoso affanno bezeichnet die »entzückte Qual« als seelische Empfindung, und wird nach einem Gedicht Raffaels zitiert.
di libri basta uno per volta, quando non è d'avanzo ein Buch jeweils ist genug, wenn es nicht schon zuviel ist. So äußert sich Alessandro Manzoni (1785–1873) im Vorwort zu den → *Promessi Sposi.*
di mezza età in mittleren Jahren, mittleren Alters.
dimmi con chi vai e ti dirò chi sei sage mir, mit wem du gehst, und ich sage dir, wer du bist.
di moda modern, modisch.

di nascosto heimlich.
di niente keine Ursache, nichts zu danken.
di nuovo aufs neue, wieder.
dio me ne guardi Gott behüte, bewahre.
di primo getto auf Anhieb, beim ersten Wurf, sofort.
di prim'ordine ersten Ranges, erstklassig.
di punto in bianco von einem Moment zum anderen, plötzlich, unvermittelt.
di qui non si passa hier kommt keiner durch; traditionelles Motto der *Alpini,* der Alpenjäger. Es wurde 1888 vom ersten Generalinspekteur der Alpini, Luigi Pelloux, geprägt.
dire la sua seine Meinung sagen.
dire un'ira di Dio alles nur erdenklich Schlechte, wörtlich: den Zorn Gottes sagen.
dire pane al pane e vino al vino die Dinge beim rechten Namen nennen, wörtlich: Brot zum Brot und Wein zum Wein sagen.
di rigore unerläßlich, obligatorisch.
il diritto del più forte das Recht des Stärkeren, Faustrecht.
di sana pianta vollkommen, vollständig, von Grund auf.
discorsi campati in aria leeres Gerede.
di sfuggita flüchtig, eilig.
distinti saluti als Briefschluß: mit vorzüglicher Hochachtung, hochachtungsvoll.
distinto oder **distinta** in der Briefanrede: sehr verehrte(r), sehr geehrte(r).
di tanti palpiti ... nach so vielen (so langen) Leiden; wird zitiert nach Rossinis Oper »Tancredi« (uraufgeführt Venedig 1813), 1. Akt.
di tutto cuore von ganzem Herzen.
divertimento eig. Unterhaltung, Vergnügen; bezeichnet leicht ausgearbeitete, nicht schwer auszuführende musikalische Werke.
La Divina Commedia die »Göttliche Komödie« ist das Hauptwerk von Dante Alighieri (1265–1321), entstanden in der Zeit um 1313–1321. Der ursprüngliche Titel lautete nur *La Comedia;* das Adjektiv *divina* erschien erstmals 1555. Das in Terzinen geschriebene »Epos der Erlösung« schildert die visionäre Wanderung des Dichters mit seinem Begleiter Vergil durch die Hölle *(Inferno),* das Fegefeuer *(Purgatorio)* und das Paradies *Paradiso).*

il dolce far niente das süße Nichtstun. Der Ausdruck geht zurück auf Plinius, Episteln, Buch VIII, Ep. 9 »illud ... iucundum ... nihil agere« und Cicero, De oratore, II, 24, »nil agere delectat«.

il dolce stil nuovo der »süße neue Stil« ist eine Stilrichtung der italienischen Liebeslyrik in der zweiten Hälfte des 13. Jahrhunderts. Die Bezeichnung wurde von Dante geprägt *(Divina Commedia,* Purgatorio XXIV, 57), der selbst diesen Stil in seiner → »Vita nova« anwendet. Der inhaltliche Schwerpunkt ist die läuternde Kraft der Liebe und die Idealisierung der Geliebten.

la dolce vita das »Süße Leben« ist vor allem seit Federico Fellinis gleichnamigem Film (1960) Inbegriff für ein Leben in ausschweifendem Müßiggang.

donna a ore Stundenhilfe, Aufwartefrau.

donna di casa häusliche Frau.

una donna di facili costumi eine Frau mit lockeren (leichten) Sitten.

donna di mondo Dame von Welt, auch Prostituierte.

la donna è mobile die Frau ist unbeständig. Als Konzept findet sich dieser Gedanke von der Antike bis zur heutigen Zeit bei vielen Schriftstellern. Berühmt ist die mit diesen Worten beginnende Arie des Herzogs von Mantua aus Giuseppe Verdis Oper »Rigoletto« (Uraufführung 1851 in Venedig); nach dem deutschen Libretto von J. Chr. Grünbaum: »Ach, wie so trügerisch sind Weiberherzen«.

donne ch'avete intelletto d'amore »ihr Frauen, die im Sinn ihr hegt die Minne«, ist ein bekannter Vers aus Dante Alighieris (1265–1321) → *Vita nova* (XIX), der in der → *Divina Commedia* (Purgatorio XXIV, 51) wiederholt wird.

donne e buoi dei paesi tuoi Frauen und Ochsen (nimm) aus deinem eigenen Land.

dopo pranzo nach Tisch, d. h. am frühen Nachmittag.

do-re-mi-fa-so-la-si-do wird im Italienischen für die Musiknotenbezeichnung c-d-e-f-g-a-h-c gebraucht.

il dottore der Doktor ist eine typische Figur der → *Commedia dell'arte;* es ist der leer daherschwatzende, gelehrte Pedant aus Bologna.

Dove sono? cosa veggio? lautet die berühmte Frage der Susanna in »Figaros Hochzeit«; dieses »Wo bin ich, was seh ich?« (1. Akt, 7. Szene) ist ein geflügeltes Wort geworden.

dove sono andante le buone maniere! was sind das heute für Sitten! Wörtlich: wohin sind die guten Manieren gegangen.

due pezzi zweiteiliges Kleid, zweiteiliger Badeanzug, Bikini.

E

è bell' e andanto! (das) ist hin und verloren! Ausruf des Bedauerns.

è buona regola es gehört zum guten Ton.

l'eccezione conferma la regola die Ausnahme bestätigt die Regel.

ecco fatto! das hätten wir! das wäre erledigt!

ecco perchè eben darum, eben das ist der Grund.

educazione fisica ist nicht Physik, sondern Leibeserziehung, Turnen.

è fiato sprecato das ist verlorene Mühe, wörtlich: das ist vergeudeter Atem.

Egregio Signore! Verehrter Herr ... als Anrede in Briefen; *egregio* ist ausgezeichnet, vortrefflich.

è lo stesso es ist dasselbe, es kommt auf dasselbe heraus.

è meglio l'uove oggi che la gallina domani besser einen Spatz in der Hand als die Taube auf dem Dach, wörtlich: besser heute das Ei als morgen das Huhn.

E.M.I. Abkürzung für *Estate Musicale Italiana,* die musikalische Sommersaison.

E.N.E.L. Abkürzung für *Ente nazionale per l'energia elettrica,* die staatliche Elektrizitätswirtschaft.

E.N.I.T. Abkürzung für *Ente nazionale industrie turistiche,* das staatliche Fremdenverkehrsamt.

è presto detto das ist bald (leicht) gesagt.

entrare in gioco ins Spiel kommen, auf den Plan treten.

entrare in vigore in Kraft treten (von Gesetzen).

entrare nel vivo di una questione auf den springenden Punkt kommen.

Eppure si muove Und sie bewegt sich doch, soll Galileo Galilei (1564–1642) angeblich gesagt haben, als er 1633 auf kirchlichen Zwang seiner Lehre von der Bewegung der Erde abschwor.

Esci di lì, ci vuo' star io! Pack dich fort, hier will ich stehen. Schluß eines Lehrgedichts von Filippo Pananti (1808), was sich in der französischen Fassung des Grafen Saint-Simon »Ote-toi de là, que je m'y mette« liest.

è sempre la stessa zuppa es ist immer die gleiche langweilige Sache.

essere a corto di quattrini knapp bei Kasse sein.

essere (sentirsi, stare, trovarsi) a disagio sich unbehaglich fühlen, Mißbehagen empfinden.

essere agli sgoccioli (*le gocciole* = die Tropfen, *gli sgoccioli* = der Rest) dem Ende nahe sein, langsam ausgehen.

essere al corrente auf dem laufenden sein.

essere alla mano umgänglich, zugänglich sein.

essere alle prese con qualcuno (qualcosa) sich mit jemandem (etwas) herumschlagen.

essere alle prime armi ein blutiger Anfänger sein, wörtlich: bei den ersten Waffen sein.

essere alle solite wieder soweit sein (meist im negativen Sinn).

essere al verde blank (wörtlich: am Grünen) sein, keinen Heller mehr haben.

essere come il fumo negli occhi ein Dorn im Auge sein, wörtlich: wie der Rauch in den Augen sein.

essere come il pozzo di San Patrizio unerschöpflich sein wie der Brunnen des heiligen Patrick. Dieser 62 Meter tiefe Brunnen befindet sich in Orvieto. Er wurde auf Anordnung von Clemens VII. dei Medici gebaut (1537 vollendet). Zwei Wendeltreppen, die aus 72 Fenstern Licht erhalten, führen auf den Grund.

essere come un pesce fuor d'acqua nicht in seinem Element, wie ein Fisch auf dem Trockenen (wörtlich: außerhalb des Wassers) sein.

essere conosciuto come la betonica bekannt sein wie ein bunter Hund. Betonica ist die Betonie, der Heilziest, eine verbreitete Pflanzenart.

essere contento come una Pasqua sich unbändig (wörtlich: wie Ostern) freuen, froh und zufrieden sein.

essere dalla parte della ragione im Recht sein.

essere della stessa risma vom gleichen Schlage sein, meist in abschätziger Bedeutung, Risma (vom arabischen »rizma« = Paket, Ballen Bündel) ist das Papiermaß Ries.

essere di bella presenza gut aussehen.

essere di compagnia gesellig sein.

essere di manica larga großzügig sein, wörtlich: weite Ärme haben.

essere di pasta frolla sehr empfindlich, anfällig sein (im medizinischen Sinne), wörtlich: aus Mürbeteig sein.

essere di peso eine Last sein, lästig fallen.

essere fuori di sè außer sich sein, aufgebracht sein.

essere giù di corda mißgestimmt, verstimmt sein, *corda* ist die Saite, das Seil.

essere giù di morale niedergeschlagen sein.

essere giù di salute sich schlecht fühlen.

essere giù di voce nicht gut bei Stimme, heiser indisponiert sein.

essere il gallo nel pollaio der Hahn im Korb (wörtlich: im Hühnerstall) sein.

essere immerso fino al collo in qualcosa bis zum Hals in etwas stecken.

essere in balia hilflos ausgeliefert, in der Gewalt von etwas sein.

essere in ballo auf dem Spiel stehen.

essere in bolletta völlig abgebrannt, blank (wörtlich: in Rechnung) sein.

essere in carne oder gesteigert **essere bene in carne** bei blühender Gesundheit sein.

essere in gamba tüchtig, auf Draht, rüstig sein.

essere in giro unterwegs, im Umlauf sein.

essere in pensiero sich Sorgen machen, in Sorgen (wörtlich: in Gedanken) sein.

essere in stato interessante in anderen Umständen sein.

essere in una botte di ferro einer Sache ganz si-

cher sein, wörtlich: in einem eisernen Faß stecken.
essere in vena in Form, in Stimmung sein.
essere lì lì per ... im Begriff sein, zu ...
essere lo zimbello die Zielscheibe des Spottes sein; *zimbello* (vom lateinischen »cymbellum«, griechisch »kymbal« = Schallbecken) hat über das altprovençalische »cembel« = Flöte (mit der man die Vögel anlockt) die Bedeutung Lockvogel, Köder angenommen.
essere nato con la camicia ein Glückspilz sein, wörtlich: mit dem Hemd geboren sein.
essere nei guai in der Klemme sitzen.
essere nei pasticci in der Patsche sitzen, in einer unangenehmen Lage sein.
essere nero schwarz vor Wut sein.
essere padrone di una cosa eine Sache beherrschen.
essere pieno di sè voll von sich, eingebildet sein.
essere pratico sich auskennen.
essere ridotto a lumicino in den letzten Zügen liegen, wörtlich: auf ein kleines Licht reduziert sein.
essere sopra pensiero in Gedanken versunken sein.
essere su di giri überreizt, sehr erregt sein.
essere sulla cresta dell'onda sich der allgemeinen Gunst erfreuen, sehr gefragt sein, wörtlich: auf dem Wellenkamm sein.
essere sul lastrico auf der Straße (wörtlich: dem Pflaster) liegen, bettelarm sein.
essere sul punto di ... im Begriff sein, zu ...
essere tagliato fuori isoliert, ausgeschlossen sein.
essere tra l'incudine ed il martello zwischen Amboß und Hammer, in arger Bedrängnis sein.
essere uccel(lo) di bosco ungebunden, frei (wörtlich: ein Waldvogel) sein.
essere un amore di ... sagt man von Dingen oder Personen, die sehr hübsch oder angenehm sind, z. B. *un amore di bambina* ein reizendes Kind.
essere una zucca vuota ein Dummkopf, Hohlkopf (wörtlich: ein leerer Kürbis) sein.
essere un terremoto ein Wildfang, ein Wirbelwind (wörtlich: ein Erdbeben) sein.
è tutt'uno das ist alles eins, das ist alles dasselbe.
è un altro paio di maniche das ist etwas ganz anderes, wörtlich: das ist ein anderes Paar Ärmel.

F

fa lo stesso es ist egal, es ist gleich, es macht nichts.
una fame da lupi ein Bärenhunger; *lupi* sind die Wölfe.
far comodo gelegen sein.
fare a botte sich prügeln.
fare a braccio di ferro con qualcuno sich mit jemandem in einer Kraftprobe messen.
fare alto e basso den Ton angeben, alles zu sagen haben, wörtlich: Hoch und Tief machen.
fare a pugni wie die Faust aufs Auge passen.
fare bella (brutta) figura guten (schlechten) Eindruck machen. In Italien ist die *bella figura* ein wichtiges Verhaltensregulans, wobei das Äußerlich-Dekorative im Vordergrund steht.
fare buon viso a cattivo gioco gute Miene zum bösen Spiel machen.
fare caso achten, beachten.
fare castelli in aria Luftschlösser bauen.
fare colpo Eindruck machen, Aufsehen erregen.
fare da palo Schmiere stehen.
fare del suo meglio sein Bestes tun.
fare di ogni erba un fascio alles über einen Kamm scheren, alles in einen Topf werfen, wörtlich: alles Gras in ein Bündel nehmen.
fare due chiacchiere ein wenig plaudern, einen Schwatz halten.
fare due passi einen kleinen Spaziergang machen.
fare epoca Epoche machen, Aufsehen erregen.

fare fortuna reich werden.
fare fuori qualcuno jemanden töten.
fare gli onori di casa die Honneurs machen.
fare i capricci unartig sein, bocken.
fare i conti senza l'oste die Rechnung ohne den Wirt machen.
fare il buono e il cattivo tempo den Ton angeben, bestimmen, wörtlich: das gute und das schlechte Wetter machen.
fare il callo a qualcosa sich an etwas gewöhnen; *il callo* ist die Schwiele.
fare il capro espiatorio den Sündenbock machen.
fare il filo a qualcuno jemandem den Hof machen.
fare il grande den großen Herren spielen.
fare il muso schmollen.
fare il passo più lungo della gamba über seine Verhältnisse leben, wörtlich: den Schritt länger machen, als die Beine sind.
fare il ponte an einem Werktag zwischen zwei Feiertagen nicht arbeiten, wörtlich: die Brücke machen.
fare il portoghese den Portugiesen spielen, d. h. Veranstaltungen besuchen, ohne dafür zu bezahlen. Die Redensart geht darauf zurück, daß ein Papst als Dankesbezeugung gegenüber dem König von Portugal den Portugiesen freien Eintritt in die römischen Theater gewährt hat. Daraufhin gaben sich natürlich auch viele Römer als Portugiesen aus.
fare il proprio comodo der eigenen Bequemlichkeit leben, den eigenen Vorteil verfolgen.
fare il proprio dovere seine Pflicht tun.
fare il tifo (von griechisch »typhos« = Rauch, Fieber) sich begeistern, schwärmen, anfeuern; der Ausdruck ist vor allem im Sport und hier vor allem im Fußball gebräuchlich.
fare in tempo rechtzeitig kommen.
fare la gatta morta sich unwissend stellen, wörtlich: die tote Katze spielen.
fare l'amore körperlich lieben.
fare la parte del leone den Löwenanteil einheimsen.
fare la spesa einkaufen.
fare la spola pendeln, hin und her fahren oder gehen; *la spola* ist das Weberschiffchen.
fare la vittima das arme Opfer spielen.

fare le corna Hörner machen; 1. als Abwehrgeste ahmt man mit zwei Fingern die Hörner des Teufels nach, unberufen, toi, toi, toi; 2. dem Ehepartner Hörner aufsetzen, ihn betrügen.
fare le ore piccole sehr spät in der Nacht bzw. früh am Morgen ins Bett gehen, wörtlich: die kleinen Stunden machen.
fare l'indiano sich dumm stellen, den Ahnungslosen spielen.
fare l'occhiolino a qualcuno jemandem zuzwinkern, zublinzeln.
fare lo sgambetto a qualcuno jemandem ein Bein stellen, auch im übertragenen Sinn.
fare man bassa stehlen, etwas mitgehen lassen.
fare mezzo litro kurz einkehren, schnell etwas trinken; wörtlich: einen halben Liter machen.
fare pari e patta miteinander quitt sein.
fare piazza pulita reinen Tisch machen, mit etwas aufräumen.
fare schifo anekeln, anwidern.
fare tanto di cappello a qualcuno (aus Hochachtung) den Hut vor jemandem ziehen.
fare una cosa coi piedi etwas sehr schlecht (wörtlich: mit den Füßen) machen.
fare una fumatina nur ein wenig rauchen.
fare una scorpacciata sich den Bauch vollschlagen, unmäßig essen.
fare un buco nell'acqua einen Schlag ins Wasser tun, wörtlich: ein Loch ins Wasser machen.
fare un buon affare ein gutes Geschäft machen.
fare un dispetto a qualcuno jemandem eine Kränkung zufügen, jemanden ärgern.
far fagotto sein Bündel schnüren, abreisen.
far festa a qualcuno jemanden freudig begrüßen.
far finta di ... so tun als ob ...
far girare la testa a qualcuno jemandem den Kopf verdrehen, jemanden schwindlig machen.
far gola den Appetit reizen, Lust wecken.
la farina del diavolo va in crusca Sprichwort: unrecht Gut gedeiht nicht; wörtlich: das Mehl des Teufels wird zur Kleie.
farla finita einen Schlußstrich unter eine Sache ziehen, eine Sache beenden.
farla franca gut, mit heiler Haut davonkommen.
far mente locale sich auf etwas konzentrieren.
farne di cotte e di crude oder **farne di tutti i colori**

alle erdenklichen Streiche machen, es bunt treiben, wörtlich: Gares und Ungares (Rohes) machen, es in allen Farben treiben.

far pena leid tun, dauern.

far presente qualcosa auf etwas hinweisen, aufmerksam machen.

farsela addosso Angst haben, wörtlich: in die Hose machen.

farsi avanti sich melden, hervortreten.

farsi bello di una cosa sich mit etwas brüsten, wörtlich: schön machen.

farsi in quattro per qualcuno sich für jemanden Arme und Beine ausreißen, voll einsetzen, wörtlich: sich in vier teilen.

farsi pelare sich schröpfen, rupfen, neppen lassen.

farsi strada sich Bahn brechen, emporarbeiten.

farsi valere sich zur Geltung bringen, durchsetzen.

farsi vivo ein Lebenszeichen von sich geben, von sich hören lassen.

far strage ein Blutbad, eine Verheerung anrichten; auch scherzhaft gebraucht.

far vedere bianco per nero ein X für ein U vormachen; wörtlich: weiß für schwarz herzeigen.

far venire il latte alle ginocchia sehr langweilen, wörtlich: die Milch zu den Knien kommen lassen.

far venire l'acquolina in bocca das Wasser im Mund zusammenlaufen lassen.

fatamorgana Fata Morgana, Luftspiegelung; die *fata Morgana*, die Fee Morgana, ist in der bretonischen Sage die zauberkundige Stiefschwester des Königs Artus. In der italienischen Literatur taucht sie bei Matteo Maria Boiardo (1441–1533) in den → *Orlando furioso* übernommen, wo sie neben ihrer Zwillingsschwester Alcina ihr Zauberwesen treibt.

fatta la legge, trovato l'inganno sobald das Gesetz verabschiedet worden ist, hat man auch schon den Betrug ausgedacht (wie man es umgehen kann).

fatti non foste a viver come bruti, ma per seguir virtute e conoscenza ihr wurdet nicht geschaffen, um wie rohe Wesen zu vegetieren, vielmehr, um Tugend und Wissen zu erstreben. Mit diesen Worten stachelt Odysseus seine Gefährten an, die Säulen des Herkules, d. h. Gibraltar, zu überschreiten und das Unbekannte zu erforschen (Dante Alighieri, → *Divina Commedia,* Hölle XXVI, 119f.).

fatto sta Tatsache ist, soviel steht fest.

una febbre da cavallo hohes Fieber.

fegato (auch: **fegatini**) **alla veneziana** kleingeschnittene Leber auf venezianische Art mit Zwiebeln und Salbei zubereitet.

fermata in der Musik: Ruhepunkt, Halt; *la fermata* ist auch die Haltestelle bei Bus, Straßenbahn ...

ferragosto (vom lateinischen »feriae Augusti« = August-Fest) an diesem Tag, der auf Mariä Himmelfahrt, den 15. August, fällt, streben alle Italiener ins »Blaue« oder ins »Grüne«, mit entsprechenden Konsequenzen im Straßenverkehr und im Restaurationsgewerbe.

la festa di noialtri bezeichnet das alljährliche Volksfest in Trastevere *(trans Tiberis),* das in den Tagen des → *sol di lione* stattfindet; die Bewohner grenzen sich als die *noialtri,* wir anderen, von den *Romani* ab.

Fiat Abkürzung für *Fabbrica italiana automobili Torino,* die 1899 gegründete Automobilfabrik.

ficcare il naso in una cosa seine Nase in etwas stecken, sich in etwas einmischen, sehr neugierig sein.

fidarsi è bene, non fidarsi è meglio trau, schau, wem; vertrauen ist gut, nicht vertrauen besser.

figlio di papà (verwöhnter) Sohn eines (einflußreichen) Vaters.

figlio d'un cane Schimpfwort: Schweinehund, wörtlich: Hundesohn.

figurarsi man stelle sich einmal vor; *figurati* = stell dir einmal vor; *si figuri* stellen Sie sich einmal vor; *figuriamoci* = das kann man sich vorstellen.

fila indiana Gänsemarsch, wörtlich: Indianer-Reihe.

filare liscio reibungslos verlaufen, wie am Schnürchen klappen.

un filo di speranza ein Hoffnungsschimmer.

finché c'è fiato c'è speranza es hofft der Mensch, solang er lebt.

fin ch'han dal vino calda la testa, una gran festa fa preparar bis ihre Köpfe heiß vom Wein sind, laß ein großes Fest vorbereiten; Beginn der sogenannten »Champagner-Arie« des Don Giovanni aus dem 1. Akt der gleichnamigen Oper (Uraufführung 1787 in Prag) von Wolfgang Amadeus Mozart (1756–1791).

la fine corona l'opera Ende gut, alles gut; wörtlich: das Ende krönt das Werk.

il fine giustifica i mezzi der Zweck heiligt die Mittel.

fino in fondo bis auf den Grund, bis zum äußersten.

La finta giardiniera die vorgebliche Gärtnerin; als »Die Gärtnerin aus Liebe« Opera buffa von Wolfgang Amadeus Mozart (1756–1791). Die Uraufführung fand 1775 in München statt.

La finta semplice die vorgebliche Einfache; als »Heuchlerin aus Liebe« Opera buffa von Wolfgang Amadeus Mozart (1756–1791) nach einem Text von Carlo Goldoni. Die Uraufführung fand 1769 in Salzburg statt.

fior di ... dient der superlativischen Steigerung eines Begriffes, z. B. **fior di ragazza** ist ein bildschönes Mädchen, **fior di quattrini** eine Menge Geld.

un fiore non fa ghirlanda Sprichwort: eine Blume macht noch keinen Kranz.

il fior fiore della società sind die Spitzen der Gesellschaft, alles, was in der Gesellschaft Rang und Namen hat.

la Fornarina die Bäckerin oder Bäckerstochter; nach Giorgio Vasari die angebliche Geliebte Raffaels (1483–1520), deren Züge u. a. der Sixtinischen Madonna (in der Gemäldegalerie in Dresden) zugrunde liegen sollen.

Forse che sì forse che no »Vielleicht ja, vielleicht nein«; Titel eines Romanes von Gabriele d'Annunzio (1863–1938). Der Titel bezieht sich auf ein Motto der Gonzaga, das mäanderartig an der Decke eines der vielen Säle im Herzogpalast von Mantua geschrieben steht.

forse piove, forse no vielleicht gibt es Regen, vielleicht auch nicht. Gebräuchlich in der Emilia Romagna, sowohl aufs Wetter bezogen als auch bei Zweifel über sonstige Sachlagen.

la fortuna aiuta gli audaci den Kühnen hilft das Glück.

Fratelli d'Italia, l'Italia s'è desta Brüder Italiens, Italien ist erwacht; Beginn der 1847 von Goffredo Mameli verfaßten Nationalhymne *(Inno di Mameli)*.

fritto misto das »gemischt Gebratene« in einer *rosticceria,* wo alles Mögliche zusammen in heißem Fett ausgebacken wird: Kalbsnieren, Bries, Huhn, Blumenkohl, Leber, Fisch – vorher in Ei und Mehl paniert.

frullare per la testa durch den Kopf gehen.

fumare come un turco rauchen wie ein Schlot (wörtlich: wie ein Türke).

fumare di rabbia vor Wut kochen, wörtlich: rauchen.

fumetto Bilderstreifengeschichte, Comic. Er wird so genannt, weil die Worte in Gebilden wie kleine »Rauchwolken« stehen.

fuori dell'ordinario außergewöhnlich, außerordentlich.

fuori moda unmodern.

fuori servizio außer Betrieb.

fuori uso außer Gebrauch, unbrauchbar.

Furia francese französisches Ungestüm; man denke an die Schlacht von Pavia (1525) unter Franz I. von Frankreich; der Begriff findet sich erstmals bei Antonius de Arena (1544), wohl nachgebildet dem furor teutonicus des Lucanus († 65 v. Chr.) bzw. dem *tedesco furor* des Dichters Petrarca († 1374).

una furtiva lacrima ... eine heimliche Träne, nach dem deutschen Libretto von Felix Mottl: »Heimlich aus ihrem Auge ... «; so beginnt die Romanze des Nemorino aus dem *Elisir d'amore,* dem »Liebestrank« von Gaetano Donizetti (1797–1848). Die Oper wurde 1832 in Mailand uraufgeführt.

G

Il Galateo Titel eines 1558 erschienenen Traktats über das gute Benehmen in der Gesellschaft von Giovanni della Casa (1503–1556), eine Art »Knigge«. Der Name Galateo leitet sich von der latinisierten Form des Namens Galeazzo Florimonte (er war Bischof von Sessa) her, der das Werk anregte. **Non conoscere il galateo** bedeutet keinen Anstand, kein gutes Benehmen haben.

Galeotto fu il libro e chi lo scrisse Galeotto war das Buch und der, der es schrieb; ein bekannter Vers aus Dante Alighieris (1265–1321) → *Divina Commedia* (Hölle, V, 137). Beim gemeinsamen Lesen des Romanes von Lanzelot, den Galahaut verfaßt hat und der von Lanzelots verbotener Liebe zu König Artus' Gemahlin Ginevra handelt, entdecken Paolo und Francesca ihre (verbotene) Liebe. **galeotto** bezeichnet mit Bezug auf diese Stelle einen Kuppler.

un gatto vivo nello stomaco eine fürchterliche Wut, wörtlich: Katze im Bauch.

gente allegra il ciel l'aiuta Sprichwort: fröhlichem Volke hilft der Himmel.

gente con la testa sulle spalle vernünftige Menschen; wörtlich: die Leute mit dem Kopf auf den Schultern.

gente dell'altro mondo unmögliche Leute, wörtlich: Leute von der anderen Welt.

la gentilezza apre tutte le porte Sprichwort: die Höflichkeit öffnet (einem) alle Türen; vgl. »mit dem Hute in der Hand kommt man durchs ganze Land.«

un gentiluomo ein Ehrenmann.

La Gerusalemme liberata »Das befreite Jerusalem«, eine epische Dichtung in zwanzig Gesängen, ist das Hauptwerk von Torquato Tasso (1544–1595). Hauptthema des 1580 zum erstenmal erschienenen Werkes ist der erste Kreuzzug. Das in Stanzen abgefaßte lyrisch-pathetische Epos beeinflußte nicht nur spätere Dichter, es wurde auch zu einem echten Volksepos.

giardiniera ist die Gärtnerin; so werden aber auch in Essig konservierte Gemüsestückchen, Mixed Pickles, genannt.

giocare a mosca cieca Blindekuh (wörtlich: blinde Fliege) spielen.

giocare a nascondino Versteck spielen.

giocare l'ultima carta den letzten Trumpf ausspielen.

la Gioconda ist, in Anlehnung an ihren Familiennamen Giocondo, ein weiterer Name für die Mona Lisa, die Leonardo da Vinci (1452–1519) auf dem berühmten Gemälde im Louvre (um 1503 ausgeführt) porträtiert hat. Auch die Titel einer Oper von Amilcare Ponchielli (1876) und eines Dramas von Gabriele d'Annunzio (1899) lauten »La gioconda«.

Il Giorno »Der Tag«, ist der Titel eines satirischen Gedichtes (unvollendet, 1763 erschienen) von Giuseppe Parini (1729–1799). Das Gedicht ist in vier Teile aufgeteilt: Mattino (Morgen), Mezzogiorno (Mittag), Vespro (Abend) und Notte (Nacht). Parini schildert darin in ironischer Weise den von Müßiggang, Laster und Ignoranz bestimmten Tagesablauf eines »giovin signore«, eines jungen adligen Herrn.

Giovedì grasso dieser »fette Donnerstag« ist der letzte vor Fastnacht; **Giovedì santo** Gründonnerstag.

gioventù bruciata Halbstarke; so lautet auch der italienische Titel des Films »Denn sie wissen nicht, was sie tun« (1955) mit James Dean.

gira e rigira man kann es drehen und wenden, wie man will.

giro Umlauf, Drehung, Runde, Rundfahrt.

giroconto Girokonto.

giro d'affari Umsatz.

Giro d'Italia das 1909 von der Sportzeitung »Gazetta dello Sport« gegründete Fahrradrennen in Etappen durch Italien.

giù di lì 1. ungefähr, annähernd; 2. dort in der Gegend.

gli venisse un accidente! der Teufel soll ihn holen! wörtlich: der Schlag möge ihn treffen.

gobba a ponente, luna crescente, gobba a levante, luna calante wenn die Wölbung des Mondes im Westen ist (man ein z aus ihm machen kann), nimmt er zu, wenn die Wölbung im Osten ist (man ein a aus ihm machen kann), nimmt er ab.

gli manca un giovedì (auch: **venerdì**) bei ihm ist eine Schraube locker; er ist nicht ganz bei Trost; wörtlich: ... fehlt ein Donnerstag (Freitag).

grado per grado Schritt für Schritt, ganz allmählich.

grattarsi la pancia sich auf die faule Haut legen, faulenzen, wörtlich: sich den Bauch kratzen.

grazie a dio Gott sei Dank.

grazie per la (oder **della**) **compagnia** danke für die Gesellschaft, pflegt man höflicherweise beim Abschied nach gemeinsamem Zusammensein zu sagen.

grosso modo grob gesprochen; ganz allgemein gesagt; in Bausch und Bogen.

grottesca Groteske. In Literatur und Kunst Darstellung von Komisch-Grauenvollem, d. h. die Verbindung von scheinbar Unvereinbarem. Der Begriff leitet sich von *grotta* = Grotte her; so wurde volkstümlich die Domus Aurea in Rom genannt, in der man Ende des 15. Jahrhunderts Wandmalereien dieser Art fand.

guai a te (a voi) wehe dir (euch).

il guaio è che das Schlimme ist, daß ...

guardare con la coda dell'occhio von der Seite, aus den Augenwinkeln beobachten, wörtlich: mit dem Schwanz des Auges schauen.

guardare dall'alto in basso von oben herab ansehen.

guardare di sbieco scheel, schief, böse ansehen.

guardare in cagnesco ebenfalls scheel, schief anschauen. *Cagnesco* hieß ursprünglich »nach Art eines Hundes«, was dann auf »feindlich«, »drohend« eingeengt wurde.

I

I'benedico il loco e l'tempo e l'ora ich segne den Ort, die Zeit und die Stunde, so beginnt ein berühmtes Sonett *In vita di Madonna Laura* aus dem → *Canzoniere* Francesco Petrarcas.

idea fissa fixe Idee, Zwangsvorstellung.

iettatura (neapolitanisch für *gettatura*; zu ergänzen: *di* → *malocchio*, des bösen Blicks) böser Blick, unheilbringender Einfluß; diese Vorstellung ist vor allem in Süditalien noch häufig anzutreffen.

i miei ossequi ich empfehle mich, erweise meine Hochachtung.

immaginati! (s'immagini!) aber ich bitte dich (Sie)!

imparare a proprie spese etwas am eigenen Leib erfahren, wörtlich: auf eigene Kosten lernen.

improvvise pazzie diese »unvorhersehbaren Verrücktheiten« (der Natur, etc.) werden zitiert nach einem Worte von Curzio Malaparte.

in altre parole mit anderen Worten.

in arte mit Künstlernamen.

in bocca al lupo! Hals- und Beinbruch! wörtlich: dem Wolf in den Mund.

in bolletta abgebrannt, ohne Geld.

in capo al mondo am Ende der Welt.

in carne e ossa leibhaftig, in höchsteigener Person, wörtlich: in Fleisch und Knochen.

in caso di dubbio im Zweifelsfall.

in chiesa coi santi, in taverna coi briganti Sprichwort: in der Kirche mit den Heiligen, in der Taverne mit den Gaunern, Banditen; im Sinne von: mit den Wölfen heulen, mit dem Strom schwimmen.

in cima oben, vorn.

incognito unbekannt, unerkannt, inkognito.

indorare la pillola die bittere Pille versüßen (wörtlich: vergolden).

in due parole in wenigen (wörtlich: zwei) Worten.

in effetti in der Tat, tatsächlich, wirklich.

in erba in den Anfängen, in den Kinderschuhen, wörtlich: im Gras.

in fin dei conti im Grunde genommen, letzten Endes, schließlich.

infischiarsi di una cosa auf etwas pfeifen, sich nicht scheren.

in fretta e furia oder **in furia e fretta** in höchster Eile.

ingannare il tempo die Zeit totschlagen (wörtlich: betrügen).

in giornata im Laufe des Tages, heute noch.

un inglese tedesco ein »deutscher Engländer«, bedeutet nach Kasimir Edschmid in Süditalien jeden Fremden, der von irgendwo aus dem nördlicheren Europa kommt.

ingoiare il rospo die bittere Pille schlucken, in den sauren Apfel beißen, wörtlich: die Kröte hinunterschlucken.

in linea di massima grundsätzlich.

in lungo e in largo kreuz und quer.

in men di un amen im Handumdrehen, wörtlich: in weniger als einem Amen.

in nessun modo in keiner Weise, auf keinen Fall.

in onore di qualcuno zu jemandes Ehren.

in primo luogo erstens, zuerst.

I.N.P.S. Abkürzung für *Istituto nazionale previdenza sociale,* die staatliche Sozialversicherungsanstalt.

in quattro e quattr'otto im Handumdrehen, im Nu.

in questo (oder **quel**) **mentre** in diesem Augenblick.

in sordina gedämpft, leise, heimlich, verstohlen.

instinto è dell'umane menti che ciò che più si vieta, uom più desia es ist der Trieb des menschlichen Verstandes, das, was man streng verbietet, heftig zu verlangen; ein Zitat aus Torquato Tassos → *Gerusalemme liberata* V, 76.

in terra di ciechi beato chi ha un occhio Im Reich der Blinden ist der Einäugige König, wörtlich: selig.

in tutte le direzioni nach allen Richtungen.

in un batter d'occhio im Nu, im Handumdrehen, wörtlich: in einem Augenschlag.

in un credo sogleich, im Nu; *credo* bezeichnet das Glaubensbekenntnis.

in un lampo blitzschnell.

in vendita zum Verkauf, verkäuflich.

in via eccezionale ausnahmsweise.

io era tra color che son sospesi ich war im Kreis der Wartenden; dieser Vers aus Dante Alighieris (1265–1321) → *Divina Commedia* (Hölle II, 52) bezieht sich auf Dantes Führer Vergil. In entsprechenden Situationen wird er gelegentlich zitiert.

I.R.I. Abkürzung für *Istituto per la ricostruzione industriale,* eine 1933 gegründete Holdinggesellschaft des italienischen Staates für den »Wiederaufbau der Industrie« mit Sitz in Rom.

irredenta unerlöst, d. h. unter fremder Herrschaft stehend; mit diesem 1877 geprägten Begriff bezeichnete man die noch unter österreichischer Herrschaft verbliebenen italienischsprachigen Gebiete von Trient, Triest, Istrien und Dalmatien.

Itala gente da le molte vite italische Völker mit den vielen Leben, ist ein Ausspruch von Giosuè Carducci (1835–1907), in der Ode *La chiesa di Polenta.*

L'Italia avanti tutto! L'Italia sopra tutto! Italien vor allem! Italien über alles! ist ebenfalls ein Ausspruch von Giosuè Carducci, und zwar am Ende der Rede *Per il tricolore* (Für die Fahne), die er am 7. 1. 1897 in Reggio Emilia gehalten hat. Er erinnert an »Deutschland über alles«.

l'Italia farà da sè Italien wird ganz allein fertig werden, wird gewöhnlich als die Devise des italienischen Freiheitskampfes von 1849 hingestellt. → *risorgimento.*

I.V.A. Abkürzung für *Imposta sul valore aggiunto,* die italienische Mehrwertsteuer.

L

Lacrima Cristi Christusträne ist der Name des süßen Weins, der an den Hängen des Vesuvs gedeiht.

lacrime di coccodrillo Krokodilstränen.

un lampo di genio ein Geistesblitz, herrlicher Einfall, gute Idee.

largo ma non troppo musikalische Bezeichnung: nicht gar zu langsam; wörtlich: breit, aber nicht zu sehr.

lasciare il tempo che si trova etwas beim alten lassen.

lascia perdere! laß es sein! gib es auf!

lasciar bollire uno nel suo brodo jemanden in seinem eigenen Saft schmoren lassen, sich selbst überlassen.

lasciar correre den Dingen ihren Lauf lassen; auch mal ein Auge zudrücken.

lasciar stare bleiben lassen, in Ruhe lassen.

lasciate ogni speranza voi ch'entrate laßt, die ihr eingeht, alle Hoffnung fahren; so lautet der letzte Vers der Inschrift über der Höllenpforte in Dante Alighieris (1265–1321) → *Divina Commedia* (Hölle III, 9).

lavarsene le mani seine Hände in Unschuld waschen.

lavorare come una bestia (un bue, un negro) schuften wie ein Tier (ein Ochse, ein Neger).

lavorare per la gloria ohne Entgelt (wörtlich: für den Ruhm) arbeiten.

un lavoro da certosino eine Arbeit, die viel Geduld erfordert, wörtlich: Kartäuserarbeit.

legar l'asino dove vuole il padrone ohne Widerspruch den Willen eines anderen tun; wörtlich: den Esel anbinden, wo der Herr will.

legato, abgek. **leg.** bezeichnet in der Musik den »gebundenen« Vortrag.

la legge è uguale per tutti vor dem Gesetz sind alle Menschen gleich.

lento assai sehr, ziemlich langsam (zu spielen).

levare di mezzo qualcuno (oder **qualcosa**) jemanden (oder etwas) beseitigen.

levare le tende die Zelte abbrechen, weggehen.

levarsi di mezzo von den Füßen gehen, verschwinden.

levati dai piedi! scher dich weg!

ligio al dovere pflichtgetreu.

la lingua batte dove il dente duole wes das Herz voll ist, des geht der Mund über, wörtlich: die Zunge schlägt, wo der Zahn schmerzt.

la lingua del sì die italienische Sprache; → *il bel paese*.

lì per lì im Augenblick, auf der Stelle, plötzlich.

lontan dagli occhi, lontan dal cuore aus den Augen, aus dem Sinn, wörtlich: fern von den Augen, fern vom Herzen.

la luna di miele die Flitterwochen, der Honigmond.

lunedì grasso dieser »fette Montag« ist der sog. Rosenmontag vor dem Aschermittwoch.

il lungolago die Promenade am Seeufer.

il lungomare die Promenade am Meerufer.

un lupo di mare ein alter Seebär (wörtlich: -wolf).

M

ma chè! oder **macchè!**   auch was! keine Spur!

Madamina, il catalogo è questo   »Junge Dame, das ist das Register«, beginnt die sogenannte »Registerarie« des Leporello aus Wolfgang Amadeus Mozarts (1765–1791) Oper »Don Giovanni« (1787 in Prag uraufgeführt), 1. Akt.

Mafia (aus arabisch »mahjas« = Prahlerei) im 18. Jahrhundert in Sizilien entstandene Interessengruppen, die auf der Basis der *omertà* (Schweigen) und der *vendetta* (Rache) Selbstjustiz ausübten. Während des Faschismus zeitweilig unterdrückt, besteht die Mafia heute aus Personengruppen, die mit kriminellen Mitteln ihre eigenen geschäftlichen Interessen verfolgen. → *Cosa nostra*.

Maggio musicale fiorentino   seit 1933 alljährlich im Mai/Juni in Florenz stattfindendes Musikfestival.

maggiore   bezeichnet jede Dur-Tonart; **minore** die Tonarten in Moll.

magro come un chiodo   spindeldürr, wörtlich: dünn wie ein Nagel.

mai e poi mai   nie und nimmermehr.

malalingua   böse Zunge, Lästerzunge.

I Malavoglia   »Die Malavoglia«, ist der Titel eines 1881 erschienenen Romans von Giovanni Verga (1840–1922). Der Roman, der das bittere Schicksal einer sizilianischen Fischerfamilie schildert, ist der erste Teil des unvollendeten Zyklus *I vinti* und neben dem → *Mastro Don Gesualdo* ein Hauptwerk des → *Verismo*.

mal comune mezzo gaudio   geteiltes Leid ist halbes Leid, wörtlich: gemeinsames Leid (ist) halbe Freude.

malocchio   böser Blick; nach dem Volksglauben haben bestimmte Personen die Fähigkeit, durch ihren Blick – gewollt oder ungewollt – unheilvolle Wirkung auszuüben. → *iettatura*.

mancanza di educazione   Ungezogenheit, Mangel an Erziehung.

mandare all'aria   ins Wasser fallen, ausfallen, zunichte machen, wörtlich: in die Luft schicken.

mandare alle calende greche   etwas auf die griechischen Kalenden verschieben, auf unbestimmte Zeit, auf den »St. Nimmerleinstag«, denn im griechischen Kalender gab es keine Kalenden, womit bei den Römern jeweils der 1. Tag des Monats gemeint war.

mandare avanti   durchbringen, ernähren.

mandare avanti la baracca   die Familie oder das Geschäft über Wasser halten.

mandare in fumo   vereiteln, zunichte machen.

mandare qualcuno a farsi benedire   jemanden zum Teufel schicken, wörtlich: jemanden wegschicken, um sich segnen zu lassen. Die gleiche Bedeutung haben:

mandare qualcuno al diavolo   zum Teufel schicken, und

mandare qualcuno a quel paese   in die Hölle jagen.

mangiare a crepapelle   essen, bis man platzt; *crepare* ist zerreißen, *pelle* die Haut. → *ridere a crepapelle*

mangiare due bocconi   eine Kleinigkeit, einen Happen (wörtlich: zwei Bissen) essen.

mangiare i confetti di qualcuno   jemandes Hochzeit feiern; *confetti* sind die überzuckerten Mandeln, die man an die Hochzeitsgäste verteilt.

mangiare il pane a tradimento   unverdientes Brot essen, auf anderer Leute Kosten leben.

mangiare in bianco   »in Weiß« essen; d. h. Diät einhalten.

mangiare la foglia   auf die Schliche kommen, dahinterkommen, wörtlich: das Blatt essen.

mangiare pane e cipolla   wenig und schlecht essen, wörtlich: Brot und Zwiebeln essen.

mangiarsi il fegato   sich krank ärgern, wörtlich: sich die Leber essen.

una mano lava l'altra   eine Hand wäscht die andere.

marcia funebre   Trauermarsch.

marinare la scuola   die Schule schwänzen.

maschera   heißt die typische Figur der → *Commedia dell'arte*, z. B. → *Arlecchino*, → *Pantalone*, → *il dottore;* so wird aber auch der Platzanweiser im Theater bezeichnet.

Mastro Don Gesualdo   ist der Titel eines 1888 erschienenen Romans von Giovanni Verga (1840–1922), der das Schicksal des reich gewordenen Bauarbeiters Gesualdo Motta beschreibt. Der Roman (zweiter Teil des unvollendeten Zyklus *I vinti*) zeigt Anklänge an den französischen Naturalismus und gilt neben → *I Malavoglia* als Hauptwerk des → *Verismo*.

Il matrimonio segreto »Die heimliche Ehe« lautet der Titel des Hauptwerkes von Domenico Cimarosa (1749–1801). Die Oper wurde 1792 in Wien uraufgeführt.

matto oder **pazzo da legare** völlig verrückt, wörtlich: verrückt zum festbinden.

meglio poco che niente besser wenig als gar nichts.

meglio soli che mal accompagnati besser allein als in schlechter Gesellschaft.

meglio tardi che mai besser spät als nie.

meglio un asino vivo che un dottore morto besser ein lebendiger Esel als ein toter Doktor, lieber dumm als gescheit sterben.

una memoria di ferro ein eisernes Gedächtnis.

menare il can per l'aia Ausflüchte suchen, um Zeit zu gewinnen, wörtlich: den Hund über die Tenne führen.

menare per il naso qualcuno jemanden an der Nase herumführen.

menefreghista ist jemand, der auf alles pfeift, entsprechend **me ne frego** ich pfeife drauf, es ist mir Wurst, ein nicht eben feiner Ausdruck.

meneghino ist die Verkleinerungsform von Domenico; sie bezeichnet den typischen Mailänder sowie Dinge, die Mailand betreffen.

meno male halb so schlimm, Gott sei Dank, glücklicherweise.

mese di luglio e d'agosto moglie mia non ti conosco Sprichwort: (Im) Monat Juli und August, (meine liebe) Frau, kenn ich dich nicht. Im Juli/August sind Frau und Kinder häufig in Ferien, während der Mann arbeitet.

mettere al corrente unterrichten, in Kenntnis setzen.

mettere all'asta versteigern.

mettere a tacere zum Schweigen bringen.

mettere giudizio Vernunft annehmen.

mettere i bastoni fra le ruote einen Knüppel zwischen die Beine werfen, wörtlich: Knüppel zwischen die Räder stecken.

mettere (oder **mettersi**) **il cuore in pace** sich mit etwas abfinden, sich in etwas schicken, wörtlich: das Herz in Frieden stimmen.

mettere in dubbio in Zweifel stellen, bezweifeln.

mettere in grado in die Lage, in den Stand versetzen.

mettere in palio einen Preis ausschreiben, als Preis aussetzen. → *palio*.

mettere in subbuglio in Aufruhr versetzen.

mettere i punti sulle i etwas ausführlich erklären, übergenau sein, wörtlich: die Punkte auf die I setzen.

mettere la mano sul fuoco per qualcuno für jemanden die Hand ins Feuer legen.

mettere (oder **mettersi**) **l'animo in pace** sich mit etwas abfinden, sich in etwas schicken, wörtlich: das Gemüt in Frieden stimmen.

mettere su casa einen Hausstand gründen, eine Wohnung einrichten.

mettere una pulce nell'orecchio einen Floh ins Ohr setzen.

mettere uno alle strette jemanden in die Enge treiben.

mettersi a proprio agio es sich bequem machen.

mettersi in ghingheri (wohl von *agghindare* = herausputzen) sich in Schale werfen, sich aufdonnern.

mettersi nei panni di qualcuno sich in jemandes Lage versetzen.

mezza stagione Übergangszeit, in bezug auf die Jahreszeiten.

mezze misure halbe Maßnahmen.

mezzi termini Ausflüchte, Vorwände.

mica male nicht übel, nicht schlecht.

i Mille die Tausend, das sind die 1080 Freiwilligen, die Giuseppe Garibaldi in der → *spedizione dei Mille* von Quarto nach Marsala folgten.

mio malgrado zu meinem Bedauern.

mi raccomando! ich bitte drum! ich lege nahe! Als Verstärkung einer Bitte oder Aufforderung gebraucht.

mirare in alto hochgesteckte Ziele verfolgen.

mi si spezza il cuore mir bricht das Herz.

mi spiego? oder **mi sono spiegato?** habe ich mich klar ausgedrückt? haben Sie (hast du) verstanden?

moglie e buoi dei paesi tuoi Sprichwort: Die Frauen und die Rinder hole dir aus deinen Orten, Dörfern.

molto fumo e poco arrosto viel dahermachen, und nichts steckt dahinter, wörtlich: viel Rauch und wenig Braten.

un mondo sehr, unheimlich, viel, z. B. *divertirsi un mondo* = sich toll vergnügen.

il mondo è fatto a scale, chi le scende e chi le sale die Welt ist aus Treppen gemacht, die einen fallen, die anderen steigen.

il mondo invecchia, e invecchiando intristisce die Welt wird alt, und während sie älter wird, wird sie traurig, lautet ein Vers aus Torquato Tassos (1544–1595) Schäferspiel → *Aminta* (II, 2).

montarsi la testa sich etwas in den Kopf steigen lassen.

il montebianco der Montblanc; dabei handelt es sich nicht um den Berg, sondern um eine Süßspeise aus pürierten Eßkastanien und Sahne, aufgetürmt in der Form des Berges.

il monte dei pegni oder **monte di pietà** das Pfandhaus, Leihhaus.

mordere il freno gegen seinen Willen eingeengt sein, so daß man nicht handeln kann, wie man gerne möchte, wörtlich: die Zügel beißen.

mordersi le dita etwas im Nachhinein bereuen, sich (vor Wut) in die Finger beißen.

mortadella Wurstsorte, eine Spezialität aus Bologna. Der Name leitet sich von der römischen »myrtata«, einer mit Myrthen gewürzten Wurstsorte, her. Heute fügt man statt der Myrthen Pfeffer und andere Gewürze hinzu.

la morte non guarda in faccia nessuno für den Tod sind alle Menschen gleich, wörtlich: der Tod schaut niemandem ins Gesicht.

un morto di fame ein Hungerleider.

una mosca bianca ein weißer Rabe (wörtlich: Fliege).

mozzare il fiato den Atem verschlagen.

mozzarella in carrozza Mozzarella in der Kutsche; dabei handelt es sich um eine Scheibe Mozzarellakäse, die zwischen zwei Brotscheiben gelegt, paniert und in Öl gebacken wird. Eine der mehrfachen Worterklärungen gründet auf einem Wortspiel mit *filare,* was beim Käse »Fäden ziehen«, bei der Kutsche »dahinbrausen« heißt.

M.S.I. Abkürzung für *Movimento sociale italiano,* die 1946 gegründete neofaschistische Partei.

Il Mulino del Po »Die Mühle am Po« ist der Titel einer Romantrilogie von Riccardo Bacchelli (1891–1986), von 1938 bis 1940 veröffentlicht. In diesem Werk schildert Bacchelli die Geschichte einer in der Po-Ebene bei Ferrara lebenden Familie im Lauf von drei Generationen (1812–1918).

N

Natale di Roma der »Geburtstag«, also Gedenktag an die Gründung der Stadt am 21. April.

Il naufragar m'è dolce in questo mare der Untergang in diesem Meer ist süß; wird zitiert aus *L'Infinito* von Giacomo Leopardi (1798–1847).

navigare in cattive acque sich in einer üblen Lage befinden, wörtlich: in gefährlichen Wassern segeln.

ne ammazza più la gola che la spada vom Fraß sterben mehr Leute als vom Schwert.

nel mio piccolo in meinen kleinen, bescheidenen Verhältnissen.

neppure per idea! ich denke ja im Traum nicht daran!

nessuna nuova, buona nuova keine Nachricht, gute Nachricht.

nessun maggior dolore che ricordarsi del tempo felice nella miseria kein größerer Schmerz, als sich im Unglück glücklicher Zeiten zu erinnern, ein Vers aus Dante Alighieris (1265–1321) → *Divina Commedia* (Hölle V, 121 ff.).

niente da fare nichts zu machen.

niente di niente rein gar nichts.

niente meno che ... kein Geringerer als ...

noialtri ed i Romani wir (alle) anderen und die Römer; bezeichnet die immer noch strenge Abgrenzung lokaler Eigenart gegenüber Rom.

non averci a che fare nichts zu tun haben mit ...

non avere il becco d'un quattrino keinen roten Heller haben; *il becco* heißt der Schnabel.

non avere nè arte nè parte nichts gelernt haben.

non avere peli sulla lingua kein Blatt vor den Mund nehmen, wörtlich: keine Haare auf der Zunge haben.

non avere sale in zucca keine Grütze im Kopf haben wörtlich: kein Salz im Kürbis haben.

non aver nè capo nè coda weder Hand noch Fuß (wörtlich: Kopf noch Schwanz) haben.

non cade foglia che Dio non voglia es fällt kein Blatt, ohne daß Gott es will.

non capire un acca (oder **un fico secco, un accidente, un tubo**) nichts verstehen; *acca* ist der Buchstabe »h«, *fico secco* die getrocknete Feige, *accidente* der Schlag und *tubo* das Rohr.

non c'è due senza tre aller guten Dinge sind drei.

non c'è male nicht übel, nicht schlecht.

non c'è peggior sordo di chi non vuol sentire es gibt keinen ärgeren Tauben als den, der nicht hören will.

non c'è verso da kann man nichts machen.

non c'era anima viva es war keine Menschenseele da.

non darsi pace keine Ruhe finden.

non è bello quel che è bello ma è bello quel che piace schön ist, was gefällt, wörtlich: nicht das ist schön, was schön ist, sondern das ist schön, was gefällt.

non è farina del suo sacco Sprichwort: das ist kein Mehl aus seinem Sack, d. h. es stammt nicht von ihm, ist nicht auf seinem Mist gewachsen.

non essere nè carne nè pesce weder Fleisch noch Fisch, nichts Halbes und nichts Ganzes sein.

non essere uno stinco si santo nicht gerade ein Heiliger sein; *lo stinco* ist das Schienbein.

non è tutto oro quello che luccica (oder **riluce**) es ist nicht alles Gold was glänzt.

non fa per me das ist nichts für mich.

non fare una grinza glatt verlaufen, haargenau stimmen, wörtlich: keine Falte machen.

non guardare tanto per il sottile etwas nicht so genau nehmen, nicht kleinlich sein.

non importa das macht nichts, das spielt keine Rolle.

non mi fa nè freddo nè caldo (oder **nè caldo nè freddo**) das ist mir völlig gleichgültig, das läßt mich kalt, wörtlich: das macht mich weder kalt noch heiß.

non mi va das gefällt mir nicht, das schmeckt mir nicht.

non poter fare a meno nicht anders können.

non poterne più einer Sache gründlich überdrüssig sein, es nicht mehr aushalten.

non sapere che pesce prendere sich keinen Rat wissen, welchen Fisch (man) nehmen (soll).

non sapere di nulla nach nichts schmecken, fade sein.

non sapere dove battere la testa weder aus noch ein wissen, wörtlich: nicht wissen, wo man den Kopf hinschlagen soll.

non sentirsela di fare un lavoro sich einer Arbeit nicht gewachsen fühlen.

un non-so-chi ein Unbekannter; wörtlich: ein Ich-weiß-nicht-wer.

non stare nè in cielo nè in terra weder Hand noch Fuß haben, wörtlich: weder im Himmel noch auf der Erde sein.

non stare più nella pelle aus der Haut fahren vor Ungeduld, es nicht mehr aushalten können.

non svegliare (oder **destare**) **il cane che dorme** schlafende Hunde soll man nicht wecken.

non tutte le ciambelle riescono col buco es gelingt nicht alles, was man unternimmt, wörtlich: nicht alle Kringel gelingen mit einem Loch.

non tutto il male vien per nuocere kein Unglück ist so groß, es hat ein Glück im Schoß, wörtlich: nicht das ganze Übel kommt, um zu schaden.

non valere la pena nicht der Mühe wert sein.

non valere un fico (oder **un fico secco, un acca, un accidente, una cicca**) keinen Pfifferling wert sein, nicht das geringste taugen; → *non capire un acca*; *cicca* ist der Zigarettenstummel.

non vedere più in là del proprio naso nicht über die eigene Nasenspitze hinaussehen, engstirnig, kurzsichtig sein.

non veder l'ora etwas kaum erwarten können, mit Ungeduld warten.

la notte bianca die schlaflose Nacht.
la notte dei tempi die graue Vorzeit.
la notte porta consiglio die Nacht bringt Rat, guter Rat kommt über Nacht.

notturno nächtliches Ständchen; Nachtmusik.
numero uno großartig; ersten Ranges.
nuovo di zecca funkelnagelneu, wörtlich: frisch von der Münzstätte.

O

l'occasione fa l'uomo ladro Gelegenheit macht Diebe.
occhio clinico geübtes Auge, Kennerblick.
l'occhio del padrone ingrassa il cavallo das Auge des Herrn macht die Kühe (wörtlich: das Pferd) fett.
occhio per occhio, dente per dente Auge um Auge, Zahn um Zahn.
o Cesare o niente alles oder nichts; das lateinische »aut Caesar aut nihil« war der Wahlspruch Cesare Borgias (1475–1507).
Odi Barbare »Barbarische Oden« ist der Titel eines Lyrikzyklus in drei Teilen (57 Gedichte) von Giosuè Carducci (1835–1907), erschienen 1877–1889. »Barbarisch« nannte er die klassischen Metren nachempfundenen Oden, weil sie so dem Ohr und dem Urteil der Griechen und Römer erschienen wären.
oggi come oggi wie es heute steht.
ogni morte di papa höchst selten, alle Schaltjahre, wörtlich: bei jedem Tod eines Papstes.
ogni popolo ha il governo che si merita jedes Volk hat die Regierung, die es verdient.
ogni tanto ab und zu, von Zeit zu Zeit.
oh gran bontà de' cavallieri antiqui »Oh Biederkeit der alten Rittersitten«; als nostalgischer Rückblick zitierter Vers aus Lodovico Ariostos → *Orlando furioso* (I, 22).
oltre il danno anche la beffa wer den Schaden hat, braucht für den Spott nicht zu sorgen, wörtlich: außer dem Schaden auch den Spott.
o mangiare questa minestra o saltare dalla finestra friß, Vogel, oder stirb, wörtlich: entweder diese Suppe essen oder aus dem Fenster springen.

O mantuano, io son Sordello della tua terra so sagt, von Leidenschaft erfaßt, der stolze Lombarde Sordello in Dantes → *Divina Commedia* (Fegefeuer, VI, 74 f.) zu Vergil; dieser war ja aus Mantua gebürtig. Das Wort wird unter Austausch der Eigennamen oft zitiert.
omertà (süditalienisch für *umiltà* = Demut, Bescheidenheit) bezeichnet das Stillschweigen, das unter den Mitgliedern von → *Mafia* und → *Camorra* als ungeschriebenes Gesetz gilt.
onorata società ehrenwerte Gesellschaft; ursprünglich wurde so die neapolitanische → *Camorra* bezeichnet, dann wurde es auch auf die sizilianische → *Mafia* übertragen.
O.N.U. Abkürzung für *Organizzazione delle nazioni unite,* die italienische Bezeichnung für UNO.
opera buffa die komische Oper, Grundstimmung heiter; entstanden aus den komischen Zwischenakteinlagen der **opera seria**, der ernsten Oper.
Operette morali »Kleine moralische Werke« lautet der Titel einer Sammlung von Dialogen und Essays von Giacomo Leopardi (1798–1837). Sie wurde 1827, in erweiterter Fassung dann 1834 veröffentlicht. Grundzug der *Operette morali* sind die pessimistischen Überzeugungen Leopardis.
ora di passeggio die Stunde des (allgemeinen) Spazierganges, eine Sache öffentlicher Geselligkeit.
ora scoppia la bomba! nun passiert gleich was! nun wird's gleich krachen!
Orlando furioso »Rasender Roland«, ist der Titel des in Stanzen abgefaßten epischen Hauptwerkes von Lodovico Ariosto (1474–1533). Die dritte Fassung mit insgesamt 46 Gesängen erschien 1532 in Ferrara. Der *Orlando furioso* war als Fortsetzung

des *Orlando innamorato* (Verliebter Roland) von Matteo Maria Boiardo (1441–1494) konzipiert und spielt wie dieser in der Zeit der Glaubenskämpfe während der Regierung Karls des Großen. Das phantasievolle und geistreiche Epos, das außerdem der Verherrlichung des Hauses Este diente, hatte großen Einfluß auf die europäische Literatur.

l'Osservatore Romano der »Römische Beobachter«, die 1861 gegründete Tageszeitung des Vatikans. Eine wöchentliche Ausgabe erscheint in verschiedenen Sprachen.

ossobuco durchlöcherter, hohler Knochen; die in Scheiben geschnittene und in einem Sud aus Tomaten, Weißwein und Zitronenschale gegarte Kalbshaxe ist vor allem eine Mailänder Spezialität.

o viva o morta, ritornerò! lebendig oder tot, ich werde zurückkehren, soll Eleonora Duse kurz vor ihrem Tod in Amerika, voll Sehnsucht nach der italienischen Heimat, gesagt haben; ihr Sarg wurde dann tatsächlich in ihren Heimatort nahe Treviso überführt.

P

paese che vai, usanze che trovi andere Länder, andere Sitten.

il paese del bengodi das Schlaraffenland.

pagare (oder **fare**) **alla romana** auf römische Art bezahlen, d. h. jeder bezahlt für sich.

pagliaccio Spaßmacher, Hanswurst, Bajazzo; er wird so genannt, weil die Kleidung an einen *pagliericcio,* einen Strohsack, erinnert. *I pagliacci* ist der Titel einer Oper von Ruggiero Leoncavallo (1892 in Mailand uraufgeführt).

paglia e fieno »Stroh« und »Heu« sind gelbliche und grüne Bandnudeln, die zusammen gekocht werden.

palio ist ein prächtig besticktes oder bemaltes Stoffstück, das im Mittelalter der Sieger eines Wettbewerbes bei öffentlichen Festen erhielt. In der Folge wurde dann das Fest selbst so genannt. Die berühmteste *festa del palio* ist das im Juli und August eines jeden Jahres stattfindende Pferderennen auf der Piazza del Campo in Siena.

pandoro Goldbrot; so heißt eine weihnachtliche Spezialität aus Verona, ein sehr lockerer Vanillenapfkuchen.

pane e coperto Brot und Gedeck (inbegriffen, oder auch extra) – so liest man auf italienischen Speisekarten.

panettone ebenfalls eine Art Napfkuchen mit Rosinen und Zitronat; eine weihnachtliche Spezialität aus Mailand.

panforte starkes Brot, eine Art Pfefferkuchen, ist eine Spezialität aus Siena.

Pantalone eine der typischen Figuren der → *Commedia dell'arte,* und zwar der geizige und geile Kaufmann aus Venedig.

panzarotti (von *panza = pancia =* Bauch, was sich auf ihre Form bezieht) sind große gefüllte, in Öl oder Schmalz gebackene Blätterteigtaschen, eine neapolitanische Spezialität.

paparazzo meist als Plural *paparazzi* gebraucht, bezeichnet, nach dem Namen eines Fotografen aus Federico Fellinis Film → *La dolce vita,* einen aufdringlichen Fotoreporter.

il Papa vescovo der Papst (als) Bischof (von Rom). *Papa,* aus griechisch »papas«, war ursprünglich Anrede für Bischöfe, Patriarchen und Äbte; erst sei Ende des 5. Jahrhunderts Titel des Bischofs von Rom.

pappagallo Papagei, ist die Bezeichnung für aufdringliche Männer, die Frauen mit ihren Aufmerksamkeiten belästigen.

parlare al muro (oder **al vento**) zu leeren Wänden, in den Wind reden.

parlare a vanvera unüberlegt daherreden, drauflos schwätzen.

parlare col cuore in mano ganz offen, wörtlich: mit dem Herzen in der Hand, reden.
parlare del più e del meno von oberflächlichen Dingen sprechen.
parlare due lingue diverse zwei verschiedene Sprachen sprechen, aneinander vorbeireden.
parlare italiano deutlich, klar sprechen.
parlare perchè si ha la lingua (oder **la bocca**) Unsinn reden, Dummheiten sagen, wörtlich: reden, weil man eine Zunge (einen Mund) hat.
parlare senza mezzi termini klar und deutlich seine Meinung sagen. → *mezzi termini.*
partenopeo bezeichnet alles, was sich auf Neapel bezieht, nach Parthenope, der griechischen Bezeichnung für Neapel.
pasquinata Pasquill, Spottschrift, Schmähschrift. Die Bezeichnung geht zurück auf einen durch seinen Witz und Geist bekannten römischen Schuster oder Schneider namens Pasquino, der in der 2. Hälfte des 15. Jahrhunderts lebte. An einem vor seiner Werkstatt gefundenen Torso einer römischen Skulptur wurden bis zum Ende der weltlichen Herrschaft der Päpste (1870) Schmähschriften angeheftet.
passare alla storia in die Geschichte eingehen, wert sein, überliefert zu werden.
passare oltre über eine Sache hinweggehen, weitergehen.
passare sopra qualcosa sich über etwas hinwegsetzen.
passarla liscia mit einem blauen Auge, glimpflich davonkommen.
una pasta d'uomo eine Seele von einem Menschen, ein herzensguter Mensch.
pastorale ländlich gefärbtes Tonstück, welches Charakter und Gesang der Hirten zum Ausdruck bringt; Beiname der 6. Sinfonie von Ludwig van Beethoven.
Il Pastor fido »Der treue Schäfer« ist der Titel eines 1590 erschienenen, 1595 uraufgeführten Pastoraldramas in fünf Akten von Battista Guarini (1538–1612). Es ist in Anlehnung an Torquato Tassos → *Aminta* entstanden, wandelt dessen Lobpreis der freien Liebe jedoch in ein Lob der ehelichen Liebe ab. Der *Pastor fido* erfreute sich großer Beliebtheit und wurde in fast alle europäischen Sprachen übersetzt. → *piaccia, se lice.*

una pazienza da certosino Engelsgeduld, wörtlich: Geduld eines Kartäusermönchs. → *un lavaro da certosino.*
pazzo da legare ganz verrückt (so, daß er festgebunden werden muß).
P.C.I. Abkürzung für *Partito comunista italiano,* die 1921 gegründete kommunistische Partei, die zweitstärkste Partei Italiens.
p.e. Abkürzung für **per esempio,** zum Beispiel.
peccato di gola Unmäßigkeit, Völlerei.
pensare ai fatti propri sich um seine eigenen Angelegenheiten kümmern, vor seiner eigenen Tür kehren.
per abitudine aus Gewohnheit.
per amore del cielo um Himmels willen.
per amore o per forza wohl oder übel, wörtlich: mit Liebe oder mit Gewalt.
per bene oder **perbene** anständig, gesittet: *gente per bene* sind feine, anständige Leute.
per carità! um Himmels willen! aber ich bitte dich (Sie)!
per colmo di sventura um das Unglück vollzumachen.
per conto mio was mich betrifft, ich für meine Person.
per così dire sozusagen, gleichsam.
perdere di vista aus den Augen verlieren.
perdere la faccia das Gesicht verlieren.
perdere la tramontana den Kopf verlieren; *tramontana* ist der kalte Wind, der aus dem Norden von »jenseits der Berge« kommt; im übertragenen Sinn auch »Richtung, Wegweiser«.
perdere le staffe die Fassung verlieren; *la staffa* ist der Steigbügel, das Trittbrett.
perdersi d'animo den Mut verlieren.
per dirla von Dante ... um mit Dante zu sprechen ... – es kann jeder andere Dichter oder Denker beliebig eingefügt werden.
per disgrazia unglücklicherweise.
per farla breve um es kurz zu machen, kurz und gut.
per filo e per segno haarklein, in allen Einzelheiten.
per forza notgedrungen, natürlich, und ob.
per gentilezza! ich bitte höflichst ... !
per giunta überdies, obendrein.

per l'amor di dio! um Gottes willen.
per l'ennesima volta zum xten Mal (*ennesima* leitet sich von dem Exponenten n beim Potenzieren ab).
per modo di dire gewissermaßen, sozusagen.
per ora einstweilen, vorläufig.
per ore e ore stundenlang.
Perpetua in Anlehnung an Perpetua, die Haushälterin des Don Abbondio in den → *Promessi Sposi* von Alessandro Manzoni, wird so einmal die Haushälterin eines Priesters, aber auch eine alte, schwatzhafte Frau bezeichnet.
per sentito dire vom Hörensagen.
una persona molto in vista eine prominente, bekannte Persönlichkeit.
per un pelo um ein Haar, um Haaresbreite.
per uso esterno äußerlich anzuwenden.
pesce d'aprile Aprilscherz, wörtlich: -fisch.
petrarchismo Petrarkismus; auf Francesco Petrarca und seinen → *Canzoniere* zurückgehende Stilform der abendländischen Liebesdichtung. Sie verbreitete sich im Zeitalter der Renaissance und des Humanismus und dauerte bis zum Barock. Die Dichtungen Petrarcas wurden zu einem verbindlichen Formel- und Formenkanon ausgearbeitet. Hauptvertreter und -verbreiter in Italien war Pietro Bembo (1470–1547).
un pezzo d'uomo ein Baum von einem Kerl, ein stattlicher Mann.
un pezzo grosso ein hohes Tier.
piaccia, se lice es möge gefallen, wenn es sich ziemt. Im Lied des Chores (4. Akt) vorgebrachtes Motto aus dem → *Pastor fido* von Guarini. Goethe übernimmt es im *Torquato Tasso* als »Erlaubt ist, was sich ziemt« (II, 1). → *S'ei piace, ei lice*.
piano langsam, sachte, leise; als musikalische Vortragsbezeichnung: leise, sanft; *pianissimo* = sehr leise.
piano nobile Obergeschoß, Hauptgeschoß; nobile, weil es das dem Familienoberhaupt und seinen Angehörigen vorbehaltene Stockwerk der Villa oder des Palastes war.
piantare baracca e burattini alles stehen und liegen lassen, wörtlich: Bude und Marionetten im Stich lassen.
piantare in asso qualcuno jemanden in Stich lassen, sich selbst überlassen.
piantare grane Scherereien, Unannehmlichkeiten bereiten.
pianura padana Po-Ebene.
Piccolo mondo antico »Kleine Welt unserer Väter« ist der Titel eines 1895 erschienenen Romans von Antonio Fogazzaro (1842–1911). Der Roman wurde lange Zeit als einer der wichtigsten nach Alessandro Manzonis → *Promessi sposi* betrachtet. Der Titel wird gerne zitiert, um einen noch heilen Kosmos zu bezeichnen.
pietà Frömmigkeit, Barmherzigkeit, Mitleid; in der bildenden Kunst wird so die Darstellung der trauernden Maria mit dem Leichnam Jesu auf dem Schoß bezeichnet; berühmt ist die Pietà von Michelangelo (1498/99 geschaffen).
pinco pallino Herr und Frau Soundso, irgendeiner.
pinzimonio (zusammengesetzt aus *pinzare* = stechen, beißen, und *matrimonio* = Ehe) ist ein toskanisches Gericht. Es handelt sich um rohes Gemüse wie Möhren, Paprika, Blumenkohl, Radieschen, Staudensellerie, das in mit Salz und Pfeffer gewürztes Olivenöl getaucht wird.
piove a catinelle es regnet in Strömen, wörtlich: aus Waschschüsseln.
piove a dirotto es regnet in Strömen.
piovere come il cacio sui maccheroni wie gerufen kommen, gerade recht kommen, wörtlich: wie der Käse auf die Makkaroni regnen.
piove sul bagnato ein Unglück kommt selten allein, wörtlich: es regnet auf das Nasse.
il più delle volte in den meisten Fällen, meistens.
più o meno mehr oder weniger, ungefähr.
più mosso bewegter, belebter, als musikalische Anweisung; der Ausdruck auch in Wetterberichten, z. B. *mari* (die Meere) *più mossi*.
più stupido di così si muore das ist der Gipfel an Dummheit, wörtlich: (wenn man) noch dümmer (ist), stirbt man. Der Ausdruck kann auch auf andere Eigenschaften angewendet werden, z. B. *facile* = leicht, *brutto* = häßlich.
pizzicato, abgek. **pizz.** wörtlich: gekniffen; diese Anweisung gilt für Streichinstrumente, wenn die Saiten mit den Fingern »gerissen« werden sollen.
P.L.I. Abkürzung für *Partito liberale italiano*, die 1943 von Benedetto Croce und anderen gegründete liberale Partei.

un poco di buono ein Taugenichts.
poco fa eben, vorhin, gerade.
poco o niente so gut wie nichts.
poco prima kurz vorher.
polentoni meist verächtlich gebrauchter Spitzname für die Norditaliener, bei denen *polenta*, Maisbrei, ein beliebtes Gericht ist.
pollo alla diavola eigentlich Teufelshähnchen; es wird stark mit Kräutern gewürzt und scharf gegrillt.
il popolo minuto das kleine Volk; die Bezeichnung galt schon zu Zeiten der Medici in Florenz, zur Bezeichnung der niedrigen Handwerker.
porca miseria verdammte Schweinerei, verdammt; ein deftiger Fluch.
porca l'oca! verflucht noch einmal! *l'oca* ist die Gans.
porco mondo zum Donner, verflixt und zugenäht; ebenfalls ein deftiger Fluch.
porgere orecchio Gehör schenken.
portare l'acqua al mare Eulen nach Athen tragen; wörtlich: Wasser ins Meer schütten.
poste restante postlagernd(e Sendungen).
il Poverello der ganz Arme; Beiname des hl. Franz von Assisi.
un povero diavolo ein armer Teufel.
un pozzo di scienza ein Abgrund (wörtlich: ein Brunnen) von Gelehrsamkeit.
la pratica val più che grammatica Sprichwort: Probieren geht über Studieren; wörtlich: die Praxis ist mehr wert als die Grammatik.
predicare bene e razzolare male Wasser predigen und Wein trinken, wörtlich: gut predigen und schlecht scharren.
prendere alla leggera auf die leichte Schulter nehmen.
prendere a male verargen, verübeln, krumm nehmen.
prendere a pesci in faccia in ungehobelter und demütigender Weise behandeln, wörtlich: mit ins Gesicht (geworfenen) Fischen behandeln.
prendere atto di una cosa etwas zur Kenntnis nehmen.
prendere di mira qualcuno jemanden aufs Korn nehmen, jemanden auf dem Kieker haben.
prendere due piccioni con una fava zwei Fliegen mit einer Klappe schlagen, wörtlich: zwei Tauben mit einer Saubohne fangen.
prendere il toro per le corna den Stier bei den Hörnern packen.
prendere il volo davonfliegen, das Weite suchen.
prendere in castagna qualcuno jemanden ertappen.
prendere in giro qualcuno jemanden zum besten haben, sich über jemanden lustig machen.
prendere la palla al balzo (oder **al volo**) die Gelegenheit beim Schopfe fassen, wörtlich: den Ball beim Rückprall fassen.
prendere lucciole per lanterne Glühwürmchen für Laternen halten, d. h. sich täuschen, einem Irrtum unterliegen.
prendere per oro colato für bare Münze nehmen, wörtlich: für gegossenes, d. h. reines Gold nehmen.
prendere qualcuno per il suo verso jemanden von der richtigen Seite nehmen.
prendere sotto gamba qualcosa etwas auf die leichte Schulter (wörtlich: unters Bein) nehmen.
prendere una boccata d'aria frische Luft schnappen.
prendere una cantonata einen Bock schießen, einen Schnitzer machen.
prendere una cotta sich heftig verlieben.
prendere una sbornia sich einen Rausch antrinken.
prendersela con qualcuno mit (auf) jemanden böse sein.
prendersi gioco di qualcuno sich über jemanden lustig machen, jemanden auf den Arm nehmen, hänseln.
press'a poco ungefähr.
P.R.I. Abkürzung für *Partito repubblicano italiano*, die auf Giuseppe Mazzini (1805–1872) und Giuseppe Garibaldi (1807–1882) zurückgehende linksliberale republikanische Partei.
prima o poi früher oder später.
primaballerina Bezeichnung für die erste Solotänzerin.
primaballerina assoluta die absolute, konkurrenzlose Spitzentänzerin.
primadonna die erste Dame, wird seit dem 17. Jahrhundert die Sängerin weiblicher Hauptpartien bezeichnet. Ausgedehnt wurde die Bezeichnung auf einen verwöhnten, launenhaften Menschen.

Prima la musica e poi le parole Erst die Musik, und dann die Worte. Text von Abbè Giambattista de Casti (1786), von Salieri vertont als »Konkurrenz« zu Mozarts erfolgreichem Jugendwerk »Der Schauspieldirektor«. Es geht um den theoretischen Streit, ob in der Kunst dem Wort oder dem Ton der Vorrang zukomme; dieselbe Thematik liegt dem »Capriccio« von Richard Strauss zugrunde.
il primo arrivato der erste beste.
il principe azzurro der (himmelblaue) Märchenprinz.
processare per direttissima im Schnellverfahren verurteilen.
promettere mare e monti goldene Berge, das Blaue vom Himmel versprechen, wörtlich: Meere und Berge versprechen.
il pro e il contra das Für und Wider.
I promessi sposi »Die Verlobten«, ist der Titel des Hauptwerkes von Alessandro Manzoni (1785–1873). Der 1825/26 erschienene Roman gilt als der bedeutendste der italienischen Literatur. Er handelt zwar vordergründig von den mit Gewalt getrennten Verlobten Renzo und Lucia und ihrem Schicksal, ist aber zugleich ein großes Historiengemälde aus dem Gebiet um Mailand in den Jahren 1628–1630, mit Aufständen, Krieg, Pest und Hungersnot.
pronti, via! fertig, los!
pronto soccorso erste Hilfe, Unfallhilfe.
P.S.D.I. *Partito socialista democratico italiano*, die sozialdemokratische Partei Italiens, deren bewegte Geschichte mit dem 1892 gegründeten *Partito socialista italiano* beginnt.
P.S.I. *Partito socialista italiano*, die sozialistische Partei Italiens, die 1892 gegründet wurde und eine »abspaltungsreiche« Geschichte hat.
Pulcinella heißt die neapolitanische Figur der → *Commedia dell'arte*. Äußere Kennzeichen dieser lustigen und traurigen, dummen und gerissenen Person sind Hakennase, weißer Kittel und weiße Hose, hoher spitzer Hut und Halbmaske. Pulcinella wurde auch in andere europäische Länder übernommen, als Polichinelle in Frankreich, Punch in England und Petruschka in Rußland.
punto di vista Gesichtspunkt, Standpunkt.
punto e basta und damit Schluß, punktum.
punto e daccapo Punkt und Absatz.
può darsi es kann sein.

Q

qual buon vento ti porta qui? welcher glückliche Zufall (wörtlich: guter Wind) führt dich hierher?
qualcosa bolle in pentola es ist etwas im Gange, im Werden, wörtlich: Es kocht etwas im Topf.
quando Berta filava Anno dazumal, wörtlich: als Berta (die Mutter Karls des Großen) spann.
quando non c'è la gatta i topi ballano wenn die Katze fort ist, tanzen die Mäuse.
quando si è in ballo bisogna ballare Sprichwort: Wenn man auf dem Ball ist, muß man tanzen; im Sinne von: wer A sagt, muß auch B sagen, oder mitgegangen, mitgefangen.
quanto è bella giovinezza che si fugge tuttavia wie schön ist die Jugend, die doch so schnell vergeht, so beginnt der *Trionfo di Bacco e di Arianna*, das erste der *Canti Carnascialeschi*, der Lieder zum Karneval, von Lorenzo de' Medici (1449–1492). Thematisch erinnert es an das teilweise bereits im 13. Jahrhundert entstandene »Gaudeamus igitur«.
quanto mai mehr denn je, äußerst, ganz besonders.
quanto prima so bald wie möglich, demnächst.
i quartieri alti (di Roma) die hochgelegenen, eleganteren Wohnviertel in Parioli; bezeichnet in jeder Stadt die vornehmeren Wohngegenden.
quattrini a palate Geld wie Heu, in Hülle und Fülle.
quattrini sudati sauer (wörtlich: mit Schweiß) verdientes Geld.

quattrocento das 15. Jahrhundert, wörtlich: vierhundert, tausend wird nicht mitgezählt.

quel che è giusto è giusto was recht ist, muß recht bleiben.

quel che fu non è Sprichwort aus der Toskana: Was gewesen ist, ist nicht, d. h. es ist vorbei, erledigt.

quel che non hanno fatto i barbari hanno fatto i Barberini was die Barbaren (d. h. die Germanen der Völkerwanderungszeit) nicht gemacht haben, haben die Barberini gemacht, ursprünglich in Latein: »quod non fecerunt barbari, Barberini fecerunt«. Dieser angeblich von Pasquino (→ *pasquinata*) geprägte Spruch bezieht sich hauptsächlich auf Papst Urban VIII. (Maffeo Barberini, Papst von 1623–1644), der antike Gebäude für Neubauten zerstören und die Bronzen des Pantheon für Kanonen einschmelzen ließ.

quel che puoi fare oggi non rimandare a domani was du heute kannst besorgen, das verschiebe nicht auf morgen.

quel cielo di Lombardia, così bello quand'è bello dieser lombardische Himmel, (der) so schön (ist), wenn es schön ist, lautet ein, besonders im Hinblick auf den häufigen Nebel, gern zitierter Ausspruch aus den → *Promessi sposi* (Kapitel XVII) von Alessandro Manzoni.

questa è bella! das ist ein starkes Stück!

questione di gusto Geschmackssache.

questo è il colmo dei colmi da hört sich doch alles auf! das ist der Gipfel!

questo è il mio forte das ist meine starke Seite.

questo è un altro paio di maniche das steht auf einem anderen Blatt, das ist etwas ganz anderes, wörtlich: das ist ein anderes Paar Ärmel.

questo per me è arabo das ist mir unverständlich; wörtlich: arabisch.

qui casca l'asino hier liegt der Hase im Pfeffer, hier zeigt sich, was man kann, wörtlich: hier fällt der Esel.

qui sta il busillis hier liegt die Schwierigkeit; das unverständliche und deshalb »schwierige« busillis leitet sich vom lateinischen »in diebus illis« (in diesen Tagen) her, das irrigerweise getrennt wurde in »in die« (am Tag) und »busillis«.

R

raccontare per filo e per segno haarklein, ausführlich erzählen.

raccontare vita, morte e miracoli di qualcuno jemandes Leben in allen Einzelheiten erzählen, wörtlich: Leben, Tod und Wunder erzählen.

ragionare con i piedi Unsinn reden, wörtlich: mit den Füßen argumentieren.

ragione sociale Firmenname.

RAI Abkürzung für *Radio audizione italiana,* den italienischen Rundfunk.

RAI-TV Abkürzung für *Radiotelevisione italiana,* das italienische Fernsehen.

rallentando, abgek. **rall.** bedeutet in der Musik zögernd, langsamer werdend.

raro come una mosca bianca selten wie ein weißer Rabe, wörtlich: Fliege.

R.D.T. Abkürzung für Repubblica democratica tedesca, die ehemalige DDR.

recitativo in der Musik: mehr gesprochen als gesungen (vorzutragen).

Re galantuomo König und Ehrenmann, war ein Ehrentitel, den sich König Vittorio Emmanuele II. (1820–1878) auf einen Hinweis seines Ministers Massimo d'Azeglio zugelegt hatte. Er war so stolz darauf, daß er bei der Volkszählung der Stadt Turin unter »Stand und Stellung« für seine Person *Re galantuomo* schrieb.

reggere la candela der lästige oder hilfreiche Dritte bei zwei Liebenden sein, wörtlich: die Kerze halten.

rendere conto Rechenschaft ablegen.

rendere l'idea in leicht verständlicher Weise darlegen.

rendere pan per focaccia Gleiches mit Gleichem vergelten, mit gleicher Münze heimzahlen, wörtlich: Brot mit einem Fladen vergelten.

restare a bocca aperta mit offenem Mund, verblüfft dastehen.

restare (oder **rimanere**) **con un pugno di mosche in mano** mit leeren Händen (wörtlich: mit einer Handvoll Fliegen) dastehen, seine Pläne scheitern sehen.

reverendo Hochwürden, ist die generelle Anrede der katholischen Geistlichen.

R.F.T. Abkürzung für *Repubblica federale tedesca*, die Bundesrepublik Deutschland.

ricco sfondato steinreich, wörtlich: bodenlos reich.

ridere a crepapelle sich totlachen, wörtlich: lachen, bis die Haut platzt.

ridere alle spalle di qualcuno sich über jemanden lustig machen, hinter dem Rücken lachen.

ridere in faccia a qualcuno jemandem ins Gesicht lachen.

ridere sotto i baffi heimlich lachen, sich ins Fäustchen lachen, wörtlich: unter dem Schnurrbart lachen.

ridotto uno straccio ein Schatten seiner selbst: *lo straccio* ist der Lumpen.

Riempi il bicchier ch'è vuoto, vuoti il bicchier ch'è pieno, non lo lasciar mai vuoto, non lo lasciar mai pieno Fülle das leere Glas, leere das volle, laß es niemals leer, laß es niemals voll; Zitat aus »Bacchus in der Toscana«, verfaßt von dem Dichter Francesco Redi (1626–1698).

rigare diritto sich anständig aufführen, spuren.

rimanere di sasso versteinert dastehen, vor Schreck erstarren.

rimanere di stucco verblüfft, vor Staunen baff sein.

rimanere male unangenehm berührt sein.

rinascimento Wiedergeburt, Wiederaufblühen, Renaissance, ist seit dem 19. Jahrhundert allgemein die Bezeichnung für geistige und künstlerische Bewegungen, die bewußt ältere Bildungs- oder Kunsttraditionen aufgreifen; speziell bezeichnet es die am Ende des 14. Jahrhunderts von Italien ausgehende Wiederentdeckung der Antike.

ripetere sempre la stessa antifona immer die alte Leier (wörtlich: die gleiche Antiphon) wiederholen.

risi e bisi Reis, *riso*, und grüne Erbsen, *piselli*; beides gedämpft oder gesotten als Zuspeise.

il riso fa buon sangue Sprichwort: Lachen macht gutes Blut.

il riso nasce nell'acqua e muore nel vino Sprichwort: Reis wird im Wasser geboren und stirbt im Wein; im Sinne von: zu Reis soll Wein getrunken werden.

risorgimento Wiederauferstehung, Wiederaufleben; mit diesem Begriff bezeichnet man die geistigen und vor allem politischen Bestrebungen seit etwa 1840, die die Einheit und Unabhängigkeit Italiens zum Ziel hatten. Das Schlagwort war → *Italia farà da sè*.

rispondere per le rime nach Gebühr (wörtlich: mit den Reimen) antworten, gehörig Bescheid sagen.

ritorna vincitor als Sieger kehre heim, beginnt die Arie der Aida aus dem 1. Akt der gleichnamigen Oper von Giuseppe Verdi (Uraufführung 1871 in Kairo).

roba da matti eine verrückte Sache, tolles Zeug.

Roma non fu fatta in un giorno Rom wurde nicht an einem Tag erbaut.

Roma o morte Rom oder der Tod, war der Kampfruf Giuseppe Garibaldis (1807–1882) und seiner Freischärler während des Zuges zur Befreiung Roms von der päpstlichen Herrschaft.

un Romano di Roma ein »echter« Römer, der angeblich nur dann »vorliegt«, wenn sieben Generationen ohne Unterbrechung dort geboren und aufgewachsen sind.

romanzo giallo oder einfach nur **giallo**, ist ein Kriminalroman. Er wird so genannt, weil die ersten, 1929 bei Mondadori verlegten Kriminalromane »gelbe« Einbände hatten.

rompere le scatole auf die Nerven fallen, lästig sein, ein sehr salopper Ausdruck.

rompere le uova nel paniere einen Strich durch die Rechnung machen, alles verderben, wörtlich: die Eier im Korb zerschlagen.

rompersi l'osso del collo sich das Genick brechen.

una rondine non fa primavera eine Schwalbe macht noch keinen Sommer (wörtlich: Frühling).

rubacuori Herzensbrecher, wörtlich: Herzensräuber.

S

Il sabato del villagio »Der Sonnabend im Dorf«, ist der Titel eines 1831 in den Canti veröffentlichten, bekannten Gedichtes von Giacomo Leopardi (1798–1837). Die alltäglichen Geschehnisse an diesem Samstag im Dorf werden als Gleichnisse für das kurze menschliche Glück geschildert.

un sacco di ... viel, eine Menge, ein Haufen, z. B. *un sacco di gente* = eine Menge Leute, *un sacco di soldi* = eine Menge Geld.

Sacco di Roma Plünderung Roms durch die Söldnertruppen des späteren (seit 1530) Kaisers Karl V. Im Krieg zwischen Karl V. und Franz I. von Frankreich hatten die Söldner am 6. 5. 1527 Rom eingenommen, das dann monatelang geplündert wurde.

sagra Fest, Feier; so werden die Erntedankfeste bezeichnet, z. B. *sagra del uva* = Traubenfest, *sagra del vino* = Weinlesefest.

salamelecco vom arabischen Gruß »salām aleik« = Friede sei mit dir abgeleitet, der als sehr zeremoniös empfunden wurde; tiefer Diener, Katzbuckel; *fare salamelecchi* = katzbuckeln.

saldi di fine stagione Restbestände der Saison, die im »Ausverkauf« angeboten werden.

saldo Restbetrag, Restposten, Bezahlung; *pagamento a saldo* ist die Restzahlung.

salire alle stelle gewaltig (wörtlich: zu den Sternen) steigen, in bezug auf Preise.

salire in Campidoglio aufs Kapitol hinaufspringen, d. h. Triumphe feiern.

saltare di palo in frasca vom Hundertsten ins Tausendste kommen, wörtlich: vom Pfahl ins Laubwerk springen.

saltimbanco (von *saltare in banco* = auf dem Tisch springen) Akrobat, Seiltänzer; im übertragenen Sinne Scharlatan, Schwindler ohne Berufsethos.

saltimbocca (von *saltare in bocca* = in den Mund springen) ein Kalbsschnitzel, das mit einer Scheibe rohen Schinkens und einem Salbeiblatt zusammengerollt und in Butter und Weißwein gebraten wird; es ist eine Spezialität vor allem der römischen Küche.

il salto mortale der Todessprung, aus der Zirkuswelt übernommener Begriff höchster Kühnheit.

salute! Gesundheit! Prosit!

salvar capra e cavoli Sprichwort: zwei Übeln zugleich entgehen; wörtlich: die Ziege retten und auch den Kohl.

salvare il salvabile retten, was zu retten ist.

salvare le apparenze den Schein wahren.

salvo errore Irrtum vorbehalten.

salvo errore e omissioni abgekürzt S.E.e.O., unter üblichem Vorbehalt.

sampietrino (von San Pietro) in Rom werden so die Arbeiter genannt, die für die Instandhaltung und Ausschmückung von St. Peter zuständig sind; so wird aber auch der Stein bezeichnet, mit dem viele Straßen Roms und der Petersplatz gepflastert sind.

sano come un pesce gesund wie ein Fisch (im Wasser).

sano e salvo heil, wohlbehalten.

la Santa Sede der Heilige Stuhl.

santa semplicità heilige Einfalt! welche Naivität!

il Santo der Heilige; so wird der in Italien sehr verehrte Antonius von Padua (1195–1231) genannt.

santo cielo du lieber (wörtlich: heiliger) Himmel.

sapere a menadito etwas aus dem Effeff, wie am Schnürchen gezogen können, *menare il dito* heißt den Finger bewegen.

sapere il fatto suo seine Sache verstehen, in seinem Fach beschlagen sein.

saperla lunga Bescheid wissen, mit allen Wassern gewaschen sein, gerissen sein.

sarà es kann sein.

sbagliando s'impara durch Schaden wird man klug.

sbarcare il lunario sich schlecht und recht durchschlagen, mit seinem Geld so eben über die Runden kommen, wörtlich: den Monatskalender überstehen.

sbottonarsi sein Herz ausschütten, wörtlich: sich aufknöpfen.

scacciapensieri Maultrommel; aus *scaccia pensieri,* sich die Gedanken vertreiben.

Scala → Teatro alla Scala.

scala mobile Rolltreppe; mit *scala mobile (dei sa-*

lari, degli stipendi) wird auch die Angleichung der Gehälter an die steigenden Lebenshaltungskosten bezeichnet.

Scala santa die Heilige Stiege, die sich in einem Gebäude aus dem 16. Jahrhundert gegenüber von San Giovanni in Laterano in Rom befindet. Über sie soll Jesus in den Palast des Pilatus geführt worden sein. Die Pilger rutschen auf den Knien hoch.

scamparla bella glücklich davonkommen.

scattare come una molla wie eine Feder aufschnellen.

uno scherzo da prete ein schlechter Scherz, ein übler Streich, wörtlich: ein Scherz nach Art der Priester.

scioglilingua Zungenbrecher, ein schwer auszusprechendes Wort; vgl. → *sopra la panca* ...

scherzi a parte! Spaß beiseite! allen Ernstes!

scopa nuova spazza ben tre giorni neuer Besen kehrt drei Tage gut.

scoppiare dal ridere vor Lachen platzen, sich totlachen. Man kann aber auch aus anderen Gründen platzen, z. B. *dal caldo* vor Hitze, *dalla rabbia* vor Wut, *dall' invidia* vor Neid.

scrivere come una gallina kritzeln, schmieren, wörtlich: wie ein Huhn schreiben.

scuola materna Kindergarten.

secco come un baccalà dünn wie eine Bohnenstange (wörtlich: wie ein Stockfisch).

seconda colazione wörtlich: zweites Frühstück, bedeutet: kleine Mittagsmahlzeit, »Lunch«; *pranzo* wäre bereits ein ausführlicheres Mittagessen.

segreto di Pulcinella offenes Geheimnis; → *Pulcinella*.

seicento das 17. Jahrhundert, wörtlich: sechshundert; tausend wird ab 1200 nicht mitgezählt.

Sei personaggi in cerca d'autore »Sechs Personen suchen einen Autor«, ist der Titel eines berühmten, die Theatergeschichte revolutionierenden Dramas von Luigi Pirandello (1867–1936). Es wurde 1921 in Rom uraufgeführt.

s'ei piace, ei lice wenn es gefällt, ist es erlaubt. Im Lied des Chores (1. Akt) in Torquato Tassos → *Aminta* ausgesprochenes Motto. Goethe übernimmt es als »Erlaubt ist, was gefällt« in seinen *Torquato Tasso* (II, 1). → *piaccia, se lice*.

se la va, la va geht's gut, ist es gut, wenn nicht, dann nicht.

seminare zizzania Zwietracht säen, Unfrieden stiften.

se non è vero, è ben trovato wenn es nicht wahr ist, ist es gut erfunden; der genaue Ursprung dieses Spruches ist unbekannt. Er findet sich u. a. bei Giordano Bruno (1548–1600), in seinem 1582 in Paris erschienenen Werk *De gl' heroici furori* (von den heroischen Leidenschaften, II, III).

se non è zuppa, è pan bagnato das ist gehüpft wie gesprungen, wörtlich: wenn es nicht Brotsuppe ist, ist es eingeweichtes Brot.

Se non piangi, di che pianger' suoli? Wenn du (jetzt) nicht weinst, worüber pflegst du (sonst) zu weinen? fragt Ugolino sich selbst. Zitat aus Dantes → *Divina Commedia, Inferno, XXX, 42.*

sentire le due campane beide Glocken, d. h. beide Parteien (an)hören.

sentire odore di bruciato eine Gefahr wittern, Lunte riechen, wörtlich: Verbranntes riechen.

sentirsela Lust haben, etwas zu tun, sich imstande fühlen, etwas zu tun.

sentirsi a disagio sich unbehaglich fühlen.

senza battere ciglio ohne mit der Wimper zu zukken.

senza capo nè coda ohne Hand und Fuß, wörtlich: ohne Kopf und Schwanz.

senza cervello unvernünftig, unverständig, wörtlich: ohne Gehirn.

senza dubbio ohne Zweifel.

senza fiatare ohne Widerrede, ohne mit der Wimper zu zucken.

senza garbo nè grazia ungehobelt, ohne Schliff.

senza impegno unverbindlich.

senz'altro ganz sicher, ohne weiteres, bestimmt.

senza pari einzigartig, ohnegleichen.

senza ragione grundlos.

senza scampo ausweglos, aussichtslos.

serenata (von *sereno* = ruhig, still, heiter) Serenade, Abendständchen. Die Serenade gehörte zur höfischen Gesellschaftsmusik.

la Serenissima die Durchlauchteste, der Name für die Republik Venedig.

Il servitore di due padroni »Der Diener zweier Herren«, ist der Titel einer der bekanntesten Komödien von Carlo Goldoni (1707–1793). Sie wurde 1747 in Mailand uraufgeführt.

se son rose, fioriranno es wird sich zeigen, wenn es etwas wert ist, wörtlich: wenn es Rosen sind, werden sie blühen.

settecento das 18. Jahrhundert, wörtlich: siebenhundert; tausend wird ab 1200 nicht mitgezählt.

la settimana santa die heilige, d. i. die Karwoche.

sfido! das möchte ich sehen!

sfido io! das will ich meinen! das glaube ich gerne!

sgranchirsi le gambe sich die Beine vertreten.

si accomodi! ist eine der gebräuchlichsten Höflichkeitsformeln und kann bedeuten: nehmen Sie bitte Platz! treten Sie ein!

il signor tal dei tali Herr Soundso.

sino a prova contraria bis zum Gegenbeweis.

s'intende selbstverständlich, abgemacht.

Sistina → Cappella Sistina.

smetterla Schluß machen, aufhören, meist als Befehl: *smettila!* hör endlich auf!

soldi spiccioli oft auch nur *spiccioli*, Kleingeld.

un sole che spacca le pietre eine unbarmherzig heiße Sonne (welche die Steine spaltet).

solleone (aus: **sole di leone**) Sonne des Löwen; bezeichnet die Augusthitze im Sternzeichen Löwe, die nach der Volksmeinung bis San Lorenzo, dem 10. 8. anhält, an welchem Tage es in und um Rom angeblich erstmals wieder regnet.

Sono ateista – grazie a Dio! Ich bin Atheist – Gott sei Dank! Ein berühmter »Ausrutscher« von Perboni, der ein großer Redner der römischen Volksbewegung war.

sopra la panca la capra campa, sotto la panca la capra crepa Auf der Bank rettet sich die Ziege, unter der Bank krepiert sie; sinnloses Wortspiel, aber ein Zungenbrecher, etwa wie unser »Fischers Fritz fischt frische Fische ... «

sottomano zur Hand, griffbereit, aber auch: unter der Hand, heimlich.

sottovoce gedämpft, flüsternd.

S.p.A. Abkürzung für *Società per Azioni,* Aktiengesellschaft.

spararle grosse dick auftragen, übertreiben.

la spedizione dei Mille die Expedition der Tausend; genau waren es 1080 Freiwillige, die 1860 unter der Führung Giuseppe Garibaldis (1807–1882) von Quarto in Ligurien nach Marsala übersetzten, um Sizilien und dann Unteritalien zu erobern.

spendere e spandere das Geld mit vollen Händen ausgeben, wörtlich: ausgeben und verschwenden.

la speranza è l'ultima a morire der Mensch hofft, solange er lebt. wörtlich: Die Hoffnung ist die letzte, die stirbt.

spiccioli Kleingeld; → *soldi spiccioli.*

sprizzare gioia da tutti i pori vor Freude strahlen.

sprizzare salute da tutti i pori vor Gesundheit strotzen.

la squadra azzurra die blaue Elf, die italienische Nationalmannschaft. → *azzuri.*

S.r.l. Abkürzung für *Società a responsabilità limitata,* Gesellschaft mit beschränkter Haftung.

S.S. Abkürzung für **Sua Santità,** Seine Heiligkeit, als Anrede für den Papst, bzw. **Santa Sede,** den Heiligen Stuhl, also den Vatikanstaat.

staccato eig. abgestoßen; bedeutet in der Musik, daß den Noten ein wenig von ihrer eigentlichen Dauer genommen werden soll; der Gegensatz dazu ist → *legato.*

Stanze di Raffaello heißen die von Raffael und seinen Schülern (1509–1517) mit Wandmalereien ausgeschmückten Räume im Vatikan.

stare a cuore am Herzen liegen.

stare a galla sich über Wasser halten, obenauf schwimmen, auch im übertragenen Sinn.

stare all'erta auf der Hut sein, aufpassen.

stare a pennello wie angegossen sitzen, wörtlich: wie mit dem Pinsel (gemalt) passen.

stare a suo agio sich wohl fühlen.

stare con le mani in mano die Hände in den Schoß legen.

stare sull'attenti strammstehen.

stare sulle generali sich auf das Allgemeine beschränken.

stare sulle spine auf glühenden Kohlen (wörtlich: auf Dornen) sitzen.

stare sulle sue zurückhaltend sein, reserviert sein.

star fresco aufgeschmissen sein, schief gewickelt sein.

starsene a pancia all'aria auf der faulen Haut liegen, wörtlich: mit dem Bauch in der Luft, d. h. auf dem Rücken liegen.

stato d'animo Gemütszustand, Seelenverfassung.
stia comodo! lassen Sie sich bitte nicht stören! behalten Sie Platz!
storcere il naso die Nase rümpfen.
storcere la bocca den Mund verziehen.
strada facendo unterwegs.
la strage degli innocenti bethlehemitischer Kindermord.
stringere i denti die Zähne zusammenbeißen.
stringere i tempi etwas beschleunigen, vorantreiben, wörtlich: die Zeit zusammenpressen.
stringersi nelle spalle die Achseln zucken.
strizzare l'occhio a qualcuno jemandem zuzwinkern.
sudare sette camicie sich im Schweiße seines Angesichtes abmühen, wörtlich: sieben Hemden verschwitzen.
su due piedi auf der Stelle, unverzüglich, wörtlich: auf zwei Füßen.
sul far del giorno bei Tagesanbruch.
sulla parola! aufs Wort! auf mein (Ehren)wort!
sul più bello mitten drin, wenn es am schönsten ist.
suonarle di santa ragione tüchtig durchhauen, verprügeln.
su vasta scala in großem Umfang.

T

tagliare corto es kurz machen, kurzen Prozeß machen.
tagliare la corda sich heimlich aus dem Staube machen, abhauen, wörtlich: den Strick durchschneiden.
tagliare la testa al toro einen schnellen Entschluß fassen, wörtlich: dem Stier den Kopf abhauen.
tagliare netto mit Entschiedenheit beenden.
tale e quale unverändert, genau derselbe.
tante belle cose! alles Gute!
tant'è vero che ... dafür spricht jedenfalls, daß ...
tanti capi tanti pareri! oder **tante teste, tanti cervelli** viele Köpfe, viele Sinne!
tanto gentile e tanto onesta pare la donna mia, quand'ella altrui saluta so liebenswürdig und so tugendreich erscheint meine Herrin, wenn sie andere grüßt, beginnt eines der bekanntesten Sonette aus Dantes → *Vita nova* (XXVI).
tanto ne va a chi ruba, quanto a quel che tiene il sacco Sprichwort: Beide sind gleich, der Hehler wie der Stehler; wörtlich: es geht gleich viel auf den, der raubt, wie auf den, der den Sack aufhält.
tanto per cambiare zur Abwechslung.
tanto va la gatta al lardo che ci lascia lo zampino der Krug geht so lange zum Brunnen, bis er bricht; wörtlich: Die Katze geht so lange zum Speck, bis sie die Pfote läßt.
tavola calda Imbißstube, Stehbüffet.
Teatro alla Scala heißt das berühmte Opernhaus in Mailand. Es wurde 1776–1778 von G. Piermarini erbaut und hat 3600 Plätze. 1943 durch Bomben fast völlig zerstört, wurde es 1946 in der alten Form wiederaufgebaut. Der Name hat seinen Ursprung in der Tatsache, daß das Theater auf dem Areal der im 14. Jahrhundert von Beatrice Regina della Scala (sie war mit Bernabò Visconti verheiratet) erbauten Kirche Santa Maria della Scala errichtet wurde.
una tempesta in un bicchiere d'acqua ein Sturm im Wasserglas, ist die italienische Form für das französische »tempête dans un verre d'eau«, mit dem Montesquieu (1689–1755) die Wirren in der Zwergrepublik San Marino bezeichnete. Ein ähnliches Bild findet sich schon bei Cicero, De legibus 3, 16: »fluctus in simpulo«. Es ist auch der Titel einer Komödie von Eugène Scribe (1791–1861).
tempi brutti schwere, böse Zeiten.
i tempi che corrono die heutigen Zeitläufe.

tempi passati! vergangene Zeiten! soll Kaiser Joseph II. (1741–1790) gesagt haben, als er bemerkte, daß man ihm beim Besuch des Dogenpalastes aus Feingefühl ein Gemälde vorenthalten wollte, das Kaiser Friedrich I. Barbarossa zu Füßen von Papst Alexander III. zeigt, als dieser ihn in Venedig vom Bann erlöst.

il tempo addolcisce la pena Sprichwort: die Zeit lindert (wörtlich: versüßt) die Schmerzen; die Zeit heilt alle Wunden.

tener d'occhio im Auge behalten.

tenere a bada in Schach halten, hinhalten.

tenere al corrente auf dem laufenden halten.

tenere duro durchhalten, standhalten.

tenere il piede in due staffe zwei Eisen im Feuer haben, wörtlich: den Fuß in zwei Steigbügeln haben.

tenere molto a una cosa großen Wert auf etwas legen.

tenere testa a qualcuno jemandem die Stirn bieten, standhalten.

terraferma Festland; so wurden ehemals die Festlandsbesitzungen Venedigs bezeichnet. Sie umfaßten seit dem Ende des 14. Jahrhunderts ein zusammenhängendes Territorium zwischen Adria, Alpen, Po und Adda.

terrone meist verächtlich gemeinter Spitzname für den Süditaliener; er leitet sich von *terra matta* oder *terra ballerina* = verrückte, tanzende Erde her, d. h. Erde, die von Erdbeben und Vulkanausbrüchen heimgesucht wird.

terza pagina das Feuilleton einer Zeitung, das sich gewöhnlich auf der »dritten Seite« befindet.

i tifosi die Fans, die Begeisterten, die Anhänger; → *fare il tifo.*

tiramisu zieh mich hoch, heißt eine Süßspeise aus Biskuit, Mascarpone, Eiern, Sahne und Kakao.

tirare avanti sich durchschlagen.

tirare in ballo in eine Angelegenheit (wörtlich: in den Tanz) hineinziehen.

tirare l'acqua al suo mulino sein Schäfchen ins Trockene bringen, seinen eigenen Nutzen suchen, wörtlich: das Wasser auf seine Mühle treiben.

tirare le cuoia abkratzen, ins Gras beißen, wörtlich: die Haut ziehen.

ti sta bene! recht geschieht dir!

tocca a te du bist an der Reihe.

tocca ferro! toi, toi, toi! unberufen! klopf auf Holz (wörtlich: Eisen)!

toccare il cielo col dito im siebenten Himmel sein, wörtlich: den Himmel mit dem Finger berühren.

toccata Berührung; so wird ein Präludium für Tasteninstrumente bezeichnet.

togliere il disturbo nicht länger stören wollen; *tolgo il disturbo* sagt man gerne, wenn man einen Besuch beenden will.

togliersi dai piedi weggehen, abhauen, ein etwas salopper Ausdruck.

topo d'albergo Hoteldieb; **topo d'auto** Autodieb; **topo di treno** Eisenbahndieb; **topo** ist die Maus.

tra il dire e il fare c'è di mezzo il mare Sagen und Tun ist zweierlei, wörtlich: zwischen dem Sagen und dem Tun ist das Meer.

tramezzino ein Brötchen mit etwas »dazwischen«, d. h. ein belegtes Brötchen oder Brot.

tra moglie e marito non mettere il dito Sprichwort: Zwischen Mann und Frau (soll man) keinen Finger stecken, d. h. sich in Eheangelegenheiten nicht einmischen.

tra popolo grasso e popolo magro bezeichnet den sog. Mittelstand, wörtlich: zwischen fettem und magerem Volk.

trattare con i guanti mit Samthandschuhen anfassen.

tre fratelli tre castelli sprichwörtlich: drei Brüder, drei Schlösser; entspricht unserem »viel Köpf, viel Sinn«.

trema, Bisanzio! zittere, Byzanz, ein Zitat aus Gaetano Donizettis (1797–1848) Oper *Belisar* (Uraufführung 1836 in Neapel).

tremare come una foglia zittern wie Espenlaub (wörtlich: wie ein Blatt).

Il trionfo della morte »Der Triumph des Todes«, ist der Titel eines 1894 erschienenen Romans von Gabriele d'Annunzio (1863–1938), der den Tod als Leitmotiv hat. Der autobiographisch gefärbte Roman beschreibt die Geschichte eines Liebespaares, das im Freitod endet.

trippa alla romana Kutteln in Sauce, die als Spezialität gelten.

trovare la minestra bell'e pronta sich ins gemachte Nest setzen, etwas schon fertig vorfinden, wörtlich: die Suppe schon zubereitet finden.

trovare una via di scampo einen Ausweg finden.
tutt'altro ganz im Gegenteil, durchaus nicht.
tutte le strade conducono a Roma alle Wege führen nach Rom.
tutti i nodi vengono al pettine einmal kommt alles an den Tag, wörtlich: alle Knoten kommen an den Kamm.
tutti i salmi finiscono in gloria Sprichwort: »Ende gut, alles gut«, wörtlich: alle Psalmen enden auf Gloria.
tutti quanti allesamt, alle miteinander.
tutto d'un fiato in einem Zug, in einem Atem.
tutto d'un pezzo aus einem Stück, charaktervoll, moralisch unanfechtbar; auf Personen bezogen.
tutto è bene quel che finisce bene Ende gut, alles gut; so heißt in der Übersetzung auch die Komödie von Shakespeare.
tutto fa brodo alles gibt Suppe; vgl. unser »Kleinvieh macht auch Mist.«
tutto fare oder **tuttofare** sagt man von einem Mann (uomo tuttofare) oder von einer Frau (donna tuttofare), die im Haus oder in einem Betrieb die verschiedensten Aufgaben erledigen.
tutto il mondo è paese es wird überall mit Wasser gekocht, wörtlich: die ganze Welt ist ein Dorf.
tutto il santo giorno den lieben langen Tag.
tutto sommato alles in allem.

U

uccelletti scappati sind keine »entflogenen Vögel«, vielmehr eine Art → *saltimbocca*. Eigentlich müßte es *scapatti* heißen, denn die Fleischröllchen sehen aus wie »kopflose« Vögel.
l'uccello del malaugurio der Unglücksrabe.
U.I.L. Abkürzung für *Unione italiana del lavoro, eine der italienischen Gewerkschaften.*
Ultime lettere di Jacopo Ortis »Letzte Briefe des Jacopo Ortis«; dieser 1802 erschienene Briefroman von Ugo Foscolo (1778–1827), der den Einfluß von Rousseaus *La Nouvelle Héloïse* und Goethes *Die Leiden des jungen Werthers* zeigt, war für die italienische Literatur des 19. Jahrhunderts von großer Bedeutung.
ungere le ruote bestechen, Schmiergelder zahlen, wörtlich: die Räder schmieren.
uno alla volta der Reihe nach, einer nach dem anderen.
uomo d'affari Geschäftsmann.
uomo di chiesa Kirchenmann, Geistlicher, aber auch frommer Mann.
uomo di lettere Literat.
uomo di mondo Weltmann.
uomo di parola Mann von Wort.
uomo poche parole ein wortkarger, zugeknöpfter Mensch, wörtlich: von wenig Worten.
l'uomo della strada der Mann von der Straße.
l'uomo propone e dio dispone der Mensch denkt, Gott lenkt.
uomo stagionato ein älterer, nicht mehr jugendlicher Mann; **stagionare** heißt auch trocknen lassen, lagern.
urlare a squarciagola aus vollem Hals brüllen, wörtlich: brüllen, bis die Kehle zerreißt.
uscire dai gangheri aus der Haut fahren, aus der Fassung geraten; *ganghero* ist der Haken, die Angel.
uscire di senno den Verstand verlieren, verrückt werden.
U.S.S.L. Abkürzung für *Unità socio-sanitaria locale;* so heißen die 1980 mit der Gesundheitsreform geschaffenen Betreuungsbezirke des staatlichen Gesundheitswesens.

V

va al diavolo! scher dich zum Teufel!
va a dormire! laß dich begraben! wörtlich: geh schlafen.
valere la pena der Mühe wert sein.
vale tanto oro quanto pesa es ist Gold wert, wörtlich: es ist soviel Gold wert, wieviel es wiegt.
va pensiero su ali dorate »Flieg Gedanke, getragen von Sehnsucht« (wörtlich: auf goldenen Flügeln), beginnt der Chor der Gefangenen aus der Oper »Nabucco« von Giuseppe Verdi (1813–1901), 1842 in Mailand uraufgeführt. Der Chor der Gefangenen ist die heimliche Nationalhymne Italiens.
vattelapesca weiß der Kuckuck, was weiß ich; es handelt sich um eine Dialektform von *vattelo a pescare* = geh es dir herausfischen, suchen.
vecchio come il mondo uralt.
un vecchio cucco ein alter Knacker (wörtlich: Kuckuck).
vedere chiaro klarsehen, durchschauen.
vedere le stelle die Engel im Himmel singen hören, wörtlich: (vor Schmerz) die Sterne sehen.
vedere tutto rosa alles rosig sehen.
vedersela brutta sich in Gefahr sehen.
Vedete Carlo ottavo che discende dal'Alpe e seco ha il fior di tutta Francia Zitat aus Ariosts »Rasendem Roland« (XXX, 24 f.): Seht Karl VIII., der die Alpen herabkommt und die Blüte ganz Frankreichs mit sich hat; Karl VIII. war damals bis Ischia vorgedrungen.
vedremo! wir werden sehen! Im Sinne von »abwarten und Tee trinken« sehr typischer Ausspruch des Phlegmas mancher Süditaliener.
vendere lucciole per lanterne Glühwürmchen als Laternen verkaufen, d. h. jemanden täuschen, ein X für ein U vormachen.
il Venerdì Santo der Karfreitag.
venire a capo di qualcosa mit einer Sache fertig werden, einer Sache auf den Grund kommen.
venire a galla auftauchen, an den Tag kommen.
venire al dunque zum Wesentlichen, zum Schluß kommen.
venire alle mani handgemein werden.

venire al sodo zur Sache kommen.
venire a proposito wie gerufen, gerade recht kommen.
venire dalla gavetta von der Pike auf dienen, sich von unten hocharbeiten; *la gavetta* ist der Blechnapf, das Kochgeschirr.
venire in mente in den Sinn kommen, einfallen.
venire in uggia leid, zum Überdruß werden.
venire meno die Besinnung verlieren, in Ohnmacht fallen.
venire meno alla parola sein Wort nicht halten.
venire su come i funghi wie Pilze aus der Erde üppig ins Kraut schießen.
ventiquattro ore su ventiquattro rund um die Uhr, wörtlich: 24 Stunden auf 24.
verde dalla bile grün vor Wut.
verismo wird die italienische Form des europäischen Naturalismus bezeichnet. Die Hauptvertreter in der Literatur waren Giovanni Verga (1840–1922) und Luigi Capuana (1839–1915), in der Musik Pietro Mascagni (1863–1945) und Ruggiero Leoncavallo (1858–1919).
verità lapalissiana Binsenwahrheit; abgeleitet von dem französischen Offizier la Palice (1470–1525), der in der Schlacht von Pavia fiel und in unfreiwillig paradoxen Versen besungen wurde.
vespasiano heißen die öffentlichen Bedürfnisanstalten für Männer. Der römische Kaiser Vespasian (9–79) hatte öffentliche Bedürfnisanstalten eingerichtet und mit dem Hinweis »non olet« (»es stinkt nicht«, das Geld nämlich) als Einnahmequelle herangezogen.
vestito di tutto punto untadelig gekleidet.
il vicolo cieco die Sackgasse.
viaggiare con i mezzi di fortuna mit den Mitteln des Zufalls, d. h. per Autostop, reisen.
vietato l'ingresso ai non addetti ai lavori Unbefugten ist der Zutritt verboten.
vincere un concorso aus einem Wettbewerb als Sieger hervorgehen.
il vino fa buon sangue Wein macht gutes Blut, wohl nach dem biblischen Wort: Der Wein erfreut des Menschen Herz.

viola da gamba (wörtlich: Beingeige) Gambe; ein besonders im 17. und 18. Jahrhundert beliebtes Streichinstrument mit sechs Saiten, das auf die Beine gestützt wurde.

viola d'amore (wörtlich: Liebesgeige) besonders im Barock beliebtes Streichinstrument in Altlage von etwa gleicher Größe wie die Bratsche. Es hatte fünf bis sieben Saiten und sieben bis 14 Resonanzsaiten.

una vita da cani ein Hundeleben, ein unerträgliches Leben.

vita natural durante ein Leben lang.

Vita nova »Das erneuerte Leben«, ist der Titel eines um 1293 entstandenen Jugendwerkes von Dante Alighieri (1265–1321) in Prosa mit am → *dolce stil nuovo* orientierten lyrischen Einlagen. Der Dichter schildert darin in stilisierter Weise seine Begegnung mit Beatrice.

Viva V.E.R.D.I. diese Ovation galt vordergründig dem Komponisten Giuseppe Verdi (1813–1901), welcher der Bewegung des → *Risorgimento* nahestand und dessen Ziele auch in seinen Opern zum Ausdruck brachte. Dahinter verbarg sich aber die Parole *Viva V(ittorio) E(manuele) R(e) d'I(talia)*. König Vittorio Emanuele von Sardinien-Piemont galt als Symbolfigur für die nationale Einigung.

vivere alla giornata in den Tag hinein leben, von der Hand in den Mund leben.

vivere a sbafo auf Kosten anderer leben, schmarotzen.

vivere con la testa fra le nuvole in Wolkenkuckucksheim, fern der Wirklichkeit leben.

vivere nel mondo della luna auf dem Mond leben, weltfremd sein.

voglio ben vedere! das will ich wohl meinen! und ob!

voler bene a qualcuno jemanden gerne haben, lieben.

voler dire bedeuten.

volli, e volli sempre, e fortissimamente volli ich wollte und wollte immer und wollte mit allen Kräften, mit diesen Worten erklärt der Dichter Vittorio Alfieri (1749–1803) in einem Brief an Ranieri de' Calsabigi, wie er Tragödienschreiber geworden ist.

voltare le spalle den Rücken kehren.

voltare pagina zu einem anderen Thema übergehen.

vuotare il sacco ohne Vorbehalte alles aussagen, den Sack leeren.

Z

zona di silenzio Zone der Stille, des Schweigens; Hinweis auf das Hupverbot.

zuppa inglese ist keine englische Suppe, sondern eine Süßspeise aus Crème und in Rum getauchten Biskuits.

Spanisch

A

abatir el pabellón den Wind aus den Segeln nehmen.
abismarse en el dolor sich ganz dem Schmerz hingeben.
a boca de costal überreichlich, maßlos.
a boca de jarro wörtlich: direkt vom Krug, d. h. ohne Glas. Unvermittelt, unvorbereitet.
abocado al fracaso zum Scheitern verurteilt.
a boca llena frisch von der Leber weg.
el abogado de secano der Winkeladvokat.
abrasarse de sed vor Durst vergehen.
abrazar de una ojeada mit einem Blick übersehen.
abrigar esperanza Hoffnung hegen.
abril, aguas mil wörtlich: April, tausend Wasserfälle. Der April ist der regenreichste Monat in Spanien.
abrir la mano bestechlich sein.
abrir las zanjas den Grund legen, einen Anfang machen.
abrir los brazos a wörtlich: die Arme öffnen. Mit offenen Armen aufnehmen.
abrir los ojos wörtlich: die Augen öffnen. Große Augen machen, sich wundern.
a buen hambre no hay pan duro wörtlich: für einen guten Hunger gibt es kein hartes Brot. Hunger ist der beste Koch.
a bultuntún aufs Geratewohl, ins Blaue hinein.
abundar en la misma opinión derselben Meinung sein.
aburrirse más que una ostra sich fürchterlich langweilen, sich mopsen.
¡a su salud! Prost! Auf Ihre Gesundheit!
acabado de sacar del horno wörtlich: frisch aus dem Backofen gezogen. Funkelnagelneu.
a caballo regalado no hay que mirarle el diente einem geschenkten Gaul schaut man nichts ins Maul.
a cada paso ständig, oft.
a cántaros in Hülle und Fülle.
acariciar una idea mit einem Gedanken spielen (wörtlich: liebkosen).
¡acceso prohibido! Zutritt verboten!
acertar por chiripa nur zufällig das Richtige treffen. »Chiripa« ist der Fuchs (der Zufallstreffer) beim Billardspiel.
a ciencia cierta ganz gewiß, ganz sicher.
a ciencia y paciencia mit Wissen und Billigung.
acosar a preguntas mit Fragen bombardieren, löchern.
acto seguido sofort anschließend.
a cuerpo de rey wie ein König, fürstlich bewirtet.
acusar recibo de den Empfang bestätigen.
¡adelante con los faroles! wörtlich: Voran mit den Scheinwerfern! Nur zu!
adornarse con plumas ajenas sich mit fremden Federn schmücken.
a dos por tres ohne viel Federlesens, geradezu.
a duras penas mit knapper Not, mit Hängen und Würgen.
a estas alturas bei dieser vorgerückten Jahreszeit.
a falta de pan, buenas son tartas wörtlich: Wenn Brot fehlt, sind Torten gut. In der Not frißt der Teufel Fliegen.
aferrarse con carne y uña sich mit Klauen und Zähnen verteidigen.
aflojar la mosca eigentlich: die Fliege (umgangssprachlich für »Geldbeutel«) lockermachen. Zahlen, blechen, berappen.
a freír espárragos wörtlich: Spargel braten. Sich zum Teufel scheren.
afrontar un peligro einer Gefahr ins Auge sehen.
a galope tendido in größter Eile.
agarrarse de un pelo nach einem Strohhalm greifen.
agarrar una borrachera sich besaufen.
a gatas auf allen vieren.
agotar todos los recursos kein Mittel unversucht lassen.
agotarse trabajando sich abrackern.
a grandes rasgos in großen Zügen, summarisch.
a grito herido mit großem Geschrei und Gezeter.
aguantar burlas Spaß vertragen.
aguantar el chaparrón die Strafpredigt über sich ergehen lassen. »Chaparrón« ist der Regenguß.
aguantar el mirlo nicht mucksen.

agua pasada no mueve molino was gewesen ist, ist gewesen.
aguar la fiesta das Spiel verderben, ein Spielverderber sein.
agua vertida no toda cogida verschütteten Wein (wörtlich: Wasser) bringst du nicht mehr ein.
aguzar el oído die Ohren aufsperren.
ahí anda el diablo suelto da ist der Teufel los.
¡ahí está la madre del cordero da liegt der Hase im Pfeffer!
ahí me las den todas das läßt mich kalt, das ist mir Wurscht.
¡ahí voy yo! darauf will ich hinaus!
ahogarse en un vaso de agua wörtlich: in einem Wasserglas ertrinken. Über jede Kleinigkeit stolpern, schnell kapitulieren.
¡ahora caigo! jetzt kapiere ich!
ahorcar los hábitos wörtlich: die Kutte an den Nagel hängen. Umsatteln, den Beruf wechseln.
ajustarle las cuentas a alguien mit jemandem abrechnen, mit jemandem ein Hühnchen rupfen.
alabar sus agujas seine Ware (wörtlich: Nadeln) herausstreichen.
a la fuerza ahorcan wörtlich: mit Gewalt hängt man auf. Es bleibt nichts anderes übrig. Wohl oder übel, notgedrungen.
a la hija mala, dineros y casalla hast du eine böse Tochter, gib ihr Geld, damit sie einer nimmt.
al aire libre im Freien.
al alcane de todos los bolsillos für jeden Geldbeutel erschwinglich.
al alimán mit vereinten Kräften, gemeinsam. Der Ausdruck stammt aus der Sprache der Stierkämpfer: wenn zwei Toreros eine einzige »capa« benutzen.
al amigo de tu vino no le quieras por vecino wer Freund ist von deinem Wein, soll nicht dein Nachbar sein!
a la mujer brava, dalle soga larga laß die ungezähmte Frau an langer Leine!
a la mujer casta, Dios le basta der keuschen Frau genügt Gott.
¡al andamio! wörtlich: auf das Baugerüst! An die Arbeit!
a las malas lenguas, tijeras gegen böse Zungen helfen nur Scheren.
a las mil maravillas ganz wunderbar, prachtvoll.
alborotar el cortijo den Laden auf den Kopf stellen.
al buen callar llaman Sancho das gute Schweigen heißt Sancho. Wahrscheinlich liegt ein Wortspiel zwischen »Sancho« und »Santo« zugrunde. In beiden Fällen ist der Sinn »Schweigen ist Gold«. Vgl. Cervantes, »Don Quijote« (II, 43).
al buen tuntún aufs Geratewohl, auf gut Glück.
alcanza quien no cansa wer nicht müde wird, kommt ans Ziel.
Alcázar arabisches Schloß, später: Burg, Festung, Zitadelle.
al cohete umsonst, nutzlos.
al comer y al cagar el hombre se debe espaciar beim Scheißen und beim Essen darf man die Zeit zu kurz nicht bemessen.
alegrarse como un niño con zapatos nuevos wörtlich: sich wie ein Kind mit neuen Schuhen freuen. Sich wie ein Schneekönig freuen.
alegre como una gaita munter wie ein Fisch im Wasser (eigentlich: wie ein Dudelsack).
al fin y al cabo letzten Endes.
al freir será el reir wer zuletzt lacht, lacht am besten.
al gato por ser ladrón, no le eches de tu mansión wirf die Katze nicht aus dem Haus, nur weil sie manchmal nascht.
al grano zur Sache, zum Kern.
Alhambra Wohnsitz arabischer Herrscher aus dem 14. Jahrhundert in Granada mit prächtigen Sälen und Innenhöfen, der am 1. 1. 1492 von den katholischen Königen erobert wurde (Ende der sogenannten »Reconquista« = Wiedereroberung, die über sieben Jahrhunderte andauerte).
¡allá tú! das ist dein Bier!
allá van leyes, donde (do) quieren reyes Gesetze gehen danach, wie die Könige es wollen. Diese Redensart soll aus den Kämpfen zwischen Krone und Altar im Mittelalter hervorgegangen sein. Vom resignierten Ton in Stichwörtern und Liedern des Mittelalters wandelte sie sich an verschiedenen Stellen in Cervantes' »Don Quijote« (I, 45, II, 5, II, 37) zu leicht sozialkritischer Funktion.
¡allí fue ella! da haben wir den Salat! Das ist ja eine schöne Bescherung!

allí se bate el cobre dort geht es heiß her.
un alma de cántaro wörtlich: eine Seele wie ein Krug. Ein dummer, einfältiger Mensch.
un alma de Dios wörtlich: eine Gottesseele. Ein gutmütiger Mensch, eine Seele von Mensch.
a lo fraile ungeniert, ohne Hemmungen.
a lo hecho pecho Geschehenes läßt sich nicht ändern.
a los bobos se les aparece la madre de Dios die dümmsten Bauern haben die dicksten Kartoffeln.
a lo sumo höchstens.
al pie de la letra wortwörtlich.
alzar el codo wörtlich: den Ellenbogen aufheben (um zu trinken). Ein Saufbold sein.
alzar el grito Zeter und Mordio schreien.
alzarse con el dinero mit der Kasse durchbrennen.
a mansalva ohne eigene Gefahr, aus dem Hinterhalt.
amargarle el caldo a uno jemandem das Leben versauern.
amarillo como la cera wörtlich: gelb wie Wachs. Quittegelb.
amasar ochavo sobre ochavo sich Heller um Heller zusammensparen.
ambiente Milieu, Stimmung.
a media luz im Zwielicht.
a mí me importa un rábano (un bledo) das ist mir schnuppe, das ist mir Wurscht.
a mí no me la cuelas mir machst du das nicht weis, mich kannst du nicht für dumm verkaufen.
amor, dinero y cuidado no puede estar encerrado Liebe, Geld und Sorgen bleiben nicht verborgen.
amor y viento y ventura poco dura Liebe, Glück und Wind ziehn vorüber geschwind.
una andanada de insultos eine Schimpfkanonade.
¡anda que te zurzan! Scher dich zum Kuckuck!
andar a la birlonga in den Tag hineinleben.
andar con el culo a rastras aus dem letzten Loch pfeifen, pleite sein, blank sein.
andar de cabeza nicht mehr wissen, wo einem der Kopf steht.
andar de coronilla etwas sehr eifrig und sorgfältig betreiben.
andar de ganancia eine Glückssträhne haben.
andar (ir) de la Ceca a la Meca von Pontius zu Pilatus laufen.

andar en cháncharras máncharras Flausen machen, mit faulen Ausreden kommen.
andar en chancullos dunklen Schiebergeschäften nachgehen.
andar en coplas in aller Munde sein.
andar en dimes y diretes sich streiten, sich kabbeln.
andar en el ajo wörtlich: im Knoblauch(feld) umhergehen. Dabei mit im Spiele sein.
andar en floreos Süßholz raspeln, Ausflüchte machen.
andar en los cuernos del toro wörtlich: auf den Hörnern des Stiers gehen. In höchster Gefahr sein, auf dem Pulverfaß sitzen.
andar en zancos sozial aufgestiegen sein.
andar lleno de ajes tausend Wehwehchen haben.
andar mal de dinero schlecht bei Kasse sein.
andar par las ramas durch die Blume sprechen.
andarse con (en) chiquitas Ausflüchte suchen, um den heißen Brei herumgehen.
ande yo caliente y ríase la gente solange ich es warm habe, dürfen die Leute mich ruhig auslachen.
¡Angela María! ach, du heiliger Bimbam!
¡ánimo! nur Mut!
antes loco con todos que cuerdo a solas besser mit allen ein Narr, als allein gescheit. Dieses Paradoxon Graciáns (»Handorakel«, 1647, Nr. 133) wird vom Autor auch umgekehrt zitiert: »Besser mit den übrigen gescheit als allein ein Narr.« Es basiert auf einem Satz von Aristoteles (»Politika«, I, II, 14): »Der einsame Mensch, der sich selbst genügt, muß Gott oder eine Bestie sein.«
antes se coge al embustero que al cojo wörtlich: Eher fängt man den Schwindler als den Lahmen. Lügen haben kurze Beine.
antes que te cases, mira lo que haces bevor du heiratest, sieh, was du tust.
a ojo de buen cubería nach Augenmaß, über den Daumen gepeilt.
a osados favorece la fortuna wörtlich: Den Kühnen hilft das Glück. Wer wagt, gewinnt. Sprichwort aus den Widmungsversen der Urganda in Cervantes' »Don Quijote« (1605). In den Sprichwörtersammlungen der Antike wird dieser Satz auf Vergils »Aeneis« zurückgeführt: Audentes fortuna

iuvat (timidosque repellit) – den Kühnen hilft das Glück, und die Furchtsamen weist es zurück.

a otro perro con ese hueso wörtlich: einem anderen Hund mit diesem Knochen. Das kannst du einem anderen weismachen.

¡apaga y vámonos! jetzt ist Schluß, jetzt reicht's, jetzt langt's aber!

a palabras necias, oídas sordas auf dumme Worte taube Ohren.

apalear doblones (oro) Geld wie Heu haben, sehr reich sein, das Geld scheffeln.

apartarse del recto camino auf die schiefe Bahn geraten.

a paso de buey (tortuga) wörtlich: im Ochsen-, Schildkrötenschritt. Im Schneckentempo.

a pedir de boca wörtlich: nach Verlangen des Mundes. Nach Herzenslust, ganz nach Belieben.

a perro viejo nunca cúz cúz wörtlich: einem alten Hund (kann man) niemals (sagen) kusch kusch. Einen alten Fuchs kann man nicht hereinlegen.

apoyar los codos sobre la mesa wörtlich: die Ellbogen auf den Tisch stützten. Unschlüssig sein.

apretarse el gorro die Beine in die Hand nehmen.

apto para menores jugendfrei.

apurar hasta las heces el cáliz den bitteren Kelch bis zur Neige leeren.

a quemarropa aus nächster Nähe.

¡aquí fue Troya! wörtlich: Hier war Troja! Hier begann das Unglück!

aquí no se atan los perros con longaniza wörtlich: Hier bindet man die Hunde nicht mit Wurst fest. Uns fliegen die gebratenen Tauben auch nicht in den Mund. Wir leben nicht im Schlaraffenland.

a rajatabla unvermittelt, plötzlich.

Aranjuez Stadt in Neukastilien, die seit 1575 die Frühlingsresidenz der spanischen Könige mit prächtigen Park- und Schloßanlagen, Wasserspielen und Alleen war. Schillers »Don Carlos« beginnt mit den Worten des Domingo, die in der Erstausgabe in der »Rheinischen Thalia« (1785) noch fehlen: »Die schönen Tage in Aranjuez sind nun zu Ende« (meist falsch zitiert: »Die schönen Tage von Aranjuez sind nun vorüber«).

el árbol de la ciencia del bien y del mal der Baum der Erkenntnis.

los árboles le impiden ver el bosque er sieht den Wald vor lauter Bäumen nicht.

a regañadientes zähneknirschend, nur widerstrebend, ungern.

un argumento de Aquiles ein schlagender Beweis.

armar bronca (camorra, cisco, jaleo) Streit suchen, Stunk machen.

armar un escándalo (follón) einen Skandal machen, Mordskrach schlagen.

arrastrar el ala den Hof machen.

arrimar el ascua a su sardina wörtlich: Die Kohlenglut an seine Sardine bringen. Auf seinen Vorteil bedacht sein.

arrimar el clavo jemanden an der Nase herumführen.

arrimar el hombro wörtlich: die Schulter anlegen (an die Radspeichen eines kaputten Wagens). Die Ärmel aufkrempeln, Hand anlegen, anpacken.

¡arrópate con eso! Das kannst du dir an den Hut stecken!

arroz con tenedor wörtlich: Reis mit Gabel. Ganz etepetete, sehr affektiert.

arroz y gallo muerto wörtlich: Reis und toten Hahn. Ein wahres Schlemmer-/Lukullusmahl.

arte de dejar estar Kunst, die Dinge ruhen zu lassen. Dieses Plädoyer für eine leidenschaftslose Handlungsweise hielt Gracián (»Handorakel«, 1647, Nr. 138) in Anlehnung an Konzepte der peripathetischen Schule des Aristoteles.

a santo tapado heimlich, verstohlen.

asar a preguntas wörtlich: mit Fragen braten. Mit Fragen löchern.

a secas nur.

asentarle a uno las costuras jemandem die Hosen strammziehen.

así así so lala, einigermaßen.

así es la vida: una vez abajo y otra vez arriba das Leben ist ein Wellental: Es geht mal auf und ab einmal.

el asno y la mujer, a palos se han de vencer den Esel und das Weib, mit Hieben man sie vorwärtstreibt.

a su libre albedrío ganz nach Belieben.

a su talante nach seinem Geschmack, auf seine Weise.

atar cabos wörtlich: Fadenenden zusammenbinden. Einen Zusammenhang konstruieren.
a tiempo rechtzeitig.
atizarse un trago sich einen hinter die Binde gießen.
a toda máquina mit Volldampf.
a todo trance unter allen Umständen.
a toque de campana mit dem Glockenschlag, pünktlich wie die Maurer.
a trochemoche (a troche y moche) aufs Geratewohl, auf gut Glück, kreuz und quer, wie Kraut und Rüben.
avenida breite Promenade oder Allee.
el ave nocturna der Nachtschwärmer.
a vuelta de correo postwendend.

B

bailar al son que tocan wörtlich: nach dem Ton tanzen wie gespielt wird. Sein Mäntelchen nach dem Wind hängen.
bailar con la más fea wörtlich: mit der Häßlichsten tanzen. In den sauren Apfel beißen.
bailar en la cuerda floja lavieren, es mit keiner Seite verderben wollen, einen Eiertanz aufführen.
bailarle a uno el agua jemandem nach dem Munde reden, sich lieb Kind machen, um jemanden herumscharwenzeln.
bajarle los humos a alguien jemandem den Flügel stutzen, jemanden demütigen, jemanden von seinem hohen Roß herunterholen.
barrer con todo reinen Tisch machen.
bástese a sí mismo el sabio der Weise sei sich selbst genug. Am Bild des Diogenes entwirft Gracián (»Handorakel«, 1647, Nr. 137) diesen Leitspruch. Das Bild des Weisen mit dem entrückten Olympier wird zur gesellschaftlichen Maxime erhoben: »Wer so allein zu leben vermag, wird (...) in allem Gott ähnlich sein.«
beber como un cosaco wie ein Loch saufen.
beber (tomar) de calabaza im Trüben fischen.
beber por lo ancho alles für sich haben wollen.
berzas y capachos wie Kraut und Rüben.
besar la cruz wörtlich: das Kreuz küssen. Zu Kreuze kriechen.
besar la mano die Hand küssen. Der Handkuß ist aus dem spanisch-habsburgischen Hofzeremoniell in Wien in die bürgerliche Etikette übernommen worden.
un bicho raro ein komischer Kauz.
bien se está San Pedro en Roma, si no le quitan la corona der heilige Petrus ist in Rom gut aufgehoben, wenn man ihm nicht die Krone wegnimmt. Sprichwörtlicher Rat, an seinem Platz zu bleiben.
bien vengas mal, si vienes solo ein Unglück kommt selten allein.
la boca se me hace agua mir läuft das Wasser im Munde zusammen.
la boca sin muelas es como molino sin piedra der Mund ohne Backenzähne ist wie die Mühle ohne Mahlstein. Redensart aus Cervantes' »Don Quijote« (I, 18), die auf Funktionszusammenhänge im Produktionsprozeß hinweist.
las bodas de Camacho ein rauschendes Fest (nach einer Episode im »Don Quijote« von Cervantes).
un borracho de cuidado ein notorischer Trinker.
buena vida padre y madre olvida der Wohlstand läßt Vater und Mutter vergessen.
lo bueno, si breve, dos veces bueno in der Kürze liegt die Würze.
el buey suelto bien se llame Freiheit tut wohl.
buscar el bulto eigntlich aus der Sprache des Stierkampfs: statt auf das rote Tuch auf den Körper des Toreros losgehen. Jemandem nachstellen.
buscar los cinco pies al gato wörtlich: die fünf Pfoten bei der Katze suchen. Den Pferdefuß suchen.
buscar rodeos leere Ausflüchte machen.
buscar una aguja en un pajar eine Nadel im Heu suchen, etwas Aussichtsloses suchen.

C

un caballero de la industria ein Glücksritter, ein Hochstapler.
Los caballos negros son. / Las herraduras son negras. / Sobre las capas relucen / manchas de tinta y de cera Die Pferde sind schwarz, die Hufeisen sind schwarz. Auf den Capas leuchten Flecken aus Tinte und aus Wachs. Berühmter Anfang der »Romanze von der spanischen Guardia Civil« (1928) Federico García Lorcas (1898–1936 ermordet), die der Verfasser zu Beginn des Bürgerkriegs mit dem Leben bezahlen mußte, weil er die Seelenlosigkeit der »Dreispitze« in diese meisterhaften Bilder gefaßt hatte.
la cabeza de turco der Sündenbock.
la cabra siempre tira al monte wörtlich: Die Ziege zieht es immer auf den Berg. Seine Natur oder Herkunft nicht verleugnen können.
cacao Der Name für die Frucht des Kakaobaums stammt aus dem Altmexikanischen »kakauatl«. Jedoch wurde die Pflanze schon vor der Einwanderung der Azteken in Mexiko im 12. Jahrhundert angebaut. Die Kakaobohnen waren das Zahlungsmittel der Azteken. Durch die Spanier kam der Kakao nach Europa. Seit Ende des 16. Jahrhunderts ist er als Genußmittel auch in Deutschland bekannt.
cada loco con su tema jedem Narren gefällt seine Kappe, jedem Tierchen sein Pläsierchen.
cada oveja, con su pareja jedes Schaf mit seinesgleichen. Jeder soll mit seinem Stand zufrieden sein. Schuster, bleib bei deinem Leisten.
cada uno estornuda como Dios le ayuda wörtlich: Jeder niest, wie Gott ihm hilft. Jeder macht's, so gut er kann.
cada uno tiene su manera de matar pulgas wörtlich: Jeder hat seine Art, Flöhe zu töten. Jeder treibt's auf seine Weise.
caer de pie auf die Füße fallen.
caer de su burro wörtlich: von seinem Esel fallen. Seinen Irrtum einsehen.
caer en el anzuelo anbeißen, darauf hereinfallen (wörtlich: auf den Angelhaken).
caer (dar) en el chiste die Pointe mitbekommen, den Braten riechen, den Nagel auf den Kopf treffen.
caer en el garlito wörtlich: in die Fischreuse gehen. In die Falle tappen.
caer en la cuenta der Groschen ist gefallen.
caer en la red ins Garn gehen, in die Falle gehen.
caer gordo unsympathisch sein.
caérsele a alguien las alas den Mut verlieren.
caérsele a uno la baba mit offenem Mund gaffen.
caérsele el cartelito a alguien sein wahres Gesicht zeigen.
caerse por su propio peso sich etwas an den fünf Fingern abzählen können.
un cajón de sastre ein Oberkonfusionsrat, ein Wirrwarr.
las calderas de Pero Botero die Hölle.
callar como un muerto verschwiegen sein wie ein Grab.
callaron todos, tirios y troyanos es schwiegen alle, Tyrer und Trojaner. Sprichwörtlich für eine ratlose Versammlung. Anfangsvers der Übersetzung des 2. Buches der »Aeneis« von Gregorio Hernánde de Velasco (1557).
cambiar de camisa wörtlich: das Hemd wechseln. Sein Fähnlein nach dem Wind hängen.
cambiar de disco eine andere Platte auflegen, etwas anderes tun.
caminar con los codos ein Geizkragen sein.
campar con su estrella unter einem glücklichen Stern geboren sein.
campesino Bauer.
campo Land, Feld.
las cañas se vuelven lanzas aus Spaß kann leicht Ernst werden.
caníbal Kolumbus verstand den Stammesnamen Karaiben als Kaniben im Sinne seiner Vorstellung von der Entdeckung Westindiens mit dem Reich des Groß-Khans. Den Kaniben wurde von verfeindeten Stämmen Menschenfresserei angedichtet, um die Spanier gegen sie aufzubringen. Bereits Anfang des 16. Jahrhunderts ist das Wort in Deutschland in der Bedeutung »Menschenfresser« bekannt und verdrängt den Graezismus »Anthropophagen«. Die Gestalt des Caliban in Shakespeares »The Tempest«

(Aufführung 1611, Druck 1623) ist eine Wortmetathese von »caníbal«.

canoa Im Bordbuch des Kolumbus ist unter dem 26. 10. 1492 die Rede davon, daß die Indios auf Guanahani erklärten, mit ihren »Baumkähnen« (Canoas) in anderthalb Tagen von den kleinen Bahama-Inseln nach Kuba fahren zu können. Das Wort »Kanu« ist bereits Anfang des 16. Jahrhunderts in Deutschland bekannt.

cantar la gallina klein beigeben, den Schwanz einziehen.

cantar las claras etwas frei heraus sagen.

cantarle a uno las cuarenta jemanden ins Gebet nehmen, zur Minna machen, den Kopf waschen (der Ausdruck kommt vom Kartenspiel: vierzig ansagen).

cantar victoria sich schon auf der Siegerstraße glauben.

capa y espada Mantel und Degen waren die Requisiten der Angehörigen des mittleren Adels, die auf der Bühne des »Siglo de Oro« (Goldenen Zeitalters) ihre Ehr- und Liebesfehden austrugen.

cara a cara von Angesichts zu Angesicht, persönlich.

cara de beato con uñas de gato wörtlich: Heiligengesicht mit Katzenkrallen, Wolf im Schafspelz.

una cara de entierro ein Gesicht wie drei Tage Regenwetter.

cara de viernes (santo) wörtlich: Karfreitagsgesicht. Trauriges, verhärmtes Gesicht.

cara de vinagre wörtlich: Essiggesicht. Saure Miene.

caramba Ausdruck des Erstaunens wie unser »Donnerwetter«.

cárcel y cuaresma, para los pobres es hecha das Zuchthaus und die Fasten sind gemacht den Armen zu Lasten.

cargar con el muerto etwas ausbaden müssen.

cargar el baúl wörtlich: den Koffer aufbürden. Die Schuld zuschieben.

Carmen Titel einer Eifersuchtsnovelle (1845) von Prosper Mérimée (1803–1870) mit der Gestalt der Zigeunerin Carmen im Mittelpunkt. Opernfassung von Bizet (1875). Verfilmungen (u. a. Carmen Jones von Otto Preminger, 1954), Ballett von Antonio Gades usw.

carne de gallina wörtlich: Hühnerfleisch, Gänsehaut, Schauder.

carne de horca wörtlich: Galgenfleisch. Galgenstrick, Tunichtgut, Faulpelz.

casa con dos puertas mala es de guardar ein Haus mit zwei Türen ist schlecht zu bewachen.

la casa del hombre es el mundo, el mundo de la mujer es la casa das Haus des Mannes ist die Welt; die Welt der Frau ist das Haus.

los catalanes sacan de las piedras panes die Katalanen machen aus Steinen Brot (Anspielung auf die angebliche Geschäftstüchtigkeit der Katalanen).

Celestina Gestalt der Kupplerin aus dem gleichnamigen Lesedrama in Prosa (1499), das eine Liebesgeschichte mit tragischem Ausgang zum Inhalt hat.

un cero a la izquierda wörtlich: eine Null auf der linken Seite. Völlig wertlos, eine total Null.

cerrar en callar verbissen schweigen.

una charca de ranas wörtlich: ein Froschtümpel. Eine lärmende Versammlung.

chupar del bote mit von der Partie sein, absahnen.

cien por cien hundertprozentig, ganz sicher.

cifrar la voluntad sein Wollen nur in Ziffernschrift. Maxime Graciáns, »Handorakel« (1647, Nr. 97), in der das Verhalten der Tintenfische empfohlen wird, die bei Verfolgung das Wasser mit ihrem braunen Farbstoff verdunkeln.

cigarro beruht auf dem Mayawort »siqar« = gerollte Tabakblätter rauchen. In Deutschland wurde die Herstellung von Zigarren erst 1788 nach Ende des spanischen Handelsmonopols von H. Schlottmann in Hamburg aufgenommen.

claro como el agua sonnenklar.

coca In der Indianersprache der Andenländer ist »coca« der Name des Strauchs »erythoxylon coca«, dessen zarte Blätter das Hauptalkaloid Cocain enthalten.

una cochinada de bigote eine Mordsschweinerei.

codearse con los de arriba zu den obersten Zehntausend gehörend.

la codicia rompe el saco Habgier zerbricht den Sack. Sprichwort aus der Armuts- und Keuschheitsideologie der Kirchenorden. In einer Fülle von Varianten ist dieses Sprichwort verbreitet. In Cervantes' »Don Quijote« (I, 20; II, 13; II, 36) schließt es als Moral von der Geschichte gern Episoden ab.

coger a alguien con las manos en la masa jemanden in flagranti erwischen.

cogar a alguien por las agallas jemanden am Kragen packen.

coger al toro por las astas den Stier bei den Hörnern packen.

coger el tren equivocado auf dem falschen Dampfer sein.

coger por los pelos gerade noch erwischen, im letzten Augenblick erreichen.

coger sus chismes y largarse seine Siebensachen packen.

coger una buena redada einen guten Fang machen.

¡cojones! wörtlich: Hoden. Verdammt und zugenäht! Donnerwetter!

colorín colorado, est cuento se ha acabado und wenn sie nicht gestorben sind, so leben sie noch heute. Basta! Schluß!

comer aleluyas am Hungertuch nagen.

comer como una lima wie ein Scheunendrescher fressen.

comer como un gorrión wörtlich: wie ein Spatz essen. Ein Suppenkasper sein.

comer como un sabañón wie ein Scheunendrescher fressen. »Sabañón« ist die Frostbeule.

comerse los codos de hambre am Hungertuch nagen.

comer y callar wes Brot ich eß, des Lied ich sing.

como abeja en flor wörtlich: wie die Biene in der Blume, d. h. zufrieden und wohl. Entsprechung im Deutschen etwa »wie die Made im Speck« oder »wie der Fisch im Wasser«.

achacar mentiras Lügen unterschieben.

como Adán en el paraíso im Adamskostüm, splitterfasernackt.

como agua en criba (en banasta, en cesto) wörtlich: wie Wasser in einem Sieb (Korb). Unbeständig, ungewiß, unzuverlässig.

como alma que lleva el diablo wörtlich: wie die Seele, die der Teufel entführt. Wie ein geölter Blitz, in Windeseile.

como anillo al dedo wörtlich: wie der Ring am Finger. Wie gerufen, wie angegossen.

como a un Santo Cristo un par de pistolas wie die Faust aufs Auge.

como caído de las nubes wie ein Blitz aus heiterem Himmel.

como el agua de mayo wörtlich: wie das Wasser im Mai, d. h. hochwillkommen.

como llovido del cielo wie gerufen kommen.

como pan caliente wie warme Semmeln.

como pava en corral wörtlich: wie die Truthenne im Hühnerhof. Wie die Made im Speck, wie Gott in Frankreich.

como perro y gato wörtlich: wie Hund und Katze. Unversöhnlich, unverträglich.

como quien se bebe un vaso de agua wörtlich: wie jemand, der ein Glas Wasser trinkt. Kinderleicht, spielend, im Handumdrehen.

como reguero de pólvora wie ein Lauffeuer.

como reo en capilla wörtlich: wie ein Angeklagter (kurz vor seiner Hinrichtung) in der Kapelle. Große Angst haben, einen Mordsbammel haben.

como una balsa de aceite wörtlich: wie eine Ölpfütze. Vollkommen still und ruhig.

como un sol bildhübsch.

comprar el collar antes que el galgo wörtlich: das Halsband eher als den Windhund kaufen. Das Fell des Bären verkaufen, bevor man ihn erlegt hat.

comulgar con ruedas de molino wörtlich: Hostien verschlucken in der Größe von Mühlsteinen. Alles glauben, alles schlucken, sich einen Bären aufbinden lassen.

con alma y vida mit Leib und Seele.

con bombo y platillos mit Pauken und Trompeten.

con buen traje se encubre ruin linaje mit schöner Kleidung verdeckt man schlechte Herkunft.

conciliar el sueño einschlafen können.

con el corazón metido en un puño schweren Herzens, dem Weinen nahe.

con el santo y la limosna alles mitgehen lassen, sich die Rosinen aus dem Kuchen herauspicken.

con los brazos cruzados wörtlich: mit gekreuzten Armen. Untätig.

con mil amores herzlich gern, mit dem größten Vergnügen.

con muchas entradas y salidas mit vielen Tricks und Kniffen.

con mucho gusto mit dem größten Vergnügen.
¡coño! Scheiße, verflucht!
conocer algo como la palma de su mano etwas wie seine Westentasche (eigentlich: Handfläche) kennen.
conocer la aguja de marear wörtlich: den Steuerkompaß kennen. Den Rummel kennen.
conocido como un gorrión bekannt wie ein bunter Hund (eigentlich: wie ein Spatz).
consultar algo con la almohada wörtlich: etwas mit dem Kopfkissen beratschlagen. Etwas überschlafen.
contar las onzas por celemines steinreich sein, Geld wie Heu haben.
contar los garbanzos wörtlich: die Kichererbsen zählen. Sehr knausrig sein, am falschen Ende sparen.
contar por hecha una cosa eine Sache für bare Münze nehmen.
contar vigas wörtlich: Dachbalken zählen. Ins Leere starren.
¡contigo pan y cebolla! Mit dir gehe ich durch dick und dünn!
con toda la barba mit allen Schikanen.
contra viento y marea unter allen Umständen, allen Hindernissen zum Trotz.
el corcovado no ve su corcova, y ve la de su compañero der Bucklige sieht seinen Buckel nicht, aber den seines Gefährten.
corre la voz man munkelt.
correr baquetas Spießruten laufen.
correr como gato por ascuas wörtlich: wie eine Katze auf Kohlenglut laufen. Wie ein Verrückter davonlaufen.
correr el dado wörtlich: den Würfel werfen. Glück haben.
correr la gandaya herumlungern, dem lieben Herrgott den Tag stehlen.
correr mundo sich in der Welt umsehen.
corrida de toros Stierkampf.
corrido como una mona tiefbeschämt.
cortar el bacalao wörtlich: den Kabeljau zerschneiden. Den Ton angeben, die erste Geige spielen.
cortar las alas die Flügel stutzen, kurzhalten.
cortar por lo sano rechtzeitig durchgreifen.

cortarse la coleta seinen Beruf an den Nagel hängen. »Coleta« ist der Zopf des Toreros.
cortar un pelo en el aire überschlau sein, Haarspalterei betreiben.
lo cortés no quita lo valiente Höflichkeit und Stolz schließen einander nicht aus.
cosa de coser y cantar wörtlich: eine Sache des Nähens und Singens. Eine höchst einfache Sache. Zum Honigschlecken.
la cosa no tiene vuelta de hoja das ist nun mal so, das steht eindeutig fest.
las cosas que se ven was man so alles zu sehen bekommt.
la cosa va tomando mal cariz die Geschichte wird brenzlig. »Cariz« ist die Wetterlage.
coserse la boca den Mund halten, dichthalten.
Costa Brava eigentlich »wilde Küste«. Stark zerklüfteter Küstenstreifen am Mittelmeer von Port-Bou bis Barcelona mit malerischen Buchten, Stränden und Dörfern.
un costal de mentiras ein Münchhausen, ein Lügenbeutel, ein Erzlügner.
costar un fortunón (un huevo) ein Heidengeld kosten, sündhaft teuer sin.
costar un ojo de la cara (y las pestañas del otro) ein Vermögen kosten, sehr teuer sein.
costar un riñón sehr teuer sein.
costar un sentido ein Heidengeld kosten.
creer a pies juntillas steif und fest glauben.
creer como evangelio aufs Wort glauben.
criarse en buenos pañales eine gute Kinderstube haben.
cuando las ranas críen pelo am Sankt-Nimmerleinstag.
cuando no es por el pito, es por la flauta mal so, mal so.
cucharón de todas ollas Hansdampf in allen Gassen.
cuando no puede uno vestirse de piel de león, vistase la de la vulpeja wer sich nicht mit der Löwenhaut bekleiden kann, nehme den Fuchspelz. Diesen Rat entnahm Gracián, »Handorakel« (1647, Nr. 220) wahrscheinlich einer Anekdote Plutarchs; er paßt gut in seine Moralkasuistik.
cuando una puerta se cierra, otra se abre (cien se abren) wenn sich eine Tür schließt, öffnet sich

eine andere (öffnen sich hundert). Eine der vielen trostreichen Redensarten, die in der Romanzensammlung von Rodríguez Marín auch in einer volkstümlichen Seguidilla auftaucht: »Du sagst, daß du mich nicht liebst / Du und deine Mutter / Wenn eine Tür sich schließt / öffnen sich hundert andere.«

cuentas galanas Milchmädchenrechnung, Illusionen.

cuento del tío Bauernfängerei.

un cuento de nunca acabar eine unendliche Geschichte.

un cuento de viejas ein Ammenmärchen.

la cuerda no da más aus dem letzten Loch pfeifen.

la cuerda se rompe siempre por lo más delgado wörtlich: Der Strick reißt immer am dünnsten Ende. Der Stärkere hat immer recht. Kleine Diebe hängt man, große läßt man laufen.

la cuesta de enero die Kassenebbe nach Weihnachten und Neujahr.

cueste lo que cueste um jeden Preis.

D

da igual das ist egal.

¡dale escabeche! Gib ihm Saures (wörtlich: Marinade)! Immer feste druff!

da pena es ist ein Jammer.

dar a alguien con la badil en los nudillos jemandem auf die Finger klopfen, jemandem einen Dämpfer geben. »Badil« ist die Feuerschaufel, »nudillo« der Finger- oder Zehenknöchel.

dar bordas im Zimmer auf- und abtigern.

dar braguetazo eine gute Partie machen.

dar calabazas wörtlich: Kürbisse geben. Einen Korb geben, jemanden abblitzen lassen.

dar candonga a alguien jemanden auf den Arm nehmen.

dar capote a alguien jemandem alle Trümpfe aus der Hand nehmen, den Wind aus den Segeln nehmen.

dar carta blanca grünes Licht geben, freie Hand lassen.

dar coba um den Bart gehen, Honig ums Maul schmieren, schmeicheln.

dar coces contra el aguijón wider den Stachel löcken.

dar cuerda a alguien auf jemandes Lieblingsthema kommen.

dar de alta gesundschreiben.

dar de culo en las goteras sehr heruntergekommen sein.

dar el cambiazo in betrügrischer Absicht vertauschen, Sand in die Augen streuen, plötzlich umschwenken, einen plötzlichen Wechsel vornehmen.

dar el consejo y el vencejo mit Rat und Tat zur Seite stehen.

dar en el chisgarabís den Nagel auf den Kopf treffen.

dar en el clavo den Nagel auf den Kopf treffen.

dar en la yema (diana) den Nagel auf den Kopf treffen, ins Schwarze treffen.

dar gato por liebre wörtlich: die Katze für den Hasen geben. Betrügen, ein X für ein U vormachen.

dar jabón a alguien jemanden einseifen, jemandem um den Bart gehen.

dar jarabe a alguien jemandem Honig ums Maul schmieren.

dar la cara por alguien für jemanden eintreten, jemanden verteidigen.

dar la lata ein Langweiler sein, auf den Wecker gehen.

dar largas a una cosa etwas auf die lange Bank schieben.

dar las boqueadas in den letzten Zügen liegen, am Abnibbeln sein.

darle al zancajo rennen, die Beine unter den Arm nehmen.

dar sablazos anpumpen.

darse aire de valiente den starken Max spielen.
darse a la crápula ein Luderleben führen.
darse a todos los demonios fuchsteufelswild werden.
darse un filo a la lengua einen anderen Ton anschlagen.
dar una campanada wörtlich: eine Glocke anschlagen. Großes Aufsehen erregen.
dar un cuarto al pregonero etwas an die große Glocke hängen.
dar un gran bajón herunterkommen, nachlassen.
dar voces al viento tauben Ohren predigen.
de aquello no sacas zumo davon hast du keinen Nutzen, daran ist nichts zu verdienen.
de atrás viene la cebada wörtlich: Von hinten kommt das Getreide. Das ist eine lange Geschichte.
debajo de mi manto, al rey mato wörtlich: Unter meinem Mantel töte ich den König. Berühmter Satz aus dem Vorwort von Cervantes' »Don Quijote« (1605), der das Selbstbewußtsein des kastilischen Stadtbürgertums gegenüber dem habsburgischen Monarchismus zum Ausdruck bringt. Der Satz bedeutet, daß jeder Herr seiner eigenen Gedanken ist und unter seinem Mantel dem König jederzeit ein Schnippchen schlagen kann.
de buena cepa wörtlich: von gutem Weinstock. Waschecht, astrein.
de buena (mala) fe ehrlich (unehrlich).
de buena (mala) gana gern (ungern).
¡de buena nos hemos librado! da sind wir gerade noch mal mit einem blauen Auge davongekommen.
de buena tinta aus guter Quelle.
de cabo a rabo wörtlich: von Kopf bis Schwanz. Von A bis Z.
de cal y canto felsenfest, dauerhaft.
de chunga im Scherz.
decir al pan pan y al vino vino die Dinge beim Namen nennen.
decir cuatro verdades gründlich die Meinung geigen.
decirle a uno cuantas son cinco mit jemandem ein Hühnchen rupfen.
de común acuerdo einstimmig, einmütig.
de golpe plötzlich, mit einem Schlag.

de gorra wörtlich: mit der Mütze (in der Hand). Umsonst, gratis, auf fremde Kosten, herumnassauernd.
de grado o por fuerza wohl oder übel.
de higos a brevas wörtlich: zwischen den Spät- und Frühfeigen. Alle Jubeljahre einmal, sehr selten.
de hombre a hombre unter vier Augen.
de ida y vuelta Hin- und Rückfahrt.
dejar a alguien en cueros jemandem alles wegnehmen, jemanden bis aufs Hemd ausziehen.
dejar el campo libre das Feld räumen.
dejar plantado a alguien jemanden vergeblich warten lassen, jemanden sitzenlassen.
de la abundancia del corazón habla la boca wes das Herz voll ist, des fleußt (geht) der Mund über.
de lance aus zweiter Hand.
del árbol caído todos hacen leña wenn der Baum fällt, bricht jedermann Holz.
del dicho al hecho es un gran trecho wörtlich: vom Wort zur Tat ist ein weiter Weg. Es wird nicht so heiß gegessen, wie es gekocht wird. Versprechen und Halten ist zweierlei.
de los tiempos de Maricastaña aus Olims, Methusalems Zeiten, kalter Kaffee.
del viejo, el consejo zum Greis – um Rat.
de misa y olla einfältig, unbedarft.
de noche, todos los gatos son pardos bei Nacht sind alle Katzen grau.
de padre y muy señor mío ganz gehörig, ganz respektabel.
de Pascuas a San Juan wörtlich: von Ostern zum Johannistag. So gut wie nie, alle Jubeljahre einmal.
de pe a pa von A bis Z, von Anfang bis Ende.
de poca monta unbedeutend.
de poco alcance belanglos.
de postín piekfein, geschniegelt und gebügelt.
de primera (fila) hervorragend, erstklassig.
desaparecer como por ensalmo wie weggezaubert sein.
desaparecer por el foro ungesehen verschwinden, verduften.
los descuidos de los grandes hombres se observan más, como eclipses de las lumbreras mayores die Verirrungen großer Männer fallen mehr auf, so wie die Verfinsterungen der großen Weltlichter.

Diese Beobachtung Graciáns, »Handorakel« (1647, Nr. 126) illustriert die Maxime: »Dumm ist nicht, wer eine Dummheit begeht, sondern wer sie nachher nicht zu verdecken versteht.«

desde muy corta edad von Kindesbeinen an.
desempeñar un papel eine Rolle spielen.
el deseo hace hermoso lo feo der Wunsch macht das Häßliche schön.
desmentir su cuna seine gute Kinderstube verleugnen.
desnudar un santo para vestir otro ein Loch aufreißen, um das andere zu stopfen.
despedirse a la francesa wörtlich: sich auf französische Weise verabschieden. Sich heimlich verdrücken.
después de mí, el diluvio nach mir die Sintflut.
de tal palo tal astilla der Apfel fällt nicht weit vom Stamm.
Detrás de la cruz está el diablo hinter dem Kreuz ist der Teufel. Redensart aus Cervantes' »Don Quijote« (I, 6), die auf die Nähe von Gut und Böse und auf die Gefahren von Heuchelei und Bigotterie aufmerksam machen will.
de tres al cuarto nichts wert, minderwertig.
de tu mujer y de tu amigo experto no creas sino lo que supieras cierto glaube auch deiner Frau und deinem erfahrenen Freund nur, was du ganz gewiß weißt.
de último cuño brandneu.
de un tirón in einem Zug.
de veinticinco alfileres wörtlich: mit 25 Stecknadeln. Geschniegelt und gebügelt, in vollem Staat.
de viva voz mündlich.
el diablo, harto de carne, se metió a fraile wenn der Teufel alt wird, wird er fromm.
el diablo predicador wörtlich: der Teufel als Prediger. Der Wolf im Schafspelz.
un día de huelga wörtlich: ein Streiktag. Ein blauer Montag.
un día es un día wörtlich: ein Tag ist ein Tag. Einmal ist keinmal.
el día menos pensado ehe man sich's versieht. Eines schönen Tages.
dicho y hecho gesagt, getan.
dichos y hechos hacen un varón consumado Reden und Taten machen einen vollendeten Mann.

Die Einheit von Worten und Taten gehört in Spanien seit der Renaissance zum Ideal des Hofmanns. Gracián (»Handorakel«, 1647, Nr. 202) thematisiert diese Maxime in einer Reihe von Aphorismen.

diferenciar el hombre de palabras del de obras den Mann von Worten von dem von Werken unterscheiden. In Graciáns »Handorakel« (1647, Nr. 166) gehört diese Unterscheidung zu den wichtigsten Maximen für einen aufgeklärten Hofmann.
dime con quien irás, te diré quien eres sage mir, mit wem du umgehst, und ich sage dir, wer du bist.
dingolondango papperlapapp.
el din y el don Geld und Rang.
Dios es que sana y el médico lleva la plata Gott heilt, und der Arzt steckt das Geld ein.
Dios los cría y ellos se juntan gleich und gleich gesellt sich gern.
doblar a palos vertrimmen, windelweich prügeln.
donde Cristo dio tres voces wörtlich: wo Christus dreimal schrie. Wo sich Fuchs und Hase gute Nacht sagen.
donde fuego se hace, humo sale wo Rauch ist, ist auch Feuer.
donde fuerza viene, el derecho se pierde Macht geht vor Recht.
donde hay ganas, hay maña wo ein Wille ist, ist auch ein Weg.
donde las dan, las toman wie du mir, so ich dir!
donde menos se piensa, salta la liebre wörtlich: Wo man am wenigsten denkt, springt der Hase heraus. Unverhofft kommt oft.
donde todos mandan, nadie obedece wo alle befehlen, wird keiner gehorchen.
Don Juan die berühmte Gestalt des Frauenverführers im Drama Tirso de Molinas »El burlador de Sevilla y convidado de piedra« (Der Spötter von Sevilla und der steinerne Gast; Aufführung um 1624, Druck 1630). Durch Molières »Don Juan« (1665) und Mozarts Oper »Don Giovanni« (1787) mit dem Libretto Da Pontes trat der Don Juan seinen Siegeszug in Literatur, Musik, Malerei und bildender Kunst an.
Don Quijote Gestalt aus dem berühmten gleichnamigen Roman (1605/15) von Miguel de Cervantes. Seitdem versteht man unter diesem »Ritter von der

traurigen Gestalt« einen Narren, der sich für überholte Ideale begeistert.
dorarle la píldora a alguien wörtlich: jemandem die Pille vergolden. Jemandem eine Sache schmackhaft machen.
dormir la mona (zorra) seinen Rausch ausschlafen.
dormir la siesta Mittagsschlaf halten.
duelen llagas, mas no tanto untadas Wunden schmerzen, aber wenn Salbe darauf ist, weniger.
Dulcinea ist eine von Don Quijote verehrte und idealisierte Dorfschönheit. Heute ironisch als Bezeichnung für eine Geliebte im Sinne von Herzensdame verwendet.

E

echar a baquetazo limpio mit Gewalt an die frische Luft setzen, hochkantig hinauswerfen.
echar agua en el mar Eulen nach Athen tragen.
echar a uno a escobazos jemanden vor die Tür setzen (mit dem Besenstiel).
echar buen pelo sich mausern.
echar canas graue Haare bekommen, alt werden.
echar chiribitas Gift und Galle spucken, fuchsteufelswild werden. »Chiribitas« sind Funken.
echar el alma a las espadas seine Skrupel über Bord werfen, sein Gewissen beruhigen.
echar en cara etwas vorwerfen, vorhalten.
echar faroles wörtlich: mit Laternen um sich werfen. Prahlen (auch: farolear), ein Prahlhans sein.
echar flores Komplimente machen.
echar la soga tras el caldero die Flinte ins Korn werfen.
echar la zanca eine Falle, ein Bein stellen.
echarle a uno el muerto jemandem den Schwarzen Peter zuspielen.
echarle a uno la garra jemanden beim Schlafittchen packen.
echarlo todo a rodar alles zum Teufel schicken, alles über Bord werfen.
echar margaritas a los puercos wörtlich: Gänseblümchen vor die Schweine werfen. Perlen vor die Säue werfen.
echar pollos bis in die Puppen schlafen.
echar sapos y culebras Gift und Galle speien.
echarse un jarro de vino al coleto sich einen Krug Wein hinter die Binde gießen.
echar su cuarto a espaldas seine Meinung sagen, seinen Senf dazugeben.
echar una arenga eine Standpauke halten.
echar una canita al aire sich einen vergnügten Tag machen, auf die Pauke hauen.
echar una filípica die Meinung geigen.
Eldorado el dorado país = das vergoldete Land. Sagenhaftes Goldland in Südamerika, dessen Bezeichnung auf einen religiösen Brauch der Muisca in Kolumbien zurückgeht. Danach fuhr der Kazike von Guatavita, am ganzen Körper mit Goldstaub gepudert, auf den heiligen See hinaus, opferte dort und wusch dann den Goldstaub im Wasser ab. Aus dem Spanischen gelangte das Wort 1579 ins Neuhochdeutsche.
el que no duda no sabe cosa alguna wer nicht zweifelt, weiß auch nichts.
el que primero da, da dos veces wer zuerst gibt, gibt doppelt.
el que supiere poco, téngase siempre a los más seguro en toda profesión in jedem Fall halte sich, wer wenig weiß, stets an das Sicherste. Gracián (»Handorakel«, 1647, Nr. 271).
empeñarse hasta la camisa bis über die Ohren in Schulden stecken.
en absoluto ganz und gar, durchaus nicht.
en abundancia in Hülle und Fülle.
en alma y cuerpo mit Leib und Seele, mit Haut und Haaren, ganz und gar.
enamorado hasta las cachas bis über beide Ohren verliebt.

enamorarse como un cadete sich unsterblich verlieben.
en amor y compañ(í)a in Frieden und Eintracht, harmonisch.
en balde vergeblich.
en boca cerrada no entran moscas wörtlich: In einen geschlossenen Mund kommt keine Fliege hinein. Reden ist Silber, Schweigen ist Gold.
en broma im Scherz.
en calzas prietas wörtlich: in engen Hosen. In die Enge getrieben, in schwieriger Lage.
en camillas huckepack.
en camisa wörtlich: im Hemd. Ohne Mitgift.
en casa del ciego, el tuerto es rey bei Blinden ist der Einäugige König.
encomendarse a buen santo einen guten Schutzengel haben.
en cueros vivos splitterfasernackt.
en el acto auf der Stelle, unverzüglich, augenblicklich.
en el fondo im Grunde genommen.
en el quinto pino wo Fuchs und Hase sich gute Nacht sagen.
en fila india im Gänsemarsch.
en finiquito kurzum, kurz und gut.
en globo in Bausch und Bogen.
en la flor de la edad in den besten Jahren.
en la guerra como en la guerra wörtlich: im Krieg wie im Krieg. Damit muß man vorliebnehmen.
en la guerra y el amor el que vence tiene razón im Krieg und in der Liebe zählen nur die Siege.
en las buenas y en las malas in Freud und Leid.
en otros términos mit anderen Worten.
en privado unter vier Augen.
en resumidas cuentas kurz und gut.
enseñar el culo feige sein, ausreißen.
enseñar su pata sein wahres Gesicht zeigen.
entender la aguja de marear den Rummel kennen, den Bogen raus haben.
en tiempos del rey Wamba (Westgotenkönig) zu Olims Zeiten, Anno Tobak.
en toda forma mit der gebührenden Aufmerksamkeit.
en todas partes cuecen habas wörtlich: Überall werden Bohnen gekocht. Überall wird auch nur mit Wasser gekocht.

entrar en la cofradía de los casados heiraten, die goldene Freiheit aufgeben.
entre bobos anda el juego auf einen Schelmen anderthalbe.
entre burlas y veras halb im Scherz, halb im Ernst.
entre col y col lechuga wörtlich: zwischen Kohl und Kohl Salat. Etwas Abwechslung kann nicht schaden.
en un abrir y cerrar de ojos wörtlich: ein Öffnen und Schließen der Augen. Plötzlich, im Nu.
en un dos por tres ohne viel Federlesens, ohne große Umstände, im Handumdrehen.
en voz alta (baja) mit lauter (leiser) Stimme.
enzarzarse un una conversación vom Hundertsten ins Tausendste kommen.
erizar la pelambrera die Haare zu Berge stehen lassen.
esa lechuga no es de su huerto wörtlich: Dieser Salat ist nicht aus seinem Garten. Das ist nicht auf seinem Mist gewachsen.
Escorial am Fuß des Guadarrama-Gebirges etwa 50 km nordwestlich von Madrid gelegener Ort mit berühmtem Klosterschloß, das Philipp II. 1563–1584 errichten ließ.
escrito en el agua wörtlich: ins Wasser geschrieben. In den Wind geredet.
escupir en corro seinen Senf dazugeben.
escupir por el colmillo angeben, große Töne spucken.
es de armas tomar mit dem (der) ist nicht gut Kirschen essen, vor dem (der) muß man sich in acht nehmen.
ese garbanzo no se ha cocido en su olla das ist nicht auf seinem Mist gewachsen.
es el acabóse das ist doch die Höhe!
ese tipo me cae gordo ich kann diesen Kerl nicht ausstehen.
es mucho cuento da ist viel Geschwätz dabei.
eso es chipén das ist Klasse.
eso es griego para mí das sind böhmische Dörfer für mich.
¡eso es muy tuyo! das ist wieder mal typisch für dich!
¡eso lo sabe hasta el gato! das pfeifen die Spatzen von den Dächern.

¡eso me viene clavado! das kommt mir wie gerufen!

eso no es mi género das ist nicht meine Art.

eso no tiene vuelta de hoja da beißt die Maus keinen Faden ab.

eso no viene a cuento das hat damit nichts zu tun.

¡eso pasa de castaño oscuro! da hört sich doch alles auf! Das ist der Gipfel!

esos son pelos de la cola das sind doch kleine Fische!

eso va que grana das läuft wie am Schnürchen.

la espada de la justicia die ganze Schärfe des Gesetzes.

es pan comido das ist ganz leicht zu machen.

esperar hasta el día del juicio bis zum Tag des Jüngsten Gerichts warten; warten, bis man schwarz wird.

¿estamos aquí o en Flandes? wörtlich: Sind wir hier oder in Flandern? Das kannst du deiner Großmutter erzählen!

esta no es la primera zorra que hemos desollado das ist ein alter Hut für uns.

estar a dos dedos de la muerte in unmittelbarer Todesgefahr schweben.

estar a dos velas arm wie eine Kirchenmaus sein.

estar a la altura del betún auf einem äußerst niedrigen Niveau stehen. »Betún« ist die Schuhwichse.

estar alerta auf dem Quivive sein, wachsam sein.

estar al rojo vivo in Weißglut kommen.

estar a medios pelos beschwipst sein.

estar apagado nicht auf dem Damm sein.

estar apañado in der Patsche sitzen, aufgeschmissen sein.

estar asado (vor Arbeit) nicht mehr ein noch aus wissen.

estar a sus anchas nach Herzenslust schalten und walten können, in seinem Element sein, sich wohl fühlen.

estar a tres dobles y un repique aus dem letzten Loch pfeifen.

estar azorado aufgeregt sein, Lampenfieber haben. Von »azor« (Jagdfalke), eigentlich: vom Falken verfolgt.

estar bajo férula de alguien unter jemandes Fuchtel stehen.

estar casado a media carta in wilder Ehe leben.

estar chalado eine Meise haben, verrückt sein, einen Dachschaden haben.

estar chocho alt und senil sein.

estar como una cecina spindeldürr (wörtlich: wie Dörrfleisch) sein.

estar como una espátula spindeldürr sein.

estar como unas castañuelas munter wie ein Fisch im Wasser sein.

estar como un dado glänzend gehen, sehr verheißungsvoll aussehen.

estar con el agua hasta el cuello das Wasser bis zum Hals stehen haben, in großen Schwierigkeiten sein.

estar con la barriga en la boca wörtlich: mit dem Bauch im Mund sein. Hochschwanger sein.

estar con la mosca detrás de la oreja wörtlich: die Fliege hinter dem Ohr haben. Mißtrauisch sein.

estar con los angelitos nicht bei der Sache sein.

estar cosido a las faldas de su mujer ein Pantoffelheld sein.

estar contento como unas Pascuas sich wie ein Kind, wie ein Schneekönig freuen.

estar criado entre algodones wörtlich: zwischen Baumwolle aufgezogen sein. Verhätschelt erzogen sein.

estar de acuerdo einverstanden sein.

estar de arrimón sich die Beine in den Bauch stehen.

estar de barrio im Morgenrock (im Haus) herumlaufen.

estar de buen año dick und fett sein.

estar de centinela auf der Lauer liegen.

estar de fiesta guter Dinge sein.

estar de gaita gut gelaunt und fröhlich sein.

estar de goma einen Kater haben.

estar de mala leche eine Saulaune haben.

estar de mal talante schlechter Laune sein.

estar de magna unter einer Decke stecken.

estar de mírame y no me toques empfindlich wie eine Mimose sein.

estar de moda aktuell sein, en vogue sein.

estar despistado como un pulpo en el garaje wörtlich: wie ein Tintenfisch in der Garage vom Wege abgekommen sein. Ein völlig zerstreuter Professor sein.

estar de turno an der Reihe sein.

estar empollado gut eingepaukt, eingebimst sein.
estar enamorado hasta los hígados wörtlich: bis zur Leber verliebt sein. Sehr verliebt sein.
estar en antecedentes im Bilde sein.
estar en astillero hervorragend miteinander auskommen.
estar en babia nicht bei der Sache sein. »Babia« ist eine einsame Berggegend in León.
estar en Belén geistesabwesend, verdattert sein.
estar en canas hinter schwedischen Gardinen sitzen.
estar en chirona im Gefängnis sein.
estar en ciernes noch am Anfang stehen, ein Anfänger sein.
estar en el aire in der Luft hängen, ungewiß sein.
estar en el arbolillo auf der Palme sein.
estar en el asfalto auf der Straße liegen, arbeitslos sein.
estar en el banco de la paciencia eine Geduldsprobe bestehen müssen, das Opferlamm sein.
estar en el filo de la navaja auf des Messers Schneide stehen.
estar en estado embrionario mit einem Plan noch in den Kinderschuhen stecken.
estar en la espina spindeldürr sein.
estar en la gloria sorglos und zufrieden leben.
estar en la higuera wörtlich: auf dem Feigenbaum sein. Geistig abwesend und weggetreten sein, dösen.
estar en mantillas noch in den Kinderschuhen stecken, noch nicht ganz trocken hinter den Ohren sein.
estar en punto de solfa kunstgerecht gemacht sein.
estar en siete sueños im tiefsten Schlummer liegen.
estar en su ambiente in seinem Element sein.
estar en su cancha in seinem Element sein.
estar en su propia salsa in seinem Element sein.
estar en sus glorias im siebenten Himmel sein.
estar entre dos albas angetrunken sein.
estar entre la espada y la pared wörtlich: zwischen Schwert und Wand sein. In die Enge getrieben sein. In der Klemme sitzen, das Messer an der Kehle haben.
estar finolis pikobello angezogen sein.
estar frito sich ganz schön blamiert haben, in der Tinte sitzen.
estar hasta la coronilla die Nase vollhaben, zum Hals heraushängen. »Coronilla« ist der Scheitel.
estar hecha una carraca ein Klappergreis sein.
estar hecha una chancla alt und gebrchlich sein. »Chancla« ist ein alter, abgetretener Latschen.
estar hecho migas hundemüde und kaputt sein.
estar hecho polvo todmüde und abgerackert sein.
estar hecho una cuba sternhagelvoll (wörtlich: wie ein Weinfaß) sein, voll wie eine Haubitze sein.
estar hecho un adefesio wie eine Vogelscheuche herumlaufen.
estar hecho un eccehomo jämmerlich (wie das Leiden Christi) aussehen.
estar hecho un fardel liederlich herumlaufen.
estar hecho un rollo de manteca vor Gesundheit strotzen.
estar hecho un zorro total fertig sein.
estar in extremis in den letzten Zügen liegen, bei Matthäi am letzten sein.
estar mal de fondos schlecht bei Kasse sein.
estar para el arrastre schrottreif sein, zum alten Eisen gehören.
estar patas arriba mausetot sein.
estar siempre en la brecha immer am Ball bleiben.
estar sin un cuarto keinen Pfennig besitzen, abgebrannt sein.
estar sobre ascuas auf glühenden Kohlen sitzen.
estar sobre aviso auf der Hut sein.
estar verde noch grün hinter den Ohren sein.
este garbanzo no se ha cocido en su olla wörtlich: Diese Bohne ist nicht in ihrem Topf gekocht. Das ist nicht auf seinem Mist gewachsen.
este mundo es un fandango alles Irdische ist vergänglich.
este tío es de abrigo bei diesem Kerl ist Vorsicht am Platz.
estirar la pata wörtlich: die Pfote strecken. Sterben, abkratzen.
un estómago de avestruz wörtlich: ein Straußenmagen. Ein Allesfresser.
esto me tiene hasta la cocorotina das hängt mir schon zum Hals heraus.
esto no reza con nosotros das ist nicht unser Bier.
estoy que no vivo ich lebe in tausend Ängsten.
un estrépito de mil diablos ein Heidenspektakel.

estudiar con el demonio mit allen Wasser gewaschen sein.

es un dicho das ist so eine Redensart. Es ist nicht so schlimm gemeint.

ex cátedra von oben herab.

excusar llanezas en el trato den vertraulichen Umgang ablehnen. Die Notwendigkeit der Distanz war eine Grundmaxime in der Moralethik Graciáns (»Handorakel«, 1647, Nr. 177), die den Umgangston in der Hofsphäre bestimmte.

excusar victorias del patrón sich vor Siegen über den Vorgesetzten hüten. Ratschlag von Baltasar Gracián (1601–1658) in seinem »Handorakel«. Der Vergleich mit den Sternen, die sich als Kinder der Sonne den stärkeren Strahlen unterordnen, liefert die naturwissenschaftliche Rechtfertigung.

la experiencia es madre de la ciencia die Erfahrung ist die Mutter der Wissenschaft. Diese Redensart gehört zum Lieblingswortschatz Don Quijotes, wenn er seinem Schildknappen Sancho Panza Lektionen erteilt.

F

feo como un tiro wörtlich: häßlich wie ein Schuß. Mordshäßlich, potthäßlich.

fiesta kirchliches und weltliches Fest.

el fin corona la obra Ende gut, alles gut.

flamenco ursprünglich ein Ritual mit festgelegten Ausdrucksweisen, wurde dieser strenge Tanz mit Gesang von den Gitanos aus dem Vorderen Orient nach Spanien gebracht und fand erste Ausbreitung im Niederandalusischen. Die orientalisch-arabischen und auch indischen Klangmuster wurden in der Folge in Südspanien überformt, weiteste Ausbreitung fand der Flamenco im 19. Jahrhundert in einer Zeit wirtschaftlicher Not als Ausdruck der Klage von Armen und Verfolgten.

la flora y nata de la sociedad die Creme der Gesellschaft, die Hautevolee.

freír a preguntas ausquetschen, mit Fragen bombardieren.

un frío que pela wörtlich: eine Kälte, die einem die Haut schält. Eine lausige Kälte.

fulano, mengano y perengano Hinz und Kunz.

G

gajes de oficio Freuden des Berufs (ironisch).

ganar el gordo das große Los ziehen.

ganarse los garbanzos (frijoles) wörtlich: sich die Kichererbsen (schwarzen Bohnen verdienen). Sich sein täglich Brot verdienen.

un garbanzo no revienta una olla wörtlich: Eine Kichererbse bringt nicht den Topf zum Platzen. Auf etwas mehr oder weniger kommt es nicht an. Wenn alle es tun, darf ich es auch.

gastar muchos humos sehr von sich überzeugt sein, sich dicke tun.

gato escaldado huye del agua fría wörtlich: Eine abgebrühte Katze flieht vor dem kalten Wasser. Gebranntes Kind scheut das Feuer.

gaucho der berittene Bewohner der Pampas von Argentinien und Uruguay heißt auf araukanisch »cauchu«. Im Neuhochdeutschen erschien das Wort zuerst bei A. Caldcleugh, Reisen in Südamerika (1826). Im heutigen Spanisch bedeutet »ser buen gaucho« = ein zuverlässiger Freund sein.

genio y figura hasta la sepultura niemand kann über seinen Schatten springen.

gobierna tu boca según la bolsa man muß sich nach der Decke strecken.

una golondrina no hace verano eine Schwalbe macht noch keinen Sommer.

gota a gota se llena la bota steter Tropfen höhlt den Stein.

una gota en el mar wörtlich: ein Tropfen im Meer. Ein Tropfen auf den heißen Stein.

el gozo en el pozo wörtlich: die Freude im Brunnen. Es ist alles im Eimer.

gran calma, señal de agua profunda stille Wasser sind tief.

gritar »al asesino« Zeter und Mordio schreien.

gritar como un condenado wie am Spieß schreien.

Guernica Kleinstadt an der Mündung des Río Mundaca. Nationalheiligtum der Basken. Durch Terrorangriff von Flugzeugen der Legion Condor am 26. 4. 1937 im Spanischen Bürgerkrieg dem Erdboden gleichgemacht. Weltberühmtes Protestgemälde von Picasso, in Madrid ausgestellt.

guerra y caza y amores por un placer mil dolores im Krieg, in der Liebe und beim Jagen – für ein Vergnügen tausend Plagen.

H

haber hecho méritos sich seine Sporen verdient haben.

haber sido cocinero antes que fraile wörtlich: Eher Koch als Mönch gewesen sein. Sein Metier verstehen, kein Grünschnabel sein.

haber visto las orejas al lobo wörtlich: die Ohren des Wolfes gesehen haben. Nochmal mit einem blauen Augen davongekommen sein.

hablando del rey (Papa) de Roma (por la puerta se asoma) wörtlich: Wenn man vom König (Papst) von Rom spricht, kommt er durch die Tür. Wenn man vom Teufel spricht ...

hablar a destajo dauernd quasseln.

hablar como una chicharra wie ein Wasserfall reden.

hablar por boca de ganso etwas nachplappern.

hablar por indirectas durch die Blume sprechen, mit dem Zaunpfahl winken.

hablar por los codos wie ein Buch reden, jemandem Löcher in den Bauch reden.

hacer acto de presencia kurz anwesend sein.

hacer agua leck sein.

hacer alarde de zur Schau tragen, glänzen mit.

hacer a uno cuartos jemanden in Stücke reißen, aus jemandem Hackfleisch machen. Wörtlich: jemanden vierteilen.

hacer birria einen Bock schießen.

hacer buenas migas sich gut verstehen, gut miteinander auskommen.

hacer calendarios Luftschlösser bauen.

hacer campana die Schule schwänzen.

hacer cruz y raya einen Schlußstrich ziehen.

hacer de uno cera y pábilo jemanden um den kleinen Finger wickeln.

hacer de una pulga un camello wörtlich: aus einem Floh ein Kamel machen. Aus einer Mücke einen Elefanten machen.

hacer de yunque sich mit Geduld wappnen.

hacer domingo blauen Montag (wörtlich: Sonntag) machen, einen Tag blaumachen.

hacer el buz wörtlich: den Handkuß machen, Katzbuckeln.

hacer el ganso sich albern benehmen.

hacer el indio sich dumm stellen, herumblödeln.

hacer el primo den dummen August spielen, hereinfallen.

hacer flux sich ruinieren, Bankrott machen.

hacer hincapié en besonderen Nachdruck legen auf.

hacer la baza Glück in einem Unternehmen haben. »Baza« ist der Stich beim Kartenspiel.
hacer la gata muerta wörtlich: die tote Katze spielen. Sich bescheiden, sich harmlos stellen.
hacer la pascua ärgern, schikanieren.
hacer la risa del conejo wörtlich: wie ein Kaninchen lachen. Gequält, gezwungen lachen.
hacer las paces sich aussöhnen.
hacer la vista gorda ein Auge zudrücken.
hacer la zalá schmeicheln, den Hof machen.
hacer libro nuevo ein neues Leben beginnen, seinen Lastern entsagen.
hacer mangas y capirotes machen, wozu man Lust hat, unüberlegt handeln, die Dinge übers Knie brechen.
hacer mundo nuevo neue Moden (eigentlich: neue Welt) einführen. Häufige Redensart in Cervantes' »Don Quijote« (I, 10; I, 28; II, 73), welche die Neue Welt in Übersee gegenüber der Alten Welt abwertet.
hacer novillos wörtlich: junge Stiere reizen (beliebtes Kinderspiel). Die Schule schwänzen, blaumachen.
hacer pucheros eine Schippe ziehen, beleidigt sein.
hacerse acreedor a wörtlich: sich zum Gläubiger machen. Sich ein Anrecht erwerben.
hacerse agua en la boca wie Butter im Munde zergehen.
hacerse el cazurro sich dumm stellen.
hacerse el distraído den zerstreuten Professor spielen.
hacerse el ingenuo den Unschuldsengel spielen.
hacerse el muerto den toten Mann spielen, nicht auffallen wollen.
hacerse el majá muerto sich taub stellen.
hacerse el zorro sich dumm stellen.
hacérsele a uno la boca agua einem das Wasser im Munde zusammenlaufen lassen.
hacerse mala sangre sich Sorgen machen, sich ärgern.
hacer su agosto seinen Reibach machen, sich gesundstoßen, sein Schäfchen ins Trockene bringen.
hacer tilín klingkling machen, Gefallen, Anklang finden.
hacer una ensalada ein heilloses Durcheinander anrichten.
hacer una faena a alguien jemandem übel mitspielen, jemandem einen bösen Streich spielen.
hacer una vida de canónigo wörtlich: das Leben eines Domherrn führen. Gemächlich und bequem leben.
hacer un buen golpe ein gutes Geschäft machen.
hallarse entre la vida y la muerte zwischen Leben und Tod schweben, in äußerster Gefahr sein.
hallarle su torcedor a cada uno die Daumenschrauben eines jeden finden. Ratschlag Baltasar Graciáns im »Handorakel« (1647, Nr. 26), um aus den Schwächen anderer Menschen eigenen Nutzen zu ziehen.
hanse de procurar los medios humanos como si no hubiese divinos, y los divinos como si no hubiese humanos man wende die menschlichen Mittel an, als ob es keine göttlichen, und die göttlichen, als ob es keine menschlichen gäbe. Diese goldene Meisterregel Graciáns (»Handorakel«, 1647, Nr. 251) bildet die Quintessenz seiner »Kunst der Weltklugheit« (Arte de prudencia).
hasta la médula bis auf die Knochen, durch und durch.
hasta las cejas bis aufs äußerste.
hasta verte, Jesús mío bis zum letzten Tropfen.
hay gato encerrado wörtlich: Es gibt eine eingeschlossene Katze. Da stimmt etwas nicht, da steckt etwas dahinter, da ist etwas im Busch.
haz bien y no mires a quién tue Gutes und schaue nicht wem.
hecho un acordeón wörtlich: in eine Ziehharmonika verwandelt. Ganz zerknüllt.
hecho un basilisco wörtlich: in einem Basilisk (griechisches Fabeltier, tropische Echse) verwandelt. Fuchsteufelswild sein.
henchir el baúl sich den Wanst (eigentlich: Koffer) vollschlagen.
hijo de puta eigentlich: Hurensohn, Scheißkerl.
hincar el pico ins Gras beißen, sterben.
hinchársele a uno las narices die Nase voll haben, es satt haben.
¡hombre a la mar! Mann über Bord!
hombre de espera warten können. Wahlspruch Graciáns im »Handorakel« (1647, Nr. 55) mit dem berühmten Satz Philipps II.: »Die Zeit und ich nehmen es mit zwei andern auf.«

el hombre de la calle Otto Normalverbraucher.

hombre de gran paz, hombre de mucha vida friedfertig leben, lange leben. Im Sinn antiker Philosophenschulen formulierte Gracián (»Handorakel«, 1647, Nr. 192) diesen Wahlspruch für sein Breviarium des höfischen Moralkodex.

un hombre de mala calaña ein gemeingefährlicher Mensch.

el hombre es el fuego, la mujer la estopa, viene el diablo y sopla der Mann ist das Feuer, die Frau der Zunder, dann kommt der Teufel und bläst.

el hombre para el caso der rechte Mann am rechten Platz.

hombre preguntón, hombre de mala educación wer fortgesetzt fragt, hat keine Lebensart.

hombre prevenido vale por dos der vorgewarnte Mann zählt doppelt.

el hombre propone, Dios dispone, la mujer descompone der Mann schlägt vor, Gott verfügt, die Frau zersetzt.

el hombre y el oso cuanto más feo más hermoso der Mann und der Bär, je häßlicher, desto schöner.

hoy le tocará recibir heute geht es ihm an den Kragen.

hoy te da por pitas y mañana por flautas du weißt nicht, was du willst.

hoy por mí, mañana por ti wörtlich: heute für dich, morgen für mich. Eine Hand wäscht die andere. Jeder braucht einmal Hilfe.

humor de perros Stinklaune.

I

ignorancia no quita pecado Unkenntnis schützt vor Strafe nicht.

la impaciencia le consume die Ungeduld zehrt an ihm.

ir a la zaga zurückbleiben.

ir al grano zur Sache kommen, zu des Pudels Kern kommen.

ir al quinto demonio sich zu weit vorwagen.

ir de capa caída wörtlich: mit herunterhängendem Mantel gehen. Sich auf dem absteigenden Ast befinden.

ir en el caballo de San Francisco auf Schusters Rappen reiten.

ir por atún y a ver al duque wörtlich: auf Thunfischfang ausgehen und den Herzog sehen wollen. Zwei Fliegen mit einer Klappe schlagen wollen.

irse al cuerno zum Teufel gehen, in den Eimer gehen.

irse a pique untergehen, kaputtgehen.

irse de picos pardos faulenzen, sich dem Müßiggang hingeben.

irse de rumba bummeln gehen.

írsele a uno cada cuarto por su lado sehr unansehnlich sein.

írsele a uno el burro aus der Schule plaudern.

írsele a uno el santo al cielo wörtlich: einem fährt der Heilige gen Himmel. In einer Rede steckenbleiben, den Faden verlieren.

irse por los campos de Dios sinnloses Zeug schwätzen.

ir tirando sich halbwegs durchschlagen.

J

jamás de los jamases nie und nimmer, unter gar keinen Umständen.

una joven de 17 abriles ein junges Mädchen von 17 Lenzen (eigentlich »Aprilen«).

jugar con la candela mit dem Feuer spielen.

jugar con uno al santo macorro jemanden foppen.

jugar doble contra sencillo zwei gegen eins wetten.

jugarse la cabeza Kopf und Kragen riskieren.

L

le conocen hasta los perros er ist bekannt wie ein bunter Hund.

le salió la vaca toro da werden Weiber zu Hyänen!

la letra con sangre entra lernen kostet Mühe und Schweiß.

la que se va a armar das wird einen Mordskrach geben.

una lengua de escorpión ein Lästermaul, ein Schlappmaul.

levantar castillos en el aire Luftschlösser bauen, träumen.

liar los bártulos seine Siebensachen packen.

limpiar las botas a alguien wörtlich: jemandem die Stiefel reinigen. Vor jemandem kriechen.

llámele Vd. hache das kommt auf dasselbe hinaus. Das ist gehupft wie gesprungen.

llegar a las aceitunas zu spät zum Essen kommen.

llegar al Tantum ergo ganz zum Schluß, viel zu spät kommen (nach der katholischen Sakramentshymne).

llegar a ser deseado es dahin bringen, daß man erwünscht ist. Dieser Wahlspruch Graciáns (»Handorakel«, 1647, Nr. 124) bezieht sich auf das gesellschaftliche Prestige, das im damaligen Spanien und vor allem in der Hofwelt eng mit dem Ehrbegriff und seinen konventionellen Schranken zusammenhing.

llegar y besar el santo wörtlich: ankommen und den Heiligen küssen. Etwas auf Anhieb erreichen.

llevar algo con filosofía etwas mit Fassung tragen.

llevar cuernos die Hörner aufgesetzt bekommen, ein Hahnrei sein.

llevar del cabestro um den Finger wickeln.

llevar el agua a su molino Wasser auf seine Mühlen lenken.

llevar el cencerro der Leithammel sein.

llevar el gato al agua wörtlich: die Katze ins Wasser bringen. Ein risikoreiches Unternehmen zum guten Ende bringen. Eine der vielen Tierredensarten aus Cervantes' »Don Quijote« (I, 8). Das Bild bezieht sich auf ein altes Wettspiel, bei dem derjenige gewann, dem es gelang, eine Katze trotz ihres Kratzens und Beißens in das Flußwasser zu werfen.

llevar la contraria widersprechen.

llevar recado seinen Rüffel bekommen, sein Fett weghaben.

llevarse un chasco angeführt werden, hereinfallen, sich eine Abfuhr holen.

llevar sus cosas con suspensión über sein Vorhaben in Ungewißheit lassen. Berühmte Maxime (Nr. 3) von Baltasar Gracián (1601–1658) in seinem »Handorakel« (1647). Als Begründung für diesen Wahlspruch verweist Gracián auf das göttliche Walten und seine Undurchschaubarkeit.

llover a cántaros Katzen und Hunde gießen, in Strömen regnen.

llorar cera bitterlich weinen, gerührt sein.

llorar como una Magdalena wie ein Schloßhund heulen.
el lobo, harto de carne, se mete fraile wenn der Wolf sich mit Fleisch vollgefressen hat, wird er Mönch.
lo que el viento se llevó das ist alles in den Wind geredet, das ist verlorene Liebesmüh.
lo sabe de gabinete das ist eine reine Studierstubenweisheit.

M

maíz die Maispflanze wurde in vorgeschichtlicher Zeit in Mexiko und Peru angebaut. Schon im 16. Jahrhundert breitete sich der Mais nach Europa aus. Bereits 1546 ist er in einem deutschen Kräuterbuch abgebildet und beschrieben.
¡mal estreno! Das fängt ja schön an!
mala la hubistes franceses – en esa de Roncesvalles schlecht erging es Euch Franzosen (Franken) in jener Schlacht im Tal von Roncesvalles. Bekannter Romanzentext, der auf die berühmte Schlacht zwischen Basken und Franken im Jahre 778 anspielt. Die Spanier rächten sich dabei für die Niederlagen, die sie gegen Karl den Großen erlitten hatten.
mañana es otro día morgen ist auch noch ein Tag.
mañana serán hombres aus Kindern werden Leute.
mandar a paseo abblitzen lassen.
la mano en el corazón! Hand aufs Herz! Mal ganz ehrlich!
mantilla Kopftuch aus Spitzen oder Tüll.
maricón eigentlich: Homosexueller. Dreckskerl (als Beschimpfung).
lo más acordado, lo más olvidado man vergißt oft das Nächstliegende.
más bueno que el pan die Güte in Person.
más corre ventura que caballo ni mula das Schicksal läuft schneller als Pferd und Maultier.
más corrido que un zorro viejo mit allen Wassern gewaschen sein.
más fresco que una lechuga wörtlich: frischer als Kopfsalat. Mordsfrech.
más moscas se cogen con miel que con hiel mit Honig fängt man mehr Fliegen als mit Galle.
más simple que una badea wörtlich: einfältiger als eine minderwertige Melone. Strohdumm.
más vale algo que nada besser etwas als nichts.
más vale callar que mal hablar lieber schweigen als etwas Böses sagen.
más vale maña que fuerza List geht über Kraft.
más vale soltero andar que mal casar lieber ledig bleiben als schlecht heiraten.
más vale tarde que nunca lieber spät als nie.
matar dos pájaros de un tiro wörtlich: zwei Vögel mit einem Schuß töten. Zwei Fliegen mit einer Klappe schlagen.
matar el gusanillo wörtlich: das Würmchen töten. Auf nüchternen Magen morgens einen Schnaps trinken.
matar el tiempo die Zeit totschlagen, herumbringen.
medirle a uno las costillas jemanden vertrimmen.
la mejor almohada es una conciencia tranquila ein gutes Gewissen ist ein sanftes Ruhekissen.
me llamo Andana mein Name ist Hase, ich weiß von nichts.
menea la cola el can, no por tí, sino por el pan nicht dir zu Gefallen, sondern des Futters wegen wedelt der Hund.
una mentira de a folio eine faustdicke Lüge.
mentir por los codos das Blaue vom Himmel herunterlügen.
menuda alhaja ein sauberes Früchtchen (eigentlich: Juwel).
meter aguja y sacar reja mit der Wurst nach dem Speck werfen.
meter chismes klatschen, tratschen.

meter en chirona hinter Schloß und Riegel bringen.

meter la pata sich blamieren, ins Fettnäpfchen treten.

meter las manos en el pastel seine Nase in fremde Angelegenheiten stecken.

meterle a uno los dedos por los ojos jemandem Sand in die Augen streuen.

meterse en camisa de once varas wörtlich: sich in ein elf Ellen langes Hemd stecken. Sich zuviel zumuten, sich Unannehmlichkeiten einbrocken.

meterse en honduras sich an Dinge wagen, denen man nicht gewachsen ist, den Besserwisser spielen.

meterse en su concha menschenscheu sein.

meterse en un berenjal wörtlich: sich in ein Auberginenfeld setzen. Sich in die Nesseln setzen, in Schwulitäten kommen.

meterse en un mal fregadero sich auf eine üble Sache einlassen.

meter su cuchara seinen Senf dazugeben.

me trae frito er geht mir auf den Wecker, er nervt mich.

mezclar bromas con veras mit Zuckerbrot und Peitsche vorgehen.

mi gozo en un pozo alles im Eimer.

mi media naranja wörtlich: meine halbe Apfelsine. Meine bessere (Ehe)hälfte.

mirar a las musarañas dösen, mit offenen Augen träumen.

mirar de sobrecejo finster dreinblicken.

la mona vestida de seda, mona se queda ein Affe in Seidenkleidern bleibt doch ein Affe.

montar sobre el caballito ein hohes Tier sein.

Montserrat katalanisch: »gesägter Berg«. Etwas 60 km nordwestlich von Barcelona aufragender Klosterberg, der früher zu Unrecht für den Monsalvatsch der Gralssage gehalten wurde.

morderse los dedos sich seinen Ärger verbeißen.

morir como chinche wie die Fliegen sterben.

morir con las botas puestas wörtlich: mit angezogenen Stiefeln sterben. In den Sielen sterben.

morir de pena sich zu Tode grämen.

morirse de envidia vor Neid bersten.

morirse de risa sich totlachen.

morirse por wörtlich: sterben für. Ganz versessen sein auf.

mucho ruido pocas nueces viel Lärm um nichts.

muchos pocos hacen un mucho viele Wenig machen ein Viel.

mudar de bisiesto wörtlich: das Schaltjahr wechseln. Sich anders besinnen.

los muertos abren los ojos a los vivos die Toten öffnen den Lebenden die Augen.

mujer al volante, peligro constante Frau am Steuer: mir ungeheuer (wörtlich: ständige Gefahr).

una mujer de armas tomar wörtlich: eine Frau, welche die Waffen ergreift. Eine Xanthippe.

la mujer honrada la pierna quebrada der ehrenwerten Frau brich ein Bein und sperr sie ein!

la mujer y el gato, en la cocina entrambos die Frau und die Katze, beide in die Küche.

la mujer y el vino sacan al hombre de tino die Frau und der Suff reiben den Mann uff.

la mujer y la sartén en la casa están bien die Frau und die Bratpfanne sind zu Hause gut aufgehoben.

el mundo es un pañuelo wörtlich: die Welt ist ein Taschentuch. Wie klein ist doch die Welt!

muy a mi pesar sehr zu meinem Leidwesen.

N

(nadie puede decir) de esta agua no beberé man soll nie »nie« sagen, sich nie im voraus festlegen.
¡narices! das kommt nicht in die Tüte!
negro de la uña das Schwarze unter dem Fingernagel. Redensartlich für nicht einmal ein Minimum.
ni ausencia sin culpa, ni presente sin disculpa der Abwesende ist immer im Unrecht.
ni chicha ni limonada nichts Halbes und nichts Ganzes. Weder Fisch noch Fleisch.
ni con mucho bei weitem nicht.
ni corto ni perezoso ohne Umschweife, ohne viel Federlesens, direkt, ohne Sperenzchen.
ni de milagro nicht einmal im Traum.
ni en coplas nicht im Traum.
ni fu ni fa weder Fisch noch Fleisch, nichts Halbes und nichts Ganzes.
ni gota absolut nichts.
ni hablar auf gar keinen Fall.
ni mucho menos ganz und gar nicht.
el niño de la bola das Glückskind.
los niños y los locos dicen las verdades Kinder und Narren sagen die Wahrheit.
ni papa kein bißchen.
ni Pedro ni Periquillo weder Fisch noch Fleisch.
ni pizca de keine Bohne, keinen Deut.
ni poco, ni mucho, sino todo lo contrario ich weiß selber nicht, wieviel ich will.
ni rey ni roque weder König noch Felsen. Keiner Menschenseele etwas sagen. Der Ausdruck stammt aus der Schachsprache und bezeichnet mit »König« und »Turm« (roque, roca, torre) die beiden wichtigsten Figuren.
ni un ápice keine Spur, kein Bohne.
no acordarse de él ni del santo de su nombre nicht einmal im Traum an jemanden denken.
no afectar la fortuna nicht mit seinem Glück prahlen. Diese Redensart aus Graciáns »Handorakel« (1647, Nr. 106) erregte wegen ihrer Schlußfolgerung Aufsehen, daß man selbst einen König mehr wegen seiner persönlichen Eigenschaften als wegen seiner äußeren Herrschaft ehren solle.
no aguardar a ser el sol que se pone nicht abwarten, daß man eine untergehende Sonne sei. Mit dem Bild vom Kreislauf der Sonne hat Gracián (»Handorakel«, 1647, Nr. 110) auf die Zwangsläufigkeit der Wechselfälle im Leben hingewiesen. Auch die Schönheit müsse beizeiten den Spiegel zerbrechen, ehe sie der vergänglichen Wahrheit ins Antlitz blicke.
no andes con tantos remilgos nun hab dich mal nicht so!
no ata ni desata er redet völlig unzusammenhängendes Zeug. Er weiß sich keinen Rat. Er hat nichts zu sagen.
no bajar ni con aceite wörtlich: nicht einmal mit Öl heruntergehen. Lügen oder Schwindeleien nicht schlucken.
no cabe duda zweifellos.
no cabe un alfiler es ist hier überfüllt, es kann keine Stecknadel mehr zu Boden fallen.
no caer en saco roto seine Wirkung nicht verfehlen.
no casarse con nadie sich nicht von seiner Meinung abbringen lassen.
no comulgar en la misma iglesia wörtlich: nicht in derselben Kirche das heilige Abendmahl empfangen. Nicht zusammenpassen.
no dar abasto zuviel um die Ohren haben, etwas wächst über den Kopf.
no dar cuartel kein Pardon geben.
no dar el brazo a torcer nicht nachgeben.
no dar golpe keinen Finger rühren.
no dar pie con bola wörtlich: den Fuß nicht auf die Kugel bekommen (wie die dressierten Zirkustiere, die auf einer Kugel balancieren). Etwas geht daneben, haut nicht hin.
no decir cesta ni ballesta kein Sterbenswörtchen sagen.
no decir ni chus ni mus den Mund nicht aufmachen, nicht Piep sagen.
no dejar ni un clavo ni estaca en la pared mitnehmen, was nicht niet- und nagelfest ist.
no dejarse cortar la capa nicht mit sich spaßen lassen.
no dejar títere con cabeza wörtlich: keine Mario-

nette mit Kopf lassen (nach einer Episode im »Don Quijote«). Alles kurz und klein schlagen.

¡no en mis días! nicht, solange ich lebe! Nur über meine Leiche!

no entender ni jota immer nur Bahnhof verstehen.

no entrar con sobrada expectación nicht unter übermäßigen Erwartungen auftreten. Wahlspruch Nr. 19 aus Baltasar Graciáns »Handorakel« (1647). Diese Maxime handelt von den Vorzügen und Nachteilen des gesellschaftlichen Erwartungshorizonts.

no es oro todo lo que brilla es ist nicht alles Gold, was glänzt.

no es para menos das hat schon seinen Grund.

no es tan bravo el león como lo pintan der Löwe ist nicht immer so wild wie auf dem Bild.

no estar católico nicht auf dem Damm sein.

no estar para fiestas nicht in der richtigen Stimmung sein, nicht auf dem Damm sein, nicht zum Scherzen aufgelegt sein.

no es zurdo der kann was, hat was auf dem Kasten.

¡no faltaba más! das fehlte gerade noch!

no hace el hábito al monje die Kutte macht noch keinen Mönch.

no hay atajo sin trabajo der kürzeste Weg ist nicht immer der schnellste.

no hay boda sin tornaboda wörtlich: Es gibt keine Hochzeit ohne den Tag nach der Hochzeit. Für alles muß man bezahlen. Keine Rose ohne Dornen.

¡no hay derecho! Das ist doch unerhört!

no hay más cera que la que arde wörtlich: es gibt nicht mehr Wachs als das, was brennt. Das ist alles, mehr ist da nicht drin.

no hay mejor espejo que el amigo viejo kein besserer Spiegel als ein alter Freund.

no hay pero que valga da hilft kein Wenn und kein Aber.

no le arriendo la ganancia wörtlich: Ich verpachte ihm nicht den Gewinn. Ich möchte nicht in seiner Haut stecken.

no levantar cabeza auf keinen grünen Zweig kommen.

no llegará la sangre al río es wird schon nicht so schlimm werden.

no llegar al zancajo nicht das Wasser reichen können.

no llegarle a uno la camisa al cuerpo große Angst haben.

no mamarse el dedo wörtlich: nicht am Finger lutschen. Sich keinen Bären aufbinden lassen, nicht auf den Kopf gefallen sein.

no me cabe en la cabeza ich kann es nicht fassen.

no me fastidies nun mach mal einen Punkt!

no me mueve, mi Dios, para quererte, / el cielo que me tienen prometido dein Himmel, Gott vermag mich nicht zu zwingen, daß ich dich liebe, weil sie ihn verhießen. Berühmter anonymer Sonettanfang an den Christus am Kreuz (erschienen 1628). Höhepunkt der spanischen mystischen Lyrik.

no morirá de cornadas de burro er ist ein Hasenfuß, er riskiert nicht das Geringste.

no nació quien no erró der ist noch nicht geboren, der sich nicht irrt.

no pararse en frioleras sich nicht mit Lappalien aufhalten.

no perder el pulso nicht die Fassung verlieren.

no pintar nada nichts zu sagen haben, nicht von Bedeutung sein.

no poder tragar (aguantar) nicht ausstehen können.

no saber cómo salir del atranque nicht mehr aus noch ein wissen.

no saber de la misa la media absolut nichts wissen, von Tuten und Blasen keine Ahnung haben.

no saber ni la cartilla (el abecé) nicht einmal das kleine Einmaleins können, keinen blassen Schimmer haben.

no se acuerda la suegra que fue nuera die Schwiegermutter hat vergessen, daß sie auch einmal Schwiegertochter war.

¡no seas niño! Sei kein Kindskopf!

no se ha de mentar la soga en casa del ahorcado man soll im Haus des Gehängten nicht vom Strick reden.

no se lo salta un torero das ist kaum zu überbieten.

no se me alcanza das will mir nicht in den Kopf.

no se me caen los anillos por eso deswegen fällt mir nicht gleich ein Zacken aus der Krone.

no se puede repicar y estar en la procesión man kann nicht gleichzeitig auf zwei Hochzeiten tanzen.

no ser amigo de conversaciones kein Freund von langen Reden sein.
no ser carne ni pescado weder Fisch noch Fleisch sein.
no ser cojo ni manco wörtlich: weder lahm noch einarmig sein. Zu allem fähig sein.
no ser del otro jueves nichts Weltbewegendes sein.
no ser fácil ni en creer ni en querer nicht leicht glauben und nicht leicht lieben. Die skeptische Haltung des Moralethikers Gracián (»Handorakel«, 1647, Nr. 154) kommt in dieser Maxime zum Ausdruck, die ihre Vorläufer bei Cicero u. a. in der Antike findet.
no ser grano de anís nicht so einfach sein.
no ser moco de pavo nicht wert- oder bedeutungslos sein, kein Pappenstiel sein, keine Kleinigkeit sein.
no ser todo columbino nicht gänzlich eine Taubennatur haben. Die Einfalt und Reinheit der Taube stellt Gracián (»Handorakel«, 1647, Nr. 243) der List der Schlange gegenüber: »Man vereinige in sich die Taube und die Schlange.«
no se salva ni el apuntador wörtlich: da rettet sich nicht einmal der Souffleur (bezogen auf ein Theaterstück mit vielen Toten). Da bleibt kein Auge trocken. Das war vielleicht ein Schlachtfest!
no sufrir ancas sich nichts gefallen lassen. »Ancas« sind die Hinterbacken eines Tieres, die Kruppe beim Pferd.
no temer rey ni roque weder Tod noch Teufel fürchten.
no tener abuela sich selbst beweihräuchern.
no tener alma herz- und gewissenlos sein.
no tener arranque keine Entschlußkraft haben.
no tener dos dedos de frente keine große Kirchenleuchte sein.
no tener frenillo en la lengua kein Blatt vor den Mund nehmen.
no tener inconveniente en nichts dagegen haben.
no tener más que la capa en el hombre nichts als das Hemd auf dem Leib besitzen, sehr arm sein.
no tener ni idea absolut keine Ahnung haben.
no tener ni una jodida peseta keinen lumpigen Groschen mehr in der Tasche haben.
no tener pelo de tonto nicht auf den Kopf gefallen sein.
no tener pelos en el corazón kein Herz im Leibe haben, ein Unmensch sein.
no tener pelos en la lengua wörtlich: keine Haare auf der Zunge haben. Kein Blatt vor den Mund nehmen, nicht auf den Mund gefallen sein.
no tener pies ni cabeza weder Hand noch Fuß haben.
no tener voz ni voto nicht das Geringste zu melden haben.
no vale la pena es ist nicht der Mühe wert.
no valer un bledo (una castaña) nichts taugen, keinen Pfifferling wert sein.
no ver más allá de sus narices schwer von Begriff sein.
no ver un burro ni a tres pasos den Wald vor lauter Bäumen nicht sehen.
no viene de arar wörtlich: Er kommt nicht vom Pflügen. Er ist nicht dumm.
nunca descomponerse nie aus der Fassung geraten. Lebensrat Graciáns (»Handorakel«, 1647, Nr. 52), der in der Tradition der stoischen Affektenlehre steht und von dem spanischen Barockmoralisten psychologisch gewendet ist.
nunca es tarde si la dicha es buena es ist nie zu spät.
nunca fuera caballero ... berühmte Romanze aus dem Lanzarote-Zyklus, die auch in Cervantes' »Don Quijote« wiederauftaucht: »Niemals wurde ein Ritter von Damen so gut bedient wie Lanzarote, als er aus Britannien kam.« Sprichwörtlich für Wohlleben nach langen Reiseentbehrungen.
nunca permitir a medio hacer las cosas nie seine Sachen sehen lassen, wenn sie erst halb fertig sind. Nach dem Vorbild der Natur hat Gracián (»Handorakel«, 1647, Nr. 23) diese Maxime formuliert, die in das Lebensbrevier des vorsichtigen Hofmanns paßt.
nunca por tema seguir el peor partido niemals aus Eigensinn sich auf die schlechtere Seite stellen. In dieser Maxime verteidigt Gracián (»Handorakel«, 1647, Nr. 142) die Notwendigkeit einer guten Ausgangsposition im Diskurs zwischen Klugheit und Dummheit.
nunca segundas partes fueron buenas niemals waren zweite Teile gut. Niemals waren Fortsetzungen gut. Diese seither sprichwörtliche Redensart

geht aus dem Gespräch zwischen Don Quijote und dem Lizentiaten Samsón Carrasco über die Fortsetzung des »Don Quijote« (1615) hervor (DQ, II. 4). Sie bezieht sich allerdings auf die Fortsetzung als Gewinnspekulation des »Don Quijote« (1614) durch Alonso Fernández de Avellaneda (wahrscheinlich ein Pseudonym).

O

o César o nada   alles oder nichts.
oír campanas y no saber dónde   nur ungefähr wissen, etwas haben läuten hören.
oír, ver y callar, recias cosas son de obrar   Hören, Sehen und Schweigen ist schwer zu vollbringen.
¡ojo!   paß auf! Vorsicht!
Ojos que no ven, corazón que no siente   was das Auge nicht sieht, bricht das Herz nicht. Vgl. Cervantes, »Don Quijote« (II, 67).
ojos que ven, no envejecen   sehende Augen altern nicht.
oler a ajo   wörtlich: nach Knoblauch riechen. Mit Problemen überhäuft sein.
oler el poste   Lunte riechen.
una olla de grillos   ein Tohuwabohu.
ordeñar la cabra   wörtlich: die Ziege melken. Jemanden ausnutzen.
otro que bien baila   noch so einer vom gleichen Kaliber (ironisch).

P

una paciencia de santo   eine Engelsgeduld (Anspielung auf die unbeweglichen Heiligenstatuen).
¡paciencia y barajar!   wörtlich: Geduld und Karten mischen! Nur Geduld!
paella   ursprünglich valencianisches Reisgericht in großen Pfannen mit Gemüse, Muscheln, Fisch/Fleisch.
pagar en contante y sonante   in klingender Münze zahlen.
pagar los cristales rotos   wörtlich: die zerbrochenen Fensterscheiben bezahlen. Etwas ausbaden müssen.
pagar una jumera   sich besaufen.
un pájaro de mal agüero   ein Unglücksrabe.
¡palabra!   Ehrenwort! (Unser Wort »Palaver« im Sinne von Geschwätz kommt aus dem Portugiesischen »palavra«).
las palabras buenas son, si así es el corazón   wenn das Herz gut ist, sind auch die Worte gut.
palabras y plumas, el viento las lleva   die Federn und das Wort, der Wind trägt sie fort.
palabra y piedra suelta no tiene vuelta   Worte und geschleuderte Steine kann man nicht zurückholen.
palacio   Palast, Hof, Residenz.
pamplinas   wörtlich: Hühnerdarm. Quatsch!
un papel mojado   wörtlich: ein durchnäßtes Papier. Ein wertloser Wisch.
para colmo de la desgracia   um das Unglück vollzumachen.
para las calendas griegas   auf den Sankt-Nimmerleinstag verschieben.
para mis barbas   bei meinem Bart. Alte Schwurformel, die auf dem Bart als Symbol männlicher

Autorität beruht. Vor allem die Priester verschiedener Religionen pflegten Bärte als Symbole ihres Ansehens.

parece chino das kommt mir spanisch vor.

parece mentira man sollte es nicht für möglich halten.

parece que le han dado cuerda er redet wie aufgezogen.

parecerse como dos gotas de agua sich ähnlich sehen wie ein Ei dem anderen (wörtlich: wie zwei Wassertropfen).

parecer una ursulina sehr schüchtern, sehr empfindlich sein.

pasar a cuchillo über die Klinge springen lassen.

pasar como sobre ascuas rasch darüber hinwegeln.

pasar de castaño oscuro wörtlich: über dunkelbraun hinausgehen, d. h. fast schwarz sein. Über das erlaubte Maß hinausgehen, über die Hutschnur gehen.

pasar de moda aus der Mode kommen.

pasar la pena negra in einer ganz miesen Stimmung sein.

pasar las de Caín eine schwere Zeit durchmachen, sich in einer äußerst unangenehmen Lage befinden.

pasar las negras schwere Zeiten durchmachen.

pasarlo chanchi es sich gutgehen lassen, sich toll amüsieren.

pasar muchos sudores viel durchmachen müssen.

pasar por el aro wörtlich: durch den Ring (Zirkusreifen) gehen. In den sauren Apfel beißen.

pasar por todas las aduanas mit allen Wassern gewaschen sein.

pasarse de listo den Schlaumeier spielen.

pasar una noche toledana eine schlaflose Nacht verbringen.

paso a paso allmählich.

pecar por carta de más (de menos) des Guten zuviel (zuwenig) tun.

pecho adelante wörtlich: Brust voran. Kopf hoch!

un pedazo de alcornoque wörtlich: ein Stück von der Korkeiche. Ein Dussel, ein Dummkopf.

pedir peras al olmo wörtlich: von der Ulme Birnen verlangen. Unmögliches verlangen.

pegarle los tarros a alguien jemandem Hörner aufsetzen, fremdgehen.

los pelos se me ponen de punta die Haare stehen mir zu Berge. Mir sträubt sich das Gefieder.

la pelota está en el alero die Sache steht kurz vor der Entscheidung.

pensar anticipado vorausdenken. Eine wichtige Maxime Graciáns (»Handorakel«, 1647, Nr. 151), die sich gegen den Schicksalsbegriff und Fatalismus wendet und der eigenen Lebensplanung einen größeren Raum gibt.

perder de vista aus den Augen verlieren.

perder el juicio den Verstand verlieren.

perder la chaveta den Verstand verlieren, durchdrehen.

perder las riendas aus der Haut fahren, die Nerven verlieren.

perder los estribos die Fassung verlieren.

pero lleva una ventaja lo sabio, que es eterno, y si éste no es su siglo, muchos otros lo serán der Weise hat jedoch einen Vorteil, den, daß er unsterblich ist: ist dieses nicht sein Jahrhundert, so werden es viele andere sein. Aus Graciáns »Handorakel« (1647, Nr. 20). Die spanische Fassung dieses Satzes hat Schopenhauer auf das weiße Blatt vor dem Titel seines Handexemplars der »Welt als Wille und Vorstellung« (1818) zum Trost geschrieben.

perro que ladra, no muerde Hunde, die bellen, beißen nicht.

picar la berza Anfänger sein, herumstümpern.

pícaro literarischer Vagabund, der einer Romangattung des 16. und 17. Jahrhunderts den Titel gab (»Schelmenroman«), am berühmtesten der »Lazarillo de Tormes« (1554).

piedra sobre piedra, a las nubel llega Stein auf Stein reicht schließlich an die Wolken.

pillar una zorra sich einen Rausch antrinken.

pintar la cigüeña wörtlich: den Storch malen. Den großen Mann spielen.

pisar fuerte selbstbewußt auftreten.

el pobre y el cardenal todos van por un igual der Arme und der Kardinal, sie gehen durch dasselbe Tal.

poco y en paz, mucho se me haz wenig und dafür in Frieden, ist für mich viel.

poder codearse con alguien mit jemandem auf du und du stehen.

la política de toma y daca der Kuhhandel, das

Tauziehen. (»Daca« ist eine Zusammensetzung von »da[me]acá« = gib her!)

poner a alguien como chupa de dómine jemanden abkanzeln, jemanden fertigmachen, jemanden zur Schnecke machen.

poner a alguien una banderilla wörtlich: jemandem eine Banderilla (Spieß mit Widerhaken beim Stierkampf) setzen. Jemandem eins auswischen, an den Karren fahren.

poner cortapisas Vorbehalte machen.

poner el dedo en la llaga den Finger in die Wunde legen, an den wunden Punkt rühren.

poner en berlina lächerlich machen, dem Gespött aussetzen (»Berlina« ist eine Reisekutsche).

poner en cuarentena mit Mißtrauen aufnehmen.

poner la ley großen Einfluß haben.

poner la mente en blanco an nichts denken.

ponerle a uno como un estropajo jemanden herunterputzen, jemanden abkanzeln.

ponerle a uno verde über jemanden herziehen, kein gutes Haar an einem lassen.

poner el grito en el cielo wörtlich: den Schrei zum Himmel ausstoßen. Viel Aufhebens machen.

poner en tela de juicio aufs Tapet bringen.

poner por los cuernos de la luna wörtlich: auf die Mondsichel heben. In den Himmel heben, über den grünen Klee loben.

ponerse como el hijo del esquilador wörtlich: wie der Sohn des Schafscherers sein. Wie ein Scheunendrescher fressen, gewaltig reinhauen.

ponerse como una amapola wörtlich: wie ein Klatschmohn werden. Puterrot, knallrot werden.

ponerse el capuchón hinter schwedische Gardinen kommen, aus dem Blechnapf fressen.

ponerse los pantalones das Zepter in die Hand nehmen.

por adelanto im voraus.

por algo nicht umsonst.

por arte de magia (birlibirloque) auf wunderbare Weise, wie von Zauberhand.

por de pronto vorläufig.

por el estilo in der Art, und so weiter.

por fas o por nefas wörtlich: mit Recht oder mit Unrecht. Auf jeden Fall, auf Biegen und Brechen.

por la negra honra aus falschem Ehrgefühl.

por si acaso vorsichtshalber, für alle Fälle.

por si las moscas wörtlich: falls die Fliegen (nach einem Theaterstück). Vorsichtshalber.

por su santo gusto zu seinem Vergnügen, ganz wie es ihm in den Kram paßt.

portarse como un cochero sich grob und ungehobelt benehmen.

por un cacho zum Spottpreis.

por un garbanzo más o menos no se rompe la olla wörtlich: Wegen einer Bohne mehr oder weniger geht der Topf nicht kaputt. Auf etwas mehr oder weniger kommt es nicht an.

por zancas o por barrancas irgendwie, wenn's sein muß, mit Gewalt.

Prado eigentlich »Wiese«. In Madrid breite baumbestandene Promenade, die sich vom Südbahnhof (Atocha) bis zur Plaza de la Cibeles zieht. An der Ostseite liegt das weltberühmte Prado-Museum.

pregonar algo a los cuatro vientos etwas ausposaunen, an die große Glocke hängen.

presentarse sin disfraz sein wahres Gesicht zeigen, sich entpuppen.

prestarle a uno un flaco servicio jemandem einen Bärendienst erweisen.

prevenir las malas voces übler Nachrede vorbeugen. Lebensklugheit Baltasar Graciáns (»Handorakel«, 1647, Nr. 86): »Der kluge Mann vermeide also solche Unfälle und stelle der Unverschämtheit des gemeinen Volkes seine Wachsamkeit entgegen; denn das Verhüten ist leichter als die Abhilfe.«

prevenirse en la fortuna próspera para la adversa im Glück auf das Unglück bedacht sein. Dieser typisch barocke Gedanke bezieht sich in Graciáns »Handorakel« (1647, Nr. 113) auf das Rad der Fortuna, das sich unaufhörlich dreht und zur Demut mahnt.

primero son mis dientes que mis parientes das Hemd ist mir näher als der Rock.

prometer el oro y el moro goldene Berge versprechen, das Blaue vom Himmel versprechen.

prometerle a alguien la luna y las estrellas jemandem den Himmel auf Erden versprechen.

Puerta del Sol eigentlich »Sonnentor«, früher Osttor, aus dem man morgens der Sonne entgegenging. Zentrum von Madrid mit repräsentativen Bauten.

putas y disputas son malas frutas die Dirnen und der Zank machen die Seele krank.

Q

¡que aproveche! guten Appetit! Wohl bekomm's!
¡qué barbaridad! welche Ungeheuerlichkeit! Das ist ja nicht zu glauben! Das ist ja unheimlich!
¿qué bicho te ha picado? Was ist denn in dich gefahren? Was hat denn dich gestochen?
quedar con mil santos wütend werden, fluchen.
quedarse con un palmo de narices in die Röhre schauen.
quedarse en los huesos bis auf die Knochen abmagern, nur noch Haut und Knochen sein.
quedarse para vestir santos sitzenbleiben, keinen Mann abbekommen.
¡qué lío! welch ein Schlamassel, Durcheinander!
que mal rayo te parta los riñones wörtlich: der böse Blitz spalte dir die Nieren. Hol dich der Teufel!
quemar el último cartucho den letzten Trumpf ausspielen, alles auf eine Karte setzen.
quemar las naves wörtlich: die Schiffe verbrennen (nach dem historisch belegten Beispiel von Hernán Cortés bei der Eroberung des Aztekenreichs). Alle Brücken hinter sich abbrechen.
querer tocar las campanas y asistir a la procesión an zwei Orten zugleich sein wollen, alles auf einmal haben wollen.
¡que se alivie! gute Besserung!
¡que te diviertas! viel Vergnügen!
que yo sepa soviel ich weiß.
quien a buen árbol se arrima, buena sombra le cobija wörtlich: Wer sich an einen guten Baum lehnt, den schützt ein guter Schatten. Sprichwort aus den Widmungsversen der Urganda in Cervantes' »Don Quijote« (1605), das auf die Vorteile mächtiger Gönnerschaft anspielt. Auch Sancho Panza führt dieses Sprichwort später im Mund (DQ, II, 32).
quien al diablo ha de engañar muy de mañana ha de levantar wer den Teufel betrügen will, muß sehr früh aufstehen.
quien bien oye, bien responde wer gut zuhört, antwortet gut.
quien canta, sus males espanta wer singt, verscheucht seinen Kummer.
quien con lobos anda a aullar se enseña mit den Wölfen muß man heulen.
quien con perros se echa, con pulgas se levanta wer sich zu den Hunden legt, steht mit Flöhen auf.
quien destaja, no baraja wer abhebt, mischt nicht.
quien engaña al ladrón, cien años ha de perdón wer den Dieb betrogen, dem ist der Himmel gewogen.
quien espera, desespera Hoffen und Harren macht manchen zum Narren.
quien mal anda, mal acaba wer schlimme Wege geht, nimmt ein schlimmes Ende.
quien mal dice, peor oye wie man in den Wald hineinruft, so schallt es zurück.
quien manda, manda y cartuchea en el cañón Befehl ist Befehl!
quien más tiene, más quiere wer am meisten hat, will am meisten.
quien mucho abarca, poco aprieta wer zuviel auf einmal unternimmt, bringt nur wenig zustande.
quien mucho duerme, poco aprende wer viel schläft, lernt wenig.
quien mucho habla, mucho yerra besser ein Wort zuwenig als ein Wort zuviel.
quien no se casó de mil males se libró wer kein Weib gefreit, hat sich von vielen Übeln befreit.
quien se pica, ajos come jeder zieht die Jacke an, die ihm paßt. Wen's juckt, der kratze sich.
quien siembra, en Dios espera wer sät, vertraut auf Gott.
quien sufrió, venció wer gelitten hat, hat gesiegt.
quien te cubre, te descubre wer dich deckt, entdeckt dich.
quien todo lo quiere, todo lo pierde wer alles will, verliert alles.
Quitada la causa, cesa el efecto wenn die Ursache beseitigt ist, hört die Wirkung auf. Weisheit aus Cervantes' »Don Quijote« (I, 7). Die Redensart stammt wahrscheinlich aus der klerikalen Kasuistik: Wer den Grund wegnimmt, beseitigt die Sünde.

R

Ramblas baumbestandene breite Promenaden in Katalonien, früher ausgetrocknete Flußbetten.
rascarse la faltriquera wörtlich. sich die Rocktasche kratzen. Ein Knicker sein.
La Rebelión de la Masas Der Aufstand der Massen. Titel eines berühmten kulturkritischen Buches (1930) des Philosophen José Ortega y Gasset (1883–1955).
recordar las ollas de Egipto wörtlich: sich an die guten (Fleisch-)Töpfe von Ägypten erinnern. An die guten alten Zeiten denken.
recuerde el alma dormida, /avive el seso y despierte /contemplando /cómo se pasa la vida erwache, schlummernde Seele, sammle deine Gedanken und betrachte, wie das Leben vergeht. Berühmter Anfang der Coplas auf den Tod seines Vaters von Jorge Manrique (1440?–1479); das Thema der Vergänglichkeit des Daseins ist in persönlich eindringlicher Form gestaltet.
redondearse sein Schäfchen ins Trockene bringen.
regatear las palabras mit Worten geizen, wortkarg sein.

reír a la sordina sich ins Fäustchen lachen.
reírse a solas sich insgeheim das Lachen nicht verbeißen.
reírse de las peces de colores wörtlich: über die Zierfische lachen. Auf das ganze Brimborium pfeifen.
remachar el clavo sich in einen Irrtum verrennen.
remojar una cosa ein Ereignis begießen.
El Retiro prächtiger Stadtpark von Madrid mit großem Teich, Musikpavillon, Sommertheater, Zoologischem Garten und Kristallpalast.
revolver Roma con Santiago Himmel und Erde in Bewegung setzen.
roer a alguien los zancajos kein gutes Haar an jemandem lassen.
un rollo ein langweiliger Sermon.
romperle a uno el alma wörtlich: jemandem die Seele zerbrechen. Jemandem den Schädel einschlagen.
romperse los codos büffeln, pauken.
rondar la calle a una mujer einer Frau den Hof machen.

S

saber abstraher sich zu entziehen wissen. Lebensregel aus dem »Handorakel« (1647, Nr. 33) Baltasar Graciáns (1601–1658), die im Zusammenhang mit dem Elite- und Qualitätsbegriff jesuitischer Moralkasuistik steht.
saber a cuerno quemado gallenbitter, scheußlich schmecken.
saber al dedillo wie am Schnürchen können.
saber contradecir zu widersprechen verstehen. Der Kunst des Widerspruchs in Form und Inhalt maß Gracián in seinem »Handorakel« (1647, Nr. 213) eine große Bedeutung bei, die Brecht später als List des Widerspruchs formulierte.

saber de qué pie cojea alguien wörtlich: wissen, auf welchem Fuß jemand hinkt. Jemandes Fehler kennen, seine Pappenheimer kennen.
saber donde aprieta el zapato wissen, wo der Schuh drückt, welchen Kummer der andere hat.
saber más que Lepijo y su hijo ein unheimlich gelehrtes Haus sein, ein wandelndes Lexikon sein (Anspielung auf Don Pedro de Lepe, einen durch seine Gelehrsamkeit berühmten Bischof im 17. Jahrhundert).
saber más que siete mit allen Wassern gewaschen sein.
saber mucho latín sehr gerissen sein.

saber negar abzuschlagen verstehen. »Ja und nein sind schnell gesagt, erfordern aber langes Nachdenken«, heißt es in diesem Wahlspruch Graciáns aus dem »Handorakel« (1647, Nr. 70). Andererseits solle man sich immer eine Tür offenhalten, um das Abhängigkeitsverhältnis zum Gegenüber nicht aufzuheben.

saberse dejar ganando con su fortuna vom Glück beim Gewinnen scheiden. Diese Lehre aus dem Glücksspiel wird von Gracián (»Handorakel«, 1647, Nr. 38) auch auf die Politik und andere Lebensbereiche übertragen.

saber usar de los amigos seine Freunde zu nutzen verstehen. Nach Gracián (»Handorakel«, 1647, Nr. 158) muß ein guter Freund in der Tradition der scholastischen Philosophie drei Eigenschaften besitzen: Einheit, Güte und Wahrheit. In einer Reihe von Sprichwörtern lebt in der spanischen Sprache diese Trilogie fort.

sacar de quicio aus den Angeln heben, aus dem Häuschen bringen, auf die Palme bringen.

sacar fuerza de flaqueza aus der Not eine Tugend machen.

sacar la brasa con mano de gato wörtlich: die Glut mit Katzenpfote herausholen. Sich von anderen die Kastanien aus dem Feuer holen lassen.

sacar los pies de las alforjas wörtlich: die Füße aus der Satteltasche ziehen. Frech werden.

sacar un clavo con otro den Teufel mit dem Beelzebub austreiben.

salir calabaza eine Niete sein, enttäuschen.

salir de Guatemala y entrar en Guatepeor vom Regen in die Traufe kommen (Wortspiel mit »mala«, schlecht, und »peor«, schlechter).

salir de llamas para caer en brasas wörtlich: den Flammen entrinnen, um in Glut zu fallen. Vom Regen in die Traufe kommen.

salir disparado como un cohete abzischen.

salir el tiro por la culata der Schuß geht nach hinten los.

salir todo corriente y maliente glatt verlaufen, gut ausgehen.

la sangre se hereda y la virtud se acquista das Blut kann man erben – die Tugend erwerben.

Sardana der katalanische Nationaltanz, streng rituell ausgeformt, wie er heute noch in ganz Katalonien meist am Sonntagmorgen auf dem Dorf- oder Kirchplatz getanzt wird, in Barcelona vor der Kathedrale.

sea como sea notwendigerweise.

se me cocían los sesos mir rauchte der Kopf.

se me hace la boca agua das Wasser läuft mir im Mund zusammen.

sentirse como el pez en el agua sich wie der Fisch im Wasser fühlen, sich pudelwohl fühlen.

ser canto llano kinderleicht sein.

ser capaz de contarle los pelos al diablo es faustdick hinter den Ohren haben.

ser como el perro del hortelano (que ni come ni deja comer) wörtlich: wie der Hund des Gärtners sein, der weder frißt noch fressen läßt. Weder sich noch anderen etwas gönnen.

ser como una adelfa wie eine falsche Schlange sein.

ser como una cera wörtlich: wie Wachs sein. Empfindlich wie eine Mimose sein.

ser cosa de novela unglaublich sein.

ser culo de mal asiento kein Sitzfleisch haben.

ser de buena madera von echtem Schrot und Korn sein.

ser de carpeta gang und gäbe sein.

ser de mala yacija schlecht schlafen; ein übler Kunde sein.

ser de manga ancha allzu nachsichtig sein.

ser de pacotilla Plunder sein.

ser de pocas luces das Pulver nicht erfunden haben, nicht bis drei zählen können.

ser de rompe y rasca ein wilder Draufgänger sein.

ser de tierra adentro eine Landratte sein.

ser duro de pelar eine harte Nuß sein, haarig sein.

ser el amo del cotarro wörtlich: der Herr des Nachtasyls sein. Große Reden schwingen.

ser el coco das Schreckgespenst sein, der Buhmann sein.

ser el culo del fraile wörtlich: der Mönchsarsch sein. Der Sündenbock sein.

ser el garbanzo negro de la familia das schwarze Schaf in der Familie sein.

ser el niño bonito das Muttersöhnchen sein.

ser el que hace y deshace die erste Geige spielen, das große Wort führen.

ser el rigor de las desdichas ein Pechvogel sein.

ser flaco de memoria ein schlechtes Gedächtnis haben.
ser flor de canela das Feinste vom Feinsten sein.
ser frío como el mármol kalt und herzlos sein.
ser harina de otro costal wörtlich: Mehl aus einem anderen Sack sein. Etwas völlig anderes sein.
ser hombre de bigote wörtlich: ein Mann mit Schnurrbart sein, Charakter haben.
ser hombre de dos caras ein falscher Fuffziger sein.
ser hombre/mujer de mucho aguantar sehr widerstandsfähig sein; eine Engelsgeduld haben.
ser hombre de pocas luces keine große Leuchte sein, nicht sehr intelligent sein.
ser la mar de tonto riesig dumm sein.
ser largo como pelo de huevo sehr knausrig sein.
ser la voz cantante die erste Geige spielen.
ser los mismos perros con distintos collares wörtlich: dieselben Hunde mit verschiedenen Halsbändern sein. Dasselbe in Grün sein, auf dasselbe hinauslaufen.
ser más cerrado que un cerrojo dumm wie Bohnenstroh sein.
ser más conocida que la ruda bekannt sein wie ein bunter Hund (»Ruda« ist die Raute als Pflanze).
ser más derecho que un huso wörtlich: aufrechter als eine Spindel sein. Schlank und rank wie eine Tanne sein.
ser más fresco que una lechuga unverschämt frech sein, frech wie Oskar sein.
ser más ladrón que Caco ein größerer Räuber als Caco sein. Vergleich aus Cervantes' »Don Quijote« (I, 2) unter Anspielung auf einen Wegelagerer der griechischen Mythologie, der Herkules Ochsen gestohlen und in einer Höhle versteckt haben soll. Als der Rest der Herde am Abend an der Höhle vorbeigetrieben wurde, begann das versteckte Vieh zu brüllen, der Diebstahl wurde entdeckt und Caco mit dem Tod bestraft.
ser más largo que la cuaresma wörtlich: länger als die Fastenzeit sein. Kein Ende nehmen.
ser más listo que el hambre wörtlich: schlauer als der Hunger sein. Sehr schlau und gewitzt sein.
ser más papista que el Papa päpstlicher als der Papst sein.

ser más pobre que cómico en cuaresma wörtlich: ärmer sein als ein Schauspieler zur Fastenzeit. Bettelarm sein, arm wie eine Kirchenmaus sein.
ser más suave que un guante wörtlich: sanfter als ein Handschuh sein. Lammfromm sein.
ser más vieja que la sarna wörtlich: älter als die Krätze sein. Steinalt wie Methusalem sein. »Sarna« ist eine Verballhornung von Sarah, der Gattin Abrahams, die 110 Jahre alt geworden sein soll.
ser mucho hombre ein Mann von echtem Schrot und Korn sein.
ser muy amigo de faldas ein Schürzenjäger sein.
ser muy flamenco ein ganz geriebener Kunde sein.
ser otro canto etwas ganz anderes sein.
ser para la escoba wörtlich: für den Besen sein. Für die Armen sein.
ser persona de alto copete ein hohes Tier sein (»Copete« ist der Haarschopf).
ser persona de convicciones ein Mensch mit ausgeprägten Grundsätzen sein.
ser su manía sein Steckenpferd sein.
ser tieso de cogote wörtlich: steifnackig sein. Stolz, hochfahrend sein.
ser una biblioteca ambulante ein wandelndes Konversationslexikon sein.
ser una birria langweilig und unausstehlich sein.
ser un abogado de las causas perdidas sich für aussichtslose Dinge einsetzen.
ser un aborto del diablo wörtlich: eine Fehlgeburt des Teufels sein. Häßlich wie die Nacht, potthäßlich sein.
ser una castaña ein Pfuscher oder Stümper sein.
ser un adoquín ein Dickkopf sein.
ser una gota de agua en el mar doch nur ein Tropfen auf dem heißen Stein sein.
ser un águila gerissen sein, mit allen Wassern gewaschen sein (wie ein Adler).
ser una muerte nicht zum Aushalten sein, sterbenslangweilig sein.
ser una paloma sin hiel wörtlich: eine Taube ohne Galle sein. Ein friedliches Gemüt haben.
ser una planta de ciudad ein Stadtmensch sein.
ser un arca cerrada ein Buch mit sieben Siegeln sein.
ser un arsenal de conocimientos ein Ausbund an Gelehrsamkeit sein.

ser un ascua de oro blitzsauber sein, glänzen, strahlen.
ser un asunto de faldas eine Weibergeschichte sein.
ser una tumba verschwiegen sein wie ein Grab.
ser uña y carne wörtlich: Fingernagel und Fleisch, Sehr eng miteinander befreundet sein, ein Herz und eine Seele sein.
ser un Belén höchst kompliziert, verwickelt sein (wie der Figurenwirrwarr in den Weihnachtskrippen, Belén = Bethlehem-Krippe).
ser un bendito ein gutmütiger Trottel sein.
ser un bicho raro ein Kauz sein.
ser un buen espada gewandt polemisieren können.
ser un buen Sarasate ein großer Geigenvirtuose sein. Pablo Sarasate (1844–1908) war seinerzeit ein berühmter Geiger und Komponist.
ser un cambiascasacas jemand, der nie Farbe bekennt.
ser un caso perdido nicht mehr zu retten sein, Hopfen und Malz verloren sein (bei jemandem).
ser un cenaaoscuras wötlich: jemand sein, der im Dunkeln speist. Ein Geizhals, ein Eigenbrötler sein.
ser un chisme zu nichts taugen.
ser un Don Nadie ein Habenichts, eine Null sein.
ser un estuche ein Tausendsassa sein.
ser un flechazo wörtlich: ein Pfeilschuß sein. Liebe auf den ersten Blick.
ser un fósil rückständig, ein Trottel sein.
ser un Fúcar wörtlich: ein Fugger sein. Steinreich sein. Die Augsburger Kaufmannsfamilie gehörte zu den wichtigsten Bankiers Karls V. Nach einem Bankett zu Ehren des Kaisers verbrannte Anton Fugger einen Schuldschein über eine Million Florinen. Als der Kaiser sich darüber wunderte, sagte der Augsburger:»Mein Herr, die Ehre Ihrer Anwesenheit entschädigt mich ausreichend für diese Summe.«
ser un hombre con riñones ein ganzer Kerl sein.
ser un hombre de pelo en pecho von echtem Schrot und Korn sein, ein ganzer Kerl sein.
ser un hueso ein schwieriger Mensch sein.
ser un manojo de nervios ein Nervenbündel sein.
ser un peje gordo ein hohes Tier sein.
ser un pozo de ciencia ein grundgelehrtes Haus sein.
ser un saco roto ein Faß ohne Boden sein.
ser un sacristán de amén zu allem Ja und Amen sagen.
ser un santo ein Engel sein.
ser un tío flojo eine Flasche (Memme) sein.
ser un toro corrido es faustdick hinter den Ohren haben, ein alter Fuchs (Hase) sein.
ser un vivo ein gerissener Bursche sein.
ser un zorro viejo ein alter Fuchs sein, listig, verschlagen sein.
servir en bandeja wörtlich: auf dem Tablett servieren. Fix und fertig überreichen.
servir lo mismo para un barrido que para un fregado Mädchen für alles sein.
servirse con el cucharón den Löwenanteil für sich beanspruchen.
se ve que no tienes abuela wörtlich: Man sieht, daß du keine Großmutter hast. Wer angibt, hat's nötig.
si cabe womöglich.
Si da la piedra en el cántaro o el cántaro en la piedra, mal para el cántaro wenn der Stein auf den Krug fällt oder der Krug auf den Stein, ist es schlecht für den Krug. Die Redensart bedeutet, daß Vorsicht gegenüber dem Stärkeren geboten ist.
¡siempre el mismo estribillo! Immer dieselbe Leier!
siete estados debajo de la tierra vor aller Augen verborgen sein.
si haces mal, espera otro tal tust du Böses, so mache dich auf Böses gefaßt.
sin chistar ni mistar ohne zu mucksen.
sin comerlo ni beberlo mir nichts, dir nichts.
sin decir agua va mir nichts, dir nichts.
sin despegar los labios ohne den Mund aufzutun, ohne einen Muckser zu machen.
sin falta ganz bestimmt.
sin faltar chichota mit allem Drum und Dran.
sin mover pestaña ohne mit der Wimper zu zukken.
si no lo veo, no lo creo erstaunlich! Man sollte es nicht für möglich halten!
sin pena ni gloria mittelmäßig, durchschnittlich.
sin tregua ununterbrochen, unermüdlich.
sobre ruedas wie geschmiert, wie am Schnürchen.
solita su alma mutterseelenallein.

soltarle a alguien cuatro frescas jemandem gehörig die Meinung geigen.
soltar una andanada eine dicke Zigarre verpassen.
sonar como guitarra en un entierro wörtlich: wie eine Gitarre bei der Beerdigung klingen. Völlig unpassend, fehl am Platze sein.
son de la misma cuerda die gehören doch alle zur gleichen Sippschaft.
son habas contadas wörtlich: Das sind gezählte Bohnen. Das ist ein ganz klarer Fall, darauf kannst du Gift nehmen.
son lobos de una misma camada wörtlich: Das sind Wölfe von demselben Wurf. Die sind alle vom gleichen Schlage. Das ist ein und dieselbe Mischpoke.
su alma en su palma auf seine Verantwortung.
subirse a las bovedillas aus der Haut fahren.
subirse al campanario die Wände hochgehen, auf die Palme klettern.
subirse a mayores überheblich oder ausfällig werden.
sudar frío Blut und Wasser schwitzen.
sudar la gota gorda sich totschwitzen, sich abrakkern.
un susto padre ein Mordsschrecken.
su vida es un cielo sin nubes wörtlich: Sein Leben ist ein wolkenloser Himmel. Er hat keinerlei Sorgen.

T

tabaco die kleine Insel (Trinidad) Tobago gab mit ihrer gestreckten Gestalt den Rauchstengeln der Indios den Namen, der in den Tainosprachen »tobaco« lautet. Über das Spanische »tabaco« und über das Französische »tabac« kam das Wort 1579 in die deutsche Sprache.
tan amigos wir bleiben gute Freunde (wie zuvor).
tan campante so mir nichts, dir nichts.
tan seguro como dos por dos son cuatro wörtlich: so sicher wie zweimal zwei vier sind. So sicher wie das Amen in der Kirche.
tantas letras tiene un sí como un no das Sí hat soviel Buchstaben wie das No. Aufruf zur diplomatischen Lüge, selbst wenn sie in Volksliedersammlungen des 16. Jahrhunderts im dialektischen Sinne verwendet wird: »Das Sí hat soviel Buchstaben wie das No. Mit dem ja gibst du mir das Leben, mit dem Nein den Tod.«
tanto vales cuanto tienes du giltst soviel, wie du hast.
te cojo (pillo), te mato die Gelegenheit nehme ich beim Schopf.
temblar como un azogado wie Espenlaub (eigentlich: quecksilberhaltig) zittern.
tener a alguien achantado jemanden unter seiner Fuchtel haben.
tener a alguien entre ceja y ceja jemanden auf dem Kieker haben.
tener agallas Mut (eigentlich: Galläpfel) haben.
tener aguante breite Schultern haben, viel ertragen.
tener algo por la guedeja die Gelegenheit beim Schopfe packen.
tener al santo de espaldas (de cara) Pech (Glück) haben.
tener anchas espaldas ein dickes Fell haben.
tener angel Charme haben, sympathisch sein.
tener antecedentes Vorstrafen haben.
tener arremango sehr resolut sein.
tener azogue wörtlich: Quecksilber haben. Kein Sitzfleisch haben.
tener buena cuña gute Beziehungen haben.
tener buena labia nicht auf den Mund gefallen sein.
tener buena pinta gut aussehen.
tener buenas aldabas wörtlich: gute Türklopfer haben. Mächtige Gönner haben.
tener buenas amarras gute Beziehungen (eigentlich: Ankertaue) haben.

tener buenos aceros Mumm, Mut haben.
tener cámaras en la lengua aus der Schule plaudern.
tener cara de cuaresma wörtlich: ein Fastenzeitgesicht haben. Wie das Leiden Christi aussehen.
tener cara de Pascuas übers ganze Gesicht strahlen.
tener cara de pocos amigos wörtlich: das Gesicht von wenigen Freunden haben. Unfreundlich sein.
tener carne de perro eine eiserne Natur haben.
tener cascabeles Flausen im Kopf haben.
tener cojones Mut haben, Mumm in den Knochen haben.
tener cuentas pendientes con alguien mit jemandem noch ein Hühnchen zu rupfen haben.
tener cuñas gute Beziehungen haben, Vitamin B haben.
tener dos caras doppelzüngig sein.
tener el alma en la mano wörtlich: die Seele in der Hand halten. Offenherzig sein.
tener el arte de conversar die Kunst der Unterhaltung besitzen. Das höfische Ideal der Konversation wird von Gracián (»Handorakel«, 1647, Nr. 148) an Bedeutung noch vor dem geschriebenen Wort eingestuft. Dabei steht die Diskretion in der Rede über der Beredsamkeit, die in der antiken Rhetorik Vorrang hatte.
tener el corazón en la mano das Herz auf der Zunge tragen, nicht falsch sein können.
tener el corazón en su sitio das Herz am rechten Fleck haben.
tener el viento en popa wörtlich: Wind am Heck haben. Glück haben.
tener en ascuas wörtlich: auf der Kohlenglut haben. Auf die Folter spannen.
tener enchufes Vitamin B(eziehungen) haben, gute Connections haben.
tener facilidad Talent, Begabung haben.
tener fila a alguien jemanden nicht leiden können, einen Pik auf jemanden haben.
tener gracia drollig, witzig, spaßig sein.
tener la cabeza hecha un bombo nicht wissen, wo einem der Kopf steht.
tener la cabeza llena de pájaros nur Flausen im Kopf haben.
tener la mar de suerte ein Glückspilz sein.
tener la sangre gorda apathisch, phlegmatisch sein.
tener la sartén por el mango ein strenges Regiment führen, mit eisernem Besen kehren, das Zepter fest in den Händen halten.
tener las tres bes die drei b haben: gut (bueno), hübsch (bonito) und billig (barato) sein.
tenerle ganas a uno jemanden auf dem Kieker haben.
tener los tornillos flojos nicht alle Tassen im Schrank haben, eine Schraube locker haben.
tener mala pata (sombra) Pech haben, ein Pechvogel sein.
tener malas pulgas keinen Spaß vertragen, unleidlich sein.
tener mal café schlechter Laune sein.
tener mal genio jähzornig, reizbar sein.
tener malos antecedentes einen schlechten Leumund haben.
tener manías eine Meise haben.
tener más conchas que un galápagos wörtlich: mehr Muscheln als eine Süßwasserschildkröte haben. Es faustdick hinter den Ohren haben.
tener memoria de elefante ein Mammutgedächtnis haben.
tener mucha cara unverschämt sein, die Stirn haben.
tener mucha clientela sich regen Zuspruchs erfreuen, viel besucht sein.
tener mucha lengua sehr gesprächig sein.
tener mucha malicia es faustdick hinter den Ohren haben.
tener muchas campanillas ein hohes Amt bekleiden.
tener mucho copete die Nase recht hoch tragen.
tener mucho estómago einen guten Magen haben. Ein dickes Fell haben.
tener mucho gallo stolz und arrogant sein.
tener mucho ojo sehr gerissen, gewieft sein.
tener mucho quinqué sehr gerieben sein.
tener mucho rollo viel reden, ein geöltes Mundwerk haben.
tener pocas barbas noch grün hinter den Ohren sein.
tener pocas chichas nur Haut und Knochen sein.
tener poco churumo knapp bei Kasse sein.

tener sal en la mollera wenig Grütze im Kopf haben.
tener salero Mutterwitz haben, witzig sein.
tener sangre de horchata (de chufa, de pez) lahmarschig sein, die Ruhe weghaben.
tener santos en la corte gute Fürsprecher haben.
tener siete vidas como los gatos wörtlich: sieben Leben wie die Katzen haben. Ein ungemein zähes Leben haben.
tener suerte deshecha ein Mordsglück haben.
tener sus lunas wunderliche Einfälle haben.
tener todas las puertas abiertas überall mit offenen Armen aufgenommen werden.
tener un adoquín en la cabeza ein Brett vor dem Kopf haben.
tener una mona einen Affen haben, bis zum Rand voll sein.
tener una venda en los ojos wörtlich: eine Binde vor den Augen haben. Mit Blindheit geschlagen sein.
tener un pie en la fosa mit einem Bein im Grabe stehen.
tener ya barba eine olle Kamelle sein.
¡tengamos la fiesta en paz! wörtlich: Feiern wir friedlich! Seid doch vernünftig! Nur kein Streit!
tirar al monte Heimweh haben.
tirar a uno la capa jemandem einen geheimen Wink geben.
tirar de la lengua a alguien jemandem die Würmer aus der Nase ziehen. Bei jemandem auf den Busch klopfen.
tirar la casa por la ventana das Geld zum Fenster hinauswerfen.
tirar una cana al aire sich einen vergnügten Tag machen.
todavía colea das hat noch gute Weile, das dauert noch.
todo cabe es ist alles möglich.
todo el santo día den lieben langen Tag.
todo este Belén dieser ganze Krempel.
todo lo dora un buen fin, aunque lo desmientan los desaciertos de los medios ein gutes Ende vergoldet alles, wie sehr auch das Unpassende der Mittel dagegen sprechen kann. In dieser Regel Graciáns (»Handorakel«, 1647, Nr. 66) verbinden sich die Prinzipien Machiavellis und der Jesuiten (»Der Zweck heiligt die Mittel«) miteinander.
todo se sabe hasta la calleja die Sonne bringt es an den Tag.
todo va como un reloj alles läuft wie am Schnürchen.
tomar a la ligera auf die leichte Schulter nehmen.
tomar el culo por las cuatro témporas alles durcheinanderwerfen, alles verwechseln.
tomar el olivo verduften, sich drücken.
tomar el pelo zum besten haben.
tomar el rábano por las hojas wörtlich: den Rettich an den Blättern fassen. Das Pferd von hinten aufzäumen.
tomar la corriente desde la fuente der Sache auf den Grund gehen.
tomar las afufas sich aus dem Staube machen, verduften.
tomar las de Villadiego Fersengeld geben, das Hasenpanier ergreifen.
tomar las duras con las maduras nicht sehr wählerisch sein.
tomarse del aire immer gleich die beleidigte Leberwurst spielen.
tomar un acuerdo einen Beschluß fassen.
tomar un chato sich ein Gläschen genehmigen.
tomate aus Mittel- und Südamerika stammende Pflanze, die auch Gold-, Liebes- oder Paradiesapfel genannt wurde. Die Tomate wurde früher nur als Zierfrucht angebaut und fand als Nahrungsmittel erst in unserem Jahrhundert weite Verbreitung.
tonto de capirote mordsdumm, strohdumm sein (»Capirote« ist die Clownsmütze).
tonto (loco) de remate total verrückt.
torcer la cabeza das Zeitliche segnen, sterben.
torero aus der Oper »Carmen« (1875) von Bizet nach einem Novellenstoff von Prosper Mérimée wird in der Übersetzung von D. Louis (d. i. Julius Hopp) gerne zitiert: »Auf in den Kampf, Torero!«
trabajar como un condenado wie ein Besessener arbeiten.
traer a colación seinen Senf dazugeben.
traerse algo entre manos etwas im Schilde führen.
tragar el anzuelo wörtlich: einen Angelhaken schlucken. Auf den Leim gehen.
tragarse un palo de escoba wörtlich: einen Besenstiel verschlucken. Steif wie ein Ladestock sein.

tratar a alguien con guante de seda jemanden mit einem Samthandschuh behandeln. Jemanden wie ein rohes Ei behandeln.
tratar con quien se pueda aprender mit dem umgehen, von dem man lernen kann. Maxime Baltasar Graciáns im »Handorakel« (1647, Nr. 11), die auf den Zusammenhang von Freund und Lehrer im höfischen Kulturbereich hindeutet.
tres hijas y una madre: cuatro diablos para el padre drei Töchter und eine Mutter: vier Teufel für den Vater.
tumbarse a la bartola wörtlich: auf dem Schmerbauch liegen. Sich faul hinlümmeln.
tú me levantas, tierra de Castilla ... du hebst mich empor, kastilische Erde ... Berühmtes Gedicht (»Castilla«, 1907) von Miguel de Unamuno (1864–1936), in dem der Dichter die Größe der Geschichte und Gegenwart Kastiliens hymnisch feiert.

U

usar del retén en todas las cosas bei allen Dingen stets etwas in Reserve haben. Im Sinne der »Kunst der Weltklugheit« empfiehlt Gracián (»Handorakel«, 1647, Nr. 170) die Beachtung des Paradoxons: »Die Hälfte ist mehr als das Ganze.«

V

va aleteando wörtlich: er schlägt mit den Flügeln. Es geht ihm schon wieder besser.
las vacas flacas (gordas) die mageren (fetten) Jahre (wörtlich: Kühe).
vaciar el costal alles ausplaudern, auspacken.
vale la pena es lohnt sich.
vale más estar sólo que mal acompañado besser allein als in schlechter Gesellschaft sein.
vale un Potosí unermeßlich reich sein wie der Silberberg Potosí (4829 m) in Bolivien, aus dem im 17. Jahrhundert fast zwei Drittel der Weltproduktion an Silber kamen.
valga lo que valiere um jeden Preis, auf alle Fälle, was auch immer kommen mag.
¡válgame Dios« Gott steh mir bei!
¡valiente plancha! das ist ein schöner Reinfall!
¡vamos a cuentas! kommen wir zur Hauptsache!
vanse los amores, quedan los dolores die Liebe vergeht, der Schmerz bleibt.
venir a las manos wie gerufen kommen.
venir como rodado wie gerufen kommen.
venir de perlas wie gerufen kommen.
la verdad no se casa con nadie die Wahrheit heiratet niemanden.
ver el cielo abierto den Himmel voller Geigen sehen, Optimist sein.
ver el cielo por un agujero wörtlich: den Himmel durch ein Loch sehen. Sehr unerfahren und naiv sein.
vérsele a uno el plumero sehen, worauf einer hinauswill, jemanden durchschauen.
una vez al año no hace daño einmal ist keinmal.
La Vida es Sueño Das Leben ist Traum. Titel eines berühmten Barockschauspiels (1636) von Pedro Calderón de la Barca (1600–1681), das von Franz Grillparzer (»Das Leben ein Traum«, 1840) und Hugo von Hofmannsthal (»Der Turm«, 1928) umgedichtet wurde.

un viejo verde ein alter Lustmolch.
un viento que afeita ein schneidender Wind (wörtlich: der rasiert).
la viuda rica con un ojo llora y con otro repica die reiche Witwe weint mit dem einen Auge und zwinkert mit dem anderen.
viva la gallina con su pepita glücklich ist, wer vergißt, was nicht mehr zu ändern ist.
vivir al día in den Tag hineinleben.
vivir a salto de mata in den Tag hineinleben.
vivir como tres en un zapato sehr beengt leben.
vivir como un cartujano wörtlich: wie ein Kartäusermönch leben. Sehr zurückgezogen leben.
vivir con el alma en un hilo wörtlich: mit der Seele an einem Faden leben. Todesängste ausstehen.
vivir en grande auf großem Fuß leben.
vivir en Jauja im Schlaraffenland leben (»Jauja« ist Stadt und Region in Peru).
vivir en la luna im Wolkenkuckucksheim leben.
vivito y coleando putzmunter und gesund.
volar con sus propias alas auf eigenen Füßen stehen.
volver a las andadas in eine schlechte Gewohnheit zurückfallen, wieder sündigen.
volver a sus rieles ins rechte Gleis (Lot) kommen.
volver las nueces al cántaro kalten Kaffee, eine alte Geschichte aufwärmen.
¡vuelva el acero a la vaina! Laßt uns das Kriegsbeil begraben.

Y

ya que nos lleve el diablo, que sea en coche wenn uns schon der Teufel holt, dann bitte mit Glanz und Gloria.
ya te veo besugo ich weiß schon, worauf du hinaus willst (»Besugo« ist der Seebrassen mit großen Glotzaugen).
y lo que cuelga und was drum und dran hängt.
y pico kurz nach (besonders von der Uhrzeit).
y se acabó und damit basta!
y sonó la flauta Glück muß der Mensch haben!

Z

zambullir en la cárcel einlochen, einbuchten.
zanjar una dificultad eine Schwierigkeit beheben.
zarzuela Singspiel; auch Fischgericht aus verschiedenen Fischen mit besonderer Sauce.
zumbarse con alguien sich mit jemandem herumschlagen.
zurrar la badana das Fell gerben, windelweich prügeln.

Amerikanisch

A

AAA *(American Automobile Association, »Triple-A«)*. Automobilclub.

ABC *American Broadcasting Corporation)* große amerikanische Rundfunkgesellschaft, wie auch *CBS (Columbia Broadcasting System)* und *NBC (National Broadcasting Corporation)*. Der Sender der amerikanischen Streitkräfte heißt *AFN (American Forces Network)*.

abolitionist Verfechter der Abschaffung von Sklaverei vor und während des amerikanischen Bürgerkrieges *(abolish* = abschaffen).

across the board gleichmäßig (auf alle Beteiligten) verteilt.

act up verrückt spielen; sich aufspielen.

add insult to injury etwas noch schlimmer machen. Wörtlich: einer Verletzung eine Beleidigung hinzufügen.

ad lib auch als Verb verwendet: improvisieren, aus dem Stegreif sprechen; z. B. *he ad libbed for ten minutes about ecology in China.*

administration der Präsident, seine Kabinettsmitglieder und andere von ihm ernannte Beamte. Sie »verwalten« die vom Kongreß gemachten Gesetze. Auch: Amtsperiode eines Präsidenten, z. B. *the Clinton administration.*

affluent society Überflußgesellschaft. Der heute gesellschaftskritisch verwendete Ausdruck ist ursprünglich Titel eines Buches von John Kenneth Galbraith aus dem Jahre 1958. Der Autor setzt sich mit dem Mißverhältnis von privatem Reichtum und öffentlicher Armut auseinander.

AFL-CIO *(American Federation of Labor & Congress of Industrial Organizations)* Dachverband der amerikanischen Gewerkschaften.

the Afro Frisur, die Schwarze von den sechziger Jahren an als Zeichen ihrer eigenständigen Kultur trugen. Der »Afrolook« widersprach dem Schönheitsideal glattgekämmter Haare *(processed hair)* nach dem Vorbild der Weißen. Eine Variante sind *cornrows,* kleine nebeneinandergereihte Zöpfe.

against the grain gegen den Strich.

all in a day's work zur Tagesordnung, zur täglichen Routine gehörend; nicht ungewöhnlich.

all thumbs linkisch, ungeschickt. Wörtlich: nur Daumen. *He is all thumbs,* er hat zwei linke Hände.

alumna, alumnus ehemalige Schülerin oder Studentin/ehemaliger Schüler oder Student. Auch im Plural haben sich die lateinischen Formen erhalten: *alumnae, alumni.*

American Dream ein Begriff, der sich einer klar umrissenen Definition widersetzt, andererseits immer wieder zu Neubestimmungen und Neuorientierungen reizt. Er ist fester Bestandteil politischer Rhetorik und schließt – mit wechselnder Gewichtung – Vorstellungen wie freiheitliche Gesellschaft, Rechte des Individuums, materieller Wohlstand und Zukunftsoptimismus ein. → *frontier,* → *I have a dream,* → *golden opportunity,* → *from rags to riches,* → *manifest destiny.*

anchorman (auch: anchor, anchorperson) Moderator(in) einer Nachrichtensendung; Studioredakteur(in), Diskussionsleiter(in).

annie oakley Freikarte. Eine gelochte Eintrittskarte, die an die Spielkarten erinnert, welche die sagenumwobene Kunstschützin Annie Oakley in der Luft durchlöcherte. Musical und Film: *Annie Get Your Gun.*

antebellum vor dem Bürgerkrieg; bezogen z. B. auf Architektur.

antinuke *antinuclear,* gegen Kernenergie und Atomrüstung.

apple polisher Schmeichler, »Schleimer«.

have been around herumgekommen sein; sich auskennen.

as if on cue wie gerufen. Wörtlich: wie auf das Stichwort (Theaterausdruck).

ask not what your country can do for you; ask what you can do for your country aus John F. Kennedys Antrittsrede.

asleep at the switch unachtsam, fahrlässig, schlampig. Wörtlich: am Schalter eingeschlafen (aus der Eisenbahnersprache).

asphalt jungle Großstadtdschungel. Das Schlagwort, das sich auf den Überlebenskampf im Großstadtmilieu bezieht, war lange vor dem gleichnamigen Film in Amerika bekannt.

assemblyman Abgeordneter in der *legislature,* der gesetzgebenden Körperschaft eines Bundesstaates.

at loggerheads verschiedener Meinung; verfeindet.

at loose ends ohne (Zukunfts-)Pläne, ohne feste Beschäftigung.

atomic/nuclear die beiden Wörter werden, ähnlich wie Atom- und Kern- in deutschen Wortzusammensetzungen, fast gleichwertig vor Wörtern wie → *fall-out, energy* oder *submarine* verwendet.

at one's wit's end mit seiner Weisheit am Ende. Die gleiche Bedeutung haben *at the end of one's rope, at a loss.*

at sea ratlos, im Dunkeln tappend.

at sixes and sevens durcheinander; uneins.

at the drop of a hat im Handumdrehen, auf Anhieb, auf der Stelle.

audit eine Lehrveranstaltung besuchen, ohne ein Referat oder eine Abschlußprüfung zu machen; einen »Sitzschein« machen. Auch: als Gasthörer teilnehmen.

automobile Die Teile des Autos werden im amerikanischen Englisch gelegentlich anders bezeichnet als im britischen Englisch. Hier einige wichtige amerikanische Varianten: *antenna* (Antenne), *fender* (Kotflügel), *gas pedal* (Gaspedal), *gear shift* (Gangschaltung), *hood* (Motorhaube), *license plate* (Nummernschild), *parking light* (Parklicht), *side mirror* (Seitenspiegel), *tail light* (Rücklicht), *trunk* (Kofferraum), *windshield* (Windschutzscheibe).

AWOL *(absent without leave)* unerlaubte Entfernung von der Truppe. *He went AWOL* heißt umgangssprachlich: Er hat sich verdrückt.

B

Babbitt selbstzufriedener Spießbürger ohne hohe geistige Ambitionen. Dazu auch das Abstraktum *babbitry.* Das Wort, ursprünglich Titel und Titelfigur eines satirischen Romans von Sinclair Lewis (1922), ist in sich schon wieder zum Klischee geworden.

backlash heftige Reaktion, Rückwirkung. Der Ausdruck *white backlash* wurde in den sechziger Jahren bekannt, als nach der Gesetzgebung im Sinne der Bürgerrechtsbewegung eine Wahlniederlage Präsident Johnsons vorausgesagt wurde.

backseat driver Besserwisser. Der Ausdruck bezieht sich auf jemanden, der vom Rücksitz aus dem Fahrer des Autos unaufgefordert Ratschläge gibt.

back talk freche Antworten.

back to normalcy Präsident Harding prägte den Ausdruck mit der Wortbildung >normalcy< 1920 in einer Rede. Heute meistens mit ironischem Unterton verwendet.

back to square one nochmal von vorne. Die Redewendung stammt aus den Anfängen der Sportberichterstattung und wurde später auch auf Brettspiele übertragen.

bagel and lox beliebtes ringförmiges Hefegebäck, das mit Philadelphia-Käse und Lachs *(lox)* gegessen wird. *bagel* kommt von jiddisch-deutsch *beigen,* beugen.

bag ladies obdachlose Frauen, die ihre Habe in Plastiktüten mit sich führen oder in Tüten Brauchbares aus dem Wohlstandsmüll einsammeln.

bail someone out jemanden gegen Kaution freibekommen; auch allgemein: jemandem aus der Patsche helfen.

baker's dozen dreizehn. Der Ausdruck bezieht sich darauf, daß Bäcker ein dreizehntes Brot zu einem Dutzend dazugaben, um fehlendes Gewicht auszugleichen.

the ball is in your court jetzt bist du an der Reihe.

ball of fire Energiebündel, Himmelsstürmer.

the ballot is stronger than the bullet die Wahlkugel (bzw. der Stimmzettel) ist stärker als die Gewehrkugel. Abraham Lincoln, in einer Rede (1856).

ballpark figure ungefähre Kosten; Preis in realistischem Rahmen. Dahinter steht die Vorstellung eines weit geschlagenen Balles, der gerade noch innerhalb des Baseballstadions landet.

ballyhoo etwas marktschreierisch anpreisen; viel Trara um etwas machen; das Trara, der Wirbel.

baloney Unsinn, Quatsch; z. B. in der Wendung: *He gave me some baloney about a big black fish.* Wörtlich: italienische Fleischwurst, Mortadella. *Baloney* ist eine Verballhornung von *Bologna*.

bandwagon wörtlich: der Wagen mit der Musikkapelle. Meistens in der politischen Redewendung: *to get/jump on the bandwagon,* sich einer erfolgreichen Partei, Kampagne, Aktion anschließen.

bargaining chip Vorteil, der bei Verhandlungen ausgespielt wird; Trumpfkarte.

barge in hereinplatzen.

his bark is worse than his bite er ist nicht so schlimm, wie er scheint.

bark up the wrong tree auf der falschen Fährte sein; sich an die falsche Adresse wenden.

barnstorming Wahlfeldzug »über die Dörfer«. Der »Sturm auf die Scheunen« war ursprünglich nicht Sache der Politiker, sondern zweitklassiger Schauspieltruppen.

bathroom meistens ein Euphemismus für Toilette; besonders in der Frage: *Can I use your bathroom?* Andere Ausdrücke – je nach der Umgebung, in der sie gebraucht werden: *facilities, john, powder room, restroom, wash room.* Als Frage auch: *Where can I wash my hands?*

bean counter »Erbsenzähler«.

beat a dead horse sich mit einer längst erledigten Sache befassen.

beat around the bush um eine Sache herumreden; wie die Katze um den heißen Brei herumgehen. Auch: *pussyfoot around.*

Beat Generation/Beat Writers amerikanische Dichter und Schriftsteller, die sich – besonders in ihren in der zweiten Hälfte der fünfziger Jahre veröffentlichten Werken – gegen das kulturelle und moralische Wertesystem ihrer Zeit wandten. Ihre eigene Subkultur setzte sich in der Protestbewegung der sechziger und siebziger Jahre fort. Programmatisch für sie wurden die Gedichte Allen Ginsbergs. *Beat* ist hier sowohl im Sinne von *beaten down* als auch im Sinne von *beatific,* »beseligend«, zu verstehen.

beat the bushes intensiv suchen. Dagegen heißt »bei jemandem auf den Busch klopfen« im Englischen *to sound someone out.*

bee (sewing bee, quilting bee, spelling bee) Treffen von Nachbarn und Freunden zu gemeinsamer Tätigkeit, z. B. »Nähkränzchen«.

beergarden der bayrische Biergarten, in Amerika nachgestaltet und auch sprachlich entlehnt.

behind the eight ball in Schwierigkeiten. Die Wendung bezieht sich auf eine Billardvariante, bei der der Spieler im Nachteil ist, dessen einzulochender Ball hinter dem Ball Nr. 8 liegt.

behind the times veraltet, rückständig.

be in stitches sich kaputtlachen. In wörtlichem Sinne: Seitenstiche vor Lachen bekommen.

be in the dark im dunkeln tappen.

be left holding the baby eine Sache am Hals haben.

be left holding the bag eine Sache ausbaden müssen (für die man nicht allein verantwortlich ist).

believe it or not ob du's glaubst oder nicht! Die Redewendung prägte sich durch eine langlebige Comic-Serie, *Ripley's Believe it or Not,* ein, in der Kurioses und Anekdotisches vorgestellt wurde.

bellyache »meckern«, nörgeln; z. B. *He is always bellyaching about his wife.* Wörtlich: Bauchweh.

below the belt unter der Gürtellinie.

bend/lean over backwards alle Anstrengungen unternehmen; sich »abstrampeln«.

bend someone's ear jemandem die Ohren vollblasen; z. B. *He was bending everyone's ear about his new job.*

be quick on the up-take schnell kapieren.

beside the point unerheblich, nicht zur Sache gehörend.

be stumped (total) verblüfft sein; nicht weiter wissen.

between a rock and a hard place zwischen Szylla und Charybdis, in einer Zwickmühle. → *between the devil and the deep blue sea.*

between the devil and the deep blue sea in einer ausweglosen Lage, in einer Zwickmühle. *devil* ist hier die Fuge im Rumpf eines alten Segelschiffes. Sie mußte bei Ebbe unter Zeitdruck repariert werden, bevor die Flut, *the deep blue sea,* kam. → *between a rock and a hard place.*

you can bet your bottom dollar wörtlich: Darauf kannst du deinen letzten Dollar verwetten! Darauf kannst du Gift nehmen.

be up to something etwas im Schilde führen.

beyond one's depth über jemandes Horizont.

Bible Belt Bezeichnung für die Südstaaten, in denen der religiöse Fundamentalismus besonders stark vertreten war.

the Big Apple/the Apple gemeint ist die Stadt New York.

a big frog in a small pond ein »hohes« Tier in kleinem Wirkungsbereich.

the bigger they come, the harder they fall je größer sie sind, desto härter fallen sie. Ausspruch eines amerikanischen Boxchampions, der gegen einen körperlich überlegenen Gegner antreten mußte.

a big shot ein »hohes Tier«. Auch: *a big cheese, a big gun, a big wheel;* → VIP.

big-time operator, big-timer »Spitzenmann«, »große Nummer«.

bigwigs »Größen«. Oft in Formulierungen wie: *all the party bigwigs were there,* alle Parteigrößen waren zur Stelle *(wig* = Perücke).

billboard Reklamefläche; im Freien aufgestellte Reklametafel.

billion Milliarde. Das deutsche Billion heißt im Amerikanischen *trillion.*

the birds and the bees in der Formulierung *tell a child about the birds and the bees,* ein Kind aufklären. → *facts of life.*

bite off more than one can chew sich zuviel zumuten.

bite the bullet in den sauren Apfel beißen; die bittere Pille schlucken. In der Politik auch: eine schwierige, evtl. unpopuläre Entscheidung treffen. Die Wendung geht auf die Maßnahme zurück, Patienten in Feldlazaretten auf eine Kugel beißen zu lassen, um sie von den Schmerzen abzulenken.

black von Schwarzen als neutraler Begriff akzeptiert und deshalb dem Wort *negro* vorzuziehen. *Nigger* ist natürlich ein Schimpfwort. *Colored* wird nur noch selten verwendet, z. B. in *NAACP, National Association for the Advancement of Colored People.*

black power der in den sechziger Jahren bekannt gewordene und von der schwarzen Bürgerrechtsbewegung aufgenommene Slogan umfaßt das Spektrum zwischen Stolz auf die eigene Rasse *(black is beautiful)* und Machtanspruch.

bleachers nicht überdachte Tribüne (auf der die Zuschauer von der Sonne ausgebleicht werden).

blind alley etwas, das zu nichts führt, nichts einbringt. Wörtlich: Sackgasse.

blind date Rendezvous mit einem/einer Unbekannten. Auch: unbekannter Rendezvouspartner.

blitz Blitzkrieg, schwerer Luftangriff. Auch als Verb im Sinne von heftig attackieren, besiegen.

block in amerikanischen Städten ein von Straßen eingegrenzter Häuserblock. Das Wort wird auch bei Wegebeschreibungen benutzt: *three blocks from here,* drei Straßen weiter.

blooper blamabler Fehler, mit dem man sich der Lächerlichkeit aussetzt.

blow one's top »hochgehen«, »einen Anfall bekommen«, »überschnappen«. → *fly off the handle,* → *hit the ceiling.*

blow the whistle on someone jemanden »verpfeifen«, eine Verfehlung oder Straftat an die Öffentlichkeit bringen.

BLT *(bacon, lettuce, tomato)* ein Brot mit (gebratenem) Speck, Salat und Tomaten.

blue traurig, schwermütig. *He's got the blues today* = Er hat heute den »Moralischen«.

blue collar/white collar die Ausdrücke beziehen sich auf (manuelle) Arbeiter einerseits und (Büro-)Angestellte andererseits. Neu dazu kommt *pink collar,* das sich auf traditionelle Frauenberufe bezieht, wie Sekretärinnen und Kindergärtnerinnen.

Blue Cross größte private Krankenversicherung in den USA.

Blue Laws puritanische Gesetze in den Neuenglandstaaten, besonders zum Schutz des Sonntags. Sie wurden in den Jahrhunderten ihres Bestehens häufig geändert und nicht immer streng durchgesetzt. Der Name soll von dem blauen Papier herkommen, auf das sie gedruckt wurden.

blurb Klappentext eines Buches; neuerdings auch: überschwengliche Reklame. Das Wort wurde 1907 von dem Humoristen Gelett Burgess lautmalerisch geprägt.

BO *(body odor)* Körpergeruch.

boll weevil Baumwollkapselkäfer; als Schimpfwort auf konservative Demokraten in den Südstaaten bezogen, die im Kongreß mit den Republikanern stimmen.

bonanza reiche Erzader; Goldquelle, auch im übertragenem Sinne in Wortverbindungen wie *oil bonanza* und *box-office bonanza* (Kassenschlager).

boob tube Röhre, Glotze, Fernseher.

booby trap eine versteckt angebrachte Falle, versteckte Sprengladung, Bombe. *Booby* bedeutet »Trottel«.

boomerang zurückfallen auf, sich als Bumerang erweisen; z. B. *We don't want the whole thing to boomerang on you.*

the boondocks (boonies) die (finsterste) Provinz; eine entlegene Gegend. Das Wort kommt aus dem Tagalog (der Staatssprache der Philippinen) und heißt dort *bundok*; es bezieht sich auf das schwer zugängliche und gefährliche philippinische Bergland.

bootlegger Alkoholschmuggler und -händler; ursprünglich einer, der seine Ware im Stiefelschaft versteckt hat. *Bootlegging* stand im Zentrum der Kriminalität der zwanziger und dreißiger Jahre, in der Zeit der → *Prohibition*.

booze Alkohol, besonders Whiskey; saufen; Besäufnis. In der Ableitung *boozed* heißt es »besoffen«, und die Ableitung *boozer* bedeutet »Säufer« (aus dem Niederländischen).

borscht belt so wird scherzhaft eine Gegend in den Catskill Mountains nördlich von New York genannt, die für ihre bei vielen Juden beliebten Urlaubshotels bekannt ist. Borschtsch ist eine russische Kohlsuppe mit Fleisch und roten Rüben.

boss das in aller Welt verbreitete Wort wurde aus dem Niederländischen (*baas*, Meister) von den frühen Bewohnern New Amsterdams (des späteren New York) in das amerikanische Englisch übernommen.

bottom line das letzte Wort zu einer umstrittenen Sache.

bounce Rausschmiß; rausschmeißen, kündigen. *bouncer* bedeutet »Rausschmeißer« im Nachtlokal.

bra burner »Emanze«. Das (symbolische) Verbrennen von BHs und damit das Propagieren einer BH-losen Mode war eine Aktion im Zusammenhang mit der Frauenbewegung der siebziger Jahre.

brain drain Abwanderung von Wissenschaftlern in ein anderes Land, in dem sie bessere Arbeits- und Lebensbedingungen vorfinden.

brainstorming Lösung einer Aufgabe oder eines Problems durch Sammeln spontaner Einfälle.

brain trust ursprünglich auf die Wahlkampfberater Franklin D. Roosevelts, später auf Expertengremien aller Art bezogen.

brainwashing Gehirnwäsche. Das Wort wurde mit Beginn des Koreakriegs bekannt, zunächst als durch Versprechungen, Drohungen, Dauerverhöre und Folterungen verstärkte politische Indoktrination. Später bezog es sich auf andere Formen massiver Überredung und Umerziehung.

briefing/debriefing ursprünglich Einsatzbesprechung vor und nach einem militärischen Auftrag; heute auch auf andere Situationen bezogen, in denen Information angefordert und gegeben wird (*brief* = kurz).

bring the house down einen Riesenapplaus erzielen.

brinkmanship Politik des äußersten Risikos, »Spiel mit dem Feuer«. Zusammensetzung aus *(on the) brink* (= am Rande) und *gamesmanship* (=mit allen noch erlaubten Tricks kämpfen); bekannt gemacht durch Stephen Potter. *Brinkmanship* wurde 1956 von dem Politiker Adlai Stevenson in seiner Kritik an der Außenpolitik von Präsident Eisenhower und Außenminister John Foster Dulles verwendet.

broke »pleite«, »blank«.

brunch zusammengezogen aus *breakfast* und *lunch*. Essen am späten Vormittag, meistens an Wochenenden und mit der Einladung von Gästen verbunden.

buck Dollar. Schnell reich werden heißt *make a fast buck*.

buckle down sich an die Arbeit machen (*buckle* = sich krümmen).

buddy Kamerad, »Kumpel«.

buff Fan, Liebhaber, z. B. *hi-fi buff*.

in the buff nackt. Wörtlich: in der (eigenen) Haut.

bug ein Wort, das sich im amerikanischen Englisch

unter anderem auf Insekten beziehen kann, aber auch auf ausländische Kleinwagen und – wie »Wanze« im Deutschen – auf Abhörgeräte. *To bug* kann ärgern, irritieren heißen, z. B. *It really bugs me when people leave litter after picnics.*

build castles in the air Luftschlösser bauen; auch: *build castles in Spain.*

bull session zwangloses Gespräch in einer kleinen Gruppe, ursprünglich Männerrunde. → *stag party.*

bum Gammler, Bummler; von letzterem wahrscheinlich auch entlehnt. Als Adjektiv: schlecht, falsch, minderwertig. *Bum rap* bedeutet ungerechtfertigte Beschuldigung oder Bestrafung.

bureau im amerikanischen Englisch in der Bedeutung Kommode. Dagegen wurde als *commode* ein Stuhl mit integriertem *chamber pot* bezeichnet.

burn one's bridges alle Brücken hinter sich abbrechen.

burn one's candle at both ends mit seinen Kräften/seiner Gesundheit Raubbau betreiben. Edna St. Vincent Millay (1892–1950) verwendet das Bild der Kerze, die an beiden Enden abbrennt, in einem ihrer Gedichte: *My candle burns at both ends; / It will not last the night; / But, ah, my foes, and oh, my friends – / It gives a lovely light.*

bury the hatchet das Kriegsbeil begraben. Die Wendung geht auf eine durchaus wörtlich zu nehmende Sitte der Indianer zurück: sie gruben in einem Friedenszeremoniell ihre *tomahawks.*

busing Beförderung mit Bussen, insbesondere von Kindern, die, zur Förderung der Rassenintegration, zu weiter entfernten Schulen gefahren werden.

busman's holiday freier Tag (oder Urlaub), an dem man doch seine normale berufliche Arbeit verrichtet. Postkutscher sollen früher an ihrem freien Tag zu ihrer Arbeitsstelle geschlichen sein, um zu kontrollieren, ob ihre Pferde auch gut behandelt wurden.

butterflies in one's stomach meistens in der Form: *I've got butterflies in my stomach,* mir ist ganz flau im Magen.

butt in sich einmischen.

buy a pig in a poke entspricht dem Deutschen »die Katze im Sack kaufen«.

C

call it a day für heute Schluß machen.

call someone's bluff jemanden dazu zwingen, Farbe zu bekennen (Pokersprache).

call the plays/shots das Sagen haben (im amerikanischen Fußball: Spielzüge ansagen).

campus Universitätsgelände; auch allgemein Universität, College. *To live on/off campus* bedeutet im Studentenheim/privat wohnen.

candy Sammelbezeichnung für Süßigkeiten. Über die Verwendungsmöglichkeiten von *candy* macht sich Ogden Nash (1902–1971) in seinem bekannten Zweizeiler *Reflection on Icebreaking* Gedanken: *Candy is dandy, / But liquor is quicker.* Süßes ist toll, aber mit Schnaps geht's schneller.

a can of worms ein schwieriges Problem, das, wie die Büchse der Pandora, eine Folge von noch größeren Schwierigkeiten nach sich zieht. Wörtlich: eine Büchse Würmer.

Capitol Sitz der gesetzgebenden Versammlung eines Bundesstaates oder, auf dem *Capitol Hill* (→ *the Hill*) in Washington, Sitz des Kongresses.

a card up one's sleeve einen Trumpf in der Hand (oder im Ärmel). Daß mit der Karte »im Ärmel« eigentlich eine Betrügerei geplant ist, scheint bei der heutigen Verwendung der Redensart keine Rolle mehr zu spielen. → *up one's sleeve.*

CARE (*Cooperative for American Relief Everywhere*) Hilfsorganisation, die Güter für den dringenden Bedarf in alle Welt versendet.

carpetbagger skrupelloser Geschäftsmann oder verantwortungsloser Politiker. Historisch handelt es sich um Amerikaner aus den Nordstaaten, die nach

Ende des Bürgerkrieges (→ *Reconstruction*) in die Südstaaten reisten, um die dortige Notlage für ihre Geschäfte auszunutzen. *Carpetbags* waren billige Reisetaschen, die damals viel benutzt wurden.

car pool Fahrgemeinschaft.

carry a torch for someone jemandem eine unerwiderte Liebe entgegenbringen.

catch someone redhanded jemanden auf frischer Tat ertappen.

there's a catch to it die Sache hat einen Haken. → *catch-22*.

catch-22 eine in sich widersprüchliche und deshalb ausweglose Situation. Nach dem Titel eines satirischen Romans von Joseph Heller (1961), in dem die Hauptfigur, mit den Absurditäten des Krieges konfrontiert, immer wieder in Situationen dieser Art gerät. Der Flieger könnte z. B. vom Einsatz befreit werden, wenn sich herausstellt, daß er geistesgestört ist. Die Begründung erweist sich jedoch als nicht stichhaltig: gerade sein Versuch, sich dem Schrecken des Krieges zu entziehen, wird als Zeichen von geistiger Normalität angesehen.

catercorner(ed), cattycornered diagonal gegenüber, z. B. *the laundromat* (Waschsalon) *is cattycorner to Walgreen's bakery*. (Ableitung von franz. *quatre*.

caucus Sitzung eines Parteigremiums, auf der Entscheidungen abgesprochen und insbesondere Wahlen vorbereitet werden. Das Wort ist indianischen Ursprungs.

CEO (*chief executive officer*) Generaldirektor.

charley horse Muskelkrampf am Bein.

cheapskate Geizhals. → *skinflint*.

check Das Wort hat im amerikanischen Englisch einige zusätzliche Bedeutungen: Rechnung, Garderobenmarke, Gepäckschein, aber auch Bankscheck. *Hand in one's checks* ist ein Euphemismus für sterben. → *rain check*.

check-out counter Kasse im Supermarkt.

cheerleader Anführer, Aufputscher für den Beifall bei schulischen und Sportveranstaltungen.

chew the fat/rag (miteinander) plaudern.

Chicanos aus Mexiko stammende Amerikaner. → *Hispanics*.

chicken feed kleine (Geld-)Summe, »ein paar Groschen«. *no chicken feed,* kein Pappenstiel.

chicken out »kneifen«. Hühner müssen auch für andere Ausdrücke herhalten, wenn es um Angst geht: *chicken-hearted, chicken-livered*. Der Knopf, mit dem sich der Pilot in Gefahr herauskatapultiert, heißt im Militärjargon *chicken button*.

with a chip on one's shoulder reizbar, auf aggressive Weise überempfindlich.

CIA (*Central Intelligence Agency*) Geheimdienst der Vereinigten Staaten.

cinch eine sichere Sache; ein »Kinderspiel«. Das Wort ist aus dem mexikanischen Spanisch mit der ursprünglichen Bedeutung »Sattelgurt« entlehnt. → *duck soup,* → *easy as pie,* → *pushover.*

Civil Rights movement Bürgerrechtsbewegung, die in den fünfziger Jahren entstand und vollständige politische, wirtschaftliche und soziale Gleichberechtigung aller Schwarzamerikaner forderte. Die Bewegung ist mit Organisationen wie *CORE (Congress of Racial Equality), SCLC (Southern Christian Leadership Conference)* und *SNCC (Student Nonviolent Co-ordinating Committee)* und mit Namen wie Martin Luther King, Stokely Carmichael und Eldridge Cleaver verbunden.

civil service öffentlicher Dienst, Beamtentum. Dazu gehören in den Vereinigten Staaten z. B. nicht die Soldaten und Lehrer. Im Gegensatz zu europäischen Ländern bewahrt der Civil Service in den USA eine Tradition des *»lateral entry«,* d. h. des Einstiegs auch in einem späteren Lebensalter und des Wechsels mit privatwirtschaftlicher Tätigkeit.

Civil War (auch: **War between the States**) Sezessionskrieg (1861–1865) zwischen den Nordstaaten und den Südstaaten (→ *Confederacy*). Zu den Ursachen gehörten vor allem das starke wirtschaftliche Nord-Süd-Gefälle, unterschiedliche Ansichten über die Machtbefugnisse der zentralen Bundesregierung und die Aufrechterhaltung der Sklaverei im Süden. Unmittelbarer Anlaß war die Wahl Abraham Lincolns zum Präsidenten und der Austritt einiger Südstaaten aus der Union. Nach anfänglichem militärischem Übergewicht der Südstaaten errangen die Truppen der Nordstaaten ihren ersten großen Sieg bei Gettysburg und weitere Erfolge, die letztlich zur Kapitulation der Südstaaten führten.

clam up sich in Schweigen hüllen; z. B. *When the police asked him for details he just clammed up.*

claptrap aufgeblasenes, theatralisches Geschwätz (*clap* = klatschen, *trap* = Falle).

a classic is something that everybody wants to have read and nobody wants to read Klassiker möchte jeder gelesen haben, aber keiner lesen (Mark Twain).

clerk Büroangestellter; im Gegensatz zum britischen Englisch auch Verkäufer, Portier oder Empfangschef.

clock-watcher jemand, dessen Aufmerksamkeit mehr dem Ende der Arbeitszeit als der Arbeit selbst gilt.

close shave knappes Entkommen.

clown around sich wie ein Clown aufführen, herumblödeln.

CO *commanding officer*, Kommandeur, aber auch conscientious objector, Kriegsdienstverweigerer.

cock-and-bull story Lügengeschichte.

a cold day in hell im übertragenen Sinne: etwas, das kaum vorkommen dürfte.

college umgangssprachlich auf Hochschulen aller Art bezogen. In der Regel kann man jedoch an einem College nur den Grad eines *bachelor*, meistens in seinen beiden Formen *B. A. (Bachelor of Arts)* und *B. S. (Bachelor of Science)* erwerben. *Universities* haben zusätzlich *graduate schools*, die zum *master's degree (M. A.* oder *M. S.)* und evtl. zum Grad eines *Doctor of Philosophy (Ph. D.)* führen.

College Boards standardisierte Eignungsprüfung für das Studium an Hochschulen, herausgegeben durch das *College Entrance Examination Board*. Bekannt sind z. B. der *Scholastic Aptitude Test (SAT)* und das *American College Testing Program Assessment (ACT)*.

Columbus Day (auch: *Discoverers' Day, Pioneers' Day*) Feiertag zu Ehren des »Entdeckers« Amerikas am zweiten Montag im Oktober, wird in New York mit Paraden gefeiert.

come hell or high water komme, was da wolle.

come-hither look einladender Blick.

come on like gangbusters eine Sache mit großem Einsatz betreiben. Aus einer Radioserie der dreißiger und vierziger Jahre, die mit Sirenen, quietschenden Reifen und Schüssen begann, und in der dann der folgende Sprechtext volltönend erklang, der in späteren Polizeiserien immer wieder imitiert wurde: *Gangbusters! With the co-operation of leading law enforcement officials of the United States, Gangbusters presents facts in the relentless war of the police on the underworld . . .*

come out second best Euphemismus für verlieren.

comeuppance verdiente Strafe.

commencement Abschlußfeier an Schule, College oder Universität mit Verleihung akademischer Grade und Preise. Wörtlich: Beginn (d. h. eines neuen Lebensabschnitts).

Confederacy Bund der Südstaaten, die 1860/61 von den Vereinigten Staaten abfielen und im Sezessionskrieg (→ *Civil War, War between the States*) gegen die in der → *Union* verbliebenen Nordstaaten kämpften.

conformity is the jailer of freedom and the enemy of growth Anpassung ist der Kerkermeister der Freiheit und der Feind des Wachstums (John F. Kennedy, 1961).

congressman Das Wort bezieht sich auf die Mitglieder des Repräsentantenhauses, obwohl auch der Senat ein Teil des Kongresses ist.

con man = *confidence man;* jemand, der sich in das Vertrauen anderer einschleicht; ein Ganove, Hochstapler.

conscience is the inner voice that warns us that someone might be looking. Das Gewissen ist die innere Stimme, die uns sagt, daß uns jemand beobachten könnte (H. L. Mencken, 1880–1956).

cook someone's goose jemanden fertigmachen. Oft passiv: *our goose is cooked* = wir sind verloren.

cookies Kekse, die in England *biscuits* heißen. Dagegen sind amerikanische *biscuits* ein weiches Teegebäck, das wiederum den englischen *scones* entspricht.

cool it! reg dich ab! Mal sachte!

coon von *raccoon,* Waschbär. Auf Schwarze bezogen ein äußerst beleidigendes Schimpfwort.

cop, copper Slangausdrücke für Polizist. Von dem Dialektwort *to cop,* lat. capere, für *to catch;* andere volksetymologische Deutungen, die Akronymbildung von *constable on patrol* oder *copper buttons* sind weniger wahrscheinlich.

copycat Nachahmer.

corn das amerikanische Wort für Mais hat häufig

Anlaß zu Mißverständnissen gegeben. Dabei ist bemerkenswert, daß die frühen Siedler auch die Bezeichnung *maize* (aus einer kubanischen Eingeborenensprache), *Indian maize* neben *Indian corn* verwendeten. Häufige Wortzusammensetzungen sind *corn meal* (Maismehl) und *corn pone* (Maisbrot in den Südstaaten).

corsage kleines Ansteckbouquet für feierliche Anlässe.

cotton-picking wörtlich: baumwollpflückend. Im sinne von »verdammt« in Ausrufen verwendet, wie *Take your cotton-pickin' hands off me*. Wegen des Bezugs auf Schwarze beleidigend.

cotton to someone/something sich mit jemandem (oder einer Sache) anfreunden. Die Wendung erinnert an Baumwollfusseln, die sich an der Kleidung festsetzen.

couch potato Fernsehglotzer.

countdown das Wort, das heute bei Startvorbereitungen aller Art verwendet wird, entstand während der Atomversuche auf dem Bikini-Atoll und in Nevada und wurde später bei Weltraumstarts bekannt.

don't count your chickens before they're hatched du sollst den Tag nicht vor dem Abend loben. Freu dich nicht zu früh! Wörtlich: zähle deine Küken nicht, bevor sie ausgebrütet sind.

cover the waterfront lang und breit über etwas reden, etwas vollständig besprechen.

cowboy gelegentlich als Slangwort in der Bedeutung: rücksichtsloser Fahrer (oder Pilot).

cowcatcher Schienenräumer an einer Lokomotive.

cracker kleiner Bauer oder verarmter Weißer in den Südstaaten, wahrscheinlich nach dem Knallen seiner Peitsche so benannt.

crackpot Spinner, Verrückter, Exzentriker.

cranberry Preiselbeere, auch Kranbeere (gern von Kranichen gefressen). Truthahn mit Preiselbeerkompott *(turkey with cranberry sauce)* ist ein traditionelles Erntedankfestessen *(Thanksgiving dinner)*.

crap Kot. Das Wort wird figurativ verhältnismäßig großzügig verwendet, z. B. *I never heard so much crap.*

crash the gate/party uneingeladen zu einer Party oder ohne Karte zu einer Veranstaltung gehen.

-crazy verrückt nach . . ., z. B. *speed-crazy, girl-crazy.*

creep unangenehme Person, »Fiesling«. Die Vorstellung, die dem Wort zugrunde liegt, ist *make one's flesh creep,* eine Gänsehaut bekommen.

crib abschreiben, »pfuschen«; auch: Spickzettel (ein *crib course* ist ein leichter Kurs).

cross a bridge before one comes to it sich verfrühte Gedanken um etwas machen; sich um »ungelegte Eier« kümmern.

crosspatch »Brummbär«, »Kratzbürste« (*cross* = mürrisch, *patch* von ital. *pazzo,* Verrückter).

crummy/crumby »lausig«, ursprünglich auch im wörtlichen Sinne von »verlaust«. *crumb* (= Krume) wird in ähnlichem Sinne verwendet in *a crumb,* ein »Blödmann«.

cry over spilt milk wörtlich: über vergossene Milch weinen. Meist in der Wendung: *it's no use crying over spilt milk,* geschehen ist geschehen.

cup of tea nach jemandes Geschmack. Oft negativ: *cleaning house is not my cup of tea* = ich putze nicht gern. → *up one's alley.*

curtain raiser Vorspiel (auch im übertragenen Sinne).

cut no ice nichts bewirken. *that cuts no ice with me,* das zieht bei mir nicht.

cut-offs abgeschnittene, ausgefranste Jeans.

cut the mustard etwas zu sagen haben, oder (in verneinter Form) die in einen gesetzten Erwartungen nicht erfüllen; auch unpersönlich: *that just doesn't cut the mustard,* das reicht einfach nicht aus. Die Herkunft der Floskel ist ungeklärt.

cut to the bone auf ein Minimum reduziert.

D

dark horse (candidate) »unbeschriebenes Blatt«, Außenseiter, »Seiteneinsteiger« in der Politik.

darn (dern, darn it) Euphemismen von *damn*.

date neben der Grundbedeutung Datum auch Verabredung, ausgehen mit; in Wendungen wie: *He has a movie date with her tonight. She is his date at the party. She's been dating him for months.*

daylight saving time Sommerzeit (Ende April bis Ende Oktober). → Standard time.

D. C. *District of Columbia.* Verwaltungsbereich, der heute dem Stadtgebiet von Washington entspricht. Er untersteht unmittelbar dem Kongreß.

deadbeat Schnorrer, Gammler.

deadpan jemand mit ausdruckslosem Gesicht. Paradebeispiel ist Buster Keaton. → *poker face*.

Dear-John letter eine im Zweiten Weltkrieg entstandene Bezeichnung für einen von einer Frau geschriebenen Abschiedsbrief an den Freund oder Verlobten an der Front.

debunk ein (historisches) Ereignis seines Glanzes entkleiden, etwas versachlichen, entzaubern.

deejay, DJ disc jockey.

deli Kurzform für *delicatessen*, Feinkostgeschäft.

Democratic donkey, Republican elephant Esel und Elefant sind die Symboltiere der Demokratischen und der Republikanischen Partei.

the Depression/the Great Depression die fast zehn Jahre dauernde Wirtschaftskrise, die mit Panikverkäufen an der New Yorker Börse im Oktober 1929 begann.

a diamond is forever ursprünglich Werbeslogan, mit dem der Verkauf diamantenbesetzter Verlobungsringe gefördert werden sollte. In der Variante *Diamonds are Forever* Titel eines James-Bond-Romans (1956, Verfilmung 1971).

a dime a dozen spottbillig, Dutzendware; *a dime* ist ein Zehncentstück.

diploma Das Wort wird bereits auf das Abschlußzeugnis der *high school*, der amerikanischen Oberschule, bezogen.

dirty trick eine Gemeinheit, ein böser Streich.

the disadvantaged die (in bezug auf ihre Ausbildung und ihre materielle Situation) Benachteiligten. Wie flexibel die Terminologie der Armut ist, zeigt eine Karikatur von Jules Feiffer, der eine seiner Figuren sagen läßt: *I used to think I was poor. Then they told me I wasn't poor, I was needy. They told me it was self-defeating to think of myself as needy, I was deprived. Then they told me underprivileged was overused. I was disadvantaged. I still don't have a dime. But I have a great vocabulary* (zitiert nach SAFIRE's *Political Dictionary*).

Dixie (Dixieland) Bezeichnung für die Südstaaten, aber auch für die Variante des New-Orleans-Jazz, die gegen Ende des 19. Jahrhunderts populär wurde.

doggy bag Tüte, in der Restaurantbesucher Essensreste mit nach Hause nehmen können.

do-gooder oft verächtlich oder ironisch gemeint: ein Weltverbesserer, ein »Wohltäter der Menschheit«.

Domino Theory politische Rechtfertigung des Vietnamkriegs. Die Theorie besagt, daß, wenn man ein Land dem Kommunismus überließe, auch Nachbarländer »umfallen« würden, *like a stack of dominos*, wie eine Reihe Dominosteine.

dope Rauschgift, Aufputschmittel, »Stoff«.

dormitory Studentenwohnheim.

double-cross someone ein falsches Spiel treiben, jemanden »anschmieren«.

double-feature Programm mit zwei Filmen in einer Vorstellung.

doughnut/donut ringförmiges Krapfengebäck, ohne Füllung.

down at the heels ärmlich, abgerissen. Wörtlich: mit schiefen Absätzen.

Down East Nordostküste der USA, besonders die Küste von Maine.

down in the dumps deprimiert, »down«. (*to dump* = fallenlassen).

down the drain »futsch«, »im Eimer« (*drain* = Abflußrohr).

downtown im Geschäftsviertel, in der City gelegen. *to go downtown* = in die Innenstadt fahren. Gegenteil: *uptown*, in den Wohnvierteln.

draftee Wehrpflichtiger, Eingezogener. Die allgemeine Wehrpflicht wurde in Amerika im Bürgerkrieg eingeführt. Sie besteht heute nicht mehr.

draw the line die Grenze ziehen. Eine typische Wendung ist: *we have to draw the line somewhere,* irgendwo muß Schluß sein.

dressed to kill »aufgedonnert«, »aufgetakelt« (Filmtitel, 1980).

drop dead! »geh zum Teufel!«, »hau' ab!« Nicht ganz so rüde ist: *get lost!*

dropout Jugendlicher mit abgebrochener Schulbildung; »Aussteiger« aus der Gesellschaft.

drugstore Apotheke, Kaufladen, Buchgeschäft, Imbißstube – alles in einem. Die echt amerikanische Institution ist seit den sechziger Jahren angesichts der Einkaufszentren *(malls)* und Imbißketten im Schwinden begriffen.

dry run Probelauf (auch: *test run, trial run*).

duck soup jemand oder etwas, mit dem man leicht fertig wird. → *easy as pie,* → *a cinch,* → *pushover.*

dude ranch Viehfarm, die für Feriengäste eingerichtet ist, mit Reitschule (*dude* = Stadtmensch).

Dutch In der Umgangssprache ist nicht immer klar – und meist belanglos – ob sich das Wort auf Niederländer oder Deutsche bezieht. Häufige Ausdrücke sind *Dutch courage,* mit Alkohol gestärkter Mut, *Dutch treat,* Essen auf getrennte Rechnung (dazu auch: *to go Dutch*), oder *to be in Dutch with someone,* bei jemanden »unten durch« sein.

d. w. i. *(driving while intoxicated)* Trunkenheit am Steuer.

dyed in the wool in der Wolle gefärbt, eingefleischt.

dynamite im übertragenen Sinne: eine tolle Person; eine brisante Angelegenheit, »Zündstoff«.

E

eager beaver fleißiger, geschickter Mensch; Übereifriger.

easy as pie kinderleicht, ein Kinderspiel. Ähnliche Bedeutung haben Ausdrücke wie *dead easy,* → *a cinch,* → *duck soup* und → *pushover.*

eat crow/eat humble pie gezwungen sein, etwas Erniedrigendes zu tun; »klein beigeben«, »zu Kreuze kriechen«. *Humble* ist eine Verballhornung des (veralteten) Wortes *umbles,* Innereien.

eat high on the hog auf großem Fuß, in Saus und Braus leben. Wer früher viel Geld hatte, konnte es sich leisten, die besseren Fleischstücke vom vorderen Teil des Schweins *(hog)* zu essen.

ecofreak Slangwort für Anhänger eines ökologischen Lebensstils.

education is what survives when what has been learnt has been forgotten Erziehung (bzw. Bildung) ist das, was übrig bleibt, wenn man alles Gelernte wieder vergessen hat (B. F. Skinner, amerikanischer Psychologe).

egghead Intellektueller, »Eierkopf«.

ego trip Aktion zur Stärkung des Selbstwertgefühls.

elbow grease Kraftanstrengung.

Electoral College Wahlmännergremium für die Präsidentenwahl. Die Mitglieder, *electors,* werden in den Bundesstaaten bei den Präsidentschaftswahlen vom Volk gewählt. Aufgestellt werden sie von den politischen Parteien, für deren jeweilige Präsidentschaftskandidaten sie ihre Stimme abgeben.

eleventh hour fünf Minuten vor zwölf, in letzter Minute. Die weitergehende Bedeutung, die der elften Stunde im biblischen Gleichnis von den Arbeitern im Weinberg zukommt, ist in dieser Wendung verlorengegangen.

emcee die Abkürzung M. C. *(Master of Ceremonies)* bezieht sich auf den Moderator, Ansager, Conferencier. Auch in der verbalen Fügung *he emceed the show.*

Emily Post says ... Emily Post wurde mit ihrem Buch *Etiquette* (1922) sprichwörtlich, wie etwa der

»Knigge«. Heute beruft man sich auch auf die fiktive Anstandsdame *Miss Manners*.
empty-nesters Eltern, deren Kinder flügge geworden sind.
eraser Radiergummi; *rubber* bedeutet im amerikanischen Englisch Kondom.
ethnics (ethnic groups) Amerikaner, die sich durch ihre Abstammung einer bestimmten Volksgruppe, z. B. *Polish-American, Italian-American*, zugehörig führen.
every dog has his day jeder hat einmal Glück.
everything you always wanted to know about sex but were afraid to ask Titel eines Buches des Arztes David Reuben aus dem Jahre 1970, zwei Jahre später von Woody Allen als Filmtitel übernommen. Die Wendung wurde in der Folgezeit in Werbesprüchen immer wieder aufgegriffen, wobei das Wort *sex* nach Belieben ausgewechselt werden konnte.
every Tom, Dick und Harry Hinz und Kunz.
eyeball to eyeball Auge in Auge. Siehe dagegen *see eye to eye*.

F

face the music sich der Kritik stellen müssen, »die Suppe auslöffeln«. Wahrscheinlich aus der Bühnensprache.
facts of life die Tatsachen des Lebens (wie sie bei der Aufklärung von Kindern dargestellt werden). → *the birds and the bees*.
faculty In den Vereinigten Staaten bezieht sich der Begriff auf den gesamten Lehrkörper eines College oder einer Universität.
fag im amerikanischen Englisch meist ein Homosexueller (Kurzform von *faggot*), im britischen Englisch dagegen »Glimmstengel« und – im Public-School-Jargon – ein jüngerer Schüler, der einem älteren als Diener zugeordnet ist. → *gay* → *queer*.
fair and square offen und ehrlich.
fairhaired boy (auch: *blue-eyed boy, whitehaired boy*), der Liebling (der Familie, des Chefs usw).
fallout Nebenprodukt, Auswirkung, *radioactive fallout* ist radioaktiver Niederschlag.
Fannie Farmer inoffizielle Bezeichnung für das *Boston Cooking School Cook Book* von Fannie Farmer (1875–1915), der berühmtesten amerikanischen Köchin, Begründerin einer präzisen Kochbuchterminologie.
fast lane/fast track Überholspur; im übertragenen Sinne: der schnelle Weg zum Erfolg.
fat cat eine wohlhabende Person.
the fat is in the fire jetzt ist der Teufel los.
favorite son Kandidat für ein Regierungsamt, der von der Delegation seiner Region unterstützt wird.
FBI (*Federal Bureau of Investigation*) amerikanisches Bundeskriminalamt, dem Justizministerium unterstellt.
feather one's nest sein Schäfchen ins Trockene bringen. Wörtlich: sein Nest mit Federn auslegen.
feedback Rückmeldung, Reaktion.
feed someone a line jemanden reinlegen.
feel/look like a million dollars sich toll fühlen/wunderbar aussehen.
feel something in one's bones etwas ahnen.
fender-bender Blechschaden. *Fender* ist im amerikanischen Englisch der Kotflügel am Auto.
ferris wheel Riesenrad, nach dem Ingenieur benannt, der das Riesenrad für die Weltausstellung in Chicago 1893 konstruierte.
field a question eine Frage angemessen beantworten. *to field* im Baseball: einen Ball geschickt fangen und zielsicher zurückwerfen.
fifth column Fünfte Kolonne. Subversive Tätigkeit im Interesse einer auswärtigen Macht. Das Schlagwort stammt aus dem spanischen Bürgerkrieg und wurde durch Ernest Hemingway bekannt.
fifty million Frenchmen can't be wrong mit die-

sem Ausspruch rechtfertigen Amerikaner ihre Unterstützung Frankreichs im Ersten Weltkrieg. Später Titel eines Musicals von Cole Porter und anderweitig oft humoristisch abgewandelt, wie bei George Bernard Shaw: *Fifty million Frenchmen can't be right.*

filibuster Verzögerungstaktik bei der Verabschiedung von Gesetzen durch lange Reden und Geschäftsordnungstricks (von niederländisch *vrijbuiter*, Freibeuter). Auch als Verb verwendet.

fill the bill den Ansprüchen genügen.

filthy rich steinreich, stinkreich (filthy = dreckig).

finders keepers wer es findet, der darf es behalten. Kinderspruch, der manchmal erweitert wird: *losers weepers,...* wer es verloren hat, muß weinen.

a fine (pretty, nice) kettle of fish eine schöne Bescherung.

fink Spitzel; Streikbrecher. Das Slangwort soll von einem Eigennamen abgeleitet sein.

fishy faul, verdächtig.

fit to a T haargenau passen. Das technische Gerät, auf das sich der Ausdruck bezieht, heißt *T-square*, Reißschiene oder Anschlagwinkel. Auch in: *that suits me to a T.*

five-and-ten (five-and-dime) billiges Kaufhaus. Auch: *dime store.* Ursprünglich Laden, in dem alle Artikel fünf oder zehn Cents kosteten, wie z. B. Woolworth.

five-o'clock shadow Bartstoppeln, die am späten Nachmittag sichtbar werden. Nixons *five-o-clock shadow* soll zu seinem schlechten Eindruck auf die Zuschauer in Fernsehdebatten mit Kennedy beigetragen haben.

a fix das Wort kann in negativem Sinne Schiebung, Manipulation, abgekartete Sache bedeuten und wird in diesem Sinne auch als Verb verwendet: *to fix a game.*

fix someone's wagon jemanden fertigmachen, es jemandem heimzahlen.

flabbergasted sprachlos vor Staunen, »platt« (*flabby* = schwach, *aghast* = entgeistert).

flak »Beschuß«, heftige Kritik. Aus dem Deutschen: Akronym für Flugabwehrkanone.

flapper burschikoser Frauentyp der → *Roaring 20s*, rauchend, trinkend, tanzend, flirtend.

flash in the pan »Strohfeuer«. Der Ausdruck bezieht sich auf den Blitz auf der Zündpfanne einer alten Feuerwaffe, ohne daß ein Schuß losgeht.

flat broke völlig pleite; »abgebrannt«.

flex one's muscles seine Muskeln spielen lassen, das auch im übertragenen Sinne.

floor u. a. Stockwerk, Geschoß (*First floor* = Parterre, Erdgeschoß, brit. Engl.: *ground floor. Second floor* = 1. Stock. 1. Obergeschoß, brit. Engl: *first floor*).

flower child Mitglied der Hippiebewegung der sechziger und siebziger Jahre. Aus dieser Zeit auch die Wörter *flower people* und *flower power.*

flunk (in einer Prüfung) durchfallen, »durchrasseln«. *Flunk somebody,* jemanden durchfallen lassen.

fly by the seat of one's pants improvisieren, nach Instinkt arbeiten; ursprünglich von einem Piloten, der sein Flugzeug nach Gefühl und nicht nach Instrumenten steuert.

fly in the ointment das Haar in der Suppe. Wörtlich: die Fliege in der Salbe.

fly off the handle »hochgehen«, einen Wutanfall bekommen. Zugrunde liegt das Bild des Hammerkopfes, der sich bei einem heftigen Schlag vom Stiel löst. → *blow one's top,* → *hit the ceiling.*

Foggy Bottom so wird das amerikanische Außenministerium genannt, weil es in einem ehemaligen Sumpfgelände liegt. → *State Department.*

folks in Wendungen wie *your folks* bezieht sich das Wort auf enge Verwandte, in der Anrede (*Listen, folks...*) bedeutet es Leute.

fool around Der Ausdruck hat eine breite Bedeutung von herumspielen, herumprobieren, herumalbern, herumgammeln bis zu Dummheiten machen. Ähnlich auch: *goof around.*

foot-in-mouth-disease scherzhafte Wendung, die die Neigung zu sprachlichen Entgleisungen bezeichnet. Zusammengesetzt aus *hoof-and-mouth disease,* Maul- und Klauenseuche, und *put one's foot in one's mouth,* »ins Fettnäpfchen treten«.

for a song »für'n Appel und 'n Ei«.

for good measure obendrein, als Zugabe. »*Let's put one more egg into the omelet, for good measure.*«

for the birds »für die Katz«, wertlos.

forty-niner Goldsucher, der 1849, im Jahr des *gold rush*, nach Kalifornien ging. »*... dwelt a miner,* *forty-niner, and his daughter Clementine«*, heißt es in dem bekannten Lied.

Fourth of July → *Independence Day*.

frame someone (up) intrigieren; einen Unschuldigen hereinlegen. Entsprechend heißt *frame-up* Komplott, Intrige.

fraternity/sorority Studentenverbindung/Studentinnenvereinigung.

freeze Stopp; in Ausdrücken wie *price freeze, pay freeze, nuclear freeze (to freeze* = einfrieren).

French and Indian War 1754–1763, britisch-französischer Krieg in Amerika und auf dem Seeweg dorthin, der parallel zum Siebenjährigen Krieg in Europa geführt wurde. Nach dem britischen Sieg über die Franzosen und die mit ihnen verbündeten Indianer verlor Frankreich seine territorialen Ansprüche in Kanada.

French fried potatoes/French fries Pommes frites. In England heißen sie *chips*. Die Kartoffelchips nach deutschem (und amerikanischem) Verständnis heißen im britischen Englisch *crisps*.

fresh wörtlich: frisch; aber häufig in Anlehnung an das deutsche »frech« im Sinne von zudringlich oder »pampig« verwendet: *Don't get fresh with me*.

freshman, sophomore, junior, senior Schuljahre bzw. Jahrgänge in *high schools* und *colleges*.

Freudian slip Freudscher Versprecher. In allgemeinerer Form: *slip of the tongue* (nach Sigmund Freud, 1856–1939).

from rags to riches vom Tellerwäscher zum Millionär; wörtlich: von Lumpen zu Reichtümern.

frontier Der Begriff ist mit der amerikanischen Siedlungsgeschichte und insbesondere mit der bereits vor 1800 einsetzenden Westwanderung *(westward movement)* verbunden. Er bezieht sich nicht nur geographisch auf die jeweilige Westgrenze und das Grenzgebiet, sondern wird auch im Zusammenhang mit politischen und sozialen Ideen gebraucht, wie Pioniergeist, Stärkung des demokratischen Denkens, Pragmatismus, Mobilität, Chancengleichheit und gleichzeitiger individueller Entfaltung. Der Historiker Frederick Jackson Turner behauptete am Ende des 19. Jahrhunderts, die *frontier* sei ein grundsätzliches Phänomen, aus dem heraus sich die gesamte Entwicklung der amerikanischen Gesellschaft in Vergangenheit und Gegenwart erklären ließe. Ihren dichterischen Ausdruck findet die *frontier* z. B. in den Versen Walt Whitmans, der in *Pioneers, o pioneers* das *westward movement* als Heraustreten aus der Vergangenheit in eine »*newer, mightier world*« deutet. → *American Dream*.

fuddy-duddy alter Trottel.

full of beans »aufgekratzt«; unternehmungslustig.

fundamentalism gegen Ende des 19. Jahrhunderts entstandene religiöse Bewegung innerhalb des amerikanischen Protestantismus, die das Bibelverständnis in wörtlichem Sinne wiederherstellen wollte.

funnies Comics, Witzseite.

G

gadget (raffinierte) Vorrichtung, technische Spielerei. Ein *gadgeteer* ist ein Liebhaber technischer Neuerungen. → *gimmick*.

gas Kurzform von *gasoline* (im britischen Englisch: *petrol*). Daher auch *to step on the gas*, Gas geben; *gas station*, Tankstelle.

gay homosexuell, Homosexueller. Das Wort wird auch von Homosexuellen anderen gleichbedeutenden Wörtern vorgezogen. In seiner ursprünglichen Bedeutung, »fröhlich«, kann das Wort kaum noch verwendet werden, außer in festen Wendungen wie *the Gay Nineties*, die neunziger Jahre des letzten Jahrhunderts. → *fag*, → *queer*.

gerrymander Änderung der Grenzen zwischen Wahlbezirken mit der Absicht, sich so einen Wahlvorteil zu verschaffen. Elbridge Gerry (1744–

1814) versuchte, mit einer solchen Manipulation 1812 eine Gouverneurswahl *(gubernatorial election)* in Massachusetts zu entscheiden. Die Wahlbezirke erschienen einfallsreichen Kritikern wie ein Salamander, und sie prägten das Schachtelwort, das sich in der Politik in englischsprachigen Ländern verbreitete.

get a kick out of something an einer Sache Spaß haben.

get away with murder sich alles erlauben können.

get a word in edgewise/edgeways zu Wort kommen. Meistens in der Formulierung: *I couldn't get a word in edgewise.* Ich kam nicht zu Wort (*edgewise/edgeways* = seitlich; hochkant).

get down to brass tacks zur Sache kommen.

get in on the ground floor von Anfang an dabeisein.

get off someone's back jemanden in Ruhe lassen.

get off the ground zustande kommen. Meist negativ: *... never got off the ground.*

get set sich bereithalten. Auch im Startkommando: *On your mark – get set – go!*

get someone's goat jemanden verärgern.

get the ball rolling eine Sache ins Rollen bringen.

get the hang of something den Dreh rauskriegen.

get the jump on someone jemandem zuvorkommen.

get the message etwas verstehen, kapieren. In Formulierungen wie: *What more can I say? You simply don't get the message.* Du kapierst einfach nicht.

get the show on the road eine Sache in Gang bringen.

get to first base einen vielversprechenden Anfang machen (Baseballsprache). Meistens jedoch in negativen Formulierungen: *he couldn't get to first base on his new job.*

get up on the wrong side of bed mit dem verkehrten Fuß aufstehen.

ghetto in den USA hat das Wort die in Europa noch übliche Assoziation mit dem Judentum weitgehend verloren. Es wird auf verarmte Wohnviertel von Schwarzen oder → *Hispanics* bezogen.

GI (*government issue,* Staatseigentum). Die Abkürzung bürgerte sich im Zweiten Weltkrieg als Bezeichnung für amerikanische Soldaten ein.

Gideon Bible in amerikanischen Hotelzimmern von der *Gideon Society* (von Handlungsreisenden gegründete christliche Gesellschaft) ausgelegte Bibeln.

gimmick wirksamer Reklametrick, »Masche«. Das Wort wird wie → *gadget* auch für raffinierte technische Vorrichtungen verwendet.

girl Friday »rechte Hand« des Chefs, in Anlehnung an *man Friday* in *Robinson Crusoe*. Der Ausdruck wird heute als sexistisch kritisiert.

gismo »das Dingsda«. → *thingamajig.*

give someone a piece of one's mind jemandem gründlich die Meinung sagen.

give someone a snow job jemandem imponieren wollen; sich vor jemandem aufspielen.

give someone his/her walking papers/running shoes/the ax/the boot/the pink slip. Alle bedeuten: jemanden entlassen.

give someone the once-over jemanden von oben bis unten mustern; jemanden mit einem Blick abschätzen.

give someone the slip jemandem entwischen.

glad hand/give someone the glad hand überschwenglich begrüßen; in Formulierungen wie *»The President glad-handed his way through Egypt . . .«*

glitch Ausrutscher, Schönheitsfehler, kleiner Defekt. Auch als Adjektiv: *glitchy* (aus dem Jiddischen und Deutschen).

go at it hammer and tongs sich streiten; rangehen, daß die Fetzen fliegen. Wörtlich: mit Hammer und Zange rangehen.

gobbledygook Kauderwelsch, schwülstige Amtssprache. Wortprägung des texanischen Kongreßabgeordneten Maury Maverick aus der Zeit des Zweiten Weltkriegs.

godfather Pate; daneben auch im Sinne von »höchste Autorität«.

go fly a kite Hau'ab! Zieh' Leine! Oft verwendet, um einen unerwünschten Ratgeber abzuwimmeln (*kite* = Papierdrachen).

go-getter Draufgänger, Ehrgeizling.

good for you! prima! fein gemacht! (nicht: das ist gut für dich).

go haywire bei Sachen: durcheinander geraten; »verrückt spielen«; bei Personen: durchdrehen, überschnappen. Der Ursprung dieses Ausdrucks ist nicht ganz geklärt, es liegt jedoch die Vorstellung von »verhaspeltem« Draht beim Bündeln von Heu nahe.

go into a huddle sich zusammensetzen, die Köpfe zusammenstecken (um Rat zu halten). Aus dem amerikanischen Fußball, bei dem die Spieler im Kreis die Strategie für den nächsten Spielzug beraten.

golden handshake/golden parachute Mit dem goldenen Händedruck oder dem goldenen Fallschirm wird das vorzeitige Ausscheiden aus dem Beruf oder aus einer hohen Position erleichtert.

golden opportunity entspricht der deutschen Floskel (Land der) unbegrenzten Möglichkeiten. → *American Dream.*

Good evening Mr. und Mrs. North America and all the ship at sea. Let's go to press. So begann eine Nachrichtensendung mit dem Star-Sprecher Walter Winchell, die in den Jahren nach dem Zweiten Weltkrieg höchste Einschaltquoten im Rundfunk erzielte und später auf das Fernsehen übertragen wurde.

good sport ein anständiger Kerl, kein Spielverderber.

goose bumps/goose flesh Gänsehaut.

goof aus dem englischen Dialektwort für Dummkopf haben sich im amerikanischen Englisch weitere Bedeutungen wie »Patzer« und »etwas vermasseln« gebildet: *to goof around/off* heißt herumgammeln, *goofy* heißt »doof«.

go off half-cocked unerwartet oder unvorbereitet reden oder handeln (bildlich ein Schuß, der losgeht, weil die Waffe schlecht gesichert ist).

gook beleidigendes Schimpfwort für Asiaten; ursprünglich Militärjargon im Zweiten Weltkrieg.

go over like a lead balloon nicht ankommen; z. B. *His jokes go over like a lead balloon, . . .* wie ein Ballon aus Blei.

G. O. P. (»Grand Old Party«) die republikanische Partei.

gopher/gofer Laufbursche; jemand, der zu hören bekommt: *Hey, go for some pizza!;* in der Schreibweise *gopher* auch Bezeichnung für die nord- und mittelamerikanische Taschenratte.

go places es im Leben weit bringen, z. B. in Formulierungen wie *that boy will go places.*

go steady einen festen Freund/eine feste Freundin haben.

go to bat for someone für jemanden einspringen/eintreten (Baseballsprache). → *pinch-hit for someone.*

go to pot vor die Hunde gehen.

government, even in its best state, is but a necessary evil; in its worst state, an intolerable one. Die Regierung ist – im besten Fall – ein notwendiges Übel, im schlimmsten Fall ein unerträgliches. Thomas Paine (1737–1809) äußerte diese Meinung in seinem Buch: *Common Sense.*

go West, young man, and grow up with the country. Geh in den Westen, junger Mann, und wachse mit dem Land. Horace Greeley (1811–1872), Verleger und Politiker, in: *Hints towards Reform.* → *American Dream,* → *frontier.*

go without a hitch reibungslos, »wie geschmiert«. Wörtlich: ohne Ruck.

go with the flow mit dem Strom schwimmen. Auch: *swim with the tide.*

grade Das Wort und seine Ableitungen werden in Amerika im Schul- und Hochschulbereich vielseitig verwendet. Als Substantiv kann *grade* Schuljahr und Jahrgang bedeuten *(first, second, . . . twelfth grade),* als Verb heißt es zensieren, benoten; *grade school* ist die Grundschule. *Highschool graduate* ist in etwa Abiturient(in); *undergraduates* sind Collegestudenten, *graduates* Absolventen eines → *college* oder Studenten einer *graduate school* zur Erlangung eines Magister- und Doktorgrades. Mit *graduate* wird auch häufig das besuchte College oder die Universität genannt: *She is a Princeton graduate,* oder: *she graduated from Princeton.*

graft Schmiergelder; Erpressung von Schmiergeldern.

grand ein »Riese«; tausend Dollar.

grand slam ursprünglich aus dem Bridge: alle Stiche bekommen; dann auch sinngemäß in Sportarten wie Baseball, Tennis.

like Grand Central Station wie im Bienenkorb (Grand Central Station ist New Yorks größter Bahnhof).

a grandstand play Spiel vor der Haupttribüne. Im übertragenen Sinne »die große Schau«. Ähnliche Bedeutung: *play to the gallery.*

through the grapevine »aus der Gerüchteküche« (*grapevine* heißt Weinstock). Oft in der Redewendung: *I heard it through the grapevine.*

the grass is always greener on the other side of the fence eine Variante der Kirschen in Nachbars Garten.

grass roots wörtlich: Graswurzeln. Ursprünglich auf die Landbevölkerung bezogen, heute vor allem auf das »Fußvolk« der Partei oder die Basis der politischen Meinungsbildung.

gravy train Gelegenheit, leicht an Geld zu kommen; z. B. auch durch Spesen oder Schmiergelder (*gravy* = Soße).

gray matter »die grauen Zellen«, »Grips«.

greasy spoon billige Kneipe, Imbißstube, wo das Besteck nicht sehr sauber ist (wörtlich: schmieriger Löffel).

the greatest thing since sliced bread daß geschnittenes Brot eine weltbewegende Erfindung war, kam den Konsumenten erst 1981 richtig zu Bewußtsein, als eine Supermarktkette mit den Worten warb: *. . . the greatest thing since sliced bread: unsliced bread.*

great scott! Ausruf des Erstaunens. Eine Theorie zur Entstehung der Floskel ist, daß sie sich aus einem – auch inhaltlich – falsch verstandenen »Grüß Gott« entwickelt hat. Andere glauben, sie beziehe sich auf den berühmten General Winfield Scott (1786–1866).

Great White Father die angeblich von den Indianern benutzte Bezeichnung für den Präsidenten der Vereinigten Staaten ist in Wirklichkeit eine Wortprägung aus Indianerromanen und Wildwestfilmen.

green around the gills grün im Gesicht. Wörtlich: . . . um die Kiemen.

a green thumb »ein grüner Daumen«, gärtnerisches Talent. Im britischen Englisch *green fingers*.

gringo zuerst im → *Mexican War* von Mexikanern verwendeter Spottname für nicht aus romanischen Ländern stammende Ausländer.

I guess so na ja! Ausdruck zögernder Zustimmung. *I guess* vor einem Satz wird im amerikanischen Englisch im Sinne von *I think, I suppose* verwendet.

gung ho begeistert, »voll dabei«; z. B. *the kids are all gung ho about this project.* Das Wort hat im Chinesischen die Bedeutung »zusammenarbeiten«. Es wurde im Zweiten Weltkrieg von amerikanischen Marinesoldaten und später dann von Teenagern übernommen.

guru im übertragenen Sinne: Autorität, geistiger Führer.

guy Mann, Kerl, Bursche. Das Wort, das wie *fellow* verwendet wird, geht auf die Figur des Guy Fawkes zurück, der 1605 das englische Parlament in die Luft sprengen wollte.

H

hacker Computerexperte, Hacker. Die genauere Definition des Wortes verändert sich mit der schnellen Weiterentwicklung des Computerslangs. Im Deutschen wird damit der Experte bezeichnet, der unerlaubt in fremde Datenbanken eindringt, um diese Systeme zu stören oder sich Informationen zu beschaffen.

half-baked unausgegoren, unreif.

Hallowe'en Abend vor Allerheiligen, an dem die Kinder kostümiert von Haus zu Haus gehen und mit dem Spruch *trick or treat* Süßigkeiten einsammeln. Dem, der kein *treat* gibt, wird ein Streich gespielt.

handball Spiel, bei dem ein Gummiball gegen die Wand geschlagen wird; nicht dem europäischen Handball entsprechend.

handout das Wort kann sowohl Umdruck (schriftliche Vorlage), als auch Almosen, milde Gabe, Wahlgeschenk bedeuten.

hands-on experience praktische Erfahrung.
hang in there! durchhalten!
hang one on sich sinnlos betrinken.
hangover »Kater«; unangenehme Folge.
-happy in Zusammensetzungen: -freudig, -wütig; z.B. *trigger-happy,* schießwütig.
happy hour »Cocktailstunde« in Bars und Restaurants, meist vor dem Abendessen, in der Getränke verbilligt angeboten werden.
happy hunting grounds die ewigen Jagdgründe, das Paradies in der Vorstellung der Indianer.
a hard act to follow etwas, das kaum zu übertreffen ist; jemand, bei dem es der Nachfolger schwer hat. *Your speech was great! You'll be a hard act to follow.*
hard-and-fast rule feste Regel. Meistens in der Verneinung: *There is no hard-and-fast rule in such a situation.*
hard-nosed zäh; realistisch; gerissen.
a hard row to hoe eine mühselige Arbeit; eine schwierige Situation (von der Vorstellung der schweren Arbeit mit der Hacke beim Jäten).
hassle Streiterei, Krach.
has the cat got your tongue? bist du stumm?
have a bone to pick with someone wörtlich: einen Knochen mit jemandem abnagen; entspricht dem Hühnchen, das man mit jemandem zu rupfen hat.
have a finger in the pie die Hand im Spiel (wörtlich: im Kuchen) haben, »mitmischen«.
have an ax to grind ein eigennütziges Interesse an etwas haben. Benjamin Franklin erzählt von einem Mann, der sich, Interesse und Bewunderung heuchelnd, einen Schleifstein erklären ließ – solange, bis seine eigene Axt daran geschliffen war (aus: Brewer's *Dictionary of Phrase and Fable*).
have a problem licked/whipped/beaten ein Problem lösen, etwas in den Griff bekommen.
the haves and the have-nots die Reichen und die Armen. Auch in Ausdrücken wie *the have-not nations.*
have one's ear to the ground (Augen und) Ohren offenhalten.
have someone over a barrel jemanden in seiner Gewalt haben.
have something at one's fingertips etwas parat haben, »an den Fingern hersagen können«.

have the guts to do something den Mut (oder Mumm) haben, etwas Schwieriges zu tun (*guts* = die Gedärme).
have the inside track auf der Innenbahn laufen – und damit Vorteile gegenüber den Mitbewerbern (im Sport sowie im Leben) haben.
have the world by the tail »ganz obenauf« sein.
have two strikes against one in einer unvorteilhaften Lage sein. Mit drei verfehlten Schlägen (*strikes*) ist der Schlagmann (*batter*) im Baseball »aus«.
hawks and doves die Falken und Tauben. In der Politik Verfechter eines harten Kurses mit militärischem Eingreifen, im Gegensatz zu Verfechtern eines konzilianten Vorgehens.
head and shoulders (above something or somebody) haushoch überlegen.
head-hunting Suche nach qualifizierten Kräften, meistens für hochbezahlte, anspruchsvolle Tätigkeit. Das Wort *head-hunter* wird natürlich auch in der ursprünglichen Bedeutung »Kopfjäger« verwendet.
head-on frontal; z. B. *a head-on collision,* ein Frontalzusammenstoß.
heads or tails? Frage vor dem Hochwerfen einer Münze; *tails* ist Sammelbegriff für alles, was auf der Rückseite abgebildet ist.
a Heinz 57 variety »Köter«, »Promenadenmischung«; ursprünglich ein Werbespruch der Firma Heinz.
hell-bent on something versessen auf etwas, verrückt nach etwas. Der Ausdruck bezieht sich auf jemanden, der »die Hölle« riskiert, um sein Ziel zu erreichen.
hell on wheels »irre!« »toll!« »Wahnsinn!« Von den fahrbaren Spielhöllen und Freudenhäusern, die man Eisenbahnarbeitern in den Westen der USA nachschickte.
hen party Party ausschließlich für Frauen, Damengesellschaft. → *stag party.*
hero sandwich langes Brötchen mit Käse, Schinken, Wurst, Salat, Zwiebeln usw., regional auch *submarine sandwich, hoagie, torpedo.*
highball Getränk mit Alkohol und (Soda-)Wasser, in einem hohen Glas serviert.
highbrow Intellektueller. Der Ausdruck entstand zu Anfang des 20. Jahrhunderts in den USA. Spä-

ter kamen Ableitungen wie *lowbrow* und sogar *middlebrow* auf.

highlight something ein Schlaglicht auf etwas werfen.

high tech Abkürzung für *high technology,* Hochtechnologie.

hijack (highjack) Entführung eines Flugzeugs, Autobusses, Überfall auf Geldtransport. Herkunft möglicherweise von der Aufforderung »Stick 'em up high, Jack«, Hände hoch!

the Hill Captol Hill, Sitz des Kongresses in Washington; von daher auch auf den Kongreß selbst bezogen. → *Capitol.*

hillbilly Hinterwäldler. Ursprünglich Bergbewohner der südlichen Appalachen.

hippy (hippie) Anhänger der jugendlichen Protestbewegung der sechziger Jahre, Aussteiger. Das Wort hängt wahrscheinlich mit *hip,* empfänglich, eingeweiht, zusammen.

hire and fire einstellen und entlassen. Auch in der Formel *last hired, first fired.*

Hispanics Einwanderer aus lateinamerikanischen Ländern. → *Chicanos.*

hit-and-run Unfall mit Fahrerflucht. Von daher: *hit-and-run driver.*

hit a snag in Schwierigkeiten geraten. Wörtlich: (mit einem Boot) auf einen Baumstumpf auffahren.

hit the ceiling an die Decke gehen, in die Luft gehen. → *blow one's top,* → *fly off the handle.*

hit the fan in der Formulierung: *We are going to have a lot of trouble when the shit hits the fan.* Wir kriegen eine Menge Ärger, wenn die Sache breitgetreten wird (wörtlich: in den Ventilator gerät).

hit the jackpot das große Los ziehen, den Vogel abschießen. *Jackpot* ist ursprünglich ein Begriff aus dem Pokerspiel, der sich später auch auf den Hauptreffer bei → *one-armed bandits* bezog.

... hits the spot ... ist genau das Richtige: *This coke really hits the spot, I'm so thirsty.*

hobo Wanderarbeiter oder Tippelbruder, der Gelegenheitsarbeiten verrichtet und damit fleißiger ist als der → *bum.* Die Herkunft des Wortes ist unbekannt, evtl. von *hoe,* Hacke und *boy.*

hogwash »Quatsch«, leeres Gerede. Wörtlich: Schweinefutter; Spülwasser.

hold a candle to someone jemandem »das Wasser reichen«. Meist in der Negation: *He can't hold a candle to her.*

holdup (bewaffneter) Überfall. Auch: *stickup.*

holidays Feiertage; gesetzliche Feiertage sind *public holidays.* Ferien heißen im amerikanischen Englisch *vacation.* → *Columbus Day,* → *Independence Day,* → *Labor Day,* → *Martin Luther King Day,* → *Memorial Day,* → *Presidents' Day,* → *Thanksgiving Day.*

holy cats, holy cow, holy mackerel, holy Moses, holy smoke euphemistische Interjektionen im Stil von »heiliger Strohsack«.

home-court advantage Heimvorteil.

homely im amerikanischen Englisch nur noch im abwertenden Sinne: hausbacken, unattraktiv.

homemaker neutrale Bezeichnung für das Familienmitglied, das den Haushalt führt.

homestretch Schlußphase; z. B. *We're on the homestretch with this report* (von der Pferderennbahn).

honest Injun/Indian »auf Ehre«. Floskel zur Bestätigung der Wahrheit des Gesagten. Heute nur noch in der Kindersprache; ursprünglich aus dem Palaver zwischen Weißen und Indianern. Ähnlich: *cross my heart and hope to die.*

hook, line and sinker wörtlich: mit Haken, Schnur und Blei. Oft in der Wendung *swallow a story hook, line and sinker,* etwas für bare Münze nehmen, auf eine Geschichte hereinfallen (Anglersprache).

by hook or by crook mit allen Mitteln. Die Wendung bezieht sich auf das alte Gewohnheitsrecht von Bauern, soviel Brennholz sammeln zu dürfen, wie sie mit Sichelmesser *(hook)* oder Hirtenstab *(crook)* erreichen konnten.

horse sense gesunder Menschenverstand, gute Urteilskraft.

hot dog in den Ausdrücken *hot-dog skiing, hot-dog surfing:* akrobatische Ausübung der Sportarten.

hot rod »frisiertes« Auto.

hushpuppy Ölgebäck aus Maismehl (aus den amerikanischen Südstaaten). Der Name soll daher rühren, daß es gelegentlich auch zur Beruhigung kleiner Hunde benutzt worden ist. In Europa wurde das Wort nur als Bezeichnung für eine Schuhsorte bekannt.

hustler Slangwort für Prostituierte.

I

ich bin ein Berliner Es mag interessant sein, sich einmal den Zusammenhang des so bekannt gewordenen Zitats von John F. Kennedy (1963) zu vergegenwärtigen: *Two thousand years ago the proudest boast was »Civis Romanus sum«. Today, in the world of freedom, the proudest boast is »Ich bin ein Berliner«.*

ID (identity card) Ausweis, Kennkarte.

. . . and I don't mean maybe . . . und das meine ich auch! Beispiel: *I want this done right now, and I don't mean maybe!*

if a man make a better mousetrap, the world will make a beaten path to his door Wenn jemand eine bessere Mausefalle baut, wird sich die Welt einen Weg zu seiner Tür bahnen: Ralph Waldo Emerson (1803–1882), Dichter und Philosoph. In dieser Verkürzung bekanntes Zitat.

if it's Tuesday, this must be Belgium sprichwörtlich gewordener Titel eines Films über amerikanische Touristen, die Europa im Schnellverfahren »machen«.

if push comes to shove wenn es zum Äußersten kommt.

if you can't stand the heat, get out of the kitchen eines der Lieblingssprichwörter Präsident Trumans: Man sollte sich nicht an Dinge heranwagen, denen man nicht gewachsen ist. Oder: An verantwortungsvoller Stelle muß man Kritik ertragen können.

I have a dream Die Worte Martin Luther Kings sind in seiner berühmten Rede anläßlich der großen Bürgerrechtsdemonstration in Washington 1963 enthalten.

I'll buy that »Das kauf' ich dir ohne weiteres ab.«

I love New York Der 1977 entstandene Werbeslogan mit dem roten Herz anstelle des Wortes *love* wurde später in aller Welt kopiert.

in a fix in der »Klemme«, in der »Patsche«. Auch: *in the soup, up the creek, in a jam, in a pickle, in a tight spot (financially).*

in apple-pie order in tadelloser Ordnung, tipptopp. Volksetymologie nach dem von den normannischen Eroberern nach England gebrachten *nape plié en ordre* (ordentlich gefaltetes Leinen).

inaugural (address) Antrittsrede bzw. Regierungserklärung des Präsidenten der Vereinigten Staaten.

incumbent amtierend. Bei Wahlen häufig zu hören, weil der *incumbent (President, senator, governor etc.)* einen statistischen Wahlvorteil hat.

Independence Day Unabhängigkeitstag. Am 4. Juli wird mit Feuerwerk und Feiern an die Unabhängigkeitserklärung von 1776 erinnert.

Indian file Gänsemarsch; Reihe, in der Indianer auf engen Waldpfaden hintereinander gingen.

Indian giver jemand, der Geschenke zurückverlangt.

Indian summer Altweibersommer, Schönwetterperiode im Spätherbst.

injustice anywhere is a threat to justice everywhere Ungerechtigkeit irgendwo in der Welt gefährdet die Gerechtigkeit überall (Martin Luther King).

inner city häufig Euphemismus für Slums.

in one's mind's eye in der Fantasie, vor dem inneren Auge.

installment plan Teilzahlung. *Buy on the installment plan,* auf Raten kaufen.

instructor College- oder Universitätsdozent.

in sync (synch) synchron, im Einklang. Gegenteil: *out of synch.*

in the bag »in der Tasche«, so gut wie sicher.

in the doghouse in Ungnade.

in the last innings in der Schlußphase (aus dem Baseball oder Cricket).

in the nick of time im richtigen Augenblick, gerade noch rechtzeitig.

in the upshot schließlich, letztlich.

in two shakes of a lamb's tail in kürzester Zeit, nämlich in der Zeit, in der ein Schaf zweimal den Schwanz bewegt.

invent the wheel sich bei Grundsätzlichem und Selbstverständlichem aufhalten. Wörtlich: das Rad (noch einmal) erfinden.

in words of one syllable mit einfachen Worten.

IOU Schuldschein, formale Schuldanerkennung. Kurzform von *I owe you.*

it is our true policy to steer clear of permanent alliance with any portion of the foreign world Es ist unsere Politik, eine dauernde Allianz mit wem auch immer im Ausland zu vermeiden. Außenpolitische Maxime George Washingtons in seiner Abschiedsrede 1796.

it's all Greek to me das sind böhmische Dörfer für mich.

it's all over but the shouting die Sache ist entschieden (es fehlt nur noch der Beifall).

it's no skin off my nose das »juckt« mich nicht.

it will cost you an arm and a leg es wird dich ein Vermögen kosten.

Ivy League Gruppe berühmter Universitäten im Osten der USA, unter ihnen Harvard, Yale und Princeton. Die Bezeichnung spielt auf den Efeubewuchs der Universitätsgebäude an und bezog sich ursprünglich auf die sportlichen Aktivitäten der entsprechenden Hochschulen.

I wasn't born yesterday ich bin nicht von gestern.

J

jalopy »alte Klapperkiste« (Auto). Wahrscheinlich Ableitung von franz. *chaloupe*.

jam session Jazzimprovisation bei einem Treffen von Musikern.

jaywalk bei Rot über die Straße gehen, oder auch abseits von Zebrastreifen und Kreuzungen.

jazz von den Nachfahren der nach Amerika gebrachten Neger aus Spiritual, Blues und afrikanischen Rhythmen entwickelte Musik. Das Wort selbst ist afro-karibischen Ursprungs und bezieht sich ursprünglich auf den Geschlechtsakt. Umgangssprachlich auch: Unsinn, leeres Gerede, wie in der Formulierung *he gave me a lot of jazz about his rich relatives*.

jeep Das im Zweiten Weltkrieg in den USA entwickelte Geländefahrzeug hieß zunächst *G. P. (General Purpose Vehicle)*.

Jesus freaks/people Bezeichnung für Anhänger einer religiösen Bewegung im Zusammenhang mit der Protestbewegung der sechziger Jahre.

Jim Crow Spottname für einen Schwarzen, heute beleidigend. Ursprünglich Figur in einer → *minstrel show;* später in Ausdrücken, die Praktiken der Diskriminierung von Schwarzen bezeichnen, z. B. *Jim Crow Laws.*

John Doe ein fiktiver Name, wie er z. B. in Mustern von Formularen erscheint. → *the man on the street.*

joy-stick das Slangwort für Steuerknüppel ist heute eher in der Computertechnologie bekannt.

jukebox Musikautomat. Ursprünglich in *jook-houses* (Rasthäuser, Freudenhäuser) aufgestellt.

jump down someone's throat jemandem über den Mund fahren.

jump the gun einen Frühstart verursachen; voreilig handeln (*gun* ist hier die Startpistole).

junk food minderwertige Nahrungsmittel (*junk* = Kram, Plunder). Gemeint sind vor allem Produkte, die durch starke Verarbeitung an Nährwerten verloren haben (*processed food*).

junkie (junky) »Fixer«.

K

keel over umkippen, »aus den Latschen kippen« (mit dem Kiel nach oben).

keep a low profile sich im Hintergrund halten; sich »bedeckt« halten. → *take a back seat.*

keep it under your hat sag's nicht weiter!

keep one's eye on the ball bei der Sache sein.

keep one's temper die Ruhe bewahren. Das Gegenteil: *lose one's temper.*

keep one's wits about one einen klaren Kopf behalten.

keep the ball rolling etwas aktiv unterstützen; (ein Gespräch) in Gang halten (Sportsprache).

keep your shirt on reg' dich nicht auf!

kibitzer jiddisch-umgangssprachliche Ableitung von »Kiebitz«, besserwisserischer Zuschauer beim Kartenspiel; von daher: Besserwisser.

kick the bucket »ins Gras beißen«, sterben. Eine der Theorien zur Entstehung dieses Ausdrucks besagt, daß es sich um den Eimer handelt, den ein Selbstmörder unter sich wegstößt.

killjoy Miesmacher, Spielverderber.

kill two birds with one stone zwei Fliegen mit einer Klappe schlagen.

Kilroy was here unter den Graffiti in aller Welt sicher der bekannteste. Der Spruch ist mit großer Wahrscheinlichkeit zunächst von einem Kontrolleur in einer Werft in Massachusetts auf inspiziertes Material geschrieben worden. Im Zweiten Weltkrieg und danach haben es → *GI's* in alle Welt hinausgetragen.

kitsch Kitsch; aus dem Deutschen, dem auch das Adjektiv *kitschy* entlehnt ist.

kitty gemeinsame Kasse (ursprünglich beim Kartenspiel).

klutz Trottel, »Trampeltier«. Aus dem Jiddischen und Deutschen: Klotz.

kneeling bus absenkbarer Bus, der Behinderten einen leichteren Einstieg ermöglicht.

knickerbocker nach dem Holländer Diedrich Knickerbocker, fingierter Autor in Washington Irvings *History of New York* (1809). Auch in Amerika wurden Kniebundhosen als *knickerbockers* bekannt, später in der Verkürzung *knickers* für wechselnde Moden der Damenunterwäsche.

knockout »tolle« Person; »tolle« Sache.

knock someone for a loop jemanden so in Erstaunen versetzen, daß es ihn »umhaut«. Wörtlich: ... daß er sich rückwärts überschlägt.

knock someone's socks off jemanden überraschen. In der Wendung *that will knock their socks off* bedeutet es etwa: Das wird der Knüller!

know-how Fachwissen, Sachkenntnis.

know-it-all Besserwisser, »Klugscheißer«. → *smart aleck;* → *wise guy.*

know the ins and outs genau Bescheid wissen.

know the ropes sich auskennen (aus der Seemannssprache).

kosher koscher; im weiteren Sinne auch »in Ordnung«.

krauts Spottname für Deutsche, der bereits im 19. Jahrhundert entstand, aber ebenso wie *Jerry* vorwiegend im zweiten Weltkrieg verwendet wurde. Seltener wurden die Schimpfwörter *Boche* und *Hun* verwendet.

Ku Klux Klan Geheimbund im Süden der USA, der sich – z. T. mit rücksichtsloser Gewaltanwendung – nach dem Bürgerkrieg gegen die Schwarzen und ihre neuerworbenen Rechte und gegen die → *carpetbaggers* aus dem Norden wandte und auch heute noch fortbesteht.

L

Labor Day Tag der Arbeit, in den Vereinigten Staaten am ersten Montag im September.

lame duck heute vorwiegend auf ausscheidende Präsidenten oder Kongreßmitglieder bezogen, die möglicherweise gegen Ende ihrer Amtszeit an Autorität verlieren.

land-office business »Bombengeschäft«. Die Wendung rührt von der Geschäftigkeit bei der Landvergabe im 19. Jahrhundert her.

last-ditch effort verzweifelter letzter Versuch.

last straw der Tropfen, der das Faß zum Überlaufen bringt. Das vollständige sprachliche Bild ist: *the last straw that breaks the camel's back.*

launder money illegal kursierendes Geld »waschen«.

lay off! Hör auf!

lay of the land (see how the land lies) die geographische Lage. Im übertragenen Sinne: die Sachlage.

lay/put something on the line etwas klar und deutlich sagen; auch: ein Risiko eingehen.

leak »durchsickern lassen«, (der Presse) zuspielen. Als Substantiv: die undichte Stelle.

leathernecks »Ledernacken«, Marineinfanteristen.

leave no stone unturned nichts unversucht lassen, sich große Mühe geben.

leave someone high and dry jemanden »auf dem Trocknen« sitzen lassen.

leave someone in the lurch jemanden im Stich lassen (Ausdruck aus dem Kartenspiel).

left-handed compliment ein zweifelhaftes Kompliment.

lemon »Niete«, Fehlprodukt.

let bygones be bygones die Vergangenheit ruhen lassen.

let one's hair down offen über etwas sprechen, sich ungeniert äußern.

let's get the show on the road! Packen wir die Sache an!

let the cat out of the bag die Katze aus dem Sack lassen. → *spill the beans.*

like greased lightning wie ein geölter Blitz.

like it or lump it wenn es dir nicht paßt, kannst du es ja bleiben lassen.

like water off a duck's back ohne Wirkung. *Advice rolled off him like water off a duck's back.*

limey Spitzname, den Amerikaner englischen Seeleuten, dann auch Engländern allgemein gaben. Seeleute tranken Limonensaft – *lime juice* – gegen Skorbut.

limousine liberal, parlor pink, radical chic die Ausdrücke kennzeichnen ein Befürworten des Liberalismus, des Sozialismus oder des Radikalismus, das sich lediglich in Lippenbekenntnissen äußert.

litterbug unordentlicher Mensch (der Abfälle herumliegen läßt). Das Wort ist wahrscheinlich analog zu *jitterbug* gebildet.

little pitchers have big ears kleine Kessel haben große Ohren.

live now, pay later die ursprünglich von Reisebüros *(go now, pay later)* und bei Ratenzahlungen *(buy now, pay later)* verwendete Formel hat vielerlei z. T. sarkastische Abwandlungen erfahren, bis hin zu *die now, pay later.*

loaded dice gezinkte Karten. Wörtlich: präparierte (mit Blei beladene) Würfel. *To load the dice against someone,* jemanden reinlegen.

loafer Herumtreiber. Im 18. Jahrhundert auf Grundbesitzer in den Neuenglandstaaten bezogen, die ihre Höfe nicht selbst bewirtschafteten.

loan shark »Kredithai«.

lock, stock and barrel ganz und gar, mit allem Drum und Dran, mit Sack und Pack. Nach den drei Teilen, aus denen ein Gewehr besteht.

lock the barn door after the horse has been stolen Maßnahmen ergreifen, wenn es zu spät ist.

log cabin Blockhütte. Charakteristische Behausung der frühen Siedler und Pioniere.

loner Einzelgängerin, Außenseiter/in, sowohl in negativer Bedeutung (ungeselliger Mensch), als auch in positiver Bedeutung (unabhängiger Charakter) verwendet.

the long and the short of it is that ... der langen Rede kurzer Sinn ist, daß ...

long johns lange warme Unterhosen.

longshoreman Hafenarbeiter. Zusammengesetzt aus *along shore* (entlang der Küste) und *man.*

look down one's nose at someone auf jemanden herabsehen.

looking good! als Ausruf: alles bestens! alles in Butter!

look like something the cat dragged in unordentlich, schmuddelig aussehen (wie etwas, das die Katze hereingeschleppt hat).

loony/looney Verrückter, Irrer; von *lunatic*. → *psycho*, → *screwball*.

Lost Generation Verlorene Generation. Gruppe amerikanischer Schriftsteller (z. B. E. E. Cummings, John Dos Passos, F. Scott Fitzgerald, Ernest Hemingway), deren Denken und Werk durch das desillusionierende Erlebnis des Ersten Weltkrieges mitgeprägt war. Die Bezeichnung wurde zuerst von Gertrude Stein in diesem Sinne verwendet.

Louisiana Purchase 1803 kauften die Vereinigten Staaten für 15 Millionen Dollar von Frankreich ein riesiges Gebiet, das vom Golf von Mexiko bis zur kanadischen Grenze und vom Mississippi bis zu den Rocky Mountains reichte.

low-down wesentliche Hintergrundinformationen.

luck out Glück haben, z. B. *You really lucked out with that easy exam topic!*

lunatic fringe extremistische Randgruppen (*lunatic* = verrück; *fringe* = Rand). Im amerikanischen Sprachgebrauch ist der Ausdruck seit seiner Verwendung durch Franklin D. Roosevelt in den vierziger Jahren auf die Bedeutung Rechtsextremismus beschränkt.

lynching im 18. Jahrhundert entstandene (und nach einem Eigennamen so benannte) eigenmächtige Form der Hinrichtung, besonders durch Erhängen. Nach dem Bürgerkrieg artete sie weiter aus, als insbesondere in den Südstaaten Schwarze vom Mob auf grausame Weise exekutiert wurden.

M

mad zornig, wütend, ärgerlich; z. B. *Are you still mad?*

Madison Avenue Bezeichnung für die Werbebranche, die vor einigen Jahrzehnten ihre Agenturen vorzugsweise in dieser Straße in New York hatte.

mainline Drogen (in die Hauptvene) spritzen.

major Hauptfach im Studium. *He is an English major* heißt danach: Er studiert Englisch im Hauptfach. Gegenteil: *minor*, Nebenfach.

majority leader Fraktionsführer der Mehrheitspartei im Senat oder Repräsentantenhaus. Entsprechend: *minority leader*.

make a federal case out of something eine Staatsaktion aus etwas machen.

make a mountain out of a molehill aus einer Mücke einen Elefanten machen. Wörtlich: einen Berg aus einem Maulwurfshaufen machen.

make a splash Aufmerksamkeit erregen; »Wirbel machen«.

make hay while the sun shines das Eisen schmieden, solange es heiß ist.

make love, not war Der Slogan stammt aus der Zeit des Vietnamkriegs, wurde jedoch dann von Protestbewegungen allgemein als Antikriegsmotto verwendet.

make no bones about something nicht lange fakkeln; keine Bedenken haben. *Bones* sind hier die Würfel, die man ohne langes Vorspiel rollen lassen soll.

make oneself scare »sich verdrücken«, »sich dünn machen«.

makeshift Notbehelf

make someone's mouth water jemandem den Mund wässerig machen.

make the grade es schaffen, Erfolg haben. Das Wort *grade* steht hier im Sinne von Anstieg, Aufstieg. → *grade*.

Manifest Destiny »offenkundige Bestimmung«. Die durch die Erfolge des *Westward Movement* inspirierte und von dem bekannten Journalisten John O'Sullivan 1845 formulierte These, nach der die weitere Machtausdehnung der Vereinigten Staaten eine nationale Aufgabe sei. In der Vorstellung, die auch die Verpflichtung zur Verbreitung demokratischer Institutionen einschloß, klang letztlich noch der religiöse Eifer an, mit dem die puritanischen Kolonisten Neuenglands ihre *City upon a Hill* ausbauen wollten. → *American Dream*.

the man on the street der Mann auf der Straße. → *John Doe*.

Marshall Plan Wirtschaftshilfeprogramm für Europa nach dem Zweiten Weltkrieg, 1947 vom Außenminister George C. Marshall vorgelegt. Der Marshallplan war eine realpolitische Maßnahme, deren Ziel auch darin bestand, den Einfluß des Kommunismus zurückzudrängen. Darüber hinaus war er jedoch nicht nur wirtschaftspolitisch außerordentlich erfolgreich, sondern wurde in Europa auch als humanitäre Hilfsaktion der USA gewürdigt.

Martin Luther King Day seit 1986 in einem Teil der Bundesstaaten gesetzlicher Feiertag, am dritten Montag im Januar.

Mason – Dixon Line Trennlinie zwischen den Nord- und Südstaaten, der Südgrenze von Pennsylvanien entsprechend, benannt nach zwei Landmessern. Heute nur noch von historischem Interesse.

maverick Rind ohne Brandzeichen. Im übertragenen Sinne: Einzelgänger, parteiloser Politiker. Ursprünglich Name eines texanischen Ranchers, der sich weigerte, seine Tiere zu zeichnen.

MCP *male chauvinist pig;* 1970 entstandenes grobes Schimpfwort für einen »Chauvi«.

Medicare Krankenfürsorge; Soziale Krankenversicherung für ältere Menschen in den USA.

meltdown in technischem Sinne: Kernschmelze; daher auch: Katastrophe.

melting pot das Bild vom »Schmelztiegel« wird benutzt, um die Integration vieler Nationen in der amerikanischen Bevölkerung zu umschreiben. Demgegenüber gibt es auch die Metapher der *salad bowl* (Salatschüssel), die die ethnische Verschiedenheit der Einwanderer betont. → *ethnics*, → *ghetto*, → *WASP*.

Memorial Day (auch *Decoration Day*) Volkstrauertag, am letzten Montag im Mai.

mend one's fences seine Freunde und Anhänger wieder hinter sich bringen. Wörtlich: die Zäune reparieren.

me Tarzan – you Jane leicht veränderte, aber in dieser Form bekanntgewordene Dialogzeile aus dem ersten Tarzan-Tonfilm (nach den Romanen von E. R. Burroughs) mit Johnny Weismüller (1932). In Pädagogenkreisen ironisch als Minimalforderung für kommunikative Kompetenz kommentiert.

Mexican War Krieg zwischen den USA und Mexiko (1846–1848), der nach der Annexion von Texas durch die Vereinigten Staaten begann und mit der Besitzergreifung des Territoriums von Neu-Mexiko, Kalifornien, Nevada, Utah und von Teilen von Arizona und Colorado endete. Der Krieg wurde von vielen Amerikanern als Erfüllung des → *Manifest Destiny* angesehen, von anderen aber auch mit Ulysses S. Grant als ungerechtester Krieg in der Geschichte der USA verurteilt.

Middle America die erst Ende der sechziger Jahre bekanntgewordene Wortprägung bezieht sich auf den amerikanischen Bürger in gesicherten wirtschaftlichen Verhältnissen, mit mittlerem Einkommen, »*un-young, un-poor, and un-black*« (Richard Scammon, Director of the Census). Die Akzentuierung ist hier anders als bei dem Begriff → *silent majority,* der eher vom Politischen und Weltanschaulichen her definiert ist.

middle name bei Eigennamen der zweite, meistens nur durch Initiale wiedergegebene Vorname, häufig ein Familienname aus der nächsten Verwandtschaft. Davor steht der *first (given) name,* dahinter der *last (family) name,* z. B. John F(itzgerald) Kennedy.

middle of the road die Bezeichnung, mit der im wesentlichen die politische Mitte gemeint ist, gehört zu den beliebtesten Wahlkampfslogans. Der Dichter Robert Frost wies hingegen kritisch darauf hin, daß die Mitte eigentlich nicht der Teil der Straße sein sollte, auf dem man entlangfährt.

minstrel show im 19. Jahrhundert in den Vereinigten Staaten populäre Revue, in der als Schwarze geschminkte und kostümierte Weiße auftraten. Nach dem Ersten Weltkrieg durch → *vaudeville* abgelöst.

a miss is as good as a mile knapp daneben ist auch vorbei.

miss the boat etwas verpassen; z. B.: *Don't miss the boat! Take advantage of our free offer!*

Mister Charlie beleidigender Slangausdruck für Weiße, von Schwarzen angewendet.

MIT *Massachusetts Institute of Technology.* Bekannte technische Hochschule in Cambridge, Massachusetts.

mobile home überdimensionaler Wohnwagen, der mit Spezialfahrzeugen oder Traktoren bewegt und auch als Dauerwohnung genutzt wird.

Model-T attributiv im Sinne von billig, mittelmäßig. Anspielung auf das preiswerte Auto von Ford zu Beginn der Automobilära.

mom-and-pop store kleines, von der Familie betriebenes Geschäft, Tante-Emma-Laden.

Monday-morning quarterback der »Salonstratege«, der im nachhinein klüger ist (und am Montagmorgen genau weiß, wie der Spielmacher beim amerikanischen Fußball die Mannschaft im Wochenendspiel eigentlich hätte führen sollen).

money talks mit Geld erreicht man vieles.

money to burn »Geld wie Heu«.

-monger Das Wort für »Händler« fand sich ursprünglich in Berufsbezeichnungen wie *fishmonger* oder *ironmonger*. Heute bildet es abwertende Zusammensetzungen wie *gossipmonger* (*gossip* = Klatsch), *scandalmonger, panicmonger* oder *warmonger*.

moniker/monicker Spitzname, selbstgewählter Name unter → *hobo*.

monkey around with something an etwas herumfummeln.

monkey business krumme Tour.

a month of Sundays eine ewig lange Zeit.

moonlighter jemand, der zusätzlich Nebenarbeiten verrichtet; Schwarzarbeiter.

moonshine geschmuggelter oder schwarzgebrannter Alkohol.

movie ratings Freigabekriterien für Spielfilme. *X-rated* (*no one under 17 admitted,* für Jugendliche unter 17 Jahren ungeeignet); *R* (*Restricetd; under 17 requires accompanying parent or adult guardian,* für Jugendliche unter 17 Jahren nur in Begleitung eines Erziehungsberechtigten); *PG 13* (*Parental Guidance suggested,* elterliche Beratung empfohlen; oft mit Altersangabe), *G* (*General Audiences,* für alle Altersstufen freigegeben)

muckraking um die Jahrhundertwende entstandener Enthüllungsjournalismus (*muck* = Dreck; *rake* = wühlen).

mud-slinging Verunglimpfung, »Schlammschlacht«; oft auf Wahlen bezogen.

muff one's chance eine Chance verpatzen.

mugging Straßenraub.

mumbo-jumbo Hokuspokus, Kauderwelsch.

Murphy's Law »*If anything can go wrong, it will*«. Es ist unbekannt, wer jener Murphy war, der die defätistische Lebenseinstellung formuliert haben soll, nach der alles schiefgehen wird, was irgendwie schiefgehen kann. → *Peter Principle*.

muzak Hintergrundmusik. Die Handelsbezeichnung ist angeblich aus *music* and *Kodak* entstanden.

N

your name is mud »du bist erledigt«, »du bist geliefert«. *Mud* rührt hier vom Namen des Arztes Samuel Mudd her, der der Komplizenschaft mit dem Mörder Abraham Lincolns beschuldigt und verurteilt wurde.

name names Roß und Reiter nennen.

the name of the game »die Parole«; z. B. »*stick it out*« *is the name of the game,* »durchhalten« heißt die Parole. Neuerdings auch mit ähnlicher Bedeutung: *. . . is what it's all about, . . .* ist angesagt.

namedropper jemand, der im Gespräch ständig Namen von Prominenten nennt, die angeblich gute Bekannte von ihm sind.

NASA (*National Aeronautics and Space Admini-*

stration) nationale Luft- und Raumfahrtbehörde.

need something like a hole in the head absolut keine Verwendung für etwas haben.

never say die nicht aufgeben!

New Deal diesen Namen gab Präsident Franklin D. Roosevelt einem wirtschafts- und sozialpolitischen Maßnahmenkatalog, mit dem er in den dreißiger Jahren die Folgen der Weltwirtschaftskrise zu überwinden hoffte. Stichpunkte seines Programms waren Arbeitsbeschaffung, Arbeitszeitregelung, Sozialversicherung, Finanzreform, Bekämpfung der Inflation (Ausdruck vom Kartenspielen).

nightcap in übertragenem Sinne: Schlummertrunk.

-nik Endung aus dem Russischen zur Bildung von Substantiven; im Englischen scherzhaft erweitert, z. B. auf *beatnik, peacenik, no-goodnik, sicknik* usw.

nip something in the bud etwas im Keim ersticken. Wörtlich: in der Knospe abtöten.

nit-picking »pingelig« (*nit* = Nisse).

the nitty-gritty die nüchternen Tatsachen, die harte Wirklichkeit (*nit* = Nisse, *grit,* = grober Sand).

no-go situation eine Situation, in der »nichts mehr läuft« (in der Raumfahrt verwendet).

no kidding! ehrlich! kaum zu glauben! (zu *kid,* »verkohlen«).

not by a long shot kein bißchen.

not have a leg to stand on keine Gründe für die Richtigkeit einer Behauptung haben; wie z. B. *her argument was so good, it left me without a leg to stand on.*

nothing succeeds like success Erfolg bringt Erfolg.

nothing to fear but fear itself das bekannte Zitat aus der ersten Antrittsrede Präsident Franklin D. Roosevelts (1933) ist wahrscheinlich den Schriften des amerikanischen Essayisten und Dichters Henry David Thoreau (1817–1862) entnommen.

nothing to sneeze at nicht zu verachten.

not stand the ghost of a chance nicht die Spur einer Chance haben.

no way! unter keinen Umständen! völlig ausgeschlossen! – eine sehr einsilbige Form der Ablehnung einer Bitte oder eines Vorschlags.

number cruncher Computer; Computerfachmann (*to crunch* = zerkauen, zermalmen).

nuts and bolts die Grundlagen, das Wesentliche, Wörtlich: Schraube und Mutter.

O

OAS *(Organization of American States),* mit Sitz in Washington.

off base unangemessen, im Irrtum, »auf dem falschen Dampfer« (Baseballsprache).

off one's rocker »übergeschnappt« (*rocker* = Kufe, Schaukelstuhl).

off the hook »aus dem Schneider«.

off the record inoffiziell, nicht für die Öffentlichkeit bestimmt (*record* = Aufzeichnung).

off the top of one's head auf Anhieb, spontan (z. B.: *He could name 20 kinds of trees off the top of his head).*

OK Als Übersetzung drängt sich heute »alles klar« auf. Allen Walker Read wies 1941 in der *Saturday Review of Literature* nach, daß die Abkürzung nicht von Eigennamen, Fremdsprachen oder Fachausdrücken abgeleitet ist, wie vielfach angenommen. Sie ist vielmehr Resultat einer um 1838 in Boston und New York in Mode gekommenen Wortspielerei mit Abkürzungen und erscheint als Kurzform eines verballhornten *Oll Korrekt.*

Okie wandernder Landarbeiter, in der Regel aus Oklahoma. Das Wort wurde ursprünglich auf die Landarbeiter bezogen, die in den dreißiger Jahren Oklahoma wegen einer Dürre *(Dust Bowl)* verlassen mußten, um in Kalifornien Arbeit zu suchen.

Old Glory das »Sternenbanner«. → *Stars and Stripes.*

once in a blue moon äußerst selten, alle Jubeljahre. Die ältere Bedeutung »nie im Leben« ist einsichtiger, da der Mond wohl nie blau ist.

one-armed bandit scherzhafte Bezeichnung für Spielautomat. → *slot machine*.

on easy street in auskömmlichen Verhältnissen.

one-horse town ödes Nest, »Kaff«.

on one's toes »auf Draht«. Wörtlich: auf den Zehen.

on pins and needles »auf glühenden Kohlen«.

on the blink kaputt, »im Eimer.« → *on the fritz*. → *out of kilter*.

on the up and up in Ordnung, ehrlich; z. B. in der Wendung: *This contract is strictly on the up and up*.

on the dot pünktlich.

on the fritz kaputt, »im Eimer«. In der alten Comic-Serie *The Katzenjammer Kids* gelingt es Hans und Fritz immer wieder, alles durcheinanderzubringen. → *on the blink*. → *out of kilter*.

on the house »auf Kosten des Hauses«.

on the level wahrheitsgemäß, wahrheitsliebend. Das Wort *level*, Ebene, ist hier in der Nebenbedeutung von Wasserwaage verwendet.

on the rocks kaputt, in die Brüche gegangen, pleite. Bei Getränken: mit Eiswürfeln.

on the spur of the moment der Eingebung des Augenblicks folgend, ganz spontan (*spur* = Sporn, Ansporn).

on the tip of one's tongue auf der Zungenspitze. In der Redewendung: *it's on the tip of my tongue*, es liegt mir auf der Zunge.

on top of the world obenauf, »restlos glücklich«.

open and shut eindeutig, »sonnenklar«.

ornery gewöhnlich, gemein; dickköpfig. Dialektwort aus dem Mittleren Westen für *ordinary*.

out in left field auf der falschen Fährte; absonderlich, exzentrisch (Baseballsprache).

outlandish häufig im Sinne von seltsam, altmodisch, rückständig verwendet.

out of circulation aus dem Verkehr gezogen (auch von Personen).

out of hand außer Kontrolle; außer Rand und Band.

out of kilter in schlechtem Zustand; ungeordnet. → *on the blink*. → *on the fritz*.

out of one's head/mind nicht bei Sinnen, verrückt.

out of print vergriffen (von Büchern).

out of step aus dem Tritt; aus dem Takt; nicht in Einklang.

out of the frying pan into the fire vom Regen in die Traufe.

out of the woods »über den Berg«.

out of touch nicht mehr auf dem laufenden. *to be out of touch with someone* heißt: keine Verbindung zu jemandem haben; entsprechend: *to be in touch with someone, to keep in touch with someone, to lose touch with someone*.

Oval Office Amtszimmer des Präsidenten im Weißen Haus. Seit der Präsidentschaft Nixons bezieht sich der Ausdruck – mit großen Anfangsbuchstaben – unmittelbar auf den Präsidenten und seine Amtsgeschäfte (z. B. *orders directly from the Oval Office*).

P

paddle one's own canoe auf eigenen Füßen stehen.

paddy wagon »grüne Minna«.

a pain in the neck jemand, der einem auf die Nerven geht.

paint oneself into a corner sich den Rückweg verbauen. Wörtlich: sich (wie ein ungeschickter Anstreicher) in die Zimmerecke hineinpinseln.

paint the town red »auf die Pauke hauen«, »einen draufmachen«.

paleface Bleichgesicht. Der Ausdruck findet sich in den Romanen und Erzählungen James Fenimore Coopers (*Lederstrumpf*) und wurde wahrscheinlich von ihm ebenso geprägt wie *on the war path* und *war paint*.

panhandle betteln, schnorren (nach dem Gefäß, das dafür benutzt wird).

pan out »funktionieren«, sich bezahlt machen. Der Ausdruck bezieht sich auf die Arbeit des Goldgräbers, der mit seiner Pfanne das Gold herauswäscht.

parlor Salon; Geschäft. Zusammensetzungen wie *beauty parlor, ice cream parlor* versprechen ein gewisses Niveau und bedeuten eine Aufwertung des jeweiligen Unternehmens.

party umgangssprachlich bezieht sich das Wort auch auf Einzelpersonen: *a party by the name of Johnson*.

pass the buck die Verantwortung abwälzen. Präsident Truman modifizierte die Redewendung Mitte der vierziger Jahre: Seine auf sich selbst bezogene Variante, *the buck stops here*, soll verdeutlichen, daß letztlich alle Verantwortung bei ihm verblieb. Wörtlich: die Spielmarke – beim Pokerspiel – weitergeben.

pass the hat »den Hut herumgehen lassen«, sammeln.

patio aus der spanischen Architektur übernommene Bezeichnung für einen Innenhof oder eine Terrasse.

pay through the nose kräftig draufzahlen, »bluten« müssen.

PC Abkürzung für *personal computer*, aber auch → *Peace Corps*, Friedenscorps.

p. d. q. *(pretty damn quick)* dalli dalli!

Peace Corps seit 1961 bestehende Organisation der amerikanischen Bundesregierung, die freiwillige Helfer (vor allem Techniker, Landwirte und Erzieher) ausbildet und ins Ausland schickt. Die Gründung geht auf John F. Kennedy (nach Vorschlägen von General Gavin) zurück, die Idee jedoch bereits auf einen Kreis um Senator Hubert Humphrey.

pecking order Hackordnung; Rangordnung, wie sie in der Tierwelt durch Weghacken des Rangniederen vom Futterplatz hergestellt wird.

peeve verärgern. Bei diesem Wort handelt es sich um eine für das amerikanische Englisch charakteristische »Rückbildung« aus einer anderen Wortart, in diesem Falle von *peevish*, verdrießlich. Andere Beispiele für *back formation* sind *enthuse* von *enthusiasm*, *loaf* von *loafer*, *locate* von *location*.

Pennsylvania Dutch Name für deutschstämmige Einwanderer in Pennsylvania und Maryland bzw. für ihre aus einem Gemisch südwestdeutscher Mundarten bestehende Sprache, die später mit Englisch durchsetzt wurde (*Dutch* steht hier für Deutsche/deutsch).

penny Ein-Cent-Münze. Entsprechend *nickel* für ein Fünf-Cent-Stück, *dime* für ein Zehn-Cent-Stück und *quarter* für ein 25-Cent-Stück.

pennypincher Pfennigfuchser.

people can have any color, so long as it's black Henry Fords komisch-widersprüchliche Aussage bezog sich auf sein berühmtes *Model T*, das erste, aber noch sehr spartanische Familienauto Amerikas, das später freilich doch in anderen Farben angeboten werden mußte.

pep talk aufmunternde Worte. Pep, Schwung, Elan ist von *pepper* abgeleitet.

perks *(perquisites)* Vergünstigungen, (steuerfreie) Nebeneinkünfte. Sie reichen vom Dienstwagen bis zur → *annie oakley* und wurden, was ihre Inanspruchnahme angeht, unter der Präsidentschaft Carters heftig diskutiert, der ein offenes Ohr für die Beschwerden der Steuerzahler hatte.

peter out versickern, sich (allmählich) verlieren.

Peter Principle »*In a hierarchy every employee tends to rise his level of incompetence*«. In einer hierarchischen Ordnung steigt jeder solange auf, bis er eine Stellung erreicht hat, für die er nicht mehr kompetent ist. So heißt es in dem Buch von Lawrence J. Peter und Raymond Hull, *The Peter Principle – Why Things Always Go Wrong*, 1969. Das Peter-Prinzip ist nicht zu verwechseln mit dem »Parkinsonschen Gesetz«, in dem der englische Historiker Parkinson ironisch formuliert, daß Arbeit sich in dem Ausmaß vermehrt, in dem Zeit für ihre Erledigung zur Verfügung steht. → *Murphy's Law*.

Phi Beta Kappa akademische Verbindung, deren Mitglieder hervorragende wissenschaftliche Leistungen aufweisen.

phony/phoney falsch, unecht; Schwindler; Fälschung.

picayune Lappalie, Tinnef; *picayunish* = läppisch, schäbig. Ursprünglich spanische Münze in Florida und Louisiana.

pick someone's brains jemanden ausfragen.
pick up the ball and run with it etwas Vernünftiges mit einer Sache anfangen (Sportsprache).
pickup truck Lieferwagen.
picnic im übertragenen Sinne: »Kinderspiel«.
pie in the sky leere Versprechungen.
pigeonhole einordnen, klassifizieren; Brieffach.
piggyback/pick-a-back huckepack. In einer weiteren Bedeutung: sich an eine florierende Sache dranhängen.
pig out sich überfressen. Auch in übertragenem Sinne, z. B. *pig out on pop music*.
pillow talk Bettgeflüster.
pinch-hit for someone für jemanden einspringen (Baseballsprache). → *go to bat for someone*.
the pits das Schlimmste, z. B. *I want to get out of here. This place is the pits*.
pj's Schlafanzug. Abkürzung von *pajamas* (amerikanische Schreibweise für brit. *pyjamas*).
play ball zusammenarbeiten (Baseballsprache).
playbill Theaterprogramm.
play by ear nach dem Gehör, ohne Notenkenntnis spielen. Von daher heißt *play it by ear* improvisieren, ohne detaillierte Planung bewerkstelligen.
play close to the chest sich nicht in die Karten gucken lassen. Wörtlich: die Karten nahe an der Brust halten.
play hooky die Schule schwänzen. Synonyme sind *to cut class* und (brit. Englisch) *to play truant*.
play it safe »auf Nummer Sicher gehen«.
play possum sich schlafend (oder tot, oder unfähig) stellen. (Das Opossum verhält sich bei Gefahr absolut still.)
Pledge of Allegiance Treuegelöbnis, wie es bereits Kinder von Versammlungen der Schulgemeinde her kennen: *I pledge allegiance to the flag of the United States of America, and to the republic for which it stands, one nation under God, indivisible, with liberty and justice for all*.
poker face Pokergesicht; unbewegte Miene; dem guten Pokerspieler zugeschrieben. → *deadpan*.
polish off (Essen) verputzen, verdrücken. Auch im Sinne von: jemanden abfertigen, erledigen, abservieren.
poll tax in der zweiten Hälfte des 19. Jahrhunderts in den Südstaaten erhobene Kopfsteuer, durch die besonders Schwarze von Wahlen ausgeschlossen wurden.
pooped out »ausgepumpt«, »fix und fertig«.
pork-barrel politics Geldzuweisungen, mit denen die Regierung den Forderungen von lokalen Politikern und Wählern entspricht und die zur Ausführung lokaler Projekte benutzt werden. Der Ausdruck geht auf die vor dem Bürgerkrieg geübte Praxis zurück, Sklaven gelegentlich aus Fässern große Portionen Schweinefleisch zu übergeben.
potlatch Sitte der Indianer an der Nordwestküste. In einer Zeremonie verschenkt oder vernichtet der Häuptling Gegenstände, um so seinen Reichtum zu zeigen. In übertragenem Sinne: deutlich zur Schau getragene Verschwendung.
pot luck in der Wendung *to take pot luck*: mit dem vorliebnehmen, was es gerade zu essen gibt. Im weiteren Sinne: etwas aufs Geratewohl probieren.
pound the sidewalks sich die Hacken nach Arbeit ablaufen. Wörtlich: den Bürgersteig stampfen.
powerhouse dynamischer Mensch.
pow-wow scherzhaftes Wort für Versammlung, Besprechung, laute Debatte. Aus dem Indianischen, dort zunächst in der Bedeutung »Medizinmann«, dann Ratgeber und Beratung.
PR *(public relations)* Öffentlichkeitsarbeit.
prairie schooner bildhafte Bezeichnung des *covered wagon*, des Planwagens, der bei der Besiedlung des amerikanischen Westens unentbehrlich war (*schooner* = Schoner).
preppie/preppy Schüler einer *preparatory school*. Attributiv: entsprechendes Verhalten (*preppie self-confidence*) oder Aussehen (*preppie clothes, haircut*).
Presidents' Day (auch *Washington-Lincoln Day*). Die Geburtstage des ersten Präsidenten der Vereinigten Staaten, George Washington (22. Februar 1732), und des Präsidenten im → *Civil War*, Abraham Lincoln (12. Februar 1809), werden in den meisten Staaten gemeinsam am dritten Montag im Februar gefeiert.
primaries Vorwahlen zur Aufstellung von Präsidentschaftskandidaten, wobei die Wähler unmittelbar beteiligt sind.
private eye Privatdetektiv. Verkürzung von *private i(nvestigator)*.

Prohibition Alkoholverbot. Im engeren Sinne bezieht sich das Wort auf die Jahre 1920–1933, in denen die Herstellung und der Verkauf von Alkohol in den USA gesetzlich verboten waren.

prom Schulball (von *promenade*).

psycho Slangwort für »Verrückter«. → *loony*, → *screwball*.

Public Enemy No. One Volksfeind Nr. 1. Die Bezeichnung richtete sich ursprünglich gegen den Schwerverbrecher John Dillinger (1903–1934), der sein Unwesen im Mittleren Westen trieb.

public school anders als im britischen Sprachgebrauch bezieht sich das Wort in den USA tatsächlich auf öffentliche Schulen, häufig Grundschulen. Gegenteil: *private school*.

puddinghead Tölpel, »Knallkopp«. Das Wort ist im praktischen Sprachgebrauch veraltet, hat aber durch Mark Twains *Pudd'nhead Wilson* Eingang in die amerikanische Literatur gefunden.

Pulitzer Prizes nach ihrem Stifter benannte Preise für literarische und journalistische Arbeiten, die jährlich verliehen werden.

pull a boner einen Schnitzer machen, »einen Bock schießen«.

pull an all-nighter eine Nachtschicht einlegen (Studentensprache).

Pullman car Mitte des 19. Jahrhunderts aufkommender Eisenbahnwagen, nach seinem Konstrukteur benannt.

pull one's punches verhalten schlagen (beim Boxen). Von daher: sich zurückhalten. Umgekehrt heißt *pull no punches* »vom Leder ziehen« (*punch* = Faustschlag).

pull strings Beziehungen spielen lassen. Die *strings* oder auch *wires* sind die des Marionettentheaters. Entsprechend auch: *to have someone on a string*, jemanden am Gängelband haben.

pull the plug etwas beenden, Schluß machen. Wörtlich: den Stecker ziehen.

pull the wool over someone's eyes jemanden hinters Licht führen, jemandem Sand in die Augen streuen.

pull up stakes seine Zelte abbrechen. Wörtlich: die Grenzpfähle herausziehen.

pulp fiction Trivialliteratur, die auf billigem Papier gedruckt ist (*pulp* = Papierbrei).

punch line Pointe, »Knalleffekt«.

puppy love erste junge Liebe; auch: *calf love*. *Puppy* heißt »junger Hund« und allgemein »Junges«.

pushover leicht zu besiegender Gegner, leichtes Opfer: *He is a pushover for a pretty face.* Auch: »Kinderspiel«, → *duck soup*, → *cinch*, → *easy as pie*.

push up the daisies »sich die Radieschen von unten betrachten«. Wörtlich: die Gänseblümchen hochdrücken. Einer der vielen Euphemismen für sterben.

put a tiger in your tank Die 1964 forcierte Benzinreklame wurde in den USA durch zahllose an Tankdeckeln sichtbare Tigerschwänze unterstützt.

put one's best foot forward sich von der besten Seite zeigen.

put one's foot down ein Machtwort sprechen.

put one's foot in one's mouth/in it ins Fettnäpfchen treten.

put something on the back burner etwas zurückstellen, in Reserve halten (*back burner* = hintere Kochstelle am Herd).

put the cart before the horse das Pferd beim Schwanze aufzäumen.

put the squeeze on somebody jemanden unter Druck setzen.

Q

queer homosexuell, Homosexueller. → *gay*, → *fag*.
quibble herumreden, spitzfindig sein; z. B. *Let's not quibble over the details.*
quickie »auf die Schnelle« gemachte Sache, z. B. *have a quickie*, »rasch einen kippen«. Neuerdings besonders auf Geschlechtsverkehr bezogen.

quit cold turkey etwas über Nacht aufgeben. Der Ausdruck wird besonders bei Süchtigen verwendet (Therapie des plötzlichen, vollständigen Entzugs). Wörtlich: wie ein kalter (toter) Truthahn von etwas ablassen.

R

racket einträgliches Geschäft, Schiebung, Schwindel; organisierte Erpressung, dann auch schwere Verbrechen aller Art. Dazu *racketeer*, Verbrecher.
ragtime afro-amerikanischer Klaviermusikstil mit besonderer Synkopierung und Phrasierung. Er entstand im späten 19. Jahrhundert im Mittleren Westen und gilt als Vorläufer des Jazz. Wörtlich: zerrissener Takt.
rain check Einlaßkarte für eine wegen Regen verschobene Veranstaltung. *To take a rain check*, etwas auf ein andermal verschieben. → *check*.
raise the ante den Einsatz beim Poker erhöhen; auch im übertragenen Sinne verwendet.
raise the roof Krach schlagen.
rake someone over the coals jemanden tadeln, heruntermachen. Wörtlich: jemanden über (glühende) Kohlen ziehen.
range in seiner spezifisch amerikanischen Bedeutung auf die weiten Weideflächen des Westens bezogen.
rat race Hetzjagd, ständiger harter Konkurrenzkampf.
the real McCoy das Echte (keine Imitation). Der Ausdruck wurde wahrscheinlich mit schottischem Whisky nach Amerika importiert. Gleichbedeutend: *the genuine article*.
Reconstruction Wiederaufbauphase in den Vereinigten Staaten nach dem Sezessionskrieg, in der die Staaten der → *Confederacy* von den Nordstaaten aus verwaltet wurden. → *Civil War*.

redcoats britische Truppen im Unabhängigkeitskrieg, nach ihren roten Uniformjacken benannt. Die Amerikaner, die sich der Trennung von England widersetzten, nannten sich *Loyalists*.
red-letter day wichtiger Tag oder Glückstag.
redneck Schimpfwort, das sich auf Weiße, besonders in den ländlichen Gegenden der Südstaaten bezieht. Ihnen wird Begriffsstutzigkeit, Engstirnigkeit, reaktionäre politische Gesinnung und eine feindliche Haltung gegenüber Schwarzen und Bewohnern der Nordstaaten nachgesagt. Im Vergleich dazu ist *good old boy* eine sehr viel positivere Bezeichnung für weiße Südstaatler.
reform school Fürsorgeheim, Besserungsanstalt für Jugendliche.
résumé Lebenslauf (für eine Bewerbung).
ride herd (on) jemanden oder etwas beaufsichtigen, unter Kontrolle halten (wie der Cowboy, der die Herde auf dem Pferd umreitet).
right down my alley ganz mein Fall.
right off the bat auf Anhieb (Baseballsprache).
ring a bell an etwas erinnern. Oft in der Frage: *Does that ring a bell?*
riot Krawall, Aufruhr. Auch eine Person oder Sache, die man »zum Schreien« oder »zum Schießen« findet.
ritzy »stinkvornehm«, protzig. Vom Namen des bekannten Schweizer Hoteliers abgeleitet.
road hog Verkehrsrowdy.
The Roaring 20s das Attribut *roaring* (tosend) be-

zieht sich in den zwanziger Jahren ebenso auf *jazz bands* (daher auch *Jazz Age*) und Sportwagen wie auf Liberalismus in der Gesellschaft, wirtschaftliches Wachstum (die *Golden 20s* endeten allerdings mit dem Börsenkrach von 1929) und organisiertes Gangstertum.

rob Peter to pay Paul ein Loch mit einem anderen stopfen.

rock the boat eine Sache gefährden, für Unruhe sorgen. Wörtlich: das Boot zum Schaukeln bringen.

roger! Codewort bei Funksprüchen, für *received*, verstanden. Seit den dreißiger Jahren bekannt.

rogues' gallery Verbrecheralbum.

rookie Rekrut, Anfänger.

roomer Untermieter(in). Entsprechend heißt *to room* ein Zimmer haben, z. B. *he's rooming with us.*

roommate Zimmergenosse, Mitbewohner(in); entsprechend *flat-mate, house-mate.*

round robin Turnier, bei dem jeder gegen jeden antritt; aber auch: Rundbrief, Umlauf. Frühere Bedeutung: Petition, Denkschrift, bei der die Unterschriften im Kreis angeordnet sind, damit keine von ihnen besonders prominent an der Spitze steht. *Robin* ist Volksetymologie zu *ribbon,* Band.

rubberneck Das Wort wird als Spottname für Touristen heute kaum noch verwendet, jedoch z. B. in Verkehrsberichten auf eine neue Art von »Gaffer« bezogen: den Schaulustigen, der von der Gegenfahrbahn aus eine Unfallstelle inspiziert und dabei selbst einen Stau *(rubberneck delay)* verursacht.

Rube Goldberg komplizierte, raffinierte Maschinerie, mit der ein im Verhältnis zur aufwendigen Konstruktion nur bescheidenes Ergebnis erzielt wird. Nach dem Zeichner solcher Gerätschaften.

rub elbows with someone mit jemandem verkehren; gute Beziehungen zu jemandem haben, auf du und du mit jemandem stehen. Wörtlich: sich die Ellenbogen reiben.

rub it in auf etwas »herumreiten«; jemandem etwas »unter die Nase reiben«; (meistens negativ: *don't rub it in*).

rub someone the wrong way jemanden verstimmen. Wörtlich: gegen den Strich reiben.

rule the roost dominieren (*rooster* = Hahn).

rundown substantivisch in der Bedeutung: Zusammenfassung, Bericht.

runner-up der Zweite in einem sportlichen Wettkampf; Vizemeister. Sinngemäß auch bei Wahlen.

running mate Kandidat für die Vizepräsidentschaft.

run-of-the-mill mittelmäßig, Feld-, Wald- und Wiesen-. Zugrunde liegt das Bild des sich eintönig drehenden Mühlrads.

run something into the ground etwas überbetonen, auf die Spitze treiben.

S

sabbatical (leave) Freisemester für Hochschullehrer, meistens alle sieben Jahre; nach dem hebräischen Wort *schabat,* im Judentum der siebente Tag der Woche, Tag der Ruhe und Heiligung.

SALT *(Strategic Arms Limitation Talks).* Verhandlungen zwischen den USA und der Sowjetunion über Begrenzung und Abbau strategischer Waffensysteme.

Saturday night special billiger Revolver, der offenbar laut Verbrechensstatistik vorzugsweise am Wochenende verwendet wird.

save something up for a rainy day einen Notgroschen zurücklegen.

say/cry uncle aufgeben, sich ergeben (Kindersprache).

scared stiff starr vor Schreck.

schmaltz »Schmalz«, Kitsch. Von daher: *schmaltzy,* schmalzig, sentimental (über das Jiddische aus dem Deutschen entlehnt).

scoop im Journalismus: Exklusivbericht.

scrape the bottom of the barrel die letzten Reste zusammenkratzen. Im übertragenen Sinne: sich mit wenig zufriedengeben; oder: sich mit einem wenig geeigneten Kandidaten abfinden. Wörtlich: den Boden des Fasses »schrappen«.

scratch someone's back jemandem einen Gefallen tun. Wörtlich: jemandem den Rücken kratzen. Besonders in der Formulierung: *if you scratch my back, I'll scratch yours*, eine Hand wäscht die andere.

screwball Effetball beim Baseball; in übertragenem Sinne: verdrehter Typ, Spinner. → *loony*, → *psycho*.

seaboard Küstengebiet; vorwiegend in *Eastern Seaboard*, Ostküste.

security blanket eine Neuprägung des amerikanischen Englisch, die sich auf Menschen, Dinge oder Ideen bezieht, die einem Zuflucht und Geborgenheit geben. Zugrunde liegt die »Schmusedecke« des Kindes. Der Ausdruck wird Charles Schulz, dem Schöpfer der *Peanuts*-Serie, zugeschrieben.

see eye to eye with somebody mit jemandem einer Meinung sein. Siehe dagegen *eyeball to eyeball*.

sell someone down the river jemanden verraten, »verschaukeln«. Die Redewendung erinnert an die Zeit, in der Negersklaven den Mississippi hinunter verkauft wurden, wo härtere Arbeitsbedingungen herrschten.

send up/send up the river in den Knast stecken. Gemeint ist ursprünglich das bekannte Gefängnis Sing-Sing, das von New York aus flußaufwärts liegt.

senior citizens Senioren.

separate but equal wörtlich: getrennt, aber gleichgestellt. Die Formulierung findet sich zunächst in der Unabhängigkeitserklärung, wo sie den Status der Vereinigten Staaten *among the powers of the earth* beschreibt. In bezug auf die Rassentrennung wird sie dann zu einer Doktrin, die besagt, daß Chancengleichheit auch bei Rassentrennung möglich sei. Dieser Doktrin widerspricht ein Gerichtsurteil des Obersten Gerichtshofs aus den fünfziger Jahren ebenso wie das Denken der Bürgerrechtsbewegung.

set someone's teeth on edge jemandem auf die Nerven gehen.

sew something up etwas perfekt machen. Wörtlich: etwas zunähen.

shake a leg mach voran!

a sharp tongue is the only edged tool that grows keener with constant use. Eine scharfe Zunge ist das einzige Gerät, das bei ständigem Gebrauch immer schärfer wird. Washington Irving, in *Rip van Winkle*.

sheepskin Diplom, Urkunde für einen College- oder Universitätsabsolventen; früher auf Schafleder geschrieben.

one's ship comes in oft in der Formulierung: *when my ship comes in, . . .* Was heute der Lottogewinn ist, war früher das Schiff, das Reichtümer aus fremden Ländern brachte.

shoot off one's mouth daherreden, herumschwadronieren.

short-order cook Koch im Schnellimbiß.

. . . the shot heard round the world . . . der Schuß, der in der ganzen Welt zu hören war. Aus einer Hymne Ralph Waldo Emersons (1803–1882). Die Worte beziehen sich auf die erste Kampfhandlung im amerikanischen Unabhängigkeitskrieg bei Lexington.

a shot in the arm »Spritze«, Ansporn.

a shot in the dark ein blinder Versuch; etwas, das aufs Geratewohl gesagt oder getan ist.

show biz Kurzform von *show business*, Showgeschäft.

showdown Kraftprobe.

show off angeben, protzen.

shyster Winkeladvokat.

sidekick Kumpel, »Spezi«.

sidetrack (vom Wesentlichen) ablenken. Eine wörtliche Bedeutung ist: (einen Waggon) auf ein Nebengleis schieben.

silent majority Im Gegensatz zu → *Middle America* ist die »schweigende Mehrheit« das Gros der Bürger, die zwar die öffentliche Meinung personifizieren, ihre Überzeugungen aber nicht laut und bei jeder Gelegenheit artikulieren. John F. Kennedy stellte den *sentiments of the silent majority* die *screams of a vocal minority* gegenüber, und auch andere Politiker versuchten zu vermeiden, daß der

Begriff von den so Bezeichneten als Kritik empfunden wurde. Sie verwendeten deshalb auch Synonyme wie *quiet majority, quiet Americans, silent center.*

Silicon Valley ursprünglich ein Zentrum der Herstellung von Siliciumchips im kalifornischen Santa Clara Valley, später scherzhaft auch auf ähnliche Produktionsstätten bezogen.

Simon Legree grausamer, tyrannischer Bösewicht, »Sklaventreiber«. Nach einer Romanfigur in Harriet Beecher Stowes *Uncle Tom's Cabin* (1852).

sink one's teeth into a problem sich in etwas hineinknien.

sitcom (*situation comedy*) Situationskomödie im Fernsehen.

sit on the fence unschlüssig sein, sich nicht entscheiden können oder wollen. Wörtlich: auf dem Zaun sitzen (und nicht wissen, nach welcher Seite man absteigen soll).

sit there like a bump on a log faul herumsitzen. Wörtlich: . . . wie ein Knubbel auf einem Baumstamm.

a sitting duck ein leichtes Opfer.

sitting pretty »fein raus«.

six of one and half a dozen of the other egal, »gehupft wie gesprungen«.

skate on thin ice sich aufs Glatteis begeben, ein heikles Thema anschneiden.

skin flick Sexfilm, Pornofilm. *skin* bezieht sich auf die dort gezeigte nackte Haut; *the flicks* (oder *flikkers*) ist ein Slangwort für das frühe Kino mit der flimmernden Leinwand.

skinflint Geizhals. Ursprünglich der Schütze, der den Feuerstein seiner Flinte häufig wetzt (*to skin*), um einen neuen zu sparen. Washington Irving macht sich über soviel Knausrigkeit lustig: *The fool . . . skinning a flint worth a farthing . . .* → *cheapskate.*

skinny-dip nackt baden (*skin*, die Haut und *dip*, eintauchen). Das Adamskostüm (oder Evaskostüm) heißt *birthday suit.*

by the skin of one's teeth mit knapper Not, um Haaresbreite. Die Wendung stammt aus dem Buch Hiob. *The Skin of our Teeth* ist auch der Titel von Thornton Wilders bekanntem Theaterstück (deutsch: *Wir sind noch einmal davongekommen*).

skip it! geschenkt! (*skip* heißt hier: überspringen, überschlagen). Gleichbedeutend: *forget it.*

the sky's the limit Geld spielt keine Rolle.

a slew of große Menge, »ein ganzer Haufen von . . .«.

slipshod nachlässig.

slot machine Spielautomat, im britischen Englisch *fruitmachine.* → *one-armed bandit.*

small fry »junges Gemüse«; (*fry* = kleine Fische).

small/fine print das Kleingedruckte.

smart aleck Schlauberger, Schlawiner. → *wise guy;* → *know-it-all.*

smell a rat den Braten (wörtlich: eine Ratte) riechen.

smoking gun Beweisstück. Wörtlich: die rauchende Waffe (die den Täter verrät).

a snake in the grass »eine falsche Schlange«.

snowball anwachsen (wie ein Schneeball zu einer Lawine).

soap opera »Seifenoper«, rührseliges Familiendrama im Radio oder Fernsehen, z. B. *Dallas.* Ursprünglich wurden die Serien vorwiegend von Waschmittelherstellern finanziert.

social climber Aufsteiger, Emporkömmling.

soda/ice cream soda Getränk aus Sodawasser und Speiseeis sowie wahlweise Schokolade, Vanille oder Obst, das an der Eisbar (*soda fountain*) vom Barmixer (*soda jerk*) zubereitet wird.

soft drug »weiche« Droge, z. B. Marihuana. Gegenteil: *hard drug.*

soft-soap someone jemandem schmeicheln, jemandem »um den Bart gehen«.

soul Das Wort Seele bedeutet Schwarzamerikanern Unmittelbarkeit und Intensität des Gefühlsausdrucks (*soul sister, soul brother*) und eine bestimmte Form des musikalischen Ausdrucks (*soul music*).

sourpuss Miesepeter (*puss* = Visage).

southpaw Linkshänder (*paw* = Pfote; Baseballsprache).

spare tire Fettpolster, das sich in den »besten Jahren« mitunter um die Körpermitte legt. Wörtlich: Ersatzreifen.

SPCA *Society for the Prevention of Cruelty to Animals.* Tierschutzbund.

speakeasy Kneipe; während der → *Prohibition* ein

Lokal, in dem Alkohol illegal ausgeschenkt wurde. Von *speak easy* im Sinne von *speak softly*, leise sprechen.

spiel   flotter Spruch, aufgebauschte Geschichte.

spill the beans   etwas ausplaudern. → *let the cat out of the bag.*

spin-off   Nebenprodukt in einem technologischen Entwicklungsprozeß, das evtl. in einen ganz anderen Verwendungsbereich übergeht, z. B. Erkenntnisse und Erfindungen aus der militärischen Entwicklung, die im zivilen Bereich genutzt werden.

spin one's wheels   seine Zeit vergeuden. Wörtlich: die Räder durchdrehen lassen.

spitting image   Ebenbild. *He is the spitting image of his father.* Er ist seinem Vater wie aus dem Gesicht geschnitten. Der Ausdruck ist eine Korrumpierung von *spit and image*, das seinerseits auf einen Hexenzauber zurückgeht, in dem ein Abbild des Opfers und etwas von seinem Speichel benutzt werden.

split ticket   Stimmzettel mit Kandidaten mehrerer Parteien. Gegenteil: *straight ticket.*

spot check   Stichprobe.

spruce up   sich feinmachen, sich »in Schale werfen« (*spruce* = adrett, geschniegelt).

stack the cards   die Karten »packen«, beim Mischen betrügen. Im übertragenen Sinne: mogeln. *The cards are stacked against us,* wir haben kaum eine Chance.

stag party   Herrenabend, Männerrunde (*stag* = Hirsch). → *hen party,* → *bull session.*

stake out a claim   Ansprüche anmelden. Wörtlich: mit Pfählen eingrenzen; Ausdruck aus der Landvermessung im 19. Jahrhundert.

standard time   Normalzeit zwischen Herbst und Frühjahr, eine Stunde hinter der → *daylight saving time.*

stand someone up   jemanden versetzen oder sitzenlassen. Wahrscheinlich Anspielung auf die Situation, in der die Braut/der Bräutigam vergeblich vor dem Altar wartet.

Stars and Stripes   Die Nationalflagge der Vereinigten Staaten, das »Sternenbanner«, hatte 1777, als sie offiziell wurde, 13 Sterne. Seit 1959 die Sterne für Alaska und Hawaii hinzukamen, sind es 50. *Star-Spangled Banner* bezieht sich auch auf die Nationalhymne. → *Old Glory.*

start from scratch   ganz von vorne, bei Null anfangen; in wörtlichem Sinne: von der in den Boden gescharrten Startlinie.

State Department   Außenministerium, entsprechend *Secretary of State,* Außenminister. Für die meisten anderen Staaten verwenden die Amerikaner jedoch die Bezeichnungen *foreign ministry* und *foreign minister.* → *Foggy Bottom.*

state-of-the-art   dem neuesten (Forschungs-)Stand entsprechend.

stateside   aus der Heimat, in die/der Heimat. Von Amerikanern in Übersee mit Bezug auf die Vereinigten Staaten verwendet, z. B. *I'm going stateside next month.*

steamroller   (die Opposition) niederwalzen, (einen Antrag) durchpeitschen. Von *steamroller*, Dampfwalze. Auch: *to railroad something through.*

step/tread on someone's toes   jemandem »auf die Zehen treten«, jemandem »auf den Schlips treten«.

stick one's neck out   viel riskieren, den Kopf hinhalten.

stick out like a sore thumb   auffallen, hervorstechen. *That sticks out like a sore thumb,* das sieht ja ein Blinder.

(in) the sticks   Waldland; ländliche Gegend; in einer späteren Bedeutung auch abgelegene Gegend. In ähnlichem Sinne auch *backwoods* und → *boondocks.*

straight from the horse's mouth   aus berufenem Mund, aus erster Hand. (Das Alter eines Pferdes erfährt man am besten aus dessen eigenem Mund, durch Inspizieren der Zähne.)

straight from the shoulder   unverblümt, frisch von der Leber weg.

straphanger   im Bus stehender Fahrgast, der sich mit einer Hand in die Halteschlaufe einhängt.

stuck-up   hochnäsig.

stuffed shirt   Wichtigtuer. Wörtlich: ausgepolstertes Hemd.

stump   Baumstumpf; im übertragenen Sinne: Rednerpult, von daher die Wendungen *stump the district, take to the stump,* (Wahl-)Reden halten. Indianer ließen für ihre Redner Baumstümpfe in ihren Siedlungen stehen.

sucker   gutgläubiger Trottel.

sugar-coat mit Zuckerguß überziehen; in übertragenem Sinne »versüßen«.

sugar daddy reicher älterer Mann, der eine junge Frau aushält.

Sunset Strip Stadtviertel von Los Angeles, in dem sich gesellschaftliche Außenseiter aufhalten.

Super Bowl Meisterschaft im amerikanischen Fußball zwischen den Spitzenmannschaften der *National Football Conference* und der *American Football Conference*.

sure thing! aber sicher! sicher doch! burschikose Bestätigung oder Zusage; z. B. *»How about splitting a beer?« – »Sure thing.«* Ähnliche für den amerikanischen Sprachgebrauch typische Bestätigungsformeln: *(It) sure is;* oder *(I) sure do*. → *you bet*.

sweet potato Batate; im Gegensatz zu den allgemein bekannten *white potatoes* süß schmeckende rötlich-gelbe Wurzelknollen.

syndicated articles Zeitungsmeldungen und -artikel, die über eine Agentur *(syndicate)* an mehrere Zeitungen verkauft werden.

T

tacky minderwertig, schäbig. Aus den Südstaaten.

tailgate zu dicht auffahren *(tailgate* = Hecktür).

tailormade maßgeschneidert (auch im übertragenen Sinne).

take a back seat in den Hintergrund treten, sich zurückhalten. → *keep a low profile*.

take a crack at es versuchen mit; z. B. *let me take a crack at it*.

take a dim view of something etwas pessimistisch beurteilen; etwas mißbilligen.

take care! als Abschiedsformel, etwa wie »Mach's gut!«

take it out on someone seinen Zorn an jemandem auslassen.

take someone for a ride jemanden auf den Arm nehmen; jemanden reinlegen. Eine ältere Bedeutung ist aus amerikanischen Gangsterfilmen bekannt: in einem Auto entführen und umbringen.

take the cake den Preis davontragen, »den Vogel abschießen«. *That takes the cake!* Das ist Spitze! (auch ironisch).

take the Fifth Inanspruchname von Artikel 5 der *Bill of Rights* (Grundsatzkatalog) der amerikanischen Verfassung *(Fifth Amendment)*, der jedem das Recht auf Aussageverweigerung zubilligt, wenn er sich selbst belasten würde.

take the starch out of someone jemandem die letzten Kräfte rauben *(starch* = Stärkemehl).

take to one's heels Fersengeld geben, die Beine in die Hand nehmen.

talk a blue streak wie ein Wasserfall reden.

talk through one's hat dummes Zeug reden, den Mund vollnehmen.

talk turkey »Tacheles reden«, zur Sache kommen.

tall tale in der amerikanischen Erzähltradition verwurzelte Form der Erzählung, die von der phantasievollen Übertreibung lebt.

task force im Zweiten Weltkrieg gemischte Kampfverbände bei der Marine. Der Ausdruck bezieht sich heute auf Einsatzgruppen, Sonderdezernate bei der Polizei und andere Arbeitsgruppen.

tear-jerker Schnulze; Geschichte, die auf die Tränendrüsen drückt.

teddy bear die Herstellung und der Name des Plüschbären sind durch eine Karikatur inspiriert worden, die den Präsidenten Theodore (Teddy) Roosevelt als Großwildjäger mit einem Bärenjungen zeigt.

teetotaler Abstinenzler. Das Wort verbreitete sich in den dreißiger Jahren des 19. Jahrhunderts mit der von der *American Temperance Union* geforderten völligen Abstinenz. Die Wortbildung ergibt sich aus *T-total,* mit Reduplikation des T zur Verstärkung des Wortes.

televangelist   Prediger im Fernsehen.

tenderfoot   Neuling, Anfänger. Ursprünglich Neuankömmling im amerikanischen Westen, der noch nicht mit den Gefahren und Härten dort vertraut war (*tender* = weich, empfindlich).

Tex-Mex   Spezialitäten der Küche im Grenzgebiet von Texas und Mexiko.

Thanksgiving Day   Erntedankfest, das auf den vierten Donnerstag im November fällt; in den Vereinigten Staaten im besonderen zur Erinnerung an die erste von den *pilgrim fathers* eingebrachte Ernte. Der Tag wird für Familientreffen genutzt und heißt bei Kindern wegen des traditionellen Truthahnessens auch *Turkey Day.* → *cranberry.*

that made my day   das hat den Tag für mich gerettet.

that's about the size of it   genau! so ist es!

that's a horse of another color   das ist etwas ganz anderes.

that's a whole new ball game   das schafft eine völlig neue Situation; das ändert vieles.

that's the way the ball bounces   so ist das Leben; das ist der Lauf der Welt. Ähnliche Bedeutung hat: *That's the way the cookie crumbles;* Wendungen, die scherzhaft-tröstend nach einem Mißerfolg zu hören sind.

there is always room at the top   oben ist immer Platz. Mit dieser sprichwörtlich gewordenen Wendung antwortete der Staatsmann Daniel Webster (1782–1852), als man ihm davon abriet, Rechtsanwalt zu werden, weil der Beruf schon überfüllt war.

these are the times that try men's souls   In diesen Zeiten werden die Seelen der Menschen auf eine harte Probe gestellt. Thomas Paine (1737–1809), im ersten Jahr des amerikanischen Unabhängigkeitskrieges.

the $ 64 question   die entscheidende Frage. Nach einem Quiz im CBS-Rundfunkprogramm *Take It Or Leave It,* bei dem sich die Preise bei richtigen Antworten bis zu 64 Dollar verdoppelten (später im Fernsehen 64 000 Dollar).

thingamajig/thingumabob   das Dingsda. Ebenso: *watchemacallit, whats-it, whatsis.* → *gismo.*

think tank   Denkfabrik.

thorn in the flesh/side   Pfahl im Fleisch (2. Korintherbrief, XII, 7).

three-ring circus   »Affenzirkus«.

throw a monkey wrench in the works   etwas stören, zum Stillstand bringen. Wörtlich: einen »Engländer« (= Schraubenschlüssel) in eine Maschine werfen.

throw cold water on something   einen Dämpfer aufsetzen.

throw in the sponge/towel   »das Handtuch werfen«; aufgeben.

throw one's hat into the ring   wörtlich/ seinen Hut in den Ring werfen. In der Politik: seine Kandidatur erklären.

throw someone a curve   etwas Unerwartetes tun; jemandem etwas Unerwartetes sagen (Baseballsprache).

thumbnail sketch   eine kleine Skizze; eine Kurzdarstellung (*thumbnail* = Daumennagel).

thumb one's nose at somebody   jemandem »eine lange Nase machen«.

tickled pink   »ganz weg« vor Freude.

time is money   als Urheber dieser Floskel wird der amerikanische Staatsmann und Erfinder Benjamin Franklin (1706–1790) genannt.

time zones (time belts)   Zeitzonen. In den Vereinigten Staaten sind die wichtigsten: *Eastern time, Central time, Mountain time* und *Pacific time* – jeweils mit einer Zeitverschiebung von einer Stunde.

Tin Pan Alley   Viertel an der *Seventh Avenue* in New York, in dem Unterhaltungsmusik komponiert und produziert wird. Die Bezeichnung, in der *tin pan* soviel wie Klimperkasten bedeutet, wurde in anderen Großstädten übernommen.

tip someone off   jemandem einen Tip geben, jemanden warnen. *Tip-off* heißt Wink, Warnung.

tit for tat   wie du mir, so ich dir. *give someone tit for tat,* jemandem mit gleicher Münze heimzahlen.

to boot   zusätzlich, obendrein; z. B. *three hundred dollars a week and meals to boot.* (Das Wort hat nichts mit *boot,* Stiefel zu tun; es kommt von mittelenglisch *bote,* Vorteil).

tongue in cheek   ironisch, hintersinnig (reden). Wörtlich: mit der Zunge in der Backe.

toot/blow one's own horn wörtlich: ins eigene Horn stoßen, sein eigenes Lob singen.

top banana die Person an der Spitze, die Chefin/der Chef.

top-notch prima, erstklassig. Auch: *top-drawer*.

topsy-turvy drunter und drüber, chaotisch. In wörtlichem Sinne: von oben nach unten gekehrt.

a toss-up wörtlich: Hochwerfen (einer Münze). *It was a toss-up*, die Lage war völlig offen.

touch-and-go riskant, prekär. *It is touch-and-go*, es steht auf des Messers Schneide.

touch base (with) Verbindung aufnehmen (mit). *Although our children live abroad, they touch base with us quite often*.

township Gemeinde, Verwaltungsbereich innerhalb einer *county*, die wiederum Teil eines Bundesstaates ist.

traffic (öffentlicher) Verkehr; Handel, (unerlaubte) Geschäfte z. B. *drug trafficking*. Im Verkehrswesen weichen viele Bezeichnungen vom britischen Englisch ab; z. B. *cab, cabby* (Taxi, Taxifahrer), *divided highway* (Schnellstraße mit Mittelstreifen), *elevator* (Aufzug), *freeway* (gebührenfreie Schnellstraße), *intersection* (Straßenkreuzung), *line up* (sich anstellen), *parking lot* (Parkplatz), *precinct* (Polizei- oder Wahlbezirk), *sidewalk* (Bürgersteig), *subway* (U-Bahn), *trailer* (Wohnwagen), *transfer* (Umsteigekarte), *turnpike* (Mautstraße).

Tribeca/TriBeCa Künstler- und Wohnviertel, das in den frühen achtziger Jahren in Manhattan entstand. Das Akronym kommt von *Triangle Below Canal Street*, ebenso wie *SoHo* von *South of Houston Street*.

trump up erdichten, sich aus den Fingern saugen.

the tube das Fernsehen, die »Glotze«.

tunnel vision Scheuklappen.

turn over a new leaf ein neues Leben beginnen.

turn someone off jemanden anwidern.

turn thumbs down (on) etwas oder jemanden ablehnen (mit der bekannten Handbewegung).

turn up one's nose at someone or something die Nase über jemanden oder etwas rümpfen.

twiddle one's thumbs Däumchen drehen, die Hände in den Schoß legen.

twist someone's arm jemanden zu etwas zwingen. Wörtlich: jemandes Arm umdrehen.

two bits, four bits, six bits 25 cents, 50 cents, 75 cents.

tycoon Finanzmagnat, Industriekapitän.

U

UCLA University of California, Los Angeles.

The Ugly American William Lederer und Eugene Burdick schrieben 1958 ein Buch mit diesem Titel, in dem sich das Wort *ugly* allerdings nur auf die äußere Erscheinung der Titelfigur bezieht. Im Sprachgebrauch bezog sich die Floskel dann später auf die, die in dem Buch die eigentlichen Bösewichte waren: Diplomaten und Kaufleute, die sich im Ausland, besonders in der Dritten Welt, durch anmaßende Lebensführung und fehlende Beziehungen zu Land und Leuten unbeliebt machten.

the umpteenth der soundsovielte.

Uncle Sam Symbolfigur der Vereinigten Staaten (U. S.!), in Karikaturen dargestellt als hagere Gestalt mit rot-weiß-blauem Zylinder und Schwalbenschwanz. Sie wurde 1812 im Krieg gegen England geschaffen und wurde im Ersten Weltkrieg für die Anwerbung von Soldaten eingesetzt.

Uncle Tom Spottname für einen Schwarzen, der die Herrschaft der Weißen akzeptiert oder sich ihnen gegenüber ergeben und unterwürfig zeigt (nach der Titelfigur des Romans von Harriet Beecher Stowe).

Underground Railroad vor dem Bürgerkrieg organisierte Fluchthilfe für Sklaven.

unglue someone jemanden aus der Fassung bringen. *To come unglued* heißt aus der Fassung geraten.

Union so wurden seit Mitte des 18. Jahrhunderts die Kolonien, seit der Unabhängigkeitserklärung die damaligen Vereinigten Staaten und seit 1836 die Nordstaaten bezeichnet.

up one's alley nach jemandes Geschmack. *That's just up my alley,* das ist ganz mein Fall. → *cup of tea.*

up one's sleeve in petto, auf Lager. *He has something up his sleeve,* er führt etwas im Schilde. → *a card up one's sleeve.*

the upper crust die oberen Zehntausend, die Spitzen der Gesellschaft. (*crust* = Kruste). Sonst auch: *high society, upper classes.*

uppity aufgeblasen, hochnäsig, anmaßend.

upscale avanciert, was sozialen Rang, Einkommen oder Geschmack betrifft.

upset the apple cart (die Dinge/Pläne) über den Haufen werfen.

up the wall die Wände hoch. Oft in der Wendung: *to drive/send someone up the wall,* jemanden auf die Palme bringen.

uptight aufgebracht, nervös. *To get uptight about something,* sich über etwas aufregen.

(not) up to par/scratch/snuff meistens verneinend: nicht auf der Höhe, in Form.

V

varsity Kurzform für *university.*

vaudeville Musikvarieté, in den Vereinigten Staaten bis in die dreißiger Jahre sehr populär, heute im Fernsehen neu gestaltet. Ursprung im Französischen: *chansons du vau de Vire.*

VIP *(very important person)* wichtige, bekannte Persönlichkeit. → *big shot.*

voiceprint graphische Darstellung der Stimme zur Identifizierung.

W

wait until the dust settles warten, bis sich die Aufregung gelegt hat. (. . . bis der Staub sich gelegt hat).

walk out in Streik treten. Auch: *go on strike.*

Walter Mitty Spottname für einen Träumer, besonders für jemanden, der sich mit seinen Luftschlössern im Alltagsleben in Schwierigkeiten bringt. Nach James Thurbers bekannter Kurzgeschichte *The Secret Life of Walter Mitty.*

War of Independence (auch: Revolutionary War, 1775–1783) Unabhängigkeitskampf der dreizehn ursprünglichen britischen Kolonien, der mit der Gründung der Vereinigten Staaten endete. Zu den Hauptursachen gehörte die Unzufriedenheit der Kolonien mit der britischen Steuerpolitik (*»No taxation without representation!«*).

wash one's dirty linen in public seine schmutzige Wäsche in aller Öffentlichkeit waschen.

WASP *(White Anglo-Saxon Protestant)* protestantischer Amerikaner britischer oder nordeuropäischer Abstammung. Das Akronym wird häufig mit sozialkritischem Unterton verwendet. Der Begriff schließt Schwarze und andere ethnische Gruppen aus (*wasp* = Wespe).

waste one's breath in den Wind reden. *You are wasting your breath, save your breath,* du kannst dir die Worte sparen.

Watergate politischer Skandal im Weißen Haus während der Wahlkampagne 1972. Er entstand nach einem Einbruch in die Zentrale der Demokratischen Partei im Watergate-Komplex in Washington und hatte seinen Höhepunkt im Rücktritt Präsident Nixons. Analoge Wortbildungen bei anderen politischen Skandalen, z. B. *Irangate.*

water over the dam Ereignisse, die unwiderbringlich vorbei sind.

WCTU *Women's Christian Temperance Union.* Die im 19. Jahrhundert entstandene Frauenbewegung kämpfte gegen den Alkoholkonsum, und für moralische Aufrüstung. Eine spätere Gründung, die *ASL (Anti-Saloon League,* mit Slogan *The Saloon Must Go)* erzwang die Gesetzgebung zur → *Prohibition.*

wear out one's welcome länger bleiben oder öfter kommen als erwünscht; die Gastfreundschaft überstrapazieren.

wear thin »fadenscheinig« werden, sich erschöpfen (von Geduld, Witzen usw.).

West Point amerikanische Militärakademie im Staat New York.

wetback illegaler Einwanderer aus Mexiko. Anspielung auf das Durchschwimmen des Rio Grande. Illegal eingeschmuggelte Tiere wurden *wet ponies* oder *wet cows* genannt.

whale (the tar out of) someone vernichtend schlagen (*to whale* = verdreschen; *tar* = Teer).

what's eating you? was ist los mit dir? was wurmt dich?

what's good for General Motors is good for the country. Diesen Werbespruch lieferte unfreiwillig Charles E. Wilson, den Eisenhower als Verteidigungsminister vorschlug. Wilson wurde von einer Senatskommission auf Interessenkonflikte mit seiner früheren Tätigkeit als Präsident von General Motors hin angesprochen. Seine Antwort enthielt die obigen Worte.

what's sauce for the goose is sauce for the gander was dem einen recht ist, ist dem anderen billig.

what's the good word? freundliche Begrüßung, etwa: Wie geht's, wie steht's?

wheeler dealer ausgekochter Geschäftsmann; »Macher«.

when hell freezes over am Sankt-Nimmerleins-Tag. *until hell freezes over* = bis in alle Ewigkeit.

where the action is wo was los ist.

which twin has the Toni? Reklamespruch, der in den fünfziger Jahren entstand und seither immer wieder in abgewandelter Form erscheint. In der Urfassung sollte erraten werden, welcher der abgebildeten Zwillinge eine Dauerwelle vom Friseur und welcher die in der Werbung angepriesene Heimdauerwelle Marke Toni hatte.

whispering campaign Verleumdungskampagne.

whistle-blower jemand, der Mißstände an die Öffentlichkeit bringt. Wer dagegen nur Informationen »durchsickern« läßt, wird *leaker* genannt. Das ältere Wort *whistler* bedeutet Polizeispitzel; *blow the whistle on someone* heißt im ersten Sinne Straftaten oder Mißstände an die Öffentlichkeit bringen und im zweiten Sinne jemanden »verpfeifen«.

whistle in the dark im Dunkeln vor sich hinpfeifen. In übertragenem Sinne: sich selbst Mut machen.

whistle stop ein Kaff an der Bahnlinie.

white elephant kostspieliger, aber nutzloser oder kitschiger Gegenstand; auch: lästiger Besitz.

white lie Notlüge.

white slavery kriminelle Prostitution.

whitewash something etwas übertünchen, über einen politischen Skandal beschönigend berichten.

the whole ball of wax der ganze Kram, der ganze Laden; auch: *the whole kit and caboodle; the whole shebang.*

whole-hogger jemand, der etwas mit äußerster Konsequenz verfolgt; ein »Hundertfünfzigprozentiger«. *To go the whole hog* ist ganze Arbeit leisten; sich mit ganzer Kraft für etwas einsetzen.

a whole new ball game etwas ganz anderes, eine völlig neue Situation.

... widow Wortzusammensetzungen mit *... widow* sind in der Sprachgestaltung produktiv. *Golf widows* werden von *golf-crazy husbands, computer widows* von *computer freaks* allein gelassen. *Grass widows* sind im amerikanischen Englisch meist nicht Strohwitwen, sondern geschiedene oder getrennt lebende Frauen. Früher, bereits Mitte des 19. Jahrhunderts, wurde die *California widow*

bekannt, die zu Zeit des *gold rushs* von ihrem Mann verlassen wurde. → *forty-niner.*
the willies Unbehagen. In der Formulierung *it gives me the willies,* dabei wird mir »ganz anders«.
wing it improvisieren; z. B. *We didn't make reservations, we just winged it.*
win hands down mit Leichtigkeit gewinnen.
wisecrack Witzelei, Flachserei, Stichelei.
wise guy Schlawiner, »Klugscheißer«. → *smart aleck;* → *know-it-all.*
wishy-washy unentschlossen, lasch; »verwaschen«.
with flying colors mit fliegenden Fahnen; mit großem Erfolg.
Women's Lib Frauenbewegung. Der Ausdruck entstand mit der studentischen Protestbewegung der sechziger Jahre in den Vereinigten Staaten. Die aktiven Mitglieder der Bewegung, scherzhaft *Libbers* genannt, bevorzugten selbst die vollständige Form *Women's Liberation Movement.*

by word of mouth mündlich, gesprächsweise: *I was informed of his promotion by word of mouth.*
workaholic besessener Arbeiter, »Arbeitstier«. Nachbildung zu *alcoholic.*
World Series Höhepunkt der Baseballsaison mit Spitzenspielen der amerikanischen Mannschaften der *American League* und der *National League.*
worry wart jemand, der sich leicht Sorgen macht; Schwarzseher. Wörtlich: Kummerwarze.
worth one's salt sein Geld wert sein; aus der Zeit, in der Salz noch eine Kostbarkeit war.
worth one's weight in gold (nicht) mit Gold aufzuwiegen.
the wrong side of the tracks ärmliche Verhältnisse. Oft in der Formulierung *born on the wrong side of the tracks.* Die Redewendung spielt darauf an, daß die Bahnlinie in Städten häufig eine soziale Trennlinie ist.

X

xerox Photokopien herstellen, kopieren. Eine Photokopie ist *a xerox.*

X-ing als Abkürzung für *crossing* auf Straßenschildern, z. B. *deer X-ing,* Wildwechsel.

Y

Y *YMCA* oder *YWCA: Young Men's/Young Women's Christian Association; YM/YWHA: Young Men's/Young Women's Hebrew Association.* Die Organisationen bieten Übernachtungsmöglichkeiten, Mahlzeiten, auch Kurse etc. an. Daher Ausdrücke wie *staying at the Y.*
Yankee Bewohner der Neuenglandstaaten. Die Bezeichnung ist wahrscheinlich aus dem holländischen Namen *Jan Kees* hervorgegangen. Sie wurde ursprünglich als Spottname für Engländer in Connecticut verwendet und später von Südstaatlern für Nordstaatler. Im Zweiten Weltkrieg fanden sich dann sogar amerikanische Soldaten aus den Südstaaten von den Europäern so tituliert.
yellow feige. Auch: *yellow-bellied.*
yellow journalism Sensationspresse, Boulevardpresse. In diesem Sinne wurde die Bezeichnung bereits Mitte des 19. Jahrhunderts für Zeitschriften

und Bücher (häufig mit billigen gelben Einbänden) verwendet. Weithin bekannt wurde sie mit der Sensationsberichterstattung New Yorker Zeitungen im Krieg gegen die Spanier in Kuba 1898. Zur Verbreitung des Ausdrucks trug eine damals populäre Comic-Figur, *The Yellow Kid,* bei.

you bet wörtlich: Da kannst du drauf wetten. Emphatische Bejahung. → *sure thing.*

you can't win 'em all man muß auch verlieren können (oft zum Trost gesagt).

Young Turk Jungtürke; junger Revolutionär oder Reformer. Jungtürken nannten sich die politischen Reformer im Osmanischen Reich, die 1913 an die Macht kamen.

you're welcome als Antwort auf *thanks,* im Sinne von »Gern geschehen!«, »Bitte«, »Nichts zu danken!« oder »Keine Ursache!«.

Yuppie *(young urban professional)* karrierebewußter junger Mensch mit urbanem Lebensstil.

Z

zero in on something sich einschließen, sich auf etwas konzentrieren.

Zip Code Fünfstelliges Postleitsystem zur schnelleren Abwicklung der Postverteilung. *Zip* soll Schnelligkeit signalisieren, ist aber auch Akronym für *Zone Improvement Program.*

zombie Idiot, Schwachkopf. *like a complete zombie,* total »bescheuert«. Die Vorstellung vom Zombie ist im Wodukult Haitis und einiger amerikanischer Südstaaten begründet, ursprünglich auf eine Gottheit, dann auf wiederbelebte Tote bezogen.

Altgriechisch

Vorsilben

ἀ, ἀν (vor Vokalen) a, an
 sog. Alpha privativum = verneinendes Alpha, deutsch un- / An-archie (ohne Herrschaft, Gesetzlosigkeit)

ἀμφί amphi
 um, herum, von beiden Seiten / Amphi-theater (Rundum-theater)

ἀνά ana
 hinauf, auf, über ... hin, zurück, wieder / Ana-lyse (Auflösung) Ana-mnese (Wiedererinnerung)

ἀντί anti
 gegen / Anti-pathie (Abneigung)

ἀπό, ἀφ (vor H) apo, aph
 ab, von her, ver-, ent- / Apo-stel (Abgesandter) Apo-logie (Verteidigungsrede) Apokalypse (Enthüllung)

δι(ά) (di(a)
 durch, auseinander, zwischen / Dia-log (Zwiegespräch)

ἐκ, ἐξ ek, ex
 aus, heraus / Ek-stase (das Außersichgeraten)

ἐπί, ἐφ (vor H) epi, eph
 auf, bei, an für / Epi-demie (Seuche) eph-emer (für einen Tag, vergänglich)

εὖ eu
 gut, wohl / Eu-thanasie (Hilfe für guten Tod)

ὑπέρ hyper
 über / Hyper-tonie (überhoher Blutdruck)

ὑπ(ο) hypo
 unter / Hypo-these (Unterlage, Grundsatz)

κατ(ά), καθ kata, kath
 herab, hinab, über ... hin / Kata-log (Aufzählung), / kath-olisch (über die ganze Erde hin)

μετ(ά) meta
 nach, bei, anders, ver- / Meta-morphose (Verwandlung)

παρ(ά) para
 nahebei, neben, wider, gegen / para-dox (widersinnig)

περ(ί) peri
 herum, ringsum / Peri-pherie (Umfang, Randgebiet)

πρό pro
 vor / Pro-log (Vorwort)

σύν, σύμ, συλ syn, sym, syl
 mit, zusammen / Symbiose (Zusammenleben)

Vorwörter

ἀκρο akro
 hoch / Akro-polis (Hochstadt)

ἀρχή arch(e)
 erster, alt, ur- / Arche-typ (Urbild)

αὐτ(ο) aut(o)
 selbst, eigen / Auto-gramm (eigene Unterschrift)

βιο bio
 Leben / Bio-logie (Lehre vom Leben)

δεκα deka
 zehn / Deka-de (Anzahl von zehn)

δημο demo
 Volk / Demo-kratie (Volksherrschaft)

δι(ς) di(s)
 doppelt / Di-phtong (Doppellaut)

ἐνδο(ν) endo
 innen / endo-gen (von innen verursacht)

γεω geo
 Erde / Geo-graphie (Erdbeschreibung)

ὑδρ(ο) hydro
 Wasser / Hydro-dynamik (Wasserkraft)

κακο kako
 schlecht, übel / Kako-phonie (Mißklang)

μακρο makro
 groß / Makro-molekül (Riesenmolekül)

μεγα mega
 groß / Meta-lith (Großsteinblock)

μεσο meso
 in der Mitte, zwischen / Meso-potamien (Land zwischen den Flüssen)

μικρο mikro
 klein / Mikro-biologie (Wissenschaft von den kleinsten Lebewesen)

μονο mono
 allein / Mon-arch (Alleinherrscher)

νεο neo
 neu / Neo-faschismus

νευρο neuro
 Nerv / Neur-algie (Nervenschmerz)

οἰκο oiko
 Haus / Öko-nomie (»Hausverwaltung«, Wirtschaft)

ὀρθο ortho
 richtig / Ortho-graphie (Rechtschreibung)

παιδ paid
 Kind / Päd-agogik (Kindererziehung)

παλαιο palaio
alt / Paläo-graphie (Wissenschaft der alten Schriftarten)

παν pan
alles, ganz / Pan-orama (alles umfassender Rundblick)

φιλο philo
Freund, liebend / Phil-anthrop (Menschenfreund)

πολι poli
Stadt / Poli-klinik (Stadtkrankenhaus)

πολυ poly
viel / poly-phon (vielstimmig)

πρωτο proto
erster / Proto-typ (Urtyp)

ψυχο psycho
Seele / Psych-iater (Seelenarzt)

τηλε tele
fern / Tele-gramm (Fernschreiben)

θεο theo
Gott / Theo-logie (Lehre von Gott)

θερμο thermo
warm / Thermo-meter (Wärmemesser)

τρι tri
drei / Tri-logie (Folge von drei Dramen)

Nachsilben, die eine handelnde Person bezeichnen

-της ἀθλητής (athletes)
Athlet

-ος ἰατρός (iatros)
Arzt

-ων ἡγεμών (hegemon)
Führer

-τωρ ῥήτωρ (rethor)
Redner

Nachsilben, die eine Tätigkeit oder einen Zustand bezeichnen

-σις σκέψις (skepsis)
Betrachtung

-μα πρᾶγμα (pragma)
Tat

-ισμος ἀναχρονισμός (anachronismos)
-ασμος

-ια δημοκρατία (demokratia)
Demokratie

Nachsilben, die ein Werkzeug, Mittel oder einen Ort bezeichnen

-ειον μουσεῖον (mouseion)
Museum

-ιον γυμνάσιον (gymnasion)
Gymnasium

-τηριον κριτήριον (kriterion)
Unterscheidungsmittel

-τρον θέατρον (theatron)
Theater

Das griechische Alphabet

Zeichen   Aussprache   Namen
γροφ κλειν

Α	α	ă/ā	ἄλφα	Alpha
Ὁ	β	b	βῆτα	Beta
Γ	γ	g	γάμμα	Gamma
Δ	δ	d	δέμτα	Delta
Ε	ε	e	ἒψιλόν	Epsilon
Ζ	ζ	dz	ζῆτα	Zēta
ὐ	η	ä	ἦτα	Eta
Θ	θ/ϑ	th	θῆτα	Thēta
Ι	ι	ĭ /ī	ἰῶτα	Iota
Κ	κ	k	κάππα	Kappa
Λ	λ	l	λάβδα	La(m)bda
Μ	μ	m	μῦ	My
Ν	ν	n	νῦ	Ny
Ξ	ξ	ks/x	ξῖ	Xi
Ο	ο	ŏ	ὂ μικρόν	Omikron
Π	π	p	πῖ	Pi
Ρ	ϱ	r	ῥῶ	Rhō
Σ	σ, ς	s	σῖγμα	Sigma
Τ	τ	t	ταῦ	Tau
Υ	υ	ŭ/ū (y)	ὔψιλόν	Ypsilon
Φ	φ	ph/f	φῖ	Phi
Χ	χ	kh/ch	χῖ	Chi
Ψ	ψ	ps	ψῖ	Psi
Ω	ω	ō	ὦ μέγα	Oméga

Anmerkungen zum Gebrauch des Lexikons:

1. Griechische Wörter sind stets mit Tonzeichen (Akzent) versehen. In der lateinischen Umschrift ist die jeweils betonte Silbe mit einem Punkt markiert, bei Diphthongen steht der Punkt unter dem ersten Vokal.
2. Die altgriechische Aussprache mancher Buchstaben, besonders des Vokals η (eta) und der Diphthonge ει, ευ, αι, αυ, οι ist strittig. Wir sprechen sie heute wie im Deutschen aus. In der neugriechischen Sprache jedoch lauten η, ει, οι und υ wie unser deutsches i, αι wie ä, αυ wie ef, ευ wie af.
3. Zu achten ist auf die Unterscheidung der kurzen Vokale e und o (epsilon und omikron) von den langen ē und ō (eta und omega); letztere sind in der Umschrift mit Längsstrich gekennzeichnet.
4. Im Lateinischen wurde griechisches ai zu ae = ä, ei zu langem e oder i, oi zu oe = ö, k zu c = z. So sind Lautwechsel zu erklären wie:
Chimaira: Chimäre
eironia: Ironie
museion: Museum
oikonomia: Ökonomie
kylindros: Zylinder
5. γ wird vor γ, κ, χ immer als n gesprochen: ἄγγελος – angelos.
6. ς wird am Wortende geschrieben, sonst immer σ.

ἀ a, alpha

Alphabet: die beiden ersten Buchstaben (Alpha, Beta) der griechischen Schrift dienen der Benennung eines gesamten Sprachsystems.
A und O: A (Alpha) ist der erste, O (Omega) der letzte Buchstabe des griechischen Alphabets. »Ich bin das A und O« = der Anfang und das Ende (Geheime Offenbarung des Johannes 1,8); in der christlichen Literatur und Kunst auf Jesus Christus bezogen.

ἀχάτης achątēs
Achat: ein Halbedelstein

Ἀχιλλεύς Achilleus
Achillesferse: Achill, größter Held der Griechen im Trojanischen Krieg; war allein an der Ferse verwundbar. Dort traf ihn der tödliche Pfeilschuß des trojanischen Königssohn Paris.

ἀήρ aēr
Luft (*Aero-nautik,* Luftschiffahrt, *Aero-dynamik,* s. u. dynamis)

ἀγών agōn
Kampf (*Agonie* – Todeskampf)

ἀγρός agros
Acker (*Agronom:* akademisch gebildeter Landwirt)

αἰών aiōn
Ewigkeit (*Äonen:* unendliche Zeiträume)

αἴσθησις aisthēsis
Wahrnehmung (*Ästhetik:* ursprünglich die Lehre von der Wahrnehmung, Wissenschaft von den Gesetzen der Kunst und des Schönheitsempfindens; *Ästhet*)

αἰθήρ aithēr
Luft, *Äther*

Αἴολος Aiolos
Äolsharfe: nach Aiolos, dem Gott der Winde, benanntes Saiteninstrument, das, im Freien aufgehängt, durch den durchziehenden Wind erklang.

αἰτία aitia
Ursache (*Ätio-logie:* Lehre von den Ursachen einer Krankheit oder eines Kultes; *ätio-logisch:* Ursachen erklärend)

Ἀκαδήμεια Akadēmeia
Akademie (nach dem Halbgott Akademos benannter heiliger Bezirk bei Athen, in dem der Philosoph Platon lehrte)

ἀκρίβεια akribeia
Akribie: peinliche Genauigkeit

ἄκρος akros
hoch (*Akro-polis:* die auf einem Berg gelegene Burg, Stadt; *Akro-bat:* »auf den Zehenspitzen gehender« Seiltänzer, Turnkünstler)

ἀκουστικός akoustikos
hörbar (*Akustik:* Lehre von Gehör und Schall)

ἄλγος algos
Schmerz (*An-algie:* Schmerzunempfindlichkeit; *Analgetika:* schmerzstillende Mittel; *Nost-algie:* schmerzliches Heimweh)

ἄλλος allos
ein anderer, fremd.

ἀλληγορία allēgoria
Alle-gorie: »anderes Sagen«, Verbildlichung eines abstrakten Begriffs oder Vorgangs (*All-ergie:* Neigung eines Organismus, auf bestimmte Reize anders zu reagieren, als es der Norm entspricht)

ἀλλοπαθία allopathia
»fremde Einwirkung«, *Allo-pathie:* ärztliche Behandlung mit Gegenmitteln (Gegensatz: Homöopathie)

ἀλλότριος allotrios
fremdartig (*Allotria:* fremdartige Dinge, Spielereien, Dummheiten)

ἀμοιβός amoibos
abwechselnd (*Amöbe:* Einzeller von wechselnder Körperform)

Ἀμάζονες Amazones
Amazonen (Kriegerischer Frauenstamm am Kaukasus; a-mazos: brustlos)

ἀμβροσία ambrosia
Ambrosia: Speise der Götter

ἀμέθυστος amethystos
Amethyst: Edelstein, der angeblich vor Trunkenheit schützt.

ἀμνηστία amnēstia
Amnestie: Vergessen, Straferlaß

ἄμορφος amorphos
amorph: formlos, gestaltlos

ἀμφί amphí
(Vorsilbe) um-herum, von beiden Seiten (*Amphi-theater:* Rundtheater; *Amphi-bie:* in beiden Elementen, auf dem Lande und auf dem Wasser lebendes Tier)

ἀμφορεύς amphoreus
Amphore: zweihenkeliger Krug

ἀναιμία anaimía
Anämie: Blutmangel

ἀναισθησία anaisthēsía
Anästhesie: Unempfindlichkeit, Narkose; *Anästhesist:* Narkosearzt

ἀναρχία anarchía
Anarchie: Gesetzlosigkeit; *Anarchist*

ἀνέκδοτος anékdotos
»nicht herausgegeben«, *Anekdote:* kurze Geschichte

ἀνά aná
(Vorsilbe) hinaus, über, hin, zurück

ἀναβάλλειν anabállein
anheben (*Ana-bolika:* den Aufbau körpereigenen Eiweißes fördernde »anabole« Stoffe)

ἀναχωρήτης anachōrētēs
Ana-choret: Einsiedler

ἀναχρονισμός anachronismós
Ana-chronismus: falsche zeitliche Einordnung

ἀνάγραμμα anágramma
Ana-gramm: Umstellung der Buchstaben eines Wortes

ἀνὰ λόγον aná lógon
ana-log: vernunftgemäß, entsprechend (*Ana-logie:* Übereinstimmung)

ἀνάλυσις análysis
Ana-lyse: Auflösung, Zergliederung eines Ganzen in seine Teile

ἀνάμνησις anámnēsis
Erinnerung (*Ana-mnese:* Krankheitsgeschichte)

ἀναφορά anaphorá
Erheben, Aufsteigen, Steigern (*Ana-pher:* Wortwiederholung am Satz- oder Wortbeginn zum Zweck der Steigerung)

Ἀναστάσια Anastasía
»die Wiederauferstandene«, Vorname *Ana-stasia*

ἀνατολή anatolḗ
»Morgenland«, *Ana-tolien*

ἀνατομία anatomía
Ana-tomie: »Aufschneiden«, Lehre vom Körperbau der Lebewesen

ἄνεμος ánemos
Wind; *Anemone:* Buschwindröschen

ἀνήρ anḗr
Mann (*androgyn:* mannweiblich, zwitterhaft; Vornamen: *Andreas, Andrea*)

Ἄνδρα μοι ἔννεπε, Μοῦσα, πολύτροπον
Ándra moi énnepe, mousa, polýtropon...
Den Mann nenne mir, Muse, den vielgewandten ... (Homer, Odyssee 1,1). Die Eingangsworte der *Odyssee* des Dichters Homer

ἄγγελος ángelos
Bote, *Engel*

ἄγκυρα ánkyra
Anker

ἀνώμαλος anṓmalos
uneben, *anomal* (regelwidrig)

ἀνόρεκτος anórektos
ohne Appetit, *Anorexie:* Magersucht

ἀνώνυμος anṓnymos
anonym, ohne Namen

ἀντί antí
anti- (Vorsilbe) gegen, feindlich

ἀνταγωνιστής antagonistḗs
Anta-gonist, Widersacher, Widerstreiter (*Anti-gene:* Antikörpererzeuger; *Ant-arktis:* »gegenüber dem Norden«, Gebiet um den Südpol; *Anti-biotikum:* biologischer Wirkstoff gegen Viren)

ἀντινομία antinomía
Anti-nomie: Widerspruch

ἀντιπάθεια antipátheia
Anti-pathie: Abneigung

ἀντίποδες antípodes
Anti-poden: eigentlich Menschen, die auf dem entgegengesetzten Punkt der Erde leben; Menschen mit entgegengesetztem Standpunkt

ἀντίθερις antíthesis
Anti-these: Gegenbehauptung, Gegenbegriff

ἄνθος ánthos
Blume (*Antho-logie:* Blütenlese)

ἄνθραξ ánthrax
Kohle, *Anthrazit:* Steinkohle

ἄνθρωπος ánthrōpos
Mensch; *Anthropo-logie:* Menschenkunde; *An-*

thropo-phobie: Menschenscheu; *anthropo-morph:* menschlich gestaltet
ἄνθρωπος μέτρον ἁπάντων anthropos metron hapantōn:
»Der Mensch ist das Maß aller Dinge«: sogenannter »Homo-mensura-Satz« des griechischen Philosophen Protagoras
ἀορτή aortē
»die Aufsteigende«, *Aorta:* Schlagader
ἀπάθεια apatheia
Apathie: Teilnahmslosigkeit
ἀπορία aporia
Unwegsamkeit, Ratlosigkeit, *Aporie:* Unmöglichkeit, ein Problem zu lösen
ἀπό, ἀπ-, ἀφ- apo-, ap-, aph-
(Vorsilbe) von, von-her, ab
ἀφορισμός aphorismos
Aph-orismus: Geistesblitz
ἀπόδεικτος apodeiktos
apo-diktisch: keinen Widerspruch duldend
ἀποκάλυψις apokalypsis
Apo-kalypse: Enthüllung, Offenbarung, besonders Offenbarung des Johannes im Neuen Testament
ἀπολογία apologia
Apo-logie: Verteidigungsrede
ἀπόστολος apostolos
Apo-stel: Abgesandter
ἀποθήκη apothēkē
Apo-theke: Ablage, Aufbewahrungsort (für Heilmittel)
ἀποθέωσις apotheōsis
Apo-theose; Vergottung, Verherrlichung
ἀπότροπος apotropos
apo-tropäisch: abwendend, Unheil abwehrend
ἀψίς apsis
Apsis: eigentlich Verknüpfung, Wölbung, Rundung, das gewölbte Rundteil am Chor der Kirche
ἀρχαῖος archaios
archaisch: anfänglich, urtümlich, alt *(Archaik:* der erste griechische Kunststil; *Archaismus:* altertümliche Redewendung; *Archaikum:* Erdurzeit; *Archäopteryx:* Urvogel)
ἀρχαιολογία archaiologia
Archäologie: Altertumskunde
ἀρχή archē
Anfang, Herrschaft

ἀρχέτυπος archetypos
Archetyp: Urbild, Original
ἀρχεῖον archeion (lat. archivum)
Archiv: Regierungsgebäude, Aufbewahrungsort für amtliche Schriften; *Archivar*
ἀρχιτέκτων architektōn
Architekt: (erster, oberster) Baumeister
ἀρχιπέλαγος archipelagos
Archipel: (erstes, d. h. für die Griechen Ägäisches Meer: Inselmeer, Inselgruppe)
Ἀριάδνη Ariadnē
Ariadne (Ariadnefaden): Tocher des Kreterkönigs Minos; sie verliebte sich in den Athener Königssohn Theseus und schenkte ihm das Garnknäuel, mit dessen Hilfe er wieder aus dem Labyrinth herausfand.
ἀριστοκρατία aristokratia
Aristokratie: Herrschaft der Besten, des Adels
ἀριθμός arithmos
Zahl *(Arithmetik:* Lehre vom Rechnen mit Zahlen)
ἄρκτος arktos
Arktik, Bär, Sternbild des Bären, Norden *(Arktis:* das nördliche Polargebiet; *Antarktis:* Südpolargebiet)
ἄρωμα arōma
Aroma: Gewürz, Wohlgeruch
ἄρθρον arthron
Glied, Gelenk *(Arthritis:* Gelenkentzündung; *Arthrose)*
ἄσβεστος asbestos
unauslöschlich, *Asbest:* feuerfestes Material
ἀσέβεια asebeia
Asebie: Gottlosigkeit
ἄσκησις askēsis
Askese: Übung, Entsagung *(Asket, asketisch)*
ἀσθενής asthenēs
kraftlos, schwach, *asthenisch:* schwachwüchsig
ἄσφαλτος asphaltos
Asphalt: Erdharz, Pech
ἄσθμα asthma
Asthma: Atemnot, Keuchen
ἄστρον, ἀστήρ astron, astēr
Stern *(Aster:* Blume mit sternförmiger Blüte; Vorname *Astrid; Astro-naut; Astro-logie; Astro-nomie; Astro-physik)*
ἀσυλία asylia
Asyl: Unverletzlichkeit der Person und des Eigentums

ἄσυλον asylon
Asyl: Freistätte (für Verfolgte oder Obdachlose)

ἀθλήτης athlētēs
Athlet: Wettkämpfer

ἆθλος athlos
Wettkampf (*Bi-, Tri-, Pentathlon:* Doppel-, Dreifach-, Fünffach-Wettkampf)

Ἄτλας Atlas
Atlas: mythischer Riese, der das Himmelsgewölbe trägt; Kartensammlung; *Atlasgebirge* in Nordafrika; *Atlantischer Ozean,* der daran angrenzt

Ἀτλαντίς Atlantis
Atlantis: mythische Insel im äußersten Westen

ἀτμός atmos
Dunst (*Atmosphäre:* »Dunstkugel«, Gashülle eines Sterns)

ἄτομος atomos
Atom: nicht teilbar; in der griechischen Philosophie der kleinste Urstoff

αὐτός aut-os
selbst, eigen: *Aut-arkie:* Selbständigkeit, *autark; Autobiographie:* Selbst-Beschreibung; *auto-gen:* selbsttätig; *Autogramm:* eigene Unterschrift; *Autograph:* vom Verfasser eigenhändig geschriebenes Werk; *authentisch:* eigenhändig, echt; *auto-chton:* im Lande selbst geboren, Ureinwohner; *Auto-didakt:* einer, der sich selbst etwas beibringt; *Automat:* sich selbst bewegende Vorrichtung; *autonom:* einer, der nach eigenen Gesetzen lebt; *Autopsie:* eigenes Anschauen (einer Leiche)

τὸ αὐτό to auto
dasselbe (*Tautologie:* Wiederholung)

ἀξίωμα axioma
Axiom: Forderungen, Lehrsatz, der keinen Beweis braucht

ἄθεος atheos
gottlos, Gottesleugner, *Atheist:* jemand, der nicht an die Existenz Gottes glaubt

β b, beta

βάρβαρος barbaros
Barbar: urspr. einer, der unverständlich spricht, Nichtgrieche, Ausländer, dann: ungebildeter, grausamer Mensch

βαπτίζω baptizo
taufen (*Baptisten:* Sekte, die nur Erwachsene tauft; *Baptisterium:* Taufkapelle); Vorname: *Baptist*

βακτήριον baktērion
Stäbchen (*Bakterie:* stäbchenförmiges Kleinlebewesen ohne Zellkern)

βάλλειν ballein
werfen (*Ballistik:* Lehre vom Werfen, Schießen)

βαλλίζειν ballizein
die Beine hin- und herwerfen, tanzen (*Ballett; Ball; Ballade:* urspr.: Tanzlied)

βάλσαμον balsamon
Balsam; Balsambaumharz

βάναυσος banausos
Banause: urspr.: Ofenheizer = niedriger Handwerker, ungeistiger Mensch, Spießer

βαρύς barys
schwer (*Bar:* Maßeinheit für die Schwere der Luft, Luftdruck; *Baro-meter:* Luftdruckmesser, *Bariton:* schwer, tieftönende Stimme)

βασιλικός basilikos
königlich (*Basilika:* -königliche- Prachthalle für Gerichtsverhandlungen, später auch Markthalle, ging als basilica ins Lateinische über und bezeichnete einen rechteckigen Hallenbau mit mehreren Schiffen und oft halbkreisförmiger Apsis, der zum vorherrschenden Typus der frühchristlichen Kirche wurde)

βάσις basis
Basis: Schritt, Tritt, Grundlage

βήρυλλος bēryllos
Beryll: heller Halbedelstein (*Brille:* früher aus Beryll hergestellt; *Brillant:* durchsichtiger Diamant)

βίβλος biblos
Buch (eigentlich Bast der ägyptischen Papyrusstaude und das daraus hergestellte Papier)

βιβλίον biblion
Buch (Plural biblia, daraus: *Bibel:* Schriften des Alten und Neuen Testaments)
βιβλιογραφία bibliographia
Bücherverzeichnis, *Bibliographie*
βιβλιοθήκη bibliothēkē
Bibliothek: Büchersammlung; *Bibliothekar*
βίος bios
Leben (*Bio-chemie:* Chemie des Lebendigen, der Organismen; *Bio-genese:* Lehre, daß Leben nur durch Lebendes erzeugt wird; *Bio-graphie:* Lebensbeschreibung; *Bio-logie:* Lehre von den Lebensvorgängen; *Bio-top:* natürlicher Lebensraum; *Bio-synthese:* Aufbau organischer Stoffe durch lebende Organismen)
βλασφημία blasphēmia
Blasphemie: Gotteslästerung
βόμβος bombos
Summen, Dröhnen *(Bombe)*
ὁόσπμρος Bosporos
Bosporus: »Furt der Kuh«: Meerenge von Konstantinopel (Istanbul), über welche die von Hera in eine Kuh verwandelte Jo geflüchtet sein soll.

βοτάνη botanē
Pflanze (*Botanik:* Pflanzenkunde; *botanisieren:* Pflanzen sammeln)
βραχύς brachys
kurz (*Brachy-logie:* knappe Ausdrucksweise als Stilmittel)
βραδύς bradys
langsam (*Brady-kardie:* langsamer Herzschlag)
βρόμος bromos
Gestank (*Brom:* stinkendes chemisches Element)
βρόγχια bronchia
die in die Lunge auslaufenden Enden der Luftröhre (*Bronch[i]en:* Luftröhrenäste; *Bronchitis:* Entzündung der Bronchienschleimhäute)
βουκόλος bukolos
Rinderhirt (*Bukolik:* Hirtenpoesie)
βουλιμία bulimia
Bulimie: Heißhunger, Freßsucht
βούτυρον butyron
Butter, eigentlich »Rinderkäse«
βύρσα byrsa
Leder, Geldbeutel *(Börse)*

χ ch, chi

χάος chaos
leerer Raum, ungeordnete Masse, *Chaos*
χαρακτήρ charaktēr
Charakter: Gesamtheit der eine Persönlichkeit oder Sache prägenden Merkmale; eigentl. Prägung, Stempel
χάρις charis
Anmut, Gunst (*Chariten:* Göttinnen der Anmut)
χάρισμα charisma
Charisma: Gnadengabe (Ausstrahlung)
Χάρων Charōn
Charon: Fährmann, der die Toten in einem Kahn über den Grenzfluß Acheron in die Unterwelt (Hades) übersetzte.
χιασμός chiasmos
Kreuzstellung (*Chiasmus:* stilistische Figur mit kreuzweiser Stellung von Wörtern oder Begriffen, der Form des Buchstaben X entsprechend)
χίλιοι chilioi
tausend (daraus: *Kilo-: Kilo-gramm, Kilo-kalorie, Kilo-meter, Kilo-pond*)
χιλιασμός chiliasmos
Chiliasmus: frühchristliche Erwartung von einem tausendjährigen Gottesreich
χίμαιρα chimaira
Chimäre: eigentlich »Ziege«, Fabelwesen, vorne Löwe, in der Mitte Ziege, hinten Schlange; Phantasiegebilde
χείρ cheir
Hand (*Chir-urg:* »mit der Hand tätiger« Arzt; *Chiro-praktiker:* einer, der mit der Hand Schäden der

Wirbelsäule beseitigt; *Chiro-mantie:* Wahrsagen aus den Handlinien)

χλωρός chlōrọs
blaßgrün (*Chlor:* grüngelbes Gas; *Chloro-phyll:* Blattgrün; *Chloro-form:* Narkosemittel)

χόλος chọlos
Galle; Zorn (*cholerisch:* jähzornig; *Choleriker; Koller:* Wutausbruch; *Chole-sterin:* in der Galle anzutreffende Fettart)

χολέρα cholẹra
Cholera: Infektionskrankheit, die nach antiker Auffassung von der Galle ausgeht.

χορός chorọs
Tanzplatz, Tanz (*Chor:* ursprünglich Platz für die Sänger, Sängergruppe; *Choreographie:* Aufzeichnung von Tänzen, künstlerische Tanzgestaltung)

χρῖσμα chrịsma
Salbe, *Crème* (franz.)

χριστός christọs
gesalbt (*Christus:* »der Gesalbte«; Vornamen: *Christian, Christine, Christoph* = »Christusträger«)

χρῶμα chrọ̄ma
Haut, Hautfarbe, Farbe (*Chrom;* chemisches Element, dessen Verbindungen farbig sind; *Chromatin:* färbbarer Bestandteil des Zellkerns; *Chromosomen:* Träger der Erbinformationen im Zellkern, die das Chromatin enthalten)

χρωματικός chromatikọs
farbig; *chromatisch:* in Halbtönen fortschreitende Tonleiter, was eine besondere Klangfarbe ergibt

χρόνος chrọnos
Zeit (*Chrono-logie:* Zeitrechnung; *Chrono-meter:* Zeitmesser)

χρονικός chronikọs
die Zeit betreffend (*Chronik:* Aufzeichnung von Ereignissen nach der Zeit, Jahrbuch)

χρόνιος chrọnios
langdauernd, *chronisch*

δ d, delta

δαίμων dạimōn
Gottheit, guter oder böser Geist *(Dämon:* böser Geist, Teufel; *dämonisch)*

Δαμοκλῆς Damoklẹ̄s
Damokles-Schwert: sprichwörtlich für eine drohende Gefahr in scheinbar glücklicher Lage; Dionysos, Tyrann von Syrakus, ließ über dem Kopf seines Günstlings Damokles, während er an einer üppig gedeckten Tafel speiste, ein an einem Roßhaar befestigtes scharfes Schwert anbringen.

Δαναοί Danaọi
Danaer-Geschenk: sprichwörtlich für ein Geschenk, das Nachteil oder Gefahren bringt; die Danaer (bei Homer Name für die Griechen) ließen nach zehnjähriger Belagerung scheinbar als Geschenk das »Trojanische Pferd« vor den Mauern Trojas zurück.

δέκα deka
zehn (*Dekade:* Anzahl, Einheit von zehn, bes. zehn Tagen; *Deka-log:* Die zehn Gebote, *Deka-meron* [hemera: Tag]: »Zehntagebuch«, Titel der Novellensammlung von Boccaccio, in der an zehn Tagen jeweils zehn Geschichten erzählt werden.)

δελφίς delphịs
Delphin, Tümmler

δέλτα dẹlta
Delta, der vierte Buchstabe des griechischen Alphabets; nach der Form des großen Delta (Δ) wurde das Mündungsdreieck des Nil benannt.

δῆμος dẹ̄mos
Volk (*Demographie:* Volksbeschreibung, Bevölkerungsstatistik)

δημαγωγός dēmagōgọs
Demagoge: Volksführer, ursprüngl. in positivem Sinn, dann: Volksverführer; daher: *demagogisch*

δημιουργός dēmiourgọs
Demiurg: Schöpfergott; eigentlich Handwerker, Meister, Künstler

δημοκρατία dēmokratia
Demokratie: Herrschaft des Volkes
δέρμα derma
Haut (*Dermatologie:* Wissenschaft von der Haut und ihren Erkrankungen)
δεσπότης despotēs
eigentlich »Hausherr«, *Despot:* Gewaltherrscher; *despotisch:* willkürlich
διά/δι- dia-/di-
(Vorsilbe) durch, auseinander, zwischen
διαβήτης diabētēs
Dia-betes: eigentl. Durchgang (von großer Harnmenge), Zuckerkrankheit
διάβολος diabolos
Diabolos (der durcheinanderwirft), Teufel, Verleumder
διαβολικός diabolikos
diabolisch: teuflisch, gehässig, verleumderisch
διάδημα diadēma
Dia-dem: Krone, Stirnbinde (bei den Perserkönigen)
διάδοχος diadochos
Dia-doche: Nachfolger (in der Herrschaft)
διάγνωσις diagnosis
Dia-gnose: (ärztliche) Unterscheidung, Erkenntnis einer Krankheit
(*Diagonale:* zwei Ecken eines Vielecks verbindende Linie)
διάγραμμα diagramma
Dia-gramm: »Zeichnung«, graphische Darstellung
διακονία diakonia
Dia-konie: Dienst, später: christlicher Gemeindedienst
διάκονος diakonos
Diakon: Diener, bes. Kirchendiener. Hilfsgeistlicher; *Diakonisse:* Gemeindeschwester
διάλεκτος dialektos
Dia-lekt: Redeweise, Mundart
διαλεκτικός dialektikos
dia-lektisch: im Reden geschickt, im Disputieren geübt
διαλεκτική dialektikē
Dialektik: eigentl. die Kunst, in Rede und Gegenrede Widersprüche aufzudecken, die Wahrheit zu finden; in der Philosophie die Anwendung der logischen Denkgesetze

διάλογος dialogos
Dia-log: Zwiegespräch, Gespräch
διάλυσις dialysis
Dia-lyse: Trennung, Auflösung
διάρροια diarrhoia
Dia-rrhoe: Durchfluß, Durchfall
διοίκησις dioikēsis
Di-özese, eigentlich Hausverwaltung, krichliches Verwaltungsgebiet
δίοπτρον dioptron
Spiegel (*Di-optrie:* Brechkraft einer Linse)
δίαιτα diaita
(gesunde) Lebensweise, *Diät*
διδακτική didaktikē
Didaktik: Unterrichtslehre
δις, δι- dis, di-
zweimal, doppelt
δίλημμα dilēmma
Doppelschluß in der Form entweder – oder, *Di-lemma:* Schwierige Wahl zwischen zwei gleich unangenehmen Dingen, Klemme, Zwangslage
δίφθογγος diphthongos
Di-phthong: Doppellaut
δίπλωμα diplōma
Di-plom: doppelt gefaltetes Schreiben; Brief; Urkunde (*Diplomat:* durch Urkunde ausgewiesener Vertreter eines Staates im Ausland)
δίπτερος dipteros
Di-pteros: Tempel mit doppelter Säulenreihe
δίπυλον dipylon
Di-pylon: Doppeltor
δίστιχον distichon
Di-stichon: Zweizeiler, Doppelvers aus Hexameter und Pentameter
δίσκος diskos
Diskus: (Wurf-)scheibe, Platte (*Diskothek, Disco:* Tanzbar mit Schallplatten; *Disk, Diskette*)
δόγμα dogma
Dogma: Meinung, Beschluß, Glaubenssatz (*Dogmatik:* systematische Darstellung der Kirchenlehre; *Dogmatiker, dogmatisch, Dogmatismus*)
δόσις dosis
Dosis: (Arznei-)Gabe
δράκων drakōn
Schlange, *»Drache«*

Δράκων Drakōn
Drakon, Gesetzgeber (um 624 v. Chr.) in Athen, wegen seiner Härte bekannt: »drakonische Maßnahmen«

δρᾶμα drama
Drama: Handlung, Schauspiel (*Dramatik:* Bühnendichtkunst, auch Spannung, daher: *dramatisch; dramatisieren:* einen Stoff zu einem Drama verarbeiten, übertreiben; *Dramaturgie:* Schauspielkunde; *Dramaturg:* eigentl. Dramendichter, Spielleiter; *drastisch:* anschaulich, bühnenwirksam)

δρυάς dryas
Dryade: Baum-, Waldnymphe

δύναμις dynamis
Macht, Kraft

δυναμικός dynamikos
dynamisch: kräftig, kraftvoll, schwungvoll; *aero-dynamisch* (s. u. aer): die mechanische Wirkung der Luft betreffend; (*Dynamit:* Sprengstoff von hoher Kraft; *Dynamo[maschine]:* Vorrichtung zur Umwandlung von mechanischer in elektrische Energie; *Dynamik:* Lehre von den Bewegungen der Körper unter dem Einfluß von Kräften)

δυναστεία dynasteia
Dynastie: Herrschaft, Gewaltherrschaft, heute: Herrschergeschlecht, Königshaus

δυναστής dynastēs
Dynast: Machthaber, Herrscher

δυσεντερία dysenteria
Dysenterie: Durchfall, Ruhr

δύστροφος dystrophos
schwer zu ernähren (*dystrophie:* Ernährungsstörung, Unterernährung)

ἐ e, epsilon
ἠ e, eta

ἠχώ ēchō
Echo: Schall, Widerhall

εἰκών eikōn
Bild (*Ikone:* Heiligenbild; *Ikonographie:* Beschreibung, schriftl. Zusammenstellung von Ikonen; *Ikonoklast:* Bilder-(zertrümmerer)stürmer; *Ikonostase:* Bilderwand vor dem Altarraum in der orthodoxen Kirche)

εἰρωνεία eirōneia
Ironie: Verstellung, Spott

εἰρωνικός eirōnikos
ironisch, spöttisch

ἐκ- ek-
(vorsilbe) aus, heraus

ἐκκλησία ekklēsia
Ek-klesia: eigentl. »Versammlung der Herausgerufenen«, Gemeinde, Kirche

ἐκλεκτικός eklektikos
auswählend, *Ek-lektiker,* jemand, der aus verschiedenen Systemen auswählt.

ἐκλογή eklogē
Auswahl; *Ek-loge:* Hirtengedicht

ἔκστασις ekstasis
Ek-stase: das Außersichgeraten, Verzückung

ἐκζεῖν ekzein
aufschwellen, heraussieden (*Ek-zem:* Hautentzündung, Hautschwellung)

ἐλαστικός elastikos
getrieben, dehnbar, *elastisch*

ἐλεεῖν eleein
bemitleiden, sich erbarmen als Imperativform in: *Kyrie eleison,* verstümmelt: *Kyrieleis*

ἐλεγεῖα elegeia
Elegie: Klagelied, Trauerlied; *elegisch:* schwermütig

ἤλεκτρον ēlektron
1. natürliche Legierung von Gold und Silber;
2. Bernstein (*Elektrizität:* Energieform, ursprünglich durch Reiben von Bernstein erzeugt; *Elektrolyse:* chem. Zersetzung durch elektrischen Strom

[lyein = auflösen; *Elektrodynamik:* Lehre von der mechanischen Wirkung strömender Elektrizität [s. u. Dynamis]; *Elektro-en-zephalo-gramm* [EEG]: Aufzeichnng der elektrischen Gehirnströme [kephale = Kopf, Gehirn]; *Elektro-kardiogramm* [EKG]: Aufzeichnung der elektrischen Herzströme [kardia = Herz]; *Elektron:* kleinstes Teilchen der negativen Elektrizität; *Elektronenmikroskop:* Mikroskop, bei dem statt Licht Elektronen benutzt werden; *elektronisch:* auf Elektronenfluß beruhend)

ἐλέφας elephas
Elefant, Elfenbein

ἔλλειψις elleipsis
Ausbleiben, Mangel (*Ellipse:* 1. Auslassen von Redeteilen; 2. Kegelschnittkurve)

ἐλύσιον elysion
das elysische (Gefilde), *Elysium:* das paradiesartige Aufenthaltsgebiet der Seligen, vor allem der Heroen und Götterlieblinge; allgemein: paradiesische Gegend, in der man sorgenfrei leben kann (lat.: campi Elysii, frz.: Champs Elysées)

ἔμβλημα emblēma
Emblem: Sinnbild

ἔμβολον embolon
Keil, Pfropf (*Embolie:* Verstopfung eines Blutgefäßes)

ἔμβρυον embryon
Embryo: ungeborene Leibesfrucht

ἐμπειρία empeiria
Empirie: Erfahrung, Kenntnis; *empirisch:* aus der Erfahrung gewonnen

ἔμφασις emphasis
Hervorhebung, Verdeutlichung, *Emphase:* Nachdruck in der Rede; *emphatisch:* nachdrücklich

ἐμφύσημα emphysēma
Blähung, *Emphysem:* Luftansammlung im Gewebe

ἔνδημος endēmos
endemisch: im Lande befindlich, einheimisch

ἔνδον endon
innen, drinnen (*Endo-skop:* medizinisches Instrument zur Beobachtung des Körperinnern [skeptomai = betrachten]; *Endo-skopie; endo-gen:* von innen verursacht)

ἐνέργεια energeia
Energie: Kraft, Wirksamkeit

ἐγκύκλιος enkyklios
etwas, das im Kreis herumgeht (*Enzyklika:* Rundschreiben des Papstes; *Enzyklopädie:* Nachschlagewerk, das Gesamtwissen vermittelt, in der Antike: der Kreis von Wissenschaften und Künsten, die der freie Grieche in seiner Jugend treiben mußte, bevor er ins bürgerliche Leben eintrat)

ἐντελέχεια entelecheia
Entelechie: zielgerichtete Verwirklichung
Enzym s. u. zyme

ἐνθουσιασμός enthusiasmos
Enthusiasmus: Begeisterung, (göttliche) Verzükkung, *enthusiastisch:* begeistert

ἠώς ēōs
(Göttin der) Morgenröte, Morgen, Osten (*Eo-zän:* frühester Abschnitt der Tertiärzeit; *Eo-hippus:* Urpferd des Eozän; *Eo-sin:* in der histologischen Technik verwendeter roter Farbstoff)

ἐπί, ἐπ, ἐφ epi-, ep-, eph
(Vorsilbe) auf, bei, an, für, in

ἔφηβος ephēbos
Ephebe: junger Mann (von rund 18 Jahren)

ἐφήμερος ephēmeros
ephemer: eintägig, vergänglich

ἐπιδημία epidēmia
Epi-demie: Seuche

ἐπιδερμίς epidermis
Epi-dermis: Oberhaut, äußerste Schicht der Haut

ἐπίγονος epigonos
Nachkomme, *Epi-gone:* minderwertiger Nachfolger von großen Vorgängern

ἐπίγραμμα epigramma
Aufschrift, Inschrift (*Epi-gramm:* poetische Aufschrift, Grabinschrift, Grabgedicht, Sinngedicht, Spottgedicht)

ἐπιγράφειν epigraphein
daraufschreiben, eine Inschrift setzen (*Epi-graphik:* Lehre, Kenntnis von Inschriften)

ἐπίληψις epilēpsis
Anpacken (*Epi-lepsie:* Anfall, Fallsucht)

ἐπιφάνεια epiphaneia
Epi-phanie: Erscheinung einer Gottheit (*Epi-phanias:* Fest der Erscheinung Christi am 6. Januar)

ἐπείσοδος epeisodos
Eintreten, Erscheinen (im griechischen Drama Auftritt der Schauspieler zwischen den Liedern des

Chores, daher *Episode:* vorübergehendes Ereignis)

ἐπιστολή epistolḙ
Epi-stel: Botschaft, Brief, Mahnung

ἐπίθετον epi̯theton
Epi-theton: beigefügtes Wort

ἐποχή epochḙ
Anhalten, Zurückhalten, *Ep-oche:* Zeitabschnitt

ἐπῳδή epōdḙ
Zaubergesang, Gesang (*Ep-ode:* antike Form lyrischer Dichtung; im Chorlied der Schlußgesang)

ἔπεα πτερόεντα epe̯a pteroe̯nta
»Geflügelte Worte« aus dem oft wiederholten Homerischen Halbvers »sprach er (sie) die geflügelten Worte«; der Ausdruck beruht auf der Vorstellung, daß Worte wie auf Flügeln zum Ohr des Hörers gelangen. Die übertragene Bedeutung »bekanntes Zitat« geht zurück auf Georg Büchmanns im Jahre 1864 erstmals gedruckte Sammlung »Geflügelte Worte. Der Literaturschatz des Deutschen Volkes«.

ἔπος epos
Wort, Erzählung, Dichtung (*Epos:* Heldengedicht, vor allem die Ilias und Odyssee des Homer, große erzählende Dichtung; *episch:* breit erzählend; *Epiker:* epischer Dichter)

ἐπύλλιον epyllion
Epyllion: »Kleines Epos« – kleine Dichtung schöngeistigen Inhalts

ἔρεβος e̯rebos
der *Erebos,* Unterwelt

ἐρεμίτης eremi̯tēs
Eremit: Einsiedler

ἐρείκη ere̯ikē
Heidekraut (Frauenname *Erika*)

Ἐρινύς Erinys
Rachegöttin, Pl: *Erinnyen:* Rachegeister

ἔρις e̯ris
Streit (*Eris:* Göttin der Zwietracht; *Erisapfel:* Eris warf bei der Hochzeit des Peleus und der Thetis einen goldenen Apfel mit der Aufschrift »Der Schönsten« unter die Gäste, um den sich die Göttinnen Hera, Athena und Aphrodite bewarben; *Eristik:* Streitkunst)

ἔργον e̯rgon
Werk, Tat (*Ergo-nomie:* Wissenschaft von der Beziehung zwischen Mensch und Technik im Arbeitsprozeß; *ergonomisch; Ergo-meter:* Gerät zur Messung der Muskelarbeit)

ἐρωτική erōtikḙ
Liebeskunst; Liebesdichtung (*Erotik, erotisch*)

Ἐρώτιον Erọ̄tion
kleiner Liebesgott (*Eroten:* Amoretten, Putten)

ἐρύθημα erythēma
Erythem: Röte, Entzündung

ἐρυθρός erythro̯s
rot (*Erythro-zyten:* rote Blutkörperchen; *Erythräa:* Teil Abessiniens am »Roten Meer«)

ἔσχατος e̯schatos
letzter, äußerster (*Eschato-logie:* Lehre von den letzten Dingen, theologische Lehre vom Ende der Welt)

ἐσωτερικός esōterikọs
innerlich (*Esoterik:* Lehre für einen geheimen Kreis, nur für Eingeweihte)

ἐπησίαι etēsi̯ai
Etesien: Jahreswinde, besonders die im Hochsommer auf dem ägäischen Meer wehenden Nordwinde, Passatwinde

ἔθνος e̯thnos
Volk (*Ethno-genese:* Entstehung von Völkern; *Ethnographie* oder *Ethnologie:* Völkerkunde

ἔθος e̯thos
Aufenthaltsort, Gewohnheit, Brauch, Sitte (*Ethologie:* Verhaltensforschung; *Ethik:* die Lehre vom Sittlichen; *ethisch:* sittlich)

ἔτυμος e̯tymos
wahr, wirklich (*Etymologie:* Wissenschaft von der [wahren] Bedeutung und Herkunft der Wörter)

εὖ eu
gut

εὐχαριστία eucharisti̯a
Danksagung (*Eu-charistie:* Abendmahlfeier in der katholischen Kirche)

Εὐγένιος Euge̯nios
der Wohlgeborene (Männername *Eu-gen*)

εὐγενής eugenḙs
von guter Abstammung (*Eu-genik:* Lehre von der Erbgesundheit)

εὐφημισμός euphēmismo̯s
Eu-phemismus: »gute« beschönigende Redeweise

εὐφορία euphori̯a
guter Ertrag, Fruchtbarkeit

(*Eu-phorie:* Wohlbefinden, gute Stimmung; *euphorisch*)
εὐρυθμία eurythmịa
Ebenmaß (*Eu-rythmie:* ebenmäßig fließende Tanzbewegung)
εὐθανασία euthanasịa
guter Tod (*Eu-thanasie:* Sterbehilfe durch Medikamente)
εὐαγγέλιον euangẹlion
gute Botschaft (*Evangelium:* frohe Botschaft für die Christen = Neues Testament, überliefert durch die vier »Evangelisten«)
εὐνοῦχος eunụchos
Eunuch: Betthüter, Verschnittener
ἐξ ex-
(Vorsilbe) ex-

ἐξάνθημα exạnthēma
Ex-anthem: Hautausschlag
ἐξήγησις exẹgēsis
Führung, Deutung (*Ex-egese:* Erklärung der Bibel, eines Textes)
ἔξοδος ẹxodos
Ex-odos: Auszug des Chores im griechischen Drama; *Ex-odus:* Auszug der Israeliten aus Ägypten
ἐξορκιστής exorkistẹs
Ex-orzist: Beschwörer (böser Geister), *Ex-orzismus:* Teufelsaustreibung)
ἐξωτερικός exōterikọs
exoterisch: äußerlich, nicht geheim, allgemeinverständlich
ἐξωτικός exōtikọs
ausländisch; *exotisch:* fremd, fremdartig

φ siehe unter ph
γ g, gamma

γαλαξίας galaxịas
Galaxie: Milchstraße
γάμος gạmos
Heirat, Hochzeit, Ehe (*Mono-gamie:* Einehe; *Bigamie:* Doppelehe; *Poly-gamie:* Vielweiberei; *Endogamie:* Heirat innerhalb eines Stammes, Verwandtenehe; Gegensatz: *Exo-gamie*)
γαμέτης gamẹtēs
Gatte, Ehemann (*Gameten:* bei der Befruchtung verschmelzende Geschlechtszellen; *Iso-gameten:* in Form und Größe gleiche Gameten)
γάγγλιον gạnglion
Geschwulst, Überbein (*Ganglion:* Nervenknoten)
γάγγραινα gạngraina
Geschwür (*Gangrän:* Brand, Gewebetod)
γαστήρ gastẹr
Bauch, Magen (*Gastritis:* Magenentzündung; *Gastrula:* Embryonalstadium mit Urdarm)
γαστρονομία gastronomịa
Vorschriften für den Magen (*Gastronomie:* Kochkunst, Gaststättenwesen)

γεν- gen-
(Verbstamm) werden, entstehen
(*Genealogie:* Familien-, Stammbaumforschung; *Gen:* Erbanlage; *Genom:* die Gesamtheit der Gene in den Chromosomen des Zellkerns; *Genetik:* Vererbungslehre)
γένεσις gẹnesis
Genese: Entstehung, *Genesis:* Name für das erste Buch der Bibel (Schöpfungsgeschichte)
γῆ gẹ̄
Erde; Land
γεωδαισία geōdaisịa
Geo-däsie: Landverteilung, Erd- Landvermessung
γεωγραφία geōgraphịa
Geo-graphie: Erdbeschreibung, Erdkunde (*Geologie:* Wissenschaft vom Aufbau und Entwicklung der Erde; *Geo-morphologie:* Wissenschaft von der Entstehung und der Gestalt der Erdoberfläche; *Geophysik:* Physik der Erde; *geo-zentrisches* Weltbild: Weltsystem [des Ptolemaios, 2. Jh. n. Chr.] mit der Erde als Mittelpunkt)

γεωμετρία geōmetrịa
Geometrie: Erdmessung, Flächenlehre (*geometrischer Stil:* Stilart der ältesten griechischen Kunst, besonders in der Vasenmalerei, die durch geometrische Figuren und Formen gekennzeichnet ist)

γεωργικά geōrgikạ (biblịa)
Bücher und Lehren für die Landwirtschaft (*Georgika:* Dichtung, z. B. des Vergil, über das Landleben)

γεωργός geōrgọs
Bauer (Vorname *Georg*)

γεράνιον gerạnion
Geranie, Storchenschnabel

γέρων gẹrōn
Greis, alter Mann (*Geri-atrie:* Altersheilkunde, *Geronto-logie:* Erforschung des Alterns bzw. des Alters; *Gerusia:* Ältestenrat in Sparta; *Geronten:* Älteste)

γίγας gịgas
Gigant: Riese, *gigantisch:* riesenhaft (*Gigantomanie:* Sucht nach übertrieben Großem)

γλαύκωμα glạukōma
Glaukom: grüner Star

γλῶσσα glọssa
Zunge, Sprache, Äußerung (*Glosse:* Randbemerkung, Worterläuterung; *glossieren:* mit [spöttischen] Randbemerkungen versehen; *Glossar-[ium]:* Wörterverzeichnis)

γλυκερός glykerọs
süß (*Glycerin:* ein chemisch dreiwertiger Alkohol)

γλυκύς glykys
süß (*Glykose:* Traubenzucker; *Glykogen:* Leberstärke; *Glycirrhiza:* »Süßwurzel«, Süßholz; volksetymologisch: *Lakritze*)

γλυπ-, γλύφειν glyp-, glyphein
einschneiden, einmeißeln (*Glyptik:* Bildhauerei; *Glyptothek:* Skulpturensammlung)

γνώμη gnọ̄mē
Gnome: Sinnspruch

γνώμων gnọ̄mōn
Gnomon: Kenner, Zeiger der Sonnenuhr, astronomisches Instrument; verkürzt *Gnom:* Erdgeist, »Kenner der unterirdischen Schätze«

γνῶσις gnọ̄sis
Erkenntnis (*Gnosis:* religiös-philosophische Sekte der Spätantike, die eine tiefere Erkenntnis Gottes zu haben glaubte, *Gnostiker:* Angehöriger dieser Sekte)

γιγνώσκειν gignọ̄skein (gno-)
erkennen

γνῶθι σεαυτόν gnọ̄thi seautọn
»Erkenne dich selbst« – Inschrift am Apollotempel von Delphi, einem der sieben Weisen zugeschrieben

γόνυ gọny
Knie (*Gon-agra:* Kniegicht)

Γόρδιον Gọrdion
Hauptstadt Phrygiens in der heutigen Türkei – »*einen gordischen Knoten durchschlagen*«: eine schwierige Aufgabe auf einfache Weise lösen. Im Tempel von Gordion befand sich ein Kultwagen, dessen Deichsel mit einem kunstvollen Knotengeflecht befestigt war. Ein Orakel verkündete demjenigen, der diese Knoten lösen könne, die Herrschaft über ganz Asien. Im Jahre 334 v. Chr. zog Alexander der Große durch Gordion und löste die Aufgabe auf überraschende Weise: Er durchschlug die Knoten mit seinem Schwert.

γορίλλα gorịlla
Gorilla

γράμμα grạmma
Buchstabe, kleines Gewicht (*Gramm:* Gewichtseinheit; *Grammatik:* Sprachlehre, Schriftlehre; *Grammatiker:* Sprachforscher; *grammatisch:* die Sprachlehre betreffend; *Grammophon:* Gerät, das Tonaufzeichnungen wieder in Töne umsetzt, Schallplattenspieler)

γράφειν grạphein
schreiben (*Graphik:* Schreib- und Zeichenkunst; *Graphit:* Kohlenstoff, in Schreibstiften verwendet; *Graphologie:* Schriftdeutung)

γραφεῖον graphẹion
Griffel, Schreibstift

γρύφ gryph
(*Greif*) geflügeltes Wundertier

γυμνάσιον gymnạsion
Gymnasium: ursprünglich Platz oder Gebäude für sportliche Übungen; später wurde diese Turnschule zur Lernschule.

γυμναστική gymnastikẹ̄
Gymnastik: Turnkunst

γυνή gynẹ̄
Frau

(γυναικός) (gynaik-os)
(*Gynäkologie:* Lehre von den Frauenkrankheiten; *Gynäkologe:* Frauenarzt)
γύψος gypsos
Gips, Kreide

γύρος gyros
Kreis (*Gyroskop:* Gerät zur Veranschaulichung der Kreiselgesetze und der Erdbewegung; *Giro* [ital.]: Kreislauf des Geldes, bargeldloser Zahlungsverkehr von Konto zu Konto; *Gyros:* Drehspieß zum Grillen von Fleisch, gegrilltes Fleisch)

h

(»spiritus asper«, in der griechischen Schrift kein eigener Buchstabe, sondern ein Hauchzeichen in Form eines nach rechts offenen Häkchens, das vor oder über einen Vokal und den Buchstaben rho geschrieben wurde.)

Ἅιδης Haidēs
Hades: Name des Unterweltgottes, in übertragenem Sinn die Unterwelt selbst, ein Raum unter der Erde, den man sich als Aufenthaltsort der Seelen der Verstorbenen dachte.
ἅγιος hagios
heilig (*Hagio-graphie:* Darstellung des Lebens der Heiligen; *Hagia Sophia:* »Heilige Weisheit« – berühmteste Kirche des alten Konstantinopel, heute Moschee)
ἅλμα halma
Sprung (*Halma:* Brettspiel, bei dem mit den Spielsteinen über andere Steine gesprungen wird)
αἷμα, αἵματος haima, haimat-os
Blut (*Hämato-logie:* Lehre vom Blut; *Häma-tom:* Bluterguß; *Hämo-globin:* Farbstoff der roten Blutkörperchen; *Hämo-rrhoiden:* Venenknoten des Mastdarms mit gelegentlichem Blutfluß)
αἵρεσις hairesis
Wahl, Partei (*Häresie:* Sekte, Ketzerei; *Häretiker:* Angehöriger einer Sekte, der auswählt, was er glauben will; *häretisch:* ketzerisch)
ἅλς hals
Salz (*Halo-gene:* die salzbildenden Stoffe Fluor, Chlor, Brom, Jod; *Halo-phyt:* auf salzigem Boden gedeihende Pflanze; Ortsnamen wie *Hall, Halle, Reichenhall* usw.)
ἅπαξ hapax
einmal (*Hapax-legomenon:* ein nur einmal vorkommendes Wort)

ἅπλοος haploos
einfach (*haploid:* der einfach vorhandene Chromosomensatz)
ἅπτεσθαι haptesthai
berühren (*haptisch:* den Tastsinn betreffend)
ἁρμονία harmonia
Harmonie: Zusammenfügung, Übereinstimmung, Einklang; Zusammenpassen der Töne, nämlich in einer Tonart; *Harmonika:* Instrument, das ursprünglich nur eine Tonart spielen konnte; *Harmonium:* orgelähnliches Instrument
Ἅρπυιαι Harpyiai
Harpyien: mythische Raubvögel oder vogelähnliche Dämonen
ἡδονή hēdonē
Lust (*Hedonismus:* antike Philosophenschule, welche die durch Lust gewonnene Glückseligkeit als höchstes Ziel des Lebens ansah; *Hedoniker, Hedonist:* Anhänger dieser Lehre)
ἡγεμονία hēgemonia
Hegemonie: Führung, führende Rolle
ἑκατόμβη hekatombē
Hekatombe: Opfer von hundert Rindern, großes Opfer
ἑκατόν hekaton
hundert; verkürzt: hekto- (*Hektar:* 100 Ar, *hektographieren:* hundertmal vervielfältigen; *Hekto-liter:* 100 Liter)
ἥλιος hēlios
Sonne; personifiziert: *Helios* – Sonnengott (*Heli-*

um: Edelgas, das meist auf der Sonne nachgewiesen wurde; *Helio-tropismus:* Bezeichnung für Krümmungsbewegungen von Pflanzen zur Sonne hin; *helio-zentrisch:* auf die Sonne als Mittelpunkt bezogen)

ἕλιξ helix
gewunden, gekrümmt (*Heli-kopter:* Hubschrauber, Flugzeug mit sich drehenden Flügeln)

Ἑλλάς Hellas
Hellas, Griechenland

Ἕλλην Hellēn
Hellen, sagenhafter Stammvater der Griechen – *Hellenen* (*Hellenismus:* Epoche der griechischen Geschichte und Kultur von Alexander dem Großen bis zur römischen Eroberung)

Ἑλλήσποντος Hellēspontos
Hellespont: »Meer der Helle«, Meerenge der Dardanellen

εἱλώτης heilōtēs
Helot, Staatssklave in Sparta

ἡμισφαίριον hemissphairion
Halbkugel: *Hemisphäre* – Hälfte der Erd- oder Himmelskugel

ἧπαρ hēpar
Leber (*Hepatitis:* Leberentzündung; *Heparin:* in der Leber gebildete Substanz, die u. a. die Blutgerinnung verlangsamt)

Ἑρμῆς Hermēs
Hermes, Sohn des Zeus (*Herme:* Hermessäule; *hermetisch:* zu Hermes gehörig, verschlossen, geheimnisvoll)

Ἑρμαφρόδιτος Hermaphroditos
Hermaphrodit: Sohn des Hermes und der Aphrodite, Zwitter

ἑρμενευτική hermeneutikē
Hermeneutik: erklärende Deutung von Texten und Kunstwerken

ἥρως Hērōs
Heros, Held, Halbgott (*heroisch:* heldenhaft; *heroisieren:* zum Helden machen, *Heroine:* Halbgöttin; *Heroismus:* Heldenhaftigkeit)

ἕρπης herpēs
Herpes: Hautkrankheit, Flechte

ἑσπέριος hesperios
abendlich, westlich (*Hesperien:* Abendland; *Hesperiden:* die vier Töchter des Titanen Atlas, die im äußersten Westen der griechischen Welt goldene Äpfel bewachten)

ἑταίρα hetaira
Hetäre: Gefährtin, Geliebte, Freundin

ἕτερος hẹteros
anderer, zweiter, verschieden (*hetero-gen:* verschiedenartig; *Hetero-sexualität:* Sexualität, die sich auf das andere Geschlecht richtet)

εὑρίσκειν heuriskein
finden, erfinden (*Heuristik:* Erfindungskunst)

εὕρηκα heurēka
»Heureka«: »Ich habe es gefunden; ich hab's«. Der große Wissenschaftler Archimedes von Syrakus soll eines Tages den Auftrag erhalten haben, einen goldenen Weihkranz auf seine Echtheit hin zu prüfen, das Metall bei der Untersuchung aber völlig intakt zu lassen. In einem öffentlichen Bad soll er die Lösung gefunden haben: das Volumen des Kranzes durch Eintauchen ins Wasser zu bestimmen und das so bestimmte Gewicht des für den Kranz verwendeten Materials mit dem entsprechenden Gewicht reinen Goldes zu vergleichen. Begeistert über seine Entdeckung soll er sofort nackt, wie er war, mit dem Ruf »Heureka, heureka« nach Hause geeilt sein, um die Prüfung durchzuführen.

ἕξ hex
sechs (*Hexa-meter:* aus sechs Maßen, nämlich Daktylen, bestehendes Versmaß)

ἕξις hexis
Zustand (*Hektik:* eigentlich Abmagerung bei Schwindsucht, auch fieberhafter Erregungszustand; *hektisch:* erregt)

ἱερός hieros
heilig, priesterlich (*Hier-archie:* eigentlich heilige Herrschaft, Priesterherrschaft, dann auch allgemein Rangordnung, Rangfolge bei menschlichen und tierischen Organisationen; *Hiero-dule:* Tempelsklave oder -sklavin; *Hiero-glyphen:* heilige Schriftzeichen – besonders der ägyptischen Priester –, ägyptische Bilderschrift, schwer zu entziffernde Schrift; *Hieronymus:* männlicher Vorname)

ἵππος hippos
Pferd (*Hippo-drom:* Pferderennbahn; *Hippo-logie:* Pferdekunde; *Hippo-potamus:* Flußpferd, Nilpferd, *Phil-ipp:* »Pferdefreund«)

ἱστορία historia
Geschichte, Erforschung, Geschichtsschreibung (*Historiker:* Geschichtsschreiber; *historisch:* geschichtlich, überliefert)

ἱστός histos
Webstuhl, Gewebe (*Histo-logie:* medizinisch und biologische Lehre von den Geweben; *Histo-lyse:* Auflösung des Gewebes; *Hist-amin:* ein Gewebehormon)

ὅλος holos
ganz (*holo-graphie:* räumliche [Ganz-]abbildung mit Hilfe der Laserphotographie; *Holo-gramm:* dreidimensionale Abbildung; *Holo-kaustum* [lat.]: »völlig verbrannt«, Brandopfer; daher Holocaust: die Vernichtung der Juden durch das Nazi-Reich)

ὁμιλία homilia
Umgang, Unterhaltung, Rede (*Homilie:* Predigt; *Homiletik:* Lehre von der Abfassung von Predigten)

ὅμοιος homoios
ähnlich, gleichartig (*Homöo-pathie:* Heilmethode nach dem Grundsatz Ähnliches durch Ähnliches, das in kleinsten Mengen verabreicht wird, zu heilen; *homöo-therm:* Bezeichnung für Tiere mit weitgehend konstant bleibender Körpertemperatur, *Homoio-teleuton:* Stilfigur, welche sich durch ähnlich lautende Wortenden definiert)

ὁμός homos
gleich (*homo-gen:* gleichartig, von einheitlicher Herkunft oder Beschaffenheit; *homo-log:* gleichbenannt; *Homo-logie:* in der Biologie die Übereinstimmung bei Organen in bezug auf Lage und Herkunft; *Homo-sexualität:* Sexualität auf gleichgeschlechtliche Partner bezogen; *Homo-zygot:* mit gleichen Erbanlagen; *Homo-nyme:* gleichlautende Wörter von verschiedener Bedeutung, z. B. Bauer: Landwirt und Vogelkäfig)

ὁπλίτης hoplites
Hoplit: Schwerbewaffneter

ὥρα hora
Jahreszeit, Stunde (*Horen:* Göttinnen der Jahreszeiten oder der Rechtsordnung; *Horo-skop:* Betrachtung der [Geburts-]stunde, Schicksalsdeutung aus der Sternenkonstellation zum Zeitpunkt der Geburt)

ὁρίζων horizon
Horizont: Grenzlinie; Gesichtskreis (*horizontal:* waagerecht)

ὁρμᾶν horman
antreiben, erregen (*Hormone:* in den Körperdrüsen erzeugte Stoffe, die in anderen Organen Wirkungen auslösen)

ὕαινα hyaina
Hyäne

ὑάκινθος hyakinthos
Hyazinthe – Blume, die der Sage nach aus dem Blute des getöteten Hyakinthos entstanden sein soll.

ὕβρις hybris
Hybris, Übermut, Arroganz, Übertretung der den Menschen von den Göttern gesetzten Grenzen, die den Neid und Zorn der Götter nach Auffassung der Antike hervorruft.

ὕδρα hydra
Hydra: Wasserschlange

ὕδωρ hydor
Wasser (*Hydrant:* Wasserzapfstelle; *Hydrat, Hydrid:* chemische Verbindungen, die Wasserstoffe enthalten; *Hydro-dynamik:* Strömungslehre von Flüssigkeiten; *hydraulisch:* mit Flüssigkeit getrieben; *Hydro-lyse:* Spaltung chemischer Verbindungen durch Wasser; *Hydro-kultur:* Züchtung auf Nährstofflösung; *Hydro-logie:* Gewässerkunde; *Hydro-phyt:* Wasserpflanze; *Hydrierung, hydrieren:* Anlagern von Wasserstoff an Elemente oder Verbindungen in der anorganischen Chemie, z. B. Ammoniaksynthese oder Benzingewinnung aus Kohle; *Hydro-graphie:* Gewässerkunde)

ὑγίεια hygieia
Gesundheit (*Hygiene:* Gesundheitslehre; *hygienisch:* gesundheitlich einwandfrei)

ὑγρός hygros
feucht (*Hygro-meter:* Luftfeuchtigkeitsmesser, *hygro-skopisch:* Feuchtigkeit anziehend)

ὕλη hyle
Holz, Materie (*Hylo-zoismus:* Lehre griechischer Philosophen, nach der die Materie von Anfang an belebt ist)

ὑμήν hymen
Hymen: dünne Haut, Jungfernhäutchen

ὕμνος hymnos
Hymne: Lied, festlicher Gesang; Loblied

ὑπέρ hyper-
(Vorsilbe) über
Hyper-ämie: Blutüberfüllung, Blutandrang, Blut-

stauung; *Hyper-korrektheit:* übertriebene Korrektheit; *Hyper-thermie:* Überwärmung, erhöhte Körpertemperatur; *Hyper-baton:* Stilfigur, eigentlich ein »übergestiegenes« Wort, Wortversetzung: »Einst wird kommen der Tag«; *Hyper-bel:* Übertreibung, in der Mathematik: Kegelschnitt; *Hyperboreer:* weit im Norden wohnendes mythisches Volk; *Hyper-tonie:* erhöhter Blutdruck; *Hyper-trophie:* Überernährung, übermäßiges Zellenwachstum)

ὕπνος hypnos
Schlaf (*Hypnose, hypnotisieren:* durch bestimmte Reize in künstlichen Schlaf versetzen; *Hypno-manie:* Schlafsucht)

ὑπνωτικός hypnōtikọs
einschläfernd (*Hypnotika:* Schlafmittel)

ὑπό hypọ-
(Vorsilbe) unter
(*Hypo-chonder, Hypo-chondrie:* Schwermut, Trübsinn – die Milz, unter dem Hypochondrium, den Rippenknorpeln gelegen, galt als Sitz der Stimmungen; *Hypo-gäum:* unterirdischer Kultraum; *Hypotenuse:* die dem rechten Winkel eines Dreiecks gegenüber liegende – »darunterliegende« – Seite; *Hypo-thermie:* Untertemperatur; *Hypo-tonie:* Blutunterdruck, Muskelspannung unter der Norm; *Hypo-kausten:* »von unten geheizt«, antike Warmluftbeheizung von Räumen; *Hypo-thek:* Unterpfand, Verpfändung; *Hypo-these:* Unterlage, Annahme, Grundsatz; *Hypo-taxe:* Unterordnung im Satzgefüge; *Hypo-thalamus:* Abschnitt des Zwischenhirns)

ὑποκρίτης hypokrịtēs
Hypokrit: Heuchler; *Hypokrisie:* Heuchelei

ὕψος hypsos
Höhe (*Hypso-metrie:* Höhenmessung; *Iso-hypsen:* Linien gleicher Höhe)

ὑστέρα hystẹra
Gebärmutter (*Hysterie, hysterisch:* nervöser Krankheitszustand mit oft eingebildeten Symptomen – die antike Medizin vermutete den Sitz dieser Leiden in der Gebärmutter; *Hyster-ektomie:* operative Entfernung der Gebärmutter)

ὕστερος hysteros
später (*Hysteron-Proteron:* »Späteres – Früher«: Stilfigur, die Umkehrung der Wortfolge gegenüber dem natürlichen Ablauf der Ereignisse)

ι i, jota

ἴαμβος ịambos
Jambus: ein Versfuß, der aus einer kurzen und einer langen Silbe besteht

ἴασπις ịaspis
Jaspis: Halbedelstein

ἰχθύς ichthys
Fisch (*Ichthyo-saurier:* »Fischechse«, fossiles Wassertier)

ἰδέα idẹa
Aussehen, Erscheinung, Urbild, *Idee*

ἴδιος ịdios
eigen

ἰδίωμα idịōma
Eigenart, Eigentümlichkeit; *Idiom:* eigentümliche Sprache, etwa Mundart, Sprechweise

ἰδιώτης idiọtēs
einzelner Bürger, Privatmann; in Staatsgeschäften unerfahrener Laie, Stümper, daher später *Idiot:* schwach- oder stumpfsinniger Mensch; *idiotisch:* stumpfsinnig; *Idiotie;* Schwachsinn

Ikone s. u. eikon

Ἴλιον Ịlion
Ilion: alter Name für Troja, Hauptstadt des Troerlandes, daher der Titel »*Ilias*«, Epos des Homer über die Geschichte der Belagerung von Troja

ἰοειδής ioeidēs
veilchenfarbig (*Jod*, chemisches Element, das nach der Farbe seiner Dämpfe benannt ist)

ἰόν iọn
gehend (*Ion:* »gehend« – elektrisch geladenes Teilchen, das bei der Elektrolyse wandert)
Ἴωνες Ịōnes
Ioner, benannt nach dem mythischen Stammvater Ion. Sie gehörten zu den ältesten Volksstämmen Griechenlands und wohnten in Attika, auf den Inseln und an der Westküste Kleinasiens.
ἰῶτα iọ̄ta
Jota, der kleinste griechische Buchstabe, deshalb: »Kein Jota (nicht das geringste) weglassen«.
Ironie s. u. eironeia
ἶρις ịris
Regenbogen (*Iris:* 1. Regenbogenhaut des Auges, 2. Schwertlilie; *irisieren:* in den Farben des Regenbogens spielen)
ἰσχιάς ischiạs
Ischias: Hüftgelenkweh
ἴσος ịsos
gleich (*Iso-baren, Iso-hypsen, Iso-thermen:* Verbindungslinien zwischen Orten gleichen Luftdrucks, gleicher Höhe und gleicher Temperatur; *Iso-mere:* Stoffe, die trotz gleicher Zusammensetzung verschiedene Eigenschaften haben)
ἰσθμός isthmọs
Enge, Landenge, *Isthmus,* z. B. der von Korinth

K k, kappa

καιρός kairọs
rechte, günstige Zeit, *Kairos:* der günstige Augenblick
καιρὸν γνῶθι kairọn gnọ̄thi
»Den rechten Augenblick erkenne!« Spruch des Pittakos von Mylene, eines der sieben Weisen
κακός kakọs
schlecht (*Kako-phonie:* Mißklang; *Kako-stomie:* Mundgeruch)
λάκτος kạktos
Distelart, *Kaktus*
καλός kalọs
schön (*Kal-eido-skop:* »Schönbildseher«, Spielzeug, in dem durch Spiegelung entstandene »schöne« Muster betrachtet werden; *Kalo-derma:* »schöne Haut«, Name einer bekannten Hautcreme)
καλοκἀγαθία kalokagathịa
Kalokagathie: geistige und körperliche Tüchtigkeit, griechisches Erziehungsideal
κάλυξ kạlyx (lat. calix)
Blumenkelch, *Kelch*
καμάρα kamạra (lat. camera)
Gewölbe, *Kammer*
κάμηλος kạmēlos
Kamel
κάμινος kạminos
Ofen, *Kamin*
κανηφόρος kanē̇phọros
Kanephore: Korbträgerin, junge Frauen, die bei feierlichen Prozessionen Körbe für die Götter auf dem Kopf tragen
κάνναβις kạnnabis
Hanf, *Kannabis*
κανύστρον kanỵstron
Körbchen, *Kanister*
κανών kanọ̄n
Stab, Richtschnur, Regel, Norm, *Kanon*
karat s. u. keration
καρδία kardịa
Herz (*kardial:* das Herz betreffend)
καρκίνος karkịnos
Krebs
καρκίνωμα karkịnōma
Karzinom: Krebsgeschwür
καρωτίς karō̇tịs
Karotis: Hauptschlagader am Hals
καστανεία kastaneịa
Kastanie
κατά, κατ-, καθ-, katạ, kat-, kath- (Vorsilbe) herab, hinab, über – hin

καταχρᾶν katachrᾳn
mißbrauchen (*Kata-chrese:* Mißbrauch, falsche Verwendung eines sprachlichen Bildes, z. B. »stummer Aufschrei«)

κατάλογος katᾳlogos
Kata-log: Aufzählung, Verzeichnis

κατάλυσις katᾳlysis
Kata-lyse: Auflösung

καταρράκτης katarrᾳktēs
Kata-rakt: Wasserfall

κατάρρους katᾳrrhus
Herabfließen, *Katarrh:* Schleimhautentzündung des Rachens oder der Nase; daraus verballhornt: der »Kater« nach übermäßigem Alkoholgenuß, Katzenjammer

καταστροφή katastrophḛ
Kata-strophe: Umkehr, Umsturz, Zusammenbruch, Verhängnis, Belehrung

κατήχησις katḛchḛsis
Unterricht; *Kat-echese:* kirchlicher Unterricht; *Kat-echet*

κατηχισμός katēchismọs
Lehre; *Kat-echismus:* Lehrbuch der kirchlichen Lehre in Fragen und Antworten

κατηχούμενος katēchoumenos
Unterrichteter; *Kat-echumene:* Angehöriger der evangelischen Kirche, der durch Unterricht auf die Konfirmation vorbereitet wird.

κατηγορία katēgorịa
Anklage, Aussage; *Kat-egorie:* Grundaussage, höchster Gattungsbegriff in der Philosophie; *kategorisch:* bestimmt, unbedingt gültig; *kategorisieren:* in Begriffe, Gattungen einteilen

κατ' ἐξοχήν kat exochḛn
Kat-exochen: vorzugsweise, hauptsächlich

καθέδρα kathẹdra
Sitz, Lehrstuhl, *Katheder*
(*Kathedrale* [lat.]: Hauptkirche am Sitz eines Bischofs)

κάθετος kạthetos
herabgelassenes Senkblei; senkrechte Linie; *Kathete:* die Senkrechte im rechtwinkeligen Dreieck

καθετήρ kathetḛr
Sonde, *Kath-eter*

κάθοδος kạthodos
Hinuntergehen; Abstieg; *Kathode:* negativ geladene Elektrode (das positiv geladene Kat-ion »steigt zur negativ geladenen Kathode herab«; s. u. Kat-ion)

καθολικός katholikọs
kath-olisch: »alles umfassend«, allgemeingültig

κατιόν katiọn
»das Hinabsteigende«, *Kat-ion:* elektrisch geladenes Masseteilchen (das zur Kathode hinabsteigt)

καθαρός kathaṛọs
rein (*Katharer:* »Die Reinen«, mittelalterliche christliche Sekte, seit dem 11. Jahrhundert von der Kirche verfolgt, daraus: »*Ketzer*«; *Katharina, Käthe:* Frauennamen)

κάθαρσις kạtharsis
Reinigung, *Katharsis:* Reinigung der Seele des Menschen in der Tragödie, sittliche Läuterung

κέδρος kẹdros
Zeder

κενοάφιον kenotạphion
»leeres Grab«, *Kenotaph*

κένταυρος kẹntauros
Kentaur: Fabelwesen mit Pferdeleib und menschlichem Oberkörper

κέντρον kẹntron
Stachel, Spitze, Mittelpunkt (Stich der Zirkelspitze beim Kreisschlagen); lat.: centrum, daraus *Zentrum:* Mittelpunkt, Innenstadt, Partei der Mitte

κῆρ kḛr
Ker: Tod, Todesgöttin

κεραμική keramikḛ
Keramik: Töpferkunst, Töpferware

κεράτιον kerạtion
»Hörnchen«, Samen des Johannisbrotbaums, die als getrocknete Körnchen Gewichtseinheit für das Wiegen von Edelsteinen waren, daher *Karat:* Maßeinheit (0,2 Gramm) für Diamanten und Gold

κέρασος kẹrasos
Kirschbaum, *Kirsche*

κήρυγμα kḛrygma
Befehl; Verkündigung; *Kerygma:* Verkündigung des Evangeliums

κιλο s. u. χίλιοι

κινεῖν kinẹin
bewegen

κινητικός kinētikọs
zur Bewegung gehörend (*Kinetik:* Lehre von den Bewegungen der Atome und Moleküle; *kinetische*

Energie: Bewegungsenergie; *Kinesitherapie:* Heilbehandlung durch Bewegung; *Kinematograph* [Kurzform *Kino*]: Apparat zur Aufnahme und Wiedergabe bewegter Bilder)

κυριακή (οἰκία) kyriakę̄ (oikįa)
»Haus des Herrn«, *Kirche*

Κίρκη Kįrkē
Kirke, eine Tochter des Helios, welche die Gefährten des Odysseus in Schweine verwandelte, daher: *bezirzen* = verzaubern, bezaubern

κιρρός kirrhọs
blaßgelb (*Zirrhose:* urspr. der gelbliche Rest der geschrumpften Leber, Schrumpfung eines Organs)

κίστη kįstē
Kiste, Kasten

κληματίς klēmatįs
Klematis, ein Rankengewächs

κλέπτειν klẹptein
stehlen (*Klepto-manie:* krankhafter Trieb zu stehlen; *Klepthen:* »Räuber«, griech. Aufständische gegen die Türken im 18./19. Jahrhundert)

κλεψύδρα klepsỵdra
»Wasserdiebin«, *Klepsydra:* Wasseruhr, die mit dem ablaufenden Wasser das Ende der Redezeit anzeigt

κλῆρος klẹ̄ros
Los, erloster Landteil (*Kleruchen:* Bürger Athens, die erlostes Staatsland in Kolonien besaßen; *Klerus:* Anteil am geistlichen Dienst, dann die gesamte Priesterschaft; *Kleriker:* Geistlicher, Priester)

κλῖμα klįma
Neigung (der Erdachse), Himmelsgegend, Witterung; *Klima:* Gesamtheit der Witterungsbedingungen; *Klimatologie:* Klimakunde; *klimatisch; klimatisieren*

κλιμακτήρ klimaktẹ̄r
Leiterstufe, gefährliche Stufe im Leben, daher: *Klimakterium:* Wechseljahre

κλῖμαξ klịmax
Leiter (*Klimax:* Steigerung und Höhepunkt einer Entwicklung)

κλίνη klịnē
Bett

κλινικός klinikọs
bettlägerig *(Klinik:* Haus mit Betten für Kranke; *Kliniker; klinisch)*

κλιστήρ klistẹ̄r
Klistierspritze (*Klistier:* Einlauf, Darmspülung)

κοινός koinọs
gemeinsam (*Koine:* »die gemeinsame Sprache«, hieß die griechische Gemeinsprache, die sich seit dem 4. Jh. v. Chr. im gesamten Mittelmeerraum und bis Asien ausbreitete)

κόκκος kọkkos
Apfelkern, Beere; *Kokke:* kugelförmige Bakterie

κόλλα kọlla
Leim (*Kolloide:* leimgebende Substanzen; *Kollagene Fasern:* Faserarten des Bindegewebes, die durch Kochen Leim ergeben)

κόλον kọlon
Darm (*Kolik:* krampfartige Schmerzen, besonders im Darm; *Koli-bakterien:* im Dickdarm lebende Bakterien)

κῶλον kọ̄lon
Glied, Satzglied, *Kolon*

κολοσσός kolossọs
Riesenstandbild des Sonnengottes in Rhodos (*Koloß:* Bauwerk, Standbild von gewaltiger Größe; *kolossal:* riesengroß, erstaunlich; *Kolosseum:* das beim Koloß des Kaisers Nero befindliche riesige Amphitheater von Rom)

κῶμα kọ̄ma
tiefer Schlaf; *Koma:* Bewußtlosigkeit

κόμη kọmē
Haar (*Komet:* Stern mit Schweif)

κόμμα kọmma
Schlag; Satzglied, *Komma:* Beistrich

κόμμι kọmmi
Gummi

κομῳδία komōdịa
Komödie: Lustspiel

κόφινος kọphinos
Korb, »*Koffer*«

κόπρος kọpros
Kot, Mist (*Kopro-lalie:* Neigung oder Zwang, obszöne Wörter zu gebrauchen; *Kopro-lithen:* fossile Exkremente; *Kopro-phagen:* Kotfresser, Tiere, die sich vom Kot anderer Tiere ernähren)

κόρη kọrē
Mädchen, Puppe (*Kore:* Mädchenstatue; *Korenhalle:* die von Mädchenfiguren statt Säulen getragene Vorhalle des Erechtheions auf der Akropolis)

κοράλλιον korallion
»Püppchen«, *Koralle*

κορυφή koryphē
Gipfel, Spitze

κορυφαῖος koryphaios
Person an der Spitze, Anführer, *Koryphäe*

κόσμος kosmos
Ordnung, Schmuck, Weltordnung (*Kosmos:* Weltordnung, Weltall; *Kosmo-gonie:* mythische Lehre von der Entstehung der Welt; *Kosmo-naut:* Weltraumfahrer; *Kosmo-polit:* Weltbürger; *kosmisch:* das Weltall betreffend)

κοσμητική kosmētikē
Kunst des Schmückens; *Kosmetik:* Schönheitspflege (*Kosmetika:* Schönheitsmittel, *kosmetisch*)

κόθορνος kothornos
Stiefel, der Stelzschuh der Schauspieler in der Tragödie, *Kothurn*

κρανίον kranion
Schädel (*kranial:* kopfwärts, auf den Schädel bezogen; *Kranio-logie:* Schädellehre

κρατήρ kratēr
Mischkrug für Wein (*Krater:* trichterförmige Öffnung eines Vulkans)

κρίσις krisis
Entscheidung (*Krisis, Krise:* entscheidender Augenblick, gefährliche Lage)

κριτήριον kritērion
entscheidendes Kennzeichen, Unterscheidungszeichen, Mittel zum Urteilen, *Kriterium*

κριτικός kritikos
beurteilend, entscheidend (*Kritik, kritisch, Kritiker, kritisieren, Kritizismus*)

κροκόδιλος krokodilos
Krokodil

κρόκος krokos
Safran, eine *Krokusart*

κρύσταλλος krystallos
Eis, *Kristall*

κρύος kryos
Frost (*Kryo-technik:* Tiefgefriertechnik)

κρύπτειν kryptein
verbergen (*Krypta:* unterirdischer Raum unter einer Kirche, unterirdische Grabkirche; daher *Gruft, Grotte, Krypto-graphie:* Geheimschrift; *Krypto-gramm:* Geheimtext; *Krypto-gamen:* Pflanzen [mit verborgenen Geschlechtsorganen] ohne Blüten; *Krypton:* [verborgenes] sehr seltenes Edelgas; *kryptisch:* rätselhaft)

κτῆμα ἐς ἀεί ktēma es aei
»Besitz für immer« – so überschrieb Thukydides seine Geschichte des Peloponnesischen Krieges: ein Werk von dauerndem Wert

κυβερνήτης kybernētēs
Steuermann (*Kybernetik:* Lehre von sich selbst regulierenden Prozessen in Natur, Technik und Gesellschaft)

κύβος kybos
Würfel, *Kubus*

κύκλος kyklos
Kreis, Rad, *Zyklus* (lat.); *zyklisch:* sich regelmäßig wiederholend; *Zyklon:* Luftwirbel; *Zyklone:* Tiefdruckgebiet

Κυκλάδες Kyklades
Kykladen: die im Kreis um Delos liegenden Inseln des Ägäischen Meeres

κύκλωψ kyklōps
»kreisäugig«, *Kyklopen:* primitives Riesenvolk mit nur einem kreisrunden Auge auf der Stirn; man schrieb ihnen den Bau der »Kyklopischen Mauern« zu.

κύλινδρος kylindros
Walze, Rolle, *Zylinder:* röhrenförmiger Hohlkörper

κυνικός kynikos
hündisch, zynisch (*Kyniker:* antike Philosophen, deren Ziel Bedürfnislosigkeit und Gleichgültigkeit gegenüber den materiellen Werten war, und die daher wie Hunde außerhalb der Gesellschaft lebten und für diese nur beißende = *zynische* Kritik übrig hatten)

κύφωσις kyphōsis
Buckel, *Kyphose:* Rückgratverkrümmung

κύπριον (μέταλλον) kyprion (metallon)
zyprisches Erz, »*Kupfer*«

κυριε ἐλέϊσον kyrie eleison
»Herr, erbarme dich!«: Bittruf im christlichen Gottesdienst, häufig als Refrain benutzt

κύστις kystis
Blase (*Zyste:* mit Flüssigkeit gefüllter Hohlraum, Geschwulst)

λ l, lambda

λαβύρινθος labyrinthos
Labyrinth: »Haus der Doppelaxt«, Palast des Königs Minos auf Kreta mit vielen Gängen und Räumen, allgemein: Bauwerk mit vielen Gängen, aus dem der Ausweg kaum zu finden ist, Irrgang; *Ohrlabyrinth:* das innere Ohr mit seinen vielen Windungen

λαϊκός laïkos
zum Volk gehörig (*Laie:* Nichtgeistlicher, Nichtfachmann)

Λάκων Lakōn
Spartaner (*lakonisch:* nach Art der Spartaner, kurz und bündig, wortkarg)

λαμπάς lampas
Fackel, Leuchte, »*Lampe*«

λάρυγξ laryngx
Schlund, Kehle, *Larynx:* Kehlkopf

λάθε βιώσας lathe biosas
»Lebe im Verborgenen!« »Lebe zurückgezogen!« Wichtige Lebensregel der epikureischen Philosophie

λειτουργία leiturgia
Dienst für die Gemeinde, Gottesdienst, *Liturgie*

λέκιθος lekithos
Eidotter (*Lecithin:* Eiweißstoff)

λέκυθος lekythos
Lekythe: Öl- oder Salbenflasche

λεόπαρδος leopardos
Leopard

λέπρα lepra
Lepra: Aussatz

λεπτόσωμος leptosōmos
leptosom: schlank, mager

Λέσβιος Lesbios
lesbisch = von der Insel Lesbos (*lesbische Liebe:* durch die Dichterin Sappho von Lesbos bekannt gewordene Liebe unter Frauen)

ληθαργία lēthargia
Schlafsucht, Trägheit, *Lethargie, lethargisch*

λευκός leukos
weiß (*Leuk-ämie:* »weißes Blut«: Übermaß an weißen Blutkörperchen; *Leuko-penie:* Mangel an weißen Blutkörperchen; *Leuko-zyten:* weiße Blutkörperchen)

λευκοϊον leukoïon
Levkoje

λεξικόν (βιβλίον) lexikon (biblion)
Wörterbuch, *Lexikon*

λίμνη limnē
See, Teich (*Limno-logie:* Wissenschaft von stehenden Gewässern)

λίπος lipos
Fett (*Lipo-ide:* fettähnliche Substanzen; *Lipase:* zur Verdauung des Fettes dienendes Ferment; *Lipom:* Fettgeschwulst)

λιτανεία litaneia
Bittgesang, *Litanei*

λίθος lithos
Stein (*Litho-graphie:* Steindruck)

λιτότης litotēs
Litotes: Stilfigur, Verneinung mit dem Ziel der verstärkten Bejahung, z. B. nicht schlecht = sehr gut

λόγος logos
Wort, Satz, Gedanke, Begriff, Sinn ...*logie* = ...*lehre:* Wissenschaft von ... (*Log-arithmus:* »Denkzahl«, mathematischer Begriff; *Logik:* Denklehre, Wissenschaft von den Formen und Gesetzen des Denkens; *logisch:* denkrichtig, folgerichtig; *Logistik:* 1. mathematische Logik; 2. militärische Versorgung und Infrastruktur; *Logo-pädie:* »Sprecherziehung«, Therapie von Sprachstörungen)

λωτός lōtos
Lotos, *Lotus:* Name verschiedener Pflanzen, z. B. Lotusklee, Seerose (*Lotophagen:* »Lotusesser«: mythisches Volk, das sich von Lotusblumen ernährte)

Λυκεῖον Lykeion
Name des Ortes in Athen mit Heiligtum des Apollon Lykeis, wo Aristoteles lehrte, daher *Lyzeum:* höhere Lehranstalt, Oberschule für Mädchen als Gegenstück zum Gymnasium im 19. Jahrhundert

λύρα lyra
Lyra: Saiteninstrument, »*Leier*« (*Lyrik:* urspr. mit Lyrabegleitung vorgetragenes Gedicht, Gefühlsdichtung; *Lyriker, lyrisch*)

μ m, my

μάγμα magma
geknetete Masse, Salbe (*Magma:* glutflüssige Gesteinsmasse im Erdkern)

μαγνήτης magnētēs
Magnet

μάγος magos
Magier: urspr. Angehöriger einer mächtigen Priesterkaste bei Persern und Medern, bekannt für ihre Stern- und Traumdeutkunst; dann Sammelbegriff für Wahrsager, Zauberer, Gaukler; *Magie:* Zauberei, *magisch:* geheimnisvoll, übernatürlich)

Μαίανδρος Maiandros
Mäander (heute Menderes) Name eines Flusses in Kleinasien mit sehr gewundenem Lauf, daher *mäandrieren, Mäanderornament*

μαιευτική maieutikē
Hebammenkunst (*Mäeutik:* die Fragetechnik des Sokrates – durch Frage und Antwort – die im Schüler schlummernde Erkenntnis zu »entbinden«)

μακρός makros
lang, groß (*Makro-biotik:* die Kunst, lange zu leben, d. h. schädigende Umwelteinflüsse zu vermeiden; *Makro-kosmos:* Weltall; *Makro-phagen:* Freßzellen; *Makro-molekül:* Riesenmolekül aus tausend und mehr Atomen; *makro-skopisch:* mit bloßem Auge sichtbar; Gegensatz: *mikroskopisch*)

μανία mania
Raserei, Wahnsinn (*Manie:* Sucht, Wahnsinn; *manisch:* wahnsinnig)

μαινάς mainas
Mänade: »rasende« Frau aus dem Gefolge des Dionysos

μαντική mantikē
Mantik: Gabe der Wahrsagung, Wahrsagekunst

Μαραθών Marathōn
Marathon, Stadt rund 40 km nordöstlich von Athen. 490 v. Chr. siegten dort die Griechen über die Perser. Ein Läufer brachte die Siegesnachricht nach Athen, daher Marathonlauf.

μαργαρίτης margaritēs
Perle (*Margarete:* Frauenname; *Margerite:* Blume;

Margarine: Kunstfett, benannt nach dem Perlglanz mancher Öle)

μάρμαρος marmaros
Marmor (lat.)

μάρτυς martys
Zeuge (*Märtyrer:* Blutzeuge während der ersten Christenverfolgung, dann jemand, der für eine gute Sache leidet; *Martyrium:* Märtyrertum, daraus *Marter, martern; Martyrologium:* für den Gottesdienst bestimmtes Verzeichnis von Märtyrern)

μάθημα mathēma
Wissen, im Plural: das Wissen schlechthin = die *Mathematik*

μαθηματική mathēmatikē
Mathematik: Wissenschaft von den Zahlen und Größen

Μαυσωλεῖον Mausōleon
Mausoleum, das für König Mausolos in Halikarnass errichtete prächtige Gebäude; allgemein: Grabgebäude

μηχανή mechanē
Werkzeug, Hilfsmittel, *Maschine*

μηχανική mechanikē
Mechanik, »Maschinenkunst«, ursprünglich die Kunst Geräte herzustellen und zur Bewegung von Gegenständen einzusetzen, dann Wissenschaft von der Bewegung und dem Gleichgewicht von Körpern (*Mechaniker, mechanisch, Mechanismus, Mechanisierung*)

μηδὲν ἄγαν mēden agan
»Nichts im Übermaß!« – soll neben »Erkenne dich selbst!« als Inschrift am Apollontempel in Delphi gestanden haben; der Spruch wird den Sieben Weisen zugeschrieben.

μέγας, μεγάλη, μέγα megas, megalē, mega
groß (*Mega-lith:* großer Steinblock, daher: *Megalithgrab, Megalithkultur, megalithisch; Megalomanie:* Größenwahn; *Mega-* als Maßeinheit »1 Million«: z. B. Mega-hertz, Mega-watt; *Megaphon:* Sprachrohr zur Verstärkung der menschlichen Stimme)

μέγαρον megaron
Megaron: »großer Saal«, der älteste griechische

Haustyp, rechteckig mit Giebeldach; daraus leitet sich der Grundriß des griechischen Tempels ab.

Μέγαιρα Mẹgaira
Megaira, Name einer der Erinnyen (*Megäre:* böse Frau)

μειοῦν meiọun
verkleinern, verringern (*Meiose:* Reduktionsteilung bei der Reifeteilung der Keimzellen)

μέλας mẹlas
schwarz (*Melanin:* dunkler Farbstoff, Pigment; *Melanie:* »die Schwarze«, Frauenname; *Melasse:* schwarz-braune Flüssigkeit bei der Zuckergewinnung; *Melanom:* bösartiges schwarzes Pigmentgeschwulst; *Melatonin:* Hormon)

μελαγχολία melancholịa
»schwarze Galle«, Gallenkrankheit; *Melancholie:* Schwermut

μελῳδία melōdịa
Gesang, *Melodie* (*Melodrama:* Schauspiel mit Musik)

μῆλον mẹlon
Apfel, *Melone* (ital.: »großer Apfel«)

μήν mẹn
Monat (*Men-arche:* erstmalige Monatsblutung der Frau; *Meno-pause:* Ende der Monatsblutungen)

Μῆνιν ἄειδε, θεά, Πηληιάδεω Ἀχιλῆος ...
Mẹnin aẹide, theạ, Pēlēiadeọ Achilẹos ...
Vom Zorn singe, Göttin, des Peleussohnes Achilleus ...
Der erste Vers der *Ilias* des Homer, das älteste Werk der europäischen Literatur aus dem 8. Jh. v. Chr.

μηνισκός menịskọs
halbmondförmiger Körper (*Meniskus:* Knorpelscheibe im Kniegelenk)

μῆνιγξ mẹninx
(Gehirn-)Haut (*Meningitis:* Hirnhautentzündung)

Μέντωρ Mẹntōr
Mentor: älterer Freund und Ratgeber (des jungen Telemach in der Odyssee)

μέσος mẹsos
in der Mitte, mittlere (*Mes-enchym:* embryonales Bindegewebe zwischen äußerem und innerem Keimblatt; *Meso-derm:* mittleres Keimblatt; *Mesonen:* Gruppe mittelschwerer Elementarteilchen; *Meso-phyten:* Pflanzen mit mittlerem Wasserbedarf)

Μεσοποταμία Mesopotamịa
Meso-potamien: »Land zwischen den Flüssen« Euphrat und Tigris

μετά, μετ-, μεθ- metạ-, met-, meth-
(Vorsilbe) nach, mit, inmitten, anders, ver ...

μεταμόρφωσις metamọrphōs
Umgestaltung, Verwandlung; *Meta-morphose:* Verwandlung in eine andere Gestalt, Form

μετάνοια metạnoia
Umdenken, Sinnesänderung; *Meta-noia:* Buße

μεταφορά metaphorạ
Übertragung (*Meta-pher:* Redewendung, in der statt der eigentlichen Bezeichnung eine übertragene gebraucht wird, z. B. »der Motor singt«

τὰ μετὰ τὰ φυσικά tạ metạ tạ physikạ
»die Bücher nach denen über die Physik = über die Naturwissenschaften«; so hießen die Bücher des Aristoteles, in denen er Ursachen und Prinzipien des Seins untersuchte, daraus Metaphysik: die Philosophie, die sich mit dem befaßt, was hinter, d. h. jenseits des mit Sinnen Erfaßbaren liegt.

μετάστασις metạstasis
Umstellung, Wanderung (*Meta-stase:* Abwanderung bösartiger Geschwulstzellen, Tochtergeschwulst)

μετάθεσις metạthesis
Umsetzung, Umwandlung (*Meta-these:* Lautumstellung in einem Wort)

μετέωρος metẹōros
»mitten in die Luft gehoben« (*Met-eor:* Sternschnuppe; *Met-eorit:* Bruchstücke eines Himmelskörpers; *Met-eorologie:* Wetterkunde)

μέθοδος mẹthodos
Weg, um etwas zu erreichen, Gang der Untersuchung, planmäßiges Verfahren, *Met-hode*

μετόπη metọpē
Met-ope: Feld zwischen den Dachbalkenköpfen am dorischen Tempel

μέταλλον mẹtallon
Bergwerk, Grube, Stollen; lat.: metallum: Bergwerk, Erz, *Metall* (*Metall-urgie:* Metallgewinnung und Verarbeitung)

μήτηρ mẹtēr
Mutter

μητρόπολις mētrọpolis
Mutterstadt, von der aus Kolonien gegründet wer-

den; *Metropole:* Hauptstadt, Zentrum; Kurzform »*Metro*« für die U-Bahn in Hauptstädten; *Metropolit:* orthodoxer Erzbischof)

μέτρον metron
Maß (*Meter:* Grundeinheit des metrischen Maß- und Gewichtssystems; *Metrum:* Versmaß; Metrik: Lehre vom Versmaß; *Metro-nom:* Taktmesser)

μικρός mikros
klein (*Mirko-biologie:* Wissenschaft von den Einzellern; *Mikrobe:* Kleinstlebewesen; *Mikro-elektronik:* Anwendung integrierter Schaltungen in der Elektronik; *Mikro-kosmos:* »der kleine Kosmos«: Ordnung im Kleinen bei Lebewesen, Atomen, Menschen; *Mikro-organismen; Mikro-phon; Mikroskop; Mikro-tom:* Gerät zur Herstellung feinster Schnitte für mikroskopische Untersuchungen; *Mikro-wellen; Mikro-zensus:* Repräsentationsstatistik)

μῖμος mimos
»Nachahmer«, Schauspieler, *Mime* (*Mimik:* Schauspielkunst, Gesichtsausdruck; *Mimose:* Pflanze, die bei Reizungen – den Tieren ähnliche – Bewegungen macht; *Mimikry* (engl.): äußere Ähnlichkeit von Tieren mit anderen Tieren oder Gegenständen mit Schutzfunktion, als »Nachahmung« bezeichnet)

μισάνθρωπος misanthrōpos
Misanthrop: Menschenfeind

μισόγυνος misogynos
Weiberfeind; *misogyn:* frauenfeindlich

μέσπιλον mespilon
Mispel

μίτος mitos
Faden (*Mitose:* Teilung des Zellkerns mit Herausbildung von Chromosomenfäden)

μνήμη mnēmē
Gedächtnis, Erinnerungsvermögen (*Mnemo-technik:* Unterstützung des Gedächtnisses durch Lernhilfen; *A-mnesie:* Erinnerungsverlust)

μόνος monos
allein, einzel-

μοναρχία monarchia
Alleinherrschaft, *Mon-archie*

μόναρχος monarchos
Alleinherrscher, *Monarch*

μοναστήριον monastērion
Mönchskloster (lat.: *monasterium*) daraus »Münster«, eigentlich Klosterkirche, dann = Dom, auch Städtenamen: *Münster, Monastir*

μονόχρωμον monochrōmos
einfarbig, *mono-chrom*

μονογαμία monogamia
Einehe, *Mono-gamie, Mono-gramm:* Einzelschriftzeichen, Namenszeichen; *Mono-graphie:* Schrift über einen Gegenstand

μονόλιθος monolithos
aus einem Stein; *Mono-lith:* Denkmal aus einem Steinblock

μονόλογος monologos
»allein redend«, *Mono-log:* lange Einzelrede, Selbstgespräch (*Mon-okel:* Brillenglas für ein Auge)

μονοπωλία monopōlia
Alleinhandel; *Mono-pol:* Alleinverkaufsrecht (*Mono-theismus:* Glaube an einen einzigen Gott)

μονοτονία monotonia
Eintönigkeit, *Mono-tonie, mono-ton*

μορφή morphē
Gestalt, Form (*Morpho-logie:* Wissenschaft vom körperlichen Aufbau von Organismen und Prozessen; *Morphem:* kleinste Bedeutungseinheit der Sprache)

Μορφεύς Morpheus
Morpheus, Gott des Schlafes und der Träume (*Morphium, Morphin:* aus Opium gewonnene Substanz zur Schmerzlinderung, die in hoher Dosierung Schlaf und Bewußtlosigkeit hervorruft)

Μοῦσα Mousa
»Bergfrau«, *Muse:* Es gab neun Musen, Töchter des Zeus, die auf dem Olymp wohnten und die Götter durch ihren Gesang erfreuten; sie galten als Beschützerinnen der »musischen« Künste.

μουσεῖον mouseion
(lat.: museum) »das unter dem Schutz der Musen Stehende«, Musentempel; *Museum:* Gebäude zur Ausstellung von Kunstwerken

μουσική mousikē
Kunst der Musen; lat.: musica = Tonkunst, daher *Musik*

μσελος myelos
Rückenmark (*Myelitis:* Rückenmarksentzündung)

μύκης mykēs
Pilz (*Mykose:* Pilzerkrankung)

μύλη mylē
Mühle
μῦς mys
Maus, *Muskel* (lat. musculus)
μύωψ myōps
kurzsichtig (*Myopsie:* Kurzsichtigkeit)
μυριάς myriạs
Zahl von 10 000, unzählig viele, *Myriade*
μύρρα myrrha
Myrrhe

μύρτος myrtos
Myrte
μυστήριον mystẹrion
Geheimnis, Geheimkult (*Mysterium:* Geheimnis, Geheimlehre; *mysteriös:* geheimnisvoll)
μῦθος mythos
Wort, Erzählung, Sage
(*Mythos:* Erzählung von Göttern und Helden der Vorzeit; *mythisch; Mythologie:* Wissenschaft von der Erklärung der Mythen)

ν n, ny

νᾶνος nạnos
Zwerg (*Nano-* vor Maßeinheiten: das Tausendmillionstel = 10^{-9})
Ναιάς Naiạs
Najade: Quell- oder Meernymphe
νάφθα nạphtha
Roherdöl, *Naphta*
νάρκωσις nạrkōsis
Betäubung, *Narkose* (*Narkotika:* Betäubungsmittel; *narkotisch*)
νάρκισσος nạrkissos
Narzisse
ναῦς nạus
Schiff
ναυτική nautikẹ
Schiffahrtskunde, *Nautik*
νεκρός nekrọs
tot, Leichnam (*Nekrose:* Absterben von Organen oder Geweben; *Nekro-log:* Nachruf, Totenrede; *Nekro-pole:* Totenstadt, große antike Begräbnisstätte)
νέκταρ nẹktar
Nektar: ursprünglich Göttertrank, heute Honigsaft der Blüten
Νέμεσις Nẹmesis
Nemesis, Göttin der Vergeltung
νέος neos
neu, jung (*Neon:* »das Neue«, erst 1898 entdecktes Edelgas, damit gefüllt die *Neon-röhre*)

In Zusammensetzungen:
Neo-darwinismus, Neo-faschismus, Neo-kolonialismus, Neo-liberalismus, Neo-lithikum: Jungsteinzeit; *Neo-marxismus, Neo-positivismus* u. v. m.
νῆσος nẹsos
Insel *Pelopon-nesos:* die Insel des Pelops; Indo-nesien; Mela-nesien; Poly-nesien
νεῦρον neuron
Schnur, Sehne, später *Nerv*
(*Neuron:* Nervenzelle; *Neur-algie:* Nervenschmerz; *Neuro-chirurgie; Neuro-dermitis:* Hautkrankheit; *Neuritis:* Nervenentzündung; *Neuroleptika:* Beruhigungsmittel; *Neuro-logie:* Lehre von den Nervenkrankheiten)
νίκη nikē
Sieg, Siegesgöttin *Nike*
Νικόλαος Nikọlaos
»Volkssieger«, Männername *Nikolaus*
νομάς nomạs
»Weidender«, Hirte, *Nomade, nomadisch, nomadisieren*
νόστος nọstos
Heimkehr (*Nost-algie:* Heimweh)
νύμφη nymphē
Mädchen, Braut, *Nymphe:* weibliche Naturgottheit, besonders Quellnymphe
ξῖ s. Seite 331

ο o, omikron
ω o, omega

ὁ ἄνθρωπος φύσει πολιτικὸν ζῷον ho anthrōpos physei politikon zōon
»Der Mensch ist von Natur ein staatenbildendes Lebewesen« (Aristoteles, Politik 1, 2. 1253a1)

ὁ μὴ δαρεὶς ἄνθρωπος οὐ παιδεύεται hō mē dareis anthrōpos ou paideuetai
»Der Mensch, der nicht geschunden wird, wird nicht erzogen« (Vers des Dichters Menander)

ὄασις oasis
Oasis, Name einer ägyptischen Wüstenstadt, daher *Oase:* Wasserstelle in der Wüste

ὀβελίσκος obeliskos
Spieß, Spitzsäule; *Obelisk:* Spitzpfeiler

ὀβολός obolos
kleiner Metallstab, kleine Münze; *Obolus* (lat.): Scherflein, kleiner Beitrag

ὄχλος ochlos
Menge, Pöbel *(Ochlo-kratie:* Pöbelherrschaft)

ᾠδή ōdē
Gesang, Chorlied, feierliches Lied; *Ode:* Gedicht in kunstvollen Strophen

ᾠδεῖον ōdeion
Haus für Gesang, *Odeon:* Haus für künstlerische Darbietungen, Theater

οἴδημα oidēma
Schwellung, *Ödem:* Gewebeschwellung durch Flüssigkeitsbildung (*Ödi-pus:* »Schwellfuß«, weil er als Kind mit durchbohrten Füßen ausgesetzt wurde)

οἶκος oikos
Haus

οἰκονομία oikonomia
Hausverwaltung, *Öko-nomie:* Wirtschaft, Wirtschaftslehre (*Öko-nom:* Landwirt, Wirtschaftswissenschaftler; *öko-nomisch:* wirtschaftlich, sparsam; *Öko-logie:* Wissenschaft von der Beziehung zwischen Lebewesen und Umwelt, vom Haushalt der Natur)

οἰκουμένη oikomenē
bewohnte Erde; *Ökumene:* Bestreben der bisher getrennten christlichen Kirchen, auf der ganzen Welt zusammenarbeiten; *ökumenisch*

οἶνος oinos
Wein (*Öno-logie:* Weinkunde)

οἶστρος oistros
Stechfliege, Stich, Leidenschaft, Brunst (*Östrogene:* weibliche Geschlechtshormone)

ὠκεανός ōkeanos
Okeanos, nach antiker Auffassung der die ganze Erde umfließende Strom; *Ozean*

ὀλίγος oligos
klein, gering (*Olig-archie:* Herrschaft einer Minderheit)

Ὄλυμπος Olympos
Olymp, höchster Berg Griechenlands (2918 m), Wohnsitz des Gottes Zeus und der anderen »olympischen« Götter

Ὀλυμπία Olympia
Olympia: Zeusheiligtum auf der Peleponnes, wo alle vier Jahre seit 776 v. Chr. die olympischen Spiele stattfanden

Ὀλυμπιάς Olympias
Olympiade: Zeitraum von vier Jahren zwischen zwei olympischen Spielen

ὄγκος onkos
Geschwulst (*Onko-logie:* Wissenschaft von den Geschwulsten, *onko-logische* Klinik, *Onkologe*)

ὀνοματοποιία onomatopoiia
Namensbildung, Bildung von Wörtern, die einen Schall nachahmen (*onomatopoetisch:* lautnachahmend, *Onomatopöie*)

(τὰ) ὄντα (ta) onta
»das Seiende«, Wirklichkeit, Wesen (*Onto-logie:* in der Philosophie die Lehre vom Seienden; *Ontogenese;* in der Biologie die Entwicklung des Individuums)

ὄνυξ onyx
Fingernagel, Kralle (*Onyx:* Nagelstein = ein Halbedelstein)

ὀφθαλμός ophthalmos
Auge (*Ophthalmo-logie:* Augenheilkunde; *Ophthalmo-loge:* Augenarzt)

ὀπισθόδομος opisthodomos
Opisthodom: »Hinterhaus«, Raum hinter der Halle des griechischen Tempels

ὄπιον opion
Mohnsaft, *Opium*

ὀπτικός optikos
zum Sehen gehörig (*Optik:* 1. Lehre vom Licht; 2. Linsensystem; *optisch, Optiker*)

ὀρχήστρα orchestra
Orchestra: runder Tanzplatz vor der Bühne des griechischen Theaters, heute: *Orchester:* Platz der Musiker bzw. die Gesamtheit der Musiker selbst

ὄργανον organon
Werkzeug, Instrument, Sinneswerkzeug, Sinn (*Organ:* 1. Körperteil, 2. Stimme, 3. Zeitung, z. B. einer Partei, 4. Person oder Personengruppe mit Exekutivfunktion, z. B. Exekutivorgan; *organisieren:* ordnen, aufbauen; *Organisator, Organisation; Organismus:* 1. ein zweckmäßig geordnetes Ganzes, 2. Lebewesen; organisch: 1. geordnet, 2. die Kohlenstoffverbindungen betreffend – weil man früher glaubte, diese könnten in den Körperorganen hergestellt werden; *organische* Chemie)

ὀργασμός orgasmos
»das Schwellen«, *Orgasmus:* Höhepunkt des Geschlechtsaktes

ὄργια orgia
geheime Kultfeier, besonders zu Ehren des Gottes Dionysos, dabei kam es zu Ausschweifungen, daher *Orgie:* Ausschweifung, wüstes Gelage

ὄρνις ornis
Vogel (*Ornitho-logie:* Vogelkunde)

Ὀρφεύς Orpheus
Orpheus, mythischer Sänger (*Orphik, Orphiker:* griechischer Geheimkult, der seinen Namen von Orpheus ableitet)

ὀρθός orthos
gerade, richtig

ὀρθόδοξος orthodoxos
ortho-dox: rechtgläubig *(Orthodoxie)*

ὀρθογραφία orthographia
Orthographie: Rechtschreibung

ὀρθοστάτης orthostates
aufrecht stehender Pfeiler; *Orthostat:* unterste, hochkant stehende Quaderreihe antiker Gebäude; *(ortho-gonal:* rechtwinklig; *Ortho-pädie:* »Erziehung zum Geraden«, Fach der Medizin, das sich mit der Entstehung und Behandlung von Krankheiten des Bewegungsapparates befaßt)

ὀσμή osme
Geruch (*Osmo-logie:* Wissenschaft vom Duft- und Geruchssinn)

ὀσμός osmos
Stoßen, Drängen (*Osmose:* Eindringen einer Flüssigkeit in eine andere durch eine Membrane)

ὀστέον osteon
Knochen (*Osteo-logie:* Knochenlehre; *Osteo-myelitis:* Knochenmarkentzündung; *Osteo-porose:* Poröswerden der Knochen)

ὄστρακον ostrakon
Scherbe

ὀστρακισμός ostrakismos
Ostrakismus: Scherbengericht – durch Abstimmung mit Tonscherben als Stimmtafeln – über die Verbannung eines Bürgers aus Athen

οὐρανός ouranos
Himmel, Himmelsgott, *Uranos,* danach benannt der *Planet Uranus* und das radioaktive Element *Uran; Urania:* Muse der Sternkunde

οὖρον ouron
Harn, *Urin* (*Urethra:* Harnröhre; *Uro-logie:* Lehre von den Krankheiten der Harnorgane: *Ur-ämie:* Harnvergiftung)

οὐρητικός ouretikos
uretisch: harntreibend

Ὦ ξεῖν', ἀγγέλειν Λακεδαιμονίοις, ὅτι τῇδε / κείμεθα, τοῖς κείνων ῥήμασι πειθόμενοι Ō xein angellein Lakedaimoniois, hoti tede keimetha tois keinon rhemasi peitomenoi
»Fremder, melde den Spartanern, daß wir hier liegen, ihren Befehlen getreu.«
Grabepigramm der 300 Spartaner, die mit ihrem König Leonidas bei der Verteidigung der Thermopylen gegen das übermächtige Invasionsheer der Perser im Jahre 480 v. Chr. gefallen sind (s. u. Thermopylai). Die meistzitierte Übersetzung stammt von Friedrich von Schiller: »Wanderer, kommst du nach Sparta, verkünde dorten, du habest uns hier liegen gesehen, wie das Gesetz es befahl.«

ὀξύς oxys
scharf, sauer (*Oxyd, Oxid:* Verbindung eines Elements mit Sauerstoff; *Oxydation, oxydieren*)

ὀξύμωρον oxymǫron
Oxymoron: »scharfsinnig – dumm«, Stilfigur: die widersprüchliche Verbindung von Gegensätzen, um eine größere Wirkung zu erzielen: »lautes Schweigen«
Ozean: s. u. okeanos

Π p, pi, psi

παῖς pais
Junge, Kind

παιδαγωγός paidagōgǫs
»Kinderführer", Erzieher, *Pädagoge*

παιδαγωγία paidagōgịa
Erziehung, *Pädagogik* (*Pädagogium:* Lehr-/Erziehungsanstalt

παιδαγωγικός paidagōgikǫs
erzieherisch, *pädagogisch*

παιδεραστής paiderastḙs
Knabenliebhaber, *Päderast*

παιδερασία paiderastịa
Knabenliebe, *Päderastie* (*Pädiatrie:* Kinderheilkunde; *Pädiater:* Kinderarzt)

παλαιός palaiǫs
alt
Paläo-graphie: Wissenschaft von alten Schriftarten, Handschriftenkunde; *Paläo-lithikum:* Altsteinzeit; *Palä-ontologie:* Lehre von Pflanzen und Tieren früherer Zeitalter; *Paläo-zoikum:* Erdaltertum)

πάλιν pạlin
wieder, zurück

παλίμψηστος palịmpsēstos
Palim-psest: abgeschabtes und zum zweitenmal beschriebenes Pergament

παλινγενεσία palingenesịa
Palin-genese: Wiedergeburt; in der Biologie: die bei der Entwicklung des Individuums beobachtbare Wiederholung der Stammesentwicklung

παλινωδία palinōdịa
Palin-odie: dichterischer Widerruf

Πάν Pạn
Pan: Hirtengott, dessen plötzliches Erscheinen Schrecken erregte: panischer Schreck, *Panik;* Panflöte

πᾶν pạn
ganz, all-

Παναθήναια Panathḙnaia
Panathenäen: größtes athenisches Volksfest zu Ehren der Stadtgöttin Athene

πανδέκται pandęktai
»alles enthaltend", Rechtssammlung, *Pandekten*

Πανδώρα Pandōra
»Allesgeberin", *Pandora:* von allen Göttern mit verführerischen Gaben ausgestattete Frau, wurde von Zeus mit einer Büchse, die Jammer und Leid enthielt, als erste Frau auf die Erde geschickt. Pandora öffnete dort die Büchse, und sofort flogen alle Übel heraus und verbreiteten sich über die ganze Erde; daher: *Büchse der Pandora*

πανηγυρικός panēgyrikǫs
festlich, Festrede (*panegyrisch:* lobpreisend)

πάγκρεας pạnkreas
Pankreas: Bauchspeicheldrüse

πάνθειον pạntheion
allen Göttern geweihter Tempel, *Pantheon*

πάντα ῥεῖ pạnta rhẹi
»alles fließt" — Satz des Philosophen Heraklit über den beständigen Wandel allen Seins

παντοκράτωρ pantokrạtōr
Pantokrator: Allmächtiger; Christus als Weltenherrscher

παντόμιμος pantǫmimos
Pantomime: Schauspieler, der durch Tanz und Bewegung — ohne Worte — eine Rolle darstellt
Neubildungen: Pan-afrikanische, pan-amerikanische, pan-arabische Bewegung u. a., Pan-germanismus, Pan-slawismus u. a.; Pan-dämonium: Versammlung aller bösen Geister, Hölle; Pan-optikum: Sammlung von Wachsfiguren; Pan-orama: Rundblick; Pan-theismus: »Allgottlehre", Glaube, daß Gott in der gesamten Schöpfung vorhanden oder mit der Welt identisch ist.

πάνθηρ pạnthēr
Panther

πάππας pap(p)as
Vater; *Papa;* Anrede für einen Geistlichen, daher: *Pfaffe, Pope*

παρά para (par-)
(Vorsilbe) bei, neben, gegen

παραίνεσις parainesis
Parä-nese: Ermahnung, Mahnpredigt

παραβολή parabolē
Vergleich (*Para-bel:* 1. dichterisches Gleichnis; 2. Kegelschnittkurve; *parabolisch:* 1. gleichnishaft; 2. in Form einer Parabel)

παράδειγμα paradeigma
Para-digma: Beispiel

παράδοξος paradoxos
para-dox: widersinnig

παράγραφος paragraphos
»daneben geschrieben", Randzeichen (s. u.: graphein; *Paragraph:* kleiner Abschnitt und dessen Zeichen §)

παραλιπόμενον paralipomenon
»Unbeachtetes, Beiseitegelassenes" (*Para-lipomenon:* wissenschaftlicher Nachtrag)

παράλλαξις parallaxis
Abweichung, *Par-allaxe:* Beobachtungswinkel zwischen zwei Verbindungslinien

παράλληλος parallēlos
nebeneinander befindlich, *par-allel:* in gleichem Abstand zueinander verlaufend, *Par-allele, Parallelogramm*)

παράλυσις paralysis
einseitige Lähmung (*Para-lyse:* Lähmung; *paralysieren:* vollständig lähmen)

παράνοια paranoia
wahnsinnig, *Para-noia:* psychische Krankheit mit Wahnvorstellungen

παράφρασις paraphrasis
Para-phrase: Umschreibung

παρασιτος parasitos
»mitspeisend", *Para-sit:* Schmarotzer

παράταξις parataxis
»Nebenordnung", Schlachtordnung (*Para-taxe:* Beiordnung von Sätzen in einer Verbindung mehrerer Nebensätze oder Satzglieder; *para-taktisch:* beiordnend)

παρένθεσις parenthesis
Par-enthese: Einschub

Neubildungen: Para-dontose: Zahnbetterkrankung; Para-meter: 1. Hilfsgrößen in der Mathematik; 2. Charakteristische Zahlenwerte einer statistischen Verteilung; Para-psychologie: Zweig der Psychologie, der sich mit Phänomenen beschäftigt, die von der klassischen Psychologie – noch – nicht erfaßt werden können; Para-typhus: thyphusähnliche Infektionskrankheit

παρῳδία parōdia
»Danebensingen", *Par-odie:* ursprünglich entstellende Veränderung einer Melodie, dann allgemein: verändernde Nachahmung eines Werkes mit spöttisch-kritischer Tendenz

παράδεισος paradeisos
Park, Tierpark, *Paradies*

πάρθενος parthenos
Jungfrau (*parthenon:* Tempel der Göttin Athene auf der Akropolis von Athen; *Partheno-genese:* Jungfernzeugung)

πάθος pathos
Empfindung, Leiden, Leidenschaft (*Pathos:* feierlich-leidenschaftliche Ausdrucksweise; *Patho-logie:* Lehre von dem Leiden, den Krankheiten; *patho-logisch:* krankhaft; *patho-gen:* Krankheit erzeugend)

παθητικός pathētikos
pathetisch: leidenschaftlich, ausdrucksvoll

πατήρ patēr
Vater

πατριάρχης patriarchēs
Patriarch: Stammvater, Familienoberhaupt (*Patriarchat:* »Herrschaft des Vaters", von Männern dominierte Gesellschaft; *patriarchalisch; Patrologie:* Lehre vom Leben und den Schriften der Kirchenväter)

πάτρωνυμικός patrōnymikos
nach dem Vater benannt (*Patronymikon:* nach dem Namen des Vaters gebildeter Name)

πατριώτης patriōtes
Patriot: aus demselben Stamm, Vaterlandsfreund, Landsmann; patriotisch: das Vaterland liebend

παῦσις pausis
Aufhören, Unterbrechung, *Pause*

Πήγασος Pēgasos
Pegasos, ein geflügeltes Roß, das durch einen Hufschlag eine Quelle auf dem Dichterberg Helikon schuf; daher in der Neuzeit: »den Pegasos besteigen" = das Dichterroß besteigen = dichten

πειρᾶσθαι peirasthai
versuchen
πειράτης peiratēs
»einer, der es versucht", *Pirat*
πελεκάν pelekan
Pelikan
Πελοπόννησος Peloponnēsos
»Insel des Pelops", *Peloponnes*, s. u. nesos
πέντε pente
fünf
πεντάγωνος pentagōnos
fünfeckig (*Penta-gon:* Fünfeck; das fünfeckige Verteidigungsministerium der USA; *Penta-gramm:* »Fünfwinkelzeichen", fünfeckiger Stern, galt als magisches Zeichen, Drudenfuß)
πεντάμετρος pentametros
Penta-meter: antiker Vers aus fünf Versmaßen, der mit dem Hexameter das Distichon bildete
πεντάτευχος pentateuchos
Penta-teuch: die fünf Bücher Moses des Alten Testamentes
πένταθλον pentathlon
Pent-athlon: Fünfkampf
πεντεκοστή pentekostē
»der fünfzigste Tag" — nach Ostern, *Pfingsten*
πέπερι peperi
Pfeffer
Πέργαμον Pergamon
Pergamon, griechische Stadt in Kleinasien, heute Bergama; hier wurde in der Antike das *Pergament* erfunden und produziert
περί peri
(Vorsilbe) ringsum, über
περικοπή perikopē
Abschnitt; *Peri-kope:* kurzer Schriftabschnitt, der als Lesetext im Gottesdienst und bei Predigten verwendet wurde
περίοδος periodos
Umlauf, Kreislauf; *Peri-ode:* Zeitumlauf, Zeitabschnitt; in der Mathematik: die Wiederholung regelmäßig bestimmter Ziffernfolgen, daher: *periodisch, periodisches System;* in der Medizin: Menstruation
περίοικος perioikos
Umwohner, *Peri-öken:* Kleinbauern in Lakonien, »die um Sparta herum wohnen", Bürger minderen Rechts

περίπατος peripatos
Säulengang, Wandelhalle (*Peri-patetiker:* Mitglieder der Philosophenschule des Aristoteles, benannt nach der Wandelhalle, in der er seine Vorträge hielt)
περιπέτεια peripeteia
Wendepunkt; *Peri-petie:* Schicksalsumschwung, besonders im Drama
περιφέρεια periphereia
Umfang, *Peri-pherie:* Umfangslinie des Kreises, Randgebiet
περισταλτικός peristaltikos
umfassend (*Peri-staltik:* wellenartig fortschreitende Kontraktionsbewegung, z. B. Darmes)
περίστυλον peristylon
Säulenhof, *das Peristyl:* ein von Säulen umgebener Raum oder Innenhof, meist im Zentrum einer größeren Anlage
πέτρα, πέτρος petra, petros
Fels, Stein (*Petro-chemie:* Zweig der chemischen Technik, der sich mit der Verarbeitung der aus Erdöl und Erdgas gewonnenen Produkte beschäftigt; *Petr-oleum:* Erdöl; *Petro-logie:* Gesteinskunde; Vornamen *Peter* und *Petra*)
πετροσέλινον petroselinon
Steineppich, *Petersilie*
φαίνεσθαι phainesthai
erscheinen
φαινόμενον phainomenon
Erscheinung (*Phäno-men:* ungewöhnliche, seltene Erscheinung, Ereignis; *phänomenal;* außergewöhnlich; *Phäno-typ:* äußeres Erscheinungsbild)
φαντασία phantasia
Einbildung, Anblick, Vorstellung, Erscheinung (*Phantasie:* Vorstellungskraft, Einbildungskraft, Trugbild)
φάσις phasis
Schein, Erscheinung (*Phase:* wechselnde Er- scheinungsform, z. B. Mondphase, Entwicklungsstufe)
φάλαγξ phalanx
Phalanx: Schlachtreihe (geschlossene Front der griechischen Infanterie)
φάλλος phallos
Phallos: männliches Glied
φάρμακον pharmakon
Heilmittel, Gift, Zaubermittel (*Pharmakologie:* Arzneimittelkunde)

φαρμακεύς pharmakeus
Pharmazeut: Apotheker

Φάρος Pharos
Pharos: Name einer Insel vor Alexandria mit dem berühmtesten Leuchtturm der Antike; daher *Pharos, Pharus* = Leuchtturm

φίλος philos
befreundet, lieb, Freund

φιλάνθρωπος philanthrōpos
Phil-anthrop: Menschenfreund
(*Phil-atelie:* Briefmarkenkunde; *Phil-harmonie:* »Harmonie liebend" [Name für Orchester]

φίλιππος philippos
Pferdefreund; Vorname *Philipp*

φιλόλογος philologos
Philo-loge: Freund, Gelehrter für Sprache und Literatur; *Philo-logie*

φιλόσοφος philosophos
»Freund der Weisheit", *Philosoph*

φλέγμα phlegma
Entzündung, Schleim (*Phlegma:* Trägheit, Zähigkeit; *Phlegmatiker;* körperlich und geistig langsamer Mensch)

φοῖνιξ phoinix
Phoenix: sagenhafter Wundervogel der Ägypter, Symbol des Sonnengottes; in frühchristlicher Zeit entstand die Sage von dem sich selbst verbrennenden und aus der Asche neu entstehenden Phoenix, daher: »*wie ein Phoenix aus der Asche*

φωνή phōnē
Laut, Stimme (*Phon:* Einheit der Lautstärke, *Phonetik:* Lautlehre)

φῶς, φωτός phōs, phōtos
Licht (*Photon:* Lichtquant; *Phos-phor:* »lichttragend", chemisches Element, das in der Dunkelheit leuchtet; *Photo-graphie:"* »Lichtmalerei"; *Photometrie:* Messung der Lichtstärke; *Photo-synthese:* unter Lichteinwirkung erfolgende Synthese von Kohlehydraten in Pflanzen)

φράσις phrasis
Redeweise, Ausdruck; *Phrase:* leere Redensart; in der Musik eine sinnvolle Tonfolge; *phrasenhaft* (*Phraseologie:* Sammlung von Redewendungen)

φῦλον phylon
Gattung, Stamm, Sippe (*Phylo-genese:* Stammesentwicklung)

φύσις physis
Natur (*Physik:* Lehre von der Natur; *physikalisch; Physio-logie:* Lehre von den Lebensvorgängen in den Organismen; *Physio-gnomie:* äußere Erscheinung, besonders Gesichtsausdruck)

φυτόν phyton
Pflanze (*Phytologie:* Pflanzenkunde)

πινακοθήκη pinakothēkē
Bildersammlung, *Pinakothek*

πιστάκη pistakē
Pistazie

πίθηκος pithēkos
Affe (*Pithec-anthropus:* Menschenaffe)

πλανήτης planētēs
umherschweifend (*Planet:* Wandelstern)

πλάγκτον plankton
»Umhergestriebenes", *Plankton:* im Wasser schwimmende Lebewesen

Πλάτων Platōn
Platon, einer der größten griechischen Philosophen 427–347 v. Chr.); platonische Liebe; bei Platon bedeutet Liebe in erster Linie Drang nach philosophischer Erkenntnis und Weisheit; dies mißverstehend, nannte man »*platonische Liebe"* eine Liebe ohne Sinnlichkeit.

πλάσσειν plassein
bilden, formen

πλάσμα plasma
Geformtes, Gebilde (*Plasma:* 1. gerinnbare Flüssigkeit, z. B. *Blutplasma;* 2. ionisiertes Gas)

πλαστική plastikē
Plastik: Bildhauerkunst; *plastisch:* geformt, anschaulich, formbar

πλάτανος platanos
Platane

πλῆκτρον plēktron
Plektron: Schlagstäbchen für die Kithara, heute für Saiteninstrumente insgesamt

πλευρῖτις pleuritis
Pleuritis: Rippenfellentzündung

πλουτοκρατία ploutokratia
Plutokratie: »Macht der Reichen"

πνεῦμα pneuma
Hauch, Atem, Seele, Geist
(*pneumatisch:* 1. die Luft oder das Atmen betref-

fend; 2. geistig; *Pneumatik:* Anwendung von Luft oder Gasen in Maschinen)
πνεύμων pneumōn
Lunge (*Pneumonie:* Lungenentzündung)
ποδάγρα podagra
Fußschlinge (*Podagra:* Gicht)
ποιεῖν poiein
machen, tun
ποιήτης poiētēs
»Macher", Schöpfer (lat.: poeta)
Poet: Dichter; *poetisch:* dichterisch
ποιητική poiētikē
Poetik: Lehre von der Dichtkunst
ποίημα poiēma
Poem: Gedicht
ποῖόν σε ἔπος φύγεν ἕρκος ὀδόντων poion se epos phygen herkos odontōn
»Was für ein Wort entfloh dem Gehege deiner Zähne?" – oft wiederholter Vers bei Homer
πόλεμος polemos
Krieg
πολεμικός polemikos
kriegerisch (*Polemik:* Streiterei, heftige Auseinandersetzung; *polemisch; polemisieren:* in Rede und Schrift bekämpfen)
πόλεμος πάντων μὲν πατήρ ἐστι . . . polemos pantōn men patēr esti . . .
»Krieg ist der Vater aller Dinge" – Spruch des Heraklit, Fragment B 53
πολιός polios
grau (*Polio-myelitis:* Entzündung der grauen Substanz in Rückenmark und Gehirn, Kinderlähmung, Abk.: *Polio*)
πόλις polis
Stadt, Staat (*Poli-klinik:* Stadtkrankenhaus; in Städtenamen: *Akro-polis, Nea-polis*)
πολιτικός politikos
das Staatsleben betreffend (*Politik:* Staatskunst, allgemein; das öffentliche Leben; *Politiker; Politologie:* Wissenschaft von der Politik)
πολιτεία politeia
Staat, Verfassung, Staatsgewalt, daher: *Polizei*
πόλος polos
Achse, Drehpunkt (*Pol:* 1. Endpunkt einer Drehachse, z. B. Nordpol; 2. Endpunkt einer Elektrizitätsquelle – Plus- und Minuspol; *Polarität:* Gegensätzlichkeit; *Polarisierung:* Herausbildung von Gegensätzen)
πολύ poly
viel
πολυανδρία polyandria
Poly-andrie: »Vielmännerei": Form des Zusammenlebens, wobei mehrere Männer mit einer Frau eine Gemeinschaft bilden
πολύχρωμος polychrōmos
poly-chrom: vielfarbig, bunt
πολύεδρος polyedros
vielsitzig, vieleckig (*Poly-eder:* Vielflach, von Vielecken begrenzter Körper)
πολυγαμία polygamia
Poly-gamie: Vielehe, Mehrehe; Gegensatz: Monogamie: Einehe
πολύγλωττος polyglōttos
poly-glott: vielsprachig
πολυγώνιον polygōnion
Poly-gon: Vieleck
πολύπους polypous
»vielfüßig", *Polyp*
πολύφωνος polyphōnos
»vielstimmig", *poly-phon*
πολύθεος polytheos
vielen Göttern gehörend (*Poly-theismus:* Glaube an viele Götter)
πομπή pompē
Festzug, Geleit (*Pomp:* Pracht, Prunk; großartiges Auftreten)
πόρνη pornē
Hure (*Porno-graphie:* »Hurenbeschreibung", unzüchtige Schriften)
πόρος poros
Durchgang; Weg (*Pore:* kleine Öffnung, z. B. in der Haut oder in Hohlräumen)
πορφύρα porphyra
Purpurschnecke (*Porphyr:* rötliches Gestein)
πρᾶγμα pragma
Handlung, Tat (*Pragmatiker:* »Tatmensch"; *pragmatisch:* auf Tatsachen beruhend)
πρᾶξις praxis
Handlung, Tätigkeit (*Praxis:* Tätigkeit, Erfahrung, Tätigkeitsbereich; *praktisch; Praktiker; praktizieren:* eine Sache betreiben; *Praktikus:* einer, der sich zu helfen weiß; *Praktikum:* Ausbildung; *Praktikant*)

πρεσβύτερος presbyteros
»älter", Vorsteher (*Presbyter:* Gemeindevorsteher, Priester)

πρίσμα prisma
abgesägtes Stück (*Prisma:* Dreikant, ein geometrischer Körper)

πρό pro
(Vorsilbe) vor

πρόβλημα problēma
»das Vorgelegte", Schutz, Vorwand, Streitfrage; *Problem:* schwer zu lösende Frage, Schwierigkeit

πρόγνωσις prognōsis
Vorherwissen, *Pro-gnose:* Vorhersage; *prognostisch*

πρόγραμμα programma
schriftliche und öffentliche Bekanntmachung, Ankündigung (*Pro-gramm:* festgelegter Plan, Vorhaben; Spielfolge; *Programmierung:* Arbeitsanweisung für Rechenanlagen oder automatisch gesteuerte Maschinenanlagen; *programmieren:* Programme für die Datenverarbeitung aufstellen)

Προκρούστης Prokroustēs
Prokrustes: Name eines Räubers in der Nähe von Athen, der seine Opfer auf ein Bett legte und diejenigen, die nicht hineinpaßten, wenn sie zu groß waren, kürzte und diejenigen, die zu klein waren, dehnte, daher »*Prokrustesbett*" für eine Zwangs- lage.

προλεγόμενον prolegomenon
Pro-legomenon: Einleitung, Vorwort

πρόλογος prologos
Pro-log

Προμηθεύς Promētheus
Prometheus: ein Titan, der den Göttern das Feuer stahl und es den Menschen schenkte; er wurde dafür bestraft, indem Zeus ihn an einen Felsen im Kaukasus fesselte, wo täglich ein Adler an seiner Leber fraß; *prometheisch:* titanenhaft, eine mutige, zukunftsträchtige Tat

προοίμιον prooimion
Vorspiel, Anfang; *Pro-ömium:* Einleitung im Drama; Vorwort, Einleitung von Gesetzes- und Urkundetexten

προπαιδεία propaideia
vorbereitender Unterricht (*Pro-pädeutik:* Vorbildung, insbesondere als Vorbereitung auf wissenschaftlichen Unterricht)

προφήτης prophētēs
»Voraussager", Wahrsager, *Pro-phet*

προφύλαξις prophylaxis
Vorsicht, *Pro-phylaxe:* vorbeugende Maßnahme; Vorbeugung

προπύλαια propylaia
Torhalle, Eingangshalle, *Pro-pyläen*

προστάτης prostatēs
Vorsteher (*Pro-stata:* Vorsteherdrüse)

πρόθεσις prothesis
»Vorausstellung", Vorsatz (*Pro-these:* technischer Ersatz fehlender Körperteile)

προτρεπτικός protreptikos
pro-treptisch: ermahnend, ermunternd

πρός pros
(Vorsilbe) hinzu

προσήλυτος prosēlytos
Pros-elyt: »Hinzugekommener", Neubekehrter; in der Antike besonders die sich den Judengemeinden anschließenden Heiden

προσκύνησις proskynēsis
Pros-kynese: Verehrung einer Gottheit oder eines Herrschers durch Fußfall, Kuß und Berühren des Bodens mit der Stirn

προσῳδία prosōdia
Pros-odie: Lehre von dem, was bei der Aussprache zu den bloßen Lauten »hinzugesungen" wurde, besonders Tonhöhe und Tonlänge der Silben

Πρωτεύς Prōteus
Proteus, weissagender Meergreis, der sich in verschiedene Gestalten verwandeln konnte, daher *Proteine:* einfache Eiweißstoffe, wegen ihrer Artenvielfalt so bezeichnet

πρῶτος prōtos
erster
Proto-koll: »das vorn – an Urkunden – Angeleimte", das erste Blatt einer Rolle oder eines Bandes, die Niederschrift einer Verhandlung; *Proto-lithikum:* die frühe und mittlere Altsteinzeit; *Proto-phyten:* Urpflanzen; *Proto-zoen:* Urtiere; *Proto-plasma:* Zellsaft

πρωτότυπον prōtotypon
Proto-typ: Urbild

πρῶτον ψεῦδος prōton pseudos
das *proton pseudos:* »erster Irrtum" — nach Aristoteles, Erste Analytik, 2, 18.66 a 16, der in einem

wissenschaftlichen Zusammenhang versteckte Grundirrtum, der die Fehlerhaftigkeit des Ganzen verschuldet.

ψαλμός psalmọs
Saitenspiel, Lied (*Psalmen:* altisraelische religiöse Lieder)

ψαλμῳδία psalmōdịa
Psalmodie: Gesang eines Psalms

ψεύδος pseụdos
Lüge, Betrug, Täuschung, Irrtum

ψευδώνυμος pseudọnymos
fälschlich genannt (*Pseudonym:* Deckname)

ψυχή psychẹ
Seele, *psychisch:* seelisch (*psyche-delisch:* »Offenbarung, die die Seele betrifft", bewußtseinserweiternd; *Psych-iatrie:* Seelenheilkunde; *Psych-iater:* »Seelenarzt"; *Psycho-analyse:* »Seelenanalyse" – Verfahren zur Aufdeckung verborgener seelischer Zusammenhänge; *Psycho-logie:* Wissenschaft vom Seelenleben; *Psycho-path:* »an der Seele leidender " – gestörte Persönlichkeit; *Psycho-pharmaka:* chemische Verbindungen, die die Verhaltensweise bei Menschen beeinflussen; *Psychosen:* seelische Krankheiten; *Psycho-somatik:* ganzheitlich seelisch-körperliche Betrachtungs- und Heilweise; *Psycho-therapie:* Heilbehandlung durch seelische Beeinflussung)

πυγμαῖος pygmaịos
»eine Faust hoch", Däumling, *Pygmäe*

πυκνός pyknọs
dicht, fest, stark (*Pykniker:* Mensch mit gedrungenem Körperbau; *Pyknose:* Verdichtung der Zellkernsubstanz)

πυλών pylǫn
großes Eingangstor (*Pylon:* Eingangspfeiler, Brückenpfeiler)

πυλωρός pylōrọs
Pförtner (*Pylorus:* Magenausgang, Magenpförtner)

πυραμίς pyramịs
Pyramide: 1. Pharaonengrab; 2. geometrischer Körper

πῦρ pyr
Feuer (*Pyro-lyse:* thermische Zersetzung bei höheren Temperaturen; *Pyro-manie:* Brandstiftungstrieb; *Pyro-technik:* Feuerwerkskunst, Herstellung und Verwendung von Feuerwerks- und Sprengkörpern)

Πύρρος Pyrrhos
Pyrrhus, König von Epirus (295–272 v. Chr.) siegte mehrfach, aber unter ungeheuren Verlusten über die Römer und mußte sich schließlich trotz seiner Siege aus Italien zurückziehen, daher »*Pyrrhussieg"* – nutzloser Sieg, sinnloser Erfolg

Πυθών Pythōn
Python: ein Drache, der in Delphi von Apoll getötet wurde, daher *Pythonschlange*

Πυθία Pythịa
Pythia: Orakelpriesterin im Tempel des Apollon »Pythios" in Delphi

Πύθια Pythia
Pythien: musische, gymnische und hippische Wettkämpfe zu Ehren des Apoll in Delphi

ϱ (h) r, rho

Rhotazismus (nach dem Buchstaben Rho): die Entstehung von r aus s in der Stellung zwischen zwei Vokalen, z. B. frieren → Frost

ῥαχίτις rhachịtis
Rückgratverkrümmung, *Rachitis:* Krankheit des Knochenwachstums

ῥαψῳδός rhapsōdọs
Rhapsode: griechischer Sänger epischer Dichtung; *Rhapsodie:* Komposition, meist auf einer Volksmelodie beruhend

ῥήτωρ rhẹtōr
Rhetor: Redner (*Rhetorik:* Redekunst; *rhetorische Frage:* Frage, auf die keine Antwort erwartet wird)

ῥεῦμα rheuma
Fließen, Strom, Gliederreißen, *Rheuma (Rheuma-*

tismus: entzündliche Krankheit der Muskeln, Nerven, Gelenke)
ῥινόκερως rhinokerōs
Nashorn, *Rhinozeros*
ῥοδόδενδρον rhododendron
»Rosenbaum", *Rhododendron*

ῥόμβος rhombos
Kreisel, Rad (*Rhombus:* Raute)
ῥυθμός rhythmos
gleichmäßige Bewegung, Takt (*Rhythmus:* Takt, gleichmäßige Ordnung, Zeitablauf)

σ s, sigma

σάκχαρον sakcharon
Zucker (*Saccarose:* Roh- oder Rübenzucker; *Saccharin:* Zuckerersatz, Süßstoff)
σαλαμάνδρα salamandra
Salamander
σάνδαλον sandalon
Sandale
σαρδάνιος sardanios
sardonisch: höhnisch, grimmig
σάρξ sarx
Fleisch
σαρκασμός sarkasmos
Sarkasmus: beißender Spott; *sarkastisch:* spöttisch
σαρκοφάγος sarkophagos
Sarkophag: Steinsarg – »fleischfressender Stein", davon abgeleitet: Sarg
σάρκωμα sarkōma
Sarkom: bösartige Geschwulst
σατράπης satrapēs
Satrap: persischer Statthalter
σάτυρος satyros
Satyr: übermütiger Gefährte des Dionysos (Bacchus), halb Mensch, halb Ziegenbock; *Satyrspiel:* heiteres mythologisches Drama, in dem Satyrn den Chor bildeten; wurde bei den Dionysischen Festspielen nach den drei Tragödien aufgeführt.
σαῦρος sauros
Eidechse (*Saurier:* Urweltechse)
σχῆμα schēma
Haltung, Figur, Gestalt (*Schema:* Entwurf, Muster; anschauliche Darstellung; *schematisch:* nach bloßer Vorschrift; *Schematismus:* gedankenlose Verfahrensweise)

σχίζειν schizein
spalten (*Schizo-phrenie:* Bewußtseinsspaltung; *schizo-id:* mit gespaltenem Bewußtsein)
σχίδη schidē
Splitter, »*Scheit*"
σχινδύλη schindylē
Span, »*Schindel*"
σχίσμα schisma
Spaltung, Riß (*Schisma:* Kirchenspaltung)
σχολή scholē
Muße, Freizeit, Studium; Ort, an dem der Lehrer Unterricht hält, lat.: schola = Schule
σχόλιον scholion
kleine Vorlesung (*Scholien:* Anmerkungen)
Σειρήν Seirēn
Sirene: Jungfrauen mit Vogelkörper, welche durch ihren Gesang die Seeleute in den Untergang lockten, daher »*Sirenengesang*" oder »*Sirenenklänge*"
σεισμός seismos
Erdbeben, Schütteln (*Seismograph:* Gerät zur Aufzeichnung von Erderschütterungen)
σεισάχθεια seisachteia
Seisachteia: »Abschüttelung der Lasten" — allgemeiner Schuldenerlaß unter dem athenischen Reformer Solon
σῆμα sēma
Zeichen (*Semantik:* Lehre von den Wortbedeutungen; *Semiotik:* allgemeine Lehre von den Zeichen)
σήπειν sēpein
faulen (*Sepsis:* Blutvergiftung)
σηπία sēpia
Sepia: Tintenfisch

σήσαμον sēsamon
Sesampflanze
συλλαβή syllabē
Silbe
σιληνός silēnos
Silen: lüsterner Anführer der Satyrn, Erzieher des jungen Dionysos
Σίσυφος Sisyphos
Sisyphos, mythischer König von Korinth, war so schlau, daß er selbst die Götter überlistete. Zur Strafe muß er in der Unterwelt einen großen Steinblock auf einen Berg wälzen, was ihm aber nie gelingt, denn kurz vor dem Gipfel rollt der Stein wieder hinunter, daher »*Sisyphusarbeit*".
σκάνδαλον skandalon
Falle, Anstoß, Ärgernis (*Skandal:* Ärgernis oder Anstoß erregendes Vorkommnis)
σκελετόν skeleton
Skelett: Gerippe, Knochengerüst
σκηνή skēnē
Zelt, Bühne, *Szene:* Bühne Auftritt (*Szenerie:* Bühnendekoration; *inszenieren:* auf die Bühne bringen)
σκέψις skepsis
Betrachten, Prüfen, Bedenken (*Skepsis:* von Bedenken und Zweifeln begleitete Betrachtungsweise; *Skeptiker:* Zweifler; *skeptisch; Skeptizismus:* philosophische Richtung, welche die Möglichkeit objektiver Wahrheitsfindung bezweifelt)
σκῆπτρον skēptron
Stab, »*Zepter"*, Herrscherstab
σκληρός sklēros
hart (*Sklerose:* krankhafte Verhärtung von Organen; *sklerotisch:* verhärtet)
σκολιός skolios
schief (*Skoliose:* seitliche Schiefstellung der Wirbelsäule)
σκορπιων skorpiōn
Skorpion
σμάραγδος smaragdos
Smaragd
Σκύλλα Skylla
Skylla (und Charybdis), zwei Meerungeheuer, die gemeinsam eine Meerenge, vielleicht die von Messina, sperrten. Skylla war ein Ungeheuer mit sechs Köpfen, Charybdis ein riesiger Strudel; daher »*zwischen Skylla und Charybdis"*, sprichwörtlich für eine doppelte Gefahr, bei der man auf jeden Fall in eine der beiden gerät.
σῶμα sōma
Körper (*somatisch:* körperlich)
σῶμα σῆμα sōma sēma
»der Körper (ist) das Grab der (Seele)" – Urteil Platons über die Bedeutung des Erdenlebens für den Menschen
σοφιστής sophistēs
Sophist: »Lehrer der Weisheit", berufsmäßig auftretende Lehrer im 5. Jahrhundert v. Chr.; später wird der Begriff negativ besetzt: Wortverdreher, daher *sophistisch, Sophisterei:* Kunst spitzfindiger Beweisführung mit Scheinwahrheiten
σπασμός spasmos
Krampf (*Spasmus:* Verkrampfung; *spastisch:* krampfartig)
σπέρμα sperma
Sperma: Samen
σπεῦδε βραδέως speude bradeōs
»*Eile mit Weile*"
σφαῖρα sphaira
Kugel, Ball (*Sphäre:* Bereich, Luftkreis, Himmelsgewölbe, »in höheren Sphären schweben"; *sphärisch:* kugelrund)
σφίγξ sphinx
Sphinx: Fabeltier, Löwe mit Menschenkopf
σποραδικός sporadikos
verstreut, vereinzelt, *sporadisch* (*Sporaden:* »die Verstreuten", Inselgruppe im Ägäischen Meer)
σπόρος sporos
Saat (*Spore:* ungeschlechtliche Fortpflanzungszelle)
στάδιον stadion
griechisches Längenmaß, das zwischen 177 und 192 m schwankte. In Olympia war die Rennbahn ein Stadion lang, daher *Stadion* = Rennbahn
σταλαγμίτης stalagmitēs
Tropfstein, der in die Höhe wächst, *Stalagmit* (Stalaktit: der hängende Tropfstein)
στατική statikē
Lehre vom Gleichgewicht, *Statik; statisch:* den Gleichgewichtszustand betreffend, unbeweglich
σταφυλή staphylē
Traube (*Staphylokokken:* Kugelbakterien, die traubenförmig zusammenhängen)

στέαρ stear
Fett, Talg (*Stearin*: Fettgemisch; *Stearinkerze*)
στήλη stēlē
Stele: aufrechte Steinplatte, Säule, Grabstein
στέμμα stemma
Stemma: Stammbaum (von Handschriften)
στενός stenos
eng (*Steno-graphie*: Kurzschrift; *Steno-gramm*; *Steno-graph*; *Steno-kardie*: Herzbeklemmung, Angina pectoris; *Stenose*: Verengung von Gefäßen)
Στέντωρ Stentōr
Stentor, in Homers Ilias ein Herold, der so laut rufen konnte wie kein anderer, daher »*Stentorstimme*"
στέφανος stephanos
Kranz; Krone; Vorname *Stephan, Stephanie*
στερεός stereos
fest, räumlich (*Stereo-metrie*: »Körpermessung", Lehre von den dreidimensionalen Gebilden; *Stereo-phonie*: Technik der raumgetreuen Tonwiedergabe; *Stereo-skop*: Gerät zur räumlichen Bildbetrachtung; *stereo-typ*: feststehend)
στῆθος stēthos
Brust (*Stethoskop*: medizinisches Gerät zum Abhören von Herz und Lunge)
στίγμα stigma
Stich, Punkt (*Stigma*: Wundmal; *Stigmatisation*: Bedeckung mit den Wundmalen Christi)
στοά stoa
Säulenhalle; die »*bunte Stoa*" war ab etwa 310 v. Chr. Sitz der nach ihr benannten Philosophenschule der »*Stoiker*"; eine ihrer Hauptlebensregeln ist die Forderung nach heroischer Ergebung in das Schicksal, daher »*stoische Ruhe*" = unerschütterlicher Gleichmut in allen Lebens- lagen.
στρατηγός stratēgos
Stratege: Heerführer, Feldherr
στρατηγία stratēgia
Strategie: Feldherrnkunst, Kriegskunst
στρεπτός streptos
Kette (*Strepto-kokken*): Kettenbakterien, in Ketten angeordnete Kokken)
στροφή strophē
Drehung, Wendung (des Chores auf der Bühne und der dazugehörige Gesang, *Strophe*: aus mehreren Zeilen bestehende Einheit eines Liedes oder Gedichts)

Στύξ Styx
Styx: Fluß der Unterwelt, daher »*stygische Finsternis*"
συκοφάντης sykophantēs
Denunziant, Ankläger; *Sykophanten* hießen Erpresser in Athen, die mit falschen Beschuldigungen angesehene Bürger vor Gericht zu bringen drohten, wenn sie nicht durch eine hohe Geldsumme ihr Schweigen erkauften.
σύν, συμ-, συλ-, συ- syn, sym-, syl-, sy- (Vorsilbe) mit, zusammen
συλλογισμός syllogismos
Syl-logismus: logischer Schluß
συμβίωσις symbiosis
Zusammenleben, *Sym-biose*: Zusammenleben von verschiedenartigen Organismen zu gegenseitigem Nutzen
σύμβολον symbolon
Sym-bol: Sinnbild, Erkennungszeichen
συμμετρία symmetria
Sym-metrie: Ebenmaß, Spiegelgleichheit
συμπάθεια sympatheia
Sym-pathie: »Mitgefühl", Zuneigung
συμφωνία symphōnia
»Zusammenklang", *Sym-phonie, Sinfonie*: Instrumentalwerk für große Orchester
συμπόσιον symposion
»Zusammentrinken", Trinkgelage mit Diskussion; *Sym-posion*: Tagung von Wissenschaftlern
σύμπτωμα symptōma
»Zusammenfall", Zufall, Unfall, Krankheitserscheinung; *Sym-ptom*: Anzeichen einer Krankheit
συναγωγή synagogē
Versammlung, Versammlungsort; *Syn-agoge*: Gottesdiensthaus der jüdischen Gemeinde
συνάψις synapsis
Berührung, Verbindung (*Syn-apse*: Kontaktabgabe oder Kontaktstelle der Nervenzellen)
σύγχρονος synchronos
syn-chron: gleichzeitig
σύνδρομα syndroma
»das Zusammentreffende", *Syn-drom*: Krankheitsbild, bei dem verschiedene Anzeichen zusammentreffen
συγκοπή synkopē
»das Zusammenschlagen", Verkürzung; *Syn-kope*:

1. die Ausstoßung eines Vokals im Wortinnern zwischen zwei Konsonanten; 2. Betonung eines an sich unbetonten Taktteils; 3. plötzlicher Herzstillstand

σύνοδος synodos
Versammlung; *Syn-ode:* kirchliche Versammlung

συοώνυμος synōnymos
»mit gleichem Namen", *Syn-onym:* bedeutungsgleiches Wort

σύνταξις syntaxis
Ordnung, Satzfügung; *Syn-tax:* Satzlehre

σύνθεσις synthesis
Zusammensetzung, Verknüpfung, Zusammenschau; *Syn-these:* 1. Vereinigung mehrerer Erkenntnisinhalte zu einem Ganzen; 2. Aufbau chemischer Verbindungen; *synthetisch:* künstlich zusammengesetzt

σύστημα systēma
»das Zusammenstellen", Vereinigung, Gesamtheit; *Sy-stem:* Gesamtheit von Begriffen oder Vorgängen; *Sy-stematik:* Gliederung eines Bereiches oder Stoffes

συστολή systolẹ
Verkürzung; *Sy-stole:* das Zusammenziehen des Herzmuskels

συφιλίς syphilịs
Syphilis: Geschlechtskrankheit

σύριγξ syrinx
Syrinx: Hirtenflöte

τ t, tau
θ th, teta

ταχύς tachys
schnell (*Tacho-meter:* Geschwindigkeitsmesser; *Tachy-kardie:* beschleunigte Herztätigkeit; *Tachylalie:* krankhafte Form des Schnellsprechens)

τακτικός taktikọs
die Aufstellung eines Heeres betreffend (*Taktik:* die Aufstellung von Truppen zum Kampf, allgem. planmäßiges Handeln)

τάλαντον tạlanton
Waage, Gewicht (lat.: talentum)
Talent: 1. Gewicht von ca. 30 kg; 2. die diesem Gewicht entsprechende Geldsumme in Silber oder Gold; 3. übertragen: Begabung

Τάνταλος Tạntalos
Tantalos, König von Phrygien, setzte seinen Sohn Pelops den Göttern als Speise vor, um zu prüfen, ob sie allwissend seien. Zur Strafe muß Tantalos auf ewige Zeit in der Unterwelt hungern und dürsten, daher »Tantalusqualen".

τάπης tạpēs
(lat.: tapete); Decke, Teppich (*Tapete:* »Wandteppich", Wandbekleidung aus Papier)

ταυτολογία tautologịa
Tautologie: »dasselbe noch einmal sagen", doppelte Wiederholung, z. B. »weißer Schimmel"

τέχνη tẹchnē
Kunst, Handwerk, Kunstwerk
(*Technik:* 1. Kunstfertigkeit, 2. Gesamtheit der Mittel zur Nutzung und Umgestaltung der Natur; *Techno-logie:* Lehre von der Entwicklung der Technik und deren Verfahren)

τέκτων tẹktōn
Zimmermann (*Tektonik:* Lehre vom Aufbau der Erdkruste, eines Gebäudes, einer Statue)

τῆλε tẹle
fern
Tele-gramm: Fernschreiben; *Tele-graph:* Fernschreiber; *Tele-phon:* Fernsprecher; *Tele-skop:* Fernrohr; *Tele-vision:* Fernsehen; *Tele-pathie:* Willensbeeinflussung durch Gedankenübertragung

τέλος tẹlos
Ende, Ziel (*Teleo-logie:* Lehre vom Zweck der Dinge, Betrachtung der Welt als Zweckschöpfung)

τέτανος tẹtanos
Spannung, Krampf, *Tetanus:* Starrkrampf

τέτταρα (τέτρα) tęttara (tętra)
vier

τετραλογία tetralogịa
Tetra-logie: Folge von vier Dramen; *Tetra-eder:* Pyramide mit dreieckiger Grundfläche

θέατρον thęatron
Platz für Zuschauer, *Theater*

θήκη thḝkḗ
Behältnis, Kasten (*Theke:* Ladentisch, Schanktisch)

θέμα thęma
Behauptung, Satz (*Thema:* Grundgedanke, Überschrift, Leitmotiv)

θεός theọs
Gott

Θεόδωρος Theọdōros
»Gottesgeschenk", Vorname *Theodor, Theodora*

θεογονία theogonịa
Götterentstehung; *Theo-gonie:* Mythos von der Entstehung der Götter

θεόλογος theọlogos
Gottesgelehrter; *Theo-loge:* »Lehrer von Gott"; Religionswissenschaftler

θεοκρατία theokratịa
Gottesherrschaft; *Theo-kratie:* Priesterherrschaft oder Einheit von religiöser und politischer Macht

θεοφανία theophanịa
Theo-phanie: Gotteserscheinung (*Theo-dizee:* Rechtfertigung Gottes gegenüber dem Unglück in der Welt; *Theismus:* Glaube an einen überweltlichen Gott)

θεωρία theōrịa
Theorie: Anschauung, Betrachtung, Lehre

θεώρημα theọrēma
Theorem: Lehrsatz

θεραπεία therapẹia
Dienst, Pflege; *Therapie:* Heilbehandlung

θεραπεύτης therapęutēs
Diener, Wärter; *Therapeut:* behandelnder Arzt

θερμαί thermại
Thermen: öffentliche Warmbäder, Badeanlage

θερμός thermọs
warm
Thermo-dynamik: Lehre von der Umwandlung von Wärme in mechanische Energie; *Thermo-meter:* Wärmemesser; *Thermos-flasche:* Flasche zum Warmhalten des Inhalts; *Thermo-reaktor:* Fusionsreaktor; *thermo-nuklear:* Kernreaktion betreffend; *Thermo-stat:* Wärmeregler

Θερμοπύλαι Thermopylai
Thermo-pylen: »warme Tore", Engpaß zwischen Nord- und Mittelgriechenland, wo im Jahre 480 v. Chr. der berühmte Kampf der Spartaner unter Leonidas gegen das Invasionsheer der Perser stattfand.

θέσις thẹsis
These: Lehrsatz

θῶραξ thọ̄rax
Thorax: Brustkorb, Brust

θρόμβος thrọmbos
Thrombus: geronnene Masse, Blutgerinnsel

θρόμβωσις thrọmbōsis
Gerinnenlassen, *Thrombose:* Bildung von Blutgerinnseln (*Thrombo-zyten:* Blutplättchen)

θρόνος thrọnos
Sessel, Ehrensitz; *Thron:* Sessel eines Herrschers

Τιτᾶνες Titạnes
Titanen: mythisches Riesengeschlecht, Söhne von Uranos und Gaia, den ersten Göttern

τιτανικός titanikọs
titanisch: riesenhaft *(Titanik)*

τόπος tọpos
Ort (*Topographie:* Ortsbeschreibung, Lagebeschreibung)

τοπική topikḗ
Topik: Lehre von den Fundstellen oft gebrauchter Begriffe und Redewendungen; *u-topisch:* was es an keinem Ort gibt; *U-topie:* Phantasiegebilde

τόξον tọxon
Pfeil und Bogen; Pfeilgift; *toxisch:* giftig

τραγῳδία tragōdịa
Tragödie, Trauerspiel

τραγικός tragikọs
zur Tragödie gehörig; *tragisch:* schicksalhaft, erschütternd; *Tragiker:* Tragödiendichter

τραῦμα trạuma
Trauma: Wunde, Verwundung; psychisches Trauma: seelische Verletzung, Schock

τρῆμα trḗma
Loch, Punkt (*Trema:* Trennpunkte über zwei getrennt auszusprechenden Vokalen)

τρεῖς, τρία trẹis, trịa
drei

τριάς trias
Trias: dreistufige Formation des Erdmittelalters; *Triade:* Dreizahl, Dreiheit (*Trigonometrie:* Dreiecksberechnung)

τριλογία trilogia
Tri-logie: Folge von drei Dramen

τρίπτυχος triptychos
dreifach gefaltet; *Tri-ptychon:* dreiteilig zusammenklappbares Altarbild

τρόπαιον tropaion
Trophäe (lat.): Siegeszeichen

τροπή tropē
Umkehr, Wende, Sonnenwende; *Tropen:* Gebiet zwischen den Wendekreisen der Sonne

τῦφος typhos
Qualen, Dunst, Fieberkrankheit; *Typhus:* infektiöse Darmkrankheit

τύπος typos
Schlag, Gepräge; *Typ(us):* ausgeprägte Art, Wesen, genormte Bauart; *typisch:* ausgeprägt, bezeichnend; *Type:* Druckbuchstabe

τύραννος tyrannos
Tyrann: Herrscher, Gewaltherrscher

Uranos, s. u. ouranos

Urin, s. u. ouron

ξ x, xi

Ξανθίππη Xanthippē
Xanthippe: Frau des Philosophen Sokrates, die als stets zanksüchtiges Weib geschildert wird, daher »Xanthippe" für zänkisches und launenhaftes Eheweib.

ξηρός xēros
trocken
(*Xero-kopie:* Kopierverfahren, ohne flüssige Farben; *Xero-phyten:* Trockenpflanzen)

ξένιον xenion
Gastgeschenk, *Xenie;* Frauenname *Xenia*

ξύλον xylon
Holz (*Xylo-phon:* Schlaginstrument aus Holzstäben)

ζ z, zeta

ζηλώτης zēlōtēs
Zelot: (Glaubens)eiferer

ζέφυρος zephyros
Zephir: Westwind

ζώνη zōnē
Gürtel, *Zone:* Erdgürtel, Bereich

ζῷον zōon
Lebewesen (*Zoologie:* Tierkunde)

Zyklus, s. u. kyklos

Zylinder, s. u. kylindros

zynisch, s. u. kynikos

ζυγωτός zygōtos
zusammengespannt (*Zygote:* die befruchtete Eizelle als das Ergebnis der Verschmelzung zweier Keimzellen)

ζύμη zymē
Sauerteig (*En-zym:* chemische Umsetzungen regulierender Eiweißstoff)

Bearbeitung

Latein: Alfred Sellner
Englisch: Dr. Agnus Munro
Französisch: Alfred Sellner
Italienisch: Dr. Renate Scalmana-Roos
Spanisch: Prof. Dr. Martin Franzbach
Amerikanisch: Wolfram Leonhardt, Susan Rambow
Altgriechisch: Dr. Alfred Schmitt

Weitere Lexika als Sonderausgaben in der Reihe **FORUM***plus*

Mackensen, Lutz:
Ursprung der Wörter
Etymologisches Wörterbuch der deutschen Sprache
Das Nachschlagewerk mit mehr als 12 000 Stichwörtern gibt dem Leser eine Vorstellung von der Vielfalt und Schönheit der deutschen Sprache und veranschaulicht die im Lauf der Jahrhunderte oft mehrmals gewandelten Wortbedeutungen.
ISBN 3-928127-47-0

Gerhard Löwe/ Heinrich A. Stoll:
Lexikon der Antike
Griechenland und das römische Weltreich
Umfassendes, wissenschaftlich fundiertes Nachschlagewerk zu allen Bereichen des Klassischen Altertums: zu Göttern, Helden, Literatur, Kunst, Religion, Mythologie, wichtigen Personen und Ereignissen sowie dem Alltagsleben. Zeittafeln, Karten und ca. 70 Zeichnungen ergänzen die einzelnen Artikel.
ISBN 3-928127-39-X

Helmut Freydank/ Walter F. Reineke u.a.:
Lexikon Alter Orient
Ägypten - Indien - China - Vorderasien
Dieses Nachschlagewerk informiert über die wichtigsten Namen, Ereignisse und Entwicklungen der großen Kulturen des Alten Orient: über das historische Geschehen, Rechtssysteme und Dynastien, über Religion, Philosophie, Mythologie sowie Kunst, Kultur, Sprache und Literatur, Riten und Alltagsleben. Über 100 Zeichnungen und Karten runden das Werk ab.
ISBN 3-928127- 40-3

Johanna Lanczkowski:
Lexikon des Mönchtums und der Orden
Das christliche Mönchtum steht im Mittelpunkt dieses Werkes. Neben einem ausführlichen, einleitenden historischen Überblick beinhaltet es Artikel zu den wichtigsten Orden, Kongregationen, Gründern, bekannten Ordensleuten sowie geschichtliche und kulturhistorische Begriffe. Informationen zu Regeln, Alltag und Realien der unterschiedlichen Gemeinschaften runden das Bild ab.
ISBN 3-928127-41-1

Weitere Lexika als Sonderausgaben in der Reihe **FORUM***plus*

J. C. Cooper
Illustriertes Lexikon der traditionellen Symbole
Nahezu 1500 Rubriken informieren über die Symbolsprache aller Völker der Welt aus prähistorischer Zeit bis in unsere Tage. Jedes Symbol wird auf seine Ursprünge und seine Bedeutungen in den jeweiligen Kulturen oder Religionen untersucht. Mit ca. 200 Abbildungen.
ISBN 3-928127-27-6

Ulrich van der Heyden:
Indianerlexikon
Zur Geschichte und Gegenwart der Ureinwohner Nordamerikas

Mit über 1500 Stichwörtern bietet dieses reichhaltig illustrierte Lexikon Informationen zu Geschichte, Kultur, Religion und Lebensweise der prä- und nachkolumbianischen Indianer der USA und Kanadas. Darüber hinaus finden sich Stichworte zu Ereignissen und Personen der amerikanischen Geschichte, die großen Einfluß auf die indianische Bevölkerung ausübten oder ihr Leben und Werk den Indianern widmeten.
ISBN 3-928127-34-9

Max-Otto Hermann:
Handbuch der Tempel-, Kult- und Ruinenstätten der Welt

Verzeichnis der wichtigsten Tempel-, Kult- und Ruinenstätten sowie Bodendenkmäler der Kulturen der Welt aus Frühzeit und Altertum. 10 000 archäologische Stätten, Heiligtümer, antike Ortsnamen, Nekropolen und Museen sind in diesem Lexikon in Kurzdarstellungen vereint.
ISBN 3-928127-49-7

Gerhart B. Ladner
Handbuch der frühchristlichen Symbolik
Gott, Kosmos, Mensch

Mit diesem Standardwerk liegt eine allgemeinverständliche Einführung in die vielgestaltige Symbolwelt der ersten christlichen Jahrhunderte vor. Diese wird anhand von Beispielabbildungen aus der spätantiken und frühchristlichen Malerei, Plastik und Architektur dokumentiert. Gegenstand der ganzheitlichen Betrachtung sind die frühchristliche Kunst, Theologie, Kosmologie, Anthropologie sowie das gesamte kirchliche Leben.
ISBN 3-928127-36-5

Ergänzungen: